beck'sche reihe

b'sr

Ilko-Sascha Kowalczuk

Stasi konkret
Überwachung und Repression
in der DDR

C. H. Beck

Originalausgabe

© Verlag C.H.Beck, München 2013
Satz, Druck und Bindung: Druckerei C.H.Beck, Nördlingen
Umschlagabbildung: MfS-Mitarbeiter bei der Überwachung
© Siegbert Schefke/Robert-Havemann-Gesellschaft
Umschlagentwurf: malsyteufel, Willich
Printed in Germany
ISBN 978 3 406 63838 1

www.beck.de

INHALTSVERZEICHNIS

Vorspann	7
Vorwort	9

I. Geheimpolizei und Kommunismus 21

Ausgangsbedingungen: die sowjetische Besatzungsherrschaft	30
Souveränität ohne Selbständigkeit – Die schrittweise Übertragung der Regierungsgeschäfte an die DDR	38
Der Weg zur Gründung des Ministeriums für Staatssicherheit	40
Der sowjetische Geheimpolizei- und Geheimdienstapparat in der SBZ	41
«Abwehr» und «Aufklärung»: Praxis und Theorie in der Kommunistischen Partei	46
Nachkriegsentwicklungen der Politischen Polizei bis Ende 1948	54

II. Das MfS in der SED-Diktatur 57

Die ersten Rekrutierungen	59
Die Gründergeneration der ostdeutschen Geheimpolizei	64
Die «Russen-Gruppe»	67
Die «Häftlingsgruppe»	71
Die «Antifa-Gruppe»	75
Die Gruppe «unbeschriebener Blätter»	78
Prägungen der «Gründergeneration»	79
Die Ministerfrage	84
Das MfS und die sowjetischen Dienste	88
Das MfS vor dem 17. Juni 1953	92
Der Fall Karl Hamann: 1952–1956	97
Zwischen Volksaufstand und Mauerbau	117
Das MfS in der Endphase der Ära Ulbricht	139
Der Prager Frühling und die Folgen	143

Die Stasi unter Honecker 155
    Staatssicherheit in der Praxis: ein Fallbeispiel 158
    Von der «Liquidierung» zur «Einschränkung».
    Die Bekämpfung von Widerstand und Opposition 170

III. Tschekisten und Spitzel. Hauptamtliche und inoffizielle Mitarbeiter   185

Die hauptamtlichen Mitarbeiter 186
Die inoffiziellen Mitarbeiter 209

IV. Weltweit im Einsatz? Das MfS außerhalb der DDR   247

Wie ein Agent der Hauptverwaltung A ins Gefängnis kam 263

V. Opposition und Widerstand. Das «Liebesministerium» (G. Orwell) in Aktion   277

Wahlen 1950 282
17. Juni 1953 286
Antikommunistischer Widerstand nach dem Aufstand 294
Mauerbau 298
Prager Frühling 301
Brüsewitz, Biermann, Bahro – Folgen 308
Polen 314
Keine Bilanz 329

VI. 1989/90 und die Folgen: Schlussbemerkungen   333

Nachspiele 347

Danksagung 363
Anmerkungen 365
Abkürzungsverzeichnis 408
Auswahlbibliographie 413
Bildnachweis 420
Personenregister 422

VORSPANN

«Ich muss mich an meine Tante und ihre Tochter erinnern, meine Cousine. Die Mutter bekam einen Anruf, ihre Tochter war dran, aber die stand neben ihr. Vielleicht war in der DDR nicht paranoid, wer sich verfolgt fühlte, sondern wer glaubte, es sei alles nicht so schlimm. Und das war die Mehrheit.»
(Falko Hennig, Schriftsteller, 2009)

Ulbricht, Pieck und Grotewohl besuchen in Cottbus einen Kindergarten und das Gefängnis. In beiden werden sie um eine kleine Spende gebeten. Sie geben jeweils jeder 100 Mark, nur Pieck gibt dem Gefängnis 1000 Mark. Verwundert fragen die beiden anderen ihn, warum er diese Unterscheidung gemacht habe. Pieck antwortet: «In einen Kindergarten jedenfalls kommen wir nicht mehr.»
(Witz)

Jürgen Fuchs wird am 19. November 1976 festgenommen. Er kommt ins zentrale MfS-Untersuchungsgefängnis nach Berlin-Hohenschönhausen. Der Vorwurf lautet: «staatsfeindliche Hetze». Am 26. August 1977, nach 281 Tagen Haft, wird er nach West-Berlin gezwungen, direkt aus dem Gefängnis. Genau zehn Tage zuvor sagt ihm ein MfS-Vernehmer: «Legen Sie sich später nicht mit uns an. Wir finden Sie überall. Auch im Westen. Autounfälle gibt es überall.»[1] In den Stasi-Akten zu Jürgen Fuchs findet sich später ein nachgemachter, passender Schlüssel zu seiner Wohnung in West-Berlin. Drei Tage vor seiner Ausbürgerung kommt das System der kommunistischen Erziehungsdiktatur in folgendem Satz von Rechtsanwalt Wolfgang Vogel gegenüber dem Häftling und Mandanten Fuchs auf den Punkt: «Sie gelten als unverbesserlich.»[2] Vier Worte, denen eingeschrieben ist, worum es geht: Wer nicht für uns ist, ist gegen uns. Wo gehobelt wird, fallen Späne. Wer nicht mitmacht, kommt ins Gefängnis oder fliegt raus. Das war kein Spiel, sondern bitterer Ernst, der Biografien zerstörte oder wenigstens veränderte, und zwar nicht freiheitlich bestimmt, nicht selbstbestimmt, sondern von fremder Hand im Namen «der Sache», «des Volkes», einer «Utopie», «objektiver Geschichtsgesetze» exekutiert. Am 18. Februar 1977 brachte ein MfS-Untersuchungsführer gegenüber Jürgen Fuchs zum Ausdruck, warum das MfS, warum das SED-System so war, warum sie gar nicht anders konnten: «Entweder Sie an der Laterne oder wir, bildlich gesprochen.»[3]

VORWORT

Der russische Führer der Bolschewiki, Lenin, berichtete 1921, dass die Abkürzung seiner Geheimpolizei, «Tscheka», in keine Sprache übersetzt werden müsste. Schon wenige Monate nach ihrer Gründung war sie aufgrund des von ihr verbreiteten Terrors weltweit bekannt. Der nachhaltigste Beitrag zur Weltgeschichte, den die DDR leistete, war nur sprachlicher Natur. Dieser besteht aus einem Wort, aus einer Kurzbezeichnung: «Stasi».

Mit der Öffnung der streng verschlossenen Archive ab 1990 wurde einer verwunderten Weltöffentlichkeit bekannt, was die Geheimpolizei in diesem kleinen Land mit der Mauer und den paar Millionen Menschen in vierzig Jahren so alles getrieben und angestellt hatte. «Stasi» wurde schnell zum weltweiten Synonym für systematische Überwachung, Kontrolle, Verfolgung, Verrat und Bespitzelung. Wenn heute jemand einen Kontrahenten politisch in die Enge treiben will, braucht er ihn nur zu beschuldigen, «Stasi-Methoden» zu verwenden. Das geschieht dauernd irgendwo. Der Witz daran ist nur, dass diejenigen, die heute jemanden bezichtigen, «Stasi-Methoden» anzuwenden, dies in dem Moment selbst tun. Warum? Weil es eine Stasi-Methode war, etwas über jemanden in die Welt zu setzen, obwohl es nicht stimmte. Und heute ist zum Glück in der freien Welt niemand in der Lage, wirklich Stasi-Methoden anzuwenden. Vielleicht stimmen die Leser und Leserinnen nach der Lektüre des Buches dieser These zu.

Experten und manche Betroffene wissen mittlerweile sehr gut über die Geschichte und Tätigkeit des Ministeriums für Staatssicherheit, wie die Stasi die meiste Zeit offiziell hieß, Bescheid. Obwohl sich noch heute viele erregen können, wenn jemand einer Stasitätigkeit überführt wird, wissen die meisten eigentlich nicht genau, was die Geheimpolizei wirklich tat, wie sie arbeitete, wofür sie sich alles interessierte. Darauf will dieses Buch Antworten geben.

Eine Geschichte des Ministeriums für Staatssicherheit zu schreiben, ist weder originell noch modern. Denn die Stasi war keine Institution, die

Vorwort

autonom oder gar «als Staat im Staate» agierte. Gegründet als Handlanger der sowjetischen Geheimpolizei, entwickelte sich das MfS zur schärfsten Waffe der SED-Herrschaft. Als «Schild und Schwert der Partei», so die Selbstdefinition, hatte es «Angriffe» mit dem «Schild» abzuwehren und «Feinde» mit dem «Schwert» auszuschalten.

Die Geschichte jeder Diktatur ist weitaus mehr als die Geschichte ihrer Herrschafts- und Unterdrückungsapparate. Eine Gesellschaftsgeschichte der Diktatur wird diese angemessen zu berücksichtigen haben, aber sie muss genauso alle anderen gesellschaftlichen und staatlichen Sektoren, das Mittun und die Gegenwehr, die Anpassung und den Widerstand, die Zwänge der Herrschenden und Beherrschten, die allgemeinen wie speziellen Rahmenbedingungen in die Analyse mit einbeziehen. Und dennoch ist es gerechtfertigt, ein Buch über die Geschichte des MfS zu schreiben.

Jede Geheimpolizei, jeder Geheimdienst ist durch sein «operatives» Handeln, also durch das, was er wirklich tut, charakterisiert. Natürlich ist es für die historische Analyse wichtig, die «normativen» Rahmenbedingungen zu kennen. Im Fall des MfS sind das einerseits die Befehle, Dienstanweisungen, Durchführungsbestimmungen und wie die Anordnungen sonst noch hießen. Andererseits gehören dazu in einem weiteren Sinne auch all die Unterlagen, die statistisch zusammenfassen, verdichtend wiedergeben, in nichtöffentliche Reden gegossen wurden oder in Leitungsprotokollen und Dienstbesprechungen nachzulesen sind. Aber das MfS lebte nicht in diesen «normativen» Vorgaben und Richtlinien, sondern in der «operativen» Arbeit. Diese hatte sich zwar möglichst im Rahmen der Vorgaben zu bewegen, aber erfassen lässt sich die Tätigkeit und Wirkung des MfS gerade darüber nicht; ebenso wenig wie über Statistiken, Zahlenkohorten oder andere «objektive» Angaben.

Mich interessiert auch weniger, was das MfS wollte, plante oder vorgab – obwohl darüber vieles zu erfahren sein wird in diesem Buch –, in meinem Fokus steht, was es tat und «erreichte». Das hört sich banal an, ist es aber gar nicht, wenn man einen Blick in die Literatur wirft. Wenn man sich zum Beispiel vorrangig mit Stellenplänen, Etats, Strukturveränderungen, Statistiken, Personalzuwächsen usw. beschäftigt, also innerinstitutionellen Angelegenheiten im Konkurrenzkampf mit anderen «Behörden», kommt man gewiss, und die Beweise liegen gedruckt vor, zu vielen interessanten Einsichten und Erkenntnissen. Aber: Erst in der konkreten Tätigkeit der Staatssicherheit lässt sich rekonstruieren, welchen Stellenwert

Vorwort

all diese Anweisungen hatten, warum es so viele davon gab und ob das eventuell etwas damit zu tun hatte, dass sie in der konkreten Arbeit ständig aus «operativen» Gründen missachtet wurden und deshalb die Theorie der Praxis fortwährend angepasst werden musste. In der bisherigen Literatur über die Stasi gibt es beides: Verharmlosungen *und* Übertreibungen. Dieses Buch versucht, den historischen Ort der Stasi anhand von konkreten Kontexten zu bestimmen – jenseits von einer auf möglichst hohe Zahlen fixierten Tonnenideologie, pauschalen Übertreibungen und Theorien oder gar apologetischen Rechtfertigungsstrategien. Es stellt einen Versuch dar, die Geschichte des MfS im System der SED-Diktatur zu verorten, sie zu historisieren und nüchtern zu betrachten, nüchterner als es in unserer alltäglichen Medienöffentlichkeit oft geschieht.

Eine von der Bibliothek des «Bundesbeauftragten für die Unterlagen des Staatssicherheitsdienstes der ehemaligen DDR» (BStU) geführte Bibliographie zum Thema umfasst gegenwärtig mit weit über 5000 Titeln nur die *wichtigsten* und *offenkundigsten* Veröffentlichungen zur Stasi. Auch wenn wir Fachleute so tun, als würden wir diese, schätzungsweise noch 20 000 andere und Millionen Aktenblätter «kennen», überblickt tatsächlich niemand mehr den gesamten Ertrag an Forschungen, Erinnerungen und – bei diesem Thema fast zwangsläufig – Verschwörungstheorien.

Es gibt zahlreiche Experten, die sich in dem Dickicht der ostdeutschen Geheimpolizei mittlerweile besser auskennen als deren frühere Führungskräfte. Das hängt damit zusammen, dass MfS-Mitarbeiter immer nur gerade so viel Einblick in ihre Institution erhalten *sollten*, wie es für ihre Aufgaben notwendig war. Mit der Öffnung der Archive 1990/92 war es nicht nur möglich, eine wissenschaftliche Erforschung in Gang zu setzen, die sich in den besseren Fällen als Teil der internationalen Zeitgeschichtsschreibung versteht. Zugleich konnten Experten heranwachsen, deren verblüffendes Wissen in vielen Detailuntersuchungen zu bewundern ist.

Die wissenschaftliche Beschäftigung mit der Geschichte des MfS wird dadurch ungemein vereinfacht, dass es mittlerweile eine solide, umfassende Grundlagenliteratur gibt. Ohne diese hätte ich dieses Buch nicht schreiben können. Aber wer genau solche Grund- und Spezialdaten zur Geschichte des MfS sucht, wird von diesem Buch wohl eher enttäuscht sein.[4] Denn diese Geschichte der Stasi ist keine bloße Geschichte der Institution, sondern eine Geschichte der Geheimpolizei in der DDR-Gesellschaft und im SED-Staat. Das Buch stellt also keine Geschichte des Ministeriums dar, in dem jeder institutionellen Entwicklung, nicht einmal jeder

Vorwort

historisch wichtigen, nachgespürt wird. Mein Ziel beim Schreiben bestand darin, das MfS *als Teil* der Diktatur im SED-Staat und in der DDR-Gesellschaft zu verorten.

In diesem Buch werden viele Zahlen verwendet. Dabei stütze ich mich überwiegend auf die Forschungsliteratur und zum Teil auf eigene Erhebungen. Allerdings lässt sich nicht oft genug betonen, dass die meisten Zahlen nur Annäherungswerte darstellen und Tendenzen vermitteln. Denn in ganz vielen Bereichen basieren die Zahlenangaben in der Forschung auf Schätzungen oder Hochrechnungen, die nicht immer plausibel sind. An mehreren Beispielen zeige ich das auf. Vor allem die Zahlen für die hauptamtlichen Mitarbeiter ab 1954 können als «hartes Datenmaterial» bezeichnet werden. Für die Zahlen der «inoffiziellen Mitarbeiter» (IM) versuche ich nicht nur neue Wege aufzuzeigen und bestehende Blockaden zu überwinden, sondern generell eine bislang praktisch für die DDR-Geschichte nicht bestehende Spitzel- und Denunziationsforschung anzuregen, die sich nicht mehr an den starren MfS-Kategorien orientiert. Es werden in diesem Buch nicht nur die weitläufig verwendeten Gesamtzahlen zu den IM in Frage gestellt, es wird auch verdeutlicht, dass wir bei der gesamten Problematik von Denunziation und Verrat in der Gesellschaft wissenschaftlich noch ganz am Anfang stehen. Es ist dringend nötig, die IM des MfS zu historisieren und ihre Tätigkeit in historische Kontexte von anderen Formen des Verrats zu stellen. Denn letztlich ist es der Forschung bis heute nicht gelungen, sich von den Begrifflichkeiten und Kategorien des MfS und so letztlich von dessen Vorgaben zu lösen.

Aber nicht nur für die IM-Forschung werden Fragen aufgeworfen. Auch einige konkrete Stasi-Handlungsfelder nehme ich kritisch unter die Lupe und frage zum Beispiel, ob gängige Annahmen über die Intensität der Postkontrolle oder die Arbeit der Hauptverwaltung A stimmen können. Ich kann dabei nicht immer neue Thesen anbieten, aber meine Überlegungen empirisch untermauern, die zumindest bisherige Erkenntnisse in Frage stellen und vielleicht weitergehende Forschungen anregen.

Generell steht jede Beschäftigung mit der Staatssicherheit vor dem Problem, dass diese sich bis 1989 selbst mythisierte und dann nach 1989/90 regelrecht dämonisiert worden ist. Jede abwägende Haltung setzt sich zwangsläufig dem Verdacht aus, zu verharmlosen oder zu beschönigen, gerade weil die Stasi-Forschung nicht in engen wissenschaftlichen Räumen stattfindet, sondern seit zwei Jahrzehnten unter großer Anteilnahme

Vorwort

der Öffentlichkeit erfolgt. Das hat einige Wissenschaftler in Versuchung geführt, sich selbst mit überzogenen Thesen ins Rampenlicht zu stellen. Übertreibungen können für die Wissenschaft produktiv sein, weil sie dazu anregen, genauer hinzuschauen. Aber Übertreibungen bezogen auf die Stasi haben sich tief ins kollektive Gedächtnis als «die Wahrheit» eingeschrieben, was es ausgewogeneren Sichtweisen erschwert, überhaupt wahrgenommen zu werden. Tatsächlich ist es so, dass bei öffentlichen, nichtwissenschaftlichen Veranstaltungen nur selten Widerspruch zu hören ist, wenn der Stasi noch so abenteuerliche Verbrechen, noch so gewaltige Mitarbeiterzahlen oder noch so ungeheuerliche Ausmaße der Überwachungspraxis zugeschoben werden. Wenn man solche Aussagen aber bezweifelt, nach der realen Machbarkeit und den tatsächlichen Möglichkeiten fragt, sieht man sich schnell vielen Zeitzeugen und Experten gegenüber, die lautstark protestieren und einem auf der Grundlage eigener Erfahrungen (die nicht in Abrede zu stellen sind!) und «seriöser» wissenschaftlicher Literatur erklären, dass dies nicht wahr sei, weil es nicht wahr sein könne.

Dieses Buch versucht nicht nur, dem Phänomen der Stasi auf die Spur zu kommen. Es betont auch immer wieder, dass das MfS nur im gesamten Gefüge des Macht- und Herrschaftsapparates zu verstehen und zu analysieren ist. Im Prinzip war die Stasi nicht nur der SED unterstellt – das MfS war historisch gesehen ein Teil des SED-Parteiapparates. Auch diese Perspektive wirft Fragen und Probleme auf, von denen einige diskutiert werden.

Begrifflich wird die Stasi in diesem Buch mit vielen Synonymen belegt. Entscheidend ist der Ansatz, das MfS vorrangig als Geheimpolizei darzustellen und entsprechend zu bezeichnen. Vom Geheimdienst wird nur dann gesprochen, wenn tatsächlich auch geheimdienstliche Tätigkeit gemeint ist. Während Geheimpolizeien gegen die und in der eigenen Gesellschaft arbeiten, agieren Geheimdienste im In- und Ausland gegen auswärtige Kräfte und Institutionen. Der zeitgenössische und weit verbreitete Quellenbegriff «Kalter Krieg» kommt in diesem Buch ebenso wenig vor wie andere von einigen Historikern favorisierte Termini wie etwa «Systemkonkurrenz». Natürlich sind die Zusammenhänge und gegenseitigen Abhängigkeiten und Einflüsse, die über Grenzen hinweg wirkten, immer zu berücksichtigen. Aber gerade der Begriff «Kalter Krieg» behindert mit seiner normativ aufgeladenen Energie und seiner Einseitigkeit auf die beiden Lager der Supermächte USA und UdSSR eher unvoreingenommene

Vorwort

Perspektiven auf das Zeitalter von 1945 bis 1989/91, als dass er die Komplexität einer globalisierten Welt und die sich daraus ergebene Unübersichtlichkeit und Vielschichtigkeit frei legen könnte.[5]

Im Kern geht es diesem Buch darum, möglichst anschaulich zu erzählen, wie sich die konkrete Arbeit der Geheimpolizei vollzog, warum es sie überhaupt gab, was hauptamtliche Mitarbeiter so alles machen mussten, wollten und zu «ertragen» hatten, welche Bedeutung inoffizielle Mitarbeiter hatten, ob jeder IM wirklich auch ein IM war, ob IM gleich IM ist, wie das MfS mit anderen Institutionen zusammenwirkte oder wie die SED das MfS anleitete. Da sich in den vierzig Jahren seiner Existenz auch das MfS wandelte und sich den jeweiligen politischen Gegebenheiten anpassen musste, versuche ich, solche Veränderungen zu veranschaulichen.

Das Hauptproblem beim Schreiben eines Buches über die Stasi besteht noch immer darin, dass, wenn man differenziert und nicht nur allgemein schreiben will, man zuweilen gezwungen ist, Begrifflichkeiten und Selbstbezeichnungen des MfS zu übernehmen. Ich hoffe, dies auf ein Mindestmaß eingeschränkt zu haben. Solange wir in der Forschung überwiegend auf die MfS-Kategorien und -Begrifflichkeiten zurückgreifen, ist es noch nicht gelungen, die Geschichte der Stasi einer wissenschaftlichen Historisierung zu unterziehen. Im Kapitel III zeige ich anhand grundlegender Beispiele, warum dies künftig nötig ist und welche Konsequenzen ein neuer wissenschaftlicher Zugriff für den Blick auf die Stasi, aber auch auf die SED-Diktatur und die DDR-Gesellschaft insgesamt haben könnte. Ein solcher Paradigmenwechsel könnte beispielsweise auf methodische Anleihen bei der NS-Forschung[6] oder komparatistischen Perspektiven auf andere Ostblockstaaten[7] zurückgreifen.

Manche Leser könnte verwundern, warum es ein bisschen dauert, bis dieses Buch Fahrt aufnimmt, bis es wirklich bei «der» Stasi angelangt ist. Drei Gesichtspunkte sind dafür ausschlaggebend. Erstens sind längere Ausführungen zur Nachkriegsentwicklung der «Dienste» und deren gegenseitiger Verflechtung nötig. Diese bildete die Grundlage, auf der das MfS entstand. Noch wichtiger aber ist zweitens, wie sich die Strukturen und Arbeitsweisen der sowjetischen Dienste nach 1945 in ihrer Besatzungszone herauskristallisierten und veränderten. Denn das MfS agierte einige Jahre zunächst nur als verlängerter Arm der sowjetischen Geheimpolizei, blieb aber auch nach dem Mauerbau immer nur der «kleine Bruder» des sowjetischen KGB so wie die SED und ihre Diktatur letztlich nicht nur der Moskauer Zentrale unterstanden, sondern auch von ihr stets

Vorwort

abhängig waren. Auch der Untergang der DDR ist dafür bezeichnend. Insofern sind einige grundsätzliche Bemerkungen zu den sowjetischen Institutionen nach 1945 unerlässlich.

Schließlich muss erklärt werden, was sich in einem IM-Bericht von 1966 so liest: «An dem bewussten 7.10. nun gab es eine kleine Feier der Genannten. Diese fand in den Räumen des Restaurants Moskau [in Ost-Berlin] statt. Als sie gehen wollten, kamen sie ungewollt in eine Diskussion mit einem kleinen dicken Mann, der sich schlagend auf der Straße mit einer Gruppe Menschen unterhielt. Auch der [...] gab eine Antwort. Warum benehmen sie sich so, wenn sie viele Abzeichen haben? Und ich glaube nicht, dass Schläge eine Diskussionsgrundlage sind. Daraufhin wurden sie verhaftet. [...] Unter Tränen wurde[n] sie über ihr Privatleben ausgefragt [...] In einem Gespräch, das sie hatten, wurde ihnen klar, dass es sich bei der Person, die sie in der Nacht geschlagen hatte, um den Minister für Staatssicherheit handelte. [...] Beide sind der Ansicht und wollen gehört haben, dass solche Ereignisse beim Genossen Mielke nicht zum ersten Mal stattgefunden haben sollen.»[8]

Diese Anekdote drängt fast zwangsläufig die Frage auf, warum Erich Mielke und warum auch viele andere Gründer der Staatssicherheit so auf Gewalt fixiert waren. Das lässt sich nur abstrakt beantworten, aber im Falle der MfS-*Gründergeneration* versuche ich dies anhand ihrer Biographien und Erfahrungen wenigstens anzudeuten. Und da sie das MfS jahrzehntelang dominierte und die Mitarbeiterschaft auch nach ihrem Ausscheiden nicht unerheblich mental beeinflusste – Mielke blieb wie einige andere aber bis zuletzt dabei –, lohnt es sich schon, sich diese Gruppe genauer anzuschauen.

Das Inhaltsverzeichnis des Buches deutet an, dass dieses Buch sowohl Entwicklungen historisch analysiert als auch anhand von Fallbeispielen die MfS-Tätigkeit konkret darstellt. So erhalten die MfS-Mitarbeiter ein Gesicht und es werden Betroffene nicht als namenlose Opfer, sondern in ihren individuellen Handlungen vorgestellt. Denn auch das ist wichtig: Zwar waren viele, die die Staatssicherheit in der DDR verfolgte, wirklich «nur» Opfer, aber nicht wenige verstanden sich als Akteure, die systemlogisch ins Visier des MfS gerieten und eben gerade nicht zu Opfern, sondern als aktiv Handelnde verfolgt und belangt wurden. Die Fallbeispiele betreffen nicht nur einzelne Verfolgte, sondern legen auch dar, wie das MfS auf ein konkretes Ereignis reagierte oder wie es in einer großen Institution mit einer eigenen SED-Kreisleitung vorging, sich entfaltete, struk-

Vorwort

turell verankert und mit SED und anderen eng verflochten war. Diese Fallbeispiele sollen in ihrer Gesamtheit ein Bild vom MfS in Staat und Gesellschaft zeichnen.[9]

Eines wird in diesem Buch immer wieder betont und gezeigt. Nicht das MfS legte sich wie ein Krake über die Gesellschaft, sondern die SED und erst in ihrem Schlepptau das MfS. Es war kein Staat im Staate, sondern Teil dieses Staates, der SED-Diktatur. Das könnte die Frage aufwerfen, ob dann überhaupt eine «Teilgeschichte» Sinn macht und nicht zu historischen Verzerrungen führt. Nach der Lektüre dieses Buches, so meine Hoffnung, sollte sich diese Frage nicht mehr stellen. Gleichwohl bleibt die Aufgabe, eine umfassende DDR-Gesellschaftsgeschichte, die alle wichtigen Aspekte und Entwicklungen dieses Abschnitts deutscher Teilgeschichte zusammenführt und mit der gesamten deutschen Zeitgeschichte verzahnt, eine lohnende Aufgabe. Dass nicht die Rede davon sein kann, dass die DDR-Geschichte oder auch die hinterlassenen Archivalien «langweilig» seien, wie einige einflussreiche Zeithistoriker immer wieder einmal betonen,[10] möchte auch dieses Buch nebenbei erweisen. Dass solche Historiker offenbar ein merkwürdiges Verständnis von Geschichte überhaupt haben – es gibt keine langweilige Geschichte, aber jede Menge langweilige Bücher über sie –, ist offenkundig. Dass sie aber von den Akteninhalten, auch und gerade der Stasi, meist aus eigener Anschauung nichts wissen, sei nur deshalb betont, weil tatsächlich die Breite und die vielfach noch ungenutzten Fragemöglichkeiten an sie, die diese Akten offenbaren, insgesamt für kultur-, mentalitäts-, alltags- oder gesellschaftshistorische Arbeiten noch zu wenig genutzt worden sind. Das hängt nicht nur mit den Zugangsmöglichkeiten zusammen, sondern auch mit vielen Vorurteilen gegenüber diesen Akten, die gerade Historiker eigentlich nicht haben sollten.

Nicht gelöst werden in diesem Buch viele offene, ganz konkrete Fragen, die sich im Zusammenhang mit dem MfS stellen. Weder diskutiere ich umstrittene IM-Fälle noch spekuliere ich über *juristisch* angeblich nicht beweisbare IM-Tätigkeiten. Ich kann auch keine neuen Antworten dafür liefern, ob zum Beispiel das MfS einzelne Häftlinge verstrahlt hat. Interessant ist allemal, dass viele der Stasi das zutrauen. Beweiskräftige Belege dafür gibt es bislang nicht. Mir konnte bisher auch niemand erklären, welchen Sinn so etwas gemacht hätte. Damit jemand 10, 15, 20 Jahre später daran stirbt? Es ist möglich, dass die Stasi das tat, aber es ist eben nicht beweisbar.[11] Wenn das MfS auch ein Planungsinstitut war, «opera-

Vorwort

tive» Erfolge wurden in deutlich kürzeren Zeiträumen «abgerechnet». Tatsächlich aber hat das MfS radioaktives Material eingesetzt, um Sachen, Gegenstände und Personen zu markieren. Das ist kriminell genug – gesundheits- und lebensgefährlich für die Überwachten war es zudem. Auch die zuweilen in einzelnen Fällen umstrittene Frage, ob jemand in der Stasi-Haft ermordet wurde oder sich, aus welchen Gründen auch immer, dort umbrachte, ist, so schrecklich es sich anhören mag, historisch zweitrangig. Entscheidend für die historische Einschätzung des Systems, in dem sich so etwas vollzog, ist doch, dass die betroffene Person in Stasi-Haft kam, *weil* sie anders dachte, lebte, aussah und daher verfolgt wurde – und *deshalb* umkam.

Diese Beispiele abgewandelt zeige ich an einigen Stellen, dass es ausreicht, sich auf das zu konzentrieren, was belegbar und stichhaltig ist. Das ist oft kriminell genug. Das Besondere an der Staatssicherheit waren nicht – wie viele bis heute glauben mögen –, sich in bombastischen Zahlen ausdrückende Statistiken über hauptamtliche oder inoffizielle Mitarbeiter, heimlich gelesene Briefe, abgehörte Telefonate, mitgeschnittene Verhöre, überwachte Personen und so weiter. Solche weithin bekannten Statistiken verstellen sogar den historischen Blick auf die Geheimpolizei und damit auf die DDR-Gesellschaft. Das werde ich an einigen Stellen konkret und kritisch nachfragend erörtern. Deshalb enthält dieses Buch ganz nebenbei eine Reihe offener Forschungsfragen. Ganz vieles davon ist mir selbst erst beim Schreiben an diesem Buch aufgefallen. Das hängt damit zusammen, dass mir erst im Zusammenhang mit dieser Gesamtdarstellung bewusst wurde, wie viele angeblich gesicherte Erkenntnisse tatsächlich fragwürdig sind. Das ist aber normal in wissenschaftlichen Arbeitsprozessen. Ich habe deshalb auch einige bedeutende Standardwerke so ernst genommen, dass ich mich mit ihnen wissenschaftlich besonders intensiv befasst habe, was einschließt, dass ich zuweilen mit anderen Fragestellungen und Materialien zu gegensätzlichen Thesen gelange.

Dieses Buch versucht, *eine* wissenschaftliche Perspektive auf die ostdeutsche Geheimpolizei zu entwickeln. Dabei wurde mir nicht nur bewusst, wie vieles ich nicht wusste, sondern auch, wie vieles noch nicht einmal ansatzweise wissenschaftlich bearbeitet worden ist. Daher kann ich in diesem Buch an einigen Stellen selbst nur Fragen aufwerfen. Obwohl es, wie bereits betont wurde, eine schier unüberschaubare Anzahl von Veröffentlichungen zur Stasi gibt, beziehen sich die meisten auf die Institution und ihr Treiben selbst. Gesellschafts-, mentalitäts- oder kul-

Vorwort

turgeschichtliche Arbeiten, die auch das MfS einschließen oder die Stasi in solchen Perspektiven analysieren, sind sehr rar. In vielen Publikationen wird die Staatssicherheit nicht integrativ behandelt, sondern additiv als Sonderfall.[12] Sowohl in der Erforschung der SED-Diktatur und der DDR-Gesellschaft, aber auch bei künftigen Forschungen zur Stasi benötigen wir neue Ansätze und Perspektiven, wenn wir die vielen verschiedenen Bereiche von Staat und Gesellschaft im Ganzen betrachten wollen. Einige mögliche Wege dafür diskutiere ich in diesem Buch.

Ein generelles Problem – das auch ein Forschungsdesideratum darstellt – sei hervorgehoben. Die Stasi war eine Männersache, ein Männerministerium – alle Zahlen sprechen dafür. Natürlich gab es Frauen: als hauptamtliche Mitarbeiterinnen, als inoffizielle Mitarbeiterinnen, als Ehefrauen, Mütter, Töchter, als Bespitzelte, Verfolgte, Inhaftierte und Hingerichtete. Darüber gibt es Literatur. Aber es existiert keine Genderforschung zur Staatssicherheit, die wohl mehr sein müsste, als nach Statistiken und Rollenzuschreibungen zu fragen und nach einschlägigen Zitaten zu fahnden. Was machte es eigentlich mit den Männern in dieser Institution, fast immer nur unter sich zu sein? Wie gingen diese mit ihren verschiedenen sexuellen Identitäten um? Was folgte daraus? Warum blieben die Tätigkeiten von Frauen (auch) in dieser Institution auf die ihnen traditionell zugeordneten Dienstleistungsfunktionen beschränkt? Welche Rolle spielte sexuelle Gewalt in den verschiedenen Bereichen der Stasi-Tätigkeit? Warum gab es praktisch fast keine Führungsoffizierinnen von IM? Warum arbeitete das MfS überhaupt nur mit grob gerechnet knapp fünf Mal weniger Frauen als Männern zusammen in der Funktion als IM? Welche Folgen hatte das für die Sprache, die Wahrnehmungen und die Perspektiven der Stasi? Und: Stand das nicht der angestrebten flächendeckenden Überwachung einer ganzen Gesellschaft entgegen? Allein diese letzte Frage könnte wissenschaftliche Studien zu völlig neuen Perspektiven bringen.

Solche und andere Fragen ließen sich auflisten. Hier eröffnete sich ein gesellschaftshistorischer Fragekomplex, der weit über die Stasi hinausreichte, bislang aber nicht einmal ansatzweise wissenschaftlich erörtert worden ist. Auch das ist mir erst bewusst geworden, als ich dieses Buch schrieb. Daher bleibe ich auch – zu meinem eigenen Ärger – dieser Männersicht auf die Staatssicherheit verpflichtet, was sich schon «äußerlich» in der durchweg maskulinen Sprache und den Benennungen in diesem Buch offenbart.

Vorwort

Das MfS war eine Geheimpolizei mit vielen untypischen Aufgaben, die es zugeschrieben bekam oder an sich zog. Das wird in diesem Buch gezeigt. Denn für die «einzigartige» Größe und Ausdehnung der ostdeutschen Geheimpolizei war dieser Umstand nicht ganz unwesentlich. Aber zugleich entwickelte sich das MfS wiederum so, dass alle Diensteinheiten und Aufgabenbereiche unter einem Dach für eine Politik standen und eng Hand in Hand zusammenarbeiteten. Deshalb wird in diesem Buch der Hauptverwaltung A (HV A)[13], zum Beispiel, auch nicht jene herausgehobene Bedeutung und Sonderrolle zugeschoben, die ihr einige frühere Offiziere sowie manche Journalisten und Historiker gern andichten wollen.

Die wissenschaftliche Arbeit mit MfS-Akten stellt nicht nur harte Kärrnerarbeit dar. Immer wieder begegnen allen damit Befassten «Blüten», unfreiwillige Komik, Groteskes und Absurdes. Die Beispiele sind mittlerweile kaum noch überschaubar. Mal wird ermittelt, wer Platon war, um festzustellen, er gehöre zu frühbürgerlichen Philosophen, die für die westliche Demokratie eintraten. Andere MfS-Analytiker wiederum stellen fest, mit einem speziellen Auftrag versehen, dass Nietzsche gegen die Demokratie gekämpft habe. Dann gab es Stasi-Experten, die zu Propagandazwecken in Auftrag gegebene Kunstwerke zu beurteilen hatten und kritisierten: «Gesichtszüge ändern. Mehr Optimismus hineinlegen». In Personeneinschätzungen finden sich fast «gesetzmäßig» unentwegt ulkige Beobachtungen. So ist über einen Agrarhistoriker festgehalten worden: «Jedes Gespräch, das er mit uns führte, lief auf seine Arbeit über den Pflug hinaus. Es existierte für ihn sozusagen weder Partei oder die Politik, oder zumindest sah er die Partei und Politik nur vom Gesichtspunkt seines Pfluges aus.»[14] Ein anderer Stasi-Mitarbeiter wiederum wunderte sich, dass der Erzfeind Erich Wollenberg 1953 auf einmal Minister geworden war – irgendwie ging da etwas schief, der neue Minister hieß Ernst Wollweber. Aber man muss nicht einmal in die Akten schauen, um sich so manches Durcheinander vorzustellen. Was für Codes etwa muss es in jenen Abteilungen gegeben haben, wenn es hieß, Genosse Mielke hat gesagt und nicht sofort alle automatisch stramm standen? Ende 1989 gab es nicht nur Minister Erich Mielke, sondern im MfS noch 34 weitere Personen (nur einer davon war sein Sohn) mit diesem Nachnamen. Solche und viele weitere Kuriositäten ließen eine Geschichte des Ministeriums entstehen, über die man nur noch lachen könnte. Aber das Thema ist sehr ernst, die Staatssicherheit verstand keinen Spaß und deshalb sollten die

Vorwort

unfreiwillig komischen Einlagen auch nur als das genommen werden, was sie überwiegend waren: Normabweichungen, die uns heute vielleicht erheitern, aber in der Realität alles andere als komisch waren. Witze über die Stasi gab es zuhauf, aber auch da verstand sie keinen Spaß. Einige sind in diesem Buch enthalten, für nicht wenige Menschen in der DDR aber waren solche Witze bitterer Ernst. Immer wieder sind sie, wenn ein Angeklagter sie «verbreitet» hatte, in politischen Strafprozessen als «strafverschärfend» und «Hetze» bewertet worden und haben das Urteil erhöht. Allerdings gab es, auch wenn immer wieder das Gegenteil behauptet wird, fast keinen Fall, in dem jemand *nur* wegen des Weitererzählens eines politischen Witzes verurteilt worden ist.[15]

Die Zeitgeschichtsschreibung unterliegt im Vergleich mit anderen geschichtswissenschaftlichen Disziplinen nicht nur in einem besonderen Maße Archivgesetzschutzregelungen und Datenschutzgesetzen. Sie ist auch mit einem Sondergesetz, dem Stasiunterlagengesetz (StUG), konfrontiert. Während das Bundesarchivgesetz die Akteneinsicht regelt und definiert, was warum zu welchem Zeitpunkt noch zur generellen Einsicht gesperrt ist, stellt das StUG das Gegenteil dar. Es ist ein Verbotsgesetz mit Erlaubnisvorbehalt und definiert, was unter welchen Umständen von wem eingesehen werden kann. Das hört sich kompliziert an. Tatsächlich aber heißt dies, dass jeder Forscher und jede Forscherin, um die Privatsphäre der in den Akten erwähnten Personen zu schützen, weitaus restriktiveren Regeln im Umgang mit MfS-Unterlagen unterliegt als bei vielen anderen zugänglichen Akten. Deshalb gibt es in diesem Buch einige wenige Passagen, die verfremdet oder bei denen die Quellen nur sehr allgemein angegeben werden.

I.
GEHEIMPOLIZEI UND KOMMUNISMUS

Am 9. Februar 1950 vermeldete das *SED-Zentralorgan* «Neues Deutschland» auf seiner Titelseite lapidar: «Ministerium für Staatssicherheit gebildet». Weiter heißt es in der Kurzmitteilung: «Die Provisorische Volkskammer verabschiedete in ihrer gestrigen 10. Tagung auf Vorschlag der Regierung das folgende Gesetz über die Bildung eines Ministeriums für Staatssicherheit. § 1 Die bisher dem Ministerium des Innern unterstellte Hauptverwaltung zum Schutze der Volkswirtschaft wird zu einem selbständigen Ministerium für Staatssicherheit umgebildet. Das Gesetz vom 7. Oktober 1949 über die Provisorische Regierung der Deutschen Demokratischen Republik (GBl. S. 2) wird entsprechend geändert. § 2 Dieses Gesetz tritt mit seiner Verkündung in Kraft.» Wenige Tage später war zu erfahren, dass Wilhelm Zaisser als Minister und Erich Mielke als Staatssekretär in das neu gebildete Ministerium berufen worden seien.[1]

Bei den Menschen in der DDR stieß die Nachricht jedoch kaum auf wahrnehmbare Reaktionen. Zwar berichteten westliche Rundfunksender und Zeitungen, aber in den meisten bekannten Tagebüchern und Briefen aus jener Zeit wird die Gründung nicht einmal erwähnt. Abgesehen davon, dass viele knapp fünf Jahre nach Kriegsende in ihrem noch größtenteils zerstörten Lebensumfeld vor allem mit dem nackten Überleben beschäftigt waren, nahm ganz offenbar kaum jemand die Gründung des MfS als Einschnitt im politischen System wahr. Dies war auch nicht verwunderlich. Griff doch zu dieser Zeit der Terror der sowjetischen Besatzungsmacht ohnehin unmittelbar in das alltägliche Leben der meisten ein.

Das «spurlose» Verschwinden von Personen sprach sich schnell herum, verbreitete Angst, schüchterte ein – und genau dies war damit auch bezweckt. Aus dem Tagebuch des Historikers Gerhard Schulz, das dieser während seiner Leipziger Studentenjahre führte, wird ersichtlich, wie politisch interessierte Menschen die neuen Verhältnisse wahrnahmen. Schulz stand den sozialistischen Ideen aufgeschlossen gegenüber. Doch schon bald setzte Desillusionierung ein. Einige Monate vor der DDR-Gründung am 7. Oktober 1949 vermerkte der 24-jährige Geschichtsstu-

I. Geheimpolizei und Kommunismus

dent: «Wer wollte es bestreiten, dass wir in einer Diktatur leben, die sich anschickt, immer weiter in unserem Leben vorzudringen mit dem Ziel, es restlos zu erfüllen. Der Unterschied zu der vergangenen liegt lediglich im Qualitativen und in der Ersetzung der personalen Spitze der diktatorisch-bürokratischen Hierarchie durch die anonyme Vertretung der Besatzungsmacht. […] Und wer künftig leben will, muss sich fügen. Es wird nur noch Emigranten, Bettler oder Gesinnungsgenossen geben – und natürlich die naiv-einfältigen Intellektuellen.»[2] Einen Tag nach der Staatsgründung notierte Schulz, die Etablierung des Einparteienstaates gehe nun rasch voran, freie Wahlen seien nicht vorgesehen. Als Hoffnung bleibe nur noch, dass sich die deutschen Kommunisten von der Besatzungsmacht etwas emanzipierten und vor allem, dass sich die bürgerlichen Parteien nicht den Machtansprüchen der SED total unterwürfen. Aber auch diese Hoffnung zerstob schnell – Schulz flüchtete im April 1950 in den Westen.

Der unmittelbare Vergleich von nationalsozialistischer und kommunistischer Diktatur war bis weit in die späten fünfziger Jahre verbreitet, brach aber auch danach niemals ab. «Vergleich» hieß allerdings damals «Gleichsetzen». Dafür nur ein Beispiel: Eckhard Müller-Mertens kam aus kurzer Kriegsgefangenschaft zurück nach Berlin. Und auch er registrierte bereits im Mai 1946, kurz nach der Zwangsvereinigung von KPD und SPD zur SED: «Berlin macht sehr schlechten Eindruck. Riesige Propaganda der SED. Man hat den Eindruck wie unter Hitler, nur mit vertauschten Rollen. […] Die Einheitspropaganda legt sich bedrückend aufs Gemüt. […] Lehne SED ihrer undemokratischen Methoden wegen ab. Sie ist eine faschistische Partei.»[3] Anders als Schulz wird der Geschichtsstudent Müller-Mertens dennoch SED-Mitglied, macht in der DDR Karriere und avanciert schließlich zu einem der international anerkanntesten marxistischen Mediävisten. Politisch bleibt er gespalten in eine öffentlich angepasste und in eine privat das System ablehnende Person. Die DDR bezeichnete er noch vor dem Mauerbau als «Faschismus von links».[4]

Solche Beispiele lassen eine gesellschaftliche Atmosphäre anklingen, in der nachvollziehbar wird, warum die Bildung des MfS ohne nennenswerte gesellschaftliche Reaktionen erfolgen konnte. Terror, Willkür und Rechtsunsicherheit gehörten in der Sowjetischen Besatzungszone (SBZ) und später dann in der DDR längst wieder zum Alltag. Im Gegensatz zur NS-Diktatur, die von einer Mehrheit der Deutschen fast bis zum Schluss be-

I. Geheimpolizei und Kommunismus

geistert oder missmutig, in jedem Fall aber aktiv mitgetragen worden ist, wurde die neue Ordnung jedoch überwiegend abgelehnt.

Die sowjetische Besatzungsmacht und ihre deutschen Helfer wandten sich zwar gegen die «Kollektivschuldthese», ließen aber in Wort und Tat keine Zweifel aufkommen, dass die deutsche Gesellschaft für die Verbrechen des Nationalsozialismus zu büßen habe. Dabei wussten sie frühzeitig zu unterscheiden. Denn so sehr die deutschen Kommunisten den Antifaschismus als lebensprägende Erfahrung mit sich trugen, so sehr wurde ihr praktizierter Antifaschismus nach 1945 zu einem Instrument der Machtetablierung und -stabilisierung. Sehr früh, früher als jede andere politische Kraft in Deutschland, setzten sie sich für die gesellschaftliche Integration der «Mitläufer» und «nominellen Pgs» ein.[5] Der gemeinsam mit Wilhelm Pieck der SED vorstehende Otto Grotewohl, ein ehemaliger Sozialdemokrat, brachte im Juni 1946 auf einer Sitzung des Parteivorstandes zum Ausdruck, dass es «kurzsichtig und unklug […] wäre, eine sozialistische Massenbewegung in Deutschland gegen einen Block von 25 bis 30 Millionen Menschen organisieren zu wollen».[6] Drei Jahre später, Anfang März 1949, führte der damalige sächsische Innenminister und spätere MfS-Minister Wilhelm Zaisser auf einer Tagung sächsischer Oberbürgermeister, Landräte und leitender Regierungsmitarbeiter in Anwesenheit von Walter Ulbricht aus: «Wir können in Bezug auf seine demokratische Zuverlässigkeit heute nicht mehr argumentieren: Weil der Mann vor 1945 nominelles Parteimitglied der NSDAP war, darum ist er heute noch politisch unzuverlässig .[…] Wir haben immerhin das Jahr 1949. […] Menschen, die in diesen vier Jahren von Anfang an unter den schwersten Bedingungen ehrlich und loyal und erfolgreich mitgearbeitet haben, sind unter Umständen heute auch für unsere Verwaltung wertvoller als dieser oder jener, der immer und ewig lau zur Seite gestanden hat und eben aus diesem Grunde auch nicht Pg. geworden ist, um auch das noch anzuschneiden, man eines nicht vergessen soll: Es gibt eine ganze Reihe Nicht-Pg., die das heute positiv angestrichen haben wollen, die seinerzeit nicht in die Nationalsozialistische Partei eingetreten sind, weil das ihrer Meinung nach eine sozialistische Arbeiterpartei war, die ihnen also sozusagen zu weit links stand […] Wir verlangen nicht den negativen Nachweis des Nichtbelastetseins, des Neutralseins, sondern den positiven Nachweis des Mitmachens.»[7]

Das mag Ausdruck eines politischen Pragmatismus gewesen sein. Allerdings impliziert diese Aussage eine Grundannahme, die im gesellschafts-

I. Geheimpolizei und Kommunismus

politischen Alltag handfeste, oft tragische Auswirkungen zeitigte. Denn der «positive Nachweis des Mitmachens» beinhaltete zugleich einen Generalverdacht, den der ehemalige Priesterschüler Josef W. Stalin und seine kommunistische Partei so formulierten: «Wer nicht für uns ist, ist gegen uns.»[8]

Die dramatischen Folgen dieser politischen Geisteshaltung sind bekannt. Gewalt war immanenter Bestandteil der kommunistischen Herrschaft. Die 1945 aus Moskau zurückgekehrten deutschen Kommunisten, aber auch die aus dem westlichen Exil gekommenen oder die aus den Zuchthäusern und Konzentrationslagern befreiten, die nunmehr in der Ostzone die Macht übernahmen, verfügten mehrheitlich über ein Gesellschaftsbild, das sich aus verschiedenen Quellen speiste. Da wäre zunächst als politische Theorie der Marxismus-Leninismus zu erwähnen, insbesondere wie er sich nach 1917/18 «an der Macht» entwickelt hatte. Er kreiste theoretisch wie praktisch um die Frage der Herrschaftsausübung, zu deren legitimen Mitteln Gewalt, Unterdrückung, Mord und Massendeportationen zählten. Hinzu kamen politische Erfahrungen insbesondere seit der Novemberrevolution von 1918. Die Kaderkommunisten blieben immer, auch wenn sie zuweilen bei Wahlen Millionen Wählerstimmen erhielten, in ihrer Selbstwahrnehmung eine von umtriebigen Feinden umzingelte Gruppe. Sie wähnten sich nicht nur ständig in ihrer Existenz bedroht, sie waren es auch. In der Endphase der Weimarer Republik arbeiteten sie bei vereinzelten Aktionen sogar mit den Nationalsozialisten zusammen und sahen die Sozialdemokraten als «Sozialfaschisten», die es als «Hauptfeind» zu bekämpfen gelte. Anders als sie selbst es nach 1945 darstellten, hatten sie damit zum Untergang der Demokratie beigetragen. Ab 1933 waren die Kommunisten dann aber jene politische Gruppe, die am schärfsten von den Nationalsozialisten verfolgt, unterdrückt, bekämpft und tausendfach gemeuchelt wurde. Diese Bürde ist ihnen nach dem Untergang des Dritten Reiches von vielen als moralischer Vorteil zuerkannt worden und auch sie selbst nutzten sie, um ihre Herrschaftsansprüche historisch zu legitimieren.

Als vielleicht wichtigste Quelle dienten ihnen sowjetische Erfahrungen. Die innerparteilichen Flügelkämpfe und der «Bolschewisierungsprozess der KPD» hatten die Partei zu einem treuen Vasallen Moskaus gemacht. Dabei hatten sich ihre Anhänger daran gewöhnt, dass der Freund von gestern der zu vernichtende Feind von heute werden konnte. Diese bereits in der militaristisch organisierten KPD der Weimarer Republik auszu-

I. Geheimpolizei und Kommunismus

machende mentale Disposition wurde durch die stalinistischen Säuberungen der 1930er Jahre noch einmal erheblich verstärkt. Die deutschen Kommunisten machten sich nicht nur die Deutungen der russischen Bolschewiki über die Jahre 1917 bis 1924 zu eigen. Auch als der Terror ab 1929 erneut einsetzte und mit den Jahren 1932/33 und 1936/38 zu bis dahin ungeahnten Auswüchsen mit Millionen Toten führte, standen sie meist treu und ohne größere Zweifel auf der Seite Stalins und seiner Schergen. Endlich schien die Stunde gekommen, die Welt vom Joch der Unterdrückung, Ausbeutung und Kriege zu befreien. Bis *dahin* schien es *jetzt* nur noch ein vergleichsweise kurzer, wenn auch dorniger Weg zu sein. Die Kommunisten glaubten, dieser Weg sei von Marx «wissenschaftlich prognostiziert» und von Lenin unwiderruflich beschritten worden. Ihre Theorie kam ihnen dabei zu Hilfe. Denn die «historisch-materialistischen Geschichtsgesetze», die sich gleichsam wie Naturgesetze vollzögen und an deren Ende der Kommunismus stünde, waren der Takt-, besser Zuchtstock, mit dem die herrschenden Kommunisten ihre Partitur rücksichtslos durchzusetzen gedachten. Hannah Arendt schreibt dazu: «Populär und scheinbar harmlos äußert sich die terroristische Gesinnung bereits in dem Sprichwort: ‹Wo gehobelt wird, da fallen Späne›, einem Spruch, mit dem man bekanntlich jegliches rechtfertigen kann und gerechtfertigt hat. In solcher Gesinnung wird nur dort Geschichte überhaupt anerkannt, wo Späne auch wirklich fallen, bis dann mehr oder minder offen die Größe von Ereignissen nur noch gemessen wird an der Zahl der Opfer, die sie fordern. Psychologisch ist diese Gesinnung die beste, ja die einzig mögliche Vorbereitung für das Leben unter Verhältnissen, die vom Terror bestimmt sind. Denn in ihr hat man bereits den besten Freund, den beliebtesten Menschen und auch sich selbst als mögliche Späne für das erhaltene Hobeln von Natur oder Geschichte erkannt und geopfert.»[9]

Diese Ideologie hat nicht wenige derjenigen, die sich nach 1945 ans Werk machten, um einen neuen Staat aufzubauen, entscheidend geprägt. Ihre grundsätzlichen politischen Erfahrungen bezogen sie aus der Zwischenkriegszeit. Die konkreten persönlichen Erlebnisse mögen ganz verschieden gewesen, ihre Schlussfolgerungen aber ähnelten sich: sie verstanden sich getreu Lenins als von Feinden umzingelte Avantgarde der Arbeiterklasse. Bis zuletzt galt in der SED-Diktatur die «Erziehung zum Hass» als grundlegend, um «Frieden, Sozialismus und Wohlstand» zu sichern und auszubauen. Ulbricht, Mielke, Erich Honecker und ihre engsten Getreuen blieben in diesem Horizont zeitlebens gefangen. Sie

I. Geheimpolizei und Kommunismus

dirigierten und administrierten nicht nur wie in einer «Zwischenkriegszeit». Sie blieben auch stets im Selbstverständnis eine «avantgardistische Vorhut», die unentwegt existenziell bedroht wurde. Der «Kalte Krieg» war auch einer gegen die eigene Bevölkerung. Das hatte einschneidende Folgen für Staat und Gesellschaft. Von Wolfgang Leonhard stammt die Überlieferung, wonach Walter Ulbricht im Mai 1945 kurz nach der Rückkehr aus dem sowjetischen Exil die Parole ausgeben habe: «Es ist doch ganz klar: Es muss demokratisch aussehen, aber wir müssen alles in der Hand haben.»[10] Dass dieses Macht- und Herrschaftsverständnis keine Fiktion war, sondern den Auffassungen der Kommunisten nach 1945 entsprach, zeigte sich nicht nur in den nachfolgenden Jahren immer wieder aufs Neue. Es entsprach auch den eigenen Überzeugungen.

Im September 1949 weilten aus der engeren SED-Führung Wilhelm Pieck, Otto Grotewohl, Walter Ulbricht und Fred Oelßner für knapp zwei Wochen in Moskau, um mit der sowjetischen Führung Wirtschaftsfragen sowie die Modalitäten der DDR-Gründung zu beraten. Der Regiesessel stand in Moskau. Nach Ost-Berlin zurückgekehrt ging die SED-Führung eilig daran, die Staatsgründung vorzubereiten. Auf einer Parteivorstandssitzung am 4. Oktober 1949 wurden die übrigen Spitzenfunktionäre der SED über die gefassten Beschlüsse informiert und die künftige Regierung vorgestellt – so wie sie in Moskau bestimmt worden war. Nach einem längeren Referat des Parteivorsitzenden Wilhelm Pieck kam es zu einer Aussprache. Ein «Diskussionsredner» war Gerhart Eisler. Der Bruder des Komponisten Hanns Eisler trat der KPD 1918 bei und betätigte sich bereits in den zwanziger Jahren als Agent sowjetischer Geheimdienste. Zum Zeitpunkt der DDR-Gründung war er hauptverantwortlich für Massenagitation und nach dem 7. Oktober dann Leiter des Amtes für Information bei der Regierung. Seine Ausführungen auf der Tagung des SED-Parteivorstandes belegen, wie sehr sich die Kommunisten bewusst waren, dass sie ihre Macht niemals demokratisch legitimieren könnten. Gerhart Eisler sagte: «Zweitens gebe ich zu bedenken, ob man nicht an dem Tage, an dem der Volksrat sitzt, [sich] in die Provisorische Volkskammer verwandelt, in Berlin selbst und auch in anderen Städten große Demonstrationen organisiert [...] So wird sich die provisorische Regierung weithin sichtbar in der ganzen Zone von vornherein auf eine ständig anschwellende Bewegung der Massen stützen. Das sollten wir diskutieren und dann durchführen; denn als Marxisten müssen wir wissen: wenn wir eine Regierung grün-

I. Geheimpolizei und Kommunismus

den, geben wir sie niemals wieder auf, weder durch Wahlen noch andere Methoden.»[11]

Wenn Eisler nicht so deutlich ausgesprochen hätte, dass sie die Macht niemals wieder abgeben würden, schon gar nicht durch Wahlen, dann hätte man einen solchen Ausspruch geradezu erfinden müssen: Macht ausüben um jeden Preis. Es war logisch, dass Walter Ulbricht, der mächtigste kommunistische deutsche Funktionär zwischen 1945 und 1971, nach dem zuletzt zitierten Satz von Eisler einwarf: «Das haben einige noch nicht verstanden!»[12]

Das für die Gesellschaft verhängnisvolle an dieser Einstellung war nicht nur der Umstand, dass den Kommunisten ihre Diktatur selbst logisch und rechtmäßig vorkam. Sie haben bis zu ihrem Untergang keinen Zweifel daran gelassen, dass es sich bei ihrer Staatsform um eine «Diktatur» handele, um die «Diktatur des Proletariats». Sie meinten damit zwar ab den sechziger Jahren nicht mehr das, was gemeinhin unter einer Diktatur verstanden wird. Aber sie hielten daran fest, obwohl sie nun häufig mit *moderneren* Begriffen wie «sozialistische Demokratie» oder «sozialistische Gesetzlichkeit» operierten. Im Kern ging es darum, jedes und alles vom «Klassenstandpunkt» aus zu sehen, der sich freilich über Nacht in sein Gegenteil verkehren konnte. Aber dies nachzuvollziehen, war nur eine Form gehobenen Klassenbewusstseins, gleichbedeutend damit, die jeweils aktuell gültige Linie der Parteiführung als unumstößlich, «wissenschaftlich» abgesichert und «gesetzmäßig» folgerichtig zu akzeptieren. Auf Marx, Engels, Lenin (und bis 1956 Stalin) konnten sie sich dabei stets verlassen, hatten die doch in ihrem Leben so viel geredet, geschrieben und unterzeichnet, dass sich praktisch für fast jeden Winkelzug der kommunistischen Politik eine theoretische Erklärung bei den «Klassikern» finden ließ.

Der Terror, den die Besatzungsmacht und alsbald ihre deutschen Helfer in der Ostzone ab 1945 entfalteten, hatte zwei Quellen. Die eine war nachvollziehbar und entsprach alliierten Übereinkünften. Die Verantwortlichen der NS-Diktatur für Krieg, Völkermord, Shoah, politisch motivierte Verfolgungen und Morde, für viele Millionen Tote und ein halb zerstörtes Europa sollten und mussten zur Verantwortung gezogen werden. Dass die sowjetische Besatzungsmacht dabei besonders hart und unnachgiebig vorging, war nicht zuletzt dem Umstand geschuldet, dass ihr Land dasjenige war, das die größten menschlichen und materiellen Verluste durch die Nationalsozialisten zu erleiden gehabt hatte. Als Sie-

I. Geheimpolizei und Kommunismus

germacht stand es ihr durchaus zu, die materiellen Verluste durch Demontagen zu kompensieren. Auch dass sie Verbrecher und Massenmörder aburteilte, war gerechtfertigt. Und die hunderttausendfachen Übergriffe auf deutsche Zivilisten sind nach den vielen Jahren des Krieges mit seinen entsetzlichen Erscheinungen zu erklären, wenn auch nicht zu rechtfertigen. Unrecht lässt sich nicht mit Unrecht sühnen.

Der zweite Grund für den Terror in der Ostzone aber lag in der Geschichte der Sowjetunion und des Kommunismus an der Macht. Seit sich die Bolschewisten 1917 an die Regierung geputscht hatten, hatte das Land Bürgerkriege, Aufstände, ausländische Interventionen erlebt. Frühzeitig begannen sie, das Land mit einem geheimpolizeilichen Terrorsystem zu überziehen. Lenins Anweisung im Dezember 1917, die Tscheka zu gründen, enthielt bereits jene Sprachelemente, die den «großen Terror» mental vorbereiteten. In einem Schreiben an Felix E. Dzierzynski, das die Bildung der Tscheka begründete, hieß es u. a.: «Die Bourgeoisie begeht die schlimmsten Verbrechen, sie kauft den Abschaum der Gesellschaft und verkommene Elemente, setzt sie unter Alkohol, um Pogrome hervorzurufen. Die Anhänger der Bourgeoisie, besonders unter den höheren Angestellten, unter den Bankbeamten usw., sabotieren die Arbeit, organisieren Streiks, um die Regierung bei ihren Maßnahmen zur Verwirklichung sozialistischer Umgestaltung zu lähmen.»[13] Diese abwertende, hasserfüllte Sprache wird jahrzehntelang den Terror begleiten. Sie ist nicht nur Ausdruck einer Geisteshaltung und einer praktizierten Politik, sie verdeutlicht auch, wie sehr sich die Kommunisten von echten oder vermeintlichen Feinden und Gegnern umstellt wähnten, wie stark sie ihrer sektenhaften Insellage mental treu blieben. Dabei war ihnen stets bewusst, wie gefürchtet ihre Geheimpolizei, «unsere schärfste Waffe», war. Lenin war offenbar auch noch stolz darauf, dass der Begriff «Tscheka» weltweit nicht übersetzt werden musste und überall als Ausdruck des Terrors verstanden wurde. «Ohne eine solche Institution kann die Macht der Werktätigen nicht bestehen, solange es auf der Welt noch Ausbeuter gibt, die nicht gewillt sind, den Arbeitern und Bauern ihre Gutsbesitzer- und Kapitalistenrechte auf dem Präsentierteller darzubieten.»[14] Die Tscheka, so Lenin bei einer anderen Gelegenheit, verwirkliche «unmittelbar die Diktatur des Proletariats, und in dieser Hinsicht kann ihre Rolle nicht hoch genug eingeschätzt werden. Einen anderen Weg zur Befreiung der Massen als die gewaltsame Niederhaltung der Ausbeuter gibt es nicht.»[15] Jeder, der sich nicht ausdrücklich zur Sache der Bolschewiki bekenne,

I. Geheimpolizei und Kommunismus

müsse von der Geheimpolizei beobachtet werden.[16] Unter Beifall folgerte Lenin Ende 1919 unmissverständlich: «Terror und Tscheka sind absolut notwendige Dinge.»[17]

Dass auch bei Lenin die Geheimpolizei keine von der Kommunistischen Partei losgelöste Institution darstellte, dass sie «Pläne» zu erfüllen, als «Schild» Angriffe auf die Parteiherrschaft abzuwehren und als «Schwert» Angreifer unschädlich zu machen hatte, dass sie ein Teil der Partei selbst darstelle, artikulierte er immer wieder. Dies musste er, weil seine Revolution zunächst keine war, sondern einen Putsch darstellte, der von Petrograd auf das riesige Land übertragen werden musste – nicht nur gegen den erbitterten Widerstand ihrer Gegner, sondern noch weitaus mehr gegen die Passivität der Bevölkerungsmehrheit. Deshalb waren die Bolschewisten umzingelt von Feinden, von echten – aber vor allem von vermeintlichen, die in Wahrheit passiv und desinteressiert blieben. Der Kommunismus lebte von seiner Selbstbehauptung, alle für den «gesellschaftlichen Fortschritt» zu mobilisieren. Wer sich nicht mobilisieren ließ, wurde zum Gegner erklärt. Lenin: «Wenn Sie infolge Ihrer Kurzsichtigkeit nicht imstande sind, einzelne Genossenschaftsführer zu entlarven, dann setzen Sie einen Kommunisten dorthin, damit er diese Konterrevolution ausfindig macht. Und wenn das ein guter Kommunist ist – *und jeder gute Kommunist ist gleichzeitig auch ein guter Tschekist* –, dann muss er, wenn er einmal in der Konsumgenossenschaft steckt, mindestens zwei konterrevolutionäre Genossenschafter aufstöbern.»[18] Stalin hat dies kurz vor Beginn der Terrorwelle 1936/38 aufgegriffen und am 29. Juli 1936 eindringlich so formuliert: «Unter den gegenwärtigen Umständen muss es die unveräußerliche Eigenschaft eines jeden Bolschewiken sein, dass er einen Gegner der Partei zu erkennen vermag, auch wenn er sich noch so gut tarnt.»[19]

Diese Haltung kostete Millionen das Leben, noch mehr sind deportiert und in das weitverzweigte Lagersystem zur Zwangsarbeit verschleppt worden. Die Geheimpolizei als verlängerter Arm der Kommunistischen Partei blieb dabei das wichtigste Unterdrückungsmittel. Daneben sind zwei Elemente der sowjetischen Geheimpolizei festzuhalten, die auch für das MfS grundlegend werden sollten. Anders als frühere Geheimpolizeien war mit der sowjetischen ein neuer Typus geboren worden: «Erstens gab es jetzt ein neues Feindbild für den Staat, bei dem es nicht mehr in erster Linie um Konflikte um Macht, Einfluss, Territorien und Ressourcen ging, sondern um die ideologische Orientierung des feindlichen Staates. Diese

I. Geheimpolizei und Kommunismus

Orientierung betraf nicht mehr nur die Regierungs- und Gesellschaftsspitze [...], sondern die gesamte Gesellschafts- und Wirtschaftsordnung einschließlich der Wertorientierung, also des politisch-gesellschaftlichen Denkens im weitesten Sinne des Wortes. [...] Zweitens war man nun von der Vorstellung geleitet, dass sich die Unterscheidung zwischen äußeren und inneren Feinden nicht mehr so klar» treffen lasse.[20] Schließlich kam hinzu, dass Abweichungen von den Plänen und Zielen – was im realen Sozialismus die Regel darstellte – jederzeit als «Sabotage» gebrandmarkt und entsprechend unnachgiebig geahndet werden konnten.[21] «Sabotage» war zu einem strafrechtlich relevanten Vorwurf geworden, der praktisch alles umfassen konnte. Dass damit zugleich der Boden für Denunziationsmöglichkeiten und auch eine die Gesellschaft tatsächlich erfassende Denunziationsbereitschaft bereitet wurde, zählte zu einer der vielen Folgen.

Als die sowjetische Besatzungsmacht und ihre deutschen Helfer im Frühjahr 1945 begannen, ihr neues System zu errichten, waren sie von diesen Erfahrungen geprägt. Ihnen war zwar bewusst, dass sie in ihrem Teil Deutschlands die bestehenden Traditionen, politischen Kulturen und Mentalitäten zu berücksichtigen hatten. Da sie zugleich aber einen prinzipiellen Neuaufbau anstrebten, der eine Zerschlagung nicht nur der bisherigen staatlichen und politischen, sondern ebenso der wirtschaftlichen und der gesellschaftlichen Strukturen einschloss, stand ihnen als Vorbild lediglich die Revolutionierung der sowjetischen Gesellschaft zur Verfügung. Eine restlose Sowjetisierung von Staat und Gesellschaft in der SBZ/DDR erfolgte zwar nicht. Gleichwohl haben die Herrscher eine Vielzahl von Strukturen, Institutionen und «Mobilisierungsmaßnahmen» dem sowjetischen Vorbild entlehnt. Dafür gibt es viele Beispiele. Am deutlichsten wird dies am Macht- und Sicherheitsapparat.

Ausgangsbedingungen: die sowjetische Besatzungsherrschaft

In Karlshorst hatte ein Kasernenkomplex die Kriegshandlungen unversehrt überstanden. Der Berliner Stadtteil wurde zum Synonym für die sowjetische Besatzungsmacht, auf dem weitläufigen Gelände einer einstigen Heeresspionierschule befand sich seit Juni 1945 der Sitz der «Sowjetischen Militäradministration in Deutschland» (SMAD). Große Teile des Stadtteils Karlshorst wurden von den Russen beschlagnahmt und das

Ausgangsbedingungen: die sowjetische Besatzungsherrschaft

Moskaus Machtzentrale in der SBZ: Sitz der Sowjetischen Militäradministration in Deutschland in Berlin-Karlshorst, 1945.

Areal mit Zäunen abgeriegelt. Karlshorst blieb auch nach Gründung der DDR ein zentraler Ort – hier hatte die Sowjetische Kontrollkommission (SKK) ihren Sitz und hier übergab am 10. Oktober 1949 SKK-Chef General Wassili Tschuikow den ersten DDR-Regierungsmitgliedern ihre Ernennungsurkunden. Am 17. Juni 1953 flüchteten Ulbricht und andere SED-Spitzenfunktionäre nach Karlshorst und warteten den Gang der Ereignisse ab.

In Karlshorst quartierte sich auch das deutsche Hauptquartier des sowjetischen Geheimdienstes ein. Es war die größte Geheimdienstzentrale der Sowjetunion außerhalb ihrer eigentlichen Staatsgrenzen. Chef dieses Sicherheitsapparates war von 1945 bis 1947 Generaloberst Iwan Serow, einer der engsten Vertrauten Stalins.[22]

Mit der Bildung der SMAD im Juni 1945 begann Moskau, die Besatzungszone systematisch nach einheitlichen Gesichtspunkten und Befehlen zu organisieren und zu verwalten. Die Militärverwaltung unterlag in der Folgezeit einem fast permanenten Reorganisationsprozess. Durch Verflechtungen und gleichzeitige gegenseitige Abgrenzungen der einzelnen Abteilungen, der Verbindungen zwischen Militärregierung und sow-

I. Geheimpolizei und Kommunismus

jetischer Armee, der Tätigkeit der Geheimdienste sowie des Kriegsrats entwickelte sich ein «hochgradiger Improvisationspragmatismus».[23]

Neben der SMAD agierten in der SBZ weitere Sondereinheiten. Dazu zählten etwa Sonderbeauftragte der SMAD für die Repatriierung oder das Finanzwesen, aber auch Mitarbeiter des sowjetischen kommunistischen Jugendverbandes (Komsomol), der Kommunistischen Partei oder des Sicherheitsapparats. Der Geheimdienst war für die Verfolgungen und Verhaftungen sowohl von Sowjetbürgern als auch von Deutschen verantwortlich. Hinzu kam der Apparat des «Bevollmächtigten des Besonderen Komitees für Deutschland beim Staatlichen Verteidigungskomitee», der mit seinen etwa 70 000 Personen umfassenden Reparationsbrigaden die Demontagen durchführte. Außerdem unterhielt die Sowjetunion die neugebildeten Sowjetischen Aktiengesellschaften und die Sowjetischen Handelsgesellschaften, die Technischen Büros der Moskauer Volkskommissariate zur Auswertung technisch-wissenschaftlicher Dokumente und zur Lenkung der Forschungsarbeit in Deutschland sowie vier verschiedene Nachrichtenapparate, die bei der SMAD angesiedelt waren.

Bereits Ende 1946 regte Walter Ulbricht in Moskau an, die SMAD möge den kommunistischen deutschen Kadern die Entscheidungsbefugnis über die Wirtschaft allein überlassen. Er scheiterte mit diesem Begehren. Auch wenn in der SBZ eine klare Teilung der Kompetenzen zwischen der SMAD und den deutschen Instanzen fehlte, so trug die SMAD nicht nur die formale Verantwortung für alle wichtigen Entscheidungen, sondern bereitete deren Umsetzung vor, kontrollierte sie und führte sie letztlich auch durch. Da die Zwangsvereinigung von KPD und SPD strategischen und taktischen Zielen Moskaus folgte, galt die SED in breiten Bevölkerungskreisen als «Russenpartei». «In den folgenden Jahren unterlag die ostdeutsche Partei täglicher Anleitung und Überwachung. Keine ihrer Entscheidungen über Personal-, Struktur- und Richtungsfragen wurde ohne Zustimmung der Besatzungsmacht getroffen; sie gingen sogar meist auf deren Initiative zurück. Die Vertreter der SMAD waren bei allen Sitzungen und Veranstaltungen präsent; ihnen lagen alle Dokumente vor; ausführliche Anregungen, Kommentare und/oder Korrekturen waren die Regel.»[24] Diese strikte Unterordnung der SED-Führung unter die sowjetische Partei entsprach dem traditionellen Selbstverständnis der deutschen Kommunisten seit der Gründung der «Kommunistischen Internationale» 1919. Zudem war Ulbricht und den anderen Führern klar, dass sie ihre Machtposition allein den Sowjets verdankten und diese ohne

Ausgangsbedingungen: die sowjetische Besatzungsherrschaft

Moskau nicht würden halten können. Sie waren aber von den politischen Entscheidungsprozessen nicht gänzlich ausgeschlossen und konnten bei der Umsetzung von Beschlüssen eigene Initiativen entwickeln. Wohl nur ein einziges Mal wagten es die SED-Funktionäre, Stalin zu widersprechen: Am 31. Januar 1947 weilten Pieck, Grotewohl, Ulbricht, Max Fechner und Oelßner in Moskau. Dort fand eine Unterredung mit Stalin statt. Dieser verfolgte zu diesem Zeitpunkt die Zulassung der SED in den Westzonen, um sich die gesamtdeutsche Option offenzuhalten. Im Gegenzug wollte er die SPD in der SBZ wieder zulassen. Eine solche Idee war in den Augen der SED-Führung eine existentielle Bedrohung. Sie konnten sich durchsetzen.[25]

Zur wertvollsten Reparationsleistung entwickelten sich Ende 1945 Uranlieferungen aus dem Erzgebirge (Wismut). Die Bedeutung des ostdeutschen Urans für die sowjetische Atombombenproduktion ist kaum zu überschätzen. Das Wismut-Projekt stand unter direkter Aufsicht der sowjetischen Parteiführung und deren Sicherheitsorganen. Für den Uranbergbau wurden deutsche Arbeitskräfte eingesetzt – freiwillig und in größerem Umfang zwangsrekrutiert –, deren Tätigkeit im Verborgenen blieb, um die Existenz der Minen vor der Öffentlichkeit zu verheimlichen. Allein die Urangewinnung erforderte eine Präsenz sowjetischer Truppen über die eigentliche Besatzungszeit hinaus. In der Wismut AG arbeiteten Ende 1946 10 000 Beschäftigte, Ende 1953 waren es bereits 133 000, die im voll funktionsfähigen und bestens ausgerüsteten «Staat im Staate» arbeiteten. «Der Geheimdienst war es denn auch, der das militärische Projekt Wismut zunächst unter seine Fuchtel nahm. […] Zwei Bataillone mit insgesamt 1600 Mann waren mit der Bewachung der Wismut-Verwaltungsgebäude, der wichtigsten Objekte, der Sprengstofflager und der Labors beauftragt. […] Das gesamte Wismut-Territorium war militärisches Sperrgebiet. Rund um Aue standen Flak-Stellungen zur Abwehr vermeintlicher feindlicher Spionage-Flugzeuge. Alle Zufahrtsstraßen waren durch Schlagbäume abgesperrt, die von sowjetischen Soldaten bewacht wurden. […] Hohe Holzzäune und Kontrolltürme umgaben die Schächte, um die Absperrungen patrouillierten sowjetische Posten mit Hunden und Gewehren. […] Nicht nur die Betriebe selbst, die ganze Region war gewissermaßen exterritoriales Gebiet …»[26]

Neben der Bodenreform sowie den Reparationen und Demontagen in der Industrie widmete sich die SMAD außerdem besonders intensiv dem Umbau des Bildungs- und Erziehungswesens. Dabei ging es vor allem

I. Geheimpolizei und Kommunismus

darum, die alten Lehrer durch neue zu ersetzen, die ähnlich wie im Justizwesen («Volksrichterlehrgänge») in kurzen Lehrgängen zu Neulehrern ausgebildet wurden. Hinzu kam, dass das Schulwesen zentralisiert wurde und der Unterricht auf der Grundlage von einheitlichen, auf sowjetischen Lehrbüchern basierenden Lehrmaterialien erfolgte. Eine ebenso hohe Bedeutung maß die SMAD der Reform des Hochschulwesens zu. Ihr Ziel war, eine neue Hochschullehrerschaft heranzuziehen und auszubilden, die Studentenschaft sozial einschneidend zu verändern, die Lehrinhalte zu vereinheitlichen, die Forschung den Planungsansprüchen zu unterwerfen und der leninistischen Ideologie Geltung zu verschaffen. «Zu den Hauptzielen der SMAD gehörte», wie einer ihrer ehemaligen Mitarbeiter resümierte, «die ideologische Umerziehung der Deutschen, die Vorbereitung zur Verwirklichung der sozialistischen Umgestaltungen in der SBZ.»[27]

Nach der Besetzung Ostdeutschlands durch die Rote Armee waren bis zum Frühjahr 1946 in der SBZ sowohl die Staatssicherheit (NKGB), das Innenressort (NKWD) und die Militärabwehr Smersch nebeneinander tätig. Smersch wurde 1946 in die Staatssicherheit eingegliedert, und es erfolgten mehrere Reorganisationen, die mit internen Vorgängen in der Sowjetunion zusammenhingen. 1946 entstand in der SBZ ein unter Leitung der Staatssicherheit (nun: MGB) stehender Geheimdienstapparat. Dieser war eng mit der SMAD verflochten. Der Stellvertreter des Chefs der SMAD, Generaloberst Serow, stand gleichzeitig als stellvertretender sowjetischer Innenminister allen Geheimdienstapparaten in der SBZ vor. Diese umfassten zwischen 8000 und 15000 Mitarbeiter. Der Hauptsitz befand sich ab Frühjahr 1947 in Karlshorst. Hier waren bis zum Frühjahr 1953 etwa 2200 Geheimdienstmitarbeiter tätig.

Neben alliierten Vereinbarungen und Kontrollratsgesetzen griffen die Besatzungsmächte bei der praktischen Durchführung der Strafmaßnahmen in ihrer Zone auf eigene gesetzliche Bestimmungen zurück. Ein Mittel der sowjetischen Besatzungsmacht war die strenge Anwendung der Militärgerichtsbarkeit, die grundsätzlich für alle deutschen Zivilpersonen galt. Als juristisches Instrument dienten die «Sowjetischen Militärtribunale» (SMT). Die zwischen 1945 und 1955 auf deutschem Boden arbeitenden Tribunale bestanden in der Regel aus einem Militärrichter als Vorsitzendem und zwei Militärschöffen. Insgesamt sind durch die SMT etwa 40 000 Personen verurteilt worden. Hinzu kamen etwa 40 000 Deutsche, über die direkt in der Sowjetunion Urteile verhängt worden sind. Mit Befehl 201 der SMAD vom 16. August 1947 ist die Aburteilung von Perso-

Ausgangsbedingungen: die sowjetische Besatzungsherrschaft

nen, denen Kriegsverbrechen und Verbrechen gegen die Menschlichkeit sowie politisches und berufliches Engagement für das Hitlerregime vorgeworfen wurden, zum Teil deutschen Gerichten übertragen worden. Neben der Bestrafung von Vergehen gegen das Besatzungsregime und «konterrevolutionären Verbrechen» ging die sowjetische Besatzungsmacht weiterhin gegen straffällig gewordene Sowjetbürger in Deutschland gerichtlich vor bzw. verurteilte Personen, die Verbrechen gegen Sowjetbürger oder Verbrechen auf dem Territorium der UdSSR begangen hatten oder haben sollten.

Im Vertrag vom 20. September 1955 über die Beziehungen zwischen der UdSSR und der DDR wurde auch festgelegt, dass die SMT ihre Arbeit beenden sollten. Nach vorliegenden Erkenntnissen ist das letzte Urteil eines Sowjetischen Militärtribunals in der DDR gegen einen Deutschen am 24. Oktober 1955 verhängt worden.[28] Im Wesentlichen können die von den SMT verhandelten Delikte in vier Gruppen eingeteilt werden: Nazi- und Kriegsverbrechen, Verstöße gegen das Besatzungsregime, kriminelle Vergehen und «konterrevolutionäre Verbrechen». Im Zusammenhang etwa der Zwangsvereinigung von KPD und SPD 1946, der Ausrufung der SED zu einer «Partei neuen Typus» ab 1948, des «planmäßigen» Aufbaus des Sozialismus nach der 2. SED-Parteikonferenz (1952) und des Volksaufstandes vom 17. Juni 1953 gerieten Personen und Personengruppen, die eine oppositionelle Haltung zur politischen Entwicklung einnahmen, in die Fänge der sowjetischen «Sicherheitsorgane». Die Verfahren hatten etwa ab 1947 mehrheitlich politische Hintergründe. Zu den verurteilten Personen gehörten Liberaldemokraten, Christdemokraten, Sozialdemokraten, Angehörige studentischer Widerstandsgruppen, aber auch als unzuverlässig eingestufte Mitglieder der SED, der FDJ, ehemalige Mitglieder der KPD oder kommunistischer und linkssozialistischer Splittergruppen sowie andere Antifaschisten, darunter solche, die schon zwischen 1933 und 1945 in deutschen Gefängnissen oder Konzentrationslagern eingesperrt waren. Nur eine verschwindend geringe Zahl hatte entgegen der offiziellen Propaganda tatsächlich für einen westlichen Geheimdienst gearbeitet. Unter dem verurteilten Personenkreis befanden sich aber auch Kriminelle sowie politische Straftäter, die Anschläge verübt hatten. In Bernburg etwa agierte 1947/48 eine Gruppe, die zweimal Handgranaten in das Gebäude der dortigen SED-Leitung warf und ein Auto der sowjetischen Militärkommandantur in die Luft sprengte.

I. Geheimpolizei und Kommunismus

Vernehmungen erfolgten nur in Untersuchungsgefängnissen, die der Besatzungsmacht unterstanden. Die sowjetischen Untersuchungsorgane, die physische Gewalt systematisch und durch einen Parteibeschluss von 1937 sanktioniert anwendeten, verzichteten in den meisten Fällen auf materielle Beweismittel. Die Verhöre fanden vorwiegend nachts statt. In vielen belegten Fällen wurden Geständnisse und Selbstbezichtigungen aus den Festgenommenen herausgeprügelt. In der zentralen Untersuchungshaftanstalt in Berlin-Hohenschönhausen wurden 1947 Folterzellen installiert. Vielfach war die Vernehmung mit Schlaf- und Nahrungsentzug verbunden. Zum Spektrum der Folter gehörten auch Ankündigungen bevorstehender Erschießung (Scheinhinrichtungen). Das Protokoll nach den Verhören unterschrieben die meisten Betroffenen ohne den eigentlichen Inhalt des Dokuments, welches in russischer Sprache abgefasst war, zu kennen.[29] Ein Dolmetscher war bei den Verhören oft nicht zugegen. Die Tribunale verkündeten ihre Urteile zumeist nach Schnellverfahren. Außerdem verhängte ein Sondertribunal des NKWD/MWD in Moskau bis Mitte 1953 Fernurteile. Diese Verurteilten wurden ausnahmslos in Zwangsarbeitslager in der UdSSR deportiert. Die Mehrheit der Verurteilten verlor durch Konfiszierung ihr gesamtes Hab und Gut.

1950 wurden die in deutschen Gefängnissen einsitzenden SMT-Verurteilten an DDR-Einrichtungen übergeben. Dies betraf 10 513 Personen. Entsprechend einem Beschluss des Politbüros des ZK der KPdSU[30] vom 31. Oktober 1949 überwachten die sowjetischen Behörden die Überführung der SMT-Verurteilten in den DDR-Strafvollzug. Nur die Besatzungsbehörden konnten über vorzeitige Entlassungen entscheiden. Nach Stalins Tod 1953 kam es neben der Freilassung von hunderttausenden GULAG-Häftlingen auch zur Überprüfung der Urteile gegen deutsche Bürger. Das Politbüro der KPdSU fasste einen Beschluss über die Begnadigung von 6150 SMT-Verurteilten aus Zuchthäusern der DDR. Im September 1954 befanden sich hier nun noch 5628 deutsche Bürger, die zwischen 1945 und 1953 von sowjetischen Gerichten verurteilt worden waren. Wegen des anhaltenden Drucks aus der Bevölkerung drängte Pieck die sowjetische Regierung, zum fünften Jahrestag der DDR eine weitere Amnestie durchzuführen. Am 5. Oktober 1954 verabschiedete sie einen entsprechenden Beschluss.[31] Die letzten Gruppenentlassungen von SMT-Verurteilten aus dem DDR-Strafvollzug erfolgten 1960 und 1964.

Die Alliierten hatten sich auf der Potsdamer Konferenz darauf geeinigt, Repräsentanten der Hitler-Diktatur zu inhaftieren. In der US-Zone wur-

Ausgangsbedingungen: die sowjetische Besatzungsherrschaft

den ca. 100 000 Personen in acht Lagern interniert, in der britischen betraf es 90 800 in elf Lagern. Über die Anzahl der Insassen in den acht Lagern der französischen Zone gibt es keine Angaben. In der SBZ richtete die Besatzungsmacht zehn solcher Lager ein. Nur eine Minderheit der Lagerinsassen war formell von einem Militärtribunal oder von einem anderen Gericht verurteilt worden. Die Lager wurden russisch als «Speziallager» und die Inhaftierten als «Spezialkontingent» bezeichnet.

In den ersten Monaten wurden Verhaftete aus der SBZ auch östlich von Oder und Neiße interniert, die aber zumeist nach der Potsdamer Konferenz in Speziallager der SBZ überführt wurden. Zu den Speziallagern kamen Gefängnisse, die dem Innenressort (NKWD) zugeordnet waren. Dies betraf die meisten größeren Gefängnisse und Zuchthäuser. Die sogenannten GPU-Keller schließlich, die in öffentlichen Gebäuden, Gefängnissen oder in Privathäusern eingerichtet worden waren und in denen die ersten Verhöre mit Folter und Schlägen erfolgten, unterstanden den operativen Gruppen des NKWD auf Kreisebene oder den operativen Sektoren auf Landesebene. Von 1922 bis 1934 hieß die sowjetische Geheimpolizei abgekürzt GPU. Diese Bezeichnung ist in der Nachkriegszeit im deutschen Sprachgebrauch häufig verwendet worden.

In den Speziallagern waren insgesamt knapp 190 000 Personen inhaftiert, darunter 35 000 Ausländer, in erster Linie Sowjetbürger. Hinzu kamen etwa 270 000 Deutsche, die beim Vormarsch der Roten Armee in Osteuropa verhaftet, interniert und in die Sowjetunion deportiert wurden. Von den über 150 000 in den Speziallagern der SBZ inhaftierten Deutschen wurden nur etwas mehr als zehn Prozent tatsächlich verurteilt. Insgesamt sind 43 035 Internierte (Deutsche und Ausländer) in der Haft verstorben, vor allem an Unterernährung und Tbc. 786 Personen wurden erschossen.[32]

Im Februar/März 1950 befanden sich noch knapp 30 000 Personen in den letzten drei Lagern. 15 000 von ihnen sollten entlassen und 3400 bis dahin nicht Verurteilte dem DDR-Innenministerium übergeben werden, ebenso – zur Verbüßung ihrer Strafen – 10 500 weitere Personen, die bereits von SMT verurteilt worden waren.[33] In den berüchtigten «Waldheimer Prozessen» sind ohne Beweisaufnahme, Verteidigung oder Zeugenvernehmung im Frühjahr 1950 in nur zehn Wochen nun über 3300 Urteile verhängt worden – 24 Todesurteile wurden vollstreckt.

I. Geheimpolizei und Kommunismus

*Souveränität ohne Selbständigkeit –
Die schrittweise Übertragung der Regierungsgeschäfte
an die DDR*

Als im Juni 1945 etwa 70 deutsche Kommunisten und 300 ehemalige Kriegsgefangene, die zuvor Antifa-Schulen in der Sowjetunion absolviert hatten, für die Verwaltungsarbeit nach Deutschland geschickt wurden, stellte sich schnell heraus, dass der Bedarf weitaus höher war. Insbesondere Ulbricht bat in Moskau immer wieder darum, geeignete und politisch brauchbare Kriegsgefangene (Antifa-Schüler) nach Deutschland zu entlassen. Mit dem Aufbau der Landesverwaltungen der Sowjetischen Militäradministration war zugleich im Juli 1945 die Errichtung von elf Deutschen Zentralverwaltungen – ein Jahr später kamen fünf weitere hinzu – verbunden. In den Zentralverwaltungen dominierten die Kommunisten bzw. ab April 1946 die SED-Mitglieder. Diese Institutionen waren Ausführungsorgane der SMAD. «Die erste Aufgabe der deutschen Verwaltung ist die pünktliche und genaue Erfüllung aller Befehle.»[34] Die SMAD dirigierte bis in nebensächlichste Entscheidungen die Arbeit der Zentralverwaltungen. Ulbricht war daran gelegen, die «richtigen» Kader in Schlüsselpositionen zu bringen, da er sich offenbar sicher war, dass die Arbeit in einem überschaubaren Zeitraum von der deutschen Verwaltung übernommen werden würde. Als SMAD-Chef Marschall Sokolowski am 14. Juni 1947 den Befehl erließ, eine «Deutsche Wirtschaftskommission» (DWK) zu bilden, war das der wichtigste Schritt zur Bildung einer zentralisierten Verwaltung. Die DWK unterstand der SMAD, ähnelte aber als Koordinierungsorgan der Zentralverwaltungen einer Regierungsbehörde. Im Februar 1948 wurden die Befugnisse der DWK beträchtlich erweitert. Sie konnte nun eigenständig Weisungen an die Zentralverwaltungen erteilen. Zugleich erhielten die Zentralverwaltungen Schritt für Schritt größere Kompetenzen eingeräumt. Die Übertragung wichtiger Regierungsgeschäfte von der SMAD an die deutschen Behörden hatte begonnen.

Die Gründung der DDR am 7. Oktober 1949 veränderte zunächst nichts am Abhängigkeitsverhältnis der SED und der Staatsorgane. Die SMAD wurde allerdings aufgelöst und in die «Sowjetische Kontrollkommission» (SKK) überführt. Diese bestand bis zum Juni 1953 (offiziell bis zum 1. August 1953). General Wassili I. Tschuikow, der als letzter SMAD-Chef nun Chef der SKK wurde, ist am 10. Juni 1953 mit einem Essen feierlich verabschiedet worden. In den Jahren bis 1955 existierte das

Ausgangsbedingungen: die sowjetische Besatzungsherrschaft

Amt eines Hohen Kommissars, das Wladimir S. Semjonow bekleidete. Das Amt bediente sich weitgehend der SKK-Strukturen.[35]

Die SKK war mehr als nur eine Kontrollinstanz. Sie stützte sich zwar nicht auf einen so großen Apparat wie die SMAD, aber die Zentralisierung in der SBZ machte einen solchen auch zunehmend überflüssig. Die SKK vertrat in der DDR einerseits die wirtschaftlichen Interessen und politischen Ziele der sowjetischen Regierung. Zugleich aber leitete sie die DDR-Regierung und das SED-Politbüro an. Kein wichtiger Beschluss ist ohne vorherige Konsultation der SKK und später dem Hohen Kommissar gefasst worden. Mindestens zweimal wöchentlich traf sich SKK-Chef Tschuikow mit Pieck, Ulbricht und Grotewohl. Tschuikow unterrichtete seine deutschen Genossen über neueste Entwicklungen und Beobachtungen der sowjetischen Kontrollgruppen, ließ sich über die Lage informieren, erteilte Instruktionen und diskutierte über die zu fassenden Beschlüsse. Dies setzte sich auf allen Ebenen fort. Offiziell gab es zwar keine Befehle mehr, doch die in den SED-Akten zahlreich überlieferten «Merkblätter» der SKK besaßen zweifellos Befehlscharakter.

Die leitenden sowjetischen Offiziere betrachteten jedes Detail des politischen, wirtschaftlichen und gesellschaftlichen Lebens in der SBZ und in der frühen DDR als Angelegenheit der Besatzungsmacht. «In Beziehung auf Osteuropa und die sowjetische Besatzungszone in Deutschland gründete der Stalinismus mehr auf dem Schicksal und der Autorität dieser Priester des rechten Glaubens, den sowjetischen Vertretern in Uniform, als auf den Inquisitoren der Geheimpolizei. Diese Priester waren die Mittler der obersten Wahrheiten und sie fühlten sich berechtigt (und natürlich berufen), diese Wahrheit überall umzusetzen – in den Wohnungen, den Läden, den Schulen und Fabriken. [...] Natürlich gab es Angst und Bedrohung im stalinistischen System. Was man jedoch, blickt man auf die Offiziere und politischen Führer der SMAD, feststellt, ist eine tiefe Überzeugung von der Überlegenheit des bolschewistischen Weges – eine Überzeugung, die so fest war, dass nur wenige sowjetische Offiziere bemerkten, wie unpopulär sie in der eigenen Besatzungszone waren und wie nachteilig sich das sowjetische System für die Deutschen auswirkte. Sie waren der Annahme, dass zumindest die Deutschen in der sowjetischen Zone diese Überlegenheit des sowjetischen Weges verstehen würden.»[36]

I. Geheimpolizei und Kommunismus

Der Weg zur Gründung des Ministeriums für Staatssicherheit

Die kommunistischen Nachkriegsplanungen für Deutschland begannen in der Sowjetunion längst vor Kriegsende. Anton Ackermann, in der Nachkriegszeit bis Ende 1953 einer der einflussreichsten deutschen Kommunisten, schrieb z. B. Ende 1944 in Moskau ein «Aktionsprogramm des Blocks der kämpferischen Demokratie». Staat und Gesellschaft sollten von aktiven Nationalsozialisten «gesäubert», Kriegsverbrecher abgestraft und ein «starkes Volksregimes» errichtet werden. Unter Punkt 7 der innenpolitischen Aufgaben notierte er: «Schaffung und Entwicklung von Volksorganen zur Durchführung der von der neuen Regierungsgewalt erlassenen Gesetze und Verordnungen und zur Mitarbeit der Volksmassen an der Staatsverwaltung.»[37]

Solche «Planungen» blieben unscharf, weil der KPD-Führung bewusst war, dass die entscheidenden Impulse für den Neuaufbau von Staat und Gesellschaft zunächst von der sowjetischen Besatzungsmacht ausgehen würden und die KPD dabei lediglich die Rolle einer Erfüllungsgehilfin spielen könnte. Allerdings konnten sie davon ausgehen, dass erstens öffentlich weder von Sozialismus noch von sowjetischen Verhältnissen, die angestrebt würden, gesprochen werden dürfe und dass zweitens wiederum genau darin ihr strategisches Ziel bestehe. Am Vorabend der von Moskau betriebenen Zwangsvereinigung von SPD und KPD zur SED im April 1946 sprach Franz Dahlem, mächtiger Kaderchef, dies relativ unverblümt aus: «Unsere Partei hat seit der ersten Stunde ihres legalen Auftretens nach dem Zusammenbruch des Hitler-Regimes als ihre Überzeugung kundgetan, dass nunmehr nach dem Bankrott der großkapitalistischen Herrschaft in unserem Land, die Arbeiterklasse das Schicksal Deutschlands in ihre Hände nehmen und dass sie den neuen Staat aufbauen und führen muss. Die Partei hat dementsprechend sofort ihre *Tätigkeit als eine staatsaufbauende Partei* begonnen ...»[38]

Allerdings sprach sich dies leichter aus als es sich umsetzen ließ. Die Besatzungszone war in Länder und Provinzen untergliedert und sollte formal föderal von der sowjetischen Besatzungsmacht regiert werden. Einer allzu offenkundigen Zentralisierung stand zudem Stalins Politik entgegen, der nicht die Hoffnung aufgab, sein Sowjetdeutschland bis an die Westgrenze des Reiches auszudehnen.[39] Hinzu kam, dass in der SBZ starke Widerstände gegen eine sozialistische Umgestaltung auftraten.

Und schließlich schlug zu Buche, dass die Personaldecke für die Umsetzung kommunistischer Machtansprüche dünn war.

Dies führte zu einem Kompetenzgerangel und einer Unübersichtlichkeit der Strukturen, die damalige Akteure ebenso verunsicherte wie sie bis heute in der historischen Forschung zu nicht immer klaren Einschätzungen und Rekonstruktionen führen. Besonders augenfällig wird dies daran, dass die Jahre bis 1949 von ständigen staatlichen Umstrukturierungen ebenso charakterisiert waren wie von unterschiedlichen regionalen Entwicklungen, von offenkundigen Parallelstrukturen, von erstaunlichen personalpolitischen Entscheidungen bis hin zu halblegalen oder gar illegalen Strukturen, die von der Besatzungsmacht und/oder der SED aufgedeckt und zerschlagen werden mussten. Dass dies in einem besonderen Maße auch jene Strukturen und Entwicklungen betraf, die zum weiten Feld geheimdienstlicher und geheimpolizeilicher Institutionen und Organisationen zählten, liegt geradezu auf der Hand.

Die ostdeutsche Geheimpolizei entwickelte sich nicht linear aus einer einzigen Organisation heraus. Drei Entwicklungen sind ins Auge zu fassen, die sich zum Teil überlappten, zum Teil nebeneinander existierten und die später das besondere Gebilde MfS prägten und zugleich wiederum eigene Entwicklungswege hervorbrachten. Als Erstes wäre der sowjetische Geheimdienst- und Geheimpolizeiapparat zu nennen. Zweitens ist auf innerparteiliche, z. T. geheimdienstliche und militärähnliche Strukturen hinzuweisen. Und schließlich sind nach 1945 polizeiliche Institutionen aufgebaut worden, die als Vorläufer des MfS gelten, aber zugleich ohne die anderen beiden Quellen gar nicht zu erklären wären. Da dies alles sehr schnell darstellerisch ausufern und eher Verwirrung stiften könnte, werden nachfolgend lediglich diese drei Entwicklungsstränge in ihrer Funktionsweise und systemeigenen Rationalität umrissen, ohne dabei ins Detail abzugleiten.

Der sowjetische Geheimpolizei- und Geheimdienstapparat in der SBZ

Die sowjetischen Geheimdienste und Geheimpolizeien waren nicht nur abstrakte Vorbilder für die nach 1945 in den «Volksdemokratien» und der SBZ/DDR entstehenden Dienste, sie waren auch wie die KPdSU für die nationalen KP-Gliederungen selbst Befehlsorgane und oberste Machtorgane. Die SBZ/DDR war davon in einem besonderen Maße als besieg-

I. Geheimpolizei und Kommunismus

tes Besatzungsgebiet und als geopolitisch wichtigster, weil westlichster Vorposten des Sowjetreiches betroffen. Bis in die 1950er Jahre hinein blieb die DDR eine Art «16. Sowjetrepublik»[40].

Als die sowjetische Armee 1945 deutsches Gebiet betrat, kamen auch vier Geheimdienste nach Deutschland: die Hauptverwaltung Spionageabwehr «Smersch», die militärische Abwehraufgaben erfüllte und dem Volkskommissariat für Verteidigung unterstand. Die Verwaltung Spionageabwehr der Seekriegsflotte diente auch der Militärabwehr (Marine). Das Volkskommissariat für Staatssicherheit (NKGB) war Geheimpolizei und Geheimdienst gleichermaßen. Und schließlich als vierte Institution das Volkskommissariat für Innere Angelegenheiten (NKWD), dem die Lager, die Miliz, die Gefängnisse unterstanden und das mit seinen Inneren Truppen das Hinterland der Armee zu sichern und zu säubern hatte. «Während die Abwehr ‹Smersch› nur in den Truppenteilen und Verbänden der Roten Armee wirkte und für deren Sicherheit sorgte, gegen ‹Verrat› und gegen feindliche Agenten in der Truppe zu kämpfen hatte, war es die Aufgabe der unmittelbar den Kampfverbänden folgenden NKWD-Truppen zum Schutz des Hinterlandes, umfassende Razzien durchzuführen und ‹alle verdächtigen und feindlichen Elemente› festzunehmen. Die Einheiten des NKWD hatten außerdem in den besetzten Gebieten die öffentliche Ordnung zu gewährleisten und das sowjetische Besatzungsregime aufrechtzuerhalten. Natürlich unterstützten sich beide Dienste gegenseitig, aber erst mit Einrichtung des Postens eines Bevollmächtigten des NKWD bei den Fronten der Roten Armee wurden ihre Aktivitäten auch offiziell zusammengefasst.»[41]

Die beiden besten Kenner des sowjetischen Geheimdienstapparates im Nachkriegsdeutschland, Jan Foitzik und Nikita Petrov, schlussfolgern aus der Tatsache, dass NKWD (Innen) und NKGB (Staatssicherheit) massiv in Osteuropa und Ostdeutschland präsent waren, Moskau habe eine «Sowjetisierung der eroberten Länder» angestrebt. Denn für die Sicherheit der Truppen, so die beiden Historiker, hätte die Anwesenheit der Militärabwehr ausgereicht. Die Repressions- und Säuberungspolitik aber, die in der Hauptverantwortung des NKWD lag, deutete auf längerfristige Eroberungsabsichten hin. Der NKWD war das entscheidende Mittel, um in den eroberten Gebieten Osteuropas kommunistische Polizeistaaten zu errichten. Allerdings irren Foitzik und Petrov, wenn sie behaupten: «Im großen und ganzen unterschied sich die Politik der UdSSR 1945 in den besetzten deutschen Gebieten in ihren Zielen und Methoden kaum von

Der Weg zur Gründung des Ministeriums für Staatssicherheit

der deutschen Okkupationspolitik in der Sowjetunion.»[42] Zwar gab es Massendeportationen neben den letztlich unsinnigen, weil für die UdSSR weithin nutzlosen, aber für Ostdeutschland dauerhaft schädlichen Demontagen, aber es fand keine Vernichtungspolitik statt.[43]

Die Repressionspolitik in den besetzten Gebieten ging zunächst allein vom NKWD aus. Erster Chef des NKWD (ab 1946 MWD) bei der Gruppe der sowjetischen Besatzungstruppen in Deutschland war Iwan Serow, der 1947 in die Sowjetunion abkommandiert wurde und dort zunächst stellvertretender Innenminister und 1954 Chef des KGB wurde. Der NKWD-Apparat in der SBZ musste praktisch vollkommen neu aufgebaut werden, da ein Großteil der Führungskader und Truppen in den besetzten Gebieten, vor allem in Polen, verblieb. Serow beanspruchte bereits im Juni 1945, die gesamte Besatzungszone mit operativen Gruppen des NKWD zu überziehen, die aber als Organe der SMAD getarnt werden sollten. Im Sommer 1945 verfügte Serow über etwa 1500 Mitarbeiter. Wenige Monate später waren es bereits rund 2700, wobei das Personal häufig ausgetauscht wurde und neben den Gruppen von NKWD und NKGB weitere tätig waren, die zuweilen selbst Serow unbekannt blieben. Denn sie erhielten direkt von Moskau aus ihre Einsatzbefehle bzw. wurden von dort für eine befristete Zeit und für Spezialaufträge abkommandiert. Im Mai 1946 kam es in Moskau zu einer Umstrukturierung, unter anderem wurde dem nunmehrigen MGB (Staatssicherheitsministerium) die Organisation «Smersch» eingegliedert, was auch für das deutsche Besatzungsgebiet analog nachvollzogen wurde. Oberster Befehlsgeber nach Stalin war nun der neue Staatssicherheitsminister Abakumow. Das Politbüro beschloss im August 1946 in Moskau: «Die operativ-tschekistische Arbeit und die Ermittlungstätigkeit in der sowjetischen Besatzungszone Deutschlands sind beim Ministerium für Staatssicherheit der UdSSR zu konzentrieren, wofür aus dem MWD [Innenministerium] der UdSSR an das MGB [Ministerium für Staatssicherheit] der UdSSR das Agenten- und Informantennetz, die Vorgänge, das Personal, die Untersuchungshaftzellen und Inneren Gefängnisse, das Vermögen, die Gebäude und die materiellen Werte zu übergeben sind.»[44] Das sowjetische Innenministerium (MWD) zeichnete nun nur noch für die *regulären* Gefängnisse, Sonderlager, Durchgangsgefängnisse sowie für die Bewachung der Gefangenentransporte verantwortlich. Für politisch motivierte Verhaftungen in Deutschland war dagegen nunmehr allein das Ministerium für Staatssicherheit (MGB) zuständig, das auch die Truppen des MWD (7 Regimen-

I. Geheimpolizei und Kommunismus

ter) in seinen Bestand übernahm. Als oberster MGB-Bevollmächtigter in Deutschland agierte General Kowaltschuk, der zugleich stellvertretender Staatssicherheitsminister war und nur Abakumow unterstand. Serow verlor dadurch seine bis dahin mächtige Position offiziell im November 1946, er war fortan innerhalb der SMAD «nur noch» für die Verwaltung Inneres verantwortlich. Die MGB-Struktur in Deutschland ähnelte dem Aufbau der Territorialorgane in der UdSSR. Vor allem die 5. Abteilung stellte eine Besonderheit dar, da sie die Überwachung und Bespitzelung der SMAD und sowjetischer Zivileinrichtungen vornahm und somit eine besonders zentrale Aufgabe in der Besatzungszone zu erfüllen hatte. Erst 1947/48 sind die MGB-Spitzenkader in Deutschland offiziell ernannt worden, bis dahin waren sie lediglich von ihren Dienstorten in der Sowjetunion abkommandiert worden. Das war insofern von Bedeutung, weil die wichtigsten Posten nunmehr zur ZK-Nomenklatur zählten und demzufolge Besetzungen nur nach Bestätigung durch die Parteiführung vollzogen werden konnten. «Die Einführung dieser Bestätigungsprozedur für die Kader im Apparat des MGB-Bevollmächtigten war Teil eines allgemeinen Plans zur Säuberung des gesamten operativen Personals der Sicherheitsorgane in Deutschland. Ein niedriger Stand der Disziplin, häufige Trinkgelage und Gesetzesverletzungen bis hin zu Gewaltakten gegen die ortsansässige Bevölkerung und Raubtaten waren keine Seltenheit.»[45] Um die zum Teil unübersichtliche Situation zu beherrschen,[46] war die sowjetische Besatzungsarmee ab 1947 strikt kaserniert und schrittweise hermetisch von der deutschen Zivilbevölkerung abgeschirmt worden. Die Partei übernahm allmählich Kontroll- und Überwachungsaufgaben auch innerhalb der Staatssicherheit. Diese «führende Rolle» wurde in den Kriegsjahren aus ganz unterschiedlichen Gründen nicht mehr effektiv wahrgenommen und musste wieder institutionalisiert werden.

Nachdem Ende Dezember 1948 in Moskau die Parteiführung beschlossen hatte, in der SBZ deutsche Staatssicherheitsorgane zu bilden, ist die MGB-Struktur dieser Neuorientierung angepasst worden. Es entstand 1949 parallel zur deutschen regionalen und territorialen Staatssicherheitsstruktur eine MGB-Struktur, die die Anleitung und Kontrolle der ostdeutschen Staatssicherheit zur Aufgabe hatte. «1949 erreichte die personelle Ausstattung des Apparats des MGB-Bevollmächtigten in Deutschland ihren Höchststand. Nach der Umstrukturierung gab es im April 1949 40 Stadt- und 91 Kreisabteilungen des MGB (in Berlin wie bisher acht Stadtbezirksabteilungen). Schätzungen zufolge betrug die Gesamtzahl

Der Weg zur Gründung des Ministeriums für Staatssicherheit

der Mitarbeiter [...] zu diesem Zeitpunkt mindestens 4000 Personen.»[47] Hinzu kamen noch die Inneren Truppen der Staatssicherheit (MGB), deren Gesamtpersonalstärke von Ende 1946 bis Anfang 1951 zwischen 6700 und 5400 schwankte.[48] Diese Inneren Truppen wurden bis 1957 komplett aus der DDR zurückgezogen.

Innenressort (NKWD) bzw. später Staatssicherheit (MGB) nahmen in der SBZ Polizeiaufgaben und Geheimpolizeiaufgaben wahr und leiteten die deutsche Polizei an. Politische Verhaftungen führten zwar auch letztere durch, aber zunächst nur im Auftrag der Besatzungsmacht. NKWD/MGB unterhielten ein dichtes Spitzelnetz. Vor allem in den ersten Nachkriegsjahren ging von den sowjetischen Diensten ein systematisch betriebener Terror gegen die Zivilbevölkerung aus. Ab 1946 gerieten – neben belasteten Nationalsozialisten – immer stärker auch politische Widersacher oder solche, die dafür gehalten wurden, in die Fänge des Terrorapparats.

Der Aufbau der kommunistischen Diktatur war für weite Kreise der Gesellschaft von Terror und einer sich immer mehr ausbreitenden Angst begleitet. So gab es in den ersten Jahren immer wieder flächendeckende Razzien und Verhaftungsaktionen. In Dresden etwa wurden vom 19. bis 21. Mai 1945 31 503 Personen auf einen Schlag festgenommen. Mag man diese Verhaftungs- und Vergeltungsaktion der Sieger noch als kriegsbedingt verstehen, so verhafteten vom 27. bis 30. April 1948 MGB-Truppen in der gesamten SBZ 19 717 Personen. Wie willkürlich dieser Akt letztlich war, zeigt allein der Umstand, dass drei Wochen später 18 104 von diesen Personen wieder freigelassen worden sind.[49] Solche Aktionen stießen zuweilen bei der SMAD auf harsche Kritik, die aber letztlich folgenlos blieb, weil sie die Staatssicherheit (MGB) weder kontrollieren noch in ihrem Aktionsradius begrenzen konnte. Dazu trug bei, dass das MGB die juristische wie außergerichtliche Ahndung nach sowjetischen Gesetzen, insbesondere dem russischen Strafgesetzbuch, vollzog. Insgesamt sind neben den oben bereits erwähnten Internierten zusätzlich von 1947 bis zum Vorabend des 17. Juni 1953 nach «amtlichen Unterlagen» vom MGB über 16 000 Deutsche verhaftet und verurteilt worden.[50] Schätzungen gehen davon aus, dass, wie schon oben betont worden ist, sowjetische Militärtribunale bis 1955 etwa 40 000 Deutsche verurteilten. Mehr als die Hälfte davon ist in die Sowjetunion deportiert worden. Über 70 Prozent dieser verurteilten Personen sind wegen «konterrevolutionärer Verbrechen» (Art. 58 StGB der RSFSR), die sie nach 1945 begangen haben sollen, belangt worden. 2943 Personen sind zum Tode verurteilt, 2223 tatsächlich hingerichtet worden. Weniger als ein Viertel der vollstreckten Todesurteile erfolgte wegen Kriegs- und Gewaltverbrechen.[51] «Diese statistischen Angaben belegen hinlänglich, dass die sowjetischen Militärtribunale in der SBZ/DDR in der Hauptsache als Organe der politischen ‹Klassenjustiz› wirkten.»[52]

«Abwehr» und «Aufklärung»: Praxis und Theorie in der Kommunistischen Partei

Die deutschen Akteure, die an unterschiedlichen Stellen neben der Parteiführung im engeren Sinne eine wichtige Rolle beim Aufbau der deutschen Geheimpolizei spielten, agierten als verlängerter Arm der Besatzungsmacht und ihrer Geheimpolizei. Die meisten waren bereits vor 1933 KPD-Mitglieder, gehörten den illegalen Apparaten der Partei an und hatten ganz überwiegend vor oder nach 1933 geheimdienstliche und parteipolitische Schulungen oder Ausbildungen in der UdSSR absolviert.[53]

Um die innere Verfassung und die Doktrin der Staatssicherheit in der DDR zu verstehen, ist als Quelle die kommunistische Parteigeschichte zu berücksichtigen. Dies ist aus mindestens zwei Gründen wichtig. Erstens waren die Personen, die zunächst in der Staatssicherheit neben den sowjetischen Offizieren die Hauptverantwortung trugen, fast überwiegend deutsche Kaderkommunisten, die politisch vom Ersten Weltkrieg, der russischen Oktoberrevolution, der deutschen Novemberrevolution, der Weimarer Republik, dem Aufstieg des Nationalsozialismus, der NS-Diktatur sowie den unterschiedlich motivierten Repressionen und Verfolgungen in Deutschland nach 1933 und in der Sowjetunion geprägt wurden. Diese Erfahrungen haben die innerparteiliche Entwicklung der KPD, aber auch die politisch-ideologische Orientierung ihrer *geschulten* Mitglieder nachhaltig beeinflusst – weit über 1945 hinaus. Die Grundsätze der kommunistischen Realpolitik sind nach der russischen Revolution von Lenin formuliert worden: Die richtige Durchführung der Beschlüsse zu organisieren, war ein solcher Eckpfeiler kommunistischer Politik. Lenin wies darauf bereits im März 1918 hin.[54] Vier Jahre später brachte er es in die einprägsame und bis zum Untergang gültige Formel: «*Die Menschen kontrollieren und die faktische Durchführung jedes Auftrags kontrollieren* – darin, noch einmal darin und nur darin liegt jetzt der Angelpunkt der ganzen Arbeit, der ganzen Politik.»[55] Stalin formulierte auf dem

Der Weg zur Gründung des Ministeriums für Staatssicherheit

XVII. Parteitag im Januar 1934, die Parteiführung lasse sich vom «genialen Gedanken Lenins leiten, dass die Hauptsache in der Organisationsarbeit *die Auswahl der Menschen und die Kontrolle der Durchführung* der Beschlüsse» sei.[56] Der Erfolg einer Sache hänge immer «von der Organisationsarbeit ab, von der Organisierung des Kampfes für die Durchführung der Parteilinie, von der richtigen Auswahl der Menschen, von der Kontrolle über die Durchführung der Beschlüsse der leitenden Organe.»[57] Um das zu gewährleisten, war eine entsprechende Parteistruktur auszubilden, die im Falle einer Regierungsübernahme – in den 1920er Jahren gingen die deutschen Kommunisten analog der Oktoberrevolution von einer putschähnlichen Machtübernahme aus – auf den Staat übertragen werden sollte. Die «Kommunistische Internationale» (Komintern) unter Moskauer Führung schrieb 1920 21 Bedingungen fest, wie die Mitgliedsparteien organisiert und ausgerichtet zu sein hatten.[58] Dazu gehörte die Verpflichtung, neben den legalen Strukturen illegale Organe aufzubauen. Diese sollten sowohl die Partei selbst mit geheimpolizeilichen Methoden überwachen als auch den als feindlich angesehenen Staat, in dem die jeweiligen KP agierte, mit geheimdienstlichen Methoden auskundschaften. Die Aufgabe bestand darin, die Partei auf ideologischem Kurs zu halten, in der jeweiligen Gesellschaft Aufstände vorzubereiten und die sowjetische Revolution von Außen zu schützen. Die KPD ist nach heftigen internen Flügelkämpfen, die immer wieder aufbrachen, ab etwa 1925 eine nach sowjetischem Vorbild organisierte Partei gewesen, die zugleich als wichtigster Arm Moskaus außerhalb der Sowjetunion agierte. Ihr «Beitrag zur sowjetischen Spionage [...] war ungeheuerlich. [...] An Qualität übertraf er sogar die russische Leistung.»[59]

Dazu trugen zwei organisatorische Umstände maßgeblich bei. Zum einen sind innerhalb der KPD verschiedene illegale Apparate aufgebaut worden, die geheimpolizeilich wie geheimdienstlich arbeiteten. Teilweise hatten sie sich soweit verselbständigt, dass sie nicht einmal der engeren Parteiführung im Detail bekannt waren. Das hing zum anderen damit zusammen, dass nicht nur wichtige «Kader» in der Sowjetunion entsprechend ausgebildet und geschult wurden, sondern dass die KPD dadurch auch von deutschen Kommunisten, die im Sold sowjetischer Dienste standen, regelrecht unterwandert wurde. «Das düsterste Kapitel in der Stalinisierung der KPD war die Durchdringung des deutschen Parteiapparates mit Agenten der sowjetischen Geheimpolizei, der GPU.»[60] Die KPD als proletarische Massenpartei, wurde nunmehr «überlagert durch

I. Geheimpolizei und Kommunismus

einen ganz anderen Parteityp: die im Untergrund arbeitende Verschwörerpartei.»[61]

Sie war in vielfacher Hinsicht ähnlich wie ihre sowjetische Mutterpartei militärisch organisiert. Einer der besten Kenner der KPD-Geschichte, der Historiker Klaus-Michael Mallmann, hat analysiert, dass die Parteiführung ganz bewusst eine strikte Analogie zwischen Partei und Armee herstellte. Sie versuchte, «das Kriegserlebnis der meisten Mitglieder für sich zu instrumentalisieren, an deren Autoritätsstrukturen anzuknüpfen und vor allem mittels die Analogie Offiziersränge für sich selbst in Anspruch zu nehmen, gewissermaßen das Kriegsrecht für sich zu proklamieren, um mit Widerspenstigkeiten der Basis aufräumen zu können.»[62] Erst mit einer militärähnlichen Struktur und Kommandogewalt war es möglich, die von Lenin und Stalin angemahnte strikte «Kontrolle der Durchführung der Beschlüsse» realisieren zu können. Es ging nicht um innerparteiliche Debatten, sondern um die Umsetzung von Beschlüssen kleiner Führungszirkel. Ein namentlich nicht bekannter Autor brachte dies 1931 in die bezeichnende Formel: «Das Vertrauen in der revolutionären Partei fußt einzig und allein auf organisierter Kontrolle.»[63]

Hier werden zwei Muster deutlich, die später die SED und ihre Geheimpolizei entscheidend charakterisieren sollten. Erstens gab es – als Folge der «Säuberungen», also millionenfachen Mord und ungezählte andere Repressionen, unter den eigenen Mitgliedern, mental betoniert – kein zwischenmenschliches Vertrauen. Dies wurde, zweitens dadurch verstärkt, dass niemandem wirklich klar war, wer «die Partei» eigentlich sei. Jeder, auch die Funktionäre in den engsten Führungszirkeln, berief sich auf die Beschlüsse «der Partei», selbst wenn sie sie selbst herbeigeführt hatten. Der Kreis um Stalin agierte so wie bis zuletzt in der DDR auch Honecker und seine Getreuen. Noch nach seinem Sturz formulierte Honecker dieser Linie folgend: «Die Ursache für mein Handeln war die eines Kommunisten, der entsprechend seinem Parteiauftrag bestrebt war, seine Aufgaben zu erfüllen.»[64]

Die Mitglieder kommunistischer Parteien vertraten eine ganz besonders eigentümliche Weltanschauung: Sie bringt ihre «Anhänger in eine Lage, die es ihnen unmöglich macht, einen anderen Standpunkt einzunehmen.»[65] Und da sie glaubten, im Besitz der einzigen Weltwahrheit zu sein, war ihnen nicht nur jedes Mittel Recht, sie verstanden auch theoretisch, ideologisch und sogar ganz praktisch, warum nahezu jeder «objektiv» ein Feind sein könnte, den es auszumerzen gelte, selbst wenn er soeben noch der wichtigste Genosse an der eigenen Seite gewesen war.[66]

Da die illegalen Apparate der KPD «mehr der Selbstbetätigung der Partei als der Organisierung des Umsturzes» dienten,[67] war die Partei 1932/33 weder auf den Übergang in die Illegalität hinreichend vorbereitet noch konnte sie sich zunächst wirksam vor der Zersetzung durch die Nationalsozialisten schützen. Es kam zu Verrat und der Zerschlagung weiter Parteistrukturen, die durch die frühen Verhaftungen der im Land verbliebenen Parteiführung um Ernst Thälmann entscheidend befördert worden war. Die Umstände etwa, die 1933 zur Verhaftung Thälmanns und dann 1934 zur Ermordung der Gruppe um Thälmanns Nachfolger John Schehr führten, sind heftig umstritten gewesen. Denn hier trat nicht nur die Unfähigkeit der geheimen KPD-Abwehrapparate zutage, zugleich offenbarten sich machtpolitische Kalküle, die die Partei bis weit über das Jahr 1945 hinaus belasteten.[68]

Der innerparteiliche Kampf ist nach 1945 durch die Erfahrungen mit den Massenmorden Stalins, der Ausschaltung tausender kommunistischer deutscher Funktionäre durch seine Schergen, und zudem durch die Erfahrungen im Spanischen Bürgerkrieg, im Exil oder in den deutschen Zuchthäusern und Konzentrationslagern maßgeblich geprägt gewesen. Es galt, die sowjetische Besatzungsmacht in jeder Hinsicht zu unterstützen, was nur mit «Kadern» möglich schien, die absolut verlässlich waren. Auf wen aber könnte man sich verlassen, wenn man nicht genau wissen könne, was dieses Parteimitglied außerhalb des Machtbereiches der sowjetischen Kommunisten nach 1933 genau gemacht habe? Um dies herauszufinden, sind innerhalb der KPD auch ab 1945 und dann der SED geheime Abwehrapparate aufgebaut worden, deren Hauptaufgabe darin bestand, die politische Entwicklung der früheren KPD-Mitglieder zu untersuchen. Eine zentrale Rolle spielte dabei die Personalpolitische Abteilung der Partei. Hier agierten Bruno Haid und Paul Laufer an maßgeblicher Position, wobei Laufer seit 1927 als geheimes KPD-Mitglied innerhalb der SPD wirkte und er so auch nach 1945 als nominelles SPD-Mitglied innerhalb der SED die vereinbarte paritätische Führungstätigkeit von Kommunisten und Sozialdemokraten unterlaufen konnte. Daneben waren kommunistische Geheimapparate etwa von Ernst Wollweber oder Richard Stahlmann an solchen Aktionen beteiligt – nicht zufällig alles Personen, die bei der Umsetzung der SED-Sicherheitspolitik und beim Aufbau des MfS eine zentrale Rolle spielen sollten und zugleich als Kader Moskaus,

I. Geheimpolizei und Kommunismus

mit einer geheimpolizeilichen Anbindung dort verbunden, zu gelten haben. Dies traf auch auf Erich Mielke zu, der ebenfalls in der Sowjetunion Schulungen und Ausbildungen erhalten hatte, aber noch viel stärker auf Heinrich Fomferra, der in der Nachkriegszeit maßgeblich am personellen Aufbau der Geheimpolizei beteiligt war und der ähnlich wie etwa Zaisser, Mielke, Wollweber, Stahlmann, J. Gutsche, Kleinjung, Röbelen, Schkopik, Switalla, Szinda, Weikert oder M. Wolf als «gefühlter» sowjetischer Kommunist mit SED-Parteibuch – einige von ihnen waren bis 1945 Mitglied der sowjetischen Partei und besaßen die sowjetische Staatsbürgerschaft – agierte. Dabei waren sie zwar zum Teil in unterschiedlichen Institutionen tätig, aber sie einte ihr strikter Gehorsam gegenüber den sogenannten Parteibeschlüssen. Viele kannten sich überdies persönlich seit vielen Jahren, einige hatten in geheimen Unternehmungen in den 1920er bis 1940er Jahren auch zusammengearbeitet.

Heinrich Fomferra hat – wie eine Vielzahl anderer Altkommunisten auch – in den 1960er Jahren auf Verlangen der Parteiführung seine Lebenserinnerungen niedergeschrieben. Darin erwähnt er, dass die Kommunisten nach 1945 zielstrebig und umtriebig die Akten des NS-Staates ebenso an allen möglichen Orten auftrieben und anschließend auswerteten, wie sie nach allen möglichen Dokumenten und Zeugenaussagen suchten, um das politische Verhalten der in Deutschland nach 1933 verbliebenen Kommunisten und Mitglieder anderer linker Parteien und Organisationen zu rekonstruieren.[69]

Solche Organisationen arbeiteten mit geheimdienstlichen wie geheimpolizeilichen Methoden. Sie waren geheime Gliederungen der Partei, deren politisch-ideologische Ausrichtung einschließlich der nach dem Krieg gesammelten Erfahrungen für den Aufbau der ostdeutschen Sicherheitsorgane von nicht zu unterschätzendem Wert war. Zugleich knüpften diese innerparteilichen Überwachungsorgane an die Praxis an, die eigene Mitgliedschaft genauestens auszuspionieren – eine Tradition, die aus der Sowjetunion und von der KPD übernommen wurde. Dabei existierten in der SBZ erhebliche regionale Unterschiede.

Sachsen gilt als Musterfall der späteren Entwicklungen – hier arbeiteten bereits zwischen 1945 und 1948/49 die Sicherheitsinstitutionen der Partei besonders effektiv und «raumgreifend». Auch wenn es innerhalb des Parteiapparates zunächst – wie auch beim Staatsaufbau – immer wieder zu unübersichtlichen Strukturen kam, die durch persönliche Konkurrenzen oder unterschiedliche Sicherheitsauffassungen noch befördert wurden,

Der Weg zur Gründung des Ministeriums für Staatssicherheit

Ein Mann Moskaus: Ernst Wollweber, von 1953 bis 1957
Chef der Stasi und Vorgänger von Erich Mielke.

formte sich auch der Überwachungsapparat innerhalb der Partei relativ schnell aus. Da die maßgeblichen kommunistischen Kader überwiegend in Moskau ausgebildet worden waren und dort auch die Jahre des Nationalsozialismus verbracht hatten, kam ihnen nun etwas zugute, was vor 1933 bzw. vor 1945 den Kommunisten in ganz Europa außerhalb der Sowjetunion zum Nachteil gereicht hatte. Denn die Ausbildung und Erziehung etwa an der «Lenin-Schule» oder anderen Institutionen der Komintern, an denen vor 1933 bzw. 1945 praktisch neben Ulbricht, Wollweber, Zaisser, Mielke oder auch Honecker die gesamte kommunistische Führungsriege der SBZ und frühen DDR Lehrgänge besucht oder selbst als Lehrer gewirkt hatte, «war im Prinzip für die Arbeit in einem sozialistischen Staat zugeschnitten worden.»[70]

Nachdem es 1948 zum Abbruch der Beziehungen zwischen der Sowjetunion und Jugoslawien kam und sich «der Weltkommunismus» in La-

I. Geheimpolizei und Kommunismus

ger aufzuspalten begann, ging die Parteiführung offiziell dazu über, die SED als «Partei neuen Typus» zu proklamieren.[71] Das bedeutete, dass diese auf der Grundlage des Marxismus-Leninismus die bewussteste und organisierteste «Vorhut» der Arbeiterklasse und die höchste Form der Klassenorganisation darstelle, auf dem Grundsatz des demokratischen Zentralismus beruhe, vom «internationalistischen» Geiste durchdrungen sei und sich jederzeit im Kampf gegen «Abweichungen» befände.[72] Obwohl die Kommunisten innerhalb der SED niemals etwas anderes wollten als eine solche «Partei», konnten sie dies wegen des anfänglich starken Anteils sozialdemokratischer Kräfte erst 1948 offiziell verkünden.

Auf der ersten Parteikonferenz im Januar 1949, die den (kurzen) Transformationsprozess der SED abschloss, wählte die SED-Führung ausgerechnet den ehemaligen Sozialdemokraten Otto Grotewohl dazu aus, dem Parteivolk klarzumachen, was eine «Partei neuen Typus» sei.[73] Die Umwandlung in eine zentralistisch organisierte Kaderpartei ging einher mit innerparteilichen «Säuberungswellen»,[74] die zunächst bis November 1951 anhielten. Der Sinn dieser «Säuberungen» bestand in der Disziplinierung der Parteibasis, der Ausschaltung missliebiger Personen und letztlich in dem Versuch, die gesamte Partei auf die Führung und deren ideologischen Kurs einzuschwören. Dafür bildete die SED im Sommer 1948 «Parteikontrollkommissionen», die strukturell die Partei von der zentralen Ebene (Zentrale Parteikontrollkommission, ZPKK) bis in die unteren Gliederungen erfassten und überwachten. Sie nahmen die parteiinterne Funktion einer «politischen Polizei» oder «Geheimpolizei» wahr und waren eng mit den anderen Sicherheitsorganen verknüpft.[75]

Aber auch andere Organisationen erfüllten nach 1948 parteiinterne Abwehr- und Aufklärungsaufgaben. Dazu zählte der sogenannte Westapparat[76] und die 1953 gebildete ZK-Abteilung «Sicherheitsfragen», die etwa mit der sogenannten M-Abteilung (1949–53) und anderen Einrichtungen innerhalb der Partei Vorläufer besaß. Sie war für die Anleitung der Militär-, Polizei- und Sicherheitsinstitutionen zuständig. In Folge des 17. Juni 1953 kam es zur Bildung der «Sicherheitskommission des Politbüros», die die militärische, geheimdienstliche und geheimpolizeiliche Zentrale darstellte. Neben Walter Ulbricht und Otto Grotewohl gehörten ihr zunächst lediglich Ernst Wollweber (MfS), der Chef der ZPKK, Hermann Matern, Innenminister Willi Stoph, der Leiter der ZK-Abteilung für Sicherheitsfragen, Gustav Röbelen, sowie Karl Schirdewan an. Die Arbeit dieser Sicherheitskommission ist 1960 vom neugebildeten «Natio-

Der Weg zur Gründung des Ministeriums für Staatssicherheit

nalen Verteidigungsrat der DDR» übernommen worden.⁷⁷ Die ZK-Abteilung «Sicherheitsfragen» war zunächst Ulbricht, ab 1956 Honecker und schließlich ab 1983 Egon Krenz unterstellt. Auch Krenz zählte wie seine beiden Vorgänger zu den in Moskau ausgebildeten Kadern – wenn auch Jahrzehnte später und unter ganz anderen Umständen.

Eines der Mitglieder der Sicherheitskommission, Karl Schirdewan, war seit 1953 zuständiger ZK-Sekretär der 1952 gebildeten ZK-Abteilung «Leitende Organe der Partei und Massenorganisationen». Diese Querschnittsabteilung hatte direkte (Organisationsabteilung bzw. Organisations-Instrukteur-Abt.) und indirekte Vorläufer. Nach Schirdewan waren für die Abteilung Alfred Neumann (1956–58) sowie Honecker (1958–71) die verantwortlichen ZK-Sekretäre, was allein schon aufgrund der zuständigen Personen darauf hinweist, welche zentrale Bedeutung dieser Abteilung zukam. Carola Stern bezeichnete sie als die wichtigste überhaupt.⁷⁸ Ihre Hauptaufgaben bestanden in der Auswahl und dem Einsatz führender Parteikader, in der Kontrolle und Anleitung aller untergeordneter Parteidienststellen, der Massenorganisationen und Blockparteien sowie in der Beschaffung von Informationsmaterial zur Stimmung unter den Parteimitgliedern und der Bevölkerung. In den fünfziger Jahren war ihre Arbeit bezogen auf die Sondierung der «Stimmungen und Meinungen» in der Gesellschaft der des MfS überlegen. Auch sie nahm parteiintern im Verbund mit der Parteikontrolle geheimpolizeiliche Aufgaben wahr und arbeitete eng mit den Sicherheitsorganen zusammen.

Bereits in der Nachkriegsphase deutete sich an, was bis heute immer wieder zu Verwirrung führt. Erstens war die KPD/SED mindestens in der Formierungsphase des neuen Staates eine vollständig von Moskau abhängige und der dortigen Partei unterstellte Unterorganisation. Zweitens waren die wichtigsten deutschen Kader überwiegend in der Sowjetunion ausgebildet worden, einige hatten zeitweilig die sowjetische Staatsbürgerschaft, viele arbeiteten eng mit den sowjetischen Geheimdiensten zusammen. Drittens wichen die anfänglichen polykratischen Strukturen relativ schnell zentralistisch organisierten Institutionen und Parteigliederungen. Und viertens schließlich gab es für die Funktionäre nie einen realen Gegensatz zwischen staatlichen und Parteistrukturen. Zwar wussten sie, dass sie diese Doppelstruktur in den ersten Jahren aus vielerlei Gründen verschleiern mussten. Aber gerade der Aufbau der Sicherheitsorgane in der SBZ/DDR verdeutlicht unmissverständlich, dass Polizei, Justiz und Staatssicherheit als Parteiinstitutionen aufgebaut und entwi-

I. Geheimpolizei und Kommunismus

ckelt werden sollten. Offiziell war das Ministerium für Staatssicherheit eine staatliche Einrichtung. Tatsächlich ist es als Parteigliederung der SED und damit der sowjetischen Besatzungsmacht und ihrer KP gegründet worden.

Nachkriegsentwicklungen der Politischen Polizei bis Ende 1948

Die «Deutsche Verwaltung des Innern» (DVdI) zentralisierte die Polizeibehörden in den Ländern der SBZ. Für die spätere Staatssicherheit waren innerhalb der DVdI zwei strukturell-inhaltliche Entwicklungen wichtig, die analog zu den erwähnten innerparteilichen Strukturen – wenn auch mit anderen Aufgaben und anderen Befugnissen durch die SMAD ausgestattet – errichtet wurden: die Abteilung K 5 und die Abteilung Nachrichten und Information. Als politische Polizei sollte die K 5 der SMAD bei der Durchführung der Entnazifizierungsverfahren behilflich sein. Aber bereits mit ihrer Gründung 1946/47 hatte sie weitere Aufgaben zu erfüllen, die die Verfolgung und Ausschaltung politischer Gegner der neuen Ordnung betraf. Die K 5 hatte von der Besatzungsmacht Exekutivrechte übertragen bekommen, «das gesamte Ermittlungs- und Untersuchungsverfahren bis hin zur Erstellung der Anklageschrift lag in der Hand der eingesetzten K 5-Leute. Den Staatsanwälten kam allenfalls formale Bedeutung zu.»[79]

Die Besonderheiten der Polizei in der SBZ einschließlich der K 5 lagen auf der Hand. Sie ist fast durchgehend von Personen aufgebaut worden, die keine polizeiliche, kriminalistische oder juristische Ausbildung oder Erfahrung aufwiesen. Von Anfang an dominierte die SED diese Apparate, wenn sie sie zunächst auch nicht vollständig unter Kontrolle hatte. Erich Mielke, Vizepräsident der DVdI, führte dazu am 30. Oktober 1946 aus, eine SED-Mitgliedschaft garantiere noch gar nichts. «Warum nicht? Weil es viele Karrieristen gibt, solche, die sich eingeschmuggelt haben, die sich mit dem Parteibuch der SED getarnt haben und schließlich, weil die SED noch keine ideologische Einheit ist.»[80] Deshalb käme es darauf an, die *echten* Parteimitglieder von den anderen zu unterscheiden, die *falschen* herauszulösen und die *echten* wiederum intensiv zu schulen. Die K 5 entwickelte sich regional verschieden, die zentralistische Durchschlagskraft war vor allem durch den Aufbau einer «Polit-Kultur»-Abteilung gegeben, eine getarnte SED-Parteistruktur. Mielke bekräftigte im August 1948 vor SED-Funktionären der DVdI, dass die Polizei «zu einem Instrument

Der Weg zur Gründung des Ministeriums für Staatssicherheit

einer neuen herrschenden Klasse – der Arbeiterklasse –, zu einem Instrument der Mehrheit zur Unterdrückung einer kleinen Minderheit geworden» sei.[81] In seinem Schlusswort präzisierte er noch: «Wir brauchen also überhaupt keinen alten Beamten. In erster Linie muss man den richtigen Klasseninstinkt haben.»[82] Bei den westlichen Alliierten kam schon bald das Wort von der «roten Gestapo» auf, wenn es um die K 5 ging. Zwar wurde öffentlich in der SBZ strikt vermieden, die K 5 als «politische Polizei» zu bezeichnen. Tatsächlich aber hat sie – ebenso wie die noch weniger bekannte Abteilung Nachrichten und Information – mit polizeilichen wie geheimpolizeilichen Methoden gearbeitet. Kurt Wagner, Vizepräsident der DVdI, seit 1932 KPD-Mitglied, von 1935 bis 1945 in Haft und späterer stellvertretender DDR-Verteidigungsminister, sagte im Herbst 1947 auf einer zentralen Sitzung der K 5, nicht «der bezahlte Vertrauensmann [...] [sei] das Ideal, sondern der ehrenamtliche Mitarbeiter.»[83] Nur Tage später bekräftigte Walter Ulbricht auf einer Tagung der Innenminister: «Wir müssen überall Vertrauensleute haben und müssen wissen, was los ist.»[84] Das galt für die Partei, den Staatsapparat und die gesamte Gesellschaft. Auch wenn die K 5 nicht ohne Grund oft als eine Vorläuferinstitution des späteren MfS angesehen wird – vor allem das gesammelte Material stand dem MfS zur Verfügung und ist wahrscheinlich die wichtigste Kontinuitätslinie von der K 5 zum MfS – tatsächlich war sie es nur in einem abstrakten Sinn. Denn nur etwa zehn Prozent der K 5-Mitarbeiter sind 1949 in die «Hauptverwaltung zum Schutz der Volkswirtschaft», die ostdeutsche Staatssicherheit, wie sie vor dem 8. Februar 1950 hieß, übernommen worden.[85] So ist zum Beispiel bereits 1948 der bisherige Leiter der K 5 in der DVdI, Ernst Lange, abgelöst und durch Erich Jamin ersetzt worden. Während dieser hochrangige MfS-Funktionen übernahm, wurde Ernst Lange stellvertretender Vorsitzender der «Zentralen Kommission für Staatliche Kontrolle» (ZKSK). Beide waren Altkommunisten, beide hatten in Zuchthäusern und KZ gesessen. Jamin allerdings lief aus der berüchtigten «Strafeinheit Dirlewanger» wie viele andere aus KZ rekrutierte politische Häftlinge zur Roten Armee über und absolvierte in sowjetischer Gefangenschaft Antifa-Schulen. Ernst Lange flüchtete auch aus einem Strafbataillon, allerdings in Frankreich, so dass er 1945 mit dem «Makel» eines Westemigranten behaftet war. Nur ganz wenige, wie etwa Mielke, schafften es trotz Westemigration 1949/50 ins MfS. Auch der Chef der ZKSK, der Altkommunist Fritz Lange (in Haft 1933 und 1942–45), von 1954 bis 1958 Nachfolger von Elisabeth Zaisser, der Ehe-

I. Geheimpolizei und Kommunismus

frau des ersten MfS-Ministers, als Volksbildungsminister, wies keine einschlägige Sowjetausbildung aus. Das ist insofern erwähnenswert, da die ZKSK in den ersten Jahren partiell ein Konkurrenzunternehmen zur Staatsicherheit darstellte. Denn sie nahm im gesamten Bereich des weiten Felds der «Wirtschaftsstrafsachen» von 1948 bis etwa Ende 1953 die Funktion einer Ermittlungsbehörde wahr.

Das polykratische System von Geheimpolizeien, Geheimdiensten, Untersuchungsorganen und anderen Überwachungsinstitutionen, das bis zur Gründung der DDR in der Sowjetischen Besatzungszone entstanden war, blieb auch nach 1949 zunächst noch erhalten.

II.
DAS MfS IN DER SED-DIKTATUR

Die Gründung des MfS erfolgte formal am 8. Februar 1950. Tatsächlich war der Beschluss jedoch bereits am 28. Dezember 1948 in Moskau gefasst worden, in dessen Folge die Staatssicherheit zunächst als «Hauptverwaltung zum Schutz der Volkswirtschaft» aufgebaut wurde. Die SED-Spitze um Ulbricht hatte 1948 mehrfach die sowjetische Führung gebeten, in der SBZ die Gründung einer ostdeutschen Geheimpolizei außerhalb der bisherigen Strukturen zuzulassen. 1948 betonte Ulbricht immer wieder, wie sehr es darauf ankäme, den «Staat als Instrument der herrschenden Klasse» zu stärken. Unentwegt war von den Funktionären Stalins Parole von der «gesetzmäßigen Verschärfung des Klassenkampfes» zu vernehmen. Hinter dieser Losung verbarg sich nichts weiter als die Rechtfertigung für Repressionen, Unterdrückung und Terror. Die belasteten Nationalsozialisten standen weiterhin im Visier, aber der Kreis der von Repressionen und Verfolgungen betroffenen Personen war seit Kriegsende kontinuierlich erweitert worden: Mitglieder der ostdeutschen bürgerlichen Parteien CDU und LDP, die noch nicht auf SED-Kurs gebracht waren, gehörten ebenso dazu wie ehemalige Sozialdemokraten sowie «Parteifeinde» aller Couleur (Trotzkisten, KPO, Brandler-Leute, Leninbündler usw.), aber auch selbständige Unternehmer, Handwerker, Bauern, Theologen, Wissenschaftler und viele andere.

Die sowjetische Staatssicherheit (MGB) und die SMAD waren zunächst gegen eine ostdeutsche Geheimpolizei. Sie fürchteten, durch sie an Macht einzubüßen. Ihre Argumente aber, es gebe für eine Geheimpolizei kaum hinreichend geeignete deutsche Kader, waren durchaus zutreffend. Tatsächlich sollte diese Hypothek die Entwicklung des MfS die gesamten 1950er Jahre über belasten. Für die Zustimmung des sowjetischen Politbüros zur Bildung einer ostdeutschen Staatssicherheit waren letztlich wohl drei Überlegungen entscheidend. Zum einen begannen im letzten Quartal 1948 ohnehin Überlegungen und Planspiele für eine «rechtskräftige» deutsche Regierung in der SBZ bzw. in einem deutschen Teilstaat. Dazu fanden mehrfach Gespräche der SED-Führung mit der SMAD bzw.

in Moskau statt. Zum anderen war den Sowjets wie ihren deutschen Adepten nur zu bewusst, dass letztere als bloße Erfüllungsgehilfen Moskaus angesehen wurden und in der deutschen Gesellschaft, aber auch bei den westlichen Alliierten praktisch über keinerlei politisches Gewicht verfügten. Gelöst werden konnte dies nur, indem deutschen Stellen mehr Kompetenzen eingeräumt würden, was aber wiederum hieß, die wichtigsten Herrschaftsinstitutionen unter besonderen Schutz zu stellen. Mit anderen Worten: die Herauslösung der Staatssicherheit aus den Innenressorts bedeutete, sie auch weiterhin fest im Griff der Partei zu haben. Dafür spricht auch der dritte Punkt. Die Gründung der Staatssicherheit war mit einer rigiden Kaderkontrolle verbunden. Nur absolut verlässliche Parteikader sollten und durften in den neuen Apparat übernommen werden. Eine solche Kaderüberprüfung war flächendeckend nur dort möglich, wo die Partei und Moskau ohne taktische Rücksichtnahme ungehindert durchgreifen konnten. Hier liegt wahrscheinlich die eigentliche Erklärung dafür, warum das MfS offiziell erst am 8. Februar 1950 gegründet worden ist. Denn die Bildung der DDR-Regierung ging von dem – freilich auch schon im Oktober 1949 verletzten – sogenannten paritätischen Grundsatz aus. Die 34 Regierungsposten waren nach Parteiproporz verteilt worden. Formal hatte davon die SED 17 besetzt. Die andere Hälfte verteilte sich auf sieben Posten für die CDU, fünf für die LDPD, je zwei für die DBD bzw. NDPD sowie einen Ministerposten für einen Parteilosen. Nach Abstimmung zwischen den Parteien wurde die Regierung durch Stalin in ihrem Amt bestätigt. Zwar gab es zwei Ressorts, in denen sowohl der Minister als auch der Staatssekretär SED-Mitglieder waren (Inneres, Planung). Aber anders als diese war das MfS von Anfang an kein «normales Ministerium», das deshalb auch der Aufsicht durch den Ministerrat entzogen war. Seine Gründung konnte so vorbei an allen sonstigen Debatten und Gesprächen betrieben werden. Vor allem kam es an keiner Stelle und zu keinem Zeitpunkt zu Debatten über Personalfragen, die hier mehr als bei allen anderen Ressorts allein von sowjetischen Stellen entschieden wurden und zwar bis auf untere Führungsposten hinunter. Das zuweilen in der Forschung vorgebrachte Argument, das MfS hätte erst später gegründet werden können, weil es noch nicht arbeitsfähig gewesen sei, erweist sich dagegen als wenig stichhaltig. Denn zum einen waren die meisten anderen Ministerien ebenfalls noch längere Zeit mit Aufbau- und Stabilisierungsproblemen beschäftigt. Zum anderen war das MfS auch Anfang Februar 1950 keinesfalls voll arbeitsfähig.

Die ersten Rekrutierungen

Wie von Ulbricht und Pieck gewünscht, genehmigte die sowjetische Führung am 28. Dezember 1948 die Bildung einer «Hauptverwaltung zum Schutz des Volkseigentums». Deren erster Chef wurde Erich Mielke. Formal blieb sie zunächst Teil der DVdI und wurde ab Oktober 1949 in das daraus entstandene Innenministerium überführt. Dieses aber konnte auf die «Hauptverwaltung zum Schutz des Volkseigentums» nicht zugreifen und besaß ihr gegenüber keine Entscheidungsbefugnisse. Die blieben bei den sowjetischen Diensten und im minderen Maße bei jenen SED-Funktionären, die mit ihrem Aufbau befasst waren. Ihren Namen erhielt sie erst nach der Eingliederung in das Innenministerium, in der DVdI hieß sie schlicht «Abt. D». Allerdings tauchen in Piecks Notizen ganz ähnliche Bezeichnungen der Hauptverwaltung bereits in Papieren auf, die er in Vorbereitung auf bzw. als Ergebnis von Gesprächen in Moskau im Dezember 1948 anfertigte.[1]

Die Abteilungen D (bzw. die verbliebenen Reste der K 5) sind im Laufe des Frühjahrs 1949 sämtlichen Weisungsbefugnissen der Polizeidienststellen entzogen worden. Außerdem bildete die sowjetische Staatssicherheit (MGB) in allen Kreisverwaltungen der im Entstehen begriffenen Landesverwaltungen zum Schutz des Volkseigentums eigene Gruppen, die für den Aufbau, die Leitung und die Kontrolle der ostdeutschen Geheimpolizei zuständig waren, so dass in den ersten Jahren auf allen Verwaltungsebenen annähernd ähnliche Strukturen von MfS und MGB existierten. Zu diesem Zeitpunkt waren etwa 4000 MGB-Angehörige (ohne Innere Truppen) in der SBZ stationiert. Diese wurden von 115 zusätzlichen MGB-Mitarbeitern, die aus der UdSSR abkommandiert wurden, beim Aufbau der ostdeutschen Geheimpolizei unterstützt.[2]

Die Hauptaufgabe in den ersten Monaten bestand darin, geeignetes Personal zu rekrutieren. Bis Anfang Mai 1949, als die K 5, bzw. die Abt. D, praktisch aus den offiziellen Polizeizuständigkeiten ausgegliedert worden war, aber weiter als Institution des MGB agierte, waren von den sowjetischen Kaderstellen 6670 «Bewerber» für die Hauptverwaltung überprüft worden, von denen 5898 (88%) «als ungeeignet aussortiert wurden: weil sie nahe Verwandte oder andere Kontakte in West-Berlin oder Westdeutschland hatten, in britischer, amerikanischer oder französischer Kriegsgefangenschaft gewesen waren oder in Jugoslawien gekämpft hatten, wo sie mit dem abtrünnigen Tito zusammengekommen sein konnten.»[3] Diese Zahlenangabe verdeutlicht den personellen Bruch beim Übergang von der K 5 zum MfS. Die Mehrheit (60 Prozent) der neuen Geheimpolizisten rekrutierte sich aus anderen Gliederungen der Polizei, was wiederum deren Aufbau beeinträchtigte. Die anderen sind aus kommunistischen Parteistrukturen gewonnen worden. Ende 1949 gehörten der Hauptverwaltung etwa 1150 Mitarbeiter an, am Ende des Jahres 1950 waren es beim nunmehrigen MfS ca. 2700 und Ende 1951 rund 4700.[4] Die Mehrheit der Mitarbeiter wurde zunächst in den Landesverwaltungen (bis 1952) bzw. nach Bildung der DDR-Bezirke in den Bezirksverwaltungen eingesetzt. Der Historiker Jens Gieseke schätzt, dass Ende 1951 etwa 3500 MfS-Mitarbeiter in den Länderverwaltungen arbeiteten sowie 1200 in der Ostberliner Zentrale.[5]

Joseph Gutsche, seit 1917/18 Bolschewist und seit 1947 Präsident des Landespolizeiamts Sachsen, beschrieb 1962, wie er Mitarbeiter der Hauptverwaltung wurde: «Im April 1949 kam eines Tages der Genosse Erich Mielke nach Dresden und fragte mich, ob ich mitmache. Ich sagte ihm, dass ich doch wissen müsse wobei. Darauf sagte er, dass ich das bald erfahren würde, wenn ich meine Zusage gegeben hätte, jeden Parteiauftrag zu erfüllen. Worauf ich ihm antwortete, dass das selbstverständlich sei, wie ja mein ganzes Leben beweise. Darauf erzählte er mir, dass das, was jetzt in der Kriminalpolizei die K 5 ist, ein selbständiges Organ werden würde, welches ausschließlich mit den Fragen der Sicherheit des Staates sich befassen würde. Aus inner- und außenpolitischen Gründen werde dies zu Beginn aber ein Dezernat mit der Buchstabenbezeichnung D der Kriminalpolizei sein. Dieses Dezernat D sei jedoch sofort als selbständiges Organ mit eigenen Häusern, Menschen und Einrichtungen zu schaffen. So wurde ich am 1. 5. 1949[6] der Gründer, Leiter und Organisator der Staatssicherheit im Lande Sachsen, wo ich jeden Mitarbeiter, jedes Haus, jeden Wagen selbst heranschaffen musste. [...] Diese ersten zwei Jahre waren furchtbar schwer für mich. Wenn ich gegen zwei Uhr nachts nach Hause kam, schlief ich im Bett zwischen zwei Telefonen, die um 4 Uhr schon wieder zu läuten begannen. So ist das Ministerium für Staatssicherheit gewachsen zu einem scharfen Schwert unserer Partei, das es heute ist.»[7]

Am 1. September 1949 zählte die Landesverwaltung Sachsen etwa 60 Mitarbeiter, zum Jahresende waren es rund 340 und Ende 1951 ca. 1200.[8] Gutsches Behauptung, er habe jeden Mitarbeiter «selbst heran-

Die ersten Rekrutierungen

Treuer Diener der Partei: Heinrich Fomferra, eine der Gründerfiguren des MfS.

schaffen» müssen, ist gleich zweifach übertrieben. Er hatte sich vertrauenswürdige Parteigenossen wie Rolf Markert (Stellv.), Erich Bär (Kaderchef) oder Arthur Paczinsky (Leiter Spionageabwehr) unmittelbar an die Seite geholt. Außerdem übertrieb Gutsche, weil er die Kaderauswahl mit der Mielke-Zentrale und vor allem der sowjetischen Geheimpolizei abstimmen musste. Letztlich entschied diese. Darüber berichtet Heinrich Fomferra in seinen ebenfalls Anfang der 1960er Jahre niedergeschriebenen Erinnerungen für die SED-Traditionsarbeit: «Wir, d. h. einige Mitarbeiter der K 5, wurden nach gründlicher Kontrolle zur neugebildeten Abteilung (zum Schutze des Volksvermögens – sic!) übernommen; soweit ich mich entsinne, waren wir weniger als 10 Genossen und siedelten [in Ost-Berlin] vom Verwaltungsgebäude des Betriebes Bergmann-Borsig zur Normannenstraße über.»[9] Ich selbst sorgte dafür, dass die schon vorher

II. Das MfS in der SED-Diktatur

erwähnte Gestapokartei, die DIN A 2-Bogen, die Kladden – Fragebogen der Prominenten mitgenommen wurden, sowie noch eine Reihe Volksgerichtsakten der Nazizeit – letzteres kann ich heute nicht mehr mit Bestimmtheit behaupten.[10] Alle mitgenommenen Materialien wurden in der später errichteten Abt. (ich glaube, wir waren damals schon M. f. S.) [Erfassung und – ISK] Statistik übernommen.[11] […] Ich hatte vorher, wie alle von K 5 übernommenen Mitarbeiter, Kaderarbeit gemacht. D. h. wir erhielten Namen und Adressen von Personen und Genossen, die wir nach den uns mitgeteilten Richtlinien überprüfen sollten und mussten. […] Die Genossen, die vor 1933 Mitglied der Partei waren und die Zeit von 1933–1945 nicht lückenlos nachweisen konnten, und besonders wenn sie von 1933–1945 nicht eingesperrt gewesen waren, kamen nicht als Mitarbeiter in Frage, weil eben diese große Lücke vorhanden war. Diese Vorsichtsmaßnahme wäre damals verständlich gewesen, wenn irgendwie Anhaltspunkte vorhanden gewesen wären, die diese Vorsicht erforderlich gemacht hätten, aber solche Anhaltspunkte waren nicht da. Zu meinem Leidwesen muss ich sagen, dass damals die Berater der Freunde[12] und ihre Ansichten maßgebend waren (ich muss heute noch sagen leider). Während wir bis […] Anfang 1949 […] uns bei der Kaderauswahl nur mit Menschen beschäftigten, die von den Freunden empfohlen wurden, trat nach der großen Entlassung der Kriegsgefangenen aus der SU (ein sehr großer Teil davon hatte Antifaschulen, kurz- und langjährig, absolviert) eine Änderung ein. Diese aus der Kriegsgefangenschaft Entlassenen wurden vordringlich und zum überwiegenden Teil in Polizei und Verteidigung – bzw. damals Kasernierte VP –[13] eingesetzt. Wir bzw. ich hatten damals das Gefühl, dass man uns hintanstellte. Denn bei den aus der Gefangenschaft Zurückgekehrten war die Vergangenheit zu über 70% klar. Sie waren zum großen Teil treue Anhänger der faschistischen Idee, haben bis zum Letzten dafür gekämpft – mit geringen Ausnahmen, wurden in den Kriegsgefangenenlagern umgeschult bzw. wurden Antifaschisten und kamen als 1 –, 2 –, 3jährige Antifaschüler nach Deutschland zurück. Bei uns Alten war natürlich die Vergangenheit schwerer nachzuprüfen. Und da diese Überprüfungen umfangreicher Ermittlungen bedurften und in dieser Zeit mit riesigen Ermittlungsarbeiten verbunden war, war es verständlich, dass unsere Verwaltungen ohne Ausnahme mit Kusshand alle auf diese Kräfte zurückgriffen und einbauten. Dass im Verlauf der Zeit mehr als 30% dieser Antifaschüler nach dem Westen abgehauen sind, sei nur nebenbei erwähnt.»[14] Fomferra fügte noch hinzu, die

Die ersten Rekrutierungen

Arbeit in der Staatssicherheit wurde immer als «Parteiarbeit betrachtet und auch gewertet». Aus seiner Tätigkeit als Leiter der SED-Parteikontrollkommission im MfS gab er noch an: In dieser Eigenschaft «habe ich in der Mehrheit der Fälle nur führende Kader behandeln müssen. Denn die Tendenz (das fing schon bei der Einstellung zum MfS an) war, unsere Arbeit ist Parteiarbeit, wir sind die Auserlesensten. Bei uns können nur Menschen arbeiten, die allen anderen etwas voraus haben. Darunter war u. a. auch zu verstehen – keine Westverbindung, d. h. keine verwandtschaftlichen Beziehungen zum Adenauerstaat. Es war damals und ist noch heute eine Utopie, denn von 1000 Menschen gibt es weniger als 0,01 %, die nicht irgendwie verwandtschaftliche Beziehungen mit Westdeutschland haben.»[15] Das war später einer der Gründe, warum das MfS im hohen Maße neues Personal aus den Familien der eigenen Mitarbeiterschaft rekrutierte: weil diese schon einmal komplett und intensiv auf Westverbindungen hin überprüft worden waren. Welche absurden Blüten dies zuweilen treiben konnte, zeigt die Kaderkarteikarte von Kurt Kuchenbecker, seit 1. Oktober 1949 Mitarbeiter der Geheimpolizei und erster Chef des Sekretariats der Leitung. Unter Punkt 5 «Aufenthalt in Westberlin u. Westdeutschland, wann, wo, Tätigkeit?» notierte ein besonders eifriger, aber wohl doch verwirrter Mitarbeiter: «zeitweise in Westberlin wohnhaft gewesen *bis 1928*».

Heinrich Fomferras Erinnerungen sind auch im Hinblick auf das, was er zu Geschehnissen vor 1933 und 1945 zu sagen hat, erstaunlich. Sie passten nichts ins parteioffizielle Geschichtsbild und sind deshalb in der DDR – wie hunderte andere solcher auf Bitten der Parteiführung in den 1960er Jahren niedergelegter Erinnerungen «verdienter Funktionäre» – nicht oder nur ausschnittweise und dann «überarbeitet» veröffentlicht worden.

Wer aber waren Männer wie Joseph Gutsche oder Heinrich Fomferra, denen die Sowjets fast blind vertrauten und die das MfS maßgeblich aufbauten? Es lohnt sich, ihre Biographien etwas genauer vorzustellen. Denn diese offenbaren in ihrer Gesamtheit zwei Grundzüge, die entscheidend durch Erlebnisse und Erfahrungen aus der Zeit von 1918 bis 1945 geprägt waren: unbedingte Ergebenheit gegenüber der Partei und fast ebensolche Treue zu den sowjetischen Genossen, die als Vorgesetzte oft genug nicht erst nach 1945 auf den Plan traten.

II. Das MfS in der SED-Diktatur

Die Gründergeneration der ostdeutschen Geheimpolizei

Zur eigentlichen Gründergeneration der Staatssicherheit zählen jene, die in der Hauptverwaltung bzw. einer Landesverwaltung zum Schutz der Volkswirtschaft 1949 in höherer Position eingestellt worden sind. Hinzu kommen Funktionäre – was bisher fast immer unberücksichtigt blieb –, die im Parteiapparat für die MfS-Gründung zuständig oder mindestens an der Kaderüberprüfung für die Geheimpolizei seitens der SED-Führung beteiligt waren. Im Kern handelt es sich dabei um etwa 85 Deutsche ausschließlich männlichen Geschlechts, wobei Führungsfunktionäre wie Pieck, Ulbricht, Dahlem oder Matern, die die MfS-Gründung maßgeblich mitbetrieben haben, hier ebenso ausgeklammert bleiben wie die sowjetischen Verantwortlichen in der KPdSU und in ihrer Staatssicherheit.[16] Neben den Parteifunktionären gehören zudem Geheimdienstler zu diesem Kreis, die «offiziell» erst 1953 mit der Eingliederung des 1951 gebildeten «Außenpolitischen Nachrichtendienstes» als «Hauptabteilung XV», ab 1956 «Hauptverwaltung A» (HV A), zum MfS dazukamen oder anderweitig für die SED und die sowjetische Besatzungsmacht geheimdienstlich tätig waren. Dabei handelt es sich um Richard Stahlmann (d. i. Arthur Illner) oder Ernst Wollweber. Nach Wollweber und Stahlmann sind inoffiziell eigene «Apparate» benannt worden, die Geheimdienst-, Sabotage- und Terrorakte für Moskau bzw. die SED durchführten.[17] Wilhelm Zaisser, ebenfalls seit den 1920er Jahren im Auftrag Moskaus im Einsatz, war als sächsischer Innenminister (1948/49) und Vizepräsident der DVdI (1949) ebenfalls in die Gründungsgeschichte involviert. Lediglich bei Markus Wolf, dem wie seinem Bruder Konrad im Mai 1937 die deutsche Staatsbürgerschaft aberkannt worden war[18] und der bis 1950 die sowjetische besaß, ist die Zugehörigkeit zu dieser «Gründergeneration» nicht so offenkundig. Denn als er nach Schulausbildung, kurzem Hochschulstudium und dem Besuch einer KI-Schule (1942/43: Ausbildung als Agent im feindlichen Hinterland) 1945 im Alter von 22 Jahren aus der UdSSR nach Deutschland zurückkehrte, arbeitete er offiziell, allerdings unter Pseudonym, für die sowjetische Besatzungsmacht zunächst als Journalist beim «Berliner Rundfunk». Dieser unterstand der SMAD, hatte aber bis 1952 im britischen Sektor Berlins seine Sendeanstalt. Mit Gründung der DDR ging Wolf im Herbst 1949 nach Moskau zurück, wo er als 1. Rat bei der DDR-Mission arbeitete. Es ist zu vermuten, dass er von der Besat-

Die Gründergeneration der ostdeutschen Geheimpolizei

zungsmacht zurückbeordert wurde, um mit dieser Tarnung versehen eine geheimdienstliche Ausbildung zu absolvieren.[19] Denkbar wäre aber ebenso, dass er im Auftrag sowjetischer Stellen die geheimdienstliche Residentur bei der «DDR-Mission» aufbaute. Allerdings enthalten seine autobiographischen Schriften dazu so gut wie gar nichts und auch seine Kaderunterlagen sparen diese Zeit weitgehend aus.[20] In einem handschriftlichen Lebenslauf von 1951 schrieb er lediglich etwas nebulös, aber unfreiwillig komisch: «Im Herbst 1950 richtete ich an das Präsidium des Obersten Sowjets der UdSSR die Bitte, mir im Zusammenhang mit meinen Aufgaben in der DDR das Ausscheiden aus der sowjetischen Staatsbürgerschaft zu genehmigen. Soweit mir bekannt, wurde der Bitte stattgegeben.»[21] Er kam jedenfalls pünktlich genug zurück in die DDR, um 1951 das «Institut für Wirtschaftswissenschaftliche Forschung» mit aufzubauen, Tarnname des «Außenpolitischen Nachrichtendienstes».

Die MfS-Gründergeneration war 1949 zwischen 20 und 58 Jahre alt. Die meisten gehörten den Jahrgängen 1904 bis 1914 (35–45 Jahre) an, älter waren knapp zehn Prozent, jünger etwa ein Drittel. Aus diesen Altersunterschieden ergab sich bereits eine interne Hierarchie, die allerdings noch von anderen Faktoren geprägt wurde. Unerheblich waren die beruflichen Ausbildungswege, weil fast alle einen Facharbeiterberuf erlernt hatten oder in Arbeiterberufen tätig waren. Lediglich vier Personen weisen andere Qualifikationen aus. Der mächtige Kaderfunktionär beim SED-Parteivorstand und Chef des geheimen Abwehrapparates der SED, der spätere Mitbegründer des ostdeutschen Nachrichtendienstes (IWF) und stellvertretende Generalstaatsanwalt, Bruno Haid, hatte von 1931 bis 1933 in Berlin Rechtswissenschaften studiert. Ab 1938 setzte er dies in Frankreich fort und konnte seine Studien 1941 noch erfolgreich abschließen. Markus Wolf war der zweite aus dieser Gruppe, der eine Hochschule besucht hatte. Nach der Mittelschule studierte er ab 1940 fünf Semester an einem sowjetischen Institut für Flugzeugbau. In seinen Lebensläufen gab er allerdings als «erlernten Beruf» Redakteur und Journalist an.[22] Rudolf Gutsche, gelernter Buchbinder, hatte eine Ausbildung zum Radiotechniker an einer Moskauer Militärschule erfahren. Gänzlich aus dem Rahmen fiel Walter Heinitz. Er arbeitete bis 1937 als Musiker.

Wesentlich wichtiger für die interne Hierarchie war die kaderpolitische Entwicklung. «General Gomez», Zaissers Deckname im spanischen Bürgerkrieg, mit dem er berühmt wurde, wies ebenso wie Richard Stahlmann eine kommunistische Kaderbiographie auf, vor der jüngere Kommunisten

II. Das MfS in der SED-Diktatur

nur stramm stehen konnten. Sie waren seit 1918 an verschiedenen Brennpunkten kommunistischer Aktionsfelder persönlich präsent gewesen, zum Teil in zentralen Funktionen, sie arbeiteten ab Mitte der 1920er Jahre für sowjetischen Dienste und waren in deren Auftrag europaweit, in China, den USA (Stahlmann) oder Nordafrika (Zaisser) als Agenten aktiv. Sie kannten die wichtigsten deutschen KP-Funktionäre persönlich und lange, so auch deren «Verfehlungen», und ebenso waren sie mit einem Großteil der sowjetischen Parteiführung, soweit sie die kommunistischen Massenmorde überlebte, persönlich eng bekannt. Entsprechend selbstbewusst agierten sie auch innerhalb der Apparate von SED und MfS.

Knapp 20 Prozent der wichtigsten MfS-Gründer gehörten zur ersten Generation der kommunistischen Bewegung. Weitere 65 Prozent hatten sich ihr bereits vor 1933 angeschlossen. Etwa 15 Prozent kamen erst nach 1945 hinzu, was aber fast durchweg mit deren Geburtsjahren nach 1914 zu erklären ist. Mit Ausnahme von Siegfried Leibholz, der zunächst der SPD beigetreten war (was aber erst 1950 herauskam und die Kaderabteilung bis 1972 immer wieder beschäftigte)[23] und mit der Zwangsvereinigung 1946 SED-Mitglied wurde, befand sich niemand darunter, der ohne KPD-Auftrag über die SPD in die SED gelangt war. Zwar war Paul Laufer 1919 der SAJ und 1921 der SPD beigetreten. Seit 1927 betätigte er sich aber im Auftrag des KPD-Abwehrapparates in der SPD. Und Bolschewist Joseph Gutsche trat im Parteiauftrag nach einer ohnehin schon sehr bewegten Partei- und Geheimdienstkarriere[24] im Dezember 1945 der SPD bei.

Die MfS-Gründung war ein kommunistisches Kaderunternehmen. Es blieben zu jeder Zeit hauptamtliche Mitarbeiter ohne SED-Parteibuch die Ausnahme. In den 1950er und 1960er Jahren waren über 90 Prozent in der SED. Lediglich Zivilbeschäftigte mussten nicht zwingend Parteimitglied sein, sie waren aber auch nicht mit geheimpolizeilichen Aufgaben betraut. In den 1970er und 1980er Jahren schwankte der Anteil an Parteimitgliedern zwischen 75 und 85 Prozent. Dies hing damit zusammen, dass junge MfS-Angehörige, die vor Dienstantritt noch nicht SED-Mitglied waren, erst nach einem Dienstjahr Kandidat der SED werden konnten. Außerdem gab es immer noch Zivilbeschäftigte, und erst ab den 1970er Jahren floss das MfS-Wachregiment in die Parteistatistik ein. Dort konnten Unteroffiziere auf Zeit (ab drei Jahre) ihren Wehrdienst ableisten. Zwar galten auch hier besondere Rekrutierungsbedingungen, aber für sie war eine SED-Mitgliedschaft nicht zwingend. Tatsächlich schwankte so die SED-

Die Gründergeneration der ostdeutschen Geheimpolizei

Mitgliedschaft in diesem Personenkreis zwischen knapp 50 und 70 Prozent.[25] Zivilbeschäftigte waren z. B. Handwerker, Kellner, Hausmeister usw. «Ende der sechziger Jahre bis Anfang der siebziger Jahre erreichte sie ihren relativen (1969: 5,4 Prozent der Mitarbeiter) und absoluten (1973: 2658) Spitzenwert. Mit dem Jahresplan 1976 wurde der Bestand massiv abgebaut und die überwiegende Zahl der Mitarbeiter als Berufssoldaten attestiert. Von 1975 bis 1977 sank die Zahl von 2480 auf 491 zivile Mitarbeiter und fiel dann weiter bis auf einen Stand von 185 (1989).»[26]

Fomferra hatte zutreffend betont, dass die Arbeit im MfS als Parteiarbeit anzusehen war, so wie das MfS selbst eine Institution des Parteiapparates darstellte. Das zeigte sich nicht zuletzt daran, wo und wie die MfS-Gründergeneration die nationalsozialistische Diktatur erlebte. Zusammengefasst gab es vier verschiedene Biographieverläufe, die für sie charakteristisch waren.

Die «Russen-Gruppe»

Rund 25 Prozent der deutschen MfS-Gründer arbeiteten schon längere Zeit im Auftrag der sowjetischen Partei und ihrer Geheimdienste, einige waren sogar KPdSU-Mitglieder oder hatten die sowjetische Staatsbürgerschaft erlangt. Diese Gruppe war beim Aufbau der ostdeutschen Geheimpolizei der direkte und zuverlässigste Arm Moskaus und des MGB. Richard Stahlmann etwa gehörte seit 1923/24 zum Führungskern des militärpolitischen Apparates der KPD, erhielt im zweiten Kurs der KI-Schule 1925 eine entsprechende Ausbildung und war seit 1923, nach dem Scheitern des kommunistischen Aufstandsversuchs in Deutschland, sowjetischer Staatsbürger (bis 1945) sowie Mitglied der KPdSU (bis 1940). Im Auftrag des sowjetischen Geheimdienstes agierte er seit den 1920er Jahren bis Ende 1945 in mehreren europäischen Ländern, in den USA und in China. Außerdem war er persönlicher Mitarbeiter von Georgi Dimitroff, Generalsekretär der Komintern. Nach seiner Rückkehr nach Deutschland Mitte Januar 1946 baute er den Geheimapparat der SED auf, ab September 1951 gehörte er zu den Gründern des Nachrichtendienstes. Sein Schüler, Markus Wolf, der auch zu dieser Russen-Gruppe zählt, war ab 1953 sogar formal sein Vorgesetzter. Auch die beiden ersten Minister des MfS zählten zu dieser Gruppe.

Wilhelm Zaisser gehörte 1924 zur ersten Kursgruppe an der KI-Schule, war innerhalb der KPD mitverantwortlich für militärpolitische Schulun-

II. Das MfS in der SED-Diktatur

gen und arbeitete ab 1927 als Mitarbeiter der Komintern in Moskau, wo er 1932 ebenfalls KPdSU-Mitglied wurde. An verschiedenen Ausbildungsstätten in der UdSSR unterrichtete er Militärpolitik und war selbst an zahlreichen Operationen beteiligt. Als Polizeichef Sachsen-Anhalts, sächsischer Innenminister, Vizechef der DVdI und Leiter einer Hauptverwaltung im Innenministerium war er 1950 bestens gerüstet, erster MfS-Minister zu werden.

Sein Nachfolger, Ernst Wollweber, operierte nach seiner Emigration 1933 im Auftrag sowjetischer Dienste vor allem in Nordeuropa, wo er zahlreiche Sabotageakte organisierte. Er erhielt 1944 die sowjetische Staatsbürgerschaft, weil er so aus schwedischer Haft freikommen konnte. Erster Chef der sächsischen Staatssicherheit wurde 1949 Joseph Gutsche, er war u. a. nach einer dreijährigen Festungshaftstrafe (1924–1927) und einer neuerlich drohenden Verhaftung Ende 1930 in die Sowjetunion emigriert, wo bald seine KPdSU-Mitgliedschaft (Bolschewiki), die er bereits 1917/18 als Rotgardist und Teilnehmer an der Februarrevolution und dem Oktoberputsch einmal besessen hatte, erneuert wurde. Den ebenfalls schon im ersten Kurs der KI-Schule ausgebildeten Sowjetbürger, der bis zu seiner Emigration zur engeren Leitung des Geheimapparates der KPD gehört hatte, verwendete Moskau seit 1931 als Regimentskommandeur (Generalmajor bzw. ab 1936 Oberst). Geheimdienstlich kam er in vielen Gebieten zum Einsatz, u. a. in China und den USA, ab 1943 als Partisan im besetzten Teil der Sowjetunion und in Polen. In einem Fragebogen von 1947 schrieb er gar auf die Frage, wo er überall tätig gewesen sei: «Im Parteiauftrage in fast allen Ländern der Erde.»[27] Dem MfS blieb er bis 1957 treu, zuletzt im Range eines Generalmajors.

Sein Sohn, Rudolf Gutsche, schlug eine ganz ähnliche Karriere ein. Er absolvierte nach verschiedenen Spezialausbildungen ab 1943 Agenten- und Partisaneneinsätze und leitete entsprechende Ausbildungsstätten. Er wurde 1949 stellvertretender Landeschef der Staatssicherheit in Thüringen und verließ das MfS 1975 als Oberstleutnant. Sein Amtskollege in Thüringen 1949, Josef Kiefel, hielt sich ebenfalls seit 1931 in der UdSSR auf, deren Staatsbürgerschaft er 1936 erhielt. Er kämpfte in den Reihen der Roten Armee, erhielt Spezialausbildungen und agierte ab 1944, mit einem Fallschirm abgesprungen und von Dimitroff instruiert, im feindlichen Hinterland als Aufklärer.[28] Kiefel leitete im MfS u. a. die Abteilungen zur Spionageabwehr und zur Inneren Abwehr. Der Oberst wurde 1970 pensioniert. Der erste Leiter der Verwaltung Groß-Berlin[29] der

Die Gründergeneration der ostdeutschen Geheimpolizei

Staatssicherheit, Karl Kleinjung, arbeitete zunächst nach 1933 illegal in Belgien. 1939 wurde er in die UdSSR kommandiert, wo er bis 1943 eine Spezialausbildung als Aufklärer erhielt. Anschließend beteiligte er sich an Partisaneneinsätzen und führte NKWD-Spezialaufträge aus. 1945 und 1949/50 erhielt er weitere Ausbildungen, so an einer Militärakademie in der Sowjetunion. Innerhalb des MfS leitete er ab 1951 die Objektverwaltung Wismut, und diente somit dem volkswirtschaftlich wichtigsten sowjetischen Unternehmen in der DDR, weil hier das kostbare Uran gefördert wurde. 1955 wurde er Chef der Hauptabteilung I, die die Armee absicherte. 1981 trat er als Generalleutnant in den Ruhestand.

Der erste Leiter der Staatssicherheit in Sachsen-Anhalt (1949–52), Martin Weikert, hielt sich seit 1939 in der UdSSR auf, wo er ebenfalls eine Aufklärer- und Funkerausbildung erhielt. In der Slowakei war er am Aufstand von 1944/45 als Partisan beteiligt. Anschließend arbeitete er als Mitarbeiter des ZK der KPČ, ehe er 1947 Leiter der K 5 in der Provinz Sachsen wurde. Im MfS übte er zahlreiche hohe Funktionen aus, u. a. als stellvertretender Minister. Von 1957 bis 1982 war er Chef der Bezirksverwaltung Erfurt, ehe er als Generalleutnant in den Ruhestand verabschiedet wurde.

Die «Russen-Gruppe» hatte politische, militärische und geheimdienstliche Ausbildungen in der UdSSR erfahren und Einsatzerfahrungen gesammelt. Viele aus dieser Gruppe haben in Deutschland oder anderen Ländern politisch begründete Gefängnisaufenthalte erlebt. Zwei sind in der Sowjetunion zeitweilig eingesperrt worden. Sie hatten Glück und überlebten den Massenterror.

Herbert Hentschke ist 1937 (29.7.–6.11.) und 1938 (22.2.–15.5.) zweimal vom NKWD festgenommen worden.[30] Hentschke, dessen Vater zu dieser Zeit in Spanien kämpfte und dessen Mutter in Deutschland im Gefängnis saß, schrieb im August 1937 als 17-Jähriger an den NKWD, es sei nicht angenehm in einem sowjetischen Gefängnis eingesperrt zu sein. «Aber, Genossen, keine Fehler können meinen Geist brechen, meine Hingabe an die Partei und die Sache des Kommunismus, obwohl die Prüfung moralisch und physisch sehr auf meine Gesundheit wirkt.»[31] Später besuchte er die Komintern-Schule, agierte als Aufklärer und Partisan und war ab 1945 als Mitglied der KPD-Initiativgruppe Sobottka[32] zunächst in Mecklenburg und dann beim SED-Parteivorstand für Personalfragen der Polizei- und Sicherheitsapparate mit zuständig. Das MfS verließ er 1981 als Generalmajor.

II. Das MfS in der SED-Diktatur

Artur Hofmann lebte seit 1931 in der UdSSR. 1938 kam er in NKWD-Untersuchungshaft, die er nach elf Monaten verlassen konnte. Wie Hentschke schwieg auch Hofmann anschließend über diese Zeit. In ihren Personalunterlagen klafft für diese Zeit eine Lücke. Lediglich in einem Lebenslauf im Juli 1951 vermerkte Hofmann, was ihm alles bei der Überwindung von Schwierigkeiten helfe: «besonders das Buch Stalins ‹Fragen des Leninismus›, die Geschichte der KPdSU(B), die Parteireinigung in der Sowjetunion, die ich praktisch miterlebte, die Parteitage [...], vor allem aber der Große Vaterländische Krieg der Sowjetunion, all dies und auch die Schulung, die ich unserer Partei zu verdanken habe, machten aus mir einen Klassenkämpfer.»[33] Hofmann kam, nach entsprechenden Ausbildungen und Partisaneneinsätzen (u.a. gemeinsam mit dem bereits erwähnten Kiefel in Polen),[34] mit der «Ackermann-Gruppe» nach Deutschland zurück. Als Nachfolger Zaissers wurde er 1949 sächsischer Innenminister, 1953 wechselte er offiziell ins MfS (Leiter der Hauptabteilung Volkswirtschaft, Oberst), 1957 ging er als Offizier in die ZK-Abteilung Sicherheit und von 1960 bis 1970 war er stellvertretender Chef der MfS-Bezirksverwaltung Dresden.

Von Moskau aus waren mehrere aus der «Russen-Gruppe» zur Unterstützung der Republikaner in den spanischen Bürgerkrieg entsandt worden, darunter an führender Stelle Stahlmann, Kleinjung, Szinda, Fomferra, Röbelen und der legendäre General «Gomez», alias Wilhelm Zaisser. In einem weiteren Sinne zählte auch Wollweber zu den (indirekten) Spanien-Kämpfern, konnten doch seine Sabotagegruppen durch Anschläge eine Reihe von Waffenlieferungen an die Franco-Putschisten verhindern, und zugleich Waffenlieferungen an die Republikaner organisieren. Auch Mielke kämpfte, aus der UdSSR entsandt, in Spanien mit. Er hielt sich, nachdem er im August 1931 auf dem Berliner Bülowplatz zwei Polizisten erschossen hatte, in der Sowjetunion auf und absolvierte an der Lenin-Schule der Komintern zwei Ausbildungslehrgänge. Zwar lebte er von 1939 bis 1945 in Westeuropa (Belgien, Frankreich), gehört aber aufgrund seiner Ausbildung dennoch zu den Moskauer Kadern. Allerdings ist seine Biographie nicht umsonst nach 1945 offiziell verfälscht worden, wozu er tatkräftig beitrug. Denn wäre bekannt geworden, dass er sich im Exil nicht unbedingt klassenkämpferisch verhalten hatte und sogar zu dem späteren «Feind» Noel Field Kontakte unterhielt, hätte seine Karriere schnell zu Ende sein können. Zur «Russen-Gruppe» zählt, als Sonderfall, aber auch Bruno Haid, der für die SED-Personalpolitik,

Die Gründergeneration der ostdeutschen Geheimpolizei

den Aufbau des geheimen SED-Abwehrapparates sowie in der ersten Zeit für den Außenpolitischen Nachrichtendienst mit zuständig war.[35] Haid war von 1933 bis 1945 als Emigrant in Frankreich und ab 1942 Mitglied der KPF. Allerdings hatte er dort den geheimen Nachrichtendienst der KPD mit aufgebaut (bis 1938) und stand daher auch mit Moskau in enger Verbindung. Seit 1937 erfüllte er für den NKWD Aufträge.

Einen letzten exemplarischen Sonderfall dieser Gruppe verkörpert Wilhelm Schwerdtfeger. Seit 1927 KPD-Mitglied überstand er die NS-Diktatur und den Krieg als Eisenbahnarbeiter, offenbar ohne verfolgt worden zu sein. Nach dem Einmarsch der Russen wurde er Mitglied einer sowjetischen Operativgruppe. Er stellt eine Besonderheit dar, weil im Gegensatz zu den anderen seine Beziehungen zu den Sowjets neu waren und daher nicht so belastbar. 1949 begann er bei der Staatssicherheit in Brandenburg, später wechselte in die Hauptabteilung V (Untergrund, Kirchen, Staatsapparat).

Die «Häftlingsgruppe»

Über 30 Prozent der MfS-Gründergeneration zählen zur «Häftlingsgruppe». Aus politischen Gründen haben von allen Gründern sogar viel mehr während der NS-Diktatur in Zuchthäusern und Konzentrationslagern eingesessen. Aber einige von ihnen konnten entweder emigrieren oder blieben nach einer kürzeren Haftzeit in Deutschland.[36] Einige wenige von ihnen waren nur kurzzeitig in Haft. Auch gab es «Sonderfälle» wie Richard Horn, der ab 1940 unter falschem Namen eingesperrt worden ist. Er baute die Staatssicherheit zunächst in Sachsen mit auf und wurde dann 1952 Leiter der Bezirksverwaltung Neubrandenburg. Mehrere KZ-Häftlinge folgten einem Beschluss der illegalen KP-Leitungen und meldeten sich freiwillig zu den «Dirlewanger-Einheiten», einer besonders brutalen SS-Truppe, die ab Oktober 1944 ihr Personal auch aus politischen KZ-Häftlingen rekrutierte. Der KP-Auftrag lautete, so bald wie möglich zur Roten Armee überzulaufen. Unter den politischen Häftlingen, die aus einer «Dirlewanger-Einheit» flüchten konnten, befand sich mit Alfred Neumann auch ein späteres SED-Politbüromitglied. Obwohl sie nachweislich aus politischen Gründen lange eingesperrt worden waren und ohnehin schon vor 1933 zur kommunistischen Bewegung zählten, mussten einige von ihnen teilweise längere Zeit in sowjetischer Gefangenschaft bleiben und Antifa-Schulen besuchen.

II. Das MfS in der SED-Diktatur

Den Großteil der «Häftlingsgruppe» machten Langzeithäftlinge aus, die erst bei Kriegsende aus den Lagern der NS-Diktatur befreit wurden und sich anschließend am kommunistischen Aufbau beteiligten. Darunter waren Hermann Gartmann, der erste Leiter der Hauptverwaltung in Brandenburg, Erich Wichert, der erste Kaderchef der Hauptverwaltung und des MfS, Otto Walter, bis 1964 stellvertretender Minister oder Artur Paczinsky, Hauptabteilungsleiter im MfS.

Eine Untergruppe der Langzeithäftlinge waren die KPD-Mitglieder, die im KZ Buchenwald eingesessen hatten. Da hier eine besonders straff organisierte illegale Lagerleitung existierte, die KPD einen illegalen Apparat aufbauen und unterhalten konnte und zuweilen mit der SS über das nötige Maß hinaus paktierte, Einzelne dabei auch Verbrechen begingen, sind in den Jahren nach 1945 von der KPD/SED und der sowjetischen Besatzungsmacht, aber auch von den Alliierten umfangreiche Untersuchungen vorgenommen worden, die zum Teil in Strafprozessen mit harschen Urteilen mündeten.[37] Dies verhinderte bei einigen, dass sie in der Gründungsphase des MfS eine wichtige Rolle spielen konnten. Besonders hart traf es Ernst Busse, der 1933 festgenommen wurde und ab 1937 im KZ Buchenwald eingesperrt war. Dort agierte er u. a. als Lagerältester und Kapo sowie Mitglied verschiedener illegaler Gremien. Direkt nach der Befreiung beteiligte er sich, wie viele andere ehemalige deutsche Häftlinge aus dem KZ Buchenwald, am Aufbau der ostdeutschen Polizei. 1946/47 agierte er einige Monate als Innenminister Thüringens – er schien geradezu prädestiniert für die Staatssicherheit zu sein. Im April 1950 verhaftete ihn die sowjetische Geheimpolizei, zehn Monate später verurteilte ihn ein SMT als angeblichen Kriegsverbrecher zu lebenslanger Haft. Wenig später verstarb er in Workuta. Auch Erich Reschke war als Präsident der DVdI (1946–48) am Aufbau des ostdeutschen Polizeisystems beteiligt und besonders für die Stasi geeignet. Ihn sperrten die Nationalsozialisten zwölf Jahre ein, bis 1944 war er insgesamt sechs Jahre im KZ Buchenwald. 1948 begann sein allmählicher Abstieg, im Januar 1950 wurde er noch Leiter des Zuchthauses Bautzen. Fünf Monate später verhaftete die sowjetische Besatzungsmacht auch ihn und verurteilten ihn mit gleicher Begründung wie Busse zu lebenslanger Haft. Er aber überlebte, kam im Oktober 1955 frei und ist 1956 rehabilitiert worden. Anschließend übernahm er wieder die Leitung der Strafvollzugsanstalt Bautzen – seine Biographie ist wie kaum eine andere von Zuchthäusern und Lagern, aus beiden Perspektiven, geprägt.

Die Gründergeneration der ostdeutschen Geheimpolizei

Den meisten, denen nach 1945 Vorwürfe wegen ihres Verhaltens im KZ gemacht wurden oder die sich intensiver Befragungen ausgesetzt sahen, blieben solche Schicksale jedoch erspart. Auffällig viele ehemalige Buchenwald-Häftlinge beteiligten sich am Aufbau der ostdeutschen Polizei. Eine steile Karriere war etwa Herbert Scheibe beschieden, der ab 1949/50 auch als sowjetischer Agent wirkte. Als ZK-Mitglied und Generalleutnant leitete er von 1972 bis 1985 die Abteilung Sicherheit beim ZK der SED. Willi Seifert wurde Vizepräsident der DVdI und stellvertretender Innenminister (1957–83). Er war am Bau der Mauer maßgeblich beteiligt und leitete deren operative Realisierung. Robert Siewert, der schon 1919 zu den KP-Führungskreisen zählte, schien zunächst auch für den Aufbau des Sicherheitsapparates geeignet. Immerhin war er bis 1950 anhaltinischer Innenminister. Die SED löste ihn jedoch ab, weil er als früherer «Parteifeind» (ab 1929 KPD-O) in Ungnade fiel.

Es sah also zunächst so aus, als würden die ehemaligen Buchenwald-Häftlinge Polizei und Staatssicherheit in der SBZ/DDR dauerhaft prägen können. Doch sollte sich dies als Trugschluss erweisen. Am Beispiel von Jean Baptist Feilen, der in den 1960er Jahren seine Erinnerungen zu Papier brachte, lässt sich dies exemplarisch zeigen. Feilen, der in Moskau 1932 eine Geheimdienstausbildung erhielt und zum KPD-Geheimapparat gehörte, saß elf Jahre in Zuchthäusern und KZ. Im KZ Buchenwald war er Kapo. 1949 wurde er Leiter der K 5 in Thüringen. «Den Klassengegner, die Feinde unseres Aufbaus zu bekämpfen, sie zu vernichten, unsere Abwehrorgane immer mehr zu stärken, hielt ich für eine der wichtigsten Aufgaben und war stolz darauf, dass mir eine solche Aufgabe gestellt worden war», heißt es in seinen Erinnerungen.[38] Doch schon im Oktober 1949 ist ihm eine neue Aufgabe übergeben worden. Die bereits erwähnten Kaderüberprüfungen bestand er nicht. In seinem Bericht schreibt er dazu nur lapidar, er habe «bedingt durch personelle Entscheidungen grundsätzlicher Art, auf dem Gebiet der Sicherheitsorgane nicht mehr arbeiten» können.[39] Den meisten Häftlingen aus dem KZ Buchenwald, die sich nach 1945 am Aufbau von Polizei und Staatssicherheit beteiligten, erging es ganz ähnlich: sie waren in den Augen der sowjetischen Geheimpolizei unsichere Kandidaten – ihre Biographien lagen nicht restlos offen.

Allerdings gab es einige Gründungsmitglieder mit einer Haftzeit im Konzentrationslager Buchenwald. Die vielleicht markanteste Biographie wies Rolf Markert auf, der auf der KI-Jugendschule bei Moskau 1934

II. Das MfS in der SED-Diktatur

wahrscheinlich schon so hieß.[40] Nach der Befreiung aus dem KZ Buchenwald nannte sich Helmut Thiemann (so sein eigentlicher Name) nun nicht nur «Rolf Markert», er veränderte auch sein Geburtsdatum vom 24. Januar 1914 auf 3. September 1911. Andere Angaben sind in den MfS-Kaderunterlagen nicht vorhanden. Das ging soweit, dass er 1981 in Anwesenheit von SED-Bezirkschef Hans Modrow als Leiter der Bezirksverwaltung Dresden verabschiedet wurde und Minister Mielke sagte: Markert «scheidet im 70. Lebensjahr aus gesundheitlichen Gründen ... aus».[41] Minister Mielke wusste natürlich, dass Thiemann alias Markert drei Jahre jünger war. Aber die interne Konspiration funktionierte. Thiemann war von den Nationalsozialisten kurz vor dem Jahresende 1934 festgenommen worden, von 1938 bis 1945 saß er im KZ Buchenwald. Dort gehörte er zum KPD-Abwehrapparat, war mit Busse und Reschke eng vertraut, soll Privilegien genossen und an den bereits angedeuteten umstrittenen Praktiken aktiv beteiligt gewesen sein. Die amerikanischen Besatzungsbehörden fahndeten 1945 wahrscheinlich nach ihm,[42] weshalb er seine wichtigsten Personendaten nun «offiziell» änderte. Dies kann nicht ohne Mitwissen der sowjetischen Besatzungsmacht erfolgt sein. Markert wurde noch im Mai bei der Chemnitzer Polizei eingestellt, wo er die Personalabteilung leitete. Ähnliche Positionen nahm er anschließend bei einer KPD-Kreisleitung und der Landespolizeibehörde Sachsens ein. 1948 wurde er Leiter der K 5 in Sachsen, am 1. August 1949 stellvertretender Chef der Staatssicherheit Sachsens. Zunächst wechselte er schnell mehrere Führungsposten, ehe er seit 1953 der Bezirksverwaltung Dresden vorstand.

Auch Richard Großkopf gehörte schon in frühester Zeit zum Geheimapparat der KPD und führte vor 1933 illegale Aufträge, auch der Komintern, aus. Von 1933 bis 1945 war er eingesperrt, seit 1942 im KZ Buchenwald. Dort war er u. a. Leiter des KPD-Abwehrapparates. In Berlin fing er in führender Position bei der Polizei an, ab 1951 baute er die Hauptverwaltung A mit auf. Heinz Gronau hat er schon im KZ Buchenwald kennengelernt, dieser war seit 1935 eingesperrt und gehörte dort ebenfalls zu illegalen Militärgremien. Er baute die Polizei in Sachsen mit auf, wurde in Moskau geschult und fing zunächst 1950 beim MfS an, wo er für die Überwachung der kasernierten Volkspolizei zuständig war. Später wechselte er offiziell zur Grenzpolizei, kam aber als Kommandeur des MfS-Wachregiments 1962 zur Geheimpolizei zurück. Als Generalmajor ging er 1972 in den Ruhestand.

Die Gründergeneration der ostdeutschen Geheimpolizei

Mindestens drei weiteren ehemaligen Häftlingen des KZ Buchenwald, die an den Aktivitäten der KPD dort beteiligt waren, gelang es, im MfS Karriere zu machen: Rudolf Menzel (1941–45 in Buchenwald) baute die Staatssicherheit ab 1949 in Thüringen mit auf und wurde nacheinander stellvertretender Minister der Staatssicherheit, dann für Inneres und schließlich für Verteidigung. Als Generalleutnant pensionierte seine Parteiführung ihn 1973. Erich Bär, ab 1935 in Haft, ab 1938 im KZ Buchenwald und Mitglied des illegalen Lagerkomitees, war zunächst ab 1949 Personalleiter der Staatssicherheit in Sachsen und bekleidete neben vielen anderen Positionen auch einige Jahre den Chefposten des MfS-Leitungsbüros. Kurt Grünler kam aus dem KZ Buchenwald (in Haft seit 1940) zunächst auf kommunale Aufbauposten, ab 1947 leitete er die K 5 in Magdeburg. Er gehörte zu jenen, die den Sprung in die Verwaltung zum Schutz der Volkswirtschaft schafften und wurde in Mecklenburg deren erster Leiter, später u. a. Chef in Frankfurt/O. und Suhl.

Die «Antifa-Gruppe»

Ebenso groß wie die «Häftlingsgruppe» war die «Antifa-Gruppe», die ebenfalls etwa 30 Prozent der MfS-Gründergeneration stellte. Auch hier finden sich vielfach gebrochene Lebenswege. Während bei der «Russen-Gruppe» und der «Häftlingsgruppe» durchweg Männer zu finden sind, die bereits vor 1933 KPD-Mitglieder waren und entsprechende biographische Prägungen besaßen, teilt sich die «Antifa-Gruppe» in «Alt-Kommunisten», die zumeist zwischen 1905 und 1916 geboren waren, und solche, die erst nach 1945 «zur Partei» fanden und überwiegend in den 1920er Jahren das Licht der Welt erblickten.

Diese Gruppe eint, dass sie über Antifa-Schulen aus sowjetischer Kriegsgefangenschaft zurückkehrten und dann fast unmittelbar Partei-, Polizei- und schließlich Staatssicherheitsfunktionen ausübten. Die erste Antifa-Schule ist 1942 gebildet, die letzte 1950 geschlossen worden. Ihre Aufgabe bestand darin, Kriegsgefangene von der nationalsozialistischen Ideologie zu befreien, sie mit den Grundlagen kommunistischer Ideen vertraut zu machen und für den staatlichen Neuaufbau vorzubereiten. Ein erfolgreicher Abschluss garantierte fast automatisch das Etikett eines «Antifaschisten». Mag für viele Bereiche des SED-Partei- und -Staatsapparates zutreffen, dass aus einer wenigstens «hellbraunen» Überzeugung nun eine mindestens «hellrote», oft genug jedoch «dunkelrote»

II. Das MfS in der SED-Diktatur

geworden war, so stellte sich dies bei jenen «Antifa-Schülern», die unmittelbar zur MfS-Gründergeneration hinzugerechnet werden können, anders dar.

Etwa ein Drittel von ihnen, fühlte sich schon vor 1933 der kommunistischen Bewegung verbunden. Dazu zählte Kurt Kuchenbecker, seit 1926 KPD-Mitglied, in jugoslawischer Gefangenschaft führend in einem Antifa-Lagerausschuss tätig, der 1947 bei der K 5 angestellt war und 1949 Sekretariatsleiter der Staatssicherheit wurde. Die jugoslawische Gefangenschaft machte ihn gleichwohl verdächtig, weshalb er 1951 versetzt wurde, aber Leitungsfunktionen behielt. Bruno Beater lief 1944 zur Roten Armee über, er gehörte seit 1928 dem KJVD an. Er arbeitete für das «Nationalkomitee Freies Deutschland» (NKFD) – wie übrigens 32 weitere MfS-Gründer aller Gruppen[43] – und in Antifa-Gruppen. Zunächst am Aufbau der Polizei beteiligt, trat er 1949 zur Verwaltung zum Schutz der Volkswirtschaft in Brandenburg über. Er übernahm die Abteilungsleitung zur Bekämpfung des «Untergrunds», wechselte aber bereits im August 1950 in die MfS-Zentrale, wo er die entsprechende Hauptabteilung als Chef leitete. Damit war er bereits einer der wichtigsten Geheimpolizisten überhaupt, was sich 1955 mit seiner Berufung zum stellvertretenden und 1964 zum 1. stellvertretenden Minister noch steigern sollte. Generaloberst Beater, ZK-Mitglied seit 1973, verkörperte neben Minister Mielke besonders das MfS-Selbstverständnis: hart, unerbittlich und immer die Parteiführungslinie befolgend, egal ob die das Gegenteil von gestern bedeutete.

In der Staatssicherheit Mecklenburg nahmen 1949 zwei «Antifa-Schüler» ihre Tätigkeit auf, die nicht nur Ende der 1920er Jahre der KPD beigetreten waren, sondern nach 1933 auch längere Zeit hinter Gittern gesessen hatten. Erich Kistowski besuchte sogar 1932/33 die militärpolitische Schule in Moskau. 1941 zur Marine eingezogen, geriet er 1945 in sowjetische Gefangenschaft. Nach drei Jahren durfte er zurückkehren, wurde als Verfolgter des Naziregimes anerkannt (Haftzeit 1934/35 u. 1936/37) und baute zunächst die Geheimpolizei in Mecklenburg mit auf, u. a. als Leiter der Kreisdienststelle Rostock. Auch Ernst Zuschke gehörte zu den altkommunistischen Funktionären. Die ersten drei Jahre der NS-Diktatur saß er in Haft. Bereits 1939 eingezogen, geriet er 1944 in sowjetische Gefangenschaft. Nach seiner Rückkehr 1948 wurde er zunächst SED-Funktionär, um im Oktober 1949 zur Geheimpolizei zu wechseln. Er leitete in Mecklenburg mehrere Kreisdienststellen, ehe er ab 1952 viele Jahre Führungsfunktionen in der MfS-Objektverwaltung «Wismut», auch als Leiter, ausübte.

In der sächsischen Staatssicherheit war die Konzentration von altkommunistischen «Antifa-Schülern» besonders hoch. Fast alle hatten in den ersten Jahren der NS-Herrschaft Hafterfahrungen gesammelt. Zu dieser Gruppe zählt auch Gerhard Harnisch, dessen Vater die Nationalsozialisten hinrichteten und der selbst mehrfach für kurze Zeit inhaftiert wurde. Seine KPD-Mitgliedschaft wurde nach 1945, was nicht unüblich war, auf 1934 zurückdatiert. Nach der Antifa-Schule wurde er zunächst Parteifunktionär war dann ab 1949 Mitarbeiter der Staatssicherheit und u. a. Leiter der MfS-Schule Potsdam-Eiche.

Zwei Drittel der «Antifa-Gruppe» besaßen allerdings keine Hafterfahrungen oder kommunistische Prägungen von vor 1933. Heinz Tilch, der 1931 dem SAJ und noch 1933 dem KJVD beitrat, gehörte zu den Ausnahmen. Tilch war seit 1945 an der Bekämpfung «politischer Kriminalität» beteiligt und gehörte zu jenen, die von der K 5 in die Staatssicherheit übernommen wurden. Als Oberstleutnant wurde er 1953 Leiter der neugegründeten MfS-Informationsgruppe. Diese wurde später nach Umstrukturierungen und Aufgabenzuschreibungen als «Zentrale Auswertungs- und Informationsgruppe» (ZAIG) in gewisser Hinsicht zum politischen Hirn des MfS. Auch Emil Wagner wies eine andere «Antifa-Biographie» auf. Denn nach einer «Antifa-Schulung» war er ab 1944 als Partisan im Kampfeinsatz. Dieser riss auch nach Kriegsende nicht ab. Legendiert mit offiziellen Anstellungen gehörte er zu sowjetischen Operativgruppen des NKWD, die Nationalsozialisten in Berlin und Umgebung aufspürten. Im August 1949 kam Wagner zur Staatssicherheit, bei der er es bis zum langjährigen Chef der Bezirksverwaltung Halle brachte.

In der Regel waren die 1949 neu Eingestellten jedoch ehemalige Wehrmachtsangehörige einfacher Mannschaftsdienstgrade, die nach den Kriegserfahrungen vor allem ihre «Antifa-Schulung» als Qualifikation in die Staatssicherheit mitbrachten. Dazu gehörte zum Beispiel Heinz Sgraja. Zur Staatssicherheit stieß er laut Kaderunterlagen am 7. Oktober 1949, dem Tag, an dem die DDR gegründet wurde. Zunächst in Schwerin tätig, arbeitete er seit Ende 1951 in der Hauptabteilung zur Bekämpfung des «Untergrunds». Von 1954 bis in die zweite Hälfte der 1970er Jahre gehörte er zu den wichtigsten MfS-Offizieren in der Zentrale, die die Kirchen «bearbeiteten», dort inoffizielle Mitarbeiter rekrutierten und als Führungsoffiziere anleiteten.

II. Das MfS in der SED-Diktatur

Die Gruppe «unbeschriebener Blätter»

Die sowjetischen und deutschen Stellen, die das künftige Personal der Staatssicherheit rekrutierten, achteten streng darauf, dass die Biographien weder «Lücken» noch «Unklarheiten» aufwiesen. Neben der ideologischen «Klarheit» der Kandidaten kam es ihnen darauf an, dass sie sich auf die künftigen Geheimpolizisten wenigstens der Papierform nach absolut verlassen konnten. Dazu gehörte, dass die Kandidaten ihre Biographien offen legten, so dass es auch später keine «Überraschungen» geben würde, die der «Feind» womöglich ausnutzen könnte. Zwar gab es keine Garantie, aber zumindest für das Führungspersonal gelang den Kaderstellen überwiegend bereits 1949/50 eine Rekrutierung, die tatsächlich eine hohe personelle Kontinuität sicherte. In den unteren Rängen sah es in den 1950er Jahren dagegen ganz anders aus.

In der MfS-Gründergeneration dominierten die Gruppen der «Russen», der «Häftlinge» und der «Antifa-Schüler», deren Biographien weitgehend offen lagen. Dennoch gab es unter denen, die spätestens 1949/50 ihre geheimpolizeiliche Laufbahn begannen, auch etwa 15 Prozent, die nach den strengen Kaderrekrutierungsregeln eher wie «Außenseiter» erschienen. Bei der Hälfte von ihnen hing dies mit ihrem Alter zusammen. Sie waren 1949 gerade 20 oder 21 Jahre alt. Aber es gab auch Einstellungen älterer Kandidaten, die weder mit der kommunistischen Bewegung in Berührung gekommen waren noch nach ihrer Wehrmachtszeit eine Antifaschule durchlaufen hatten. Dazu zählte u. a. Martin Appelfeller, der 1949 in der Staatssicherheit anfing, 1954 in die ZK-Abteilung Sicherheit wechselte und dort bis zum Sektorenleiter MfS aufstieg, zuletzt als Generalmajor.

Noch ungewöhnlicher für die Kaderpolitik war die Einstellung von Personen, die 1949 etwa zwischen 30 und 50 Jahre alt waren, sogar vor 1933 zur kommunistischen Bewegung gehörten, aber weder nachweisbar im Widerstand aktiv waren noch eine Antifa-Schule absolviert hatten. Zu dieser kleineren Gruppe gehörten u. a. der Leiter der Abt. Fahndungen, Hermann Michael, der anschließend für Geheimnisschutz im Staatsapparat zuständig war (Abt. Vau), der Leiter der zentralen Abteilung XII (Auskunft, Speicher, Archiv), Paul Karoos, oder Werner Kukelski, der u. a. einige Jahre lang die Hauptabteilung für Spionageabwehr führte. Eine für MfS-Kaderverhältnisse am Anfang besonders untypische Biographie wies Fritz Mundt auf. Bei seiner Einstellung war er fast 51 Jahre alt. Er

Die Gründergeneration der ostdeutschen Geheimpolizei

diente ab 1944 in der Wehrmacht und geriet in französische Gefangenschaft. Zunächst war er in der SED tätig und wurde schließlich 1948 kaufmännischer Direktor eines Berliner Energieunternehmens. Von dort ist er ins MfS gerufen worden, wo er bis Ende 1959 die Hauptabteilung Verwaltung und Wirtschaft, zuletzt als Oberst, leitete. Diesem ungewöhnlichen Karriereweg lag gewiss zugrunde, dass das MfS auch Fachleute wie Buchhalter benötigte. Mundt hatte seit 1921 in verschiedenen Firmen als solcher gearbeitet. Hinzu kam, dass er bereits 1925 der KPD beigetreten war, ab 1929 einige Jahre bei der sowjetischen Handelsvertretung in Berlin als Oberbuchhalter gearbeitet und die Nationalsozialisten ihn wegen «Vorbereitung zum Hochverrat» von 1933 bis 1935 eingesperrt hatten. Insofern wies auch Mundts Biographie einige typische Merkmale der «Gründergeneration» auf. Auch der erste Finanzchef des MfS übrigens, Buchhalter Willi Schläwicke, stieß 1950 zur Geheimpolizei, ohne die sonst üblichen Schulungen oder Erfahrungen zu besitzen.

Prägungen der «Gründergeneration»

Der kursorische und exemplarische Blick auf die Biographien der ersten Leitungselite der Staatssicherheit zeigt, dass die Rekrutierungsbedingungen zwar verschiedene Sozialisationswege zuließen. Aber im Kern ähnelten sich die Rahmendaten. Gerade die engere Führungsriege um Zaisser und Mielke, wozu die Chefs der Länderverwaltungen sowie die wichtigsten Abteilungsleiter und Leitungskräfte gehörten, 1949/50 insgesamt etwa 35 Männer, gehörten einer Generation an, waren frühzeitig, dem Alter entsprechend, der kommunistischen Bewegung beigetreten und hatten mehrheitlich politische, militärpolitische und/oder geheimdienstliche Ausbildungen in der Sowjetunion erhalten.

Dennoch kam es auch innerhalb dieses Führungszirkels aufgrund unterschiedlicher Erfahrungshintergründe immer wieder zu Spannungen. Besonders erfahrene Männer wie Zaisser, J. Gutsche, Stahlmann, Fomferra, Kleinjung, Menzel, Mielke oder Szinda, die schon an vielen Fronten gekämpft hatten, konnte so leicht nichts erschüttern. Ihr Auftreten gegenüber jüngeren Geheimpolizisten war entsprechend selbstbewusst. Auch zwischen jenen, die während der NS-Diktatur in Lagern oder Gefängnissen gesessen hatten, und jenen, die diese Zeit außerhalb Deutschlands verbracht hatten, gab es Konflikte. Im Kern ging es, wie häufig nach dem Fall von Diktaturen, um die Frage, wer das «eigentliche» oder «bedeuten-

II. Das MfS in der SED-Diktatur

dere» Opfer gewesen sei und wer mehr gelitten habe. Dass dabei regelmäßig den in Deutschland Verbliebenen «parteiabweichende» oder gar «parteischädigende» Haltungen vorgeworfen wurden, gehörte zum Grundreservoir parteiinterner Auseinandersetzungen und war nicht selten mit drastischen Karriereknicks verbunden. Das änderte sich erst unter Honecker – er war zwar auch 1930/31 auf der Lenin-Schule der Komintern gewesen, hatte jedoch in der Zeit von 1935 bis 1945 in deutschen Zuchthäusern gesessen.

Das Klima im MfS bestimmten zunächst die erfahrenen Kommunisten, vornehmlich aus der «Russen-» und, etwas weniger stark, aus der «Häftlingsgruppe». Dabei wiesen diese beiden Gruppen trotz der erwähnten Unterschiede eine gemeinsame biographische Schnittlinie auf, die auch die Arbeit des MfS viele Jahre prägte: tief verinnerlicht hatten sie die bürgerkriegsähnlichen Situationen in Deutschland, die bolschewistische Umgestaltung Russlands und die fortwährenden innerkommunistischen Auseinandersetzungen. Sie besaßen alle Kriegserfahrungen, ob an der Front, im Spanischen Bürgerkrieg oder in Partisanenkämpfen oder waren in Internierungslagern und KZs gewesen. Jahrzehntelang umzingelt von echten oder «getarnten» Feinden, wähnten sie sich auch als MfSler permanent in Gefahr. Ganz oft hieß es, intern weitaus häufiger als öffentlich: «die oder wir!»

Sie alle waren traumatisiert. Fast alle hatten persönlich dem Tod ins Auge gesehen. Und noch einschneidender: Die meisten hatten vor 1945 selbst getötet bzw. das Töten befohlen – und zwar nicht nur an der Front, sondern auch in Situationen, die einen Mordvorwurf rechtfertigen. Man mag dies historisch im konkreten Kontext erklären können. Doch darum geht es gar nicht, schon gar nicht um eine nachträgliche Verdammung, denn auch ihre Gegner waren nicht zimperlich. Und tatsächlich gab es nicht selten nur die Alternative: «ich oder er».

Auch Mielkes Beteiligung an dem doppelten Polizistenmord von 1931 hat ihren Kontext. Nur Tage zuvor hatten Polizisten wieder einmal einen jungen Arbeiter erschossen. Rache, Vergeltung, Angriff und Selbstverteidigung lagen meist sehr nahe beieinander. Mielke wird bis zum MfS-Ende seinen Mitarbeitern immer wieder einschärfen: «die oder wir». Der Historiker Ernst Engelberg, selbst seit den 1920er Jahren zur kommunistischen Bewegung zählend, fasste dies 1959 in einer Studie zur Geschichte der Arbeiterbewegung in der Zeit des «Sozialistengesetzes» in die Formel: «Der harte Kampf in einer harten Zeit gegen Spitzel und Verräter konnte nicht

Die Gründergeneration der ostdeutschen Geheimpolizei

immer ohne Sanktionen abgehen. Der herrschenden Klasse standen Gefängnisse und Zuchthäuser zur Verfügung, dem kämpfenden Proletariat nur die Fäuste.»[44]

Das Selbstverständnis der Geheimpolizisten, ganz besonders treue und dem «Klassengegner» gegenüber «hasserfüllte» Parteikader zu sein, ist ihnen nicht nur in Schulungen pausenlos eingeimpft worden. Die Garde der Gründergeneration stand für diesen kompromisslosen Kampf auf Leben und Tod. Nicht umsonst berief sich die interne Traditionsarbeit des MfS, gerade als ein großer Teil der «ersten Garde» abtrat, immer stärker auf diese «Vorzeigetschekisten» und pries sie als makellose Vorbilder. Heinrich Fomferras Erinnerungen etwa daran, wie sein Mitkämpfer Hans Schwarz dreißig Jahre zuvor den ehemaligen Sekretär Thälmanns, Alfred Kattner,[45] im Auftrag der Partei ermordete, lässt angesichts der präzisen Kürze und Kälte erahnen, wie stark solche Parteikader Gewaltaktionen verinnerlicht hatten. Kattner stand schon damals im Verdacht, im geplanten Prozess gegen Thälmann als Belastungszeuge aufzutreten: «Um zu verhindern, dass Kattner Schaden anrichtet, erhielt der Genosse Hans Schwarz den Auftrag, Kattner zu erledigen. Schwarz ist mit dem Rad zur Wohnung des Kattner gefahren, drängte Frau Kattner, die ihm öffnete, beiseite, ging zum Schlafzimmer (Kattner lag im Bett), erschoss ihn mit mehreren Schüssen, versetzte Frau Kattner, die Lärm machte, einen Kinnhaken, verließ die Wohnung, schwang sich auf sein Rad und verschwand.»[46] Kattners Ermordung ist in der DDR offiziell nie erwähnt worden.[47] MfS-intern hingegen diente der «Fall Kattner» – Verrat und Vergeltung – zu Schulungszwecken. Dass ausgerechnet Fomferra und Schwarz 1942 gegenüber der Gestapo belastende Aussagen gemacht haben sollen, die zur Verhaftung eines Funkers der «Roten Kapelle» führten, rundet diese pikante Geschichte ab.[48]

Auch andere Texte zeigen eine solche Kontinuität der Gewalt, wie sie in den Erinnerungen Fomferras sichtbar wird. MfS-Generalmajor Hermann Gartmann etwa machte 1964 intern deutlich, dass für ihn der Bürgerkrieg nie aufgehört hatte: «Meine Tätigkeit in den bewaffneten Kräften der DDR war gewissermaßen eine Fortsetzung meiner Tätigkeit als Parteisekretär in Spanien auf höherer Stufe.»[49] Und noch 1986 erschien ein kleines Buch, das nie in den Buchhandel kam und ausschließlich der Traditionsarbeit im MfS diente.[50] Darin wird u. a. berichtet, wie Stahlmann und seine Genossen «etwa 30 000 FDJlern aus der Bundesrepublik» die Teilnahme am FDJ-Deutschlandtreffen 1950 in Ost-Berlin ermöglichten. Viel

II. Das MfS in der SED-Diktatur

Vorbild Stalin: Richard Stahlmann alias Arthur Illner.

Geld war dabei im Spiel: 1,5 Millionen Mark, die Stahlmann zwei FDJ-Funktionären ohne Quittung übergab. Der Leiter der Landesverwaltung für Staatssicherheit Mecklenburgs, Otto Last,[51] wurde eingeschaltet, weil kurzzeitig die Kommunikation abgebrochen war. Last fragte nun Stahlmann: «‹Sag mal Richard, legst Du beide Hände für den Genossen Goldstein[52] ins Feuer?› Richard überlegte kurz und antwortete dann: ‹Pass mal auf: Die linke Hand ganz und von der rechten drei Finger. Zwei Finger muss man im Klassenkampf immer noch haben, um abdrücken zu können.› So war Richard. Er vertraute seinen Genossen. Aber die zwei Finger, die man zum Abdrücken braucht, die vergaß er nie.»[53] Nicht unwahrscheinlich scheint, dass sich Arthur Illner 1924[54] bei der Auswahl seines Tarn- und Kampfnamens Richard *Stahlmann* an seinem großen Vorbild orientiert hatte: Iosseb Bessarionis dse Dschugaschwili, der sich seit 1912

Die Gründergeneration der ostdeutschen Geheimpolizei

Stalin nannte – «der Stählerne».[55] Er begründete die bei deutschen Kommunisten nicht seltene Zulegung eines Tarnnamens knapp mit der Bemerkung: «aus Zweckmäßigkeit».[56] Stahlmann alias Illner diente mehrfach als Vorlage für literarische Werke, etwa bei Stefan Heym, Ernest Hemingway oder Peter Weiss.[57]

Aber nicht alle besaßen diese Einstellung. Mindestens ein Fall ist bekannt, in dem ein Altkommunist und Spanienkämpfer die damals übliche Praxis des MfS ablehnte. Richard Horn, Chef der Bezirksverwaltung Neubrandenburg (bis 1981 Sitz in Neustrelitz), bat im Sommer 1953 um seine Entlassung. Die Vorwürfe hatten es in sich. Er beklagte «konspirative Festnahmen» und Geheimprozesse, kritisierte die Praxis der MfS-Kaderrekrutierung und war nicht einverstanden mit dem Umfang der Verhaftungen, die der ihn anleitende sowjetische «Berater» von ihm forderte. Auch tagelange ununterbrochene Verhöre lehnte er ab, weil die Verhörten irgendwann alles gestanden, nur um Ruhe zu haben. Besonders hart aber muss seine Genossen getroffen haben, dass Horn die Kritik der SED-Bezirksleitung und der MfS-Leitung an seiner Bezirksverwaltung an «Nazijargon» erinnerte, «an die Naziversammlungen von vor 1933».[58] Richard Horn verließ im Herbst 1954 das MfS. Sein «Fall» und seine Vorwürfe beschäftigten noch mindestens zwei weitere Jahre die Zentrale Parteikontrollkommission. Auf einem «Horn-Papier» notierte jemand handschriftlich: «Horn ist ein alter guter Genosse, der sich für Arbeit im Roten Kreuz eignet, aber nicht für Staatssicherheit.»[59] Das könnte man als zynische oder kaltschnäuzige Bemerkung interpretieren. Wer auch immer das sagte, er kannte die innerparteilichen Säuberungsmaßnahmen seit den zwanziger Jahren genauestens und wusste daher, dass andere für weitaus sanftere Kritik, als Horn sie vorgebracht hatte, drakonisch bestraft worden waren. Insofern könnte dies auch als eine etwas ungewöhnliche, aber bewusste Schutzhandlung für Horn gedeutet werden.

Denn so hart die MfS-Gründer auch gegen sich selbst und gegenüber anderen waren, so hart ihre Biographien sich auch anhören: sie sind weder als gewalttätige Menschen geboren worden, noch lebten sie unentwegt als solche.[60] Sie waren von Gewalt geprägt, aber Gewalt gehörte auch zum Alltag der damaligen Gesellschaften – das «Weiße Band» einer heute verklärten, aber nicht entrückten Gesellschaft. Sie hatten sich jahrzehntelang für ihre «Sache» aufgeopfert, sie hatten viel Leid erfahren, noch mehr sehen müssen und zum Teil selbst Leid verursacht, alle hatten sie engste Freunde und Mitstreiter durch Krieg, Haft, Hinrichtungen verloren.

II. Das MfS in der SED-Diktatur

Kurz: Sie hatten fast durchweg ein in vielerlei Hinsicht entbehrungsreiches Leben geführt. Manche haben jahrelang ihre Ehefrauen und Kinder nicht gesehen, weil es Haft oder Illegalität nicht zuließen. Sie waren nicht von Beginn an mit ihrer Partei verheiratet, aber irgendwann war diese Bindung fester geworden als jede andere. Insofern bestand vielleicht ihr größter Irrtum darin, dass sie den Aufbau ihres neuen Staates als eine Fortsetzung des permanenten Bürgerkrieges, wie sie die Zeit seit 1918 interpretierten, mit anderen Mitteln missverstanden. Das entschuldigt sie nicht, erklärt aber ihr Denken und Handeln. Und hier liegt auch bereits einer der Gründe, warum die SED-Führung und die MfS-Leitung mit zunehmender Existenzdauer der DDR, vor allem in der Honecker-Ära, immer weniger den kulturellen Herausforderungen der Gegenwart gewachsen waren. Sie lebten in einer konservierten Ära des europäischen Bürgerkrieges. Die nachwachsenden Generationen, sogar im MfS selbst, wollten davon nichts mehr hören. Gerade weil sie den Terror – wovon sie wirklich etwas verstanden – der 1950er Jahre nach dem Mauerbau, der eigentliche Terrorhöhepunkt, zugunsten subtilerer Formen der Unterdrückung und Überwachung erheblich abmilderten, fehlten ihnen ganz einfach die Mittel und Ideen, andere gesellschaftliche Bindungskräfte zu erzeugen. Ihr stärkstes Argument, alles sei ja «jetzt» so viel besser als 1920, 1930, 1945 oder 1955, war zur selbst gebauten Falle geworden – den nachwachsenden Generationen fehlten diese unmittelbaren Vergleichsmöglichkeiten, weshalb «das Argument» immer stumpfer wurde.

Die Ministerfrage

Noch bis Ende 1949 schien nichts dagegen zu sprechen, dass Erich Mielke auch künftig die Leitung der Staatssicherheit inne haben würde. Er hatte seit 1945 die Polizeiapparate maßgeblich aufgebaut. Die politische Polizei K 5 stand unter seiner direkten Leitung, und auch der Aufbau der Hauptverwaltung zum Schutz des Volkseigentums erfolgte unter seiner Verantwortung. Noch nach deren «offizieller» Gründung im Frühjahr 1949 und dann der formalen Eingliederung in das neu gegründete Innenministerium (MdI) im Oktober 1949 schien Mielkes Position unantastbar. Und doch war Wilhelm Zaissers Berufung zum ersten MfS-Minister keineswegs überraschend.[61] Zu jener Zeit war er im MdI als Chef der Hauptverwaltung Ausbildung Mielke praktisch gleichgestellt. Zaisser sollte den

Die Ministerfrage

verdeckten Aufbau militärischer Verbände in der DDR vorantreiben. Strategisch jedoch war der Aufbau der ostdeutschen Geheimpolizei in jener Zeit weitaus wichtiger – die sowjetische Besatzungsarmee garantierte den militärischen Schutz. Für die Beherrschung der ostdeutschen Gesellschaft benötigten die Kommunisten eine schlagkräftige Geheimpolizei, die mit der deutschen Gesellschaft vertraut war. Auch wenn in der Forschungsliteratur verschiedene Alternativlisten für den Ministerposten diskutiert werden, so scheint vom Typus nur ein Mann wie Zaisser in Frage gekommen zu sein. Davon gab es nicht viele. Joseph Gutsche, Richard Stahlmann oder Ernst Wollweber scheinen noch am ehesten die «Qualitäten» Zaissers erreicht zu haben. Stahlmann und Wollweber waren jedoch zunächst mit anderen Aufgaben betraut, Gutsche war physisch nicht mehr voll belastbar. Zaisser war – wie die Genannten auch – seit Langem ein Mann Moskaus und dort weitaus intensiver und besser vernetzt als Mielke, hatte sich an vielen «Fronten» bewährt und bot die Gewähr, auch innerhalb der SED-Führung auf höchster Ebene anerkannt zu werden. Und seine Kaderbiographie wies im Sinne Moskaus keinerlei «unbekannte Flecken» auf.

Mielke war damals im Vergleich zu Zaisser ein politisches Leichtgewicht, weil er längst nicht so gute Verbindungen zu den sowjetischen Machtzentralen aufwies wie Zaisser. Der Führungscrew um Ulbricht konnte er nicht auf Augenhöhe gegenübertreten und war auch in den KPD-/SED-Kreisen längst nicht so bekannt wie Zaisser. Das mag in den Augen Ulbrichts für Mielke gesprochen haben, für Moskau war das ein Nachteil, weil dem sowjetischen Politbüro nicht daran gelegen war, den umtriebigen, machterprobten und herrschaftstechnisch äußerst begabten Ulbricht zum ostdeutschen Alleinherrscher aufsteigen zu lassen. Zudem sprach Mielkes Biographie nach dem spanischen Bürgerkrieg, als dieser in Belgien und Frankreich blieb, gegen ihn: Er war «Westemigrant» und schon deshalb verdächtig. Hinzu kam, dass in seinen biographischen Angaben Ungereimtheiten auftraten, die auch durch Befragungen anderer KPD-Mitglieder nicht geklärt werden konnten. Mielke sagte später einmal intern über sich: «Keiner weiß wirklich wie ich bin und wie ich war.»[62]

Unstrittig scheint zu sein, dass Mielke im KPD-Westapparat mindestens zeitweise aktiv tätig war. Ebenso aber auch, dass er ohne Parteiauftrag versuchte, 1941 nach Mexiko zu entkommen. Seine Tätigkeit unter falschem Namen in der Organisation Todt in Frankreich 1944/45 scheint weniger belastend zu sein als des Öfteren dargestellt, da sie nicht von der

II. Das MfS in der SED-Diktatur

Nur scheinbar der zweite Mann: Wilhelm Zaisser und
Erich Mielke.

KPD-Linie abwich. Verdächtig machte ihn erstens, dass er überhaupt «Westemigrant», d. h. der direkten Verfügungsgewalt Moskaus entzogen, war. Und zweitens war nicht in jedem Detail bekannt, mit wem er engeren Kontakt hatte. Drittens konnte Moskau nicht ausschließen, dass er einige Stationen seiner Biographie unerwähnt ließ. Wilfriede Otto, die die bislang umfangreichste und solideste Mielke-Biographie vorlegte, fand eine, wie sie selbst betont, vage Spur, dass er eventuell sogar kurze Zeit in amerikanischer Kriegsgefangenschaft verbracht hatte.[63] Wolfgang Kießling, Experte für die deutschsprachige Exilgeschichte 1933 bis 1945, spekuliert, dass Mielke 1950 unter Umständen Willy Kreikemeyer (langjähriger kommunistischer Funktionär und 1950 Generaldirektor der Deutschen Reichsbahn) in MfS-Haft umbrachte oder ermorden ließ, weil dieser hätte

Die Ministerfrage

aussagen können, dass Mielke zu Noel Field Kontakt gehabt habe – ein Vorwurf, der zahlreichen prominenten Kommunisten in mehreren Ländern des Sowjetimperiums 1949/52 das Leben kostete.[64]

Die Sowjets entschieden sich für Zaisser, der in jeder Hinsicht ihr Mann war.[65] Mielke akzeptierten sie als dessen Stellvertreter. Wahrscheinlich kam noch hinzu, dass Wilhelm Pieck Zaisser favorisierte. Stalin soll Pieck geachtet und geschätzt haben – vergleichbares ist über Ulbricht nicht bekannt. Und Pieck wiederum, der schon wegen seines Alters Ulbricht als Vorzeigefunktionär der Arbeiterbewegung ausstach, aber von diesem seit den späten 1930er Jahren systematisch an den Rand gedrängt wurde und seit der DDR-Gründung vor allem als Grüß-Onkel in Erscheinung trat, war zwar selbst parteipolitisch immer schwächer geworden, versuchte aber durch solche kaderpolitischen Eingriffe, Ulbrichts Machtansprüche zumindest zu begrenzen.

Erich Mielke aber sah nur scheinbar wie der zweite Mann, der offenkundige Verlierer in diesem Ränkespiel aus. Innerhalb des MfS agierte er unter Zaisser (bis 1953) wie Wollweber (bis 1957) als die unumstrittene, wenn auch beargwöhnte Führungskraft für alle operativ-politischen, strukturellen und personalpolitischen Fragen. Beiden Ministern waren Alltagsgeschäfte eher lästig. Sie versuchten sich an der «großen Politik» und scheiterten letztlich an Ulbricht und daran, dass ihnen im entscheidenden Moment Moskaus Unterstützung fehlte – weil dort gerade Kurswechsel vollzogen wurden, die Ulbricht aufgrund seines geschickten Agierens begünstigten. Mielke als Winkeladvokat der jeweiligen Parteilinie wurde regelmäßig als Strippenzieher unterschätzt. Er überstand die Kurswechsel wie kaum ein anderer im SED-Apparat. Es lässt sich aber mutmaßen, dass selbst er die Jahre bis 1957 als Minister nicht hätte überstehen können.

Honeckers Aufstieg war mühevoller, aber er prägte dann zwei Jahrzehnte die Diktatur. Aber niemand verkörperte diese von Anfang bis zum Ende so wie Erich Mielke. Und obwohl Honecker ab Februar 1958 als zuständiger ZK-Sekretär und ab 1971 als SED-Chef über drei Jahrzehnte Mielkes Vorgesetzter war, gehörte der MfS-Minister zu den wenigen, mit denen Honecker auf Augenhöhe redete, die er aus der engsten Parteiführung als gleichrangig akzeptierte. Sie wurden nie Freunde, aber waren freundschaftlich aneinander gebunden – nicht zuletzt deshalb, weil sie beide biographische Geheimnisse hüteten und weil sie beide zu den Zöglingen Ulbrichts zählten.

II. Das MfS in der SED-Diktatur

Das MfS und die sowjetischen Dienste

Bis mindestens 1957 änderte sich nichts Grundlegendes daran, dass das MfS praktisch eine Abteilung der sowjetischen Geheimpolizei darstellte. Ulbricht hatte mehrfach versucht, größeren Einfluss auf das MfS zu erlangen. Zwar diente dieses der Partei, aber in einem weitaus höheren Maße Moskau. Im Frühjahr 1953 waren etwa 2200 Mitarbeiter der sowjetischen Staatssicherheit (MGB) in der DDR stationiert, das MfS umfasste zu dieser Zeit etwa 12 000 Mitarbeiter. Hunderte MGB-Mitarbeiter arbeiteten als direkte Vorgesetzte für MfS-Dienststellen und -Abteilungen. Die Leitungsebene – Abteilungsleiter, die Chefs der Landes- bzw. ab 1952 Bezirksverwaltungen oder auch die Kreisdienststellenleiter – hatten jeweils einen «persönlichen Berater», das heißt einen sowjetischen Offizier, der praktisch als militärischer Vorgesetzter agierte. Wie genau die Zusammenarbeit zwischen deutschen und sowjetischen Offizieren – 1952/53 sind im MfS militärische Dienstgrade eingeführt worden, zuvor galten polizeiliche – funktionierte, hing nicht zuletzt vom persönlichen Verhältnis ab. Moskau selbst scheint die Stärkung des SED-Parteiapparates innerhalb des MfS blockiert zu haben. Vor allem ging es darum, den regionalen SED-Leitungen über die prinzipielle politische Anleitung hinaus Befugnisse für die operative Arbeit zu verwehren. Zudem bestimmte ein innerparteilicher Machtkampf die 1950er Jahre. Ulbricht wollte die Macht der Minister beschränken und zugleich deren direkte Verbindungen mit Moskau unterbinden.

Ab 1952 begannen die Sowjets einzelne Kompetenzen in Detailfragen dem MfS zu übertragen. Es besaß keine prinzipiellen Entscheidungsbefugnisse, musste sich aber nicht mehr jede geplante Handlung vorab bestätigen lassen. Die erste größere Veränderung setzte mit Stalins Tod im März 1953 ein. In der Sowjetunion versuchte Berija sich zum neuen Diktator aufzuschwingen. Dem von ihm geleiteten Innenministerium (MWD) verleibte er die Staatssicherheit (MGB) ein. Dieser mächtige Apparat sollte sein Sprungbrett für die totale Machtübernahme bilden. Seine Gegenspieler im Politbüro erahnten das. Ihm wurde vorgeworfen, das Innenministerium zur Machtzentrale ausbauen zu wollen und über die Partei zu stellen. Er wurde am 26. Juni 1953 verhaftet und ein halbes Jahr später mit etwa 40 seiner engsten Mitarbeiter erschossen.

Das MfS und die sowjetischen Dienste

Das kurze Intermezzo hatte in der DDR zwei kurzfristige Auswirkungen, die oftmals in direkten Zusammenhang mit den Ereignissen um den 17. Juni 1953 gebracht werden. Tatsächlich war das zeitliche Zusammentreffen jedoch eher zufällig. Berijas Pläne sahen vor, über eine Reorganisation der sowjetischen Geheimpolizei, der er seit 1946 nicht mehr vorgestanden hatte, seine Macht auszubauen. Dazu gehörte, auch in der DDR den sowjetischen Staatssicherheitsdienst (MGB) zu verändern. Am 20. Mai 1953 stimmte das Moskauer Politbüro Berijas Vorschlägen zu, den MGB-Apparat in der DDR drastisch zu verkleinern. Es verblieben nur noch 328 Mann im Land. Im Zuge dessen wurden auch die Beratergruppen bei den MfS-Kreisdienststellen bis zum 9. Juni 1953 aufgelöst. Außerdem folgte die SED-Führung noch vier Tage nach Berijas Verhaftung den Vorschlägen seiner Mitarbeiter und gliederte das MfS als Staatssekretariat ins Innenministerium (MdI) ein. Das mag Ulbrichts Ambitionen entgegengekommen sein, das MfS im Zaume zu halten, zumal es wie eine Degradierung aussah, die unmittelbar mit dem 17. Juni zusammenhing. Zugleich konnte er Minister Zaisser politisch ausschalten. Zwar stellte das sowjetische Politbüro mit Wollweber abermals einen Mann an die Stasi-Spitze, der diesem sehr eng verbunden war, aber als Novize im engsten Führungskern musste er sich zunächst trotz allen Selbstbewusstseins seinen eigenen Platz erst erarbeiten.

Im Jahr 1953 veränderte sich aber nicht nur die Anleitung durch die Sowjets. Auch der SED-Apparat schuf Institutionen, die das MfS stärker in den SED-Herrschaftsapparat einbanden. Im September 1953 beschloss das SED-Politbüro die Bildung einer «Kommission für Sicherheitsfragen» (Sicherheitskommission). Ihr gehörten die Spitzenfunktionäre der SED und der Sicherheitsinstitutionen an. Bis 1960 war die Sicherheitskommission das höchste Gremium für Fragen der inneren und äußeren Sicherheit, das mindestens 29 Mal tagte. Die Kommission sollte zudem bei inneren Unruhen den koordinierten Einsatz der Sicherheitsorgane auslösen und überwachen. Nachfolger der Sicherheitskommission wurde 1960 der «Nationale Verteidigungsrat», der sowohl für die Landesverteidigung als auch für «die Abwehr konterrevolutionärer Aktionen» zuständig war. Er traf sich von 1960 bis Juni 1989 zu mindestens 78 Sitzungen. Zudem sicherte sich die SED ihren Führungsanspruch durch Bezirks-, Kreis- und Stadteinsatzleitungen, deren Bildung am 16. Juli 1953 beschlossen und von Innenminister Stoph am 28. Januar 1954 durch Befehl angeordnet wurde. An der Spitze dieser Gremien standen die jeweiligen

II. Das MfS in der SED-Diktatur

1. Sekretäre der SED. Weitere Mitglieder waren die Chefs der Bezirks- und Kreisverwaltungen der Staatssicherheit und der Behörden der Polizei, einschließlich der verantwortlichen Kommandeure der Kasernierten Volkspolizei, sowie die jeweiligen Kommandeure der Deutschen Grenzpolizei. Später sind sie personell durch die 2. Sekretäre der SED, die Vorsitzenden der Räte, die Leiter der Zivilverteidigung und durch die SED-Abteilungsleiter für Sicherheitsfragen erweitert worden.

Das Staatssekretariat für Staatssicherheit (SfS) gehörte nun zwar zum MdI, aber dieses hatte keinerlei Befehlsbefugnisse ihm gegenüber. Diese lagen allein bei der Sicherheitskommission und den zuständigen SED-Funktionären um Ulbricht. Eine «Abwertung» des Staatssicherheitsdienstes fand insofern statt, als die Nachfolger Zaissers unter Ulbricht nicht mehr Politbüromitglieder wurden (erst Mielke ab 1971/76 wieder). Dem wurde Nachdruck verliehen durch ein noch im Jahre 1953 verabschiedetes Statut. Gab es bislang keine Festlegungen über Aufgaben, Struktur und Zuständigkeiten des MfS, so schrieb dieses nun ausdrücklich vor, dass die Arbeit des Staatssicherheitsdienstes in ihren Grundlagen vom Zentralkomitee bzw. dem Politbüro festgelegt werden sollte. Erst am 24. November 1955 gewann der Staatssicherheitsdienst seinen Status als Ministerium wieder zurück.

Letztlich entsprach diese Entwicklung dem sowjetischen Modell, wo der KGB bereits 1954 wieder aus dem Innenressort ausgegliedert worden war. Entscheidend war, dass die SED nunmehr die Staatssicherheit tatsächlich politisch und strukturell beherrschte, sie zu einem Teil des eigenen Apparates gemacht hatte. Dazu gehörte, dass die Stasi wie in der Sowjetunion ab 1954 innerhalb des SED-Apparates keine «Aufklärung» betreiben durfte. Das blieb zwar eine nicht immer eingehaltene Vorschrift, was immer wieder zu Spannungen führte, belegt aber die Unterstellung des MfS unter den Parteiapparat. «Die SED übernahm die frühere Führungskompetenz der sowjetischen Staatssicherheit.»[66]

Noch im Sommer 1953 war zwar die Anzahl der Berater wieder von 328 auf 540 aufgestockt worden. Aber deren Tätigkeit war nicht mehr dieselbe.[67] Moskau leitete einerseits direkt über den KGB die ostdeutsche Staatssicherheit an. Andererseits funktionierte dies nun auch effektiv über die besser ausgebauten Parteistrukturen, die weiterhin der sowjetischen Anleitung und Kontrolle unterstanden. Der Beraterapparat schmolz daher bald zusammen, im November 1958 waren es nur noch 32, deren Status auf den von «Verbindungsoffizieren» reduziert worden war. Dafür

Das MfS und die sowjetischen Dienste

war ausschlaggebend, dass die bis 1957 nur auf dem Papier stehende Anleitung durch die SED nun tatsächlich ausgeübt wurde. Dies lag nicht zuletzt daran, dass Ulbricht auch den zweiten parteiinternen Machtkampf gewonnen hatte. 1957 musste MfS-Minister Wollweber gehen – sein Nachfolger wurde Mielke.

Die sowjetische Geheimpolizei blieb gleichwohl über 1958 hinaus im MfS präsent. Die «Gruppe des Komitees für Staatssicherheit beim Ministerrat der UdSSR zur Koordinierung und Verbindung mit dem MfS» überwachte alle zentralen Entscheidungen. Vor allem MfS-Tätigkeitsfelder, die mit Spionageabwehr, Militäraufklärung, Aufklärung im Ausland oder internationaler Terrorabwehr zu tun hatten, blieben unter sowjetischer Hoheit bzw. unterlagen besonders intensiver Anleitung und Kontrolle. Das Verhältnis von MfS und KGB veränderte sich analog zu jenem von SED und KPdSU. Die schrittweise Übertragung immer größerer Kompetenzen setzte voraus, dass die ostdeutschen Funktionäre die Moskauer Richtlinien umsetzen konnten. Man verstand sich vielleicht nicht blind, aber sehr gut. In den MfS-Unterlagen finden sich zwar zahlreiche Planungsdokumente, Gesprächsprotokolle und Abkommen, die auf oberster Leitungsebene entstanden sind,[68] aber zur konkreten operativen Zusammenarbeit sind bislang nur wenige aussagekräftige Dokumente aufgetaucht. Die Intensität der Stasi-Tätigkeit für den KGB lässt etwa folgende Zahlenangabe erahnen: Von Mitte November 1987 bis Ende Juni 1989 stellte der KGB über 34 000 «Suchaufträge» ans MfS, ließ also ermitteln, ob eine bestimmte Person vom MfS erfasst sei und ob Material vorliege. Pro Monat wurden Mitte der 1980er Jahre rund 70 Archivmaterialien an den sowjetischen Geheimdienst übergeben.[69] Dass das MfS, wie Mielke noch in den 1980er Jahren zu sagen pflegte, stets *auch* eine «Kampfabteilung» des KGB war, zeigt sich nicht zuletzt daran, dass sehr viele leitende MfS-Offiziere im Laufe der Jahrzehnte mit sowjetischen Auszeichnungen «geehrt» wurden. Die wahrscheinlich begehrteste, aber trotz der sonstigen Ordensflut seltene lautete: «Ehrenmitarbeiter des KGB». Zwischen August 1962 und Ende September 1989 bekamen 98 hochrangige MfS-Offiziere diesen Titel verliehen.[70] Im Gegenzug erhielten bis 1989 übrigens nur 37 sowjetische KGB-Mitarbeiter den Titel «Verdienter Mitarbeiter des MfS»[71], dafür aber über 430 MfS-Mitarbeiter, die auch sonst reichlich mit Orden und Auszeichnungen geschmückt waren.[72]

II. Das MfS in der SED-Diktatur

Das MfS vor dem 17. Juni 1953

Die Geschichte des MfS lässt sich in zwei Phasen einteilen. In der ersten bis etwa Ende der 1950er Jahre war es überwiegend ein reines Instrument zur Unterdrückung und Verfolgung. In der sich anschließenden zweiten entwickelte es sich von einem bloßen Repressionsinstrument zu einer umfassenden Kontroll-, Steuerungs-, Überwachungs-, Unterdrückungs-, Verfolgungs- und zuweilen sogar Regulierungsapparatur. Für diese gab es praktisch keinen Bereich mehr, der sie nicht interessierte. Mit dieser Phase begann die Orwellsche Dystopie vom Überwachungsstaat Gestalt anzunehmen – ohne sie freilich je wirklich zu erreichen.

In den 1950er Jahren war die Entwicklung des MfS von inszenierten Kampagnen geprägt. Aber bis etwa 1955 hatte das MfS die beanspruchte Alleinherrschaft auf dem Gebiet der «politischen Verbrechensbekämpfung und -aufklärung» noch nicht durchsetzen können. Abgesehen von der ohnehin gegebenen sowjetischen Dominanz konkurrierten bis 1953 auch die «Zentrale Kommission für Staatliche Kontrolle» und bis 1955 die Volkspolizei mit der Stasi. Bei der «Aktion Ungeziefer», bei der im Mai/Juni 1952 tausende Zwangsumsiedlungen an der innerdeutschen Grenze vorgenommen wurden, oder der «Aktion Rose» im Februar 1953, die der Enteignung von Hotels und anderen Privatgütern an der Ostsee (mit Hunderten Strafurteilen) galt, spielte das MfS nur eine untergeordnete Rolle. Noch 1955 «bearbeitete» die Polizei etwa doppelt so viele politische Vorgänge wie das MfS. Auch wenn die Polizei bis 1989 mit «politischen Straftaten» befasst blieb, entschied ab 1955/56 letztlich das MfS darüber, wer die Untersuchung führte.

Auch die ZKSK stellte in den Jahren 1948 bis 1953 eine Art Konkurrenzunternehmen dar.[73] Schon vor der Gründung des MfS hatte es inszenierte Schauprozesse gegeben, in denen es um angebliche Wirtschaftsverbrechen ging. Das SED-Zentralorgan und fast alle Tageszeitungen in der jungen DDR berichteten etwa im November 1949 auf ihren Titelseiten über «eine Bande von Verbrechern», die im großen Maßstab «Volkseigentum» in die Westzonen geschafft hätte.[74] Dieser «Bande» gehörten keine gewohnheitsmäßigen Diebe an, sondern hochrangige Wirtschaftsdirektoren sowie der ehemalige anhaltinische Arbeitsminister Leo Herwegen und der ehemalige Ministerialdirektor Willi Brundert. Im April 1950 fand auf der Bühne des Dessauer Landestheaters vor 1200 geladenen Gästen ein fünf Tage dauernder Schauprozess statt. Es war der erste Prozess des neu gegründeten Obersten Gerichts der DDR.[75] Ulbricht hatte die politische Inszenierung in Gang gesetzt. Das Motto lautete: «Die Deutsche Demokratische Republik schlägt zu!» Die beiden unschuldigen Hauptangeklagten erhielten 15 Jahre Zuchthaus, sieben weitere Angeklagte bekamen ebenfalls hohe Haftstrafen. Im Dessauer Schauprozess führte neben der SED und der Besatzungsmacht vor allem die ZKSK Regie; sie war es, die die Untersuchungen in Gang gesetzt und geführt hatte. Der Anteil, den die Stasi nach ihrer Gründung an dem Verfahren hatte, blieb sehr bescheiden. Dies war jedoch nur der Auftakt einer ganzen Reihe solcher Prozesse, in denen die sich etablierenden Apparate um die Führungsrolle konkurrierten. Aus diesen Auseinandersetzungen ging das MfS schließlich als alleiniger Sieger hervor.

Die wichtigste Botschaft der Schauprozesse war an die eigene Gesellschaft gerichtet. Ihr wurde auf diese Weise unmissverständlich bedeutet, dass jeder Widerstand gegen den staatlichen und gesellschaftlichen Neuaufbau rücksichtslos im Keim erstickt werden würde. Durch sie sollten aber auch die bürgerlichen Parteien CDU und LDP geschwächt und auf den Kurs der SED eingeschworen werden. Weiterhin sollte der Wirtschaft vor Augen geführt werden, dass die verstaatlichte Planwirtschaft zum Maß aller Dinge werden würde. Da sich die politische Stoßrichtung gegen den Westen richtete – die Hauptangeklagten sind von der Todesstrafe verschont geblieben, weil die Hauptverantwortlichen, so eine Begründung, angeblich im Westen in den Regierungen sitzen würden –, bedeuteten sie auch eine neuerliche Kampfansage an die Bundesrepublik und die Alliierten. Sie standen im Kontext spektakulärer Schauprozesse in Ungarn und Bulgarien und sollten den Beginn einer ganzen Reihe solcher Verfahren markieren, an deren Ende so wie in anderen «Volksdemokratien» hochrangige kommunistische Funktionäre bestraft, einige vermutlich sogar hingerichtet worden wären. In der DDR kam es dazu nicht, weil Stalins Tod diese Gewaltwelle beendete.

Der Dessauer Schauprozess war für die Konstituierungsphase des MfS auch deshalb von Bedeutung, weil die SED das Land seit November 1949 mit einer monatelangen Propagandakampagne überzog. Noch im Herbst 1949 publizierte sie die offiziellen Unterlagen des Budapester Rajk-Prozesses. Mit Datum vom 29. Oktober 1949 steuerte Kurt Hager ein Vorwort bei. Die Ausführungen des damaligen Schulungs- und Propagandachefs im SED-Apparat, in der Honecker-Ära rückte er noch zum

II. Das MfS in der SED-Diktatur

inoffiziellen Ideologiechef auf, hatten es in sich. Es war praktisch eine Kampfansage an alle, die sich nicht dem kommunistischen Kurs Moskaus anschlossen. Zugleich wurde die Geschichte umgeschrieben: Tito avancierte zum Gestapoagenten, kommunistische Abweichler pauschal zu «trotzkistischen Agenten»: «Der Marshallplan, die Luftbrücke, die Atombombendiplomatie, Titos Janitscharen, Trotzkistengrüppchen, widerliche Achtgroschenjungen und gedungene Mörder – das waren die Trümpfe, die im Kampf gegen die volksdemokratische Ordnung und das Land des Sozialismus ausgespielt werden sollten.» Daraus müssten Lehren gezogen werden: «Der Budapester Prozess lehrt uns folglich, dass die Wachsamkeit gegenüber den Feinden der Deutschen Demokratischen Republik und der nationalen Einheit Deutschlands keinen Augenblick erlahmen darf und dass man alle Ränke der Imperialisten, die Westdeutschland versklaven und das deutsche Volk als Kanonenfutter betrachten, rücksichtslos entlarven muss. Es lehrt uns, dass jeder faule Liberalismus gegenüber der Schädlingsarbeit der Tito-Agenten und anderer Trotzkisten ein Verbrechen an der Arbeiterklasse und ein Verrat an ihren Zielen ist.»[76]

Die Sprache deutet an, welches Gewaltpotential hier aufgerufen und aufgebaut wurde. Der erste Höhepunkt in dieser monatelangen Kampagne wurde Ende Januar 1950 erreicht. Am 26. Januar 1950 trug Mielke in der Kabinettssitzung einen Bericht vor, der zwei Tage später im «Neuen Deutschland» veröffentlicht wurde. Einen Tag später folgte der auf derselben Sitzung vorgetragene Bericht des Chefs der ZKSK, Fritz Lange. Beide zeichneten das Bild eines unmittelbar bevorstehenden bürgerkriegsähnlichen Zustandes. Der Imperialismus schleuse unentwegt mörderische Agenten in die DDR, praktisch an allen Stellen von Staat und Gesellschaft lauerten Todesgefahren für die «junge Republik». Noch fänden die westlichen Agenturen überall, vor allem in den bürgerlichen Parteien, an den Universitäten, unter angeblichen Altnazis und im Mittelstand, Unterstützung, viele ließen sich als Spione anwerben und würden die DDR zersetzen wollen. Mielke formulierte die sich geradezu aufdrängende Schlussfolgerung: «Um die volle Wirksamkeit unserer Verfassung zu erhalten, ist es notwendig, diesen Artikel [6 Boykotthetze – ISK] durch die Schaffung geeigneter Organe, die den Kampf gegen Agenten, Saboteure und Diversanten führen, wie auch durch entsprechende Strafgesetze, die der Justiz die Möglichkeit geben, die von diesen Organen festgenommenen und überführten Täter der gerechten Strafe zuzuführen, zu verwirklichen.»[77] Die Regierung verabschiedete deshalb einen «Beschluss über die «Abwehr gegen Sabotage». Darin rief sie «alle Angestellten des Staatsapparates sowie alle wahren Patrioten [...] zur verstärkten Wachsamkeit gegen die Feinde unserer Ordnung» auf.[78] Im Grunde hieß dies, dass, wer diesem Aufruf nicht Folge leistete oder ihn gar kritisierte, zu den «Feinden unserer Ordnung» gezählt würde. Tatsächlich waren die Jahre bis zum Mauerbau von dieser kommunistischen Geisteshaltung entscheidend geprägt. Am nächsten Tag konnten die Leser des «Neuen Deutschland» erstmals und in der Bleiwüste versteckt erfahren: «Es wird überdies der Volkskammer ein Gesetz zur Errichtung eines Ministeriums für Staatssicherheit unterbreitet werden.»[79]

Die gesellschaftliche Atmosphäre dieser Zeit beschrieb Victor Klemperer in seinen Tagebüchern immer wieder. Der Romanist war 1945 der KPD beigetreten, er stand dem sozialistischen Aufbau keineswegs ablehnend gegenüber. Als Jude war er von den Nationalsozialisten verfolgt worden, die Ehe mit einer Nichtjüdin rettete ihn vor der Ermordung. Sein Buch über die Sprache des «Dritten Reiches» (LTI) von 1947 kannte in der DDR auch in den 1980er Jahren fast jeder kritisch eingestellte Mensch, zumal es deutliche Analogien zur SED-Sprache offenbarte. Er plante, wie seinen Tagebüchern zu entnehmen ist, ein solches Buch zum «Vierten Reich», wie er es nannte (LQI). Unter dem Eindruck der gerade vollzogenen DDR-Gründung nun notierte er: «Die Praesidentenwahl, die Aufmärsche, die Reden. Mir ist nicht wohl dabei. Ich weiß, wie alles gestellt u. zur Spontaneität u. Einstimmigkeit vorbereitet ist. Ich weiß, dass es nazistisch genauso geklungen hat u. zugegangen ist. Ich weiß, wie wenig Realität dahinter steckt. [...] Ich weiß, dass die demokratische Republik innerlich verlogen ist, die SED als ihr Träger will die sozialistische Republik, sie traut nicht den Bürgerlichen, u. die Bürgerlichen misstrauen ihr. Irgendwann gibt es Bürgerkrieg.»[80]

Der 17. Juni 1953 schien diese Befürchtung für einige Stunden zu bestätigen. Die Ereignisse wenige Monate nach Stalins Tod überraschten nicht nur das MfS, sondern auch die SED, die sowjetische Besatzungsmacht und den Westen ohnehin. Das MfS war noch immer mit dem Aufbau seiner Organisation beschäftigt, von einer Stabilisierung konnte keine Rede sein. Das rasche personelle Wachstum sämtlicher Sicherheits- und Parteiinstitutionen demonstrierte vor allem die Angst der SED vor der eigenen Gesellschaft, in deren Namen sie vorgab, nach angeblichen «historischen Gesetzmäßigkeiten» zu handeln.

II. Das MfS in der SED-Diktatur

Unerbittlicher Kampf gegen Spione und Saboteure:
MfS-Mitarbeiter der Kreisdienststelle Rostock, 1950.

Neben den «Waldheimer Prozessen» gab es in den 1950er Jahren eine Reihe von weiteren Schau- und Geheimprozessen, in denen Wirtschaftsfunktionäre, hochrangige SED-Funktionäre, ehemalige Minister und andere herausgehobene Persönlichkeiten zu hohen Haftstrafen verurteilt worden sind. Die meisten ihrer Opfer einte, dass sie zwar im Widerspruch zur SED-Politik standen, aber kaum wirklich Widerstand leisteten. Sie zeigten sich bemüht, Missstände abzubauen oder verfolgten von der SED-Politik abweichende Modelle. Letztlich mussten sie für die verfehlte Politik herhalten und dienten der SED-Führung als Bauernopfer, denen die Alleinschuld für Fehlentwicklungen, materielle Mängel und Warenknappheit zugeschoben wurde. Dazu nachfolgend ein Fallbeispiel, das in vielerlei Hinsicht charakteristisch für das Vorgehen von SED und MfS in den frühen 1950er Jahren ist.

Das MfS vor dem 17. Juni 1953

Der Fall Karl Hamann: 1952–1956

Karl Hamann, am 4. März 1903 in Hildesheim geboren, ein promovierter Landwirt, hatte vor 1945 keine politischen Ämter inne. Er lebte in Hildburghausen. Zunächst änderte sich für ihn nach dem Einmarsch der Roten Armee nichts. Im März 1946 trat er der LDP bei.[81] Sie war in Thüringen die stärkste «bürgerliche» Kraft. Hamann wurde Landtagsabgeordneter, Kreisrat, stellvertretender Landrat sowie Mitglied des LDP-Zentralvorstandes. Nach 1945 wurden für unbelastete Personen politische Karrieren möglich, die biographisch nicht unbedingt angelegt waren: auf Landes- und bald auf Zonenebene war Hamann in der LDP für Landwirtschaftsfragen zuständig.

Als der LDP-Vorsitzende Wilhelm Külz im April 1948 starb, befand sich die Partei bereits in der Umorientierung. Aus der Parteiführung war den kommunistischen Machtansprüchen immer weniger Widerstand entgegengesetzt worden. Die West-Liberalen kündigten Anfang 1948 der LDP die Zusammenarbeit auf. Die Suche nach einem Külz-Nachfolger gestaltete sich kompliziert, weil die in Frage kommenden Personen ablehnten, in den Westen flüchteten oder von der sowjetischen Besatzungsmacht verhaftet wurden. Hinzu kamen Massenverhaftungen an der Parteibasis. Die Besatzungsmacht insistierte auf einen genehmen Parteivorsitzenden. Ein über Monate sich hinziehendes Verfahren brachte schließlich im Februar 1949 Karl Hamann und Hermann Kastner als gleichberechtigte, aber zerstrittene Parteiführer an die Spitze der LDP – die pikanterweise 1951 einen zivilrechtlichen Prozess wegen «Beleidigung, übler Nachrede und Verleumdung» miteinander ausfochten.[82] Überwiegend wird Kastner als Mann Moskaus gehandelt, der auch nach seinem zwischenzeitlichen Sturz 1950/51 im Sinne der Besatzungsmacht gewirkt habe. Hamann galt als Kandidat der Parteibasis. Er war dort beliebt, weil er gegenüber seinem Mitvorsitzenden Kastner als das «geringere Übel» angesehen wurde. Tatsächlich gab aber auch Hamann seit seinem Aufrücken in die obersten LDP-Machtpositionen liberale Grundwerte auf. «Seine politische Einstellung wandelte sich in dem Maße, wie sich die politischen Rahmenbedingungen für die weitere Arbeit der LDP veränderten. Die Existenzsicherung der Partei um jeden Preis geriet für Hamann zum obersten Leitmotiv seines Handelns.»[83] So erreichte etwa den LDP-Zentralvorstand eine Protestresolution mit 1814 Unterschriften von LDP- und CDU-Mitgliedern aus allen Regionen der DDR gegen die

II. Das MfS in der SED-Diktatur

Volkskammerwahlen am 15. Oktober 1950. Die Unterzeichner verlangten, dass alle Kandidaten der beiden Parteien unverzüglich zurückgezogen würden.[84] Hamann informierte unverzüglich nach Erhalt der beiden Dokumente am 14. Oktober 1950 telefonisch MfS-Minister Zaisser und schrieb ihm anschließend: «Aufgrund des soeben mit Ihnen geführten Telefongesprächs übersende ich Ihnen beiliegend im Original die oben angeführte Wahl-Sabotage-Schrift.»[85] Hamann erwies sich nicht nur als Verfechter der Einheitslistenwahlen, sondern auch als gefährlicher Denunziant, der umfangreiche Ermittlungen des MfS gegen eigene Parteimitglieder auslöste. Hamann glaubte später, dass im MfS «westliche Agenten» tätig seien, weil über seine Meldung an die Geheimpolizei im Westen ein Zeitungsartikel erschienen ist.[86] Ursprünglich war geplant, Hamann zum Aufbauminister zu ernennen. Da die LDP aber insistierte, Johannes Dieckmann zum Präsidenten der Volkskammer zu ernennen, kam es zu Umbesetzungen in den Ressorts. Hamann erhielt das Ministerium für Handel und Versorgung.

Was sich in den ersten Jahren nach 1945 andeutete und in einigen wirtschaftlichen Sektoren bereits umgesetzt wurde, forcierte die SED-Spitze in Abstimmung mit Moskau durch die Verkündung des «Aufbaus der Grundlagen des Sozialismus» auf der 2. SED-Parteikonferenz im Frühsommer 1952. Diese Beschlüsse betrafen die gesamte Bevölkerung, da alle sozialen Gruppen gezwungen wurden, sich dem gesteigerten Entwicklungstempo und der einseitigen wirtschaftlichen Entwicklung anzupassen, ihre Auswirkungen bekam die gesamte Bevölkerung zu spüren. Die «Verschärfung des Klassenkampfes», wie Ulbricht in Anschluss an seinen Lehrmeister Stalin verkündete, bedeutete eine Verschärfung des Terrors. Ein Parteisoldat aus Angermünde brachte die Atmosphäre auf den Punkt: «Jetzt haben wir endlich die Diktatur des Proletariats. Wer jetzt nicht mitmacht, wird kurzerhand umgelegt. Auf den Tag habe ich schon lange gewartet.»[87]

Trotz vieler Versprechungen der SED-Führung war der Lebensstandard niedrig. Fett, Fleisch und Zucker mussten rationiert werden, viele Güter waren Mangelware, die Qualität ließ oft zu wünschen übrig. Die hohen Preise in den HO-Läden, in denen man ohne Lebensmittelkarten einkaufen konnte, erwiesen sich für die meisten Arbeiter als unerschwinglich. Die wachsende Unzufriedenheit der Bevölkerung stellte den gesamten Repressions- und Unterdrückungsapparat der DDR vor neue Herausforderungen. Die Arbeit der Justiz wurde infolge der 2. Parteikonferenz vor allem durch das «Gesetz zum Schutze des Volkseigentums und anderen gesellschaftlichen Eigentums», das die Volkskammer am 2. Oktober 1952 verabschiedete, beeinflusst. Dieses Gesetz diente dazu, der Bevölkerung eine sozialistische Eigentumsmoral aufzuzwingen. Zwischen Inkrafttreten des Gesetzes und Ende März 1953 sind allein nach diesem Gesetz weit über 10 000 Menschen meist wegen Bagatelldelikten zu mehrjährigen Zuchthausstrafen verurteilt worden.

Zur Jahreswende 1952/53 begann die SED-Führung, dem privaten Großhandel und dem privaten Transportgewerbe die wirtschaftlichen Existenzgrundlagen zu entziehen, und beschloss: «Erforderlich ist ferner, schrittweise die Belieferung des privaten Großhandels einzustellen. Dabei sind folgende Methoden zur Anwendung zu bringen: Die Eintreibung der Steuerrückstände, verstärkte Maßnahmen der staatlichen Organe gegen Schieber und Saboteure und Aufkaufen von Einrichtungen.»[88] Zehntausende waren davon betroffen. Das Perfide daran war, dass Privatunternehmern Verfehlungen und Verbrechen nachgewiesen werden sollten, auch wenn sie diese gar nicht begangen hatten. Für viele Menschen kam als letzter Ausweg nur noch die Flucht in die Bundesrepublik in Frage. 1952 gingen diesen Weg über 182 000 Ostdeutsche aus allen sozialen Gruppen, im Krisenjahr 1953 weitere 331 000 Personen. Für die SED-Führung war die Massenflucht ein besonderes Ärgernis, weil, wie der Chefredakteur des «Neuen Deutschlands», Rudolf Herrnstadt, notierte, «jeder Flüchtling ein Propagandist gegen die SED» sei.[89]

Zudem kam es immer wieder zu kleineren Aufständen. Im März 1950 rebellierten im Zuchthaus Bautzen etwa 6000 Häftlinge und im August 1951 erlebte die Kleinstadt Saalfeld eine soziale Revolte der Wismut-Arbeiter, bei der auch Polizeigebäude erstürmt wurden. Diese tiefe gesellschaftliche Krise, die sich von Monat zu Monat zuspitzte und die seit Herbst 1952 zu erheblichem öffentlichen Widerstand (etwa Streikwellen im November/Dezember 1952) breiterer Bevölkerungskreise führte, gipfelte im Juni 1953 im flächendeckenden Volksaufstand, an dem sich etwa eine Million Menschen in über 700 Städten und Gemeinden beteiligten.

Die SED-Führung deutete die massiven Versorgungsprobleme der Bevölkerung nicht als Folge ihrer verfehlten Politik, sondern schob sie einer stetig steigenden Sabotagearbeit zu, die von äußeren Mächten gesteuert würde. Als das allein nicht mehr als Begründung ausreichte, wurden Staats- und Parteifunktionäre sowie Vertreter der Intelligenz für die Miss-

II. Das MfS in der SED-Diktatur

stände zur Verantwortung gezogen. Dabei wurde ausdrücklich an Strafprozesse angeknüpft, mit denen in der Sowjetunion seit 1927 auf entsprechende Probleme reagiert worden war.[90] Im Dezember 1952 wurde Paul Merker verhaftet, der dem SED-Politbüro bis 1950 angehört hatte und wegen seiner Verbindung zu dem angeblichen US-Agenten Noel H. Field bereits zum Leiter einer HO-Gaststätte in Luckenwalde degradiert worden war. Ihm war die Hauptrolle in der geplanten Welle von Schauprozessen zugedacht, wie sie zeitgleich auch in den anderen kommunistischen Ländern Europas von Moskau initiiert wurden. So erfolgte Merkers Verhaftung im zeitlichen Umfeld der Hinrichtung Rudolf Slánskýs in der ČSR.[91] Der Generalsekretär der dortigen KP war am 24. November 1951 verhaftet und am 21. November 1952 mit zehn weiteren ranghohen Funktionären zum Tode verurteilt worden. In den «Verfahren» warf man den Angeklagten vor, «zionistische» und «trotzkistische» Verschwörungen betrieben zu haben. Von Herbst 1952 bis zum Frühjahr 1953 entwickelte sich in der DDR vor diesem Hintergrund geradezu eine Verfolgungshysterie. MfS, sowjetische Geheimpolizei und SED hatten alle Hände voll zu tun. Zu den prominentesten Opfern gehörte LDPD-Minister Karl Hamann.

Bis kurz vor seiner Verhaftung im Dezember 1952 hatte es keine Anzeichen für seinen bevorstehenden Sturz gegeben. Das MfS hatte seit 1950 lediglich «routinemäßig» Material über ihn gesammelt. Das waren sporadische Informationen, die vor allem Berichten von geheimen Mitarbeitern entnommen wurden und interne Vorgänge innerhalb der LDP-Parteiführung betrafen. Einen MfS-internen Vorgang «Karl Hamann» oder juristische Vorermittlungen gegen den Politiker gab es bis zu seiner Festnahme nicht. Auch die ZKSK hatte keine Materialien gesammelt, die in einem Strafprozess hätten Verwendung finden können.

Bereits am 27. Januar 1952 hatte das SED-Zentralorgan «Neues Deutschland» unter dem Titel: «Margarine oder ‹Wagenschmiere›?» eine scharfe Kritik am Ministerium für Handel und Versorgung publiziert. Im Kern wurde bemängelt, dass in den Einzelhandel überwiegend Margarine gelange, die bereits verdorben oder ranzig sei. Als Ursache wurden die Handelsstrukturen benannt, für die das Ministerium formal die Verantwortung trug. Die Qualität der Margarine, so das «Neue Deutschland», sei prinzipiell nicht nur hervorragend, sondern auch weitaus besser als in Westdeutschland. Es gebe keinen Mangel. Vielmehr existiere ein «Warenstau» von «9 Millionen Pfund-Pakete Margarine»[92] in den Lagern. Die täglich neu produzierte Ware aber käme immer «hinten ran» und gelange «erst in die Geschäfte», wenn «sie zu verderben» begänne, weil «der Stapel» von oben abgebaut würde. Obendrein verwies der Autor darauf, dass Ähnliches auch für die Fleisch- und Kartoffelversorgung festzustellen sei. Namentlich sind in diesem Artikel Staatssekretär Paul Baender, ein Abteilungsleiter und der Leiter der HO-Zentrale Lebensmittel benannt worden.

Der Artikel machte ungewollt deutlich, dass für die Versorgungsprobleme keine einzelnen Institutionen oder Funktionsträger verantwortlich waren, sondern das zentralistische Produktions- und Verteilungssystem, an dessen Spitze SED-Politbüro und der DDR-Ministerrat rangierten. Aber eine systembezogene Kritik wäre auf eine generelle Absage an kommunistische Wirtschafts- und Verteilungsprinzipien hinausgelaufen, demzufolge mussten Einzelne bzw. vom Ausland und seinen Agenten gesteuerte Sabotageaktionen für die Systemmängel haftbar gemacht werden, die sich nach den katastrophalen Beschlüssen der 2. SED-Parteikonferenz noch verschärften.

Seit August 1952 häuften sich daher in der gelenkten Presse ähnlich aufgemachte Meldungen über Versorgungsprobleme. Im Ministerrat wurden sie zu einem Dauerthema. Ministerpräsident Grotewohl kritisierte seitens der SED-Führung und des Ministerrates mehrfach das Hamann-Ministerium und schob ihm die Hauptverantwortung für die Misere zu. «Einigen kapitalistischen Elementen und Agenten sei es gelungen», so Grotewohl im November 1952 mit Blick auf das Ministerium, «durch bewusste und planmäßige Schädlingsarbeit die Versorgung der Bevölkerung zu stören.»[93] Mehrere Mitarbeiter des Ministeriums flüchteten daraufhin in den Westen und verschärften so die Situation. Aber noch deutete nichts auf eine bevorstehende Verhaftung Hamanns hin. Als mit Staatssekretär Paul Baender am 29. November 1952 sein wichtigster Mitarbeiter durch das MfS verhaftet wurde, begann sich die Schlinge um den Minister jedoch zuzuziehen.

Vom SED-Apparat eingesetzt überprüfte im November 1952 eine ZK-Brigade das Ministerium. Am 4. Dezember 1952 beschloss die Regierung zunächst, sich Mitte Dezember von Hamann über die Situation bei Hülsenfrüchten informieren zu lassen. Am selben Tag aber verfügte das SED-Politbüro auf einer Sondersitzung, Minister Hamann sowie den Staatssekretär für die Nahrungs- und Genussmittelindustrie, den Altkommunisten Rudolf Albrecht (DBD), von ihren Posten zu entbinden. Am 5. Dezember machte sich der Ministerrat den SED-Beschluss in Ab-

II. Das MfS in der SED-Diktatur

Prominente Opfer: Der LDPD-Minister Karl Hamann und sein Staatssekretär Paul Baender (SED) 1950.

wesenheit von Hamann zu eigen. Dieser notierte in seinem Kalender: «Vom Amte dispendiert, 12.45 Uhr»[94]. Gegenüber einem Mithäftling, der als Informant für das MfS arbeitete, erzählte er im März 1953, dass er um 12.00 Uhr zum Ministerpräsidenten beordert worden sei und vor der Tür warten musste. Der Denunziant notierte Hamanns Worte folgendermaßen: «Nach Schluss derselben trat als erster Dr. Nuschke heraus und drückte ihm ganz ergriffen die Hand, ohne ein Wort zu sprechen. Auch die anderen Minister zeigten ernste Mienen, nur Dr. Loch lachte ihn erfreut an. Wenige Minuten später eröffnete ihm der Ministerpräsident, er möge Verständnis dafür haben, dass er die Konsequenzen aus der Versorgungslage ziehen müsse [...] Er machte noch den Zusatz: Seien sie nicht furchtsam in der nächsten Zeit. H. will sofort gewusst haben, dass auch seine Verhaftung beschlossen sei.»[95]

Hamann konnte noch am 9. Dezember 1952 an einer Sitzung des Zentralen Blockausschusses teilnehmen. Es ist wahrscheinlich, dass die SED-

Führung diese Sitzung benutzen wollte, um den Vorsitzenden aller Blockparteien Hamanns «verbrecherisches Treiben» detailliert vor Augen zu führen. Die SED-Führung hielt ihm vor, er habe die Versorgungsprobleme bewusst heraufbeschworen und politisch motivierte Sabotage betrieben. Hamann verteidigte sich, anfangs zögerlich, dann immer entschiedener. Er führte die gegen ihn gerichteten Behauptungen ad absurdum und bewies detaillierte Kenntnisse über die Versorgung und die damit zusammenhängenden Probleme. Es nützte ihm nichts. Niemand ergriff für ihn das Wort, seine Parteifreunde Täschner, Dieckmann und Loch schwiegen, sein Stellvertreter in der LDPD, Willi-Peter Konzok, unterstützte sogar die SED-Position. Der FDJ-Vorsitzende Honecker verkündete: «Er könne sich nicht vorstellen, dass Hamann von der angeblichen Sabotage seiner Mitarbeiter nichts bemerkt habe.»[96] Das kam einer Verurteilung gleich.

Am selben Tag erschien im «Neuen Deutschland» eine Erklärung von Ministerpräsident Grotewohl. In dem Beitrag «Über einige Fragen der Ernährung» zeichnete er ein positives Bild von der Versorgungslage in der DDR, die sich erheblich verbessert habe. Für Engpässe und Probleme machte er «Feinde», «Agenten», «Saboteure», «Verleumder» und «Hetzer» verantwortlich, die vom Westen angeleitet würden. In dem scharfen Beitrag teilte Grotewohl die Absetzung Hamanns mit. Das Urteil war gefällt.

Am 10. Dezember ist der SED-Führung und Grotewohl der Abschlussbericht der das Ministerium überprüfenden ZK-Brigade übergeben worden.[97] In den Schlussfolgerungen hieß es, Hamann sei keine «bewusste Schädlingsarbeit» nachzuweisen, er trage aber die Verantwortung. Die Brigade schlug vor, elf Verhaftungen vorzunehmen. Darunter befanden sich alle fünf Personen, einschließlich Hamann, die später verurteilt worden sind. Außerdem sollte eine Reihe weiterer Mitarbeiter anderweitig gemaßregelt werden.

Am frühen Abend des 10. Dezember 1952, gegen 18.00 Uhr, nahm das MfS Karl Hamann fest. Am 11. Dezember um 23.15 Uhr verlas ihm ein MfS-Offizier den Haftbefehl des Stadtgerichts Berlin. Er wurde beschuldigt, «Sabotagehandlungen» ausgeübt zu haben, «welche den Zweck hatten, die Durchführung wirtschaftlicher Maßnahmen [...] zu unterbinden». Sein Ziel habe darin bestanden, den wirtschaftlichen Aufbau in der DDR zu verhindern. Er habe «als Agent imperialistischer Geheimdienste» agiert und für «erhebliche Versorgungsschwierigkeiten innerhalb» der

II. Das MfS in der SED-Diktatur

DDR gesorgt. «Zur Durchführung seiner Sabotage- und Schädlingstätigkeit bediente er sich Agenten imperialistischer Geheimdienste und anderer feindlicher Elemente, die er mit verantwortlichen Funktionen innerhalb des Ministeriums für Handel und Versorgung betraute.»[98]

Die LDPD-Führungsgremien distanzierten sich umgehend von ihrem Parteivorsitzenden, enthoben ihn aller Ämter und schlossen ihn aus der Partei aus. Kaum etwas könnte den Verrat an liberalen und demokratischen Positionen deutlicher kennzeichnen als dieser Vorgang. Ohne auf Beweise für die Anschuldigungen zu warten oder diese gar einzuklagen, machte sich die LDPD-Spitze umgehend die Anwürfe der Kommunisten zu eigen und demonstrierten so nachdrücklich, dass für eine Schuldzuweisung kein Gerichtsverfahren notwendig sei. Eine Unschuldsvermutung kam gar nicht in Betracht. Spitzenfunktionäre wie Loch oder Gerlach verunglimpften Hamann öffentlich noch zusätzlich und versicherten, nun könne die LDPD endlich den kommunistischen Kurs entschieden unterstützen. Schien sich die Parteispitze einig in der Bewertung des «Falls Hamann» zu sein, so kam es an der Parteibasis zu mannigfachen Unmutsbekundungen und widerständigen Aktionen gegen die kommunistische Verfolgungspolitik. Hamann polarisierte die Mitgliedschaft. Wolfgang Schollwer, der im Juli 1950 von der LDPD als Mitarbeiter entlassen und im Oktober desselben Jahres geflüchtet war, notierte am 15. Dezember 1952 in seinem Tagebuch: «Nun hat es auch Hamann erwischt. [...] So honorieren die Kommunisten die ‹Verdienste› eines Mannes, der seine Partei in diesem Sommer zwang, ein Bekenntnis zum Bolschewismus abzugeben und ihre eigenen liberalen und demokratischen Ziele zu verleugnen. [...] Hamanns Verhaftung kam nicht überraschend. Gegenwärtig herrscht in der Zone wieder einmal eine ernste Versorgungskrise. Die SED brauchte einen Sündenbock [...] Schon zwei Tage darauf gab der LDP-Parteivorstand bekannt, Hamann sei seiner sämtlichen Parteiämter enthoben worden. Denn ‹die LDP wird nicht dulden, dass zweideutige oder gar verbrecherische Menschen (!) unter dem Deckmantel der Zugehörigkeit zu unserer Partei in der gesamten Öffentlichkeit Schaden anrichten können›. Damit hatten die ‹Parteifreunde› Hamanns ihren Vorsitzenden zur Liquidierung freigegeben. [...] Was sind das nur für Menschen!»[99]

Für Karl Hamann begann am 10. Dezember 1952 die wohl schwerste Prüfung seines Lebens. Das MfS durchforstete sein gesamtes bisheriges Leben nach Belastungsmaterial. Unterlagen aus der Zeit vor 1945 sind ebenso konfisziert worden wie Bücher, private Aufzeichnungen und dienstliche Unterlagen. Seine Büros und seine beiden Wohnsitze wurden durchsucht, viele persönliche Unterlagen beschlagnahmt und zum Teil später vernichtet. Die in den zwei Jahren zuvor sporadisch zusammengetragenen geheimpolizeilichen Informationen über ihn erhielten im Lichte seiner Verhaftung einen neuen Stellenwert. Es ging nicht nur darum, Karl Hamann als «Agent» und «Saboteur» zu überführen, es ging darum, seine Existenzgrundlage und die seiner Ehefrau und seiner sechs Kinder zu vernichten. Seine Tochter Liv wurde, nach dem Muster der Sippenhaft, noch am selben Tage wie er verhaftet. Sie diente als Faustpfand, um den Vater unter Druck zu setzen. Drei andere Kinder kamen am 13. Dezember 1952 ins Kinderheim «Ernst Thälmann» nach Kyritz, für die anderen beiden war ein Heimplatz avisiert. Sämtliche Konten wurden gesperrt, der Familie alle Vergünstigungen eines Ministers und Parteivorsitzenden gestrichen. Sein Bauernhof ist noch im Dezember 1952 einer eingehenden betriebswirtschaftlichen Kontrolle unterzogen und später der Kollektivierung zugeführt worden. Auftragsgemäß ermittelten die Kontrolleure angebliche Steuerschulden von über 100 000 Mark. Anfang 1953 gelang der Ehefrau mit ihren Kindern die Flucht in die Bundesrepublik.

Karl Hamann erfuhr von den Vorgängen außerhalb der Untersuchungshaftanstalt des MfS kaum etwas. Er ahnte zwar, dass seine Tochter Liv verhaftet worden sei, weil sie private Kontakte nach West-Berlin unterhalten hatte. Ob aber auch seine Ehefrau festgenommen worden war und wie es ihr und den Kindern ging, entzog sich seiner Kenntnis. Ohne Rechtsbeistand war er wehrlos den Methoden der Staatssicherheit ausgeliefert. Wie oft er zwischen seiner Verhaftung im Dezember 1952 und der Verurteilung im Mai 1954 verhört worden ist, lässt sich nicht zweifelsfrei belegen. Überliefert sind knapp einhundert Vernehmungen, wobei zwei Drittel bis zum 17. Juni 1953 und das restliche Drittel zwischen Mitte August 1953 und Anfang Februar 1954 stattfand. Die tatsächliche Anzahl der Verhöre lag höher. Zum einen können Bezugnahmen in den Vernehmungen auf frühere Verhöre mit den überlieferten Akten nicht nachvollzogen werden. Zum anderen berichtete er seinem Mitgefangenen mehrfach von Verhören, von denen keine Protokolle überliefert sind.

Die Untersuchungshaft von Hamann lässt sich in verschiedene Phasen einteilen. Zwischen der Festnahme und dem 22. Januar 1953 räumte er ein, sein Ministerium nicht so angeleitet zu haben, wie es notwendig gewesen wäre und übernahm Verantwortung für Koordinierungs- und Kommuni-

II. Das MfS in der SED-Diktatur

kationsprobleme. Er bestritt aber energisch, Agent oder gegen die Staatsordnung in der DDR eingestellt zu sein. Paul Baender, der die kommunistischen Rituale aufgrund seiner langen Parteizugehörigkeit verinnerlicht hatte, räumte dagegen in seinen Vernehmungen von Beginn an angebliche politische Fehler und eigene Verfehlungen ein, die als «objektiv» feindlich zu charakterisieren seien.

Karl Hamann wurde psychischer und physischer Folter unterzogen. Die Vernehmungen fanden überwiegend nachts statt, manche dauerten wenige Stunden, andere zogen sich über 24 Stunden und länger hin. Was genau vorging, lässt sich nicht rekonstruieren, da die Verhörprotokolle keine «Verlaufs-», sondern nur «Ergebnisprotokolle» darstellen. Der entzogene Schlaf durfte tagsüber nicht nachgeholt werden, dies war eine der wichtigsten Foltermethoden, um die Häftlinge geständig zu machen. Im Untersuchungsgefängnis war es tagsüber sehr leise, nachts aber sehr laut. Bei Karl Hamann, der zunehmend mit gesundheitlichen Problemen zu kämpfen hatte, unter erheblichem Gewichtsverlust, Gleichgewichtsstörungen und Hunger litt, hatte diese Methode zeitweilig Erfolg. Am 22. Januar holte ihn einer seiner Vernehmer abends erneut zum Verhör. Nun «gestand» Hamann nach anfänglichem Zögern. «Ich bekenne mich schuldig, dass meine Handlungen, die ich als Minister im Ministerium Handel und Versorgung begangen habe, Sabotage-Tätigkeit waren. Ich bin ein Saboteur.»[100] Einen Tag später räumte Hamann ein, seine «Sabotagetätigkeit» habe bereits 1949 mit seinem Amtsantritt als Minister begonnen. Bei der nächsten Vernehmung, am 27. Januar 1953, führte er detailliert aus, wie er das Ministerium «bewusst» so führte, dass die Versorgung boykottiert und sabotiert werden konnte. Außer sich selbst belastete er andere leitende Mitarbeiter, insbesondere Staatssekretär Baender, schwer. Dieser Linie blieb er in den folgenden Verhören treu. In einer Vernehmung am 2. Februar 1953 datierte Hamann seine «feindliche Einstellung» ins Jahr 1945 zurück und behauptete, um seine Sabotagearbeit effektiv umsetzen zu können, habe er eine «reaktionäre» Personalpolitik betrieben.

Wie war Karl Hamanns scheinbarer Gesinnungswandel zu erklären? Wollte er die Absurdität der Vorwürfe aufzeigen? Durch ein nicht untypisches ermittlungstaktisches Vorgehen des MfS können auf solche Fragen vorsichtige Antworten skizziert werden. Karl Hamann befand sich mindestens bis Mitte August 1953 nicht in Einzelhaft. Zunächst saß er mit einem 73jährigen Mann aus Teltow in einer Zelle, der wegen «Spionage» verhaftet worden war. Nach seinen Selbstbezichtigungen ist Hamann etwa am 8. Februar 1953 in eine andere Zelle verlegt worden. In dieser befand sich ebenfalls ein Häftling, der zugleich als Zelleninformator (ZI) für das MfS tätig war. Über dessen Beweggründe lässt sich nur mutmaßen. Weder sein Name noch die Gründe für seine Haft ließen sich rekonstruieren. Einige Stellen in den 67 handschriftlichen Berichten, die fast 350 Blätter umfassen und zwischen 12. Februar und 19. August 1953 verfasst worden sind, legen nahe, dass er sich Vergünstigungen erhoffte.

Seine Berichte belegen, dass Hamann die Erklärungen Ende Januar und Anfang Februar 1953 lediglich abgegeben hatte, um die Untersuchungshaft abzukürzen. Er hoffte, dass es auf diese Weise schneller zu einem Gerichtsverfahren käme, bei dem er die Wahrheit zur Sprache bringen würde. Hamann glaubte, der Prozess würde rechtsstaatlich verlaufen, Richter und Staatsanwälte würden die Beweislage des MfS nicht anerkennen. Er war offenbar überzeugt, MfS-Untersuchungsbehörde, Staatsanwaltschaft und Richter würden getrennt und unabhängig voneinander arbeiten. In diesem Zusammenhang bezeichnete er seine Mitverantwortung als Regierungsmitglied für die Entstehung des MfS als Fehler, den er erst jetzt einsehe. Lange Zeit glaubte Hamann sich noch an die Staatsraison gebunden, weshalb er dem Untersuchungsführer nicht alles erzählen könne, da es sich zum Teil um Staatsgeheimnisse handle und nur der Ministerpräsident ihn von der Schweigepflicht entbinden könne. Er befürchtete zudem, dass sein Prozess eine «Regierungskrise» auslösen würde, wenn er als seine Entlastungszeugen Grotewohl, Ulbricht, Leuschner, Dieckmann, Matern, Rau und andere Regierungsmitglieder aufriefe. Sie würden bestätigen, dass er den Ministerrat mehrfach von den Versorgungsproblemen unterrichtet und dabei darauf hingewiesen habe, dass die Probleme nicht sein Ministerium zu verantworten habe, sondern die entsprechenden Fachministerien im Bereich der Nahrungs- und Agrarproduktion. Anklagepunkte wie «Sabotage», «Agentenschaft» oder «Spionage» wies er entrüstet zurück. Immer wieder beteuerte Hamann, dass er seine belastenden Aussagen rückgängig machen wolle, da er unter Schlafentzug und Beleidigungen der Vernehmer sehr gelitten habe. Die Vernehmer titulierten ihn als «Imperialist», «Spion», «Feind», «Aggressor», seine Familie nannten sie «Verbrecherfamilie» und «Verbrechernest», seine Kinder «Verbrecherkinder». Anfang März 1953 notierte der Zelleninformator nach Hamanns Bericht: «Es ist gestern überhaupt zu keiner Vernehmung gekommen, sondern ich bin ausschließlich in schamloser Weise behandelt worden. Ich habe mich in eine Ecke setzen müssen mit dem Gesicht auf einen markierten Punkt, später auf ein Kreuz gerichtet, weil man mein Schwanzgesicht nicht sehen wolle. Man hat mich einen Großkapitalisten geschimpft ...»[101] Ihm wurde von den MfS-Vernehmern gedroht, er käme nie wieder raus, wenn er nicht sage, was sie hören wollten. Er könnte auch vor ein SMT gestellt werden: «Er würde seine Familie nicht mehr sehen und es könne sein, dass er erschossen oder zu lebenslänglicher Haft verurteilt werde.»[102] Bei sämtlichen Vernehmungen waren sowjetische Berater anwesend. Der MfS-Zuträger in seiner Zelle notierte zum Beispiel am 27. Februar 1953: «Stark erschüttert und beeindruckt ist er von der Zwiesprache mit dem sowjetischen Vertreter während seiner Vernehmung. Er wird von diesem als Todeskandidat, Idiot und verbrecherischer Vati bezeichnet. H. will die Gesichtszüge des sowjetischen Vertreters während dieser Aussprüche genau studiert haben und da darin keinerlei innere Bewegung bei ruhiger fester Vortragsweise zu entdecken war, so ist er sehr im Zweifel, ob dahinter unerbittlicher Ernst oder die Absicht [steht], ihn durch moralische Zermürbungstaktik zu erschüttern. [...] Er stellt für sich fest, dass seine Schuld, soweit man überhaupt von einer Schuld reden kann, doch niemals mit der Todesstrafe geahndet werden könne, das wäre ein Akt offenbarer Ungerechtigkeit. [...] Er erinnert sich seiner ersten Auseinandersetzung mit dem sowjetischen Vertreter und dessen Ausspruch, er müsse für einige Jahre verschwinden und sein Name müsse in Vergessenheit geraten ...»[103] Die sowjetische Besatzungsmacht war bis in höchste Kreise über die Einzelheiten des «Hamann-Vorgangs» nicht nur informiert, sie scheint auch den ganzen Vorgang maßgeblich gesteuert zu haben. Die Vernehmungen waren von den Taktiken geprägt, wie sie in der Sowjetunion schon lange angewandt worden sind. Hamann verlor mehrmals die Nerven und schrie bei seinen Vernehmungen den gesamten Zellentrakt zusammen. Der psychische und physische Druck, der auf ihm lastete, war ungemein hoch. Anfang März erklärte ihm ein sowjetischer Offizier: «Der Name Hamann ist hier nicht mehr interessant, sie werden noch aussagen, dass sie Gestapoagent gewesen sind, wir haben Zeit und wenn sie ein Jahr oder zehn Jahre hier bleiben müssen.»[104] Anfang Mai erzählte er, dass er nicht mehr könne und sich das Leben nehmen wolle. Er sei mit seiner Kraft am Ende, die Verfassung «ein Fetzen Papier».[105] Der Zelleninformator notierte außerdem: «Hier wird ein grundsätzlicher Fall entschieden oder das Recht hat aufgehört Recht zu sein. Sollte aber ein Schandurteil zur Anwendung kommen, dann bedauere ich unendlich,

Das MfS vor dem 17. Juni 1953

dass ich aus eigener Überzeugung diesem Prinzip mit meiner ganzen Kraft zum Durchbruch verholfen habe.»[106] Zwischen dem 22. Januar und dem 16. Juni 1953 wurde Hamann mindestens fünfzig nachweisbaren Vernehmungen ausgesetzt. In diesem Zeitraum fanden auch die längsten Verhöre statt. Sie dauerten ununterbrochen knapp 76 bzw. 58,5 Stunden.[107] MfS-Offizier Richard Horn hatte sogar berichtet, in seinem Bereich der Bezirksverwaltung Neubrandenburg habe es einmal eine fünftägige Vernehmung ohne jede Schlafpause für den Häftling gegeben. Auch in Rostock gab es im Dezember 1951 ein 110 Stunden währendes Verhör.[108]

Ein befriedigendes Ergebnis konnten die Vernehmer des MfS und die sowjetischen Kontrolloffiziere gleichwohl nicht erzielen. Ein Schauprozess kam nicht in Frage, weil er die Anklage- und die Untersuchungsbehörde überführt hätte, aber nicht die Angeklagten. Am 16. Juni 1953 war um 23.30 Uhr die vorerst letzte Vernehmung beendet worden, die nächste fand erst am 10. August 1953 statt. Der Aufstand vom 17. Juni 1953 hatte zeitweilig auch Auswirkungen auf den Haftalltag. Darüber haben viele Häftlinge berichtet. Als Hamanns Verhöre Mitte August wieder aufgenommen wurden und es bis Anfang Februar erneut zu vielen Vernehmungen kam, fanden nur noch die ersten abends bis Mitternacht statt, während sie dann ab Ende August fast nur noch tagsüber durchgeführt wurden. Das änderte sich aber bald wieder. Nacht- und Dauerverhöre sind noch 1954 wieder gängige Praxis bei Vernehmungen des MfS geworden.

Hamann erfuhr nun durch einen weiteren Mitinsassen, was in den letzten Monaten «draußen» geschehen war: von der Verhaftung des CDU-Außenministers Georg Dertinger, von der Absetzung einer Reihe weiterer Funktionäre, von Stalins Tod, von der Auflösung der SKK und der Einsetzung des Hohen Kommissars sowie vom Volksaufstand gegen das Regime. Der Mann erzählte auch, dass Hamanns Ehefrau ein RIAS-Interview gegeben habe und in den Westen geflüchtet sei. Er berichtete weiter, dass sich die Versorgungslage bis zu seiner eigenen Verhaftung am 4. Juni 1953 nicht verbessert hatte. Diese Informationen kamen nicht zufällig. Der Mann verschwand kurze Zeit später wieder aus der Zelle. Hamann vermutete, es habe sich um einen Spitzel oder gar um einen MfS-Mann gehandelt. Dafür spricht vieles, aber einen Beweis dafür gibt es nicht in den Akten.

In der ersten Vernehmung nach dem 17. Juni 1953 widerrief Hamann nun auch schriftlich sämtliche Einlassungen, die er bislang gemacht hatte, und bestritt energisch jede strafrechtlich relevante Handlung. Die sowjetischen Vertreter hatten sich offenbar aus den Vernehmungen zurückgezogen. Hamann war nicht bereit, die ihm vom MfS zugedachte Rolle zu übernehmen. Auch in Gegenüberstellungen, etwa mit dem aus West-Berlin im Oktober 1953 entführten Hans Füldner vom FDP-Ostbüro oder mit dem eigens aus Workuta eingeflogenen früheren LDPD-Generalsekretär Günter Stempel, blieb er standhaft.

Am 18. Dezember 1953 legte die Untersuchungsabteilung des MfS einen 76seitigen Schlussbericht vor. Neben Hamann und Baender wurden vier weitere Männer beschuldigt, «Schädlinge und Spione, die dem englischen Geheimdienst Staatsgeheimnisse auslieferten», zu sein.[109] Außerdem seien sie Mitglieder einer feindlichen Organisation mit Sitz in Westdeutschland gewesen: «Die in vorliegender Sache beschuldigte Schädlings-, Sabotage- und Spionagegruppe mit dem ehemaligen Minister für Handel und Versorgung Hamann an der Spitze zählte zu den gefährlichsten Agentengruppen in der Deutschen Demokratischen Republik ...»[110] Indem sie die Versorgung der DDR-Bevölkerung mit Lebensmitteln sabotierten, hätten sie massenhaft Unzufriedenheit erzeugen wollen.

Zu diesem Zeitpunkt war das Verfahren gegen Hamann und seine Mitangeklagten durch die Ereignisse des 17. Juni 1953 bereits in einen neuen Kontext gerückt worden. Die SED-Führung hatte dem MfS den Auftrag erteilt, die «Hintermänner» und «Drahtzieher» des Aufstands zu ermitteln und der Verurteilung zuzuführen. Das gelang nicht und konnte auch nicht gelingen, weil es diese «Drahtzieher» nicht gegeben hatte. Die Stasi, die die erfolglose Suche gegenüber der SED-Führung mehrfach zugeben musste, ist dafür gerügt worden. Mit dem «Fall Hamann» aber ließ sich eine Gruppe konstruieren, der neben allen möglichen anderen und bereits zitierten absurden Anschuldigungen auch die Verantwortung für den «17. Juni» zugeschoben werden konnte. «Durch die von den Beschuldigten in den Jahren 1952 und 1953 durchgeführte Schädlings- und Sabotagetätigkeit schufen sie eine entscheidende Voraussetzung zur Auslösung der faschistischen Provokation am 17. Juni 1953 durch die Imperialisten und ihre Agenturen.»[111] Das MfS legte «minutiös» dar, wie die Beschuldigten jahrelang auf die Zerstörung der DDR hin gearbeitet hätten. Hamanns «Verbrechen» hätten bereits 1931 begonnen zur selben Zeit wie bei Baender, der sich in der Weimarer Republik in die KPD «eingeschlichen»[112], sich während der Emigration zwischen 1933 und 1947 als Kommunist getarnt und mit dem Verbrecher Merker gemeinsame Sache gemacht habe. Auch den anderen Beschuldigten warf der Schlussbericht

Das MfS vor dem 17. Juni 1953

vor, ihr gesamtes Leben, also schon lange vor 1949, darauf orientiert gewesen zu sein, nach Gründung der DDR diese zu sabotieren und zu zersetzen.

Als die DDR-Generalstaatsanwaltschaft Anfang Mai 1954 die Anklageschrift gegen die sechs Beschuldigten erstellte, erwies sich diese wesentlich als Dublette des MfS-Dokuments.[113] Alle Selbstbezichtigungen Hamanns, die er längst widerrufen hatte, wurden weiterhin als Geständnisse ausgegeben. Auch seine Einlassungen, dass sämtliche Personalentscheidungen von der SED und der SKK gefällt worden seien, fanden keine Berücksichtigung. Die Vorwürfe schlossen die Todesstrafe nicht aus. Hinzu kamen strafverschärfende Details. Bei Baender zum Beispiel, dass er trotz seiner langjährigen Parteimitgliedschaft nie wirklich Kommunist gewesen sei: «Arbeiten wollte er nicht, deshalb schlich er sich aus karrieristischen Gründen in die Kommunistische Partei Deutschlands ein und versuchte, in dieser Partei in führende Funktion zu kommen», fabulierte der Staatsanwalt nicht ohne unfreiwillige Komik.[114] Einem anderen Angeklagten wurde angelastet, dass er homosexuell sei.[115]

Das Oberste Gericht legte den 21. Mai als Termin der Hauptverhandlung fest. Einen Tag zuvor hatten alle Angeklagten, wie bei Prozessen ohne zugelassene Öffentlichkeit vor dem Obersten Gericht in den fünfziger Jahren üblich, auf einen Rechtsbeistand verzichtet. Hamann fügte hinzu: «Ich werde mich selbst verteidigen.»[116] Am 15. Mai erhielten die Angeklagten den Eröffnungsbeschluss sowie die 52seitige Anklageschrift überreicht. Um diese zu «lesen», hatte jeder Angeklagte weniger als zehn Minuten zur Verfügung.

Oberrichter Walter Ziegler, Vorsitzender des 1. Strafsenats und kurze Zeit später Vizepräsident des Obersten Gerichts, eröffnete am 21. Mai die Strafsache gegen «Dr. Hamann u. a. wegen Verbrechen gg. Art. 6 der Verfassung und Kontrollratsdirektive Nr. 38 sowie Befehl Nr. 160 der SMAD» mit dem Beschluss, dass die Öffentlichkeit aus Gründen der Geheimhaltung ausgeschlossen werde. Neben Oberrichter Ziegler, den beisitzenden Richtern Löwenthal und Helene Kleine, Staatsanwalt Löser sowie dem Protokollführer waren ausdrücklich Generalstaatsanwalt Ernst Melsheimer, Justizministerin Hilde Benjamin sowie eine unbekannte Anzahl von Mitarbeitern der Staatssicherheit als Zuhörer zugelassen. Melsheimer galt in der Bevölkerung weithin als «zweiter Wyschinski» oder «roter Freisler», Benjamin als «blutige Hilde», «rote Hilde», «weiblicher Freisler» oder «rote Guillotine».

II. Das MfS in der SED-Diktatur

Als «Zeuge» wurde auch Günter Stempel aufgerufen, der Hamann politisch schwer belastete und ihn als Reaktionär und Feind der DDR hinstellte. Hamann wies diese Anschuldigungen entschieden zurück. Daraufhin kam es zu einem denkwürdigen Schlagabtausch zwischen Hamann und dem Mitangeklagten Baender. Dieser führte aus: «Die Arbeit Hamanns im Ministerium war sehr negativ. Er hat eine schändliche Untätigkeit an den Tag gelegt. Es war so, wie die heutige Vernehmung. Angeklagter Hamann: Ich bedaure außerordentlich, dass ich das erst heute erfahre. Angeklagter Baender: Ich habe in der Haft gelernt, so [zu] sprechen, wie man sprechen muss.»[117] Baender brachte mit diesem Eingeständnis die Untersuchungs- und Gerichtsfarce auf den Punkt. Es war ein konstruiertes Schauspiel, das die SED-Führung geplant hatte und das die ihr unterstellten Geheimpolizei- und Justizorgane nun nach ihren Richtlinien durchführten. Baender spielte mit, Hamann nicht. Baender beendete am nächsten Tag seine Vernehmung mit den Worten: «Ich war kein Feind, bin aber durch meine Handlungen zum Feind geworden. Ich war von Anfang an ein Versöhnler.»[118] Das war dem Sprachschatz tödlicher Kommunismusrituale entnommen. Nach einem Tag Unterbrechung trug am 24. Mai 1954 der Staatsanwalt sein Plädoyer vor. Er forderte für Hamann eine lebenslange Zuchthausstrafe. Nach dem Schlusswort des Staatsanwalts ergriff jeder Angeklagte nochmals das Wort. Karl Hamann führte aus: «Es hat mich noch nichts in meinem Leben so erschüttert wie dieser Strafantrag. [...] Ich bin weder ein Reaktionär, Verbrecher noch Einschleicher [...], ich will keine Beseitigung der DDR.» Dann wies er knapp erneut sämtliche Anschuldigungen als völlig unbegründet zurück: «Ich unterschätze die Bedeutung des Obersten Gerichts nicht, aber es gibt für mich eine noch höhere Instanz, das ist mein eigenes Gewissen.»[119] Auch Baender zeigte sich «fassungslos». Er bat darum, sein Strafmaß in einem Arbeitslager verbüßen zu dürfen, um durch Arbeit seine Verbrechen wieder zu tilgen: «Das Urteil wird gerecht sein, denn es ist das Urteil des werktätigen Volkes.»[120] Um 19.30 Uhr am 24. Mai 1954 verkündete der Richter die Strafen, die dem Antrag der Staatsanwaltschaft folgten. Karl Hamann erhielt lebenslange Haft, Paul Baender zwölf Jahre, zwei weitere Angeklagte je acht Jahre, die anderen beiden vier bzw. drei Jahre Zuchthaus. Karl Hamann verlor außerdem sein gesamtes Vermögen einschließlich seines Hofes.[121]

Am 16. Juni 1954 erhielt Paul Baender die Nachricht, dass es am nächsten Tag zur Wiederaufnahme seines Verfahrens käme. In dem Beschluss des Obersten Gerichts hieß es, der Angeklagte solle nicht wegen «Sabotage», sondern wegen «Wirtschaftsverbrechen» verurteilt werden.[122] Was genau hinter den politischen Kulissen geschehen war, ist bislang nicht zu rekonstruieren gewesen. Das SED-Politbüro beschloss die Wiederaufnahme des Verfahrens,[123] die Beweggründe aber, die eigene Entscheidung zu revidieren, liegen nicht offen. Offenbar waren der SED-Führung und den sowjetischen Dienststellen Zweifel gekommen, den Geheimprozess propagandistisch verwerten zu können. Denn die Versorgungsmisere, für die die Verurteilten verantwortlich gemacht wurden, hatte sich nicht verändert. Der Bevölkerung wäre aus eigener Anschauung die Haltlosigkeit der Vorwürfe nur zu bewusst geworden. In einem Schreiben vom 28. Mai 1954, das sich auf ein Gespräch im SED-Zentralkomitee am 25. Mai 1954 bezog, konstatierte der Unterzeichner, dass die Angeklagten, «anders als in den bisherigen Prozessen, nicht in vollem Umfange geständig»[124] seien. Sie hätten ihre Aussagen widerrufen oder versucht abzuschwächen. Der Autor kritisierte, dass die Vernehmer Spezialisten auf dem Gebiet der Spionage, aber nicht der Sabotage gewesen wären. Zusätzliche Gutachten wären nötig gewesen, die man aber nicht eingeholt habe. Hinzu käme, dass die Anzahl der Vernehmungen «außerordentlich zahlreich und verhältnismäßig unübersichtlich» ausgefallen seien. Bezüglich des Strafmaßes schrieb der Verfasser: «Zur nächsten Sache möchte ich bemerken, dass nach dem Akteninhalt für den Hauptangeklagten allein die Höchststrafe in Frage kommt und bitte um Zustimmung.»[125] Der Unterzeichner forderte also für Karl Hamann nachträglich die Todesstrafe.

Im SED-Apparat ist gleichzeitig ein Gutachten zur Fleischversorgung in den Jahren 1951 und 1952 erstellt worden, das die Haltlosigkeit der Anschuldigungen verdeutlichte.[126] Der im Urteil vom 24. Mai 1954 festgestellte Vorsatz Baenders, er habe «zielstrebig den wirtschaftlichen Aufbau» der DDR «durchkreuzt», sei durch das Gutachten ausgeräumt worden.[127] Als es am 17. Juni 1954 zur Wiederaufnahme des Verfahrens kam, ist nur Paul Baender vorgeführt worden, die anderen Verurteilten erfuhren von der Wiederaufnahme nichts. Baenders Strafmaß ist auf sechs Jahre Zuchthaus verringert worden. Das neue Strafmaß stand fest, bevor das Gutachten überhaupt vorlag. Bereits am 29. Mai 1954 meldete Mielke, dass nach einer Rücksprache mit Generalstaatsanwalt Melsheimer neue Urteile festgelegt worden seien. Für Hamann seien nunmehr zehn Jahre vorgesehen.[128] Innerhalb von Stunden waren aus «lebenslänglich» erst eine «Todesstrafe» und dann geradezu «humane» zehn Jahre geworden.

II. Das MfS in der SED-Diktatur

In seinem neuerlichen Schlusswort führte Paul Baender aus: «Ich bin glücklich, in einem Staate zu leben, in dem die Justiz die Aufgabe hat, das Recht zu wahren. Ich empfinde die Schande, überhaupt geschädigt zu haben. Dessen, wessen man mich heute anklagt, bin ich wirklich schuldig. [...] Ich möchte mich noch einmal für die Lektionen, die ich durch das Untersuchungsorgan und durch diese zwei Verhandlungen erteilt bekommen habe, bedanken.»[129]

Auch das Strafmaß der anderen Verurteilten wurde in deren Abwesenheit gemildert. Am 21. Juni 1954 nachmittags, also erst vier Tage später, quittierte Karl Hamann wie die anderen in Abwesenheit Verurteilten den Empfang des neuen Urteils. Erst am 15. Juli 1954 meldete das «Neue Deutschland» auf Seite 1 unter der Überschrift «Saboteure an der Versorgung verurteilt. Zuchthausstrafen für Hamann, Baender und andere», dass der Prozess stattgefunden habe. Weder der Zeitpunkt noch die Revidierung der ursprünglichen Strafen wurden erwähnt. Vom «17. Juni» war nun ebenso keine Rede mehr wie von «Spionage» oder anderen Hamann zur Last gelegten Vorwürfen. Es hieß aber, er habe «verbrecherische Beziehungen zu imperialistischen Agenten unterhalten». Die Meldung umriss mit wenigen Sätzen, wie die Angeklagten die Versorgung der Bevölkerung «sabotiert» hätten und «Störungen in der Versorgung» verursacht hätten. Alle Angeklagten seien ihrer Verbrechen überführt und hätten diese durch ihre Aussagen bestätigt.

Wolfgang Schollwer notierte nach Hamanns Verurteilung klarsichtig am 26. Juli 1954 in sein Tagebuch: «Die gegen Hamann erhobenen Beschuldigungen sind jedoch völlig absurd. Die Versorgungskrise des Jahres 1952 ist eindeutig auf die im Juli von der SED verfügte Errichtung landwirtschaftlicher Produktionsgenossenschaften (Zwangskollektivierung) zurückzuführen. Höchst zweifelhaft erscheint auch der Vorwurf, Hamann habe Beziehungen zu westlichen ‹Agenten› unterhalten. [...] Als LDP-Vorsitzender attackierte H. [...] wiederholt mit großer Schärfe die Freien Demokraten und unser Büro. [...] Nicht einmal wir politischen Flüchtlinge empfinden irgendwelche Genugtuung über dieses brutale Urteil, obwohl Hamann allzu lange den Stalinisten der Zone weitgehende politische Konzessionen machte und die LDP zu einer ‹sozialistischen› Partei umfunktionierte.»[130] Noch drei Jahrzehnte später «entblödeten» sich drei LDPD-Funktionäre nicht, Karl Hamann als «Agenten» hinzustellen, der «beim Versuch, sich der Verantwortung durch Flucht zu entziehen, verhaftet» werden musste.[131]

Das MfS vor dem 17. Juni 1953

Im Juli 1954 kamen die Verurteilten in das Zuchthaus Brandenburg-Görden, wo auch Georg Dertinger und dessen Staatssekretär Helmut Brandt einsaßen. Mitte Oktober ist Hamann eingeräumt worden, «unter strenger Kontrolle» Schreibgenehmigungen und Besuchserlaubnisse zu beantragen. Die strenge Isolationshaft seit Dezember 1952 war beendet. Er erhielt Post von seinen Eltern und seiner Schwester aus München. Diese stellte am 7. Mai 1956 einen Antrag auf Begnadigung, damit Karl Hamann seine schwer erkrankte Mutter nochmals sehen könne.[132] Das Bittschreiben blieb unbeantwortet.

Infolge des XX. Parteitages der KPdSU, der eine verhaltene Loslösung von Stalins Politik einleitete, kam es innerhalb des SED-Apparates zur Überprüfung von Tausenden von Personen, die aus politischen Gründen inhaftiert worden waren. Bereits in der ersten Sitzung einer speziellen ZK-Überprüfungskommission am 19. April 1956 ist beschlossen worden, Paul Baender aus der Haft zu entlassen. Am 28. April 1956 kam er frei. Wenig später beschäftigte sich die Kommission mit Karl Hamann. Das war keine Selbstverständlichkeit, wie der Fall von Georg Dertinger zeigt, der über elf Jahre im Zuchthaus zubringen musste und erst 1964 durch eine Amnestie freikam. Hamanns Entlassung verfügte die SED-Führung am 14. Juni 1956. Ulbricht informierte darüber das Zentralkomitee am 27. Juli – er saß aber, ebenso wie seine Tochter Liv Hamann, noch weitere zwei Monate in Haft. Erst am 12. Oktober 1956 wurden beide freigelassen.

Im Gegensatz zu ihrem Vater versicherte Liv Hamann gegenüber dem MfS, dass sie nach ihrer Entlassung sofort in den Westen gehen und ihre Familie auffordern würde, nie wieder die DDR zu betreten. Außerdem forderte sie die Freilassung aller politischen Häftlinge. Diese mutigen Aussagen waren ihr auch deshalb möglich, weil sie im Zuchthaus zu einer Anhängerin der Zeugen Jehovas geworden war. Seit Sommer 1950 waren diese in der DDR verboten, über 5000 kamen in Zuchthäuser und Haftarbeitslager, von ihnen waren über 300 bereits von den Nationalsozialisten eingesperrt worden.

Hamanns Entlassung fiel in eine Zeit, als die SED-Führung auf verschiedenen Wegen versuchte, deutsch-deutsche Gespräche in Gang zu setzen. Dabei kam es erstmals seit 1948 wieder zu Gesprächsversuchen zwischen LDPD und FDP. In diesen Kontext fällt ein Gnadengesuch von Thomas Dehler, das am 8. Oktober beim Generalstaatsanwalt der DDR einging. Letztlich wurden Karl Hamann und seine Tochter aus deutsch-

II. Das MfS in der SED-Diktatur

landpolitischen Erwägungen und im Zuge des zahmen Entstalinisierungsprozesses in der DDR freigelassen.[133]

Aus den Fängen des MfS entkam Hamann jedoch nicht. Er erhielt eine Wohnvilla der MfS-Bezirksverwaltung Leipzig zur Verfügung gestellt. Das MfS übergab ihm und seiner Tochter Bargeld und richtete ein Konto ein. Es stellte nicht nur das Haus und eine Haushälterin, die Villa selbst war «technisch versorgt», so dass Hamann rund um die Uhr beschattet und abgehört werden konnte. Aber er sollte mit allen Mitteln in der DDR gehalten werden. Die SED-Führung, auch Walter Ulbricht persönlich, die Leitung des MfS sowie hochrangige LDPD-Politiker wie Loch und Gerlach suchten nach einer beruflichen Position für ihn, die er annehmen könnte und die zugleich keine herausgehobene Stellung in der Öffentlichkeit darstellte. Am 27. Januar 1957 traf sich Innenminister Karl Maron im Auftrag des SED-Politbüros mit Hamann in Leipzig. Dieser unterstrich, dass er unschuldig verurteilt worden sei. Maron entgegnete lakonisch, er sei nicht gekommen, «um mit ihm Spaziergänge in die Vergangenheit zu machen, sondern über die Gegenwart und die Zukunft zu reden und ihm die Möglichkeit zu einer ehrlichen Existenz zu geben».[134] Obwohl man ihn nicht einmal zum Begräbnis seiner Mutter hatte nach München fahren lassen, beteuerte Hamann, eine Flucht käme für ihn nicht in Frage, eher würde er Hand an sich legen. Maron drohte dennoch, würde er fliehen, müsse er mit ernsten Konsequenzen rechnen. Damals wusste jeder, was dies bedeutete: Entführung aus dem Westen in die DDR und eine hohe Zuchthausstrafe, wenn nicht eine Hinrichtung.

In den folgenden Monaten wurde versucht, eine akzeptable berufliche Position für Hamann zu finden, die ihn zugleich gesellschaftlich isolieren würde. Die Familie zerbrach fast daran. Am 6. Mai 1957 erfuhr das MfS von Manfred Gerlach, dass Hamanns Ehefrau nicht mehr in die DDR zurückkehren werde und von ihrem Mann verlange, sich endgültig zu entscheiden. Hamann entschied sich, Gerlachs Auskunft zufolge, «für sich und seine Tochter einen Antrag auf offiziellen Verzug nach Westdeutschland» zu stellen.[135] Was weiter geschah, ist nicht überliefert. Am 8. Juni 1957 informierte Mielke Ministerpräsident Grotewohl, dass Karl Hamann in den Westen geflüchtet sei. Durch Abhörmaßnahmen wusste das MfS, dass er mit seiner Tochter Liv am 27. Mai nach Ost-Berlin ins Innenministerium fahren wollte. Von dieser Fahrt kehrten Vater und Tochter nicht zurück. Am 4. Juni brach das MfS die Haustür von Hamanns Villa auf und stellte fest, dass der Zustand im Inneren darauf hindeute, dass sie nicht zurückkehren würden. Eine «geheime Mitarbeiterin» des MfS, «Maria», fand im März 1958 heraus, dass Liv Hamann schon wochenlang vor der Flucht Pakete mit den wichtigsten Sachen der Familie in den Westen geschickt hatte. Dem MfS war das entgangen. Welche großen «Schwächen» die MfS-Arbeit charakterisierte, zeigt folgende Anekdote: Wenige Tage nach seiner Ankunft in München erhielt Hamann einen Brief aus Leipzig, in dem ihm mitgeteilt wurde, dass er nun eine Stelle in einem Institut antreten könne. Der Brief war an seine Leipziger Adresse gerichtet und ihm von der Post, wo die Tochter einen Nachsendungsauftrag an eine Münchener Adresse hinterlassen hatte, nachgeschickt worden.

In der Bundesrepublik wurde Hamann misstraut, er galt – nicht zu Unrecht – als Opfer einer Politik, die er mit zu verantworten hatte. Er starb genau zwanzig Jahre nach dem Ereignis, das ihm eventuell das Leben gerettet hatte: am 16. Juni 1973.

Zwischen Volksaufstand und Mauerbau

Der Aufstand vom 17. Juni 1953 wurde zum Trauma der Herrschenden, das sie bis zu ihrem Machtverlust im Herbst 1989 nicht mehr los wurden. Die gesamte in den nächsten Jahren und Jahrzehnten errichtete Sicherheitsarchitektur der SED, die in immer feineren Formen die Gesellschaft umspannte, basierte auf diesem Schockerlebnis.[136] Die Lernprozesse bei den Machthabenden wurden bereits unmittelbar nach dem Aufstand sichtbar. Ein deutlicher Indikator dafür war die vergleichsweise milde juristische Ahndung des Aufstands. Von insgesamt etwa 15 000 Festgenommenen sind bis 1955 «nur» etwa 1800 strafrechtlich verurteilt worden. Neben den standrechtlichen Erschießungen (in Moskau sind 18 angeordnet worden, fünf erfolgte sind bislang nachweisbar) sind «lediglich» zwei Todesurteile vollstreckt worden, etwa 90 Prozent der Verurteilten erhielten Haftstrafen von einem bis fünf Jahren – die konnte man 1952 schon bekommen, wenn man ein paar Hausschuhe oder eine Wurst gestohlen hatte. Angesichts des Umstandes, dass sich Hunderttausende beteiligten und das System am Abgrund stand, eine eher milde Bilanz.[137] Es waren also Stellvertreterprozesse, die weniger den Angeklagten und Verurteilten galten, als vielmehr den verschont Gebliebenen, der Gesellschaft insgesamt. Das angedeutete Repressionspotential sollte An- und Einpassung bewirken. Nicht die Bestrafung einzelner Personen stand im Mittelpunkt dieser Rechtspraxis, sondern die auf die gesamte Gesellschaft zielende Abschreckungswirkung.

Durch die komplexen Überwachungs-, Disziplinierungs- und Repressionssysteme, die das SED-Regime nach dem 17. Juni 1953 errichtete, sollten die einzelnen Individuen zum unsichtbaren Teil eines großen Ganzen werden. Ziel war es, die Menschen der DDR ihrer Individualität zu berauben: Massenaufmärsche, Fahnenappelle, vormilitärische Ausbildung, Organisationskleidung, Parteiabzeichen, Beflaggungen an privaten Häusern, Propagandalosungen, Selbstverpflichtungen, Brigademitgliedschaft, sozialistische Hausgemeinschaften und vieles mehr waren die Mittel dazu. Die Menschen wurden permanent dazu aufgefordert Bekenntnisse abzugeben, ohne dass jedoch von Interesse war, was der Einzelne wirklich dachte. Das war ein engmaschiges System, dem sich der Einzelne kaum zu entziehen vermochte. Staatsbürgerkundeunterricht an den Schulen und gesellschaftswissenschaftliches Grundstudium an den Hochschulen, beides erfuhr nach dem «17. Juni» einen erheblichen Bedeutungszuwachs, sind Beispiele dafür. Hier waren die Inhalte letztlich sekundär. Überwachung, Indoktrinierung, Disziplinierung und wenn nötig Repression standen im Vordergrund. So entstand ein engmaschiges und breit gefächertes Überwachungssystem, in dem die Stasi aber nur einen Part spielte und oft genug, wohl überwiegend, nicht anwesend war bzw. zu sein brauchte. Aber auch mit der Unterbreitung attraktiver Integrationsangebote versuchte das Regime eine langfristige Aufstandsprävention zu betreiben. Am deutlichsten und zugleich am brutalsten äußerte sich dies in der Militarisierung der Gesellschaft. Die Herrschenden verfügten mit ihr über ein Mittel, das sie als gesinnungspolizeiliches Instrumentarium verwendeten. Denn über allem schwebte die pausenlos heraufbeschworene Gefahr des Krieges, der totalen Vernichtung. Ein Zweifel daran konnte nur bedeuten, die Gefahr des Imperialismus zu unterschätzen, nicht den richtigen Klassenstandpunkt einzunehmen und mindestens Handlanger des Gegners, wenn nicht der Gegner selbst zu sein. Bei der Militarisierung der Gesellschaft ging es zuallerletzt um genuin militärische Belange. Sie bedeutete die offenste und gefährlichste Form ideologischer Überwachung. Wer das falsche Buch las, dekadente Musik hörte oder gar «irrigen» naturwissenschaftlichen Theorien anhing, hatte zwar noch kein «sozialistisches Bewusstsein», war aber zunächst noch nicht für den Kommunismus verloren. Wer sich aber gegen die kommunistische Friedens- und Wehrideologie stellte und sich dem Militärzwang in seinen

Zwischen Volksaufstand und Mauerbau

vielen, gerade scheinbar zivilen Formen verweigerte, sei es auch nur aus privaten Gründen, hatte sich als Feind offenbart. Besonders perfide war dabei bis zur Einführung der allgemeinen Wehrpflicht Anfang 1962, dass das Prinzip der Freiwilligkeit hervorgehoben wurde. Weil es eine Selbstverständlichkeit für den bewussten Staatsbürger sei, so die offizielle Begründung, an der Militärausbildung teilzunehmen, brauchte es dafür kein förmliches Gesetz. Die freiwillige Teilnahme, die einfache Verpflichtung für etwas wurde zum Gradmesser für «falsches» oder «richtiges» Bewusstsein. Auch das Prinzip der «Freiwilligkeit» schied die Anhänger von den Gegnern des Sozialismus.

Aber nicht nur der gesamte Bereich der direkten oder indirekten Aufstandsprävention ist in Folge des «17. Juni» erheblich ausgebaut und verfeinert worden, auch grundlegende Strukturen in Staat und Gesellschaft erfuhren erhebliche Veränderungen. Um zukünftig genauer über die politische Lage informiert und nicht abhängig von der unzuverlässigen Parteibasis zu bleiben, beschloss die SED-Führung etwa im September 1953, in 82 Schwerpunktbetrieben Parteiorganisatoren des ZK einzusetzen und in 21 weiteren Großbetrieben Sekretariate der SED zu bilden, die die Aufgabe hatten, unter direkter Kontrolle des ZK-Apparates «die Linie der Partei» an der Basis durchzusetzen. In mindestens 23 weiteren Betrieben kamen ZK-Mitarbeiter als ständige Berater der betrieblichen Parteiorganisationen zum Einsatz. Damit unterstanden die wichtigsten Großbetriebe der direkten Aufsicht des zentralen Parteiapparates. Dieser Zentralisierungsschub konnte zwar nicht verhindern, dass die DDR-Wirtschaft 1960/61 erneut in eine tiefe Krise rutschte, aber die Vorboten waren nun viel eher von der SED-Führung wahrgenommen worden.

Der Mauerbau erscheint in dieser Perspektive als wichtigstes Element der nach der gescheiterten Revolution von 1953 betriebenen Aufstandsprävention. Die Mauer wurde zum sichtbarsten Zeichen des Überwachungs-, Disziplinierungs- und Repressionssystems. Nicht ihr Bau war der oft zitierte «heimliche Gründungstag» der DDR,[138] sondern der niedergeschlagene Volksaufstand vom 17. Juni, der im Zentrum der «inneren Staatsgründung» stand, ein Prozess, an dessen Ende der Mauerbau erfolgen *konnte*.[139] Der «13. August 1961» war gegen einen neuen drohenden Volksaufstand gerichtet. Die gesellschaftlichen Zustände von 1960/61 ähnelten bei allen Unterschieden der Situation von 1952/53. Die SED-Führung nahm dies auch so wahr. Die Mauer beendete den Prozess der «inneren Staatsgründung» und war zugleich Höhepunkt des Terrors –

II. Das MfS in der SED-Diktatur

eine Gesellschaft war kollektiv eingesperrt worden. Nun konnte ausgeformt werden, was längst angelegt worden war.

Die These, das MfS habe im Juni 1953 versagt, weil es weder den drohenden Aufstand erkannt habe noch ihn dann rasch unterdrücken konnte, stimmt und geht dennoch am Kern des Problems vorbei. Sie wiederholt nur, was Ulbricht seinem Gegenspieler Zaisser im Sommer 1953 entgegenhielt. «Versagt» hatten alle gleichermaßen. Die sowjetischen Stellen erkannten zwar die hausgemachte Krise, wie der von ihnen kurz zuvor verordnete «Neue Kurs» zeigt. Doch einerseits lösten sie gerade dadurch den Aufstand selbst mit aus. Und andererseits war man nach Stalins Tod in Moskau so sehr mit parteiinternen Machtkämpfen beschäftigt, dass ohnehin kaum strategisch langfristig geplant wurde. International war der Volksaufstand als Niederlage Moskaus gedeutet worden.[140]

Aber die Sowjetunion hatte im Juni 1953 auch gezeigt, dass sie binnen weniger Stunden einen solchen Aufstand niederschlagen konnte. SED, KVP, Volkspolizei und MfS waren völlig überfordert. Sie verfügten kaum über die notwendige Ausbildung, nicht einmal über eine hinreichende Bewaffnung, an vielen Orten kapitulierten sie regelrecht, an manchen gingen sie sogar am 17. Juni in die Illegalität. Es war für die Aufständischen zunächst ein leichtes, Gerichte, Gefängnisse, Volkspolizeistationen, SED-Häuser, staatliche Einrichtungen und sogar fünf MfS-Kreisdienststellen zu stürmen und zu besetzen. Nur selten ist ihnen ernsthafter Widerstand entgegengebracht worden. Das SED-Politbüro zog sich zu den Sowjets nach Karlshorst zurück, untergeordnete SED-Funktionäre waren kopflos und wussten nicht, was zu tun sei. Aber auch im MfS ging zunächst fast gar nichts mehr. In Ost-Berlin und wenigen anderen Städten sind zwar eilig «operative Festnahmegruppen» gebildet worden, aber weitaus typischer war, dass die zumeist unerfahrenen und sehr jungen MfSler untätig blieben. Gegen wen sich der Aufstand richtete, zeigte nicht zuletzt der Umstand, dass die Aufständischen vor SED-Zentralen, Gerichte, Gefängnisse, Polizeistationen und MfS-Dienststellen zogen. Eine tatsächliche Niederlage für das MfS bedeutete, dass ihnen viele Akten in Jena, Niesky, Merseburg, Bitterfeld oder Görlitz abhanden kamen, von denen einige später in der Bundesrepublik publiziert worden sind. Gleiches geschah mit vielen Haftakten politisch Verurteilter.

Doch dessen ungeachtet hatte das MfS nicht mehr versagt als die SED selbst, insbesondere die Spitze um Ulbricht. Der geriet nach den Ereignissen in Bedrängnis. Der von der sowjetischen Führung Anfang Juni ver-

Zwischen Volksaufstand und Mauerbau

Überforderter Macht- und Herrschaftsapparat: Volksaufstand in Görlitz am 17. Juni 1953.

ordnete «Neue Kurs» stellte auch eine Absage an seine bisherige Politik dar – jedenfalls vorübergehend. Sein 60. Geburtstag am 30. Juni 1953, für den noch im Mai pompöse öffentliche Propagandaveranstaltungen fest geplant waren, fiel buchstäblich aus. Parteiintern entbrannte eine Debatte um die Frage, wer die Hauptschuld trüge. Ulbrichts Gegenspieler waren Zaisser und Herrnstadt, beide in den sowjetischen Machtapparaten gut vernetzt, beide zum Berija-Flügel zählend. Vor allem zwischen Zaisser und Ulbricht war es seit 1952 mehrfach zu Auseinandersetzungen über die Frage gekommen, welche Rolle das MfS im Machtgefüge spielen sollte. Ulbricht beanspruchte die uneingeschränkte Herrschaft der SED über die Geheimpolizei, Zaisser sträubte sich dagegen. Nach dem 17. Juni sah es kurzzeitig so aus, als könnte sich Ulbricht nicht mehr halten und Moskau würde Zaisser und Herrnstadt an dessen Stelle setzen. Als Ulbricht gemeinsam mit Grotewohl in der Nacht vom 7. auf den 8. Juli 1953 nach Moskau flog, standen aus dem Politbüro nur noch Matern und Honecker auf seiner Seite. Alle anderen hatten seinen Rücktritt gefordert oder wenigstens vielsagend zu der im Raum stehenden Frage geschwiegen. Doch in Moskau wendete sich das Blatt. Dort informierten die sowjetischen Spitzenfunktionäre Ulbricht darüber, dass Berija verhaftet worden sei.

II. Das MfS in der SED-Diktatur

Offenbar bedeuteten sie ihm auch, dass sie weiterhin mit ihm rechneten. Nach Ost-Berlin zurückgekehrt holte er zum großen Schlag aus. Taktisch wie strategisch versiert kritisierte er das MfS für sein Versagen am 17. Juni. Gekommen sei dies, weil es sich nicht auf die Hauptaufgabe, den «Kampf gegen die faschistische Untergrundbewegung» konzentriert, sondern sich statt dessen überheblich über die Partei gestellt – der identische Vorwurf wie in Moskau gegenüber Berija – und von der «Arbeiterklasse» isoliert habe. Dafür trage Zaisser die Hauptverantwortung, der zudem die Machenschaften des Volksfeindes Berija unterstützte und, einem fast tödlichen Vorwurf gleichkommend, «Fraktionsarbeit» mit Herrnstadt betrieben habe. Lenin hatte 1921 jegliche «Fraktionsarbeit» in Kommunistischen Parteien und der Kommunistischen Internationale verboten – erst mit dem Untergang des Sowjetimperiums fiel im Moskauer Herrschaftsbereich dieses «Verbot».

Zaissers und Herrnstadts Unterstützerfront fiel buchstäblich auseinander. Noch die 15. ZK-Tagung, auf der Ulbricht vom 24. bis 26. Juli 1953 seine Angriffe schließlich gebündelt vortrug, beschloss ihren ZK-Ausschluss. Zaissers Nachfolger, Ernst Wollweber, war gewiss nicht der Wunschkandidat von Ulbricht. Der aber hatte nichts in der Hand, um in dieser Situation mit Moskau zu verhandeln. Außerdem war auch Mielke schwer angeschlagen – als erster Mann hinter Zaisser galten alle Vorwürfe auch ihm, obwohl sie über Zaisser hinaus nicht personalisiert wurden und es keine weiteren Veränderungen auf der Leitungsebene gab. Erst als im September das IWF als Hauptabteilung XV (ab 1956 HV A) bzw., auf Bezirksebene, Abteilung XV offiziell in die Staatssicherheit eingegliedert wurde, kamen mit Aufklärungschef Markus Wolf und seinem 1. Stellvertreter Richard Stahlmann neue starke (Moskauer) Funktionäre hinzu, zumal Wolf einer der Stellvertreter Wollwebers wurde. Innerhalb des MfS-Apparates sind in den folgenden Monaten fast nur jene zur Verantwortung gezogen worden, die in den Kreisdienststellen dem «Feind» gegenüber direkt «kapitulierten». Selbst die ganz wenigen, die entlassen wurden, blieben dem MfS nicht selten als geheime Mitarbeiter erhalten. Die Eingliederung des MfS ins Innenministerium unter der Bezeichnung Staatssekretariat für Staatssicherheit hatte nur begrenzte Auswirkungen auf die weitere Entwicklung, zumal das eine zweijährige Episode blieb. Mit Wollweber rückte ein Altkommunist an die Spitze, der wie Zaisser mit Ulbricht auf Augenhöhe reden konnte.

Zwischen Volksaufstand und Mauerbau

Zunächst aber musste Wollweber die Geheimpolizei nach dem Juni-Schock stabilisieren. Er gestand zwar gegenüber der SED-Führung ein, dass er den Parteiauftrag, die «westlichen Hintermänner» des 17. Juni zu überführen und dingfest zu machen, nicht erfüllen konnte, weil es sie nicht gab. Aber letztlich ist im Juni 1954 ein großer Schauprozess inszeniert worden, der solche angeblichen «Hintermänner» präsentierte und aburteilte. Entscheidender für die Geheimpolizei selbst war die innere Konsolidierung. Wollweber war dafür der richtige Mann – hart in der Sache, einigermaßen unerbittlich und vor allem durch die Juni-Ereignisse unbelastet. Er konnte Klartext reden, ohne dass ihm jemand vorwerfen könnte, er habe doch genauso «versagt». Bei Mielke sah das anders aus. Jeder wusste, er war unter Zaisser für alles Alltägliche und Operative im MfS zuständig gewesen. (Daran änderte sich auch unter Wollweber nichts.) Aber weil dies im Juni 1953 ebenfalls zutraf, hätte ihn die harte Kritik Ulbrichts genauso treffen müssen. Er war mit diesem jedoch eng verbunden und Ulbricht vertraute ihm. Und da Mielke wiederum die innerkommunistischen Unterwerfungsrituale genau kannte und beherrschte, konnte er sich retten – nicht ohne sich von seinem früheren Chef Zaisser deutlich zu distanzieren. Dies machte ein Teil der altkommunistischen MfS-Führungsriege (Gartmann, Kröber, Weikert, Last, J. Gutsche, Menzel, O. Walter) ebenso und bezeugte im Herbst 1953, Zaisser sei schon länger ein «Parteifeind» gewesen. Schließlich wurde Zaisser nur Tage nach Berijas Erschießung im Dezember 1953 im Januar 1954 aus der SED ausgeschlossen. Wie Herrnstadt und tausende, wohl zehntausende andere Leidens*genossen* soll Zaisser verzweifelt weinend zu Hause gesessen und die Welt nicht mehr verstanden haben. Gebrochen starb er 1958. Auf dem Kirchfriedhof in Berlin-Friedrichshagen ist er beerdigt worden.

Die neue Führungscrew um Wollweber stand vor einem Dilemma. Intern hatte Mielke sogar wenige Tage nach dem 17. Juni erklärt, die Ereignisse seien noch «nicht der eigentliche Tag X» gewesen, die Ursachen lägen im Inneren und die öffentliche Bezeichnung als «Tag X» würde «in der Parteipresse nur aus propagandistischen Gründen» erfolgen.[141] Dadurch aber dass Ulbricht als Sieger aus dem parteiinternen Machtkampf hervorging, konnte er die eigentlichen Ursachen für den Aufstand auf seine Widersacher abwälzen. So blieb Zaissers Ministerium zwangsläufig auch nach dessen Abgang im Zentrum der parteiinternen Debatten. Dabei kam Ulbricht entgegen, dass die vorgebrachte Kritik keineswegs aus der

II. Das MfS in der SED-Diktatur

Luft gegriffen war. Das geheime Informantennetz hatte nicht funktioniert, die Fluktuation unter geheimen und hauptamtlichen Mitarbeitern war bedenklich hoch, Aufklärungs- und Abwehrarbeit befanden sich auf einem denkbar schlechten Niveau, das MfS agierte selbstherrlich und vor allem verbreitete es Angst und Schrecken in weiten Teilen der Gesellschaft. Es komme daher darauf an, so eine Schlussfolgerung, konsequent «die führende Rolle der Partei» im MfS endlich durchzusetzen.

Im September 1953 beschloss das SED-Politbüro, den Überwachungs- und Unterdrückungsapparat in der DDR konsequent und systematisch auszubauen. Das SfS stellte dabei ein wichtiges, aber längst nicht das einzige Element dar. Ihm ist die geheimdienstliche «Westarbeit» zugeordnet worden, was sich in der Eingliederung des Außenpolitischen Nachrichtendienstes, der bislang formal beim Außenministerium angesiedelt war, als Hauptabteilung XV strukturell manifestierte. Aufklärung und Abwehr, Geheimdienst und Geheimpolizei sollten eine Einheit bilden – was sie auch bis 1989 taten. Die spätere Hauptverwaltung A nahm ebenso selbstverständlich geheimpolizeiliche Aufgaben in der und für die DDR wahr, wie die anderen «Linien» auch geheimdienstlich nach Außen, im Westen tätig waren. Das MfS war eine Geheimpolizei in der DDR, die auch Geheimdienstaufgaben jenseits ihrer Staatsgrenze wahrnahm. Entscheidend aber war 1953 zunächst, dass die SED-Spitze darauf drängte, den Einfluss der Partei zu stärken.

Am 11./12. November 1953 ist der Stasi-Führungsspitze auf einer zentralen Dienstkonferenz die neue Linie anhand von Parteibeschlüssen zunächst vorgelesen worden. Dann ergriff der mächtigste Parteifunktionär hinter Ulbricht, Hermann Matern, das Wort. Nach seinen Einlassungen dürfte kaum noch jemand Fragen gehabt haben. Er gab vor, was künftig zu tun sein würde und was die Staatssicherheit unter Wollweber auch bereits seit Mitte August in Angriff genommen hatte: «Es ist doch klar, die Verwirklichung der Ziele der Partei ist kein Spaziergang, sondern hartentschlossener Kampf in wechselnder Form und verschiedenster Methode. Wir haben es mit einem Feind zu tun, der mit allen Mitteln seine ihm verbliebenen Positionen ausnützen und die verlorengegangenen zurückerobern will. [...] Die Auffassung, dass die Staatssicherheitsorgane außerhalb oder über der Partei stehen, ist bei den Mitarbeitern ziemlich weit verbreitet. Aber es muss ein für allemal damit Schluss sein. Es gibt nichts neben und nichts über der Partei. Alle Organe sind der Partei untergeordnet und werden von der Partei geleitet. Alles, was wir sind, sind wir durch die Partei. […] Genossen, Ihr habt in Eurer Arbeit nur mit Strolchen, mit Verbrechern und Lumpen, mit negativen Erscheinungen zu tun. Das habe ich in meiner Arbeit in der Regel auch. […] Also, mit dem Teil, mit dem Ihr zu tun habt, das sind gewissermaßen – wie kann man sagen – Abfallprodukte. Das sind nicht die Menschen – ich sage das deswegen, damit wir beim Kampf gegen den Feind und bei der Beschäftigung nur mit den negativen Seiten nicht in eine schiefe Position der Betrachtung und des Verhältnisses zum Volk gelangen. […] Harte Disziplin und bedingungslose Durchführung von Befehlen und Aufträgen ist notwendig und hat nichts zu tun mit Kriecherei. In Eurer Arbeit ist die Disziplin selbstverständlich Voraussetzung für eine erfolgreiche Arbeit. […] Es wäre völlig falsch, aus der Kritik der Partei die Schlussfolgerung zu ziehen, dass die Arbeit der Staatssicherheit bei uns abgeschwächt werden soll. Ganz im Gegenteil. Ich brauche nicht auseinanderzusetzen, dass der Klassenkampf an Schärfe zunimmt. […] In den Reihen der Staatssicherheit darf es keinen Liberalismus geben gegen die Feinde unserer Republik. Wir müssen hart und rücksichtslos zuschlagen. Für knieweiche Pazifisten oder Mondgucker ist in unseren Reihen kein Platz. Genosse Ulbricht hat einmal auf einer ZK-Sitzung erklärt: ‹Wir müssen die Deutsche Demokratische Republik zu einer Hölle für die feindlichen Agenten machen.› Genossen, das ist im Wesentlichen Eure Aufgabe.»[142]

Dann zeichnete Matern ein gesellschaftliches Bild, das einem bevorstehenden Bürgerkrieg ähnelte. Das SPD-Ostbüro, faschistische Agenturen, Adenauer-Agenten und US-Spione hätten sich überall in der DDR eingenistet. Kein Großbetrieb, nicht das Eisenbahnwesen, keine Parteizentrale oder staatliche Institution, weder die Blockparteien noch die Massenorganisationen, niemand sei von der Infiltration verschont geblieben. Die Staatssicherheit habe deshalb den «Feind» überall aufzuspüren und dingfest zu machen. Das solle aber nicht geräuschlos geschehen. Vielmehr müsse darüber in großangelegten Kampagnen berichtet werden, um «die Werktätigen» aufzuklären. «Die Popularisierung Eurer Arbeit hat zwei Seiten. Einmal die breiten Massen zur Mitarbeit aufzufordern, zur Unterstützung im Kampf gegen die feindlichen Agenturen und auf der anderen Seite den Agenten Angst und Schrecken einzujagen, dass sie unbedingt und in jedem Fall erwischt und liquidiert werden. Wir müssen den Feind mit allen Mitteln zersetzen und in eine hoffnungslose Lage bringen. […] Schnell und gründlich prüfen und dann hart und rücksichtslos zuschlagen. Es ist notwendig, dass die Organe der Staatssicherheit sich auf ihre

II. Das MfS in der SED-Diktatur

Aufgabe des Kampfes gegen feindliche Agenturen orientieren. Wir dürfen nicht zulassen, dass die Organe der Staatssicherheit Mädchen für alles sind. [...] Die Organe der Staatssicherheit sollen sich einschalten, wenn Verdacht oder Momente feindlicher Arbeit vorliegen.»[143]

Selbst beim Lesen von Materns Rede hört man einen Stakkato-Stil, unglaubliche Wut und tiefen Hass heraus. Wer sie hörte, dem dürfte sich dies noch eindringlicher vermittelt haben. Mit der Bemerkung, die Staatssicherheit könne nicht «Mädchen für alles» sein, müsse sich aber überall einschalten, «wenn Verdacht oder Momente feindlicher Arbeit vorliegen», hatte die SED-Führung eher unfreiwillig die künftige Rolle des MfS als «Mädchen für alles» praktisch vorgegeben. Denn wenn, wie von Matern beschrieben, das gesamte Land von Feinden übersät war, musste das MfS überall aktiv sein. Und da der «Feind» nie schlafe und jede Schwäche der Kommunisten ausnütze, musste die Staatssicherheit immer «wachsam», immer und überall präsent sein, dürfe nichts als unwichtig ansehen. Das sagte Matern so nicht, das war aber die Botschaft seiner Rede. Lediglich im SED-Apparat durfte die Staatssicherheit nur nach Zustimmung der Parteiführung «aufklären» und «abwehren», für diese Arbeit gab es in der SED eigene Einrichtungen.

Die neue «Wollweber-Organisation» stoppte zunächst einmal die Einstellungsflut hauptamtlicher Mitarbeiter. Bis Ende 1953 hatte sich der Personalbestand seit Ende 1950 etwa verfünffacht. Er wuchs nun deutlich langsamer bzw. stagnierte sogar.[144] Die Effizienz des Apparates stand auf dem Prüfstand, ebenso die notorisch niedrige Qualifikation der vorhandenen Mitarbeiter. Anders sah die Entwicklung bei den inoffiziellen Mitarbeitern aus. 1953 verfügte das MfS *wahrscheinlich* über etwa 16 000 von ihnen, 1954 *sollen* es rund 27 000 und 1955 38 000 gewesen sein. Das rasante Tempo bei Einstellungen und Verpflichtungen war auf Kosten der Qualität gegangen. Zugleich errechnete die Leitung im August 1954, dass bei diesem Werbungstempo einschließlich der anhaltend hohen Fluktuation bis 1963 jeder zweite DDR-Bürger einmal als IM für das MfS gearbeitet haben würde.[145]

Bislang hatte das MfS nur als Hilfstruppe der Sowjets an großen Kommandounternehmen teilgenommen – etwa 1951 als im Rahmen der «Affäre Walter» binnen kürzester Zeit rund 200 im Widerstand stehende Personen festgenommen wurden. Die sowjetischen Militärtribunale verhängten damals etwa 50 Todesurteile.[146] Dass die Staatssicherheit «keine Studiengesellschaft und kein Klub der Harmlosen», wie Ulbricht noch

Zwischen Volksaufstand und Mauerbau

Ende Juli 1953 auf der ZK-Tagung anmahnte, war, weder vor noch nach 1953, stellte sie exemplarisch von Oktober 1953 bis Februar 1955 unter Beweis. Generalstabsmäßig organisierte die Geheimpolizei mehrere «konzentrierte Schläge» gegen «Spione, Agenten, Faschisten und andere Feinde».[147] MfS-intern standen diese Aktionen unter Decknamen wie «Feuerwerk», «Anton», «Rakete», «Pfeil», «Frühling», «Blitz», «Nachschlag» oder «Enten». Es kam insgesamt zu mindestens 1500 Festnahmen. Die meisten Codenamen deuten schon darauf hin, dass die Aktionen überfallartig verliefen und jeweils nur Stunden oder Tage in Anspruch nahmen. Allein bei den beiden größten Aktionen «Pfeil» (August 1954) und «Blitz» (Januar, März 1955) kam es zu 547 bzw. 521 Festnahmen. Die Verhafteten, von denen mehrere zum Tode verurteilt und hingerichtet worden sind, entstammten allen sozialen Gruppen, sie arbeiteten als einfache Arbeiter oder Bauern, das Spektrum reichte aber bis hin zu ranghohen Funktionären im Staatsapparat. Auch parteipolitisch gab es eine große Bandbreite. Viele Verhaftete standen bereits länger unter Beobachtung, andere sind eher zufällig festgenommen worden. Entführungen aus dem Westen gehörten ebenso dazu wie ohnehin aus politischen Gründen zu Verhaftende den Aktionen einfach zugerechnet wurden. Denn die einzelnen Bezirksverwaltungen hatten bei diesen Aktionen «Planzahlen» zu erfüllen. Offenbar konnte keine die festgeschriebene Anzahl an Festnahmen erfüllen, weshalb die geplante Festnahmequote noch weitaus höher lag als die Zahl der tatsächlichen Verhaftungen.

Die Aktionen waren von einem beispiellosen Propagandagetöse begleitet. Anders als Zaisser zeigte sich Wollweber häufig in der Öffentlichkeit, fuhr in Betriebe und hielt Reden. Mielke und die anderen leitenden MfS-Funktionäre reisten ebenfalls durchs Land und unterrichteten «ihr Volk» über das Treiben der «Feinde und Faschisten» und wie gut die Staatssicherheit alles erkannt und zerschlagen habe. Die Zeitungen waren voll mit Schauermärchen und Prozessberichten, Wanderausstellungen überzogen das Land, im Kino liefen propagandistische Vorfilme, in die Buchläden kamen getarnte MfS-Broschüren und -Bücher. MfS-Pressekonferenzen und der «demokratische Rundfunk» verbreiteten unentwegt Berichte und Kommentare über das mörderische Treiben der Agenten, Spione und Feinde aus dem Ausland. Niemandem sollte entgehen, was geschah, wenn man sich gegen die «demokratische Ordnung», die «sozialistische Heimat» stellte oder auch nur in den Verdacht geriet, dies vorzuhaben.

II. Das MfS in der SED-Diktatur

Unter Wollwebers Leitung gab es eine weitere Veränderung, die für das MfS letztlich entscheidend werden sollte. Bis zum Sommer 1953 existierte im MfS keine systematische Informationsgewinnung, kein «Inlandsnachrichtendienst». Die gesellschaftliche Stimmungslage konnte das MfS angesichts der überwiegend kaum geeigneten inoffiziellen Mitarbeiter, die für eine umfassende Berichterstattung zudem zu wenige waren, kaum umfassend analysieren. Die objektzentrierte Arbeit stand zudem einer flächendeckenden Kontrolle entgegen. Erst ab 1955/56 ging das MfS zum Territorialprinzip über,[148] eine Bedingung für die letztlich flächendeckende Tätigkeit, wie sie sich im Umfeld des Mauerbaus als Zielvorgabe herauszubilden begann, aber auch in der Honecker-Ära nie erreicht werden konnte.

Die Eingliederung des Außenpolitischen Nachrichtendienstes als Hauptabteilung XV diente dem Zweck, Inlands- und Auslandsdienst besser als zuvor miteinander zu verzahnen und die Informationsgewinnung aufeinander einzustellen. Anfang August befahl Wollweber, in der Zentrale und den Bezirksverwaltungen «Informationsgruppen» zu bilden. Westliche Radiosendungen wurden ausgewertet oder operative Informationen zusammengefasst, nichts schien uninteressant zu sein. Wichtigste Quelle für «Informationsberichte» blieb aber zunächst die «Abteilung M», die Postkontrolle in den Bezirken.[149] Auch wenn hier nur eine «Auswahl» getroffen wurde, die sich einerseits nach wechselnden Vorgaben (z. B. Angehörige eines bestimmten Betriebes) und andererseits nach feststehenden Kriterien (Post aus und in die Bundesrepublik, aus und ins Ausland, Briefe ab einer bestimmten Größe, eines bestimmten Gewichts) richteten, so wird oft davon ausgegangen, dass in den fünfziger Jahren jährlich Hunderttausende oder Millionen Briefe von der Staatssicherheit geöffnet und gelesen wurden.[150] In den 1980er Jahren soll sich die Anzahl geöffneter Briefe auf täglich bis zu 90 000 belaufen haben. Wie bei fast allen Zahlenangaben ist hier Vorsicht geboten, denn es handelt sich um Hochrechnungen nach den Angaben einzelner Bezirksverwaltungen und den Planüberlegungen im MfS. Aber gerade hier konnten die Offiziere besonders gut die «Planvorgaben» erfüllen, weil es nicht richtig überprüfbar war. Die Akten sind voll mit solchen «Selbstbetrugshandlungen» bei der Postkontrolle.

Zuweilen hilft eine Gegenrechnung, um manche Zahlenangabe in Frage zu stellen und vielleicht neue Forschungen anzuregen. 1953 arbeiteten in den zuständigen Abteilungen zur Postkontrolle 639 Personen, überwiegend Frauen (83,5 %). Ende 1972 waren es nun zu etwa zwei Drittel Män-

Zwischen Volksaufstand und Mauerbau

Planerfüllung durch Statistik: ein eifriger Paketfahnder bei der Arbeit.

ner (absolut 905).[151] Die Leipziger Bezirksverwaltung gab an, im Januar und Februar 1956 täglich zwischen etwa 2700 und 8000 Briefen *gelesen* zu haben, auf deren Grundlage politische Stimmungsberichte verfasst worden sind.[152] In der zuständigen Abteilung arbeiteten in dieser Zeit etwa 50 Personen (1953: 34), von denen nur ein Teil Briefe las. Andere öffneten und verschlossen sie, die nächsten durchleuchteten sie, schrieben sie ab, kontrollierten Päckchen, ein Teil erledigte Leitungsaufgaben u. v. a. m. Wenn man davon ausgeht, dass 20 Mitarbeiter Briefe lasen, kommt man auf einen angeblichen Tageswert von 135 bis 400 (ohne Sonntag). Ist es vorstellbar, dass 135 oder gar 400 Briefe pro Schicht von Fachkräften *gelesen* wurden, die einen Volksschulabschluss und einen praktischen Beruf erlernt hatten? Briefe in unterschiedlichsten Handschriften, oft für Fremde schwer lesbar, jeder Brief mit einem neuen Kontext, manches für Außenstehende ohnehin auf den ersten Blick nicht verständlich? Dabei ist noch nicht einmal berücksichtigt, dass die Dienstzeit mit Schulungen, Anleitungen, Pausen, Krankheiten, nochmals Schulungen usw. insgesamt immer kürzer als vorgesehen ausfiel. Erst Mitte der 1970er Jahre kam Technik zum Einsatz, die die Verfahren vereinfachte, doch die Zahlen sprangen nicht in die Höhe. Ein weiteres Indiz dafür, dass die Zahlen zuvor nicht der Realität entsprochen hatten und es wahrscheinlich weiterhin nicht taten.

II. Das MfS in der SED-Diktatur

Ab Anfang der 1980er Jahre konnten technisch in Leipzig täglich (in 24 Stunden) etwa 3000 oder 6000 Briefe geöffnet und geschlossen werden.[153] Warum hätte man eigentlich Technik einführen sollen, wenn die zwar perfekter, aber nicht effizienter bei mehr Personal gewesen ist?[154] Die Angaben aus den fünfziger Jahren sind zu hoch, weil die Mitarbeiter wahrscheinlich anders als nur *lesend*, eben mit Hilfe der Statistik ihre Norm erfüllten. Für die zuweilen nicht einmal gegebene Effizienz der zielgerichteten Postkontrolle sind Beispiele genannt.[155] Kann es möglich sein, dass in den 1980er Jahren die Stasi «pro Tag ungefähr 90000 Briefe»[156] mitlas? Sie zu öffnen hätte die Technik ermöglicht – 6000 multipliziert mit 15 (den Bezirken) ergibt diese DDR-Gesamtsumme. Aber wer hätte sie lesen sollen? Experten haben auch darauf eine Antwort: «Ein ‹Auswerter› kam auf ca. 800 gelesene Sendungen pro Tag.»[157] Die Stellenpläne der mit sehr vielen Aufgaben betrauten Abteilungen M hätten das angeblich hergegeben. Doch mussten die «Auswerter» zwischen den Zeilen den Feind, die Spionageabsicht, die geplante Flucht erkennen – mussten also fremde Briefe langsam und mehrfach lesen, um die Kontexte zu entschlüsseln. Tag für Tag, Woche für Woche, Jahr um Jahr, und zugleich entscheiden, ob ein meist handgeschriebener Brief – der ja nicht nur aus einer Seite bestanden haben musste – zu einer von über dreißig vorgeschriebenen Kategorien gehörte und welcher zuständigen Diensteinheit, sollte ihm etwas verdächtiges aufgefallen sein, er den Brief übergeben müsse. Auch wenn berücksichtigt wird, dass sich das Qualifikationsniveau gerade solcher «Auswerter» verbessert hatte, erscheint eine solch hohe Arbeitsleistung sehr unwahrscheinlich.[158] Solche Angaben in der Literatur basieren auf MfS-Ausarbeitungen.[159] Selbst bei «nur» 100 Briefen pro Tag, die ein Stasi-Auswerter vielleicht las, kann dies nicht ohne ernsthafte Folgen für den Restbestand von Geist und Seele geblieben sein.

Das alles ist dem MfS theoretisch zuzutrauen. Aber was geschah eigentlich mit dieser Informationsflut, wer hat sie verarbeitet? In den Stimmungs- und Informationsberichten der Bezirke stehen für einzelne Punkte, wie z. B. Versorgungslage oder Gesundheitswesen, niemals in hunderte oder tausende gehende Zahlen, wenn es darum ging, wie viele Menschen an diesem oder jenem Tag dies oder das in ihren Briefen kritisierten. Hätte die Auswertung in dem behaupteten Maße stattgefunden, hätte dies möglich sein müssen. Das ist nur ein Beispiel von vielen – einige weitere folgen in diesem Buch – in denen unsinnig hohe Zahlenangaben, die auf MfS-Quellen beruhen, unkritisch übernommen werden.[160]

Zwischen Volksaufstand und Mauerbau

Geöffnete Post auf dem Arbeitsplatz von Postkontrolleuren des MfS.

Die für Vernehmungen und Untersuchungen zuständige Hauptabteilung IX beklagte übrigens, dass sie jährlich in den achtziger Jahren von 30–45 000 Stunden mitgeschnittener Vernehmungen und abgehörter Zellengespräche die Hälfte nicht verschriftlichen und demzufolge auswerten konnte.[161] Die Mitarbeiter dort konnten ihre Vorgesetzten allerdings nicht so einfach täuschen wie die Postkontrolleure. Wie sich ein ehemaliger Stasi-Postkontrolleur erinnert, waren die Abteilungen M «durch Vorgaben verpflichtet, einen bestimmten Prozentsatz des Postaufkommens einer inneren nachrichtendienstlichen Auswertung zu unterziehen.»[162] Kontrolliert wurden die Postkontrolleure aber ständig, Fehler ihnen permanent unter die Nase gehalten, aber ihre Statistik stimmte – auf einem Papier, das nicht einmal die Stasi-Spezialisten decodieren konnten.[163] In der Honecker-Ära avancierte die Postkontrolle zu einer Devisenquelle – allein von 1984 bis 1989 floss auf diesem Weg Bargeld in Höhe von 32,7 Mill. DM in die Kassen des MfS, hinzu kamen Edelmetalle, Briefmarken und andere Wertgegenstände, die nochmals mehrere Millionen DM ergaben.[164] Doch zurück zu den Ursprüngen.

II. Das MfS in der SED-Diktatur

Die Informationsgruppen erarbeiteten ab Oktober 1953 nach einheitlichen Richtlinien Tages-, Wochen- und Monatsberichte, die zu festgelegten Zeiten nach einem bestimmten Schema der Leitung, aber auch – in anderen Intervallen – den lokalen, regionalen und übergeordneten SED-Leitungen übergeben werden mussten. Im Vergleich mit einem ähnlich strukturierten Berichts- und Informationswesen im SED-Apparat war letzteres von der Dichte und Qualität besser zu bewerten. Das änderte sich grundlegend erst ab den 1960er Jahren. Wie für Institutionen und Apparate allgemein üblich, kam es auch im MfS zu ständigen Umstrukturierungen. Die Informationsgruppen sind in Informationsabteilungen überführt worden, daraus folgten weitere Zusammenlegungen und Teilungen, bis schließlich 1965 die «Zentrale Auswertungs- und Informationsgruppe» (ZAIG) entstand. Sie unterstand Mielke direkt und fungierte als wichtigste MfS-Querschnittsgruppe, die auf Bezirks- und Kreisebene jeweils Pendants hatte und bei der die wichtigsten Fäden zusammenliefen. Sie war in der Honecker-Ära die Schaltstelle im MfS schlechthin.[165]

Eine weitere Änderung setzte im Sommer 1955 ein, die für Wollwebers Absetzung 1957 von Bedeutung sein sollte. Am 5. August 1955 verkündete er vor seinen Führungskräften, die Arbeit müsse sich verstärkt auf den Westen konzentrieren. «Bei den Bezirksverwaltungen sage ich ausdrücklich, die Chefs 50% das Gesicht dem Westen zu.»[166] Er nahm in Kauf, dass durch diese Schwerpunktverlagerung die innere Überwachung leiden könnte. Historisch lässt sich aber ein solcher «Überwachungsrückgang» nicht nachweisen. Die hinterlassenen Aktenberge der operativen Arbeit sagen etwas anderes.

1956 war ein neuerliches Schockjahr für die Kommunisten. Erst stieß der Moskauer Parteichef Chruschtschow auf dem XX. Parteitag den toten Stalin ein paar Stufen vom Thron (der endgültige Sturz erfolgte erst 1961), dann kam es zu Unruhen in Polen und schließlich zur blutig niedergeschlagenen Revolution in Ungarn. Der Suez-Krieg hatte zudem die internationale Weltlage erheblich verschärft. Die DDR blieb von all dem nicht unberührt.

Die ostdeutschen Kommunisten hatten die Lehre des 17. Juni 1953 verstanden und erwiesen sich machttechnisch gesehen als lernfähig. Niemals wieder würden sie, wie im Vorfeld des 17. Juni geschehen, Fehler einräumen. Es galt zudem, den geringsten ideologischen Abweichungen entgegenzutreten, auch wenn sie sich unter Jazz- oder Rock'n'Roll-Masken tarnen mochten.

Zwischen Volksaufstand und Mauerbau

Gerade weil die SED-Führung im Gegensatz zu anderen Ostblockstaaten ihrer Politik prinzipiell treu blieb, war 1956 die Gefahr, dass Ulbricht seinen Posten verlieren oder gar einer neuer Aufstand die SED-Diktatur beseitigen würde, relativ gering. Dabei war die Situation kompliziert genug, auch in der DDR schien die gesellschaftliche Krise mit den Händen zu greifen, zumal sich die soziale Notlage und die permanent schlechte Versorgung als Ausgangspunkte politischer Unruhen eigneten. Als Anfang des Jahres bekannt wurde, dass die Regierung die Gründung einer «Nationalen Volksarmee» beabsichtige, konnte die Ablehnung durch die Gesellschaft eindeutiger kaum ausfallen. Sämtliche Stimmungsberichte zeugen davon. Das Angebot, bundesdeutschen Wehrdienstverweigerern «politisches Asyl» zu gewähren, wurde weithin als lächerliches Propagandaschauspiel erkannt.[167]

Die Offenbarungen Chruschtschows auf dem XX. Parteitag Ende Februar 1956 konnte die SED nicht mehr stillschweigend übergehen. Seine Geheimrede von 1956 blieb nur wenige Tage geheim, am 16. März ist sie, vermittelt durch einen polnischen Funktionär, in New York teilweise und am 20. März in Jugoslawien komplett veröffentlicht worden. Die Nachrichtenagenturen auf der gesamten Welt verbreiteten die Sensationsmeldung. Die SED-Politbüromitglieder Ulbricht, Schirdewan, Neumann und Grotewohl, denen in der Nacht vom 25. auf den 26. Februar 1956 ein sowjetischer Funktionär in Moskau die Rede auf Deutsch vortrug, waren erstarrt, fassungs- und regungslos. Als Schirdewan in Ost-Berlin auf dem Flughafen ankam, sagte er nur einen einzigen Satz zu seiner auf ihn wartenden Ehefrau: «Stalin ist für die Geschichte gestorben.»[168]

Noch wusste die Welt nichts von Chruschtschows Einlassungen, aber bereits dessen und Mikojans Andeutungen in ihren offiziellen Reden hatten aufhorchen lassen. In der DDR setzte eine ausführliche Diskussion ein, als Ulbricht am 4. März 1956 im «Neuen Deutschland» erklärte, Stalin sei kein Klassiker des Marxismus-Leninismus. Wie überraschend diese Erklärung kam, zeigt eine Anekdote von der Universität Greifswald, wo am Morgen des 5. März Studierende ihren Dozenten für Gesellschaftswissenschaft fragten, warum Stalin ein Klassiker des Marxismus-Leninismus sei. Dieser erklärte das pflichtgewohnt und ausführlich. Die Studierenden applaudierten lebhaft und zeigten ihm erst dann Ulbrichts Artikel, der einen Tag zuvor abgedruckt worden war.[169] Der Dozent ging anschließend zur Parteileitung und zeigte sich wegen ideologischer Mängel selbst an. In diesem historischen Umfeld ist einer der berühmtesten Witze im

II. Das MfS in der SED-Diktatur

Ostblock entstanden: Frage: «Was ist am schwersten am Kommunismus vorherzusehen?» Antwort: «Seine Vergangenheit!»

Durch die Veröffentlichung der Geheimrede in den westlichen Medien sah sich das SED-Politbüro gezwungen zu handeln. Ulbricht ging spontan am 17. März zur Berliner SED-Bezirksdelegiertenkonferenz und referierte über den XX. Parteitag, ohne auf Details der Geheimrede einzugehen. Seine Rede war an Zynismus kaum zu überbieten. Erklärte er doch, dass die Unsicherheit der jungen Parteimitglieder bezogen auf Stalin damit zusammenhänge, «dass sie bestimmte Dogmen gut auswendig gelernt haben. Sie wissen über die Biographie des Genossen Stalin mehr und Genaueres als das ganze Politbüro. Sie kennen die Zahlen und alles auswendig!» Den Stoß, den die SED vom XX. Parteitag erhalten habe, bezeichnete er als «für uns sehr gesund».[170]

Erst am 21. März 1956 erhielt das SED-Politbüro offiziell den Text der Geheimrede aus Moskau. Am nächsten Tag fand eine ZK-Tagung statt, auf der Schirdewan ihn vortrug. Otto Buchwitz, seit der Jahrhundertwende politisch aktiv, fasste die Emotionen prägnant zusammen: «In uns ist etwas zerbrochen.»[171] Wollweber und Mielke verteidigten ihre bisherige Arbeit und erklärten wahrheitswidrig, es habe beim MfS keine Willkür bei Verhaftungen oder Folter in den Untersuchungshaftanstalten gegeben. Ulbricht sagte, die Parteibasis würde über die Geheimrede informiert «und die ganze Sache wird in Ordnung gehen».[172] Im April sind Parteiversammlungen abgehalten worden, in denen nicht die Rede vorgelesen, aber wesentliche Aussagen referiert worden sind. Außerdem erklärte Ulbricht, eine Kommission würde die Inhaftierten überprüfen und eine ganze Anzahl freilassen: «Bitte schön, sollen sie draußen verfaulen. Warum müssen sie bei uns im Gefängnis verfaulen?»[173] All dies aber bedeute keinen Verzicht auf den Klassenkampf, denn dieser sei vorhanden. «Das machen wir ein bisschen ruhiger vielleicht.»[174] Tatsächlich kamen bis zum Herbst 1956 21 000 politische Häftlinge frei, außerdem sind mehrere Hundert Opfer rehabilitiert worden.

Ende März fand die 3. SED-Parteikonferenz statt, auf der Schirdewan die neue Sicht auf Stalin sehr vorsichtig begründete, aber auch die Geheimrede komplett vortrug,[175] und auf der Wollweber neuerlich die Arbeit des MfS verteidigte. All das ist in der Bevölkerung aufmerksam verfolgt worden. Die Mehrheit sah ihr schon zuvor bestehendes Wissen bestätigt: Walter Ulbricht als «Stalin der DDR», wie es immer wieder hieß, müsse zurücktreten. Ein Witz kolportiert nicht nur diese Erwartungshaltung, sondern zugleich die gesellschaftliche Atmosphäre: «Die Häftlinge des Zuchthauses Bautzen müssen antreten. Der Direktor erklärt ihnen, dass morgen der erste Sekretär des ZK der SED, Walter Ulbricht käme. Da raunt ein Häftling zum anderen: ‹Das wurde aber auch Zeit ...›»

Ulbricht kannte die Stimmungsberichte sehr genau. Er wusste, dass es in der Gesellschaft rumorte, dass er persönlich weithin verhasst war und dass die permanenten Drohungen, ein neuer «17. Juni» stünde bevor, bei einer allzu großzügigen Lockerung schnell Realität werden könnten. Die blutigen Unruhen in Poznań Ende Juni 1956 mit über 50 Toten und die ungarische Oktoberrevolution mit tausenden Toten sind in der DDR überwiegend als polnischer bzw. ungarischer «17. Juni» angesehen worden, und zwar sowohl von der kleinen Gruppe, die den «17. Juni» als faschistischen Putschversuch denunzierte, als auch von der Mehrheit, die in ihm einen berechtigten Kampf für Freiheit, Einheit und soziale Gerechtigkeit sah.

Als die sowjetischen Panzer in der ersten Novemberhälfte die ungarische Revolution zusammenschossen, entwickelten SED-Politbüro, Innenministerium und das MfS einen gestuften Abwehrplan für eventuelle Aufstände oder bürgerkriegsähnliche Zustände in der DDR. Kampfgruppen und andere militärische Formationen übten schon seit dem Sommer verstärkt Häuser- und Straßenkampf. Diese Präventionspläne lagen seit Sommer 1953 vor, sind unter dem Eindruck der Herbstereignisse forciert worden und schlugen sich u. a. in einem Politbürobeschluss vom November 1956 nieder. Nichts sollte dem Zufall überlassen bleiben.

Im Oktober 1957 erklärte Ulbricht auf dem 33. ZK-Plenum, dass der Gegner Anfang November 1956 die Medizinische und Veterinärmedizinische Fakultät der Ostberliner Universität zum Ausgangspunkt der Konterrevolution machen wollte.[176] Hier war es zu erheblichen Unruhen, zu Verhaftungen und am 5. November 1956 zu einer größeren Protestdemonstration gekommen. Allerdings, auch wenn die allgemeine Unruhe erheblich, die gesellschaftliche Missstimmung unübersehbar und die überwiegende politische Ablehnung des Systems eindeutig war – die SED-Führung und ihr MfS waren 1956 zu keinem Zeitpunkt ähnlich kopf- und konzeptionslos wie noch im Frühjahr 1953. Ganz im Gegenteil, sie hatten die Situation fest im Griff und konnten agieren, reagieren und waren kaum in der Situation, einer Entwicklung hinterher eilen zu müssen. Die sowjetischen Panzer in Ungarn festigten das Machtgefüge Ulbrichts.

II. Das MfS in der SED-Diktatur

Ulbricht und sein Weggefährte Mielke nutzten die 29. ZK-Tagung am 12. und 13. November, um die Parteiführung auf die nachfolgende Politik einzustimmen. Sie erklärten, dass in der DDR ein vom Westen inszenierter Putsch geplant sei.[177] Außerdem würden die stillen Gegner in der SED, wie Mielke zu berichten wusste, «aufgefordert, nicht aus der Partei auszutreten, sondern in der Partei zu bleiben und noch größeren Einfluss zu bekommen»[178]. Sie sollten einen Umsturz bewirken. Verschleiert würde dies mit der Forderung, alle Stalinisten abzulösen. Der Gegner tarne sich als Kabarettist, als Student, als Redakteur, als Philosoph. Wer heute eine Losung male, so Mielke, würde morgen mit der Waffe in der Hand kämpfen. Als in Ungarn die Panzer rollten, mussten in der DDR, so Mielke weiter, Konzessionen gemacht werden, um Ruhe zu bewahren. Oppositionelle Studentenversammlungen in Berlin erinnerten Alfred Neumann an Naziversammlungen, und Ulbricht, Mielke und Neumann waren sich auch einig, dass die Drohung eines Kampfgruppenkommandeurs, den Studenten die Knochen brechen zu wollen,[179] als proletarischer Ausdruck der Bereitschaft zum Klassenkampf berechtigt gewesen sei.

Es kam nicht dazu. Aber nur wenige Tage später, am 29. November 1956, setzte mit der Verhaftung des Philosophen Wolfgang Harich die auf dieser Tagung generell angekündigte Repressions-, Disziplinierungs- und Verhaftungswelle ein, die die DDR bis 1958 beschäftigen sollte.[180] Nicht nur Ulbricht ging aus dieser Situation gestärkt hervor, auch das Ministerium für Staatssicherheit, dem seit November 1957 Mielke als Minister vorstand, erfuhr als Säule der SED-Herrschaft einen erneuten Bedeutungszuwachs. Der ab Jahresende forcierte Kampf gegen den sogenannten Revisionismus, der zu vielen politischen Strafprozessen führte, war mehr eine Präventionsmaßnahme als ein Abwehrkampf. Die von SED und MfS vielfach konstruierten sozialistischen Oppositionsgruppen existierten zumeist nur in der Fiktion der Herrschenden. Um die Abschaffung der SED-Herrschaft ging es 1956 Harich genauso wenig wie Walter Janka, Erich Loest oder einem der in diesem Zusammenhang verurteilten Studenten. Die antikommunistischen Widerstandsgruppen, die das aber genau anstrebten, waren 1956 denselben harten Verfolgungsmaßnahmen ausgesetzt wie in der Zeit vor und nach dem sogenannten Tauwetter.

Über eines waren sich Ulbricht und Mielke gerade auch 1956 nur zu bewusst. Sie regierten gegen die Mehrheit der Bevölkerung. In einer etwas übertriebenen Form kursierte auch darüber ein Witz: Ulbricht ist zu Besuch bei Mao Tse-tung und fragt ihn, ob er auch eine Opposition habe. «Ja», antwortet Mao, «so etwa siebzehn Millionen sind noch gegen uns.» «Ach», meint Ulbricht erleichtert, «in der DDR sind es auch nicht mehr!»

Der Wechsel von Wollweber zu Mielke hing eng mit den Vorgängen von 1956 zusammen.[181] Der SED-Führung war durchaus bewusst, dass die gesellschaftliche Situation ihrer Herrschaft schnell gefährlich werden könnte. Ulbricht drängte deshalb spätestens mit Ausbruch der ungarischen Revolution und dann ihrer blutigen Niederschlagung darauf, die Repressionsschrauben anzuziehen. Vor allem ging es ihm um innerparteiliche Gegenspieler, wie den Parteiintellektuellen Wolfgang Harich. Ulbricht war über den Stand der MfS-Ermittlungen jederzeit bestens im Bilde. Mielke versorgte ihn exklusiv, einige Male sogar vor Wollweber. Im «Neuen Deutschland» ließ Ulbricht eine Bewertung des «Falls Harich» abdrucken, die einer Verurteilung vor Prozessbeginn gleichkam. Wollweber war darüber heftig erzürnt, weil es die Arbeit des MfS in ein schlechtes Lichte rücke. Seinem Stellvertreter Mielke verübelte er, dass dieser an ihm vorbei Unterlagen an Ulbricht gegeben habe. Der MfS-Minister reagierte mit einer sogenannten Meldeordnung, die «seinen Stellvertretern faktisch verbot, zukünftig eigene dienstliche Verbindungen zur Parteiführung zu pflegen».[182] Obwohl von den sowjetischen Beratern abgesegnet, fasste Ulbricht dies als Kampfansage auf. Wenige Wochen später geißelte er die Regelung vor dem höchsten MfS-Gremium als abermaligen Versuch, das MfS über die Partei zu stellen. Am 9. Februar 1957 beschloss das Politbüro nun umgekehrt, dass MfS-Minister und dessen Stellvertreter verpflichtet seien, alle relevanten Vorgänge an den Sekretär der Sicherheitskommission, Honecker, zu melden, der sie dem Vorsitzenden, Ulbricht, zuleite. Damit war die Hierarchiefrage geklärt, das MfS war der operative Arm des SED-Apparats. Wenig später kamen weitere Weisungen: Die Staatssicherheit sei in den Großbetrieben, Universitäten und staatlichen Einrichtungen fester einzubauen, die örtlichen Parteileitungen sollten gegenüber dem MfS größere Befugnisse erhalten. Die 1. Sekretäre von Bezirks- und Kreisleitungen wurden nun nicht mehr nur informiert, sondern die MfS-Arbeitspläne wurden mit den Parteifunktionären bis auf Kreisebene und in Großbetrieben detailliert abgestimmt. Zuständige ZK-Mitarbeiter der Sicherheitsabteilung waren nun reguläre Teilnehmer von MfS-Kollegiumssitzungen. Das enge Arbeitsverhältnis zwischen Ulbricht und Mielke ließ ohnedies auf der Spitzenebene eine besonders enge Koordinierung und Abstimmung zu. Mielke wurde zum 1. November 1957

II. Das MfS in der SED-Diktatur

Wollwebers Nachfolger. Offiziell meldete sich dieser als krank ab. Tatsächlich hatte er den Machtkampf mit Ulbricht verloren.

Zwei scharf vorgetragene Kritikpunkte Ulbrichts an Wollwebers Arbeit beeinflussten die Stasi nachhaltig. Der faktische SED-Chef kritisierte die vom MfS erarbeiteten Informationsberichte. Diese würden «die Hetze des Feindes legal» verbreiten, «und die damit beschäftigten Mitarbeiter müssten, wenn sie das monatelang durchführen, schwankend werden».[183] Wahrscheinlich störte ihn vor allem, dass er ständig über sich lesen musste, wie sehr ihn die Bevölkerung ablehnte und verachtete. Das führte jedenfalls dazu, dass die Informationsabteilung innerhalb des MfS einige Jahre an Bedeutung verlor, ehe sie dann ab Mitte der sechziger Jahre, mit vielen weiteren Befugnissen und Aufgabenfeldern versehen, als ZAIG zum Zentrum des MfS aufstieg. Diese Kritik von Ulbricht war problematisch. Denn wie sollte die MfS-Führung realistisch informieren, wenn sie zur Schönfärberei animiert wurde? Ulbricht aber hatte noch etwas anderes vorgegeben. Es käme nicht auf Meldungen an, sondern darauf den «Feind» immer und überall mit den «Methoden der Staatssicherheit» zu vernichten. Deshalb müsse endlich das geheime Informatorennetz ausgebaut und dieses vor allem besser qualifiziert werden. Im Kampf gegen den «inneren Gegner» gebe es «Liberalisierungstendenzen», die es unverzüglich abzustellen gelte. Es sei hart und kompromisslos zuzuschlagen. Das MfS aber habe auf dieser Ebene 1956 versagt (was sich in den Überlieferungen so nicht nachvollziehen lässt). Ein Grund dafür sah Ulbricht in der zu starken Ausrichtung auf die «Westarbeit». Das MfS aber sei zuerst und vor allem für die Bekämpfung der «inneren Feinde» zuständig.

Erich Mielkes Ministerantritt war so mit zwei Vorgaben verbunden, die er in der Folgezeit umsetzte und an denen sich bis 1989 auch nichts mehr änderte. Die Hauptaufgaben des MfS lagen im Inneren, die Hauptfunktion war die einer Geheimpolizei, alles andere hatte sich unterzuordnen bzw. sich dieser Doktrin anzupassen. Mielke betonte bereits im Januar 1957, es gehe weniger um «Spionage und Diversion», sondern um ein weitaus diffizileres Problem: die politische «Zersetzung».[184] Und das MfS war auf allen Ebenen eng mit dem SED-Apparat zu verzahnen. Auch das erfolgte und war ebenfalls ab Mitte der 1960er Jahre strukturelle und operative Realität. Eine dritte Veränderung, die alsbald erfolgte, deutete Erich Mielke bereits auf der 33. ZK-Tagung im Oktober 1957 an. Hanna Wolf, Leiterin der SED-Parteihochschule «Karl Marx», bekannte in der Debatte: «Wir haben leider bei uns auf der Parteihochschule in den letzten

Das MfS in der Endphase der Ära Ulbricht

Wochen zwei Fälle der Republikflucht [...] Der Mann war Fotograf von Beruf und hielt es für eine Selbstverständlichkeit, dass er sich ständig mit Aktfotografien und ähnlichen Dingen beschäftigte. Er war der Meinung, dass das in keinem Widerspruch zur sozialistischen Moral und Kulturpolitik stehe. (Genosse Mielke: Aber das hat eine große Bedeutung, weil viele von diesen Bildern von Sekretärinnen sind, die an wichtigen Positionen sitzen.) Darum spreche ich darüber. (Genosse Mielke: Jetzt sind die Fotos beim Ami, da könnt ihr euch vorstellen, was daraus gemacht wird.)»[185] In dieser Anekdote deutet sich bereits an, dass das MfS künftig noch weitaus stärker als bislang nichts unbeachtet lassen, sich als das noch 1953 kritisierte «Mädchen für alles» profilieren würde.

Das MfS in der Endphase der Ära Ulbricht

Die Mauer war weder ein Zufall noch ein Irrtum. Für die Kommunisten war sie ein Überlebensbauwerk. Die Massenflucht war das sichtbarste Zeichen einer neuerlichen Krise, die alle Bereiche der DDR erfasst hatte. Sie stand kurz vor dem Zusammenbruch, einen neuen Aufstand konnte niemand ausschließen. Die Machthabenden gestanden dies selbst immer wieder ein, wenn sie die Mauer mit dem Argument verteidigten, sie verhinderte ein «Ausbluten» der DDR. Den Mauerbau sicherten sie mit einem tief gestaffelten Verteidigungs- und Aufstandspräventionsgürtel ab, um eventuellen Unruhen rasch und effektiv zu begegnen. Die Führungen in Ost-Berlin und Moskau hatten einkalkuliert, dass es zu größeren Zwischenfällen kommen könnte. Bereits im Juli 1961 ist vom Oberkommandierenden der Vereinten Streitkräfte des Warschauer Paktes festgelegt worden, dass das Ministerium für Gesundheitswesen der DDR dem Verteidigungsministerium der DDR bis zum 10. August 1961 35 000 Betten in Krankenhäusern und Sanatorien zur Verfügung zu stellen habe, um kurzfristig Armeelazarette einrichten zu können. Außerdem sollten 1500 Sanitätskraftfahrzeuge bereit gestellt werden.[186] Die Planungen für diesen Eventualfall waren retrospektiv betrachtet überflüssig. Sie symbolisieren aber eine Revolutionsphobie, die vor dem Hintergrund der gesellschaftlichen Gesamtsituation und den Erfahrungen von 1953 nicht unbegründet war.

Das war 1961 den meisten Menschen bewusst, deshalb warteten auch viele darauf, dass etwas geschehe. Nicht nur stramme Kommunisten hat-

II. Das MfS in der SED-Diktatur

ten Verständnis für Ulbrichts Bauwerk. Eine Mauer lag nicht außerhalb der Vorstellungswelt. Seit der Berlin-Blockade 1948/49, der eigentlichen Geburtsstunde West-Berlins, war für Berliner und Berlinerinnen eigentlich alles denkbar. Als dann aber der Mauerbau am 13. August 1961 begann, war es dennoch für viele ein Schock. Noch drei Jahre lang flüchteten durchschnittlich täglich 50 Menschen in den Westen. Erst allmählich erwuchs aus dem Drahtzaun und den Straßensperren jenes Mauersystem, das immer unüberwindbarer wurde.

Historisch liegt die eigentliche Überraschung eher darin, dass die Mauer *erst* 1961 gebaut wurde. Das ganze Sowjetreich mitsamt den osteuropäischen Satrapien war eingemauert, mit Stacheldraht umgeben, militärisch bewacht. Allein an der tschechoslowakischen Westgrenze sollen seit 1948 aus ganz unterschiedlichen Gründen rund 1000 Menschen ums Leben gekommen sein, darunter nachweisbar 280 bei einem Fluchtversuch und fast 700 Grenzsoldaten.[187] Man mag gar nicht hochrechnen, wie viele Tote es an der gesamten, zehntausende Kilometer umfassenden Außengrenze des Sowjetreiches gegeben hat. Zwar war auch seit 1952 die innerdeutsche Grenze ziemlich dicht, aber Berlin als Schlupfloch war offen geblieben. Noch erstaunliche neun Jahre lang. Ulbrichts berühmten Satz vom Juni 1961 abgewandelt, könnte es auch heißen: «Kommunisten haben immer die Absicht, eine Mauer zu errichten.»

Das MfS hatte nach dem Mauerbau alle Hände voll zu tun. Übers Land rollte die größte Verhaftungswelle seit seiner Gründung. Bereits in den ersten drei Wochen nach dem 13. August 1961 kam es zu weit mehr als 6000 Festnahmen. Bis Jahresende sind knapp 14000 Urteile gefällt worden – die Bilanz des Mauerbaus übertraf in dieser Hinsicht bei weitem die nach dem 17. Juni. Das politische Ziel bestand darin, der Gesellschaft abermals, nun unter grundlegend anderen Regimeverhältnissen, zu verdeutlichen, wer die Macht ausübte und was folgte, wende man sich gegen diese. Das blieb nicht wirkungslos. Der offene antikommunistische Widerstand verlor innerhalb der DDR zusehends an Boden. SED und MfS schafften es, die Widerstandskontinuität der fünfziger Jahre zu unterbrechen. Es dauerte mehrere Jahre, bis sich neue Oppositionsformen etabliert hatten. Möglich wurde dieser «Erfolg» auch deshalb, weil sich die Mehrheit der Bevölkerung nach dem Mauerbau unter erheblichen Druck gesetzt nun an die neuen Verhältnisse anpasste und sich mit einem Regime arrangierte, dem sie nur noch schwer entfliehen konnte. Nicht zu unterschätzen ist aber auch der Anteil jener, die sich nun ganz bewusst und

Das MfS in der Endphase der Ära Ulbricht

voller Überzeugung in den Dienst des SED-Sozialismus stellten. Nie war die Akzeptanz des SED-Staates im eigenen Land größer als zwischen Mitte der 1960er und Mitte der 1970er Jahre.

Das MfS trug nach dem Mauerbau die Hauptlast der Festnahmen und Untersuchungen. Staatsanwälte und Richter agierten in den politischen Strafprozessen oftmals lediglich als verlängerter Arm der MfS-Untersuchungsabteilungen. Als Anfang 1962 die SED-Führung den harten Repressionskurs stoppte, im Juni 1962 sogar rund 16 000 Häftlinge vorzeitig freikamen und im April 1963 ein neuer Rechtspflegeerlass vorschrieb, zwischen «echten Feinden» und bloß ideologisch verblendeten Tätern zu unterscheiden, musste das MfS seine Verfolgungsarbeit jedoch neu orientieren. Der Mauerbau bedeutete den Gipfelpunkt des Terrorsystems – Millionen wurden über Nacht weggeschlossen, eingesperrt, die DDR-Menschen wurden endgültig pauschal zu Insassen. Gleichzeitig war er jedoch die historische Vorbedingung für eine erhebliche Milderung des offenen Terrors. Das MfS erhielt einerseits neue zentrale Aufgaben, so zählten auch die Grenzsicherung und die Sicherung des bis tief ins Hinterland reichenden Grenzregimes mit dazu. Die Bekämpfung der «Republikflucht», die ohnehin erst seit der zweiten Hälfte der 1950er Jahre zu einer wichtigen MfS-Aufgabe geworden war, gehörte fortan zu einer der Säulen im Stasi-Tätigkeitsfeld; was sich ab Mitte der siebziger Jahre noch verfestigen sollte. Es ging nicht nur um die Verhinderung konkreter Fluchtabsichten, sondern auch um die Offenlegung potentiell möglicher Fluchtüberlegungen. Hier eröffnete sich ein Arbeitsfeld, das theoretisch die gesamte Gesellschaft in den Blick nahm. Andererseits aber musste das MfS die eigenen Methoden den veränderten Umständen anpassen. Zunächst allerdings musste es seine besondere Stellung im Partei- und Staatsapparat behaupten. Vor allem bis 1963/64 gab es Überlegungen, den Aktionsradius einzugrenzen, Aufgabenfelder an andere staatliche Stellen abzugeben und Etat- und Personalplanungen zu verringern, was ökonomische und finanzielle Gründe hatte. Nach dem Mauerbau versuchte die SED, die DDR wirtschaftlich zu stabilisieren und unterbreitete der Bevölkerung viele neue Konsumangebote. Alle sollten sparen, auch das MfS. Am Ende des Jahres 1961 verfügte es über 23 500 hauptamtliche Mitarbeiter, 1963 waren es knapp 2000 mehr, im Jahr darauf stagnierte der Zuwachs erstmalig seit 1956/57 wieder. Auch die IM-Rekrutierungen, die 1962 auf ihrem vorläufigen Höhepunkt mit rund 108 000 angelangt *sein sollen*, gingen anschließend auf *angenommene* 92 400 (1965) zurück.[188]

II. Das MfS in der SED-Diktatur

Die MfS-Führungsriege setzte sich gegen Versuche, die Bedeutung ihrer Institution abzuschwächen, erfolgreich zur Wehr. Gerade weil die Feindtätigkeit zurückginge, sei anzunehmen, dass die Feinde sich besser tarnten, was im Umkehrschluss bedeute, dass die Aufdeckung solcher Bestrebungen weitaus komplizierter werde und nach mehr statt weniger Personal verlange. Denn letztlich funktioniere dies nur, wenn die Geheimpolizei unter Anleitung der SED Gesellschaft und Staat als Ganzes in den Blick nehme. Da ohnehin nach Abbruch der vorsichtigen und zaghaften Reformbestrebungen 1964/65 der Wind wieder rauer wehte, die massenhafte Unzufriedenheit sich offener zeigte und vor allem Teile der Jugend immer rebellischer wurden, hatte Mielke «inhaltliche Trümpfe» in der Hand. Außerdem scheinen Honecker und Mielke in jener Zeit ein auf gegenseitigem Vertrauen beruhendes Bündnis eingegangen zu sein. Beide lehnten Ulbrichts Reformambitionen entschieden ab. Die auf dem «Kahlschlagplenum» 1965 vorgebrachten «Argumente», als neue jugendliche Subkulturen (Beatmusik, Lebensweise) ebenso scharf gebrandmarkt wurden wie kritisch eingestellte Intellektuelle (mehrere DEFA-Filme wurden verboten), hatte Mielke in umfangreichen Ausarbeitungen Honecker zugestellt, der Ulbricht entsprechend mit Material versorgte.

Die Auseinandersetzungen mit jugendlichen Subkulturen hatten mit dem «Leipziger Beataufstand» einen neuen Höhepunkt erreicht. In der Folge «kam es zu einer ‹repressiven Wende› der SED-Politik, die auf nahezu alle Politikbereiche Auswirkungen hatte, aber im Bereich der Jugend- und Kulturpolitik besonders einschneidende Folgen zeitigte.»[189] Es ging darum, der «westlichen Dekadenz» energisch Einhalt zu gebieten. Das MfS entwickelte hektische Betriebsamkeit. Es reichte schon, nicht dem «sozialistischen Geschmack» entsprechend auszusehen, um verfolgt zu werden. Hier trafen sich Geheimpolizei, kommunistische Funktionäre und kleinbürgerliche Sittenwächter – ein im übertragenen Sinne durchaus zeittypisches globales Phänomen. Minister Mielke erließ 1966 mehrere Befehle, Dienstanweisungen und Durchführungsbestimmungen, die zum Ziel hatten, die Jugend effektiver und flächendeckender als bislang zu überwachen und im Sinne der kommunistischen Ideologie zu beeinflussen. Sie galten bis Ende 1989.

Die 1965 verhängten Berufsverbote gegen den Liedermacher Wolf Biermann und den Chemiker Robert Havemann markierten «nur» den Anfang eines neuen Kalten Krieges gegen Regimekritiker und die Gesellschaft im Allgemeinen, den Mielke und Honecker initiierten und der sie

Das MfS in der Endphase der Ära Ulbricht

Erziehung der Jugend zu «sozialistischem Geschmack»: Am Rande eines Jugendfestes in Rudolstadt vom 20. bis 22. Juni 1986 kommt es zur Festnahme eines Punkers durch einen MfS-Mitarbeiter (r.), Pfarrer Walter Schilling (m., leicht verdeckt, der Größte im Bild mit Brille und längeren Haaren) versucht, den Jugendlichen zu schützen.

bis 1989 aneinander kettete. Noch 1964 jedenfalls begann das neuerliche Wachstum des MfS. 28 000 Mitarbeiter besaß es jetzt, jährlich kamen im Durchschnitt etwa 3000 hinzu. Am 31. Oktober 1989 wies der MfS-Personalbestand 91 015 Männer und Frauen auf.[190]

Der Prager Frühling und die Folgen

Für Robert Havemann bedeutete das Jahr 1968 mit seiner Vor- und Nachgeschichte einen ähnlich tiefen Einschnitt wie das Jahr 1956. Seine Stellungnahmen zum «Prager Frühling» und seiner Niederschlagung brachten ihm Respekt bei den Anhängern des Reformkommunismus ein. Sein autobiographisches Buch «Fragen-Antworten-Fragen» beendete er 1970 mit den Sätzen: «Ich selbst glaube nach wie vor daran, dass die sozialistischen Staaten, und damit auch die DDR, den Anschluss an die Zukunft noch nicht endgültig verpasst haben. Der XX. Parteitag der KPdSU und

II. Das MfS in der SED-Diktatur

der Prager Frühling des Jahres 1968 sind die beiden großen historischen Ereignisse, die diese Überzeugung aufs Neue in mir gefestigt haben. Darum schrieb ich dies Buch.»[191] Im Gegensatz zu vielen anderen erschütterten beide Ereignisse nicht Havemanns Glauben an einen «demokratischen Kommunismus», einen «Sozialismus mit menschlichem Antlitz», ganz im Gegenteil, er war geradezu umso stärker davon überzeugt, dass dieser möglich und machbar sei. Auch für die SED-Führung bedeutete 1968, sich in ihrem Glauben bestätigt zu fühlen. Allerdings stand er konträr zu Havemanns Annahmen. Denn sie verstanden den «Prager Frühling» als Bestätigung ihrer harten Linie, keine «Aufweichungstendenzen» zuzulassen, die nur zur «Restaurierung» kapitalistischer Verhältnisse führen könnten.

Zur eigentlichen Sensation wurde das im April 1968 beschlossene Aktionsprogramm der KSČ und eine bald darauf folgende Regierungserklärung. Darin wurden die Einführung marktwirtschaftlicher Elemente, Schritte zur Demokratisierung von Staat und Partei, die Anerkennung des gesellschaftlichen Interessenpluralismus, die Kontrolle der Regierung durch das Parlament, der Ausbau rechtsstaatlicher Organe, der Verzicht auf innenpolitische Aktionen des Geheimdienstes, Gewährung von Religions- und Meinungsfreiheit, die Aktivierung der Gewerkschaften, eine föderalistische Nationalitätenpolitik und der Dialog mit Nichtkommunisten angekündigt. Außenpolitisch sollte eine größere Bewegungsfreiheit gegenüber den Ostblockstaaten angestrebt und gegenüber dem Westen Koexistenz auf Grundlage der UNO-Charta praktiziert werden. Von diesen Ankündigungen konnten bis zum August nur wenige Reformen, etwa die Abschaffung der Zensur und ein Rehabilitationsgesetz für politisch Verfolgte, umgesetzt werden. Teile der Partei zögerten und der Druck der Sowjets und anderer Ostblockparteien taten das ihre, um die Reformkräfte zu bremsen.

Doch die Reformankündigungen «von oben» hatten die Gesellschaft wach gerüttelt. Im Frühjahr 1968 entstanden Bürgerbewegungen, die sich an Wahlen beteiligen wollten. Es gab Bestrebungen zur Neugründung der sozialdemokratischen Partei. Die gleichgeschalteten bürgerlichen Parteien verselbstständigten sich. Die kommunistische Jugendorganisation zerfiel in unabhängige Gruppen. In vielen Betrieben entstanden unabhängige Gewerkschaftsgruppen und Arbeiterräte.

In der Nacht zum 21. August marschierten die Truppen der Sowjetunion mit der Unterstützung Polens, Ungarns und Bulgariens in der

Das MfS in der Endphase der Ära Ulbricht

Tschechoslowakei ein. DDR-Truppen standen an der Grenze in Reserve. Vorausgegangen war eine lange Reihe von politischen Erpressungsversuchen Moskaus und heftige Propaganda gegen das Reformprojekt, in der Ulbricht einen besonders aggressiven Part übernahm. Sie machten für die «Konterrevolution» westliche Agenturen, Spione und alle Arten von Klassenfeinden verantwortlich.

Der Einmarsch forderte etwa 100 Tote und viele Verletzte. Die Gefängnisse waren schnell überfüllt. Die Gegenmaßnahmen der tschechoslowakischen Führung, auch beim Sicherheitsrat der UNO, beschränkten sich auf passiven Widerstand von Partei und Gesellschaft. Eine militärische Verteidigung wurde für unmöglich erachtet. Anfänglich konnten sich die Reformkräfte mit Dubček in einer zähen Kompromisspolitik noch behaupten. Der Druck bei den Verhandlungen und die allmähliche, durch die Sowjetunion erzwungene Besetzung vieler Positionen mit Reformgegnern führten innerhalb eines Jahres zum völligen Zusammenbruch der Reformkräfte.

1968 wird im früheren politischen Osten Europas mit dem «Prager Frühling» und seiner Niederschlagung verbunden. Im Westen Europas denkt man an Studentenunruhen und den Beginn kultureller Wandlungen. «68» aber war grenzenlos. Vieles schwappte «rüber», es existierten vielfältige Kontakte. Die europäische 68er-Erinnerungsgrenze verläuft direkt durch Deutschland. Die Studentenunruhen in West-Berlin, Paris und Berkeley interessierten viele junge Menschen in der DDR. Ein Teil der dort diskutierten Probleme war auch im Osten relevant. Noch stärker aber bewegten viele Menschen in der DDR die Vorgänge in Polen, in Jugoslawien und vor allem und zuallererst in der ČSSR. Ein «Sozialismus mit menschlichem Antlitz», ein «demokratischer Sozialismus» stellte die realistischste Alternative zu den tatsächlichen Herrschaftsverhältnissen dar. Eine Wiedervereinigung Deutschlands schien immer unwahrscheinlicher. Die Wiederherstellung freiheitlicher Grundnormen aber wie etwa die Abschaffung der Zensur übte eine Strahlkraft in die DDR aus, die für die SED-Herrschaft unmittelbar gefährlich werden konnte.

Es ist bis heute nicht hinreichend erforscht, inwiefern die Reformentwicklung in der ČSSR, die sich seit 1967 immer deutlicher abzeichnete, konkrete Auswirkungen auf die inneren politischen Verhältnisse in der DDR hatten. So liegt es nahe, den sogenannten Volksentscheid über die neue DDR-Verfassung vom 6. April 1968 auch unter dem Einfluss der Entwicklungen in der ČSSR zu betrachten. Immerhin sind niemals zuvor oder später so viele Gegenstimmen und Nichtwähler offiziell eingeräumt worden: rund 700000, etwa sechs Prozent der Stimmberechtigten.[192] In der neuen Verfassung wurde in Artikel 1 der Machtanspruch der SED nun auch gesetzlich verankert. Monatelang überzog die Partei das Land mit einer Propagandawelle, mit der für ein «Ja» zur neuen Verfassung geworben wurde. Die allgemeine Stimmungslage zum «Volksentscheid» brachte im Februar 1968 ein Faschingsmotto zum Ausdruck: «Das ganze Fischvolk diskutiert die neue Verfassung. Schade, dass Fische stumm sind.»[193] Ein 25-jähriger Mann hatte sich dieses Motto ausgedacht. In einer «Prinzenrede» wollte er zudem in Anspielung auf die in Arbeit befindliche neue Verfassung der griechischen Militärdiktatur sagen: «Wie gut, dass wir keine Griechen sind. Denn da will man die Verfassung ändern. Man soll nur noch innerhalb des eigenen Territoriums Freizügigkeit genießen, soweit dieses Recht nicht durch andere Gesetze eingeschränkt wird – in Griechenland. Und man darf auch nur sagen, was mit den Zielen der Verfassung übereinstimmt – in Griechenland. Also, unter solchen Umständen möchte man kein Grieche sein.»[194] Die neue DDR-Verfassung trat am 9. April 1968 in Kraft, die der griechischen Militärdiktatur am 15. November. Der Büttenredner ist am 18. März 1968 vom MfS in Haft genommen worden, auf den Tag genau 22 Jahre bevor in der DDR erstmals freie Wahlen stattfanden.

Der Propagandarummel um den Volksentscheid hatte nichts anderes zum Zweck, als zu suggerieren, es handele sich um ein Plebiszit. Das war auch eine Reaktion der SED-Führung auf die Reformbestrebungen im südlichen Nachbarland. Sie wollte verdeutlichen, dass eine Reform in der DDR überflüssig sei und sie den gesellschaftlichen Mehrheitswillen repräsentiere. Dazu sollte wahrscheinlich auch die Information beitragen, dass es bis Anfang April etwa 12000 Vorschläge gegeben habe, einzelne Artikel oder den gesamten Text des Verfassungsentwurfs zu verändern. Besonders viele Änderungsvorschläge kamen von Christen und Christinnen sowie Kirchengemeinden und Kirchenleitungen. Intern freilich sahen die Funktionäre die «demokratische Volksaussprache», wie sie das gern nannten, etwas anders. Der stellvertretende MfS-Minister, Bruno Beater, erklärte auf einer Dienstberatung am 27. März 1968, dass von diesen Vorschlägen lediglich 240 «vertretbar» seien.[195]

Ab März 1968 gingen SED-Funktionäre immer offener gegen die Reformbestrebungen in der ČSSR vor. Chefideologe Kurt Hager kritisierte öffentlich Regierungsmitglieder des Nachbarlandes, womit er sich den

Das MfS in der Endphase der Ära Ulbricht

Zorn vieler Tschechen und Slowaken zuzog, aber auch in der DDR heftige Reaktionen hervorrief. Intern wurden die Funktionäre noch deutlicher. Bruno Beater erklärte am 14. März in einer MfS-Dienstberatung: «Die ČSSR und die VR Polen sind unsere Nachbarn. Wir werden uns selbstverständlich in ihre inneren Angelegenheiten nicht einmischen, haben Vertrauen zu den positiven Kräften in diesen Ländern, und unsere Hilfe für sie besteht in erster Linie darin, nicht zuzulassen, dass sich solche oder ähnliche Ereignisse abspielen.» Er zeichnete ein düsteres Bild von der Welt und meinte dann: «Die Ereignisse in der ČSSR und in der VR Polen muss man als Versuche, Konterrevolution zu organisieren, und mit dem Bestandteil der Globalstrategie des Westens einschätzen.» Merkwürdig erschien ihm: «In Westberlin demonstrierten die Studenten mit roten Fahnen. In Warschau verbrannten die Studenten die roten Fahnen. Welch ein Widerspruch!» Er rief sodann zu Wachsamkeit auf und erinnerte an frühere Aufstände: «Das heißt, wo sind die Leute, die 1953 geputscht haben, wo sind die Leute, die 1956 oder 1961 putschen wollten, was machen sie jetzt?» Der MfS-Stratege sah genau: «Auch bei uns liegt ein Haufen Menschen auf der Lauer und wartet nur darauf, dass ähnliche Situationen wie in Polen und der ČSSR eintreten. Als Tschekisten müssen wir die Lage so einschätzen.» Und: «Kirche [ist] offizielle Opposition.»[196] Das war in den Führungsetagen von SED und MfS die allgemeine Überzeugung. Siegfried Gehlert, Chef der Bezirksverwaltung Karl-Marx-Stadt, wies seine Untergebenen am 10. Juni 1968, instruiert von der MfS-Spitze, an: «Für uns als Tschekisten sollte besonders offensichtlich sein, dass der Gegner gegenüber der ČSSR eine andere verfeinerte Taktik als 1953 gegen die DDR oder 1956 gegen Ungarn und Polen anwendet. Der Gegner ist bemüht, nicht so offen und frontal wie in jenen Jahren vorzugehen, sondern behutsam und mit einer nach außen demonstrierten Zurückhaltung, um vorsichtig, gewissermaßen Schritt für Schritt, aber zielgerichtet und beharrlich Positionen zu gewinnen, die geeignet sind, durch eine verstärkte und zugleich äußerst bewegliche aber raffinierte Aufweichungs- und Zersetzungstätigkeit die Grundlagen der sozialistischen Gesellschaftsordnung zu untergraben.»[197] Im Prinzip hatte der Mann Recht, nur verstanden sich die Protagonisten des Reformprozesses nicht als Gegner des Systems.

Aber nicht nur das MfS und die SED-Führung, auch die meisten anderen Menschen im Osten hatten die Jahre 1953 und 1956 nicht vergessen. Ende Juli 1968 hieß es in einem Lagebericht: «Oft ist auch die Meinung zu

II. Das MfS in der SED-Diktatur

hören: Hoffentlich gibt es kein zweites Ungarn.»[198] Das MfS hielt in vielen Berichten fest, die nicht selten auf Postüberwachungen basierten, dass ein Teil der Bevölkerung lange vor dem Einmarsch mit der Möglichkeit einer militärischen Niederschlagung rechnete. In einem Privatbrief aus einer sächsischen Kleinstadt vom 14. Mai 1968 heißt es: «In unserer Gegend liegt alles voller Russen. Als sie bei uns mit ihren Panzern durch sind, war uns nicht ganz wohl zumute. Wir fragen uns, was wollen die hier? Keiner kann die Frage beantworten! Wir nehmen stark an, dass es um die ČSSR geht. [...] Es ist auch am besten, man bleibt bei den Unruhen zu Hause! [...] Meine Schwiegermutter ist jetzt aus dem Westen zurückgekommen und muss sich hier erst wieder einleben. Sie sagt, wenn man das sieht, wie die drüben leben, da könnte man verrückt werden.»[199]

Nach dem Einmarsch versuchte die SED-Führung, die selbst suggerierte, NVA-Truppen wären aktiv beteiligt, den Eindruck zu vermitteln, die gesamte ostdeutsche Gesellschaft begrüße die Invasion. Wochenlang versicherten hunderte Personen in den Spalten des «Neuen Deutschland» und anderer Tageszeitungen, dass die «internationalistische Hilfe» gerechtfertigt sei und nur so dem «imperialistischen Beutezug» habe Einhalt geboten werden können. Bei dieser Desinformationskampagne nahmen zahlreiche Prominente aus Kultur, Sport und Wissenschaft eine besondere Rolle ein. Die Schriftstellerin Christa Wolf verkündete etwa Anfang September 1968, dass die Widersprüche unseres Jahrhunderts nur vom Sozialismus gelöst werden könnten und die sozialistische ČSSR nur in enger Zusammenarbeit mit Moskau eine Überlebenschance hätte.[200] Der Literaturhistoriker Wolfgang Kießling brachte zum Ausdruck: «Wenn heute militärische Verbände sozialistischer Staaten zeitweilig auf dem Territorium eines anderen sozialistischen Staates stehen, dann hat das nichts, aber auch gar nichts mit der Einschränkung der Souveränität dieses sozialistischen Landes zu tun.»[201] Der Historiker und ehemalige Sowjetoffizier Leo Stern, der als Rektor der Universität Halle 1956 im Auftrag des MfS sogar den Agrarwissenschaftler Erich Hoffmann in einer öffentlichen Senatssitzung persönlich verhaftet hatte, ließ unter der Überschrift «München 1938 ist Bonner Revancheprogramm» seine Leser wissen, dass der Einmarsch westlichen Invasionsplänen lediglich zuvorgekommen sei.[202] Es gab auch immer wieder Pfarrer, die sich an diesen Kampagnen beteiligten. In den meisten Gottesdiensten und Gemeinden ist der Einmarsch jedoch abgelehnt und verurteilt worden, auch einige Kirchenleitungen haben sich deutlich gegen die Invasion ausgesprochen.

Das MfS in der Endphase der Ära Ulbricht

«Offene Feindtätigkeit»: Protest gegen die Besetzung
der Tschechoslowakei in der DDR, 1968.

Obwohl entgegen den offiziellen Verlautbarungen die Empörung über den Einmarsch auch in der DDR breit und allgemein war, blieb es dennoch weitgehend ruhig oder, um es mit den Worten von Stefan Wolle und Armin Mitter auszudrücken, «nur an den Badestränden kam es zu größeren Menschenansammlungen».[203] Viele Zeitzeugen berichten aber, wie sehr sie der Einmarsch bewegt habe. Ältere zogen Parallelen zu 1956 und 1953, aber vor allem zu 1938. Für jüngere kam der Einmarsch nun ihrem eigenen «1956» oder «1953» gleich. Wiederum spiegeln viele vom MfS kontrollierte Briefe die Empörung in breiten Bevölkerungskreisen. So schrieb am 21. August 1968 ein Dresdner um 8.15 Uhr morgens einen Brief in die ČSSR: «.Seit heute morgen 6.30 Uhr verfolge ich ununterbrochen alle Sender, die ich empfangen kann und die in deutscher Sprache senden. Gemeinsam mit allen fortschrittlichen Kräften der ČSSR bedau-

II. Das MfS in der SED-Diktatur

ere ich außerordentlich die heutigen Vorfälle. Viele Menschen bei uns denken anders als offiziell erklärt wird. Bitte bedenkt das, wenn deutsche Touristen in die ČSSR kommen. Auch wir leiden unter der Diktatur der Russen!»[204] Völlig resigniert und pessimistisch ließ ein Magdeburger am selben Tag einen Verwandten in Duisburg wissen: «Was unser großer Bruder einmal in der Hand hat, das gibt er nicht wieder her. Natürlich muss unser Strohmann auch mit von der Partie sein. Jetzt haben Deutsche einmal unter Adolf und nun unter Walter die ČSR besetzt. [...] Genau so wird wohl eines Tages Westberlin aufhören zu existieren, ja, auch die DBR[205] ist mal schnell besetzt. Und keiner wird irgendwie helfen können, weil alle Angst haben und denken, hoffentlich werden wir zufrieden gelassen, aber sie kommen alle dran.»[206] Viele DDR-Menschen zeigten sich solidarisch und ließen dies Freunde, Bekannte oder Pensionsinhaber, bei denen sie in der ČSSR Urlaub verlebt hatten, wissen. So schrieb ein Mann aus Dresden am 23. August 1968 an einen Herbergsvater: «Wir wünschen der rechtmäßigen Regierung den Sieg. Angesichts der Beteiligung deutscher Truppen an der Invasion schämen wir uns für unser Vaterland ...»[207] Einer Tante in Bayern wurde am 25. August 1968 aus Magdeburg mitgeteilt: «Das Volk hier darf nur nichts öffentlich sagen, da man mit Verhaftungen schnell bei der Hand ist.»[208] Viele Dokumente belegen, dass die Invasion auch politisch sonst eher desinteressierte Menschen erschreckte. Neben der allgemein niedergedrückten Stimmung kam es auch zu einer Vielzahl von demonstrativen Protesten, die quantitativ die gegen den Mauerbau erheblich übertrafen. Am 18. September 1968 zog Siegfried Gehlert, Leiter der MfS-Bezirksverwaltung Karl-Marx-Stadt, auf einer Dienstberatung eine erste, für die DDR exemplarische Bilanz: «Am 21. 8. 1968 [...] glauben nun einige Elemente bei uns, dass die Zeit für aktive feindliche Handlungen gekommen sei. Konkret zeigte sich das darin, dass z. B. die offene Feindtätigkeit im Zeitraum 1.7. bis 20. 8. 1968 – außer einer leichten Erhöhung der staatsverleumderischen Äußerungen – kaum nennenswerte Besondertheiten zu vorausgegangenen Zeitpunkten aufwies, aber mit Beginn des 21. 8. 1968, d. h. mit Beginn der für jeden sichtbaren Spannungsperiode, stieg die offene Feindtätigkeit sprunghaft an. Diese Feindtätigkeit kam insbesondere im Anschmieren von Hetzlosungen, im Anfertigen und Verbreiten selbstgefertigter Hetzschriften, in terroristischen Handlungen und in zahlreicher mündlicher Hetze und Staatsverleumdung zum Ausdruck.» Er betonte, es habe «noch nie in einer solch kurzen Zeitspanne so viele Schmierereien wie in den ersten

Tagen nach dem 21. 8. 1968» gegeben. Überwiegend seien die Festgenommenen Jugendliche. Weiter wies er darauf hin, worauf es künftig ankomme: «Wir müssen in erster Linie den in der Konspiration, im Untergrund wühlenden Feind liquidieren, den Feind, der ‹zwischen den Zeilen› aufwiegelt, die Feinde, die wir in unseren Vorgängen und Materialien bearbeiten, d. h. die Probleme, die in den Führungskonzeptionen enthalten sind.»[209] Auch in der DDR hätten viele Menschen auf Liberalisierung gehofft, 50 Prozent der Wissenschaftler der TH Karl-Marx-Stadt lehnten den Einmarsch ab, wobei Gehlert tatsächlich den offiziell sonst verpönten Begriff «Einmarsch» benutzte. Im März 1969 bekannte Mielke vor Führungskadern des MfS mit Blick auf die ostdeutschen Proteste gegen die Intervention, dass es insgesamt über 2 100 öffentliche Protestakte nach dem 21. August 1968 gegeben hatte. 80 Prozent davon hätten nicht aufgeklärt werden können.[210] Den Schwerpunkt bildete Ost-Berlin, wo das MfS und die Polizei 27 Prozent aller Vorkommnisse zählten, es folgten die Grenzbezirke Dresden (12%) und Karl-Marx-Stadt (10%). Das MdI zählte schon bis zum 29. August 1968 1 742 Straftatbestände, die mit dem Einmarsch in direkter Verbindung standen.[211] In einigen Städten kam es zu Kurzdemonstrationen. Mielke sprach auf der erwähnten Beratung von 74 «organisierten Sympathiekundgebungen». In Lübbenau kam es etwa am 24. August zu einer Protestdemonstration von etwa 50 Jugendlichen. Das folgende Zitat veranschaulicht eine Praxis, die sehr oft erzählt wird, aber nur selten aktenkundig ist. Einem 19-jährigen Maschinenschlosser aus Lübbenau mit längeren Haaren, der bei den Protesten festgenommen wurde, geschah folgendes: «dem b. wurden wegen beteiligung an protest auf weisung des leiters der abt. ix in der kd die haare geschnitten.»[212] Drei Beteiligte sind am 14. Oktober zu Haftstrafen zwischen 14 und 18 Monaten verurteilt worden. Dem MfS gelang es überdies, eine Reihe von Demonstrationen zu unterbinden. In Zwickau etwa planten 100 bis 150 Jugendliche am 25. August eine Demonstration. Durch den Einsatz von IM konnten die Initiatoren gefasst und die Gruppe zerschlagen werden. Die bereitstehende Polizei musste nicht eingreifen.[213] In den letzten Augusttagen stellten drei Personen in Potsdam 1000 Flugblätter her und riefen zu einer Protestdemonstration am 31. August 1968 auf, was ebenfalls verhindert wurde. Die drei Jugendlichen im Alter von 23, 15 und 14 Jahren erhielten Haftstrafen zwischen vier Jahren und 16 Monaten.[214]

Die Geheimpolizei beschlagnahmte außerdem tausende Flugblätter. In einer Information heißt es, dass bis zum 8. September an «389 Stellen

II. Das MfS in der SED-Diktatur

in Berlin [...] insgesamt 3.528 Flugblätter verbreitet und an 212 Stellen 272 Losungen geschmiert» wurden.[215] Die Flugblätter sind zumeist mit einfachsten Mitteln (Kinderstempelkästen, mechanische Schreibmaschinen o. ä.) angefertigt worden. Knapp ein Drittel aller Flugblätter spürten Polizei und Staatssicherheit in Ost-Berlin auf, dann folgten mit größerem Abstand die Bezirke Dresden, Potsdam, Magdeburg und Gera. Aber auch in allen anderen Bezirken kursierten Flugblätter. Überwiegend stammten sie von Einzelpersonen, die, wenn sie festgenommen wurden, Gefängnisstrafen erhielten. Angesichts fehlender Drucktechnik ist es erstaunlich, dass etwa in Ost-Berlin eine Ärztin und ein Regisseur allein 550 Flugblätter herstellten,[216] in Waren vier Jugendliche ebenfalls hunderte Exemplare vervielfältigten[217] und in Dresden eine kleine Gruppe Jugendlicher gar 1200 Stück produzierte.[218] Eher ungewöhnlich war die Aktion eines Mannes im Vogtland. Er warf aus seinem Wohnungsfenster ein Flugblatt heraus, um mit demjenigen, der es aufheben würde, in Kontakt zu treten, weil er dann eine gleiche Gesinnung voraussetzen könne. Auch er wurde inhaftiert.[219]

Im ganzen Land war der Protest immer wieder mit nationalsozialistischen Symbolen (v.a. Hakenkreuzen, SS-Runen) verbunden. Da die Initiatoren zumeist nicht ermittelt werden konnten, lässt sich über die Motive nur spekulieren. Es scheint aber wahrscheinlich, dass die einen tatsächlich nationalsozialistisches Gedankengut vertraten, während andere die herrschenden Kommunisten damit lediglich besonders treffen und herausfordern wollten. Beides war in der DDR von den 1950er Jahren bis 1989 häufig zu beobachten. Sabotage als Widerstandshandlung trat nur vereinzelt auf. Am 25. August haben zum Beispiel drei Jugendliche Kommunikationskabel der NVA in Altwarp (Ueckermünde) durchtrennt, um die Armee zu schwächen, gleiches unternahm am 31. August ein Mann im Kreis Flöha. Das blieb aber ebenso eine Randerscheinung wie Proteste von Strafgefangenen. In der NVA kam es zu mehreren Befehlsverweigerungen und anderen Protesten gegen die Invasion,[220] was in einigen Fällen zu einer Haftstrafe in dem Militärgefängnis Schwedt führte.[221] Seltener wandte sich der Protest direkt gegen die sowjetischen Truppen, die nicht nur die Hauptbesatzungstruppen in der ČSSR waren, sondern zugleich von den meisten Ostdeutschen ebenfalls als Besatzungsarmee wahrgenommen wurden. In der DDR waren etwa 500 000 sowjetische Soldaten stationiert, in vielen Regionen gehörten die «Russen» zum Alltag. In der Nacht vom 21. zum 22. August 1968 rissen Unbekannte in Saßnitz einen

Das MfS in der Endphase der Ära Ulbricht

sowjetischen Stern ab und schrieben an einem sowjetischen Verkaufsladen Parolen an. In Neustrelitz bewarfen zwei Jugendliche am 21. August gegen 21 Uhr ein sowjetisches Armeegebäude mit Steinen. Als in Torgau am 24. August sowjetische Truppen durch die Stadt fuhren, protestierten einige Jugendliche. Auch als die sowjetischen Truppen aus der ČSSR in ihre ostdeutschen Kasernen zurückrollten, blieben Proteste marginal. Die SED organisierte Jubelempfänge. Im Bezirk Karl-Marx-Stadt etwa verhaftete das MfS im November 1968 mehrere Jugendliche, weil sie Propagandatransparente, die die zurückkehrenden sowjetischen Truppen begrüßten, zerstörten.

Im Oktober 1968 legte der DDR-Generalstaatsanwalt eine Statistik über strafrechtlich belangte Personen vor, die sich an Sympathiekundgebungen für die ČSSR beteiligt hatten. Da das MfS nur die wenigsten ermitteln konnte, ist zwar die Anzahl der aktiven Protestler weitaus zu niedrig, aber die statistischen Relationen erscheinen realistisch. Verurteilt wurden bis zu diesem Zeitpunkt 1189 Personen. 70 Prozent von ihnen waren zwischen 16 und 30 Jahre alt, 4,5 Prozent (absolut: 53) waren sogar jünger als 16 Jahre. Drei Viertel aller verurteilten Personen waren unter 30 Jahre alt. 84 Prozent von ihnen galten als Arbeiter und 4 Prozent waren Bauern. Schüler und Studierende stellten 8,5 Prozent (absolut: 85). In den nachfolgenden Monaten kamen noch viele Prozesse mit Haftstrafen hinzu. An den prozentualen Gewichtungen veränderten sie nichts. Unter den Verurteilten befand sich mindestens ein Westberliner. Der 31-Jährige erhielt 18 Monate Gefängnis, weil er bei seiner Einreise am 25. August «hetzerische Äußerungen» gemacht habe.[222]

1968 zählte die SED rund 1,5 Millionen Mitglieder, jeder achte DDR-Bürger über 18 Jahren besaß ihr Parteibuch. Bis Anfang Dezember 1968 wurden mit 3358 Parteimitgliedern Auseinandersetzungen wegen kritischer Äußerungen zum Einmarsch geführt, d. h. mit etwa 0,2 Prozent der Mitglieder. Es kam zu 223 Ausschlüssen und 55 Streichungen.[223] Auch hier war die Mehrheit jünger als 30 Jahre. Ungefähr die Hälfte waren Arbeiter und Bauern. Die regionale Verteilung erwies sich als relativ ausgeglichen. Im Bereich des MdI gab es einen Parteiausschluss, im MfS gar keinen, in der NVA 25.

Die Zustimmung zum politischen System war nach dem Einmarsch auf einem für die SED-Führung besorgniserregenden Tiefpunkt angelangt. Aber: Die SED hatte ihr «68» bereits 1953 erlebt und daraus gelernt. Das Herrschaftssystem blieb stabil.

II. Das MfS in der SED-Diktatur

Die drei mächtigsten SED-Funktionäre: Ulbricht, Honecker und Mielke, 1970.

Der «Prager Frühling» stellte für die SED und ihr MfS auch einen Glücksfall dar. Die Imageschäden hielten sich in Grenzen – zum Kommunismus gehörten Unruhen, Aufstände, «Säuberungsaktionen» alle paar Jahre dazu. Zumindest in der DDR ging der Partei-, Macht- und Sicherheitsapparat gestärkt daraus hervor. Es mag zwischen den einzelnen Sicherheitsinstitutionen Konkurrenzkämpfe gegeben haben, aber sie waren überwiegend für das Gesamtsystem bedeutungslos. Denn unter Führung der SED arbeiteten sie alle eng zusammen. Das MfS durchdrang zudem Polizei, Grenztruppen und NVA in einem Maße, wie keine anderen Institutionen. Der «Prager Frühling» sorgte dafür, dass die herausgehobene Bedeutung der Geheimpolizei im SED-Herrschaftsapparat zementiert und weiter kontinuierlich ausgebaut werden konnte. Er hatte den Kommunisten vor Augen geführt, wohin ein «Aufweichen» führen würde. Das galt es mit aller Kraft auch künftig zu verhindern. Ebenso hatte der «Prager Frühling» neuerlich verdeutlicht, dass die Macht vor niemandem sicher war. Darauf galt es zu reagieren, denn für die Machterhaltung war es egal, ob es sich um «westliche Agenten», «Saboteure», «Irregeleitete» oder der «ideologischen Diversion» erlegene Menschen handelte, der «Feind» trug viele Gesichter und musste demzufolge auch überall vermutet und gesucht werden. Honecker und Mielke hatten diese Lektionen verinnerlicht. Sie reagierten.

Die Stasi unter Honecker

1971 löste Erich Honecker den bisher übermächtigen Walter Ulbricht als neuer starker Mann Ost-Berlins ab. Etwa zeitgleich setzte die Entspannungspolitik zwischen Ost und West ein. In ihrem Rahmen kam es zu vielfältigen Begegnungen zwischen Ost und West. Das MfS überwachte diese Kontakte im In- und Ausland. DDR-Reisekader (besonders überprüfte Personen, die auch offizielle Dienstreisen ins westliche Ausland unternahmen), deren Zahl immer mehr anstieg und in den 1980er Jahren geradezu explodierte, überprüfte das MfS penibel. Es sollte gewährleistet werden, dass sie die DDR im Westen würdig vertreten, aber noch mehr sollte garantiert sein, dass sie auch wieder zurückkommen.

Seit Ende 1964 durften zunächst Rentner einmal jährlich in den Westen reisen, später insgesamt 60 Tage im Jahr. Nach dem Abschluss des deutsch-deutschen Grundlagenvertrages konnten ab 1973 auch jährlich einige Tausend jüngere Menschen in «dringenden Familienangelegenheiten» reisen. Darüber zu entscheiden, oblag der Polizei, dem örtlichen Rat, der Staatssicherheit und/oder dem Betrieb. Gefragt wurde der zuständige Abschnittsbevollmächtigte ebenso wie die Hausgemeinschaftsleitung oder der betriebliche Vorgesetzte. Bis 1985 kam es jährlich etwa zu 1,3 Millionen Rentnerreisen. Die Privatreisen «in dringenden Familienangelegenheiten» stiegen nur langsam an: 1982 verzeichnete die Statistik 110 000, 1983 118 000, 1984 124 000 und 1985 139 000 dieser Reisen. Die Statistik weist «Reisen», nicht «Reisende» aus, d. h. wegen Mehrfachreisen lag die Zahl der «Reisenden» deutlich darunter (1982: 45 000, 1983: 65 000). Zur gleichen Zeit kam es zu jährlich fünf bis acht Millionen Privatreisen aus der Bundesrepublik und West-Berlin in die DDR. Unter dem Druck, der Bundesrepublik Zugeständnisse machen zu müssen, um dringend benötigte Wirtschafts- und Finanzhilfen zu erhalten, lockerte die SED-Führung ab 1986 die Genehmigungspraxis. Die entsprechenden Beschlüsse sind zwar nicht veröffentlicht worden, aber sie sprachen sich schnell herum. 1986 konnten 573 000, 1987 1,3 Millionen und 1988 rund 1,6 Millionen «Reisen in dringenden Familienangelegenheiten» registriert

II. Das MfS in der SED-Diktatur

werden. 1987 bis 1989 lehnten die Behörden jeweils noch eine Million Reiseanträge ab. Knapp die Hälfte der Anträge bewilligte das MfS nicht, etwa ein Viertel die Abschnittsbevollmächtigten der Volkspolizei (ABV), fünf Prozent die Kripo und den Rest die Arbeitsstellen oder «gesellschaftliche Organisationen». Zudem verdreifachten sich die Rentnerreisen. Allein diese Zahlen lassen den immensen Arbeits- und Personalaufwand erahnen, der zur Auswertung vorliegenden Materials oder der Einholung neuer Informationen vonnöten war – und letztlich nicht mehr bewältigt werden konnte.

Noch intensiver und jederzeit aber blieben die «Antragsteller auf ständige Ausreise» in die Bundesrepublik fest im Griff der Geheimpolizei, Fluchtwillige und gefasste Flüchtlinge ohnehin. Zwischen 1976 und 1988 stellten rund 300 000 Personen einen Ausreiseantrag, gegen etwa 12 000 von ihnen eröffnete das MfS Ermittlungsverfahren und nahm sie in Haft. Begründet wurde dies mit «rechtswidrigen Wiederholungsanträgen», «Demonstrativhandlungen» oder «Fluchtgefahr». Tausende weitere Ermittlungsverfahren eröffnete die Kriminalpolizei, meist in enger Zusammenarbeit mit dem MfS. Im gleichen Zeitraum versuchten etwa 57 300 Menschen auf allen möglichen Wegen (innerdeutsche Grenze, Berliner Mauer, Ostsee, Botschaftsbesetzung, über Drittländer, Nichtrückkehr nach einer Westreise usw.) die DDR flüchtend zu verlassen. 19 200 glückte dies, aber doppelt so vielen, 38 100, nicht. Sie kamen in MfS-Untersuchungshaft, gegen sie ist ein Ermittlungsverfahren eröffnet worden und anschließend erhielten sie Haftstrafen.

Das war wiederum ein profitables Geschäft für die SED, das vom MfS mitgesteuert wurde. Aus humanitären Gründen hatte die Bundesregierung 1963 begonnen, politische Häftlinge aus der DDR freizukaufen. Auf diesem Weg konnten bis 1989 33 755 Häftlinge in die Bundesrepublik ausreisen. Dafür bezahlte Bonn insgesamt 3,6 Mrd. DM, im Durchschnitt also «pro Kopf» etwa 100 000 DM. Tatsächlich aber lag das «Kopfgeld» zunächst deutlich darunter (ab 40 000 DM), in der Mitte der siebziger Jahre ist der Gesamtdurchschnittspreis erreicht worden, 1988 betrug die durchschnittliche Summe pro Häftling 225 000 DM. Im Einzelfall aber hing die gezahlte Geldsumme meist von der Höhe der Haftstrafe ab, so dass sie auch durchaus höher ausfallen konnte. Unter den Freigekauften befanden sich nicht nur aus politischen Gründen verurteilte Personen, da die Überprüfungsmöglichkeiten bundesdeutscher Behörden letztlich begrenzt waren. Der quantitative Anteil war wahrscheinlich sehr gering, liegt aber

Die Stasi unter Honecker

In der DDR waren viele Funktionäre ständige «Waffenträger»: Mitglieder der SED-Kreisleitung Nauen gemeinsam mit sowjetischen Offizieren in den 1980er Jahren beim Übungsschießen.

noch nicht offen. Ob die Stasi auf diesem Weg auch Agenten in die Bundesrepublik einschleuste ist nicht bekannt, aber eher unwahrscheinlich.

In der Ära Honecker waren neben dem Militär- und Sicherheitsapparat die meisten IM in verschiedenen Ebenen und Bereichen der Volkswirtschaft aktiv. Das hing mit den vielen «Reisekadern» ebenso wie mit den internationalen Handelskontakten zusammen, die geheimpolizeilich überprüft und abgesichert werden sollten. Dadurch erhielt das MfS immer besseren Einblick in die Wirtschaftsabläufe und etablierte sich als eine Art umfassendes Kontrollorgan, das anders als die örtliche Parteiorganisation oder die jeweilige Betriebsleitung viel eher bereit war, die Ursachen für die Mängel – und davon gab es bekanntlich mehr als genug – zu benennen und zu analysieren. Die Stimmungs- und Lageberichte, die das MfS überwiegend in ihrer «Linie XVIII» (Volkswirtschaft, AdW) sowie der «Linie XX» (u.a. Volksbildung, Fach- und Hochschulen, Gesundheitswesen, Blockparteien, Massenorganisationen, Kirchen, «politischer Untergrund») erstellte, waren weit mehr als nur «Schönwetterberichte» an die SED-Führung.

II. Das MfS in der SED-Diktatur

Die Berichte an die Parteiführung waren entsprechend den Verantwortlichkeiten der SED-Funktionäre ausgerichtet.[224] Die entscheidende operative Abstimmung aber fand jenseits von Grundsatzfragen und zentralen Entscheidungen «vor Ort», auf betrieblicher, Kreis- und Bezirksebene statt. Hier kooperierten MfS, Rat des Bezirks bzw. des Kreises, Polizei, die Leitungen größerer Betriebe und die SED-Kreisleitungen bzw. Bezirksleitungen eng und abgestimmt miteinander. Auch der Informationsfluss etwa vom MfS zur SED war engmaschig. Bis ins Detail unterrichteten die Geheimpolizisten die SED-Funktionäre über ihre Erkenntnisse.[225] Ausgespart wurden nur Informationen über spezielle Stasi-Methoden, dass das MfS mit einem Netz von IM arbeitete, war den lokalen SED-Chefs dagegen bekannt. Neben Lage- und Stimmungsberichten spielten vor allem sogenannte Einzelmeldungen eine erhebliche Rolle. Die Staatssicherheit war theoretisch flächendeckend aktiv, aber natürlich nicht in jedem Winkel präsent – was sich schon daran zeigt, dass ihre Berichte überwiegend retrospektiven Charakter haben. Die einzige Ausnahme stellte der SED-Apparat dar. Er war für operative Ermittlungen sowie Überwachungs- und Kontrollaufgaben auch weiterhin tabu – zumindest auf dem Papier. Zum Beispiel belegen Unterlagen, dass das MfS genau notierte, wann etwa Hans Modrow oder Egon Krenz, immerhin seit 1983 der direkte Vorgesetzte des MfS, in der DDR Kontakte mit Westbesuchern hatte. Noch erstaunlicher aber ist, dass sich für beide 1989 abgehörte Telefongespräche nachweisen lassen. Dieser grobe Regelverstoß gegen die SED-Vorgaben dürfte nicht nur Krenz und Modrow und nicht nur das Jahr 1989 betroffen haben. Wenn dies allerdings bekannt wurde, was auch vorkam, zog es harsche Kritik seitens des Parteiapparates nach sich. Zuweilen aber forderten SED-Funktionäre ihre MfS-Genossen auch auf, im Parteiapparat gegen einen bestimmten Funktionär zu ermitteln oder über ihn Material zu sammeln. Daher findet sich in den MfS-Archiven viel Material über den Parteiapparat auf zentraler, Bezirks- und Kreisebene.

Staatssicherheit in der Praxis: ein Fallbeispiel

Auf das Beziehungsgeflecht von SED und MfS ist schon hingewiesen worden. Ihre gemeinsame Arbeit lässt sich anhand der bisher bekannten Akten auf der obersten Ebene nur schemenhaft rekonstruieren. Die Verflechtung von SED, MfS und anderen Organisationen kann hingegen an konkreten Beispielen sehr wohl gezeigt werden. Nachfolgend geht es um die Humboldt-Universität zu Berlin, die sich deshalb als institutionelles Beispiel eignet, weil sie über eine eigene SED-Kreisleitung verfügte und direkt von einer Stasi-Bezirksverwaltung und nicht wie andere Hochschulen von einer Kreisdienststelle «bearbeitet» wurde.

Universitäten waren in den Jahren nach 1945 Institutionen, die den Kommunisten fremd waren. Kaum ein führender Funktionär kannte ihr Innenleben aus eigener Erfahrung. Dabei waren Hochschuleinrichtungen von zentraler Bedeutung. Hier musste langfristig die Funktions- und Parteielite ausgebildet werden. Es dauerte allerdings bis Anfang der 1960er Jahre, bis die SED auch diese Institutionen im Griff hatte. Die Bildung der SED-Parteiorganisationen an den Universitäten und Hochschulen war dabei der strukturelle Eingriff, der am deutlichsten mit der deutschen Universitätstradition brach. Pointiert bringt dies ein Buchtitel zum Ausdruck: «Zuerst wurde der Parteisekretär begrüßt, dann der Rektor ...».[226]

Die Geheimpolizei spielte bis Mitte der fünfziger Jahre an den Universitäten kaum eine Rolle. Das führte auch hier dazu, dass bei den hunderten Festnahmen, Verhaftungen und Verurteilungen ostdeutscher Hochschulangehöriger und Studierender bis 1953 das MfS zumeist nur im Auftrag sowjetischer Dienste tätig war. Auch als Ende Mai 1952 Honecker und Ulbricht öffentlich forderten, alle «Agenten» und «Feinde» von den Hochschulen zu verjagen, blieb bei der anschließenden Exmatrikulationswelle von etwa 1100 Studierenden die Stasi weithin unbeteiligt.[227]

Zu einer systematischen Bearbeitung und Beobachtung der Universität gelangte das MfS ab Mitte der 1950er Jahre. Das Kollegium der Staatssicherheit befasste sich erstmals in einer Dienstbesprechung im Januar 1955 mit der Situation an den Hochschulen. Zwei Monate später kam es in Greifswald zu Studentenprotesten, weil die Medizinische in eine Militärmedizinische Fakultät umgewandelt werden sollte. Rund 260 Festnahmen und zwölf Verurteilungen mit Haftstrafen bis zu zehn Jahren zeugten von einer Protestbereitschaft innerhalb der Studentenschaft, die die Universität und den SED-Apparat ebenso überraschten wie das MfS.[228] Ernst Wollweber erließ am 30. November 1955 eine «Direktive für die Zusammenarbeit mit Angehörigen der technisch-wissenschaftlichen Intelligenz», das erste MfS-Grundsatzdokument, das den Hochschulen gewidmet war. Im Kern handelte es sich um einen Befehl, der die inoffizielle Zusammenarbeit zum Inhalt hatte. Zwar konnte im Vergleich zu 1953 die Informationsdichte enorm erhöht werden, wovon

II. Das MfS in der SED-Diktatur

hunderte MfS-Akten, die sich allein mit der Humboldt-Universität beschäftigten, Zeugnis ablegen, aber das MfS war nicht in der Lage, vorbeugend zu agieren. Erst mit der Richtlinie 1/56 vom 3. November 1956 «über die Abwehr feindlicher Tätigkeit gegen die Universitäten und Hochschulen in der Deutschen Demokratischen Republik» gab es eine Handlungsanleitung, wie die Universitäten und Hochschulen systematisch bearbeitet, kontrolliert und überwacht werden sollten. Als wichtigsten Punkt sah die Richtlinie die Schaffung eines dichten Netzes von geheimen Mitarbeitern an den Hochschulen vor. Sie sollte die operative Arbeit auf alle Lebensbereiche ausdehnen. Bei Neuanwerbungen von Professoren als «Geheime Informatoren/Mitarbeiter» (GI/GM) sei eine schriftliche Verpflichtung nicht notwendig. «Hierzu müssen die nötigen Faustpfänder erarbeitet werden.» Tatsächlich ist das Netz an geheimen Informanten in den folgenden Jahren auch an der Humboldt-Universität erheblich erweitert worden.[229] Allerdings blieben die Arbeitsergebnisse hinter den gesetzten Zielen zurück. Die Richtlinie ging von einer funktionierenden Arbeitsstruktur aus, wovon keine Rede sein konnte. Am 30. Mai 1957 reagierte die MfS-Leitung mit der Dienstanweisung 16/57 auf diese Zustände: «Maßnahmen zur Verbesserung der operativen Arbeit in den Betrieben, Ministerien und Hauptverwaltungen, Universitäten, Hochschulen und wissenschaftlichen Instituten sowie in den Objekten der Landwirtschaft». Ausgehend von dem ungenügenden Ausbau des «Informatorennetzes», der mangelhaften Kenntnis über die Lage in den zu bearbeitenden Objekten sowie einer unzureichenden Zusammenarbeit mit den Leitungen der SED-Organisationseinheiten, legte die Dienstanweisung fest, wie künftig mit inoffiziellen Mitarbeitern zusammengearbeitet werden solle. Anders als noch in der Richtlinie 1/56 ist nun die Zusammenarbeit mit der SED-Leitung genauer spezifiziert worden. Dies hatte Auswirkungen auf die gesamte Arbeit des MfS praktisch bis zur Auflösung 1989/90. Zum einen sollten die operativen Stasi-Mitarbeiter offizielle Kontakte zu den staatlichen Leitern und den SED-Funktionären halten. Zum anderen ist festgelegt worden, dass die Arbeit der Stasi in enger Abstimmung mit der SED-Organisation geplant, durchgeführt und ausgewertet werden solle. Außerdem sei der jeweilige Parteisekretär umfassend zu informieren. Schließlich ist noch festgehalten worden: «Die Aufgaben der Mitarbeiter der Staatssicherheit werden festgelegt entsprechend der von dem 1. Sekretär der Parteileitung gegebenen Einschätzung der politischen und wirtschaftlichen Lage des Objektes und der von der

Die Stasi unter Honecker

Parteileitung gegebenen politischen Aufgabenstellung. Über die Erfüllung des Arbeitsplanes ist dem 1. Sekretär zu berichten.»[230]

Für die Bearbeitung der Ostberliner Universität waren Ende der 1980er Jahre 26 Stasi-Offiziere der Bezirksverwaltung Berlin hauptverantwortlich. Zwanzig Jahre zuvor waren es noch neun Offiziere gewesen. Die MfS-Offiziere, die Ende der achtziger Jahre für die Humboldt-Universität zuständig waren, hatten sich überwiegend bereits die gesamten 1980er Jahre mit ihr befasst, einige bereits seit den 1960er Jahren. Diese personelle Kontinuität war im MfS nicht untypisch. Dadurch waren die MfS-Mitarbeiter mit dem inneren Regime der Universität sehr gut vertraut, konnten zu den Personen in «Schlüsselpositionen» persönliche und vertrauliche Kontakte pflegen und hatten zudem die politisch-ideologischen Vorgaben bezogen auf die Arbeit an der Universität verinnerlicht. Obwohl die meisten zuständigen Stasi-Mitarbeiter mit der Humboldt-Universität langjährig verbunden waren, entsprach ihre professionelle Ausbildung dem Bearbeitungsobjekt nicht. In keinem Fall wies ein MfS-Mitarbeiter, der etwa für die Absicherung sicherheitsrelevanter Forschungen an der Universität zuständig war, ein Mindestmaß an fachwissenschaftlicher Kompetenz auf. Nur zwei konnten überhaupt einen Hochschulabschluss außerhalb von MfS-Einrichtungen vorweisen.

Wie viele IM an der Universität wirkten, wird wohl niemals exakt ermittelt werden können. Zwar sind seit 1993 mehrfach Zahlen publiziert worden, aber es handelt sich dabei ausschließlich um Angaben zu Hochschullehrern und Assistenten, die 1992 noch an der Universität tätig waren. Außerdem sind die nichtwissenschaftlichen Hochschulangehörigen nicht einbezogen worden. Und es fehlen Angaben zu den IM unter den Studierenden. Eine nachträgliche Rekonstruktion ist aus vielen Gründen *praktisch* unmöglich.

An der Universität war bis in die frühen 1960er Jahre die Bereitschaft zur MfS-Mitarbeit gering ausgebildet. Das änderte sich erst, als die politische Zusammensetzung von Studentenschaft, Angestellten und Hochschullehrern den politischen Anforderungen der SED immer mehr entsprach. Insbesondere in den 1980er Jahren stand dem MfS ein dichtes IM-Netz zur Verfügung, was aber längst nicht bedeutete, dass in jeder Seminargruppe oder jedem Institut auch tatsächlich IM vorhanden waren. Sein besonderes Augenmerk legte das MfS auf die Rekrutierung von IM in den Fächern, die nicht zum Bereich der Gesellschaftswissenschaften zählten. Zwar gab es auch hier viele IM, aber in diesen Bereichen konnte das MfS aufgrund der hohen Parteidichte und der hohen Konzentration überzeugter Kommunisten darauf bauen, über offizielle Verbindungen die nötigen Informationen zu erhalten. Von den Schwerpunkten der MfS-Arbeit her war die Rekrutierung von IM in den naturwissenschaftlichen, medizinischen oder agrarwissenschaftlichen Fächern ohnehin dringender, da es vor allem hier galt, bestimmte Forschungen sicherheitspolitisch abzuschirmen.

Das IM-Netz an der Universität gewährleistete im Verbund mit den systematisch gepflegten offiziellen Kontakten zur SED-Kreisleitung, zur FDJ-Kreisleitung, zur GST, zur Kampfgruppe, zur Zivilverteidigung sowie zum Rektorat, zu den Prorektoraten, zu den Direktoraten und zu den Sektionsleitungen, dass das MfS über alle relevanten Vorgänge Bescheid wusste und zugleich über dieses Kommunikationsnetz wiederum alle als nötig erachteten Informationen in die Universität einspeisen konnte. Zugleich sicherte das Netz von offiziellen und inoffiziellen Kontakten dem MfS erhebliche Einflussmöglichkeiten auf die innere Entwicklung, insbesondere bei der Rekrutierung der Führungskader.[231]

Die Geheimpolizei agierte zuweilen eigenmächtig, ohne Rücksprache mit der SED, aber nie gegen, sondern immer im Interesse der SED. Die SED-Kreisleitung stellte die eigentliche Herrschafts- und Entscheidungsinstanz mit weitreichenden Befugnissen dar. Zwischen der SED-Kreisleitung und den Stasi-Mitarbeitern existierte eine enge Zusammenarbeit und Abstimmung. Kreisleitung und MfS stimmten die jährlichen Schwerpunktaufgaben miteinander ab. Die Offiziere unterhielten zu fast allen hauptamtlichen Kreisleitungsmitarbeitern systematisch Kontakte, wobei vor allem der 1. und 2. Sekretär sowie der Sicherheitsbeauftragte der SED-Kreisleitung die Beziehungen pflegten. Der Sicherheitsbeauftragte der SED-Kreisleitung war seit 1981 Offizier im besonderen Einsatz (OibE). Das schlug der 1. Sekretär der Kreisleitung, Harry Smettan, dem stellvertretenden Abteilungsleiter der Abteilung XX, Major Zeiseweis, 1980 selbst vor.[232]

Der Sicherheitsbeauftragte schrieb für das Sekretariat der Kreisleitung regelmäßig Berichte über die politisch-operative Lage an der Universität. Er interessierte sich praktisch für alles, was an der Universität geschah, und bewertete dessen sicherheitspolitische und ideologische Relevanz. Er war außerdem für die Absicherung der Wehrerziehung zuständig, an der Universität zuweilen wichtiger als Forschung und Lehre. Bei Großveranstaltungen der Universität oder bei zentralen Aufmärschen und Festen im Zentrum Ost-Berlins war der Sicherheitsbeauftragte mit Koordinierungsaufgaben betraut. Dies betraf sowohl das MfS als auch Sicherungsgruppen der SED, der FDJ und die Kampfgruppe. In zentral gelegenen Universitätsgebäuden unterhielt das MfS häufig «politisch-operative Stützpunkte». Der Sicherheitsbeauftragte der Kreisleitung arbeitete außerdem eng mit den staatlichen Sicherheitsbeauftragten an der Universität sowie mit den entsprechenden Beauftragten in den SED-Grundorganisationen zusammen. Zudem war er Mitglied der «HU-Führungsstelle», was einer Kreiseinsatzleitung entsprach. Sein besonderes Augenmerk galt jeglichen Westkontakten von Studierenden und Hochschullehrern. Daneben musste er eine Reihe weiterer Funktionen und Aufgaben erfüllen, u. a. war er Chef der Codierergruppe an der Universität. Er arbeitete auch eng mit der FDJ-Kreisleitung zusammen.

Wie aus mehreren Beispielen hervorgeht, waren die Tätigkeit und die MfS-Verbindungen (nicht unbedingt die MfS-Anbindung) des Sicherheitsbeauftragten mindestens den Parteimitgliedern der Universität bekannt. Wenn Informationen oder Materialien für das MfS übergeben oder Kontakte zum MfS hergestellt werden sollten, wandten sich SED-Mitglieder an den Sicherheitsbeauftragten der Kreisleitung.

Im Frühjahr 1981 vereinbarten Zeiseweis und Smettan, dass künftig MfS und Kreisleitung wegen Arbeitsüberlastung Probleme mit Nichtparteimitgliedern nur noch in dringenden Fällen besprechen würden, statt dessen werde sich die Stasi in solchen Angelegenheiten direkt mit dem Rektorat in Verbindung setzen. Die MfS-Verbindungen ins Rektorat bestanden wie zur SED-Kreisleitung ebenso offiziell wie inoffiziell und waren ebenso stabil wie engmaschig geflochten.

In den 1980er Jahren war das Problem «Ausreiseantragsteller» der Universität zwischen MfS und SED-Kreisleitung dauerhaft ein Thema. Im März 1984 wurde vom MfS, der SED-Kreisleitung und dem Rektor in einer Besprechung vereinbart, dass die Sekretäre der SED-Grundorganisationen Einschätzungen über die Antragsteller anzufertigen hätten und jeder Sektionsdirektor eine «Betreuerkonzeption» erarbeiten müsse. Diese mussten ohnehin regelmäßig schriftlich über die politisch-ideologische Lage an ihrer Sektion berichten. Studierende, die beabsichtigen auszureisen, seien sofort zu exmatrikulieren. Sei ihnen eine «Republikflucht» gelungen, sind sie ebenfalls (nachträglich) zu exmatrikulieren und aus der FDJ/SED von der Mitgliederversammlung ihrer Grundorganisation auszuschließen. Lehrkräfte mit einem Ausreiseantrag seien unverzüglich von

II. Das MfS in der SED-Diktatur

der Lehre zu suspendieren, ihre wissenschaftliche Weiterarbeit hänge von der volkswirtschaftlichen Dringlichkeit der Forschungsvorhaben ab. Der 1. Kreissekretär Smettan und der zuständige Referatsleiter der Stasi vereinbarten wöchentliche Gespräche zur Koordinierung und Abstimmung. Das blieb bis Ende 1989 gültig. Außerdem ist beim 1. Prorektor eine Arbeitsgruppe zur Ausreiseproblematik eingesetzt worden, in der neben staatlichen Funktionsträgern auch Vertreter der SED-Kreisleitung sowie ein Stasi-Offizier der Bezirksverwaltung Mitglieder waren.[233] In Abstimmung mit dem MfS erarbeitete die SED-Kreisleitung zum Beispiel eine «Argumentationshilfe» für die SED-Grundorganisationen, um die Ausreise- und Fluchtproblematik an der Humboldt-Universität zurückzudrängen und zugleich vorbeugend zu wirken. Weil sich Fälle von «Familienzusammenführung» als Grund für Ausreiseanträge an der Universität mehrten, hieß es u. a. auch: «Mehr Einfluss müssen wir auf diejenigen nehmen, die gedankenlos Beziehungen aufnehmen und dann ihre Gefühle nicht mehr steuern können. Diese Kollegen und Freunde sollten wir vor solchen Lebens-Irrtümern bewahren und auch offener über Klassenmoral mit ihnen sprechen.»[234] Auch wenn so manche Beziehung gespielt war, um schneller ausreisen zu können, hinter dieser Aussage steht der prinzipielle Versuch, alles «gesetzmäßig» steuern und kontrollieren zu wollen, selbst Gefühle. Orwells Ministerien lassen grüßen.

Da sich die politisch-ideologischen Probleme Mitte der 1980er Jahre zu häufen begannen, schlug Smettan Ende 1986 dem MfS vor, künftig eine weitere monatliche Runde einzuberufen, um übergreifende Fragen besser koordinieren zu können und um zugleich in den anderen Gesprächskontakten zwischen MfS und Universität jeweils die für die universitäre Struktureinheit relevanten Fragen intensiver besprechen zu können. Zu dieser Monatsrunde kamen der Leiter der zuständigen Stasi-Abteilung der Bezirksverwaltung und zuweilen sein Stellvertreter, der 1. und 2. Sekretär der SED-Kreisleitung, der Sicherheitsbeauftragte der Kreisleitung, der Rektor und der 1. Prorektor zusammen. Wenn das MfS bestimmte Mitarbeiter oder IM an der Universität eingestellt haben wollte, besprach es das ebenfalls mit der SED-Kreisleitung, die dann wiederum universitätsintern für die Umsetzung sorgte. Das kam seit den späten 1960er Jahren regelmäßig vor. Ebenso ist verfahren worden, wenn das MfS eine Legende für IM benötigte, um deren längere Abwesenheit an der Universität wegen In- und Auslandseinsätzen oder speziellen Schulungen abzusichern.

Die enge Zusammenarbeit zwischen der Berliner Bezirksverwaltung und der SED-Kreisleitung klappte bis Ende 1989 reibungslos. Aus einigen Unterlagen ist ersichtlich, dass Smettan die MfS-Offiziere wohl auch als politische Seelentröster benutzte. Die sehr engen Verbindungen von ihm zum MfS sind bereits 1982 mit der «Verdienstmedaille der NVA in Gold» gewürdigt worden. Als das MfS im Herbst 1982 erfuhr, dass Smettan Mitarbeiter der Kreisleitung auf seinem Baugrundstück während der Arbeitszeit rackern ließ, ein anderer Mitarbeiter mit der schwierigen Beschaffung von Baumaterialien für Smettans private Zwecke zu tun hatte, die Bauprojektion vom Uni-Direktorat für Planung und Ökonomie vorgenommen worden war, Smettan Baumaterial vom Bauhof der Universität «organisierte», weil es dieses sonst nicht gab, und er den Elektriker der Universität bei sich arbeiten ließ, kam ihm das vertrauensvolle Verhältnis zum MfS zugute. Die Stasi versicherte Smettan, man werde weder etwas unternehmen noch die SED-Bezirksleitung informieren. Er solle diese aber selbst über die «Unregelmäßigkeiten» in Kenntnis setzen, da dort diese Informationen auch landen würden, und von sich aus erklären, dass er die Dinge bereinigen werde.[235] Er konnte sein Amt bis Ende 1989 weiter ausüben.

Das Geflecht von SED, MfS und anderen Struktureinheiten ist damit noch nicht hinreichend beschreiben. An der Universität gab es mehrere «Beauftragte», die sich mit Sicherheits- und Geheimschutzfragen beschäftigten. Seit 1986 existierte zum Beispiel ein «Beauftragter für Sonderforschung», der direkt dem Rektor unterstellt war und für die Absicherung der sicherheitspolitisch relevanten Forschungen an der Universität zuständig war. An der Charité fungierte als «Beauftragter für Sicherheit und Geheimnisschutz» ein OibE, der offiziell dem Verwaltungsleiter der Charité unterstellt war, tatsächlich aber von der Abteilung XX der Bezirksverwaltung Berlin «gesteuert» wurde. Der Wichtigste aber war direkt dem Rektor unterstellt. Der «Beauftragte für Sicherheit und Geheimnisschutz» (BSG) war auf Anweisung des Hochschulministeriums in den 1960er Jahren installiert worden. Seine Arbeitspläne zeichnete der Rektor ab, seine Sofort- und Sondermeldungen, Halbjahres- und Jahresberichte erhielten der Rektor, das Hochschulministerium, die SED-Kreisleitung und das MfS. Seiner Einstellung ging eine eingehende Überprüfung durch das MfS voraus, da er aufgrund seiner Tätigkeit intensiv mit diesem zusammenarbeiten musste.[236] Obwohl er als Mitarbeiter dem Rektor unterstellt war, gehörte er zum Geflecht von MfS- und SED-Strukturen. Dies

II. Das MfS in der SED-Diktatur

belegen die überlieferten Arbeitspläne und Arbeitsberichte. Wie die MfS-Offiziere interessierte er sich für sicherheitsrelevante Forschungen, für Westkontakte aller Art, für Ausreiseantragsteller, die politisch-ideologische Lage und «besondere Vorkommnisse». Hinter kaum einem Brief aus der Bundesrepublik vermutete er nicht den Feind, den Gegner, den gegnerischen Geheimdienst. Besonders kritisch beäugte er die Einladungspolitik westlicher Botschaften in der DDR. Das fiel alles in den Bereich «politisch-ideologischer Diversion». Besonders stark bekümmerte ihn der Besucherverkehr an der Universität. In den 1980er Jahren versuchten jährlich mehrere tausend Besucher aus Westeuropa und den USA, vorrangig natürlich aus der Bundesrepublik, das berühmte Hauptgebäude der Universität zu besichtigen. Der Besucherdienst der Humboldt-Universität war vom MfS infiltriert. Und in das Hauptgebäude kamen Besucher ohne besondere Einladung oder Genehmigung im Normalfall ohnehin seit Mitte der 1960er Jahre nicht hinein. Dafür waren «Sicherheits- und Geheimnisschutzauflagen» – wie für zehntausende andere «öffentliche» Gebäude in der DDR – verantwortlich. Dennoch mussten sich die Zuständigen offenbar von den abgewiesenen Besuchswilligen eine ganze Menge anhören. «Ein Bürger [aus den USA] ging so weit zu behaupten, dass ‹sein› Präsident ihn aus ‹Ostdeutschland› herausbomben lassen würde, falls er hier festgenommen wird.»[237] Häufig kritisierten die westlichen Touristen das «Besucherregime».

Auch über diesen Beauftragten kam das enge Zusammenwirken von Universität und MfS zum Ausdruck. Das zeigt sich ebenso an einer anderen Einrichtung: Die Studentenwohnheime der Universität unterlagen einer gezielten Kontrolle und Aufsicht. In einer Stasi-Ausarbeitung hieß es dazu: «Ihre Verantwortung bei der Gewährleistung eines reibungslosen Wach- und Kontrolldienstes, auch in der vorlesungsfreien Zeit, und damit für den Erziehungs- und Selbsterziehungsprozess nehmen die Studienabteilung der Sektion, die Heimleitungs-Heimpädagogen, der Heimbeauftragte, die Wachverantwortlichen des Studienjahres und der Seminargruppe, die Wachgruppenleiter, die FDJ-Ordnungsgruppe, das FDJ-Heimkomitee, das Heimparteiaktiv [der SED], der stellvertretende Direktor für Erziehung und Ausbildung wie auch die Leitungen der Grundorganisationen der SED und FDJ wahr. [...] Ein Heimleitungsmitglied sollte freiwilliger Helfer der Deutschen Volkspolizei sein. Dadurch ist die polizeiliche Lage im Wohnheim bzw. Wohngebiet besser bekannt und vorbeugende Maßnahmen können getroffen werden. Die staatliche

Autorität des Heimleitungsmitgliedes wird gehoben. So kann er zum Beispiel Zuführungen [= Festnahmen] durchführen.»[238] Hier wird ansatzweise deutlich, wie viele verschiedene Gruppen, Komitees, Organisationen, staatliche Leiter, Parteifunktionäre etc. sich um solche Fragen zu kümmern hatten und dass theoretisch alle Studierenden, selbst die, die dort nicht wohnten, in solche Sicherungsaufgaben einbezogen waren. Und über allem wachten SED und ihre Geheimpolizei und die mit ihr eng zusammenarbeitenden Funktionäre, wie in diesem Fall der «Beauftragte für Sicherheit und Geheimnisschutz».

Dreißig MfS-»Offiziere im besonderen Einsatz« waren Ende der achtziger Jahre an der Ostberliner Universität im Einsatz. Hier herrschte, neben dem Kombinat Robotron oder dem Innenministerium, die höchste OibE-Konzentration überhaupt, bedingt durch die enorme Dichte an der Sektion Kriminalistik.[239] An der Universität Halle und Jena gab es je einen OibE. Den Höchststand an OibE verzeichnete das MfS 1983 mit knapp 3800. Bis zum Ende der DDR halbierte sich die Anzahl, an der Humboldt-Universität blieb sie in etwa konstant. Die Sicherheitskommission des SED-Politbüros beschloss am 25. Februar 1957 die Einsetzung von OibE des MfS. Sie agierten verdeckt, bis zum Sommer 1961 nur in der Bundesrepublik.[240] Offiziell waren sie in staatliche Strukturen eingebunden. Tatsächlich gehörten sie zu den hauptamtlichen MfS-Mitarbeitern, von deren Existenz im MfS wie in der eingesetzten Institution nur ganz wenige wussten. An der Universität waren der Rektor, der 1. Sekretär der SED-Kreisleitung und in abgeschwächtem Maße der Sektionsdirektor informiert, ohne dass sie den Begriff OibE noch Dienststellung oder Dienstrang offiziell kannten. Der wahrscheinlich letzte OibE, der an der Universität unterkam, war am 1. Oktober 1988 Oberstleutnant Horst Böttger in der Sektion Kriminalistik. Das war besonders perfide, denn Dr. jur. Dr. med. Böttger, Facharzt für Neurologie und Psychiatrie, seit 1971 in Diensten des MfS, war von 1978 bis 1988 forensischer Psychiater im Haftkrankenhaus des zentralen Stasi-Untersuchungsgefängnisses in Berlin-Hohenschönhausen.[241]

Auch das Direktorat für internationale Beziehungen (DIB) stellte einen Schwerpunkt in der MfS-Arbeit dar. Zu ihm bestanden systematische und enge offizielle Kontakte, zugleich waren mehrere Mitarbeiter als IM angeworben worden. Die wichtigste Aufgabe bestand in der Koordinierung und Organisation der internationalen Zusammenarbeit der Universität. Das DIB hatte die Auslandsreisen der Universitätsangehörigen zu planen und zu koordinieren. 1981 gab es an der Universität 818 Reisekader (einschl. Charité), Anfang 1989 waren es 935 (ohne Charité), darunter über 700 SED-Mitglieder.[242] Die Personalführung lag beim Direktorat für Kader und Qualifizierung. 1985 unternahmen Universitätsangehörige etwa 600 Reisen ins westliche Ausland, 1988/89 waren diese auf über 1000 angewachsen. Diese Zahlen deuten an, warum die damit befassten Universitätseinrichtungen einer besonderen Aufmerksamkeit der Geheimpolizei unterlagen. Hinzu kamen noch jährlich hunderte bundesdeutsche und ausländische Wissenschaftler und Studierende, die an der Universität zu Kongressen, Forschungsaufenthalten oder zum Studium, darunter jährlich einige dutzend «Kommerzstudenten»[243], weilten. Sie unterlagen einer besonderen Überwachung seitens der Universität und des MfS.[244]

Von den Reisekadern waren schätzungsweise weniger als 20 Prozent auch IM des MfS. Dieses war weder in der Lage noch darauf angewiesen, mehr IM zu rekrutieren. Einerseits konnte es versuchen, jene Wissenschaftler, die von ihren Auslandsreisen für das MfS wertvolle Informationen mitbringen konnten, als IM zu gewinnen. Andererseits aber standen dem MfS über die offiziellen Kontakte in die Universität ohnehin alle Berichte und Informationen der Reisekader zur Verfügung. Da sie meistens SED-Mitglieder waren, konnte das MfS über die SED-Kreisleitung getarnt spezielle Aufträge erteilen, was dann in einem dienstlichen Reiseauftrag, der zu jeder Auslandsreise dazugehörte, fixiert werden konnte. Die tatsächliche Umsetzung wiederum hing von jedem Einzelnen ab.

Jeder Reisekader musste formal vom MfS bestätigt werden. Diese Bestätigung lag der entsprechenden Kommission beim Rektor der Universität, die über die Eingruppierung als Reisekader entschied, vor. Die war allerdings nicht verpflichtet, sich daran zu halten und überging einige Male die Empfehlungen des MfS. Arbeitete jemand als IM für das MfS und war zugleich Reisekader, so ist er oft für die Zeit seines Auslandsaufenthaltes an die Hauptverwaltung A bzw. Abteilung XV abgegeben worden. Wissenschafts-, Forschungs- und Technikspionage haben in den siebziger und achtziger Jahren eine besondere Bedeutung erlangt. Dafür waren aber nicht nur die Hauptverwaltung A/Abteilungen XV allein zuständig, sondern dies wurde auch für alle anderen IM-führenden MfS-Diensteinheiten immer wichtiger.

Sowohl Reisekader-IM wie Reisekader ohne IM-Anbindung wurden im Ausland meist von anderen IM oder MfS-Mitarbeitern überwacht. Das war zumindest so vorgesehen, konnte aber in vielen Einzelfällen aufgrund des hohen Reiseaufkommens in den 1980er Jahren nicht immer realisiert werden. Nach ihrer Rückkehr aus dem Ausland hatten alle Reisekader innerhalb von drei Tagen einen Sofortbericht und etwas später einen ausführlichen Reisebericht in dreifacher Ausfertigung dem Direktorat für internationale Beziehungen bzw. dem Beauftragten für Sicherheit zu übergeben. Von dort gelangte eine Ausfertigung ans MfS. Die zuständigen MfS-Offiziere gaben dann ihrerseits dem Direktorat für internationale Beziehungen bzw. Beauftragten für Sicherheit auszuwertende und künftig zu beachtende Hinweise, die von dort wiederum als angeblich eigene Ausarbeitung dem Rektor und den Prorektoren zur Verwendung weitergegeben wurden und von diesen dann in die Sektionen zurückflossen. Schließlich sind im Direktorat für internationale Beziehungen bzw. vom Beauftragten für Sicherheit die Reisekaderberichte (oder eine Ausfertigung, dies ist unklar) offiziell vernichtet, tatsächlich aber dem MfS übergeben worden.

Einen Schwerpunkt in dieser Arbeit nahm die Schulung der Reisekader ein. Regelmäßig instruierten auf der «großen Dienstberatung» des Rektors MfS-Mitarbeiter die Prorektoren, Direktoren, Sektionsdirektoren, die Mitglieder der SED-Kreisleitung, die Sekretäre der SED-Grundorganisationen, die Sicherheitsbeauftragten u. a. darüber, wie sich Reisekader im Ausland zu verhalten, worauf sie zu achten, wovor sie sich zu schützen und wie sie anschließend zu berichten hätten, was diese wiederum an die Reisekader weiter zu vermitteln hatten. Das MfS führte bei solchen Schulungen auch entsprechende MfS-Lehrfilme vor. Mit einzelnen Reisekadern führte das MfS gesonderte Gespräche. Das MfS erarbeitete Merkblätter für die Reisekader, die offiziell als Papiere des Rektors den Dienstreisenden ausgehändigt wurden.

Vor allem an den Sektionen Physik, Biologie, Chemie, Psychologie, an der Charité, im Rechenzentrum sowie besonders an der Sektion Elektronik gab es Forschungen, die vom MfS intensiv «betreut», d. h. überwacht und abgesichert wurden. Dies hing zum einen mit entsprechenden internationalen Kooperationsvereinbarungen, zum anderen aber viel stärker mit sicherheitsrelevanten Aspekten im Bereich der Schlüsseltechnologien zusammen. Einige Forschungsvorhaben waren in größere Zusammenhänge der Militär- oder auch Kosmosforschung eingebunden. Die Humboldt-Universität stellte hier im Gegensatz etwa zur TU Dresden oder der Akademie der Wissenschaften aber keinen Schwerpunkt dar. In den 1980er Jahren waren durchgängig zehn bis fünfzehn solcher Forschungsprojekte an der Humboldt-Universität angebunden. Hinzu kamen Projekte, die in Kooperation mit Industriebetrieben oder im Auftrag von Betrieben, des Innenministeriums, der Stasi, des Verteidigungsministeriums oder von Industrieministerien durchgeführt wurden.[245] Die Stasi-Durchdringung war deshalb in den Sektionen Elektronik und Physik besonders ausgeprägt. Aus diesen Sektionen, aber auch von der Mathematik oder Informatik, besorgte das MfS konspirativ immer wieder Forschungsergebnisse und -unterlagen, die es zur Entwicklung eigener Vorhaben verwendete. Schließlich sei darauf hingewiesen, dass das MfS Mitarbeiter der Universität – über die Sektion Kriminalistik hinaus – immer wieder als Gutachter heranzog. Eine Germanistin hat zum Beispiel 1977 die Texte von Jürgen Fuchs analysiert – und strafrechtliche Schlüsse nahegelegt. Juristen haben Untergrundschriften der Opposition bewertet – und strafrechtliche Folgen gefordert. Auch Mediziner, Psychologen, Philosophen u. a. standen immer wieder für solche und andere politisch-ideologische «Gutachten» bereit.

Von der «Liquidierung» zur «Einschränkung». Die Bekämpfung von Widerstand und Opposition

Eine Diktatur ist dadurch gekennzeichnet, dass sie oppositionelle Kräfte verfolgt und unterdrückt. Für die kommunistischen Regime war typisch, dass ein Großteil ihrer Verfolgungskampagnen Menschen traf, die keine aktive Opposition betrieben hatten. Die Mehrheit der aus politischen Gründen Verfolgten wurde zu Opfern, weil sie zu «objektiven» Gegnern, wie die Herrschenden glaubten, zählten. In den fünfziger Jahren reichte es schon manchmal, die falsche Herkunft aufzuweisen. Menschen, die tatsächlich Widerstand leisteten und gefasst wurden, traf bis in die frühen 1960er Jahre hinein die ganze Wucht geheimpolizeilicher und juristischer Härte. Aber der Mauerbau ließ nicht nur die Erscheinungsformen von Opposition und Widerstand verändern, auch die SED verordnete nun eine andere Gangart.

Die Bekämpfung von Widerstand und Opposition zählte stets zur Kernaufgabe des MfS. Daran hatten sich sämtliche Struktureinheiten und Dienststellen, wie intern immer wieder betont und angeordnet wurde, zu beteiligen. Die Hauptverwaltung A zum Beispiel klärte sogenannte Rückverbindungen von ausgereisten DDR-Bürgern, die im Westen lebten, in die DDR auf. Roland Jahn, der gewaltsam abgeschoben seit 1983

Die Stasi unter Honecker

Illegaler Besuch in der DDR: Roland Jahn im April 1985 in Berlin-Weißensee im Gespräch mit Rüdiger Rosenthal und Ulrike Poppe. An diesem Treffen nahmen zahlreiche Oppositionelle teil.

in West-Berlin lebte und zu einer wichtigen Verbindungsperson im Westen für die ostdeutsche Opposition wurde, in dem er auf vielfältige Weise westliche Medienöffentlichkeit für die Opposition herstellte oder Materialien und Technik in die DDR schmuggelte, ist im Westen auch von Kräften der Hauptverwaltung A bespitzelt worden. Und wenn einzelne Oppositionelle in der zweiten Hälfte der 1980er Jahre im dienstlichen Auftrag der Kirche in die Bundesrepublik reisen konnten, waren Agenten der Hauptverwaltung A meist nicht weit. Am 13. Oktober 1987 etwa verschickten Generalleutnant Horst Jänicke und Oberst Werner Bierbaum, beide von der Hauptverwaltung A, an die Leiter der Auslandsaufklärung (Abt. XV) der MfS-Bezirksverwaltungen eine «Leiterinformation über Pläne und Aktivitäten gegnerischer Kräfte zur Schaffung einer inneren Opposition in der DDR». Darin wurde u. a. ausführlich und detailliert über eine Reise Rainer Eppelmanns im September 1987 in die Bundesrepublik berichtet, wo er viele führende Politiker traf und sprach. Außerdem wurde erläutert, dass Jahn die Opposition in Ost-Berlin weiter profilieren wolle und dafür vor allem die «Initiative Frieden und Menschenrechte» im Blick habe. Abgesehen davon, dass hier die stets von 1949 bis

II. Das MfS in der SED-Diktatur

1989 unterstellte Behauptung von SED und MfS durchschlägt, die Opposition im eigenen Land könne nur von außen inspiriert und organisiert sein und zugleich die tatsächliche Einflussmöglichkeit (nicht seine Bedeutung!) Jahns überschätzt wird, zeigt das Papier zugleich, wie stark die Hauptverwaltung A in die Bekämpfung von Opposition und Widerstand einbezogen war. Jänicke und Bierbaum verlangten jedenfalls, dass die Bezirksabteilungen XV – sie hatten jeweils regionale Schwerpunkte in der Bundesrepublik zu bearbeiten[246] – die Verbindungen zwischen bundesdeutschen Politikern und ostdeutschen Oppositionellen genau dokumentierten und analysierten.[247] Das gehörte auch schon zuvor zu ihren Aufgabenfeldern, aber durch die veränderten Reisemöglichkeiten und wegen des immer deutlicher werdenden Heraufziehens der innenpolitischen Gesellschaftskrise verbunden mit dem Erstarken der Opposition war eine solche Aufforderung im Herbst 1987 auch nötig.

Schon in einer «Richtlinie über die Erfassung von Personen, die eine feindliche Tätigkeit durchführen» vom 20. September 1950 wurde festgelegt, dass sämtliche Personen zu registrieren seien, deren Verhalten geeignet sei, die «Grundlagen» der DDR in Frage zu stellen. Es wurde bestimmt, dass «über Personen, die eine feindliche Tätigkeit ausüben, ... Vorgänge» und über «die erfassten Personen ... eine zentrale Kartei» anzulegen sind. Die Geheimpolizei war von Anfang an eine Ermittlungs- und Untersuchungsbehörde mit polizeilichen, staatsanwaltschaftlichen und praktisch richterlichen Befugnissen gerade in der Bekämpfung von Opposition und Widerstand. Denn zumeist ermittelte das MfS nicht nur, sondern legte auch die Strafmaße gleich mit fest. Und nicht selten, vor allem nach dem Mauerbau, übte die Geheimpolizei Einfluss auf die Verteidigung aus. Das war allerdings meist gar nicht nötig, denn spätestens ab den 1960er Jahren waren in politischen Strafprozessen ohnehin nur Rechtsanwälte als Verteidiger zugelassen, die die SED-Linie verinnerlicht hatten und vertraten. Dafür sorgten schon die rigiden Zulassungsbestimmungen zum Jura-Studium: man konnte sich nicht frei bewerben, sondern musste vom MfS, dem Innenministerium oder einer dem Obersten Gericht unterstellten Behörde delegiert worden sein. In den 1980er Jahren gab es etwa 550 Rechtsanwälte in der DDR – die Bundesrepublik mit der etwa 3,5-fachen Bevölkerungszahl hatte 1980 36 000 und 1989 54 000 Rechtsanwälte zugelassen.

Die Erscheinungsbilder von politisch abweichendem Verhalten, Widerstand und Opposition wandelten sich im Laufe der Jahre erheblich. Zugleich änderten sich die Strategien und Methoden des MfS zu ihrer Bekämpfung. Diese hingen einerseits von politischen Vorgaben und den konkreten Protest- und Widerstandsformen ab, andererseits aber auch vom erreichten Ausbauniveau des Apparates, von der Qualifizierung der Mitarbeiter und seines Zuträger- und Informantennetzes sowie den politischen Rahmenbedingungen.

In den kommunistischen Staaten agierten jederzeit oppositionelle Personen und Gruppen, jederzeit gab es Widerstandsaktionen. Politische Opposition unterscheidet sich von widerständigem, alltäglichem Verhalten durch die Bereitschaft zur Organisation, zur Systematik und zum öffentlichen politischen Handeln.[248]

In der Etablierungsphase der Diktatur gingen die kommunistischen Machthaber mit drakonischen Abschreckungsstrafen (u. a. Todesurteilen) gegen politische Gegner vor. In mehreren Orten der DDR wurden z. B. Oberschüler (z. B. Werdau, Leipzig, Werder, Fürstenberg/Oder, Güstrow), die die «Weiße Rose» aus dem Widerstand gegen die NS-Diktatur zum Vorbild hatten, zum Tode oder zu langjährigen Zuchthausstrafen verurteilt, weil sie Informationen gesammelt und Flugblätter verteilt hatten. Politische Opponenten, die die Verhältnisse in der DDR vom Westen aus kritisierten, wurden – wie Karl Wilhelm Fricke 1955 oder Heinz Brandt 1961[249] – in etwa 400 bis 500 geheimen Operationen entführt, nach Ost-Berlin verschleppt und verurteilt.[250]

Das Bestreben der SED-Führung, sich in der Bundesrepublik wegen solcher und anderer eklatanter Menschenrechtsverletzungen nicht ständiger Kritik ausgesetzt zu sehen, zumal dies über die Medien in die DDR zurückschallte, führte, gerahmt durch die schlechte Finanz- und Wirtschaftssituation, für deren Bereinigung man dringend auf bundesdeutsche Hilfen angewiesen war, schrittweise zu einem Wandel. Die MfS-Strategien veränderten sich. Neben den im Vergleich zu den 1950er Jahren niedrigeren, für die Betroffenen aber dennoch hohen Haftstrafen kam ein beabsichtigt «lautloses» Vorgehen hinzu: die Kriminalisierung und Zersetzung. In einem «Entwurf der Sektion politisch-operative Spezialdisziplin» des MfS (etwa 1978), steht: «Um der Behauptung des Gegners die Spitze zu nehmen, dass wir ideologische Meinungsverschiedenheiten oder Andersdenkende mit Mitteln des sogenannten politischen Strafrechts bekämpfen, sind dazu noch wirksamer Maßnahmen zur Kriminalisierung dieser Handlungen sowie nicht strafrechtliche Mittel anzuwenden.» In der Richtlinie 1/76 «zur Entwicklung und Bearbeitung Operativer Vorgänge»[251] vom Januar 1976 wurden die «Maßnahmen der Zersetzung» geregelt und «Formen, Mittel und Methoden der Zersetzung» erörtert. Sie reichten u. a. von der «systematischen Diskreditierung des öffentlichen Rufes» auch mittels «unwahrer ... Angaben» und der «Verbreitung von Gerüchten» über das «Erzeugen von Misstrauen», dem «Vorladen von Personen zu staatlichen Dienststellen» bis zur «Verwendung anonymer oder pseudonymer Briefe, ... Telefonanrufe». «Zersetzung» meinte also subtile, anonyme und für die Betroffenen undurchschaubare MfS-Aktivitäten. Jürgen Fuchs, selbst jahrelang von Zersetzungsmaßnahmen in Ost und West betroffen, hat diesen «leisen» Terror als «psychosoziales Verbrechen» bezeichnet, als «einen Angriff auf die Seele des Menschen». Zersetzung schlug sich u. a. nieder in der Inszenierung beruflicher Misserfolge durch Bildungs- und Berufsverweigerung, dem Ausschluss aus Berufsverbänden oder Nichtzulassung zu diesen, der Verunsicherung und Disziplinierung durch ständige Aussprachen bei beruflichen Vorgesetzten, der Polizei und dem MfS, der Einschränkung der Bewegungsfreiheit, dem Entzug des Führerscheins, der Diskreditierung durch die Verbreitung von Gerüchten und falschen Informationen, konzentriert auf Ehebruch, pornographische Interessen, Alkoholmissbrauch, Verführung Minderjähriger, Geldgier, Vernachlässigung elterlicher Pflichten, Verrat von politischen Mitstreitern, Freunden und Verwandten in Verhören, Kontakten zu rechtsextremen Kreisen, der Zerstörung des Privatlebens durch demonstrative Tag- und Nachtbeobachtungen, ständige telefonische Anrufe, Annoncenkampagnen, heimliche Hauseinbrüche und das Verstellen von Gegenständen, Beschädigung privaten Eigentums, Vortäuschung außerehelicher Beziehungen und verdeckt organisierte Entfremdung der Kinder von den Eltern. Eine besondere Rolle spielten dabei die IM, von denen niemand wissen konnte, was die MfS-Offiziere selbst mit scheinbar nebensächlichen Informationen anfangen würden. Eine besonders perfide und nicht selten praktizierte Form der Zersetzung bestand darin, dass die Stasi das Gerücht verbreitete, jemand arbeite geheim mit der Staatssicherheit zusammen. Gerade dagegen konnte sich niemand wehren, weil niemand das Gegenteil beweisen konnte.[252] Das Beispiel zeigt aber auch auf eine eher kuriose Weise, dass die MfSler sehr genau wussten, wie verhasst sie und ihr Treiben waren. Mit der «Ordnungswidrigkeitenverordnung» von 1984 ging die Staatsmacht zudem dazu über, politisch unliebsame Personen, sofern sie sich an Protesten beteiligten, mit Ordnungsstrafen zu überziehen, um sie materiell unter Druck zu set-

Mitglieder der «Initiative Frieden und Menschenrechte» 1987. V. l. n.r.: Reiner Dietrich (IM des MfS), Monika Haeger (IM des MfS), Bärbel Bohley, Stephan Bickhardt, Gerd Poppe, Martin Böttger, Antje Böttger, Irena Kukutz («Frauen für den Frieden»), Reinhard Schult («Gegenstimmen», «KvU»), Ralf Hirsch.

zen. All diese Maßnahmen sollten den Eindruck erwecken, das MfS gehe weniger rigoros als in früheren Jahren gegen Regimegegner vor.

Die Stasi ging auch in den 1980er Jahren weiterhin von dem Grundsatz aus, dass die «inneren Feinde» von «außen» gesteuert würden. Ihr ging es darum, jegliche oppositionelle Tätigkeit «vorbeugend zu verhindern, aufzudecken und zu bekämpfen».[253] Mielke befahl Anfang 1986, dass die Bildung einer «inneren Opposition» zu unterbinden sei. Dabei sei «politischen Mitteln […] der Vorrang einzuräumen». Mit Blick auf die Anfang

II. Das MfS in der SED-Diktatur

des Jahres gebildete «Initiative Frieden und Menschenrechte» in Ost-Berlin betonte er, die Bildung von Menschenrechtsgruppen und neuer Führungskräfte sei «konsequent zu verhindern», sie dürften sich nicht zu Gesprächspartnern des Staates entwickeln.[254] Das MfS unterstrich, dass «politische» strafrechtlichen Mitteln vorzuziehen seien. Damit reagierte es auf das öffentliche Agieren der Opposition und deren Nutzung westlicher Medien für die Verbreitung ihrer Vorstellungen, Kritiken und Aktionen. Der SED erschwerte diese Mediennutzung, die strafrechtliche Relevanz oppositioneller Handlungen wie bislang zu behaupten. Unter «politischen Mitteln» verstanden SED und Stasi etwa die verstärkte Anwendung von Ordnungsstrafen. Noch ging das MfS davon aus, die Bildung einer Opposition verhindern bzw. die bereits bestehenden Gruppen zerschlagen und auflösen («liquidieren») zu können. Im Arbeitsplan für 1987 kam noch die Erfassung und Unterdrückung der sogenannten Samisdat-Erzeugnisse hinzu, also der im Selbstverlag veröffentlichten Schriften der Opposition.[255] Am 20. August 1987 legte die Hauptabteilung XX neue Vorschläge zur Eindämmung der Opposition vor. Sie belegen, dass die wenige Wochen später einsetzenden MfS-Aktionen keineswegs spontan und unüberlegt erfolgten. Alte Methoden sollten beibehalten, neue erprobt werden. Zu den alten zählten neben dem Einsatz von IM und Zersetzungsmaßnahmen auch der von geschulten Kräften der Christlichen Friedenskonferenz, der CDU, des Demokratischen Frauenbunds und MfS-Studenten sowie von SED-Fachexperten bei oppositionellen Veranstaltungen in kirchlichen Räumen. Die politisch-operative Arbeit würde allerdings, so die MfS-Strategen, durch tabuisierte Gesellschaftsprobleme, Tendenzen der Schönfärberei in der Öffentlichkeit oder mangelnde Meinungsfreiheit erschwert. Gerade vor dem Hintergrund von Gorbatschows Politik der «Perestroika», die viele staatsloyale Menschen begrüßten, müsse sich etwas ändern. Das MfS schlug vor, die SED-Bezirkspresse sowie die «Junge Welt» und den «Sonntag» bislang verschwiegene oder zu einseitig behandelte Themen aufgreifen zu lassen, auch Fachblätter sollten sich öffnen. «Darüber hinaus wird vorgeschlagen, ein spezielles periodisch erscheinendes Publikationsorgan zu schaffen, mit dem eine direkte ideologische Auseinandersetzung mit feindlich-negativen ideologischen Konzeptionen und deren Trägern in der DDR geführt wird. Dieses Publikationsorgan soll durch einen Sonderstatus abgesichert werden, um zu vermeiden, dass die in ihm geführten Polemiken regierungsoffiziellen Charakter annehmen und damit auf außenpolitische, außenwirtschaftliche und andere staatliche Interessen der DDR ‹durchschlagen›.» In ihm sollten nicht nur brisante gesellschaftliche Probleme kontrovers diskutiert werden, sondern auch MfS-Informationen einfließen sowie Nachdrucke von westlichen Beiträgen und aus dem Samisdat erfolgen. Der Adressatenkreis sollte groß und keineswegs exklusiv sein. Zwar ist es zu dieser Zeitschrift nie gekommen, aber dieser Vorschlag verdeutlicht, dass es innerhalb des MfS Kräfte gab, die durchaus sahen, dass mit einer bloßen Repressionspolitik der Opposition nicht beizukommen war. Das Projekt sollte der Sogwirkung der oppositionellen Öffentlichkeitsarbeit entgegenwirken. Der zentrale «sachliche Schwerpunkt», so das Papier im August 1987, bilde die Bekämpfung der «periodisch erscheinenden Untergrundzeitschriften» wie «Grenzfall» oder «Umweltblätter». Schließlich entwickelten die MfS-Offiziere präzise Vorschläge zu den «feindlich-negativen Führungskräften». «Diese hartnäckigen Feinde, die mit hoher Intensität und Fanatismus wirken, zu isolieren bzw. einzuschränken muss deshalb in den Mittelpunkt der Bekämpfung politischer Untergrundtätigkeit gestellt werden.» Weil der «Nachweis der feindlichen Steuerung politischer Untergrundtätigkeit durch Kräfte aus dem Operationsgebiet [...] nach wie vor als ein Schlüsselproblem» zu begreifen sei, war es folgerichtig, dass Roland Jahn, der von West-Berlin aus die Opposition im Osten mannigfaltig unterstützte, an erster Stelle der Feinde stand. Endlich sollte der Nachweis erbracht werden, dass er vom Ausland instruiert würde. Außerdem sind konkrete Maßnahmen gegen einen Großteil der wichtigsten Oppositionellen entwickelt worden. Es war kein Zufall, dass sie überwiegend zur «Initiative Frieden und Menschenrechte» (IFM) gehörten. Wolfgang Templin sollte diskreditiert werden mit der «zielstrebigen glaubhaften Verbreitung von Indizien für eine Zusammenarbeit mit dem MfS». Gerd und Ulrike Poppe sollten durch Zermürbung zur ständigen Ausreise gebracht werden, für Bärbel Bohley kam ein längerfristiger Arbeitsaufenthalt im westlichen Ausland in Betracht. Martin Böttger sollte stärker in die Kirchenarbeit eingebunden werden. Werner Fischer wiederum sollte bestärkt werden, eine eigene Untergrundzeitschrift herauszugeben, um diese dann mit geheimpolizeilichen Mitteln «zu einem Fiasko zu führen». Für Pfarrer Rainer Eppelmann, der nicht zur IFM gehörte, und Ralf Hirsch erdachten sich die MfS-Offiziere den Plan, sie stärker an CDU-Kreise und «noch rechter stehende politische Kräfte in der BRD» zu führen, um sie von linken Kräften der DDR-Opposition zu isolieren. Den Schriftsteller Lutz Ra-

II. Das MfS in der SED-Diktatur

thenow, eine besonders wichtige Verbindungsperson zu bundesdeutschen Medien, wollte man gleich ins bundesdeutsche rechtsextreme Milieu einbinden, um ihn so in der DDR zu kompromittieren. Bei den beiden Redakteuren Peter Grimm und Peter Rölle wollten die MfS-Offiziere «Pannen» bei der «inhaltlichen Gestaltung, Herstellung und Verteilung des ‹Grenzfalls›» inszenieren, um deren «Unfähigkeit hinsichtlich einer journalistischen wie auch konspirativen Arbeit nachdrücklich» zu beweisen. Stephan Krawczyk und Freya Klier, die beide faktisch Berufsverbot hatten, sollten mit offiziellen Arbeitsangeboten bedacht und so unglaubwürdig gemacht werden. Eine ähnliche Strategie war für Katja Havemann vorgesehen. Sie sollte «bei Reiseanträgen und anderen privaten Vorhaben» eine Sonderbehandlung, «die sie von ihrem Umgangskreis abhebt und langfristig als Ausgangspunkt für Zersetzungsmaßnahmen genutzt werden kann»,[256] erfahren. Schließlich nannte das Papier eine Reihe weiterer Oppositioneller, für die in «analoger Weise» solche Zersetzungspläne zu erarbeiten seien.

Vor diesem Hintergrund entwickelten MfS-Offiziere den konkreten Plan, Oppositionelle beim Druck des «Grenzfalls» in kirchlichen Gemeinderäumen «auf frischer Tat zu ertappen» und festzunehmen. Mielke ordnete im Oktober 1987 an, die Herstellung «antisozialistischer Pamphlete» sei «vorbeugend zu unterbinden».[257] Die IFM sollte liquidiert werden. Die Pläne waren mit der SED-Führung, namentlich Honecker, Krenz und Schabowski, abgestimmt. In der Nacht vom 24. zum 25. November überfiel ein etwa 20köpfiges MfS-Kommando nebst einem Staatsanwalt von der Generalstaatsanwaltschaft die oppositionelle Umweltbibliothek in der Ostberliner Zionsgemeinde. Aufgrund einer Panne geriet das Unternehmen zu einem Desaster für das MfS. Denn als der Überfall erfolgte, druckten Wolfgang Rüddenklau und Mitstreiter nicht den illegalen «Grenzfall», sondern die «Umweltblätter», die offiziell als innerkirchliche Druckschrift firmierte. Der IM, der die MfS-Aktion mit eingefädelt hatte, Reiner Dietrich von der IFM (IM «Cindy»), konnte seinen Führungsoffizier darüber nicht mehr informieren. «Cindy» saß mit den Grenzfall-Redakteuren in einer Kneipe und fand keine Möglichkeit, dem MfS Bescheid zu geben, ohne sich zu enttarnen.

Stasi-Intern firmierte die Aktion unter dem Codewort «Falle». Nun aber saß das MfS selbst in der Falle. Es hatte sich im In- und Ausland eine breite und geradezu mächtige Solidarisierungs- und Protestwelle ergeben. Die IFM gab nicht nach. Die Umweltbibliothek erfreute sich eines Zu-

Die Stasi unter Honecker

Geheimes Observationsfoto: Die Oppositionellen
Gerd Poppe und Reinhard Weißhuhn auf dem Weg
zur Arbeit, 9. April 1985.

laufs, der ihre Kapazitäten überforderte. Und die Ausreisebewegung schien im ganzen Land nun organisierte Strukturen und Formen anzunehmen – viele erhofften sich, durch die Nähe zur Opposition schneller aus dem Land gelassen zu werden. Das MfS entwickelte vor Weihnachten 1987 eine weitere «Konzeption zur forcierten Bekämpfung politischer Untergrundtätigkeit».[258] Sie korrespondiert mit dem zitierten Papier vom 20. August 1987, ging aber weiter als dieses. Die Pressearbeit solle verstärkt und insbesondere die in der «Jungen Welt» begonnene offensive Auseinandersetzung (Diffamierung) mit der Opposition fortgeführt werden. Das ZK der SED müsse alle Bezirksleitungen eingehend auf der Grundlage von MfS-Ausarbeitungen informieren. Über den «Grenzfall» sei ein juristisches Gutachten einzuholen. Am 15. Januar 1988 legten drei Professoren der Humboldt-Universität ein Gutachten zum «Grenzfall» vor, mit dem sie im Auftrag der Geheimpolizei beweisen wollten, dass dieser ein Fall für die Justiz sei. Sie «bewiesen» das unaufgefordert auch noch für die «Umweltblätter».[259] Roland Jahn sollte öffentlich als westlicher Auftraggeber hingestellt werden. Zügig seien strafrechtliche Maßnahmen gegen Prominente der Opposition zu prüfen. Die SED-Gruppen seien darauf vorzubereiten, weil solche Maßnahmen «Solidarisierungseffekte» auch bei Personenkreisen befördern könnten, «die bisher nicht in diese Feindaktivitäten einbezogen sind».[260] Bis zum 15. Januar sollte die strafrechtliche Beweislage gegen die «Führungskräfte» erbracht und die inspirierende Rolle von Jahn («Telefonfahndung») sowie die geheimdienstlichen Verbindungen von Jahn, Hirsch, Templin und Bohley erwiesen sein. Am 20. Januar 1988 wollte das MfS eine Pressekonferenz durchführen, auf dem eine Dokumentation der Ereignisse seit Herbst 1987 vorgestellt und auf dem ein in die IFM eingeschleuster IM über die Machenschaften der Staatsfeinde von innen berichten sollte. Anschließend sollten Prozesse und Ordnungsstrafverfahren gegen jene, die nicht mit Druck aus der DDR gezwungen worden waren, beginnen.

Es kam alles nicht ganz so wie geplant. Denn die Stasi ahnte Mitte Dezember noch nicht, dass am 9. Januar 1988 die oppositionelle «Arbeitsgruppe Staatsbürgerschaftsrecht in der DDR» den Beschluss fasste, an dem alljährlich von der SED-Führung inszenierten Massenaufmarsch aus Anlass der Ermordung von Rosa Luxemburg und Karl Liebknecht am 17. Januar teilzunehmen. Andere Oppositionsgruppen stellten es ihren Mitgliedern frei, daran teilzunehmen, als Gruppe aber sollte keine präsent sein.

Seit dem 13. Januar beschäftigten sich mit den anstehenden Protesten Honecker, Krenz und Schabowski. Am 15. Januar erstellte das MfS eine Namensliste von Personen, die vorbeugend zugeführt oder dann festgenommen werden sollten, wenn sie am 17. Januar ihre Wohnung verließen. Die ersten Festnahmen erfolgten am 16. Januar. Einen Tag später nahm das MfS insgesamt 105 Personen fest, davon 70 am Rande der Demonstration am Frankfurter Tor. Die meisten Zugeführten wollten tatsächlich ausreisen. 35 Personen verhaftete das MfS vorbeugend, darunter drei Mitarbeiter der Umweltbibliothek sowie Vera Wollenberger (Lengsfeld) von den «Gegenstimmen». Der prominenteste Verhaftete war der Liedermacher Stephan Krawczyk, der ein Transparent «Gegen Berufsverbote in der DDR» mit sich führte.

Ab 18. Januar entwickelte sich in Ost-Berlin und der gesamten DDR eine breite Solidarisierungswelle mit den Verhafteten. Am Abend des

Die Stasi unter Honecker

Stasi in Aktion: MfS-Mitarbeiter versuchen durch das Vorhalten von Propagandatransparenten zu verhindern, dass ein ARD-Team die Verhaftung von Oppositionellen am Rande der Luxemburg-Liebknecht-Demonstration am 17. Januar 1988 filmt.

22. Januar 1988 strahlten die bundesdeutschen Fernsehsender eine Videobotschaft von Freya Klier aus. Sie forderte, ihren Ehemann Krawczyk unverzüglich freizulassen. Und sie appellierte an bundesdeutsche Künstler, bis zu Krawczyks Freilassung nicht in der DDR aufzutreten. SED und MfS befürchteten, Klier wolle eine Solidarisierungsbewegung entfachen wie es sie 1976 nach Biermanns Ausbürgerung in Ost und West gegeben hatte.[261]

Was genau in den Tagen nach dem 17. Januar in den Amtsstuben der MfS-Strategen vor sich ging, ist nicht bekannt. Die Ereignisse nach dem 25. Januar zeigten aber, dass man gewillt war, die Pläne vom August und Dezember 1987 umzusetzen. Denn an diesem Montagmorgen verhafteten MfS-Festnahmegruppen Freya Klier, Bärbel Bohley, Werner Fischer, Ralf Hirsch sowie Regina und Wolfgang Templin. Nachdem die Verhaftung dieser fünf wegen «landesverräterischer Verbindungsaufnahme» – es drohten Gefängnisstrafen bis zu 12 Jahren (§§ 99, 100, 219 StGB) – bekannt wurde, erhob sich ein wahrer Proteststurm im In- und Ausland. Damit hatte niemand gerechnet. Der Protest kam nun aus den Kirchen

II. Das MfS in der SED-Diktatur

heraus. Es gab kaum ein anderes Thema im Betrieb, in der Schule, an der Universität, im Büro.

SED und MfS wollten «einer Entwicklung wie sie Anfang der 80er Jahre in der Volksrepublik Polen typisch war»,[262] zuvorzukommen. Nun aber schien die Situation zu eskalieren. Zwischen 1. Februar und 20. März wurden 380 Ermittlungsverfahren wegen Protestaktionen eröffnet. In dieser Zeit sind 120 Verfahren abgeschlossen worden, die Hälfte endete mit Haftstrafen bis zwei Jahren. Monatelang kamen wöchentlich 60 neue Verfahren und 60 neue Urteile hinzu.[263] Hunderte Antragsteller erhielten überstürzt Genehmigungen zur Ausreise. Das MfS konnte nicht einmal mehr alle Absender von Protestbriefen «bearbeiten».

Am 28. Januar verurteilte ein Ostberliner Gericht Vera Wollenberger zu sechs Monaten Gefängnis, am 1. Februar erhielten drei Mitarbeiter der Umweltbibliothek die gleiche Strafe. Einen Tag später reisten Klier und Krawczyk in die Bundesrepublik aus. Das Ehepaar hatte bei seinem Wiedersehen die Ereignisse besprochen und kam zu dem Schluss, ihr Rechtsanwalt habe sie getäuscht und belogen. Er müsse im Auftrag des MfS arbeiten. Natürlich glaubte ihnen fast niemand. Erst im Frühjahr 1990 stellte sich heraus, dass sie Recht hatten und Schnur IM des MfS war. Am 5. Februar reisten Hirsch ständig, Templins mit ihren Kindern für zwei Jahre, Bohley und Fischer für ein halbes Jahr aus. Am 8. Februar folgte ihnen Wollenberger zunächst für ein Jahr.

Stasi und SED sahen nach dem 5. Februar zunächst wie die Sieger aus. Drei Gruppen von IM spielten dabei, neben vielen anderen Personen und Funktionsträgern in Partei, MfS und der Kirche, eine besondere Rolle. Erstens sind IM des MfS zu nennen, die innerhalb der Opposition, vor allem in der Initiative Frieden und Menschenrechte, agierten und praktisch alles verrieten, was geplant war. Zweitens kamen IM des MfS hinzu, die wie Sascha Anderson in West-Berlin eingesetzt waren und über das Wirken von Roland Jahn, Jürgen Fuchs oder Rüdiger Rosenthal für die Opposition in der DDR berichteten. Drittens gab es zwei IM, die den Inhaftierten als Freunde und in einem Fall sogar als Ehepartner «zur Seite» standen. Denn sowohl Rechtsanwalt Wolfgang Schnur (IM «Torsten») als auch Vera Wollenbergers Ehemann Knud (IM «Donald») agierten seit vielen Jahren als IM für das MfS. Anwalt Schnur log seine Mandanten in der U-Haft ebenso an, wie er Informationen nicht weitergab. Auch Knud Wollenberger täuschte und belog seine Ehefrau – er durfte sie in der U-Haft besuchen. Neben kirchlichen Amtspersonen spielten diese beiden eine Schlüsselrolle. Auch andere Juristen spielten in diesen Tagen ihre Rolle, aber niemand war so entscheidend wie Schnur.

SED und MfS traten in ihrer Presse eine wochenlange Kampagne gegen die Opposition, gegen Kirchen und Unterstützer wie Jahn und Fuchs los. Das MfS setzte auch hier seine Pläne zielgerichtet um. Es wurden Beiträge aus bundesdeutschen DKP-Zeitungen – die in diesem Zusammenhang meist in Dienstzimmern des MfS entstanden waren – ebenso wie Prawda-Kommentare aus Moskau abgedruckt. Im MfS entstanden zahlreiche Beiträge, die als ADN-Kommentare oder namentlich gezeichnete Artikel wie «seriöse Hintergrundberichte» daherkamen. Noch vor den Verhaftungen veröffentlichte das «Neue Deutschland» – fast alle diesbezüglichen Beiträge wurden am gleichen oder einen Tag später von den meisten anderen DDR-Tageszeitungen nachgedruckt – am 24. Januar 1988 einen Aufsatz, mit dem bewiesen werden sollte, dass Roland Jahn die «heißersehnte ‹DDR-Opposition›» vom Westen aus unterstützte, was ja stimmte, und dass dieser geheimdienstlich angebunden sei, was nicht stimmte. Intern bekannten die Offiziere, keine Beweise zu haben. Der Hintergrund wurde am 25. Januar mit den Festnahmen öffentlich: Denn der Vorwurf gegen die faktisch Ausgewiesenen, «Verdacht auf landesverräterische Verbindungsaufnahme», basierte auf ihren intensiven Kontakten zu Jahn, der selbst 1983 gegen seinen Willen aus der DDR ausgebürgert worden war.

Mielke betonte vor der Führungsmannschaft seines Ministeriums, dass dies alles erst der Anfang sein könne. Die im Land verbliebenen Oppositionellen müssten noch intensiver überwacht und es müsse ihnen strafrechtlich relevantes Handeln nachgewiesen werden. Alle Diensteinheiten seien gefordert, um Bohley, Fischer, Klier, Krawczyk, Hirsch, Wollenberger und die Templins im Westen lückenlos zu überwachen (was auch geschah). Nach wie vor stehe die Aufgabe, Verbindungen zu Geheimdiensten nachzuweisen. «Es geht aber auch um die Erkenntnis, in welcher Lage […] sie sich befinden […], welche Wirkungen das evtl. auf die Kinder hat». Mielke weiter: «Damit sind zugleich die erforderlichen Grundlagen zu schaffen, um auch den mit Reisepass ausgereisten Feinden die Staatsbürgerschaft der DDR abzuerkennen. Dieser Hinweis ist aber nur für diesen Kreis bestimmt, dem wohl klar sein dürfte, dass diese Personen auch in Zukunft in der DDR nichts mehr zu suchen haben.»[264]

War bis Ende 1987 in den MfS-Papieren meist von «zerschlagen», «liquidieren», «verhindern» die Rede, so hieß es nun bezogen auf die Opposition überwiegend «kontrollieren», «einschränken», «begrenzen», «einengen». Einige an den Aktionen 1987/88 beteiligte MfS-Offiziere schienen desillusioniert angesichts dessen, was sie angerichtet hatten. Das MfS meinte zwar, dass die Opposition geschwächt sei, gab sich aber nicht der Illusion hin, sie zerstört zu haben. Es seien noch viele «Führungskräfte» in der DDR, außerdem erweitere sich die oppositionelle Basis ständig und breite sich über das ganze Land aus. Auch wenn es seine Zersetzungsmethoden weiterhin verfolgen werde, so könne man auf eine Zerschlagung der Opposition nicht mehr hoffen. Dies könnte nur durch vorsichtige innenpolitische Veränderungen der Parteiführung bewirkt werden: das waren erstaunliche Eingeständnisse, die aber letztlich folgenlos blieben. Der Vorabend der Revolution vom Herbst 1989 hatte begonnen.

III.
TSCHEKISTEN UND SPITZEL.
HAUPTAMTLICHE UND INOFFIZIELLE MITARBEITER

Am 27. November 1969 tauchten in einem Hörsaal der Humboldt-Universität zu Berlin rund 50 Flugblätter auf. Es wurde gefordert, die obligatorischen gesellschaftswissenschaftlichen Vorlesungen zu boykottieren. Der Staat sei «undemokratisch und autoritär» und «elementarste Freiheiten» würden unterdrückt.[1] Zwei Physikstudenten hatten den Text geschrieben und mit einer Schreibmaschine vervielfältigt, etwa 500 bis 800 Exemplare stellten sie her. Das MfS entfachte eine monatelang andauernde Fahndungsaktion. Mindestens 31 MfS-Offiziere und fast 50 IM waren direkt involviert. In der Universität sind «operative Technik» (Kameras, Abhöranlagen) zusätzlich installiert und die Brief- und Telefonüberwachung verstärkt worden. Sämtliche Personalakten der Studierenden sind kontrolliert und alle Schreibmaschinen der Universität mit dem Schriftbild des Flugblatts verglichen worden. Nachdem dies alles ergebnislos blieb, ist die Fahndung nach dem «Tatwerkzeug», der Schreibmaschine, auf die gesamte DDR ausgedehnt worden. Außerdem sind tausende Graduierungsschriften der Universität mit dem Schriftbild der Flugblätter abgeglichen worden, um eventuell so auf den Täter schließen zu können. In die Ermittlungen waren nicht nur Studierende und Universitätsangehörige, die als IM für das MfS tätig waren, eingebunden, sondern darüber hinaus auch zahlreiche andere Studenten sowie Hochschullehrer, deren Expertenwissen – Psychologen beteiligten sich z. B. an der Erarbeitung von «Täterprofilen» – vom MfS genutzt wurde. Letztlich scheiterten all diese Bemühungen, das MfS konnte nie einen «Täter» überführen. Dabei befand sich einer von ihnen seit Ende 1971 sogar in MfS-Untersuchungshaft: Rainer Schottlaender war bei einem Fluchtversuch gefasst worden, wofür er im Februar 1972 zwei Jahre und acht Monate Gefängnis erhielt. Anschließend reiste er – Sohn des «letzten bürgerlichen Philosophen» in der DDR, Rudolf Schottlaender – in die Bundesrepublik aus. Der «Mittäter», Michael Müller, versteckte nach der Flugblattaktion die Schreibmaschine drei Jahre lang auf dem Dach der

III. Tschekisten und Spitzel. Hauptamtliche und inoffizielle Mitarbeiter

Klosterkirche in Zittau, ehe er sie verkaufte. 1979 reiste auch er in die Bundesrepublik aus.

Nachfolgend soll es nicht um solche mutigen Menschen gehen. Vielmehr stehen die eigentlichen «Täter» im Blickpunkt. Wer waren eigentlich diese Menschen, die wegen einiger Flugblätter solche umfassenden Fahndungsaktionen auslösten, durchführten, sich daran beteiligten? Diese und viele andere einfache Fragen lassen sich, um es gleich vorneweg zu sagen, nur sehr schwer beantworten. Es kommt hier eine Personengruppe in den Blick, die in der *gesamten* DDR-Geschichte hunderttausende Menschen umfasste: inoffizielle und hauptamtliche Mitarbeiter und Mitarbeiterinnen der Geheimpolizei.[2] Für eine solch große Gruppe lassen sich kaum generalisierende Aussagen treffen. Und da diese «Gruppe» nicht losgelöst von anderen im Partei-, Militär-, Polizei- und Justizapparat, Macht- und Herrschaftsapparat, arbeitete und agierte, kann jede pauschale Aussage ganz leicht durch Gegenbeispiele «entkräftet» werden. Der berühmte Mut zur Lücke aber lässt dennoch einiges zu, was für diese MfS-Personengruppe charakteristisch gewesen sein dürfte.

Die hauptamtlichen Mitarbeiter

Der Blick auf die kleine Gründergruppe zeigte sehr verschiedene Lebenswege. Das hat auch noch für die breite Mitarbeiterschaft in den ersten Jahren gegolten. Aber schon in den 1950er Jahren gab es einige Merkmale, die sich ähnelten und die sie als Gruppe von der sozialen Vielfalt der Gesellschaft erheblich unterschieden. Fast alle waren in der SED, etwa neunzig Prozent verfügten nur über einen Volksschulabschluss (8 Klassen), fast niemand hatte studiert, fast alle kamen aus Arbeiterelternhäusern. Auch in ihrer Vergangenheit ähnelten sie sich stark. Niemand durfte in der Wehrmacht Offizier gewesen sein – wenn herauskam, dass die Fragebögen falsche Angaben enthielten, folgte die Entlassung –, erst recht war niemand in der SS (soweit es bekannt war), auch durfte keiner in den Polizei- oder Geheimdienstapparaten des NS-Staates tätig gewesen sein. Und unter den MfS-Mitarbeitern findet sich auch fast niemand, der in der NSDAP war. Dieses Profil bildete nicht die Gesellschaft ab, sondern konnte von Anfang an genutzt werden, um intern ein Sonderbewusstsein der MfSler im SED-Staat zu schmieden.

Die hauptamtlichen Mitarbeiter

Von Beginn an setzte die MfS-Kaderpolitik auf Jüngere in der breiten Mitarbeiterschaft, was sich als Trend bis zum Ende hielt. Mindestens zwei Drittel der Mitarbeiter waren zu jedem Zeitpunkt des MfS-Bestehens jünger als 40 Jahre, ab 1961 war die Hälfte aller Mitarbeiter sogar jünger als 30 Jahre. Das hing mit zwei Faktoren zusammen. Erstens dienten im MfS-Wachregiment Unteroffiziere auf Zeit (mindestens drei Jahre), die schon aufgrund des Wehrgesetzes bei der Einberufung nicht älter als 26 Jahre sein konnten. Der zweite Grund lag im fast immer währenden Personalwachstum begründet. Seit 1963 kamen jährlich im Durchschnitt 3000 neue zusätzliche hauptamtliche Mitarbeiter hinzu (einige «Statistiksprünge» resultierten aus dem Hinzuzählen etwa des Wachregiments 1952, der HV A 1958 oder der hauptamtlichen IM 1986). Der Historiker Jens Gieseke legte eine Analyse dieser Personalentwicklung und der zugrundeliegenden Kaderpolitik vor. Er konnte zeigen, warum es in den 1950er Jahren und 1962/63 zu Stagnationen kam: jeweils basierten sie auf Auseinandersetzungen im Parteiapparat um die Rolle des MfS im Einparteienstaat.[3] Lediglich die durch Entlassungen, Ruhestand, Todesfälle oder Kündigungen frei gewordenen Stellen konnten in dieser Zeit besetzt werden. Es herrschte also kein Einstellungsstopp. Das harmoniert auch mit dem Etat des MfS. Er wuchs außer 1957 und 1963 zunächst von Jahr zu Jahr an, von 1966 bis 1970 durchschnittlich sogar jährlich um zwanzig Prozent.[4] 1983, der Etat betrug mittlerweile rund 3,5 Milliarden Mark, erfolgte zwar eine leichte Senkung der im Staatshaushalt für das MfS vorgesehenen Mittel, aber die konnten durch erhöhte Einnahmen aus Visa-Verkäufen und anderen «MfS-Geschäften» so ausgeglichen werden, dass der MfS-Etat sogar noch um 45 Millionen Mark höher lag als 1982. 1984 aber schlug sich die DDR-Wirtschaftskrise erstmals auch im MfS nieder, die Mitarbeiterzahl stagnierte und wuchs anschließend für Stasi-Verhältnisse nur noch unwesentlich an. Verantwortlich dafür war gewiss die akute Wirtschafts- und Finanzkrise der DDR. Von 1988 zu 1989 ging der Etat erstmals überhaupt real zurück – dass er 1957 um zwei Drittel gestrichen worden war, hatte die bereits erörterten politischen Gründe. Erreichte der Etat von 1988 mit 4,292 Milliarden Mark den höchsten Wert überhaupt, so lag der von 1989 mit 4,195 Milliarden immerhin an zweiter Stelle aller Etats der Staatssicherheit. Dem BND sei übrigens bekannt gewesen, notierte ein Mitarbeiter am 15. November 1989, dass der Haushalt rückläufig war: «Die Meldung konnte wegen der Empfindlichkeit der Quelle nicht abgesetzt werden, wurde jedoch als ND[5]-Lagebeitrag verwendet.»[6]

III. Tschekisten und Spitzel. Hauptamtliche und inoffizielle Mitarbeiter

Diese Stagnationen lediglich mit der Wirtschaftskrise zu erklären, griffe zu kurz. Mindestens zwei weitere Faktoren sind ebenso zu erwähnen. Erstens kamen nun immer mehr die geburtenschwachen Jahrgänge (ab 1965) ins Rekrutierungsalter, was u. a. zur Folge hatte, dass die Zahl der beim Wachregiment dienenden Unteroffiziere auf Zeit (UaZ) stagnierte. Allerdings ist zweitens Vorsicht geboten. Anders als zumeist in der Forschung interpretiert sollte man zunächst das insgesamt hohe «Ausgangsniveau» betrachten. Nun war das MfS in Gänze ganz gewiss kein Meister der Effizienz, darin unterschied es sich von kaum einer Institution der DDR, aber irgendwann stößt auch eine solche Institution an die «Grenzen des Wachstums». Das permanente Wachstum über zwanzig Jahre hinweg zeigt die politische Funktion der Geheimpolizei. Aber zu berücksichtigen ist auch, dass Institutionen prinzipiell zügellos wachsen, wenn ihnen niemand Einhalt gebietet. Das führt zu erheblichen Überdehnungen, die sich auch am Beispiel des MfS zeigen.

Natürlich kann jeder Leiter permanent bekunden, mehr Personal und Mittel zu benötigen, das war im MfS nicht anders, nicht zuletzt um die eigene Bedeutung zu heben. Aber solche Überdehnungen erleiden irgendwann einen natürlichen Ermüdungsbruch. Eventuell war dieser Zeitpunkt beim MfS institutionell nur zufällig mit dem baldigen Ende der DDR zusammengefallen. Aber ein anderer Aspekt spricht noch weitaus mehr für die «Überdehnungsthese».

Außer in der UdSSR gab es nur in der DDR seit 1955 (wieder) ein eigenständiges Ministerium für Staatssicherheit. In den anderen Ostblockstaaten gehörte die Geheimpolizei zum Innenministerium. Dies ermöglichte erhebliche Synergieeffekte: Die unter dem Dach der Innenministerien vereinigten Ressorts konnten sich in einem großen Maße «sicherstellende Dienste», «rückwärtige Dienste», «technische Dienste», Kader- und Schulungsabteilungen, «medizinische Dienste», Kultur- und Sozialeinrichtungen u. a. teilen. Im MfS betrug in den 1980er Jahren der Anteil des Personals, das die operative Arbeit technisch, verwaltungsbürokratisch sowie kaderpolitisch ermöglichte, fast ein Drittel. Außerdem zählten in den anderen Ostblockstaaten Truppen wie etwa das «Wachregiment», «Passkontrolleinheiten» oder der «Personenschutz» nicht zum Personalbestand der Staatssicherheit, sondern wie dieses selbst zur Gesamtpersonalstärke des Innenministeriums. Hinzu kommen u. a. polizeiliche und juristische Aufgabenfelder, die in der DDR das MfS zu erledigen hatte, in den anderen Ostblockstaaten aber insgesamt vom Innenministe-

Die hauptamtlichen Mitarbeiter

rium oder anderen Ressorts übernommen wurden und so nicht den Personalbestand der länderspezifischen Staatssicherheit zuzuordnen waren.

Wenn man dies im Vergleich der Personalstatistik berücksichtigte käme man auf eine originäre Personalgröße Ende der 1980er Jahre von etwa 40 000 bis 50 000 Stasi-Angehörigen in der DDR. In Polen gehörten zur Staatssicherheit im Innenministerium 1985 etwa 25 600 Personen. Rumänien kam 1989 mit rund 15 300 aus, in der ČSSR standen 1987 12 500 in Diensten der Geheimpolizei.[7] Gesicherte Angaben über den KGB für die 1980er Jahre gibt es ebenso wenig wie für Bulgarien und Ungarn. Ein Vergleich müsste die Relationen von Landesgröße und Bevölkerungsanzahl berücksichtigen. Polen hatte 20 Millionen Einwohner mehr als die DDR (1989: 16,4 Mill.), Rumänien kam etwa auf 23 Millionen insgesamt, die ČSSR wies mit etwa 15,5 Mill. unwesentlich weniger als die DDR auf. Warum auch die IM-Zahlen sich wegen unterschiedlicher Erfassungen als Vergleichsgröße nicht eignen, wird weiter unten erläutert. Hier bleibt festzuhalten, dass das MfS nach den statistischen Angaben jeden anderen Ostblockstaat – so viel steht fest: relational auch die UdSSR – deutlich übertrumpfte. Und durch seine andere Organisationsform und Aufgabenüberfülle hatte es auch eine zum Teil andere Ausprägung. Denn gerade weil die erwähnten Struktureinheiten und Aufgabenfelder anders als in anderen Ostblockstaaten alle fest zur DDR-Staatssicherheit gehörten, arbeiteten und verhielten sich auch alle Mitarbeiter, egal mit welchem Arbeitsgebiet beauftragt, entsprechend den Vorgaben als Geheimpolizisten. Dass in der DDR Ende der 1980er Jahre auf einen MfS-Mitarbeiter 180 Einwohner kamen und es in den anderen Ostblockstaaten fünf oder fast zehnmal mehr Einwohner pro Mitarbeiter gewesen seien, ist als Beleg dafür angeführt worden, dass die DDR den «wohl größten geheimpolizeilichen und geheimdienstlichen Apparat der Weltgeschichte» unterhalten habe.[8] Dies scheint vor dem Hintergrund der strukturellen Unterschiede etwas übertrieben. Im Kern waren auch die anderen sowjetischen Satellitendiktaturen nicht gerade zimperlich. In diesen Satelliten allerdings war die Repressions-, Verfolgungs- und Unterdrückungsarbeit nicht nur wie in der DDR unterteilt in eine Vielzahl von der kommunistischen Partei gelenkten Institutionen – in der Stasi-Sprache hieß das «politisch-operatives Zusammenwirken» (POZW)[9] –, Geheimpolizeien und Geheimdienste waren dort, wie gezeigt, strukturell mit anderen Institutionen offenkundiger vernetzt als in der DDR, weshalb sich andere Zuordnungen und daher andere Größenverhältnisse ergeben.

III. Tschekisten und Spitzel. Hauptamtliche und inoffizielle Mitarbeiter

Personalbestand der hauptamtlichen Mitarbeiter nach MfS-Erhebungen
(Zeitsprünge sind fett markiert)[10]

Jahr	Gesamt	davon MfS-Zentrale	BV/KD	OibE	Wach-regiment	Frauen
1950	2700					
1951	4500					
1952	10700				1900	
1953	12630	2528	6623		1930	
1954	13968	2929	9510		1145	3207
1955	16344	3670	11000		1475	3471
1956	16264	3803	10556		1500	3282
1957	16887	3689	10436		2445	2953
1958	18776	4633	10803		3090	3047
1959	20343	5108	11369		3730	3187
1960	22843	6151	12320		4372	3486
1961	23525	7002	12128	271	4395	3502
1962	25400	7774	12753	233	4873	3612
1963	25435	8191	12627	263	4617	3601
1964	28148	9301	13950	296	4897	3821
1967	32912	11238	16269	489	5705	4663
1968	36555	12191	17738	529	6626	5198
1970	43311	14331	21056	797	7924	
1973	52707	18943	25136	1490	8601	8623
1976	62868	24107	29546	2268	9215	10273
1979	72227	29407	32868	2921	9952	11839
1981	78529	32551	35439	3295	10539	12740
1982	81495	34481	36577	3443	10437	13155
1983	83684	35010	37274	3471	10400	13189
1985	85263	35860	38987	3003	10298	13296
1986	90577[11]	37698	42573	2894	10306	14282
1988	90257	37665	42731	2296	9861	14102
1989	91015	36421	43168	2232	11426	14259

Die hauptamtlichen Mitarbeiter

Zwischen den 1960er und 1980er Jahren veränderten sich die Sozialbiographien der MfS-Mitarbeiter. 1982 waren etwa 70 Prozent von ihnen nach 1945 geboren worden. Aber das maßgebliche Leitungspersonal war fast durchgängig älter, entstammte einer anderen Generation. Im Herbst 1989 stellten die vor 1945 Geborenen etwas mehr als 20 Prozent aller MfS-Mitarbeiter, sie besetzten aber zugleich von den Führungs- und Leitungspositionen rund 90 Prozent.[12] Auch im MfS gab es eine Aufstiegsblockade, die erst in den 1990er Jahren aufgebrochen worden wäre, wie die Stasi-Kaderplaner als Problem erkannten.[13]

Das hat nicht nur im MfS, sondern generell in den DDR-Institutionen und im SED-Parteiapparat zu Frust und Motivationsproblemen bei den Nachwuchskadern geführt. Waren die Karriereschleusen anfangs weit geöffnet, so bewegte sich auch im MfS – wie in der gesamten DDR – ab Ende der sechziger Jahre nicht mehr sehr viel. Die Vorherrschaft der zwischen 1920 und 1940 Geborenen war nun zementiert und ließ auch innerhalb des MfS systemische Bindungskräfte schmelzen, nicht aus politischen oder ideologischen, sondern aus materiellen Gründen. Hinzu kam, dass sich in den 1980er Jahren in den Leitungsebenen eine spezifische «Leistungsminderung» wegen Überalterung und mangelnder Mobilität bemerkbar machte,[14] was die Jüngeren unter den *Stasisten* gewiss frustrierte.

MfS und SED lamentierten oft über die schlechte Qualifizierung der Mitarbeiter. Deshalb intensivierten sie Schulungen und legten Wert auf eine arbeitsbezogene Ausbildung. Allmählich «veränderte» sich das Bildungsniveau. Das MfS errechnete bereits für 1969, dass nun 12 Prozent aller Mitarbeiter Abitur hätten, ein Wert, der sich bis Anfang der 1980er Jahre auf etwa 20 Prozent erhöhte und dann bis zum Ende auf diesem Niveau blieb. Das generelle Problem einer qualifizierten Ausbildung war dadurch aber noch nicht behoben. Die seit 1951 in Potsdam-Eiche bestehende Schule des MfS erhielt 1965 den Rang einer «Hochschule» mit Promotionsrecht. An dieser «Juristischen Hochschule des MfS» (JHS) – eine Weiterbildungsschule überwiegend für Offiziere – haben etwa 4300 Absolventen zwischen 1965 und 1989 den Titel eines Diplomjuristen erlangt. Hinzu kamen über 400 Doktorgrade. Außerdem haben etwa 10 000 MfSler an der der JHS angeschlossenen Fachschule gelernt und den Titel eines «Fachschuljuristen» oder «Staatswissenschaftlers» erhalten. Vor allem «operative Diensteinheiten» wie die Hauptabteilungen XVIII (Volkswirtschaft), IX (Untersuchungsorgan) oder XX (u.a. Volksbildung,

III. Tschekisten und Spitzel. Hauptamtliche und inoffizielle Mitarbeiter

Kirchen, «politischer Untergrund») ließen ihre Offiziere weiterbilden. Hinzu kamen noch Studiengänge an regulären Universitäten. An den Sektionen Rechtswissenschaft in Ost-Berlin, Jena und Leipzig, aber vor allem an der praktisch dem MfS unterstellten Sektion Kriminalistik der Humboldt-Universität sind Offiziere getarnt als zivile Studierende ausgebildet worden.

An der Sektion Kriminalistik (gegr. 1968) der Humboldt-Universität haben insgesamt 800 bis 900 MfS-Angehörige studiert, die nach der Diplomprüfung im Regelfall zum Leutnant ernannt wurden. «Somit kann das Direktstudium Kriminalistik einer modifizierten Offiziersausbildung gleichgesetzt werden.»[15] Entsprechend waren auch die internen Abläufe abgesichert. Von den 81 Angestellten der Sektion am 1. Juni 1984 waren 24 OibE, 16 wurden vom MdI bezahlt, 4 von der Zollverwaltung und 37 von der Universität. Neben den 24 OibE hatten weitere 39 Angestellte inoffizielle Kontakte zum MfS, von 81 standen also 63 in Diensten des MfS.[16] Neben der Ausbildung erledigten die Hochschullehrer umfangreiche Gutachtachtertätigkeiten für das MfS.[17] Unter den Professoren war mit dem in der Bundesrepublik verurteilten Agenten Heinz Felfe auch ein Prominenter. Das SS-Mitglied arbeitete seit 1939 im Reichssicherheitshauptamt. Kurzzeitig nach der Kriegsgefangenschaft für den britischen Geheimdienst aktiv, ist er 1950 vom KGB angeworben worden und trat 1951 in die Organisation Gehlen ein. Zuletzt war er dort ausgerechnet als Leiter des Referats Gegenspionage Sowjetunion beschäftigt. Durch seine KGB-Anbindung gelang es dem Osten, hunderte westliche Spione zu enttarnen, Felfe übermittelte zehntausende Dokumente nach Moskau, lancierte ungezählte Fehlinformationen in die westlichen Kanäle und warnte immer wieder, wenn Agenten des Ostblocks, die im Westen agierten, vor einer Verhaftung standen, so dass diese kurzfristig zurückgezogen werden konnten. Der enge Vertraute von Gehlen ist Anfang November 1961 verhaftet und 1963 zu 14 Jahren Gefängnis verurteilt worden. 1969 ist er gegen 21 bundesdeutsche Häftlinge, die in DDR-Gefängnissen einsaßen, ausgetauscht worden. An der Humboldt-Universität erhielt er 1978 eine Professur. Er hat sich in den 1980er Jahren auch mit Gutachten an der Verfolgung und Kriminalisierung der ostdeutschen Opposition beteiligt.[18]

Der Überläufer Hansjoachim Tiedge promovierte 1988 an der Sektion Kriminalistik. Seit 1966 im Sold des Bundesamtes für Verfassungsschutz stehend war er zuletzt verantwortlich für den Bereich Abwehr der DDR-

Die hauptamtlichen Mitarbeiter

Spionage. Er floh im August 1985 wegen einer persönlichen Notlage in die DDR – zuvor war er für keinen Geheimdienst im Osten tätig. Seine Flucht war ein Glücksfall für die Hauptverwaltung A, denn seit 1981 arbeitete Tiedges Mitarbeiter Klaus Kuron für sie. Er war einer ihrer ganz wenigen echten Topagenten. Seine Informationen waren mit einer Vereinbarung verbunden, die er mit Markus Wolf getroffen hatte, nämlich dass es zu keinen Verhaftungen von Agenten in der DDR kommen dürfe. Solche hätten unweigerlich den Verdacht auf Kuron gelenkt. Mit dem Überlaufen Tiedges aber konnten mehrere Verhaftungen vorgenommen werden, weil sie nun mit diesem in Verbindung gebracht wurden. Zugleich aber mussten mehrere Agenten der Hauptverwaltung A aus der Bundesrepublik abgezogen werden, weil deren Enttarnung bevorstand. Kuron stellte sich 1990 bundesdeutschen Behörden und erhielt 1992 zwölf Jahre Haft, die 1998 zur Bewährung ausgesetzt wurden. Tiedge lebte mit einer Stasi-Legende, promovierte mit einer Arbeit über den Verfassungsschutz und wurde im August 1990 vom KGB in Sicherheit gebracht. Er starb bei Moskau.[19]

Die Universität hatte praktisch keinen Zugriff auf die Sektion Kriminalistik und betrachtete sie selbst als Sonderfall. Innerhalb der Hochschule war diese Sonderstellung kein echtes Geheimnis. Studierende anderer Sektionen, die versuchten, hier Lehrveranstaltungen zu besuchen, sind kurzerhand rausgeworfen worden. Es war auch nicht unbekannt, dass diese Studierenden nicht das übliche karge Stipendium erhielten, sondern ein Vielfaches davon. Obwohl ohnehin schon viele Graduierungsarbeiten der Universitäten als geheim eingestuft wurden, war die Praxis der Sektion Kriminalistik besonders unüblich: Hier galt jede Abschlussarbeit als Staatsgeheimnis. Die Studierenden der Sektion hatten als Teil ihrer Ausbildung «operative Einsätze» für die Stasi zu erfüllen.

Dass weder hier noch an der JHS ein juristisches Studium erfolgte, liegt schon deshalb auf der Hand, weil das rechtswissenschaftliche Studium in der DDR ganz generell ein Ideologiefach darstellte. An der JHS standen politisch-ideologische sowie solche Fächer im Vordergrund, die direkt für die «operative Tätigkeit» genutzt werden konnten. Der Anteil juristischer Fragen betrug etwa ein Fünftel. In dem Film «Das Leben der Anderen» (2006), der 2007 mit einem Oscar prämiert wurde, gibt es eine eindringliche Szene, in der Hauptmann Gerd Wiesler, gespielt von Ulrich Mühe, eine Vorlesung an der JHS zur Feindbekämpfung hält. So wie in dem Film dargestellt kann man sich wahrscheinlich die dortige Atmosphäre tatsächlich vorstellen – ansonsten stellt der Film übrigens die Arbeitsweise des MfS einigermaßen auf den Kopf.

Sämtliche an der JHS erworbenen «akademischen» Titel sind durch den Einigungsvertrag im vereinten Deutschland rechtswirksam geworden und gelten heute noch immer. Die Dissertations-, Diplom- und Fachschulschriften, die in hoher Dichte überliefert sind, stellen eine interessante Quelle für Historiker dar, da in ihnen einerseits MfS-Strategien ausgearbeitet worden sind (Dissertationen) und sie andererseits auf der direkten operativen Arbeit basieren. Für sie wurden konkrete Vorgangsakten ausgewertet, aber auch die eigenen Erfahrungen aus der operativen Vorgangsarbeit flossen ein.

Durch diese «Studienabschlüsse», weitere MfS-Schulen (die der HV A war die einzige selbstständige davon) und durch statistische Tricks (in der zweiten Hälfte der 1980er Jahre erhielten «verdiente» Offiziere, die länger als zehn Jahre dabei waren, praktisch ohne größeres Zutun einen Fachschulabschluss zugesprochen)[20], konnte das MfS das Qualifikationsniveau der Mitarbeiter statistisch anheben. Genaue Angaben sind bislang kaum möglich. Denn die MfS-internen Statistiken geben keinen Aufschluss darüber, wer wo was studiert hat.[21] Nach MfS-Angaben stieg der Anteil der Hoch- und Fachschulabsolventen von etwa 10 Prozent 1969 auf 20 Prozent 1975 (jeweils etwa zur Hälfte FS- und HS-Abschluss) und pegelte sich dann 1979 bei 27 Prozent (davon HS-Abschluss 12 Prozent) ein, was auch in den folgenden Jahren etwa so blieb.[22] Ende 1988 haben allerdings Mitarbeiter mit «Hochschulabschluss» einer «zivilen» Ausbildungsstätte wenig mehr als die Hälfte aller angeblichen Hochschulabsolventen gestellt.[23] Da aber keine Statistik darüber bekannt ist, wie viele Absolventen «ziviler Einrichtungen» tatsächlich an «nichtzivilen Einrichtungen» wie eben der Sektion Kriminalistik in die Statistik einflossen und auch nicht bekannt ist, wie viele Absolventen darunter fallen, die etwa an Einrichtungen wie der «Akademie für Staat und Recht», der «Akademie für Gesellschaftswissenschaften» und ähnlichen Ideologiehochschulen studierten, sagen die viel beschworenen «Bildungsprofile» der MfSler letztlich gar nichts aus. Denn wirklich interessant wäre, wie viele «echte» ausgebildete Psychologen, Physiker, Chemiker, Biologen, Mediziner, Elektroniker oder andere Spezialisten beim MfS arbeiteten. Es waren wohl weniger als fünf Prozent aller MfS-Mitarbeiter. Von einer «Bildungsoffensive», wie manchmal zu lesen ist, kann nur die Rede sein, wenn man den MfS-Statistiken folgt, die «Bildungsinhalte» wie «Bildungsziele» unberück-

Die hauptamtlichen Mitarbeiter

sichtigt lässt und letztlich formal akademische Titel, egal wer sie warum verlieh, ins Auge fasst. Für die Bearbeitung der Humboldt-Universität zu Berlin waren 1988/89 in der Bezirksverwaltung etwa 25 MfS-Offiziere zuständig. Bei einer Universität dürfte zu erwarten sein, dass die MfSler wenigstens ein Mindestmaß an fachlichem Wissen aufbringen konnten. Tatsächlich entsprach ihre professionelle Ausbildung dem Bearbeitungsobjekt wenig: In keinem einzigen Fall lag sie vor. Das zeigt exemplarisch, dass die MfS-Angehörigen vor allem auf marxistisch-leninistischer Grundlage juristisch, kriminalistisch und staatswissenschaftlich geschult sein sollten, um ihre spezifischen Aufgaben im Rahmen der sogenannten sozialistischen Gesetzlichkeit zu erfüllen. Insgesamt blieb das berufliche Qualifizierungsniveau im MfS niedrig, einseitig und ideologisch orientiert. Das sollte auch perspektivisch offenbar nicht grundlegend geändert werden. Eine nicht repräsentative Stichprobe der Jahrgänge 1969 bis 1971 (rund 12 000 Mitarbeiter gehörten im Herbst 1989 zu diesen) zeigt, dass von 200 ausgewählten jungen Leuten, die beim MfS auch nach dem Wehrdienst arbeiten wollten, wie in den Jahren zuvor nur wenige (hier: 2,5 Prozent) für ein Fachstudium in Fächern wie Maritimtechnik, Psychologie, Informatik, Elektronik oder Journalistik (was ein Ideologiestudium war) vorgesehen waren. Wichtiger war, dass die jungen Nachrücker politisch auf Linie lagen.

In den 1950er Jahren erlebte das MfS diesbezüglich immer wieder Überraschungen in den eigenen Reihen. Dass der Marxismus-Leninismus vielen unverständlich war, lässt sich gut nachvollziehen, zumal die Theorie ständigen Änderungen ausgesetzt war. Aber die gerade gültige Parteilinie, hätte man erwarten dürfen, wäre den Parteigenossen im MfS stets geläufig gewesen. Auch hier entdeckten die Kontrolleure unentwegt «Abweichungen». Vor allem solange die SED-Führung von der «demokratischen Wiedervereinigung» sprach, nahmen dies nach Ansicht der SED-Kontrolleure im MfS immer wieder einige Mitarbeiter zu ernst. Einer meinte, «wir werden die Wiedervereinigung [...] durch Verhandlungen mit Adenauer erreichen», der Nächste erklärte, Adenauer müsse «sich von den Monopolen und Militaristen» lossagen, dann könnte mit ihm über die Wiedervereinigung verhandelt werden. Ein anderer war etwas schlauer, aber in den Augen der Kontrolleure auch nicht besser: «[...] auf unsere Frage, doch einmal seine Meinung zur Frage der Wiedervereinigung zu äußern, sagte [er]: ‹Genossen, darauf antworte ich euch nicht, da muss ich erst einmal meine Aufzeichnungen oder meine Seminarpläne holen.›»[24]

III. Tschekisten und Spitzel. Hauptamtliche und inoffizielle Mitarbeiter

Das MfS rekrutierte zwar auch unter den regulären Hochschulabsolventen Personal, aber das hat in den Jahren zuvor die Statistik auch nicht entscheidend beeinflusst. Das insgesamt schlechte «Bildungsprofil» verweist schon implizit darauf, wer in bestimmten gesellschaftlichen Bereichen für die operative Arbeit des MfS von großer Bedeutung war: die inoffiziellen Mitarbeiter.

Die MfSler in den 1970er und 1980er Jahren unterschieden sich noch in einem zweiten zentralen Punkt von der ersten MfS-Mitarbeitergeneration. Sie kamen zu etwa fünfzig Prozent aus Funktionärshaushalten. In den 1950er Jahren hatte es diese Personalquelle noch nicht gegeben, weshalb das MfS seine Mitarbeiter zunächst vor allem aus den Reihen der «Kasernierten Volkspolizei» (KVP) rekrutierte. Wie hoch der Anteil jener war, in deren Herkunftsfamilie bereits Vater, Mutter oder Geschwister beim MfS arbeiteten, lässt sich bislang nur vermuten. Das Phänomen aber war schon in den 1950er Jahren nicht untypisch.

1956 hatten in der Bezirksverwaltung Erfurt etwa 25 Prozent der Mitarbeiter Verwandte im MfS. Der Chef, Wilhelm Gaida, lebte es vor, «13 engere Verwandte» schaffte er unterzubringen. Damit dürfte er in dem inoffiziellen Familienranking auch einen historischen Spitzenplatz beanspruchen. Da die Verwandten in den 1950er Jahren zumeist in den gleichen Dienststellen arbeiteten, schätzte die ZK-Abteilung wohl nicht unzutreffend ein: «Diese Konzentration trägt nicht dazu bei, eine gesunde, kritische Atmosphäre innerhalb der Dienststellen zu gewährleisten.»[25] Großartig geändert hat sich daran aber nichts mehr, eher im Gegenteil. Jens Gieseke schätzt, dass etwa die Hälfte aller MfSler 1989 Verwandte bei der Geheimpolizei gehabt hätten.[26] Das erscheint etwas zu hoch. Auf den Kaderkarteikarten und in den Kaderakten ist das genau vermerkt worden,[27] zumal es bei der Einstellung bereits eine Rolle spielte. Wahrscheinlich ist es realistischer, eine Quote von 10 bis 20 Prozent zu veranschlagen, deren Eltern oder Geschwister bereits beim MfS arbeiteten. Verwandte dritten Grades (Onkel, Tante) dürften zu einer Gesamtzahl von etwa einem Drittel führen. Hier gab es aber erhebliche Unterschiede zwischen den einzelnen Diensteinheiten.

Die aber insgesamt hohe Dichte an Funktionärskindern beruhte auf zwei Gründen. Zum einen fruchtete bei vielen die ideologische Erziehung im Elternhaus. Zum anderen hatte das MfS selbst großes Interesse an ihnen. Denn Familie und Umfeld waren bereits «aufgeklärt», Westbeziehungen konnten ausgeschlossen werden. Kurt Zeiseweis, 34 Jahre im

Die hauptamtlichen Mitarbeiter

MfS tätig, zuletzt als Oberst, berichtete, wie er 1958 eine Frau, die ihm gefiel, zunächst intern überprüfte. Als er feststellte, sie «passe» politisch, sprach er sie an und heiratete sie wenig später. Er erzählte dann weiter, «auch meine Frau hat eigentlich erst nach der Wende erfahren, was ich gemacht habe.»[28] Von ihren vier Kindern sind zwei MfS-Offiziere geworden. Auch unter Mitgliedern des SED-Politbüros, des ZK und des ZK-Apparates, des Ministerrates, der 1. Sekretäre der SED-Bezirksleitungen und anderer hochrangiger Institutionen finden sich viele Kinder, die im MfS arbeiteten. Dazu gehörten etwa in den 1980er Jahren Söhne und Töchter der Politbüromitglieder Horst Dohlus, Joachim Herrmann, Günther Kleiber (2), Werner Krolikowski (2), Alfred Neumann, Gerhard Schürer oder Harry Tisch. Die familiäre Verflechtung von Partei- und MfS-Apparat zog sich vom Politbüro über das ZK und seinen Apparat, die Bezirksleitungen bis in untere hauptamtliche Parteigliederungen durch. Darunter befanden sich auch Kinder von Außenminister Fischer, Innenminister Dickel, Generalstaatsanwalt Streit und Kosmonaut Jähn. Und ein Teil der MfS-Prominenz selbst brachte hier seine Kinder unter, wie z. B. Mittig, Neiber (3), Schalck-Golodkowski (2 nebst Ehefrau), Beater, Scholz (2), Mielke, Schwanitz (3) oder Markus Wolf. Nicht selten waren deren Kinder mit MfS-Angehörigen verheiratet. Eher ungewöhnlich hingegen war, das ZK-Mitglied und Chefin der Pionierorganisation Helga Labs mit einem hochrangigen Offizier (Oberst Klaus Labs, ZAIG)[29] verheiratet war. Ihr Bruder arbeitete für die Hauptverwaltung A.

Wie die Rekrutierung der obersten Funktionärskinder ablaufen konnte, zeigt das Beispiel von Werner Krolikowski. Er bat «seinen persönlichen Begleiter» vom Personenschutz nachzufragen, ob sein Sohn nicht dauerhaft beim MfS arbeiten könne. Die entsprechende Kaderanfrage landete auf Mielkes Schreibtisch, der im August 1976 «einverstanden» auf dem Dokument vermerkte.[30] Das ist erwähnenswert, weil es zeigt, dass solche hochrangigen Eltern selbst aktiv wurden, denn im Normalfall lehnte das MfS «Selbstanbieter» für hauptamtliche oder inoffizielle Mitarbeit ab.

Auch das «Zeiseweis-Verfahren» war (schon damals) unüblich. Für solche Überprüfungen war der Apparat zuständig, was u. a. erklärt, warum das MfS wie jede «Behörde» in einem nicht zu unterschätzenden Umfang vor allem mit sich selbst beschäftigt war. Das spiegelt sich auch in den überlieferten Akten. In sehr vielen geht es um MfS-Angehörige und interne «Behördenprobleme». Auch dies wäre ein lohnendes Forschungs-

III. Tschekisten und Spitzel. Hauptamtliche und inoffizielle Mitarbeiter

projekt – herauszubekommen, wie viele der insgesamt 111 laufenden MfS-Aktenkilometer (zum Vergleich: im gesamten Bundesarchiv lagern rund 300 Aktenkilometer zu mehreren Jahrhunderten deutscher Geschichte) «nur» den eigenen Apparat betreffen. Dies wäre zumindest ein statistischer Beitrag zur «Aufarbeitung» – der aber auch selbst zugleich relativiert werden müsste, weil es in der MfS-Geschichte unentwegt zu Akten-Kassationen kam, die insbesondere in den 1980er Jahren beträchtliche Ausmaße annahmen und wovon wiederum Akten über hauptamtliche Mitarbeiter weitaus seltener betroffen waren als «Operativakten».

Wie schon erwähnt, befasste sich ein nicht unbeträchtlicher Teil der hauptamtlichen Mitarbeiter mit «sicherstellenden Aufgaben», wozu aber nicht nur die Kaderarbeit, sondern alles zählte, was für den internen Ablauf notwendig war (von der «Verwaltung Rückwärtige Dienste» über die Abt. Finanzen, den Medizinischen Dienst bis hin zur Schulungs- und Kaderabteilung). Es wurde intern 1985 eingeschätzt, dass der «tatsächliche Anteil» noch weitaus höher liege, «da fast allen Diensteinheiten des Ministeriums Berlin Bereiche der materiellen, technischen und finanziellen Sicherstellung strukturell zugeordnet sind.»[31] Zu diesem Zeitpunkt arbeitete etwa die Hälfte der MfS-Angehörigen in den Diensteinheiten der Zentrale, die andere Hälfte in den Bezirksverwaltungen und den unterstellten Kreisdienststellen. Wo die eigentliche operative Arbeit geleistet wurde, zeigt folgende Statistik. Von den Berufsoffizieren und -unteroffizieren der Zentrale führten nicht einmal zehn Prozent IM. In den Bezirksverwaltungen war es bereits mehr als jeder fünfte Mitarbeiter, aber in den Kreisdienststellen führte jeder zweite hauptamtliche Mitarbeiter IM persönlich. Ende 1985 waren von den etwa 66 000 Stasi-Berufsoffizieren und -unteroffizieren nur rund 16 Prozent auch als Führungsoffiziere tätig,[32] in absoluten Zahlen genau 10 503.[33] Zwar ging seit 1987 der IM-Bestand jährlich um etwa 1,5 Prozent zurück, aber die Anzahl der Führungsoffiziere steigerte sich bis Ende 1988 auf etwa 12 000.[34]

Damit ist *nicht* die Zahl der unmittelbar an der operativen Arbeit beteiligten MfS-Personen umrissen. Aber dennoch zeigen diese Beispiele wenigstens, warum so mancher MfS-Angehörige nach 1989 selbst überrascht von dem war, was seine Arbeitsstelle so alles trieb. Und diese Angaben entheben auch nicht von der persönlichen Verantwortung, im großen Ganzen ein Rädchen gewesen zu sein. Denn den erschöpften Zersetzungsexperten musste auch jemand die Zimmer reinigen, das Essen in der Kantine kochen, die Autos reparieren, die Ausweise fälschen, Tickets

Die hauptamtlichen Mitarbeiter

besorgen, den gebrochenen Arm heilen, ihre Objekte bewachen und was sonst noch alles zur Rundumversorgung dazu gehörte. Das MfS hatte sich bis Ende 1989 über 9000 Immobilien, Grundstücke, Wohnhäuser, Wohnungen, Sportanlagen, Ferienhäuser u. v. a. m. angeeignet und dementsprechend auch zu verwalten. Auch wenn die absolute Mehrheit davon «konspirative Wohnungen» für Treffen mit IM war, die von den zuständigen Mitarbeitern verwaltet und gepflegt werden mussten, bleiben tausende übrig, die von anderen Stasi-Mitarbeitern bewirtschaftet werden mussten. Insofern gab es eine unlösbare Einheit von innerinstitutioneller Aufgabenerledigung und «zweckgebundenen» spezifischen Informations-, Überwachungs-, Unterdrückungs-, Verfolgungs- und Bekämpfungsaufgaben. Auch wenn nicht jeder MfSler als Geheimpolizist tätig war, so gehörte schlussendlich jeder Stasi-Mitarbeiter zur Geheimpolizei. Gleichwohl dürfte angeraten sein, auch die hauptamtlichen Mitarbeiter – wie es sonst in der Forschung auch üblich ist – nach dem zu bewerten, was sie tatsächlich im Einzelfall konkret taten. Obwohl die «Stasi-Täterforschung» viele belastbare Ergebnisse hervorbrachte,[35] steht eine solche differenzierende und zugleich konkrete Analyse noch aus.

Bezogen auf Verräter meinte Mielke noch 1982: «Hinrichten ohne Urteil».[36] Mit Blick auf Flüchtlinge und Ausreiseantragsteller sagte er 1984, «wenn ich in der glücklichen Lage wie in der Sowjetunion wäre, dann würde ich einige erschießen lassen».[37] Ein Geheimpolizist müsse, so der Chef 1986, die «Notwendigkeit von Fanatismus» verinnerlicht haben.[38] Diese Zitate belegen zunächst nur seinen Fanatismus. Aber dass er sich in einem System bewegte, in dem er lediglich eine herausgehobene Rolle einnahm, zeigt ein Blick in die Liste der Hingerichteten. Denn etwa zwanzig Prozent aller von DDR-Instanzen aus politischen Gründen zum Tode Verurteilten waren Personen, die als MfS-Verräter hingerichtet wurden, darunter Paul Bruno Rebenstock (1954), Paul Köppe (1955), Heinz-Georg Ebeling (1955), Bruno Krüger (1955), Susanne Krüger (1955), Johannes Schmidt (1955), Sylvester Murau (1956), Walter Egon Glombik (1975), Gert Trebeljahr (1979) und, der letzte überhaupt nach einem «Strafverfahren» in der DDR Ermordete, Werner Teske (1981).[39]

Es ist wahrscheinlich zutreffend, wenn es sich auch zunächst überraschend oder abwegig anhört, aber keine «Personengruppe wurde in der DDR so intensiv und so systematisch überwacht wie die hauptamtlichen Mitarbeiter» des MfS.[40] Der Blick in Disziplinarstatistiken belegt dies zunächst nicht unbedingt, denn auch bei der Polizei oder in der Ar-

III. Tschekisten und Spitzel. Hauptamtliche und inoffizielle Mitarbeiter

mee/Grenztruppe – die nach der Stasi am intensivsten überwachten Bereiche – wurden wie in jeder Großorganisation jährlich Tausende für alle möglichen Verfehlungen und «Delikte» intern bestraft. Das militärischharte interne Regime brachte dies zwangsläufig mit sich. Die vielen internen Regeln forderten Regelüberschreitungen heraus. Dies ging mit den Jahren aber genauso erheblich zurück wie strafrechtliche Ahndungen.

Sind in den 1950er Jahren durchschnittlich etwa fünfzig MfS-Angehörige pro Jahr verhaftet und verurteilt worden, so beschäftigten sich die Gerichte – wenn es sich beim Zeitpunkt der Tat um aktive MfSler handelte: Militärgerichte – später weitaus seltener mit ihnen. 1989 saßen etwa 20 Personen ein, die im aktiven Dienst verhaftet und dann verurteilt worden waren. Verurteilte MfS-Mitarbeiter kamen übrigens nicht in den regulären Strafvollzug. Sie saßen in der MfS-Sonderhaftanstalt Bautzen II oder in den Stasi-Untersuchungsgefängnissen ihre Zeit ab.[41] Dafür war weniger die Sorge um die Sicherheit der einstigen Mitarbeiter verantwortlich, sondern die Angst davor, die Verurteilten könnten ihren Mithäftlingen Geheimnisse ausplaudern.

Nur die wenigsten dieser belangten MfS-Angehörigen sind aus politischen Gründen verurteilt worden. Die meisten erwiesen sich als gewöhnliche Kriminelle oder schwere Verbrecher, bei vielen verband sich das mit zusätzlichen Dienstvergehen. So kam es immer wieder einmal vor, dass Mitarbeiter sogenannte Operativgelder unterschlugen und in die eigene Tasche steckten. Die Liste der Vergehen wäre lang, aber sie zeigte nur, wozu Menschen in der Lage sind. Besonders schlimm aber war es «aus operativer Sicht», wenn ein Führungsoffizier, wie es im Stasi-Jargon hieß, mit «einem weiblichen IM Intimverhältnisse» (oder gar mit mehreren, was auch vorkam) unterhielt. Umgekehrt war es praktisch ausgeschlossen – Führungsoffizierinnen gab es fast nicht, bekannt sind aus den 1980er Jahren etwa ein halbes Dutzend. Für sexuelle Identitäten und den Umgang im MfS damit hat sich übrigens bislang noch niemand interessiert – was angesichts dieses Männerministeriums wahrscheinlich ein lohnendes Forschungsterrain darstellt.

Eine Institutionengeschichte der Geheimpolizei müsste auch Korruption, Vorteilsnahme, Unterschlagung, Diebstahl und Nötigung außerhalb der MfS-Spielregeln berücksichtigen. Dafür gibt es viele Beispiele, die aber letztlich, so kurios auch manches ist, typisch für solche großen «totalen» Institutionen sind. Das begann schon damit, dass Zaisser und Mielke sich 1952/53 großzügig bedienten. Aber auch hier gilt, dass spektakuläre

Die hauptamtlichen Mitarbeiter

Fälle keinesfalls typisch waren, auch wenn es solche immer wieder gab. In den aufgedeckten Korruptionsaffären nach 1990 spielten MfS-Mitarbeiter nur eine untergeordnete Rolle. Zwar gab es im November und Dezember 1989 im Apparat selbst jede Menge «Anzeigen» und Meldungen wegen Korruption, Vorteilsnahme oder Diebstahl, aber dies war eine allgemeine Erscheinung Ende 1989 im Macht- und Herrschaftsapparat, als Subalterne, die noch gerade die Schuhe ihrer Vorgesetzten diensteifrig geputzt hatten, ihre Reformstunde gekommen sahen. Die mondäne, fast bürgerliche Lebensweise jedenfalls in der sonst so trefflichen Fernsehserie «Weissensee» (6 Folgen 2010) des hochrangigen «Generals Kupfer» war weder typisch noch real – die «Villen» der Generale waren keine.[42] In der Realität war es eine Kaste kleinbürgerlicher, dem urwüchsigen Arbeitermilieu entronnener Klassenkämpfer, die bekannten, ein schlechtes Gewissen gehabt zu haben, wenn sie ein «operativ nutzloses» Buch lasen. Die Generale waren keine Feingeister. Sie mögen in größeren Häusern gelebt haben, aber in Wirklichkeit hausten sie. Der «Schriftsteller» Markus Wolf mag eine gewisse Ausnahme gewesen sein. Vater und Bruder zeugen schon von einem anderen Bildungshintergrund als dem üblichem im MfS. Aber was sagt das eigentlich? Nur weil der Mann abends oder nachts vielleicht Shakespeare und Dostojewski gelesen hat oder mit Messer und Gabel essen konnte, wird das, wofür er wirklich bekannt wurde, nicht feinsinniger. Und als er im Frühjahr 1989 anders als bislang richtig berühmt wurde mit seinem Bestseller-Buch «Troika» – ist je gefragt worden, wie es wirklich entstanden ist? Mehrere Offiziere haben seit 1980/81 emsig recherchierend im In-und Ausland dafür gesorgt, dass sich Wolf als offener und intellektueller «Schriftsteller» präsentieren konnte. Er durfte es, weil er auch nach seinem offiziellen Ausscheiden aus dem MfS auf die mannigfaltige «Unterstützung» seines Ministeriums vertrauen und zurückgreifen konnte.

Die MfS-Mitarbeiter verstanden ihre Arbeit als Parteiarbeit, sie selbst begriffen sich als überzeugte Kommunisten, die sich «für die Sache» aufopferten. Hauptzweck war die Stärkung und Sicherung des SED-Sozialismus. Die eingesetzten geheimpolizeilichen Mittel und Methoden standen in ihrem Selbstverständnis weder den Gesetzen noch «kommunistischen Idealen» entgegen. Ein MfS-Offizier formulierte 1990: «Als ich meine Arbeit im MfS übernahm, hatte ich nicht den Eindruck, etwas Ungesetzliches zu tun. Etwas, was losgelöst von jeglicher Kontrolle ist. […] Die Mittel für unser Ministerium mussten ja auch irgendwie von der Regie-

III. Tschekisten und Spitzel. Hauptamtliche und inoffizielle Mitarbeiter

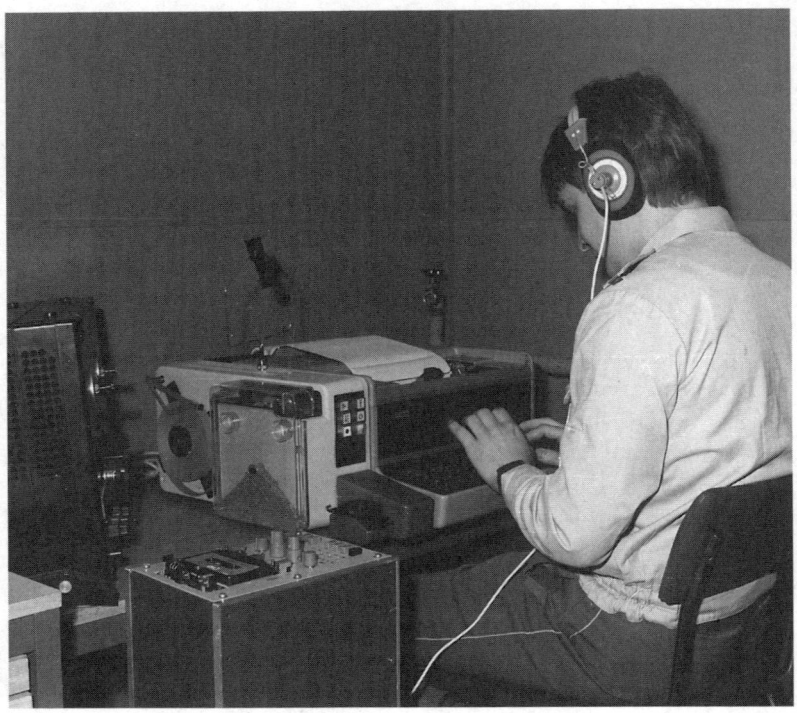

Stundenlanges Lauschen: ein Telefonabhörer des MfS bei der Arbeit.

rung und Volkskammer abgesegnet werden. Demzufolge war für mich klar: Wir sind kein verselbständigtes Organ. Und das, was wir tun, ist auch nach allen Seiten rechtlich abgesichert.»[43] Oberst Zeiseweis argumentierte zwar ähnlich, fügte aber – er stand in der Hierarchie viel weiter oben als der zitierte anonyme MfS-Offizier – hinzu: «Da es keinen Richter über uns gab, haben wir gemacht, was wir für notwendig hielten.»[44] Die «Sicherheitsdoktrin» der Stasi folgte zwar der jeweiligen SED-Politik, war aber von dem Phänomen charakterisiert, in gewissen Grenzen außer sich selbst prophylaktisch gar nichts als «sicher» oder «gesichert» anzusehen. «Sicherheit» war in den Stasi-Wahrnehmungen nie gewährleistet, immer bedroht und nie ein erreichbarer Zustand.[45]

Ihre Feindbilder waren von Hass und Ablehnung des «Klassenfeindes» geprägt, der mit allen Mitteln den Kommunismus stürzen wolle. Die MfS-Mitarbeiter glaubten von sich selbst, zur Elite der kommunistischen

Die hauptamtlichen Mitarbeiter

Avantgarde zu gehören. Dabei war ihr Arbeitsalltag überwiegend eintönig. Die zur Postkontrolle eingesetzten Mitarbeiter mussten täglich Briefe ihnen völlig fremder Absender lesen. Andere saßen stundenlang vor Laufbändern, stierten Paket für Paket an, um zu entscheiden, welcher Verdachtsfall «zuzuführen» sei. Die Abhörer lauschten stundenlang fremden Telefongesprächen. Mit Observationen Beauftragte standen oft stundenlang bei Wind und Wetter herum und hofften, dass sich irgendwer bewegte. Das Heer an Sekretärinnen und untergeordneten Kräften schrieb unentwegt Bericht über Bericht ab oder auf, und dabei blieben für sie ganz oft sogar die Namen und zum Teil andere Sachverhalte unbekannt. Dort mussten sie Pünktchen setzen und Vorgesetzte schrieben die Namen handschriftlich ein. Wachposten standen in der Gegend herum, um etwas zu schützen, wobei sie oft selbst gar nicht wussten, was und warum eigentlich. Die Personenschützer sollten ihr Leben für mächtige Männer hergeben, die ihnen meist nicht einmal «Guten Tag» sagten. Und das alles Tag für Tag, Jahr für Jahr – umso niedriger in der Hierarchie sie standen, umso eintöniger und langweiliger muss es gewesen sein: Vielleicht erklärt das ein bisschen die Aggressivität, mit der MfSler zuweilen in der Öffentlichkeit auffielen. In der internen Verwaltung zu arbeiten, kann auch nicht viel Spaß bereitet haben. Die täglichen Anfragen ans «Archiv» mussten über ein kompliziertes System mit immer neuen Vordrucken bearbeitet werden, so dass nur die wenigsten aus Gründen der inneren Konspiration mitbekamen, was sie da eigentlich «beauskunfteten» bzw. welches Material sie warum herausgeben sollten. Die SED kritisierte gerade in den 1950er Jahren übrigens immer wieder, dass die «innere Konspiration» zu häufig verletzt würde. Als etwa mit Günter Männel im Sommer 1961 ein Offizier der Hauptverwaltung A flüchtete, gab er im bundesdeutschen Fernsehen bereitwillig Auskunft über die Arbeitsweise seiner Verwaltung. Honecker bekam von einem Mitarbeiter der ZK-Abteilung Sicherheit einen knappen Bericht auf den Tisch, in dem es hieß: «Aus der Information ist weiter zu ersehen, dass Männel mehr wusste als zur Durchführung seiner Aufgaben notwendig war.»[46]

Das MfS verfügte über einen leichten Zugang zu sämtlichen Personalunterlagen in Betrieben und staatlichen Institutionen. Diese Personalunterlagen prägten einen wesentlichen Teil der Alltagsarbeit tausender MfS-Offiziere, die mit sogenannten Sicherheitsüberprüfungen beschäftigt waren, um herauszubekommen, ob jemand Reisekader werden oder eine bestimmte Position besetzen könne. In den 1980er Jahren gab es jähr-

III. Tschekisten und Spitzel. Hauptamtliche und inoffizielle Mitarbeiter

lich hunderttausende «Sicherheitsüberprüfungen». Auch an Universitäten fielen solche an. Es sind die Kader- und Studentenakten von politisch-ideologisch Aufgefallenen angefordert worden, aber bei der absoluten Mehrheit ging es um die eventuelle Werbung als IM, die Einstufung als Reisekader, den Antrag auf eine private Westreise, eine Reise mit FDJ-Jugendtourist ins westliche Ausland, um die Besetzung einer neuen Position, um sicherheitspolitisch relevante Forschungen, um den Einsatz von Absolventen bestimmter Fachrichtungen usw. Solche und viele weitere Anlässe führten dazu, dass von 1979 bis 1987 jährlich etwa 4000 Personen von der Humboldt-Universität überprüft wurden (HU-Mitarbeiter: etwa 4000; HU-Studierende: rund 18 000). Wenn man eine Arbeitswoche berücksichtigt, sind durchschnittlich am Tag zehn Personenüberprüfungen an der HU vorgenommen worden. Ein nicht unbeträchtlicher Teil der Alltagsarbeit der zuständigen MfS-Offiziere an der Universität folgte – wie in vielen anderen Bereichen – routinierten und wohl extrem langweiligen Arbeitsabläufen. Im Prinzip mussten sie beständig zwischen kafkaesken und orwellschen Räumen hin- und herpendeln.

Das hörte aber nach offiziellem Arbeitsende nicht auf.[47] Denn ein «Tschekist», wie sich die MfSler seit 1970 nannten – Honecker hatte aus Anlass des 20. MfS-Jahrestages den «Ehrennamen» den Angehörigen «offiziell [...] übertragen» –,[48] hatte nie Arbeitsschluss, war immer auf der Wacht. Das fing schon damit an, dass etwa ein Drittel (oder mehr) der MfS-Angehörigen in Wohngebieten oder Neubaukomplexen mit ihren Familien lebten, in denen ausschließlich oder überwiegend MfS-Mitarbeiter angesiedelt worden sind. Das betraf neben Ost-Berlin und den Bezirksstädten auch die meisten Kreisstädte, fiel hier aber weniger ins Gewicht. 134 Kreisdienststellen verfügten 1989 über weniger als 50 Mitarbeiter, nur in etwa einem Dutzend lag der Personalbestand bei annähernd 100 Mitarbeitern oder darüber. Mit dem Aufbau solcher Wohnsiedlungen begann das MfS bereits Anfang der 1950er Jahre. Sie dienten dazu, die Alltagsgewohnheiten der MfSler «unsichtbar» vor dem Rest der Bevölkerung zu machen.

Einige solcher Wohnkomplexe lagen in unmittelbarer Nähe von «sensiblen» Örtlichkeiten. Die Konzentration von Hauptamtlichen in Berlin-Hohenschönhausen hat zum einen den Grund, dass dort überhaupt ein Neubaugebiet in der notorisch an Wohnraummangel leidenden DDR entstand. Zum anderen aber konnte so das zentrale MfS-Untersuchungsgefängnis vor neugierigen und fremden Blicken geschützt wer-

Die hauptamtlichen Mitarbeiter

den. Aber die Wohnkonzentration der Mitarbeiter hatte noch andere Ursachen.

Das «Zusammenleben» vieler MfS-Angehörigen führte dazu, dass sie sich gegenseitig beobachteten, überwachten und viele tausende Normabweichungen im Laufe der Jahre über ihre Nachbarn, «Freunde» und Berufskollegen pflichteifrig meldeten. Auch jeder andere Tschekist war verpflichtet, alles in seinem «zivilen» Lebensumfeld zu melden. Nicht alle, aber viele Hauptamtliche arbeiteten so nebenher auch noch wie IM. Die meisten machten dies aus Überzeugung, aber auch weil sie nie wissen konnten, wer den «Vorfall» noch beobachtet hatte und meldete. Käme heraus, sie waren selbst dabei, hatten aber eine Meldung unterlassen, konnte das erhebliche disziplinarische Folgen nach sich ziehen. Insgesamt stand so ein großer Teil der MfS-Mitarbeiter selbst unter Dauerkontrolle.

Das alles hatte Auswirkungen auf die Familien, insbesondere die Kinder. Denn ihnen war vieles von Geburt wegen streng verboten. Es ging beim untersagten Empfang westlicher Radio- und Fernsehsender los und hörte bei der Überprüfung der ersten festen Freundin und des ersten festen Freundes und deren Familien längst nicht auf. Diese Überprüfungen sind gemacht worden, um in den «Fremdfamilien» Westkontakte, Westverwandtschaften oder politische Feinde auszuschließen. Wohlgemerkt: Es handelte sich dabei nicht um eine Überprüfung, weil Sohn oder Tochter selbst beim MfS arbeiteten oder heiraten wollten. Wie mögen sich diese Väter und Mütter eigentlich gefühlt haben, wenn sie ihren 12-, 14-, 16-, 18-, 20-jährigen Kindern den Befehl erteilten, die Freundschafts- oder Liebesbeziehung umgehend zu beenden? Und die Kinder? Eine MfS-Opfergruppe, die auch nichts für ihr Schicksal konnte. Von ihnen mögen viele tausende als Erwachsene selbst zum MfS gegangen sein, aber zehntausende nicht. Für sie hat sich bislang fast niemand interessiert.

Aber nicht nur eigene Wohngebiete, auch Krankenhäuser, Arztpraxen, Verkaufsstellen, Ferienobjekte, Kinderkrippen der Staatssicherheit gab es. In Ost-Berlin und anderen Städten wurden die MfS-Angehörigen mit einem eigenen «Bus-Shuttle» in die Dienstobjekte bewegt. Von außen konnte niemand in diese Busse hineinschauen. Seit 1973/74 gab es sogar eine MfS-eigene Sparkasse in Ost-Berlin.[49] Die war notwendig geworden, weil die MfSler ihr Gehalt bar ausgezahlt bekamen – eine Überweisung hätte die Arbeitsstelle verraten. Da aber am Gehaltstag die meisten MfSler zur Sparkasse gingen und ihr Geld auf ein Konto einzahlten, konnten die Angestellten der Sparkasse wegen der häufigen Konzentration auf bestimmte Institute – Wohnraumnähe – herausbekommen, wer bei der «Firma» arbeitete. Mit dieser Stasi-Sparkasse wurden auch die Zuwendungen für im Ausland tätige Mitarbeiter, aber auch für IM, verwaltet und brachten sogar Zinsen ein, wie die Strategen vorrechneten. Die 1985 in der DDR eingeführte Geldkarte ist aus «Sicherheitsgründen» von der MfS-Sparkasse nicht angeboten worden.[50] Neben anderen Überlegungen, die zur Eröffnung der «MfS-Bank» führten, verstärkte die Sparkasse auch die Überwachung der «Tschekisten». Unregelmäßigkeiten konnten schnell aufgedeckt werden, Kontoüberziehungen zogen nicht nur regelmäßig Disziplinarstrafen nach sich,[51] sondern zugleich ist der politisch-ideologische Zustand und der allgemeine Lebenswandel der Betroffenen untersucht und in der Parteigruppe vor den Augen der engsten Kollegen ausgebreitet worden. Die vielfältigen Folgen einer solchen Praxis, für die es bei der Stasi, in der SED und vielen anderen Bereichen sehr viele weitere Beispiele gibt, sind gesellschaftshistorisch bislang nicht erforscht worden. Auch in solchen Alltäglichkeiten zeigt sich der Diktaturcharakter.

Die Wohnkonzentration erbrachte auch den Vorteil, eine «ständige Einsatzbereitschaft» gewährleisten zu können. Im Alarmfall konnten sich die Mitarbeiter ohne Technik gegenseitig alarmieren, dafür gab es ständig aktualisierte Alarmpläne – die jährlich ein-, zweimal «unter Gefechtsbedingungen» geprobt wurden. Aber auch jene, die in «zivilen» Wohngebieten lebten, hatten es nur wenig besser. Sie wussten nicht, wer von ihren Nachbarn der Staatssicherheit inoffiziell verpflichtet sei. Demzufolge mussten auch sie, sofern sie es überhaupt als eine Last ansahen, in ihrem Lebensumfeld genau beobachten und berichten. Wohnten mehrere MfS-Mitarbeiter, die sich kannten, in einem normalen Wohnhaus, so sollten sie so tun, als wären sie einander unbekannt.

Das alles führte nicht nur dazu, dass sich viele MfSler außerhalb ihrer Dienstgebäude oftmals vorsichtiger und ängstlicher verhielten als die meisten anderen Menschen, es hatte auch erhebliche «Nebenwirkungen». Nicht wenige MfS-Familien sind an solchen und anderen Eigenheiten zerbrochen. Einige wenige «Stasi-Kinder» berichteten darüber, was sich in ihren Familien hinter der geschlossenen Wohnungstür abspielte. Das war oft keine reine Kinderfreude, die sich da einstellte.[52] Denn in allen MfS-Familien musste aus dienstlichen Gründen gelogen, getäuscht, verschwiegen und geschwiegen werden. Vieles war einfach tabu. Vater oder Mutter oder gar beide konnten ihren Kindern nicht wahrheitsgemäß erzählen, was sie «auf Arbeit» so treiben, warum und weshalb schon gar nicht. Die

Die hauptamtlichen Mitarbeiter

Kinder konnten ihre Eltern auch nie «auf Arbeit» besuchen. Das muss eine prächtige Stimmung in den MfS-Ferienheimen oder MfS-Kinderferienlagern erzeugt haben – alle wussten irgendwie voneinander, dass sie nichts wussten, aber darüber durften sie nicht reden...

Innerfamiliäre Gewalt scheint kein Randphänomen gewesen zu sein. Selbst ehemalige MfS-Führungskräfte räumen heute etwas halbherzig ein, dass die Arbeit «Konsequenzen für das Privatleben» hatte und deshalb «von überdurchschnittlich hohen psychischen Belastungen der Mitarbeiter» gesprochen werden kann.[53] Die Selbstmordquote im MfS lag aber meist nicht über dem DDR-Durchschnitt, oft sogar darunter.[54] Die 20 Suizide 1988 oder 16 im Jahr 1983 stellten Ausnahmen dar, meist lag die Jahresquote seit 1960 zwischen sechs und zwölf. Als Ursachen ermittelte das MfS überwiegend «familiäre Probleme», psychische Erkrankungen oder kriminelle Handlungen. Ob diesen Selbstmorden *keine* «geheimdienstlichen Spezifika» zugrunde lagen,[55] kann man weder belegen noch das Gegenteil beweisen. Für den Stasi-Kaderchef stand jedenfalls kurz vor Weihnachten 1977 – unfreiwillig komisch, aber irgendwie auch nicht ganz falsch, aber ganz neue rechtliche Fragen aufwerfend – fest: «Es ist ein Unterschied, ob ein Bürger der DDR sich vor den Zug wirft oder ein Offizier der Staatssicherheit.»[56]

Die angedeuteten Arbeits- und Lebensumstände der MfS-Mitarbeiter trugen dazu bei, dass hier, was nachvollziehbar ist, besonders häufig schwere psychische Erkrankungen auftraten.[57] Zunächst finden sich in den MfS-Berichten tatsächlich nur wenige «geheimdienstspezifische Gründe» für Suizide, wie z. B. Sex mit einer Kollegin in einem konspirativen Objekt, Unterschlagung von Operativgeldern, Verschweigen der Verlobten (wegen Westverwandtschaft) oder fiktive Geldquittungen von IM. Wenn man aber bei den anderen Ursachengruppen genauer hinschaut, erkennt man ebenfalls Zusammenhänge, die auf das MfS hindeuten – nämlich die Überwachungspraxis der eigenen Angehörigen, weil etwa «Fremdgehen» relativ schnell offen gelegt werden konnte. Aber wie gesagt, das lässt sich im Einzelfall nicht mehr überprüfen, allerdings gab es an den Suiziden etwas sehr MfS-Typisches, was es sonst nur noch bei der NVA, Polizei und im SED-Apparat gab: Suizid durch Erschießen war die häufigste Form.

Die vielen psychischen Erkrankungen hatten zum Teil dramatische Auswirkungen auf familiäre Lebensbereiche. In Karl-Marx-Stadt soll ein 42-jähriger Offizier, der bereits 18 Jahre im Dienst stand, zu Hause über seine Ehefrau und seine zwei Söhne jeweils Kaderakten angelegt und geführt haben. Die Frau musste zudem allabendlich wie in einem Verhör minutiös erzählen, was sie während seiner Abwesenheit alles gemacht hatte. Seine Söhne redete er mit Decknamen an.[58] Das mag ein Extremfall gewesen sein, aber die Quote psychischer Auffälligkeiten und neurotischer Störungen lag selbst nach MfS-Erkenntnissen deutlich über dem üblichen Durchschnitt.

Wie in vielen anderen DDR-Apparaten stellte Alkoholismus eine besonders verbreitete Krankheit im MfS dar. Dagegen war es genauso machtlos wie andere Institutionen, als systembedrohende Krankheit ist sie erst Ende der 1980er Jahre erkannt worden. Im MfS gefährdete sie die Konspiration. «Der Genosse [...] ließ sich bei einem Saufgelage mit einer ihm fremden Frau ein, hatte mit ihr Geschlechtsverkehr und verlor dabei seine Brieftasche mit dem Parteidokument, Dienstausweise und Waffenscheinen.» Doch damit nicht genug, der größtmöglich anzunehmende Crash trat auch noch ein: «Am darauffolgenden Tag wurden seine Dokumente durch einen Pfarrer bei seiner eigenen Frau abgegeben.» Und es ist immer noch nicht vorbei: «Bei dieser fremden Frau handelte es sich um eine Frau eines VP-Angehörigen. [...] Der Abteilungsleiter [...] sagte hierzu, dass er durch diesen Vorfall sehr schweres Arbeiten in der Volkspolizei hat.» Der Betroffene bekam nur fünf Tage Arrest: «[...] können wir nicht höher bestrafen, denn er weiß sehr viel, und wenn er darüber spricht, dann wird es noch schlimmer.»[59] Aber Alkoholismus konnte auch völlig Unbeteiligte ernstlich bedrohen. Immer wieder kam es vor, dass betrunkene MfS-Mitarbeiter auf Zivilisten schossen. Kurz vor Weihnachten 1984 erschoss ein besoffener «diensthabender Mitarbeiter» der Güstrower Kreisdienststelle, Unterleutnant Funk, gezielt zwei Männer, Uwe Siatkowski und Wolf-Dieter Runge, und verletzte einen dritten schwer. Er hielt sie für Randalierer und machte kurzen Prozess. «Er hatte geschossen, weil er berauscht war. Nicht nur vom Alkohol [...], sondern auch von dem Gefühl der Macht, die er als Uniformträger und Angehöriger der Stasi hatte.»[60] Dem MfS-Mann geschah zunächst nichts – erst im Herbst 1990 erhielt er zehn Jahre Haft –, der Oppositionelle Heiko Lietz aber, der diesen Vorfall aufklären wollte und Strafantrag stellte, ist mit einem Ermittlungsverfahren wegen «Nachrichtenübermittlung» – im Westen erschienen kurze Zeitungsnotizen – überzogen worden.

Alkoholmissbrauch spielte oft bei Suiziden eine wichtige Rolle, wie ein Beispiel aus einem anderen Jahr und einer anderen Region zeigt: «Die Tat-

Die inoffiziellen Mitarbeiter

sache, dass seine Ehefrau wegen seiner Trunkenheit den Geschlechtsverkehr mit ihm ablehnte, wurde von ihm infolge seiner verminderten Zurechnungsfähigkeit überbewertet.»[61] Die Stasi glaubte, auf alles eine Antwort zu haben.

Es gab noch eine ganz besondere Kategorie von MfS-Mitarbeitern seit Mitte der 1950er Jahre. Über deren Seelenzustand und deren Familien zu spekulieren, erscheint vollkommen aussichtslos. Sie hießen schon intern «Unbekannte Mitarbeiter». Und wie es naheliegt, wissen wir bis heute über sie ziemlich wenig.[62] Bekannt ist, dass ihre Anzahl in den 1950er Jahren etwa 300 bis knapp 400 umfasste, Ende der 1980er Jahre zwischen 130 und weniger als 300 schwankte.[63] Von ihrer Existenz wussten logischerweise nur ganz wenige Eingeweihte. Sie kamen als Beobachtungskräfte zum Einsatz, wenn gegen verdächtige hohe Staatsfunktionäre oder ranghohe Polizei- und Armeeoffiziere, meist bei Spionagevermutungen, ermittelt wurde. Ihr zweites Aufgabenfeld betraf ihre eigene Arbeitsstelle – in Verdachtsfällen observierten sie MfS-Kollegen. Beide Tätigkeitsfelder legten eine strikte Konspiration nahe. Legendiert mit anderen Arbeitsstellen (offenbar meist MdI) durften sie sich nie als Stasi-Mitarbeiter zu erkennen geben. Dazu gehörte auch, dass sie kein MfS-Gebäude betreten konnten. Ob sie Letzteres bis heute nicht taten, ist unbekannt, zu erkennen gegeben haben sie sich bis heute nicht.

Die inoffiziellen Mitarbeiter

Ost-Berlin, Anfang der 1980er Jahre. Die unabhängige Friedensbewegung in der DDR ist im Umfeld der evangelischen Kirchen kräftig angewachsen. Die SED sieht sich herausgefordert, propagiert sie doch, selbst die «deutsche Friedenspartei» schlechthin zu sein. Ihr «Schild und Schwert» hat in den Jahren seit 1976 einige der wichtigsten normativen Befehle und Anweisungen erneuert und verfeinert. Es geht um die Bekämpfung des «politischen Untergrunds». Die seit 1978 verbesserten Beziehungen zwischen Staat und Kirche sollen nicht durch allzu plumpe MfS-Aktionen beeinträchtigt werden. Die Friedensgruppen im Umkreis der Kirchen sollen vorrangig mit subtilen Methoden ausgeschaltet und in ihrer Wirkung begrenzt werden.

Eine Frau mittleren Alters, alleinstehend, engagiert in einer solchen Gruppe, gerät wie viele andere ins Visier der Geheimpolizei. Irgendwann

III. Tschekisten und Spitzel. Hauptamtliche und inoffizielle Mitarbeiter

bemerkt auch sie es. Jeden Tag verlässt sie ihre Wohnung, mehr oder weniger akkurat aufgeräumt. Sie hat niemanden, der diese Ordnung durcheinanderbringen könnte. Und so fällt ihr auch sofort auf, Vasen wurden vertauscht – sonst nichts. Am nächsten Tag sind die Handtücher im Badezimmer vertauscht – sonst nichts. Am darauffolgenden Tag stehen die Gewürzdosen in der Küche anders – sonst nichts. So geht das eine zeitlang weiter. Was soll die Frau tun? Eine Anzeige erstatten bei der Polizei – kommt nicht in Frage, die werden ihr nicht glauben, würden sie zum Arzt schicken. Mit niemandem darüber reden, dass ständig fremde Menschen während ihrer Abwesenheit in ihrer Wohnung sind – nicht reden, heißt kaputt gehen. Die Freunde in der Friedensgruppe fragen, was sie tun solle? Das Risiko ist sehr hoch. Sie geht es ein, erzählt, was geschieht und dass sie «die Firma» dahinter vermute. Ihre Freunde schauen sie verwirrt an: also die Stasi kommt in deine Wohnung, um Handtücher zu verhängen? Du meinst das doch nicht ernst, oder? Der Fall ist klar, wieder mal ist jemand durchgedreht. Die Gruppe bricht nicht auseinander, aber die Frau wird krank, scheidet aus der Gruppe aus, leidet jahrelang, niemand glaubt ihr.

Ein Schriftsteller wird in den Wahnsinn getrieben, unternimmt zwei Selbstmordversuche, lässt sich die Zähne ziehen, weil er darin MfS-Sender vermutet. Bei einem Ehepaar klingeln ständig Haustür und Telefon: völlig unbekannte Menschen wollen ihnen alles Mögliche verkaufen, andere wollen ihnen das oder jenes begehrte Stück abkaufen. In ihrem Namen sind in der beliebten Rubrik «An- und Verkauf» Zeitungsannoncen geschaltet worden. Der Freundeskreis eines jungen Mannes wird kleiner und kleiner – bis ihm jemand erzählt warum: alle halten ihn für einen Spitzel der Stasi. Die eigene Frau wendet sich von ihrem Mann ab. Er weiß gar nicht warum, bis sie ihm weinend erzählt, sie habe erfahren, er habe eine «Beziehung». Der zehnjährige Sohn ist wütend auf seine Mutter. Er darf nicht mehr an bestimmten Schulveranstaltungen teilnehmen. Er weiß auch warum, sie ist eine Trinkerin und habe ständig andere Männer, ihm drohe die Einweisung in ein Heim. Eine sechzehnjährige Tochter oppositioneller Eltern bekommt ganz unerwartet spöttische Blicke und Kommentare von Mutter und Vater. Sie erhält in den politischen Schulfächern immer nur Einsen, mit der eigenen Meinung ist es da wohl nicht allzu weit her…

Alle diese Beispiele beruhen auf Tatsachen, auch wenn sie verfremdet wurden. Solche und Dutzende andere Zersetzungsmethoden wandte die

Die inoffiziellen Mitarbeiter

Geheimpolizei an. Wir wissen weder genau, wie viele Menschen davon betroffen waren, noch weiß jeder Betroffene heute, dass für bestimmte Geschehnisse in seinem Leben mit zum Teil dramatischen Folgen die Geheimpolizei verantwortlich war. Denn wie ein Beispiel von Rainer Eppelmann und Ralf Hirsch zeigt,[64] haben MfS-Offiziere papierne Hinterlassenschaften über Zersetzungsmaßnahmen nicht selten nach den Aktionen bewusst vernichtet. Die obigen Beispiele hingegen finden sich in überlieferten «Operativen Vorgängen». OV konnten gegen Einzelpersonen oder Gruppen angelegt werden, die aufgefallen waren. Neben OV gab es zahlreiche andere MfS-Vorgangsarten, einem OV ging meist eine «Operative Personenkontrolle» voraus, die bestehende Verdachtsmomente erhärten oder entkräften sollte. Im zweiten Fall kam es zu einem Abschluss, im ersteren gleich zur Verhaftung oder zur Eröffnung eines OV. Aber auch über Personen in sicherheitsrelevanten Positionen führte das MfS nicht selten eine OPK, so wie in sogenannten Sicherheitsüberprüfungen und «Sicherungsvorgängen» jährlich zehntausende an sich systemloyale Personen überprüft wurden. Diese und noch viele andere Erfassungs- und Überprüfungsvorgänge beschäftigten das MfS erheblich. Die genaue Anzahl ist nicht bekannt. Bei ZOV und OV, den höchsten internen Kategorien neben dem eigentlichen Ermittlungsverfahren, sind in den 1980er Jahren pro Jahr etwa 4000 bis 5000 bearbeitet worden, 2000 sind im Jahresdurchschnitt beendet und ebenso viele neue eröffnet worden. Die meisten MfS-Ermittlungsverfahren sind allerdings ohne OV und OPK eingeleitet worden (versuchte «Republikflucht»).[65]

Das OV-Ziel bestand darin, strafrechtliche Vergehen so nachzuweisen, dass ein Strafprozess eröffnet werden konnte.[66] Vor allem OV gegen Oppositionelle und kritisch eingestellte Bürger führten in den 1980er Jahren aus «strafpolitischen», also aus taktischen Gründen gegenüber der Kirche, dem Westen u. ä., oft nicht zu einem Strafprozess. Das kritisierten MfS-Offiziere intern immer wieder. Das ist aber auch nur ein Beleg dafür, dass die selbst geschaffenen «normativen Rahmenbedingungen» oftmals an der Realität zerbrachen und sie heute nicht ernster genommen werden sollten als es ihre Verfasser seinerzeit taten. Mielke war der letzte, der sich im Zweifelsfall um seine eigenen Befehle scherte. Um nun aber dem OV-Ziel ohne Strafprozesse näher zu kommen, nämlich die Person oder Gruppe in ihren Handlungen zu beeinträchtigen, sie daran zu hindern oder zur Aufgabe zu zwingen, kamen als wichtigste Maßnahmen Zersetzungsmethoden zum Einsatz. Auch das ist in der erwähnten «Richtlinie 1/76» vom

III. Tschekisten und Spitzel. Hauptamtliche und inoffizielle Mitarbeiter

Januar 1976 genau geregelt worden.[67] Vorrangig in OV, aber nicht nur dort, kamen sie zum Einsatz. Und nicht nur Oppositionellen machte das MfS damit das Leben oft genug schwer, manchmal unerträglich.

Seit Beginn der geheimpolizeilichen Arbeit nach 1945 wurden die Verantwortlichen nicht müde zu betonen, dass die wichtigste und schärfste Waffe in ihrer Arbeit «inoffizielle Mitarbeiter» seien. Die hießen zwar erst seit 1968 so, fast niemand außerhalb des MfS wusste dies, aber es gab sie von Anfang an.[68] «Die Hauptkräfte für die Bearbeitung Operativer Vorgänge sind die IM», hieß es in der Richtlinie 1/76, «da sie am umfassendsten in die Konspiration des Feindes eindringen, diese weitgehend enttarnen, zielgerichtet auf die verdächtigen Personen einwirken und solche Informationen und Beweise gewinnen können, die eine offensive, tatbestandsbezogene Bearbeitung Operativer Vorgänge gewährleisten».[69] Mit anderen Worten: Weil sie an der Zielperson besonders nah dran waren, konnten sie Details und Personeneinschätzungen weiterreichen, Pläne des MfS umsetzen und die bearbeiteten Personen verunsichern. In manchen OV kamen dutzende IM zum Einsatz, in anderen drei, vier oder fünf. Direkt «angesetzt» von den Führungsoffizieren auf einzelne Personen in den OV wurden zumeist nur wenige IM. Das legten die Führungsoffiziere in «Maßnahmeplänen» fest. Es waren meist mehrere IM, einerseits um aus verschiedenen relevanten Lebensbereichen Informationen zu gewinnen, andererseits mussten auch die IM-Angaben überprüft werden, wofür wiederum Informationen anderer Spitzel herangezogen wurden. Zuweilen setzte das MfS auch regelrecht IM auf andere IM an, um diese zu überprüfen. Dabei wussten diese natürlich nichts voneinander. In der IM-Frage war die MfS-Konspiration besonders intensiv. Die angeführten Zersetzungsbeispiele zeigen ganz nebenbei, dass kein IM, der personenbezogene Informationen preisgab, und schienen sie noch so nebensächlich, wissen konnte (und kann), wofür das MfS sie tatsächlich benutzte. Um zu wissen, wie jemand wirklich getroffen (zersetzt) werden konnte, benötigte die Geheimpolizei noch die kleinsten Details. Aber IM hatten natürlich viele weitere Aufgaben und Aufträge zu erfüllen, nur eine statistisch fast unsichtbare Minderheit von ihnen aber kam direkt in OV – von denen sie alle nichts wussten – zum Einsatz.

Die in der DDR vermutete Allgegenwart des MfS hing ganz wesentlich mit der Annahme zusammen, dass es mit einem riesigen Heer an Spitzeln arbeite, die überall herumschnüffelten. Das hat sich nach 1989 noch verstärkt. «Der IM» wurde zum Sinnbild des Bösen, des Verräters, des ge-

Die inoffiziellen Mitarbeiter

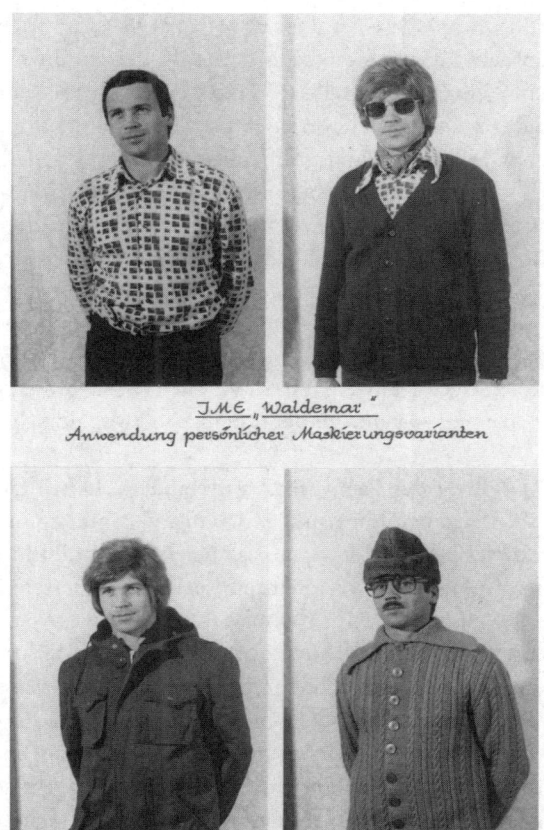

IME „Waldemar"
Anwendung persönlicher Maskierungsvarianten

Sinnbild des Bösen: Der IM, das unbekannte Wesen.

meinen Hundes schlechthin. «Der IM» avancierte zu einem zentralen Topos in den Erzählungen über die DDR. Das hing auch damit zusammen, dass die Enttarnungen jahrelang die Öffentlichkeit immer wieder in Atem hielten: Pfarrer, Schriftsteller, Professoren, Bildhauer, Sportler, Westberliner Polizisten, angebliche Oppositionelle, Radiomoderatoren, Fernsehstars, Sänger, Musiker, Politiker waren darunter ebenso wie Handwerker, Bauern und Arbeiter, jung wie alt, Frauen wie Männer, Freunde und Kollegen. Keine gesellschaftliche Gruppe blieb unberührt, keine Region, kein Dorf, kaum eine Oppositionsgruppe. Auch im alten Bundesgebiet gab es IM, deren Enttarnung für Aufregung, Verwirrung, Ärger

III. Tschekisten und Spitzel. Hauptamtliche und inoffizielle Mitarbeiter

und Entrüstung sorgte. Das ist die verrufenste IM-Gruppe, Verräter für eine fremde Macht (also echte Bundesbürger und nicht die eingeschleusten wie Günter Guillaume), selbst Freiheit genießen und eine Diktatur stützen, von der womöglich dafür auch noch fürstlich entlohnt mit – im metaphorischen Sinne – Geldern, die geraubten Wertgegenständen politischer Häftlinge oder Ausgereister, die das Imperium KoKo zu Bargeld machte, entstammten. Hier gibt es keinen Grund zur Differenzierung. Denn die Motivationen für West-IM bleiben verräterisch im doppelten Wortsinne: ob geldgierig, überzeugt, naiv, «friedensbewegt», verliebt, romantisch oder abenteuerlustig – sie unterstützten eine Diktatur, selbst wenn sie geglaubt haben mögen, sie nützten dem «Weltfrieden» oder die DDR sei das «bessere Deutschland». Lediglich die Erpressten mag man anders sehen können – wenn sie denn dem Spuk alsbald selbst ein Ende bereiteten.

Für die DDR liegt der Sachverhalt ganz anders. Das öffentliche Bild «des IM» ist heute gemeinhin von den Promi-IM geprägt. Und von Menschen, die wahrscheinlich IM waren, es aber leugnen und in den letzten zwanzig Jahren in der Öffentlichkeit munter weiter agierten. Dabei steht schon länger der Grundsatz im Raum, das eine ist, was war, das andere aber ist auch, wie jetzt mit dem Gewesenen persönlich und bei Gewählten öffentlich umgegangen wird. Und mit wachsendem zeitlichen Abstand zur DDR wurde die zweite Frage, wie geht die betroffene Person mit der eigenen Biographie und der Verstrickung in das SED-System um, immer wichtiger. Aber genauso ist es erst im Laufe der Zeit, mit fortschreitender Erforschung und wissenschaftlicher Distanz, die nicht mehr permanent von der medialen Skandalisierung einzelner Fälle begleitet wird und sich auch überwiegend nicht mehr davon beeinflussen lässt, möglich geworden, IM zu historisieren, sie in historische Kontexte einzubetten, sie differenziert zu betrachten. In den Jahren seit 1990 sind zehntausende Menschen als IM konstruiert, erschaffen worden, die offenbar vor allem, zuerst und überwiegend IM der Stasi waren und sonst offenbar nichts. Solche Perspektiven zu überwinden bzw. neue gesellschaftshistorische zu eröffnen, könnte ein Forschungsziel einer historisierenden IM-Forschung sein. So dürfte den IM gesellschaftshistorisch ein anderer Platz zugewiesen werden, nämlich nicht aufgrund eines Labels, sondern in Hinsicht auf das konkrete Tun des Einzelnen und konkret biographisch, auch im Vergleich zu anderen Verhaltensweisen und deren Wandlungen im Rahmen der Diktatur.

Die inoffiziellen Mitarbeiter

Wie schon bei den hauptamtlichen Mitarbeitern kommt man auch bei den IM mit Statistiken und Pauschalbewertungen nicht sonderlich weit. 1989 *sollen* etwa 189 000 Personen als IM dem MfS verpflichtet gewesen sein (etwa ein Prozent der Bevölkerung), darunter *etwa* 3000 Bundesbürger. *Wahrscheinlich* 12 000 Bundesbürger und Westberliner hatten sich insgesamt in den vierzig Jahren der ostdeutschen Geheimpolizei inoffiziell verpflichtet. Hinzu kamen Ausländer, *wahrscheinlich* 1989 wenige Hundert, insgesamt einige Tausend.[70]

Angesichts dieser Ausmaße könnte ein Blick in die «Richtlinien» und «Bestimmungen» nützlich sein. In der Forschung kommt niemand daran vorbei, auch persönlich Betroffenen hilft dies, wenn es etwa darum geht, die vielen kryptischen Abkürzungen in den MfS-Akten nicht nur aufzulösen, sondern auch die dahinter stehende Idee zu begreifen. Aber diese Bestimmungen stellen nur einen normativen Rahmen dar, der in der praktischen, sprich: operativen Arbeit permanent ausgedehnt, überdehnt, verletzt oder nicht ausgeschritten wurde. MfS-intern stellten diese Normative in Konflikt- und Disziplinarfällen den wichtigsten Argumentationsgrund für Kritik dar. Bestimmte Verfehlungen in der Zusammenarbeit mit IM, von denen einige schon angesprochen wurden, und in der internen Registratur – diese Geheimverwalter müssen den direkt an der «Front» eingesetzten hauptamtlichen Operativmitarbeitern ziemlich auf die Nerven gegangen sein[71] – bildeten immer wieder Gegenstand von Auseinandersetzungen und «Disziplinarmaßnahmen». Aber gerade der letzte Punkt ist auch aus gewöhnlichen Behörden bekannt: Der Verwaltungsapparat ist unerlässlich, behindert aber zuweilen die Arbeit am eigentlichen Daseinszweck der Behörde, weil die Verwaltung auf die Einhaltung und Umsetzung der Vorschriften achtet und pocht, diese aber nicht jeden anfallenden Einzelfall und schnelle Entscheidungen vor Ort im Blick haben. Insofern bewegten sich die operativ arbeitenden MfS-Mitarbeiter und die Führungsoffiziere von IM immer auch in einem Spannungsverhältnis zwischen normativen Vorgaben und ereignisbezogenen Erfordernissen. In einem militärisch organisierten Apparat wie dem MfS konnte das nicht immer gut gehen.

Es mag etwas überraschen, aber im Gegensatz zu den hauptamtlichen Mitarbeitern gibt es, wissenschaftlich abgesichert, kaum verlässliche Gesamtzahlen zum IM-Netz. Zu einzelnen MfS-Diensteinheiten, Bezirksverwaltungen und Kreisdienststellen existieren präzise Angaben für einzelne Zeiträume, überwiegend aus den 1980er Jahren.[72] Insgesamt aber

III. Tschekisten und Spitzel. Hauptamtliche und inoffizielle Mitarbeiter

sind wenige belastbare Zahlenangaben auf einer teilweise «bedenklich dünn[en]» Datenbasis[73] «hochgerechnet» worden. Sie umfassen nur die *angeblich* tendenzielle IM-Entwicklung, so dass zum Beispiel für 1989 173 000 IM angegeben werden. Die gerade oben erwähnte Zahl von 189 000 IM enthält zusätzlich die IM der Hauptverwaltung A, weil deren quantitativer Umfang 1989 vielen Experten gesichert erscheint und sie meinen, die IM dieser MfS-Struktur *seien* nicht in die Gesamtstatistik des MfS eingeflossen. Das ist jedenfalls die seit Jahren verwendete *offizielle* Zahl.[74]

In den 1950er Jahren wuchs der IM-Bestand nach bisherigen Kenntnissen *angeblich* jährlich etwa um 10 000, so dass er im zeitlichen Vorfeld des Mauerbaus erstmals die Marke von 100 000 übersprungen haben *soll*. Allerdings ist damit *wahrscheinlich* nicht die absolute Zahl jener erfasst, die kurzzeitig als IM angeworben worden waren, die in der Summe noch höher gelegen haben *soll*.

Der MfS-Apparat arbeitete in geheimpolizeilicher Hinsicht trotz der sowjetischen Experten fast die gesamten 1950er Jahre überwiegend unprofessionell. Einige gelungene Aktionen können nicht darüber hinwegtäuschen, dass es in der geheimpolizeilichen Fläche an Professionalität mangelte. Die Archive quellen über von Berichten, die das aufzeigen. Die schlechte Qualität führte nicht nur zu einer vergleichsweise hohen Fluktuation bei den Hauptamtlichen, sondern auch zu einer sehr hohen unter den IM. Jedes einzelne Jahr bis zum Mauerbau mussten abertausende IM «abgeschrieben» werden, weil sie den Anforderungen nicht entsprachen, ihre Führungsoffiziere überfordert waren oder es zu keiner wirklichen Zusammenarbeit gekommen war. «Beim [...] Genossen [...] ging dies so weit, dass er eine Aufgabe (Aufbau eines bestimmten Netzes inoffizieller Mitarbeiter) aus dem Arbeitsplan des III. Quartals als realisiert meldete, obwohl dies nicht den Tatsachen entsprach. Bei der Übergabe seines Sachgebietes an einen anderen Mitarbeiter kam dieser Betrug heraus.»[75]

Unter den Festgenommenen vom 17. Juni 1953 versuchte das MfS unter hohem Druck, IM zu verpflichten. Auch Verurteilte bekamen im Zuchthaus MfS-Besuch. Sehr viele von beiden Gruppen ließen sich auf die Gespräche ein, hunderte unterzeichneten eine Verpflichtungserklärung – und flüchteten bei der ersten Gelegenheit in die Bundesrepublik. Für so manchen der einsitzenden Häftlinge ging die Rechnung auf: viele hatten gehofft, durch eine Verpflichtung die Haftzeit abzukürzen. Viele Menschen ließen sich bis 1961 zum Schein verpflichten, für viele stellte diese

Die inoffiziellen Mitarbeiter

(meist sehr kurz andauernde) Verpflichtung bis 1961 einen entscheidenden Fluchtgrund dar. Werbung unter Druck und Drohungen gehörten in den 1950er Jahren zur Praxis. Später zählten Erpressungsversuche in der Masse der Werbungen zu den Ausnahmen, aber nun beförderte die IM-Verpflichtung nicht selten Angst vor den angenommenen Konsequenzen im Weigerungsfalle. Gleich blieb aber, unabhängig von anderslautenden «Richtlinien», dass auch MfS-Mitarbeiter in das sozialistische Plansystem eingebunden waren.[76] Planerfüllung hieß so auch, die vorgeschriebene – befohlene – Anzahl an geheimen Mitarbeitern und geheimen Informatoren anzuwerben. Dafür war im Zweifelsfall jedes Mittel recht. Vor allem in der zweiten Hälfte der 1980er Jahre ging die Rechnung nicht mehr auf. Es mussten mehr IM «archiviert» werden als neue angeworben werden konnten.

Die «Werbungen unter Druck» führten in den 1950er Jahren dazu, dass weitaus mehr Menschen als IM verpflichtet worden waren als die Zahlen vermitteln. Schon im August 1954 stellte die MfS-Führungsebene – wohl deutlich übertrieben, aber eine Tendenz andeutend – heraus, wenn das Werbungstempo in dem gleichen Tempo zehn Jahre lang durchgehalten würde, sei jeder zweite DDR-Bürger einmal IM gewesen.[77] SED-Führung und MfS-Leitung kritisierten praktisch die gesamten 1950er Jahre über den schlechten Zustand des IM-Netzes, was sich nicht zuletzt in Dienstanweisungen und Befehlen niederschlug.[78] Viele gesellschaftliche Bereiche, von denen sie sich besonders bedroht fühlten, waren kaum mit IM durchdrungen. Die Berichtstätigkeit ließ zu wünschen übrig. Das MfS hat auch diesen Umstand zum Anlass genommen, die interne Schulungsarbeit der Führungsoffiziere zu verbessern. Nach der Umorientierung in der MfS-Arbeit nach dem Mauerbau blieb der IM-Bestand die 1960er Jahre relativ konstant. 1962 markierte zunächst den Höhepunkt mit *etwa* 108 000, 1965 den Tiefstand mit *rund* 92 000. Anschließend setzte ein zunächst langsames Wachstum ein (1969: *ca.* 113 000). Diese relative Gleichförmigkeit in den 1960er Jahren hängt wahrscheinlich mit den Versuchen der SED zusammen, die Gesellschaft nicht mehr nur mittels Strafgesetzbuch zu beherrschen. Noch wahrscheinlicher dafür ist, weil in dieser Phase das MfS seine Arbeit stärker auf «Vorbeugung» umstellte, dass nicht nur weitaus mehr alte IM «archiviert», sprich die Zusammenarbeit beendet wurde, als meistens angenommen wird, sondern dass im größeren Stil Karteibereinigungen stattfanden, also inaktive IM abgeschrieben wurden. *Wenn die vorliegenden Zahlen eine reale Tendenz ausdrücken, dürfte*

III. Tschekisten und Spitzel. Hauptamtliche und inoffizielle Mitarbeiter

daher die IM-Rekrutierung sogar intensiviert worden sein, was Stagnationen oder Rückgänge statistisch gerade nicht spiegeln. Denn für die neuen Orientierungen, für die das erwähnte kontinuierliche Mitarbeiterwachstum bei den Hauptamtlichen ab 1964 ein Charakteristikum darstellt, benötigte das MfS auch viele neue IM. In den MfS-Diskussionen spielte das eine zentrale Rolle. Schließlich schlug sich das Anfang 1968 in einer neuen Richtlinie nieder, die auch für die IM-Arbeit letztlich vorsah, die Gesellschaft weitreichend zu durchleuchten. Wie problematisch es jedoch ist, sich bei der historischen Rekonstruktion an den normativen Vorgaben der MfS-Führung zu stark zu orientieren, zeigt ein Beispiel.

Zu den Pflichten eines SED-Mitglieds zählte, Staat und Partei zu unterstützen, zugewiesene Aufgaben zu erfüllen und «besondere Vorkommnisse» gleich welcher Art unverzüglich zu melden. Es sollten schon von Anfang an möglichst wenige oder keine SED-Mitglieder zur inoffiziellen Zusammenarbeit gewonnen werden. Für die meisten geheimpolizeilichen Aufgaben waren sie «verbrannt», weil ihre Gesinnung öffentlich durch die Parteimitgliedschaft bekannt war (auch wenn sie sich tatsächlich anders verhielten oder kritisch dachten). Dennoch war ihr Anteil unter den inoffiziellen Mitarbeitern in den 1950er und 1960er Jahren sehr hoch. Das führte dazu, dass 1968 die Anwerbung von SED-Mitgliedern zur seltenen Ausnahme erklärt wurde, weil sie ohnehin verpflichtet seien, «den sozialistischen Staat zu schützen, und sie auf Grund ihrer Stellung in der Regel bereitwillig helfen, die politisch-operativen Aufgaben zu erfüllen.»[79] Papier ist geduldig, in der nächsten «Richtlinie» war ein solcher Passus nicht mehr enthalten.[80] Es hatte sich nichts verändert. Etwa die Hälfte aller IM in den *bekannten* Statistiken war auch Mitglied der SED, in den 1980er Jahren also unter fünf Prozent aller SED-Mitglieder.[81] Tatsächlich waren es, wie noch gezeigt wird, erheblich weniger.

Die Richtlinie 1/79 war notwendig geworden, weil das IM-Netz in den 1970er Jahren *offenbar* quantitativ explodierte. *Sollen* 1970 etwa 122 000 IM verpflichtet gewesen sein, so stieg der Wert über 165 000 (1974) auf *angebliche* 200 000 (1975), wo er sich zwei Jahre hielt, ehe er dann zunächst leicht abfiel. Bislang ist nicht erklärt worden, wie diese Verdoppelung innerhalb weniger Jahre und die sagenhaften Sprünge zwischen 1973 bis 1975 mit dem gleichförmigen hauptamtlichen Personalwachstum, dessen statistische Zahlenangaben als sehr zuverlässig gelten,[82] praktisch korrelieren könnten. 55 000 neue IM innerhalb von zwei Jahren? Wer führte da eigentlich wen? Wie ging das praktisch? Gibt es einen

Die inoffiziellen Mitarbeiter

Zusammenhang mit einem vermehrten Informationsaufkommen, vermehrten OV/OPK? Nur die begonnene Entspannungspolitik, die westlichen Botschaften und Journalisten in der DDR, das erhöhte Reiseaufkommen argumentativ ins Feld zu führen, erschiene zu wenig, weil sich dieser Zuwachs dann nur in bestimmten zuständigen Diensteinheiten überproportional gezeigt haben könnte. Fragen über Fragen – auf die noch zurückzukommen sein wird, auch wenn schon einmal eingefügt sei, dass viele dieser Zahlenangaben dauerhaft wohl keinen Bestand haben werden.

Die IM-Richtlinie von 1979 ordnete das System neu, stellte neue Zuordnungen her, trug aber offenkundig vor allem zur Profilierung der IM-Arbeit bei. 1980 *soll* es nun 175 000 IM gegeben haben, ein Wert, der in den 1980er Jahren nur leichten, statistisch unerheblichen Schwankungen unterlag und als Durchschnittswert weithin akzeptiert ist.

Wie oben bereits erwähnt leiteten in den 1980er Jahren etwa 16 Prozent aller MfS-Berufsoffiziere/-unteroffiziere IM an. Vergleiche zu den Ostblockstaaten sind nicht möglich, weil die absoluten Zahlen kein realistisches Verhältnis erwarten lassen, zumal auch für das MfS kaum Vergleichszahlen vorliegen. In den 1950er Jahren war die Quote weitaus höher, lag wahrscheinlich bei zwei Dritteln, selbst ranghöchste Offiziere (Beater, M. Wolf) leiteten IM. Mit dem hauptamtlichen Personalwachstum ab 1964 müsste der Anteil IM-führender Mitarbeiter zunächst bis Anfang der 1970er Jahre zurückgegangen, dann sprunghaft angestiegen sein, um sich dann ab 1980 auf dem genannten, wieder gesenkten Anteil stabilisiert zu haben. Belege dafür gibt es nicht.

Auch die IM-Zahlen lassen sich nur unter größten Mühen mit denen anderer Ostblockstaaten vergleichen. In Polen sollen 1988 98 000 inoffizielle Mitarbeiter für die Geheimpolizei gearbeitet haben. Darin sind Inhaber konspirativer Wohnungen, Auslandsagenten u. a. nicht einbezogen.[83] Es wird aber nicht erklärt, wie sich von 1980 bis 1989 der Spitzelbestand verdreifachen konnte, während die hauptamtliche Mitarbeiterzahl nur um ein Viertel wuchs. Ganz abgesehen davon, dass die polnische Geschichtsschreibung über die 1980er Jahre überwiegend ein anderes gesellschaftliches Sittenbild zeichnet. Für die ČSSR liegen nur harte Zahlen für die «Spionageabwehr» des Dienstes vor, die «operativen Akten der politischen Polizei» sind Ende 1989 «massenhaft» vernichtet worden.[84] Die Securitate wiederum verzeichnete Ende 1989 130 000 aktive IM.[85] In Rumänien gab es eine andere Besonderheit: wenn dort ein KP-Mitglied zur geheimpolizeilichen Zusammenarbeit angeworben werden sollte, musste die Securitate hierfür in jedem einzelnen Fall die Zustimmung des Parteichefs auf der Kreisebene einholen. Über Parteimitglieder, die zu Informanten wurden, führte die Securitate keine reguläre IM-Akte, so dass sie nicht als registrierte IM in die Statistik einfließen.[86] Diese Beispiele zeigen wie bei den hauptamtlichen Mitarbeitern, dass die oft bemühten Vergleiche wissenschaftlich außerordentlich problematisch sind.

Innerhalb des MfS war – anders als heute in der medialen Öffentlichkeit und nicht selten in der Fachwissenschaft – IM nicht gleich IM. Die Geheimpolizei kannte von Anfang an verschiedene Typen, die sich immer weiter ausdifferenzierten. Entsprechende Richtlinien vermitteln ein Bild davon.[87] Da dies ohnehin alles verwirrend ist und belastbare Gesamtzahlen, wie nun häufig genug betont, fast nie vorliegen, seien die wichtigsten IM-Kategorien der 1970er und 1980er Jahre (ohne HV A)[88] knapp skizziert, vor 1968 war das begriffliche Durcheinander noch nicht so ausgeprägt.

Von den MfS-internen IM-Kategorien überwogen deutlich die «Inoffiziellen Mitarbeiter zur politisch-operativen Durchdringung und Sicherung des Verantwortungsbereiches». Diese IMS sollten Verdachtsmomente erkennen, «zur allseitigen Gewährleistung der inneren Sicherheit» beitragen, vorbeugend wirken und «neue Sicherheitserfordernisse» zu erkennen helfen. Die Masse aller IM war als IMS verpflichtet, wenn man so will der «klassische Spitzel», Verräter oder Denunziant. In den 1980er Jahren waren innerhalb des MfS etwa 85 Prozent aller IM in diese Kategorie eingestuft.[89] Von den 16 952 im Jahr 1987 neu geworbenen IMS waren 26 Prozent SED-Mitglieder, von den im ersten Halbjahr 1988 7 674 neuen IMS 28 Prozent.[90] Im gleichen Zeitraum sind fast ebenso viele IMS (17 324 bzw. 7 701) aus der Statistik gestrichen worden, von denen aber jeweils nur knapp 60 Prozent archiviert wurden. Die anderen sind umregistriert worden.[91] Aber wie gesagt, nur ein Blick in die konkrete Akte verrät auch das konkrete Tun.

Rund zwanzig Prozent der IM werden in den *seit* 1990 erarbeiteten Statistiken als «Gesellschaftliche Mitarbeiter für Sicherheit» (GMS) geführt. Sie wurden ausschließlich aus dem Kreis jener gewonnen, deren «staatsbewusste Einstellung und Haltung» öffentlich bekannt war. Daher konnten sie – um die Konspiration zu schützen – auch nur in Ausnahmefällen zur Bearbeitung «feindlich-negativer Personen» eingesetzt werden und hatten vor allem über ihre Arbeitsbereiche zu berichten sowie auf diese im

Die inoffiziellen Mitarbeiter

Sinne des MfS einzuwirken. Das ist ein weitgehend unerforschter Typus – das MfS aber hat sie *nicht* als IM eingestuft. Intern festgeschrieben war, dass die Zusammenarbeit mit ihnen weder aufwendig noch die eigentliche «operative» Arbeit belasten sollte. Deshalb, zum Beispiel, unterlagen GMS-Vorgänge auch anderen Richtlinien, sind weitaus weniger arbeitsintensiv vorbereitet und geführt worden, bedurften nicht den üblichen Absicherungsmaßnahmen, die Arbeitsakte ist anders geführt und die Verpflichtung anders vorgenommen worden. Für das MfS bildeten sie auch eine Kategorie, um in eigentlich bestehende Tabuzonen vorzudringen. Dass dennoch GMS zuweilen wie «IMS» oder andere Kategorien gearbeitet haben, steht diesem Befund nicht entgegen. Denn auch IMS waren mitunter nur wie GMS einsatzfähig. Zwischen beiden Gruppen herrschte eine unerforschte «Mobilität», d. h. ein GMS konnte zum IMS «aufsteigen», aber im umgekehrten Fall auch genauso «absteigen». Das MfS hat in statistischen Erhebungen selbst versucht, solche Wanderungsbewegungen zu erforschen. Statistikbögen geben Auskunft darüber. Aber die Datenflut, so vermerkten Stasi-Statistiker, eigne sich kaum für Vergleiche, da zum Beispiel die Gründe für einen Abbruch der IM-Tätigkeit durch die Führungsoffiziere «subjektiv» gedeutet würden. Im Januar 1987 vermerkte ein MfS-Statistiker, sie würden gegenwärtig etwa 20 000 Daten über IM erfassen, von denen aber nur «238 Daten zur direkten Auswertung durch uns geeignet» seien.[92]

Gesellschaftliche Mitarbeiter für Sicherheit «stellen eine wertvolle Ergänzung der operativen Basis, ein Reservoir für die Gewinnung von IM sowie für die Schaffung und Entwicklung von Kadern für das MfS dar».[93] GMS waren der SED und ihrer Strategie sehr eng verbunden und zählten auch ohne MfS-Anbindung zu den Stützen des Regimes. Künftige Forschungen werden zu erweisen haben, ob es überhaupt sinnvoll ist, GMS pauschal wie bislang in die Statistiken einzuberechnen. Stichproben jedenfalls ergaben, dass dies nur pauschal so möglich ist, wenn man, was GMS meist waren, *auch* Kaderleiter, ehemalige MfS-Angehörige, Lehrer für Marxismus-Leninismus, ehrenamtliche Parteisekretäre, FDJ-Funktionäre, Staatsbürgerkundelehrer, Betriebsdirektoren, stellvertretende Prorektoren, Gesellschaftswissenschaftler, Sicherheitsbeauftragte, ehemalige NVA-Offiziere, Polizisten, LPG-Vorsitzende und eine Vielzahl anderer systemtreuer Funktionäre, die ohnehin nur selten gegenüber Partei- und staatlichen Instanzen nicht von sich aus meldeten und aktiv wurden, als IM klassifiziert und *nur deshalb* statistisch erfasst haben möchte, weil sie

III. Tschekisten und Spitzel. Hauptamtliche und inoffizielle Mitarbeiter

mit dem MfS sprachen, dies meist schriftlich beteuerten und zuweilen konspirativ zusammenarbeiteten. Die SED selbst war eine überwiegend konspirativ arbeitende Organisation, ist an der Stelle historisch korrekt hinzuzufügen.

Die Wissenschaft steht vor der Herausforderung, die Gruppe der GMS zu differenzieren, sie genau zu erforschen, um dann zu beurteilen, wie viele von ihnen entgegen der internen MfS-Definition tatsächlich *wie* IM und wie viele von ihnen *wie normale Funktionäre* gearbeitet haben. Sie mögen überwiegend der Geheimpolizei zugespielt haben, sie hätten (und haben) dies aber auch ohne eine solche Anbindung getan. In der Perspektive einer MfS-Geschichte, die die Geheimpolizei zum praktisch kontextlosen Systemelement einer staatlichen Organisation erklärt, mögen sie als IM-Typus erscheinen. In einer gesellschafts- und politikhistorischen Perspektive auf die SED-Diktatur aber, die Staat und Gesellschaft in Gänze und nicht nur Teilbereiche in den Blick nimmt, scheint die Masse, nicht jeder Einzelne, der «Gesellschaftlichen Mitarbeiter für Sicherheit» den Kriterien parteiloyaler Denunzianten zu entsprechen, von denen es real weitaus mehr gab, als nur jene, die mit dem Etikett GMS zu ordinären IM erklärt werden. Für die nicht mit diesem Signum gezeichnete Mehrheit der SED-Funktionärsschicht stellt somit die GMS-Kategorie als angebliche IM sogar eine Entlastungsfunktion dar, weil nur der kleinere Teil von ihnen auch noch so mit dem MfS verbunden war. Eher *zufällig* hat es sie nicht getroffen.

GMS pauschal zu IM zu erklären, konnte funktionieren, weil noch heute zum Beispiel eine SED-Parteifunktion öffentlich weitaus gelassener hingenommen wird als der Verdacht, IM der Geheimpolizei – egal in welcher MfS-Kategorie, egal ob als GMS, egal was wirklich passierte und egal warum eigentlich – gewesen zu sein. Hier eröffnet sich ein hochinteressantes und wahrscheinlich brisantes Forschungsfeld, das einige Gesamtkorrekturen nach sich ziehen könnte, nicht zuletzt statistischer Art. Denn wenn man z. B. die GMS aus der Gesamtstatistik herausnehme, fiele auch der Anteil an SED-Mitgliedern an den verbliebenen IM. 1989 waren über 33 300 Personen als GMS registriert, dass davon jemand nicht in der SED war, mag vorgekommen sein, gehört aber zu den berühmten Ausnahmen. Eine solche Korrektur der Statistik würde aber zugleich die tatsächlichen «Verräter» stärker herausstellen und um die geht es historisch eigentlich bei jenen, die als IM bezeichnet werden.

Allerdings müsste man auch den Mut für solche Forschungen haben. Denn jede Korrektur an bestehenden «MfS-Zahlen» zieht noch immer

Die inoffiziellen Mitarbeiter

unweigerlich den absonderlichen Vorwurf nach sich, man gehöre zu den Verharmlosern des SED-Stasi-Unrechts. Dass aber eigentlich gerade jene verharmlosen, die die SED-Diktatur zu stark auf das MfS und sein Wirken beschränken, fällt nur wenigen auf. Das MfS war fest verwurzelt und verbunden im gesamten Macht-, Herrschafts- und Unterdrückungsapparat – die GMS-Kategorie, die meisten GMS stellen dafür nur *ein* Beispiel dar.

IMB waren «Inoffizielle Mitarbeiter der Abwehr mit Feindverbindung bzw. zur unmittelbaren Bearbeitung im Verdacht der Feindtätigkeit stehender Personen» (ab 1979), eine Kategorie, die 1979 aus zwei bis dahin bestehenden Untergruppen (IMV und IMF) gebildet wurde, ohne dass zugleich alle Personen dieser beiden Kategorien automatisch IMB wurden. Konkret verbargen sich dahinter IM, die entweder in der DDR auf politische «Feinde» angesetzt wurden oder aber zum Beispiel als Reisekader engere Kontakte zu «Feindorganisationen» im westlichen Ausland, was praktisch jede Institution sein konnte, unterhielten. Die hohe Dichte etwa von IMB unter den IM, die in den Kirchen spitzelten, erklärt sich durch die Stasi-Feinddefinition der Kirchen, bei denen ohnehin ihre mannigfaltigen Westkontakte hinzukamen und dieses «Feindbild» bekräftigten. IMB stellten für das MfS eine sehr wichtige Kategorie dar, die wegen des umfassenden geheimpolizeilichen Einsatzspektrums als besonders verlässlich galten. Zugleich gehörte sie zu den eher selten registrierten Kategorien, wahrscheinlich immer deutlich weniger als fünf Prozent aller IM (Ende 1988: 3,6 Prozent). Am 31. Dezember 1988 zählten die MfS-Statistiker genau 3894 – 61 weniger als ein Jahr zuvor.[94] Hier war eine SED-Mitgliedschaft eher die Ausnahme, weil viele IMB eine andere Gesinnung oder Einstellung vorgaben bzw. vorgeben mussten, um am «Feind» arbeiten zu können. Von den 614 im Jahr 1987 neuangeworbenen IMB waren lediglich 22 (3,6 Prozent) in der Partei.[95]

Eine für das MfS operativ ebenfalls bedeutsame Kategorie stellten «Inoffizielle Mitarbeiter im besonderen Einsatz» dar, die in Schlüsselpositionen, als «Experten» oder für spezielle Beobachtungen und Ermittlungen zum Einsatz gebracht wurden. IME zum Beispiel an Universitäten und Akademieinstituten sollten u.a. Forschungsbehinderungen, internationale Forschungstrends, wissenschaftliche und administrative Mängel sowie Führungsschwächen aufdecken und gegebenenfalls beseitigen. In den 1980er Jahren zählte diese Kategorie mit etwa doppelt so vielen Personen (Juni 1988: 7375 oder 6,7 Prozent)[96] wie die IMB zwar zu den operativ

III. Tschekisten und Spitzel. Hauptamtliche und inoffizielle Mitarbeiter

wichtigeren, aber quantitativ – weil ein besonderes Anforderungsprofil vorlag – zu den schwächeren. Auch hier lag der Anteil der SED-Mitglieder deutlich unter den bislang angenommenen Werten. Von den 1987 und im ersten Halbjahr 1988 insgesamt neurekrutierten 1508 IME gehörten 518 (34 Prozent) der Staatspartei an.[97] Auch hier glichen sich wie bei den anderen Kategorien Ab- und Zugänge in etwa aus.

Ein besonderes Dasein führten FIM – Führungs-IM, besonders qualifizierte und zuverlässige Personen, die selbst andere, meist drei bis fünf IM führten und anleiteten. Auch ihre Anzahl war mit einigen Tausend eher gering (Juni 1988: 4657 oder 4,2 Prozent).[98] Im MfS nahm ihre Bedeutung insbesondere in den 1980er Jahren relativ gesehen ab. Sie rekrutierten sich aus der SED-Kadermasse, etwa nach berufsbedingten Neuanfängen wie nach der Beendigung einer NVA-Laufbahn oder mit der Hoffnung, selbst über diese Betätigung als hauptamtlicher MfS-Mitarbeiter eingestellt zu werden. Sie arbeiteten oft wie hauptamtliche Führungsoffiziere, obwohl es nur ihre «Nebentätigkeit» war. Aber dieser konnten sie nachgehen, weil sie nicht selten berufliche Positionen hatten, die ihnen dies ermöglichte: staatliche Sicherheitsbeauftragte, Kaderleiter usw.

Sie sind von den Hauptamtlichen Führungs-IM (hFIM) zu unterscheiden, die dreißig und mehr IM anleiten konnten, meist in einer Institution oder einem «Verantwortungsbereich». Es gab Personen, die unter einer Legende ein Scheinarbeitsverhältnis eingegangen waren, tatsächlich aber für das MfS als IM im Einsatz waren, dafür auch bezahlt wurden, aber weder ein Arbeitsrechts- noch ein militärisches Dienstverhältnis mit dem MfS aufwiesen. Eine Art kleiner Bruder vom OibE. Erst 1986 ging diese etwa 3500 Personen umfassende Gruppe (1984: 4300) in den regulären MfS-Stellenplan ein.

Wahrscheinlich haben die meisten damit befassten MfS-Mitarbeiter viel Arbeitszeit aufbringen müssen, um den ganzen Wirrwarr an Bezeichnungen, Abkürzungen, Aufgabenzuschreibungen mit den dazugehörigen Befehlen, Richtlinien, Durchführungsbestimmungen irgendwie zu beherrschen. Es ist eigentlich nicht klar, ob tatsächlich jemand diese und hunderte weitere Normenvorgaben in Form von Befehlen, Anweisungen, Richtlinien im MfS so gut kannte und anwandte wie heute so mancher Historiker glaubt oder unterstellt.[99]

Ein letztes Beispiel: es gab noch einen IM-Typ, den «Inoffiziellen Mitarbeiter zur Sicherung der Konspiration und des Verbindungswesens» (IMK), der sich je nach «Einsatzrichtung» auch noch in fünf Unterkate-

Die inoffiziellen Mitarbeiter

gorien unterschied. IMK-KW/KO standen mit «konspirativen Wohnungen» (KW) und «konspirativen Objekten» (KO) im Zusammenhang. Außerdem gab es Zusätze für «Decktelefon» (DT), «Deckadresse» (DA) oder «Sicherheit» (S). Im Juni 1988 zählte die Stasi 25 495 IMK-KW/KO sowie 4697 IMK-DA/DT/S. Sie unterschied davon noch konspirative Wohnungen und Objekte ohne eine IM-Registrierung. Das waren Einrichtungen, die vom MfS «offiziell» unterhalten wurden. Davon gab es zum gleichen Zeitpunkt 6408 Einrichtungen.[100]

Insgesamt *soll* daher fast jeder fünfte IM seit Mitte der 1970er Jahre IMK gewesen sein, eine beträchtliche Größenordnung.[101] In der Forschungsliteratur wird beschrieben, dass die *angeworbenen* Inhaber von konspirativen Wohnungen und Objekten, die etwa 85 Prozent dieses Typs ausmachten, selten anderes taten, als ein Zimmer, ihre Wohnung oder ihr Haus dem MfS zur Verfügung zu stellen, manchmal dafür Mietzuschüsse vom MfS erhielten, nur selten Berichte schrieben oder Informationen mündlich weitergaben. Offenkundig, und dies scheint der Realität zu entsprechen, kamen für solche Posten nur Personen in Frage, die dem Staat sehr eng verbunden waren, denn hier war die Gefahr der Dekonspiration außergewöhnlich hoch. Das MfS konnte theoretisch also nur Personen als IMK rekrutieren, denen sie noch mehr vertraute als den IM, mit denen sie sich in den konspirativen Wohnungen zu Gesprächen traf. Das ist bereits frühzeitig als Problem erkannt geworden: «Der Genosse Parteisekretär von Pels [VEB Pressen- und Scherenbau Erfurt] nannte uns nachfolgende Personen, welche als inoffizielle Mitarbeiter des MfS tätig sein sollen: [3 Namen folgen]. Der Direktor […] soll gegenüber dem Parteisekretär geäußert haben, dass er einen großen Teil der GI kennt. Ursache: Die Genossen des MfS haben darauf bestanden, dass sie unmittelbar neben dem Direktor ein Zimmer erhalten haben. Dadurch sieht Genosse […] wer in diesem Zimmer ständig ein- und ausgeht.»[102]

In einer zentralen Richtlinie von 1958 für die Arbeit mit IM ist auf solche Zustände reagiert und festgelegt worden, dass die Inhaber von konspirativen Einrichtungen absolut zuverlässig sein müssten, keine Untermieter haben und die Räume nicht der SED, anderen Parteien oder Massenorganisationen gehören dürften. Allerdings räumte die Richtlinie ein: «Ebenso sind bei verantwortlichen oder bekannten Genossen/Mitarbeitern des MfS keine konspirativen Wohnungen einzurichten.»[103] Abgesehen davon, dass auch dies nicht immer durchgehalten werden konnte, ist aufschlussreich, dass das MfS im Umkehrschluss die Möglichkeit einräumte, bei we-

III. Tschekisten und Spitzel. Hauptamtliche und inoffizielle Mitarbeiter

niger bekannten MfS-Mitarbeitern sei dies möglich. In den Vorgaben nach 1968 findet sich eine solche Formulierung nicht mehr, aber die im Gegensatz zu anderen IM unterschiedliche Aktenführung wird erläutert.[104]

Offenbar blieben die Rekrutierungsmöglichkeiten für solche konspirativen Wohnungen unverändert. Es folgt schließlich Ende 1979 eine Richtlinie, die neuerlich die hohe Gefahr der Dekonspiration der MfS-Arbeit durch konspirative Einrichtungen verdeutlicht, aber wenigstens Statistiker irritieren sollte. Denn in der «2. Ergänzung der 1. Durchführungsbestimmung zur Richtlinie 1/79» steht eine Aussage, die bislang eher unbeachtet blieb. Diese Bestimmung reagierte auf eine bestehende Praxis. Das von Mielke abgezeichnete Dokument gibt vor, konspirative Wohnungen und Objekte «prinzipiell» als IMK zu registrieren, auch dann wenn MfS-Mitarbeiter die Wohnung mit fiktiven oder ihren echten Personaldaten angemietet haben.[105] Was könnte das für die Statistik der IM-Gesamtzahlen bedeuten?

Ein Blick in konkrete IMK-Akten ist sehr hilfreich. Als Stichprobe wurden 117 konspirative Wohnungen und Objekte mit einer IMK-Erfassung aus dem Stadtbezirk Berlin-Prenzlauer Berg ausgewählt. Diese standen zum Beispiel Führungsoffizieren für Treffen mit IM zur Verfügung, zum Teil befanden sich hier «reguläre» Arbeitsräume einzelner Diensteinheiten. Andere sind als Beobachtungsstützpunkte zur Ausspähung der Opposition genutzt worden. Nicht nur verschiedene Abteilungen der Stasi-Zentrale und der Bezirksverwaltung Berlin waren unter den Nutzern vertreten, sondern auch welche anderer Bezirksverwaltungen.

Auffällig ist zunächst, dass sich unter den IMK viele Mieter von Einraumwohnungen befanden. Wie hätte das praktisch funktionieren sollen? Eine Analyse der wahren Identität der IMK klärt auf. Unter diesen *117 IMK* befanden sich nur *fünf* Fälle, bei denen tatsächlich konkrete Personen als IMK neu angeworben worden sind und den in der Literatur beschriebenen IMK-Typ repräsentierten. Hinter der Mehrheit der «Inoffiziellen Mitarbeiter zur Sicherung der Konspiration und des Verbindungswesens» verbergen sich hauptamtliche MfS-Mitarbeiter, die mit echten oder fiktiven Personaldaten die Wohnung angemietet hatten. Die anderen konspirativen Einrichtungen gehörten bereits anderweitig registrierten IM oder solchen IM, die die Wohnung zusätzlich zu ihrer bereits bestehenden IM-Registrierung als Nebenwohnung, dann auch meist unter falscher Identität, anmieteten. Einige «IMK» waren schlicht Wohnungen, in denen hauptamtliche Mitarbeiter wohnten.[106]

Die inoffiziellen Mitarbeiter

Hier hat die Forschung ein lohnendes Feld vor sich. Im Ergebnis werden sich die aktuell verwendeten IM-Gesamtzahlen erheblich absenken, weil hauptamtliche MfS-Mitarbeiter ebenso wenig in die Statistik gehören wie IM, die bereits in einer anderen Kategorie erfasst sind (Doppelerfassung).[107] 1989 waren über 30 000 «Inoffizielle Mitarbeiter zur Sicherung der Konspiration und des Verbindungswesens» statistisch erfasst und sind in die Statistiken nach 1990 einberechnet worden.[108]

Schaut man auf den Gesamtbefund, so erscheinen die üblichen, hochgerechneten IM-Zahlen mit Blick auf IMK und GMS, in einer politik- und gesellschaftshistorischen Perspektive einigermaßen korrekturbedürftig zu sein. Nochmals: das verharmlost nicht das MfS, rückte aber die SED-Diktatur als vielgliedriges Unterdrückungs-, Überwachungs- und Verfolgungssystem ins rechte Licht. Um bei dem oben bei den GMS angeführten Beispiel zu bleiben: Da die IMK oft MfS-Offiziere waren oder aber als schon bestehende IM anderer Kategorien doppelt erfasst werden, senkten sich auch die Zahlen über die SED-Mitglieder innerhalb aller IM deutlich, weil beide IMK-Gruppen aus der IM-Statistik herausfielen. Nicht mehr die Hälfte aller inoffiziellen Mitarbeiter würde statistisch als SED-Mitglieder ausgewiesen, sondern in den 1980er Jahren wahrscheinlich eher bei rund einem Drittel liegen. Schon statistisch würde der Blick freier werden auf eine Gesellschaft, die eben gerade nicht linear mit dem System verbunden war. Darauf wird noch zurückzukommen sein.

Die meisten Menschen in der DDR haben Einschüchterungs-, Indoktrinations- oder Drohversuche verschiedenster Art erlebt, die wenigsten haben dies damals (oder tun es heute) mit dem MfS direkt in Verbindung gebracht, entweder, weil es auch keinen Anteil daran hatte, oder, weil die Stasi von den meisten nicht als etwas ganz Außergewöhnliches angesehen wurde: Sie gehörte einfach dazu, im großen Ganzen ebenso wie der Kaderleiter, der Parteisekretär, der LPG-Vorsitzende, der Gesellschaftswissenschaftler usw. usf. Sie und viele andere repräsentierten nicht das System, sie waren das System. IMK waren fast nie und GMS nur zu einem sehr, sehr geringen Teil das, was IM für das operative Alltagsgeschäft der Geheimpolizei eigentlich bedeuteten. Und ist es nicht eigentlich egal, ob bei ein paar Millionen Einwohnern 189 000, 173 000 oder vielleicht «nur» 100 000 noch 1989 echt, wirklich und im Sinne des Wortes für die Stasi herumgespitzelt haben. Es bleibt doch «Weltrekord». Konturiert aber die konkrete Diktaturgeschichte. Und nur mit Blick auf IM kommt man

III. Tschekisten und Spitzel. Hauptamtliche und inoffizielle Mitarbeiter

ohnehin weder dem Wesen der SED-Diktatur noch dem Phänomen der Denunzierung und des Verrats auf die Spur.

Das MfS hatte übrigens klarere Vorstellungen davon, wen es als seine inoffiziellen Mitarbeiter wirklich ansah. Minister Mielke ist Mitte Februar 1989 mitgeteilt worden, dass am 31. Dezember 1988 der Gesamtbestand der IM exakt 109 281 umfasste (1986:112 150), davon 85,6 Prozent IMS, 3,6 Prozent IMB, 6,6 Prozent IME und 4,2 Prozent FIM.[109] Diese Gesamtzahl kursierte seit Anfang 1990 und war jedem Interessierten bekannt. Noch im ersten Tätigkeitsbericht des BStU ist sie so angegeben worden,[110] ehe sie dann in den nachfolgenden mehrfach nach oben korrigiert wurde.[111] Nicht enthalten waren zunächst GMS und IMK. Vor einigen Jahren fiel dann einigen Forschern auf, dass in dieser Angabe von 109 000 IM offenbar auch die der Hauptverwaltung A nicht enthalten seien. Was hat es damit auf sich?

In der Forschungsliteratur lässt sich nicht nachvollziehen, warum die IM der Hauptverwaltung A in der IM-Gesamtstatistik nicht enthalten sein sollen,[112] während deren hauptamtliche Mitarbeiter in die MfS-Gesamtstatistik Aufnahme fanden. Erahnen lassen sich lediglich drei Argumente. Erstens verfügte die Hauptverwaltung A über eine eigene Registratur und ein eigenes Archiv. Allerdings wissen wir darüber aufgrund der umfangreichen Materialvernichtungen 1989/90 nur sehr wenig.[113] Zweitens sind in MfS-Datenbanken[114] hunderttausende Hinweise auf Informationsberichte der Hauptverwaltung A enthalten, die auch Rückschlüsse auf konkrete Personen als Quellen eröffnen. Schließlich wird drittens indirekt immer wieder ins Feld geführt, die IM-Kategorien der Hauptverwaltung A – zuletzt 21 verschiedene – würden sich in der Gesamtstatistik nicht abbilden.

All diese Einwände sind letztlich spekulativ. Zunächst müsste eigentlich erklärt werden, warum Minister Mielke eine Gesamtstatistik vorgelegt wird, in die IMK ausdrücklich nicht einbezogen werden, die GMS erst gar nicht in Betracht gezogen werden, dafür aber *erklärungslos* die IM der Hauptverwaltung A – es handelte sich dabei ganz überwiegend um DDR-Bürger, die auch für «Abwehraufgaben» potentiell zur Verfügung stehen sollten! – ebenfalls unberücksichtigt blieben. Zwar wurde bereits 1965 betont, dass für solche Arbeiten die HV A/Abt. XV selbstständig zuständig seien. Aber zugleich wies Mielke immer wieder darauf hin, dass dies in enger Zusammenarbeit mit der ZAIG zu erfolgen habe.[115] Es ist 1980 in einem Arbeitspapier der zuständigen Abteilung XII des MfS einmal nebenbei angemerkt worden, die Aufschlüsselung der IM- und OV-Vorgänge solle «nach Diensteinheiten des MfS (außer HV A)» erfolgen, aber zugleich sind weitere Ausnahmen erwähnt worden, die letztlich in der Praxis wirkungslos blieben.[116] Nur wenig später ist dieses Papier sogar erheblich relativiert worden, in dem nun die Hauptverwaltung A wiederum ausdrücklich mit erwähnt worden ist.[117] Die schließlich erlassene zentrale Anweisung «Zur Arbeit mit operativen Statistiken im MfS» vom 25. Februar 1982[118] war für alle Struktureinrichtungen der Stasi verbindlich, die Hauptverwaltung A erhielt drei Exemplare.[119] Mielke informierte in einem Begleitschreiben am selben Tag, dass diese Anweisung für das gesamte MfS gelte.[120] Ausdrücklich hieß es: «In der Arbeit mit operativen Statistiken ist durch alle operativen Diensteinheiten des MfS von einheitlichen Grundsätzen auszugehen.»[121] Der Sinn bestand darin, einen Gesamtüberblick zu erhalten. Deshalb reagierte die Anweisung auch auf den Umstand, dass es innerhalb des MfS abweichende Kategorisierungen etwa für IM oder OPK gab: «Die im folgenden genannten Merkmale und Merkmalsgruppen sind eine Grundlage für die Auswahl der in der operativen Statistik entsprechend den Erfordernissen im jeweiligen Verantwortungsbereich aufzunehmenden Merkmale und Merkmalsgruppen. Ihr Umfang und ihre Detailliertheit sind in diesem Sinne nicht verbindlich.»[122] Mit anderen Worten: Zumindest diese Regelung ließe genügend Spielraum, um die anders definierten und bezeichneten IM-Kategorien der Hauptverwaltung A ebenfalls in die MfS-Gesamtstatistik einfließen zu lassen.

Es handelt sich tatsächlich bislang nur um eine *Annahme*, dass die IM der Hauptverwaltung A nicht in die MfS-interne Statistik einflossen. Die Hauptverwaltung A verfügte – wie andere – über eine eigene Registratur, aber sie war ebenso verpflichtet, ihre IM ebenfalls in der zentralen MfS-Registratur anzugeben.[123] Dass sie nicht ausdrücklich in entsprechenden anderen Erfassungsdokumenten erwähnt wird oder die völlig andere IM-Struktur (Namensgebung) der Hauptverwaltung A sich in der Statistik nicht abbildet, scheint kein hinreichendes Argument zu sein. In internen Ausarbeitungen ist betont worden, dass die Registrierung der IM-Vorgänge der Hauptverwaltung A auch deshalb über die Zentrale zu erfolgen habe, weil dies für die zentrale Nachweisführung und Statistik notwendig sei.

Für die Erarbeitung der Gesamtstatistik war die «Zentrale Auswertungs- und Informationsgruppe» (ZAIG) zuständig, die direkt Mielke unterstellt war. Er müsste ihr befohlen haben, ihm eine Statistik ohne

III. Tschekisten und Spitzel. Hauptamtliche und inoffizielle Mitarbeiter

tausende IM, die auch in der DDR eingesetzt wurden, vorzulegen. Das wäre schon deshalb erstaunlich, weil die Stasi-Doktrin stets die enge Verflechtung von «Abwehr» und «Aufklärung» betonte und demzufolge gerade IM der Hauptverwaltung A für «Abwehraufgaben» innerhalb der DDR potentiell zur Verfügung stehen sollten. Oder die anderen Stasi-Diensteinheiten hätten ihre entsprechenden «Aufklärungs-IM» ebenfalls herausrechnen müssen, denn auch bei anderen Hauptabteilungen (etwa HA II) sind zahlreiche solcher geführt worden, darunter auch IM in der Bundesrepublik. Das aber geschah nicht. Und wenn dies alles selbst noch auf Mielkes Schreibtisch so konspirativ zugegangen sein soll, warum musste die Hauptverwaltung A dann eigentlich ihre IM der zentralen Registratur des MfS melden? Sie musste es, damit es zu keinen Doppelerfassungen kam und damit bei Recherchen in der zentralen Registratur schnell erkannt werden konnte, von wem eine Person oder ein Vorgang angelegt wurde. Auch dies zeigt, dass die Hauptverwaltung A keinen losgelösten Teil des MfS bildete, sondern strukturell genauso eingebunden war wie die anderen Diensteinheiten.

Fragen über Fragen, die weder das eine beweisen oder das andere bekräftigen, aber doch an einem weiteren Beispiel zeigen, wie schwierig es mit abgesicherten Zahlenangaben bezogen auf inoffizielle Mitarbeiter tatsächlich ist. Die in der Forschungsliteratur angenommene Zahl von etwa 13 400 DDR-Menschen und nochmals etwa 1 550 Bundesbürgern, die 1989 für die Hauptverwaltung A als IM tätig gewesen sein sollen, beruht allein auf einer Schätzung. Die Zahlen für die Bundesbürger deckt sich wohl nicht zufällig mit eingeleiteten Ermittlungsverfahren nach 1990, von denen aber nur ein sehr geringer Teil zur Anklage, ein noch geringerer zur Verurteilung führte und überhaupt nicht geklärt ist, wie viele von diesen Verdachtsfällen überhaupt 1989 noch «aktiv» gewesen waren.[124] Die etwa 13 400 DDR-IM der Hauptverwaltung A sind auf noch abenteuerlichere Weise errechnet worden: «Nach der SIRA-Datenbank verfügte die HV A im Dezember 1988 über 19 176 Vorgänge (GMS, IMB, IMAund KOD). Ein Anteil von angenommenen 70 Prozent DDR-IM ergibt 13 400.»[125]

Diese Schätzung ist gleich aus zwei Gründen sehr problematisch. Die angenommenen «70 Prozent DDR-IM» der Hauptverwaltung A sind auf einer sehr vagen empirischen Grundlage von zwei Abteilungen XV der Bezirksverwaltungen Suhl und Leipzig hochgerechnet worden. Beide Bezirksangaben berücksichtigen nicht das proportionale Verhältnis der Hauptverwaltung A zu den Bezirksabteilungen XV und auch die unter-

Die inoffiziellen Mitarbeiter

schiedliche Gewichtung der einzelnen Abteilungen XV der Bezirke wird nicht problematisiert. Von den 3299 Mitarbeitern der Aufklärung 1989 arbeiteten 2624 bei der Hauptverwaltung A und lediglich 675 in den 15 Abteilungen XV der Bezirksverwaltungen, das heißt im Durchschnitt 45 Mitarbeiter pro Abteilung XV in den Bezirksverwaltungen.[126] Diese Relationen zeigen, dass eine solche Hochrechnung auf die Hauptverwaltung A sehr gewagt ist, zumal manches dafür spricht, dass die IM der Abteilungen XV in die Statistiken der Bezirksverwaltungen und nicht der Zentrale einflossen. Allerdings gibt es auch Dokumente, die zeigen, dass die IM der Abteilungen XV in die Statistik der HV A Einzug fanden.

Weitaus erstaunlicher aber ist, dass aus 19 176 SIRA-Vorgängen (SIRA = System der Informations-Recherche der HV A)[127] kurzerhand 19 176 konkrete Personen, die dann auch noch alle als IM gearbeitet haben sollen, abgeleitet werden. Dieses Verfahren ist kritikwürdig, weil erstens die SIRA-Datenbanken solche Rückschlüsse nicht zu lassen und weil zweitens hier sämtliche Vorgänge der Hauptverwaltung A vermengt werden – GMS, IMA, IMB und KOD waren Kategorien der Hauptverwaltung A, die nicht mit IM-Kategorien identisch waren.[128] So werden zum Beispiel abgeschöpfte Personen, also solche, die weder wissentlich noch willentlich Informationen lieferten, ebenso zu IM erklärt wie andere, die noch gar nicht als IM verpflichtet waren. Ebenso werden Vorgänge, die bei der Hauptverwaltung A zum Teil Bezeichnungen trugen, die an IM-Kategorien anderer Diensteinheiten erinnern, aber etwas ganz anderes meinen, zu IM-Vorgängen. Schließlich werden Kategorien in den Rang von IM erhoben, die weder nach allgemeinen MfS-Richtlinien noch nach den speziellen der Hauptverwaltung A als solche firmierten.[129] Ganz konkret: GMS fallen ohnehin schon aus der Statistik heraus, weil sie auch vom MfS selbst nicht hinzugerechnet worden sind und, wie bereits ausgeführt, vieles dafür spricht, sie statistisch nicht als IM zu berücksichtigen. Mit der IMA-Kategorie verband die Stasi auch und nicht zuletzt abgeschöpfte Personen. IMB der Hauptverwaltung A wiederum entsprachen im definitorischen Sinn IMK – eine Kategorie, die das MfS nicht der IM-Statistik hinzuzählte. Und mit KOD sind konspirative Objekte der Hauptverwaltung A in der DDR erfasst worden, die schon in den internen Richtlinien eine Verbindung mit Personen nicht zuließen. Mit anderen Worten: Aus Gesamtangaben von SIRA-Vorgängen auf quantitativ bezifferbare Personen, die als IM für die Hauptverwaltung A tätig waren, zu schließen, ist unmöglich.

III. Tschekisten und Spitzel. Hauptamtliche und inoffizielle Mitarbeiter

Hinzuzufügen ist, dass «Operative Personenkontrollen» (OPK) der Hauptverwaltung A nicht jenen anderer MfS-Diensteinheiten entsprachen, was bedeutet, dass ihre OPK nicht in den entsprechenden OPK-Statistiken des MfS Eingang gefunden haben können.

Beide kursierende Zahlenangaben aber zu den IM der Hauptverwaltung A – 1550 West-IM und 13 400 DDR-IM – sind also auf wissenschaftlich haltlose Weise «errechnet» worden. Sie können nicht als seriös gelten, weil ihre Herleitung fehlerhaft ist.

Einen wirklichen Ausweg aus dem Dilemma aber gibt es nicht – bislang sind aussagekräftige und wissenschaftlich überprüfbare Dokumente nicht aufgetaucht. Auch einzelne Angaben von MfS-Offizieren helfen nicht weiter. Als 1959 der HV A-Offizier Max Heim in die Bundesrepublik flüchtete machte er ebenso umfangreiche Aussagen wie ein Jahr zuvor NVA-Offizier Siegfried Dombrowski, der bis zu seinem Übertritt eine hohe Funktion im militärischen Nachrichtendienst ausgeübt hatte. Das Bundesamt für Verfassungsschutz fasste gegenüber dem Bundesinnenministerium im Juni 1959 die umfassenden Aussagen zusammen und konstatierte, dass beide letztlich erklärt hätten, etwa 12 500 MfS-Agenten befänden sich «im Westeinsatz».[130] Die Flucht von beiden ist medial in der Bundesrepublik breit verarbeitet worden. Von den tausenden potentiell bedrohten Agenten stellten sich anschließend gerade 38 «freiwillig» bundesdeutschen Behörden.[131]

Auch andere in der Forschungsliteratur oder in Zeitungsberichten nachzulesende Zahlenangaben basieren meist auf Spekulationen. Eine bislang nicht vorgenommene Gegenprobe könnte allerdings zumindest eine neue Größenordnung andeuten. Als Mielke die Statistik für 1988 vorgelegt wurde, enthielt sie 109 281 IM (ausdrücklich ohne GMS und IMK). Davon waren über 86 000 (79 Prozent) in den Bezirksverwaltungen registriert und genau 23 034 in der Stasi-Zentrale (21 Prozent).[132] Das Ministerium war in sogenannte Anleitungsbereiche untergliedert. Dem Minister sowie seiner vier Stellvertretern unterstanden jeweils einzelne Diensteinheiten, Hauptabteilungen, Abteilungen und Verwaltungen.[133] Dem Bereich von Rudi Mittig unterstanden u. a. die Hauptabteilungen XVIII (Volkswirtschaft), XIX (Verkehr/Post) und XX (Staatsapparat, Kultur, Kirchen, Opposition). In diesen und einigen anderen Bereichen waren Ende 1988 genau 4731 Personen als IM erfasst.[134] Die Hauptabteilungen I (NVA/Grenztruppen), VI (Passkontrolle, Tourismus), VII (MdI/Polizei), VIII (Beobachtung/Ermittlung), XXII (Terrorismus) oder die ZKG

Die inoffiziellen Mitarbeiter

(Zentrale Koordinierungsgruppe/Ausreise) gehörten zum Bereich von Gerhard Neiber, in dem insgesamt 14 755 IM registriert waren.[135] Schwanitz war verantwortlich zum Beispiel für die Hauptabteilung III (Funkaufklärung/-abwehr) und die Abteilungen X (Internationale Verbindungen) oder N (Nachrichten). In seinem Bereich waren genau 164 IM erfasst.[136] Für den Anleitungsbereich von Mielke fehlt bislang ein solches Dokument. Von IM-führenden Diensteinheiten waren ihm zum Beispiel die Hauptabteilungen II (Spionageabwehr), PS (Personenschutz) oder die Abteilungen M (Postkontrolle), 26 (Telefonkontrolle) oder XII (Zentrale Auskunft/Speicher) zugeordnet. Diesen und anderen Abteilungen lassen sich etwa 1300 IM zu ordnen.[137] Wenn man diese Gesamtzahlen der vier erwähnten Bereiche von den insgesamt 23 034 erfassten IM der Zentrale abzieht, bleibt ein Rest von knapp 2100. Abgesehen von dem Sonderfall Hauptabteilung I mit 12 509 IM,[138] wiesen nur die Hauptabteilungen XVIII (1828 IM), XX (1539), XIX (1159) und II (etwa 1000) mehr als eintausend IM auf. Auch wenn es keinen Beweis darstellt, so *könnten* diese rund 2100 nicht zugeordneten inoffiziellen Mitarbeiter jene sein, die zum Anleitungsbereich von Werner Großmann, dem Nachfolger von Markus Wolf als Chef der Hauptverwaltung A, gehörten. Großmann war kein weiterer Bereich zugeschlagen.

Diese «Gegenprobe» wirft zumindest Fragen auf, die sie aber nicht beweiskräftig beantworten kann. In der Hauptverwaltung A/Abt. XV arbeiten 1988/89 etwas weniger als 4800 Mitarbeiter, wovon fast 1 500 als Offiziere im besonderen Einsatz (OibE) oder als hauptamtliche inoffizielle Mitarbeiter (HIM) tätig waren. Diese kommen als IM-führende Mitarbeiter praktisch kaum in Betracht, theoretisch war es untersagt, dass sie selbst IM anleiteten.[139] Wie viele von den 2624 Mitarbeitern der Hauptverwaltung A 1988/89 inoffizielle Mitarbeiter führten, ist unbekannt. Für Ende 1985 existiert eine Angabe, in der die Hauptverwaltung A explizit mit anderen «politisch-operativen Diensteinheiten» genannt wird, in denen der Anteil der IM-führenden Mitarbeiter insgesamt «zwischen 20 und 45 Prozent» schwankt.[140] Dass für Diensteinheiten mit relativ vielen Mitarbeitern wie die Hauptverwaltung A, Hauptabteilung II, XVIII oder XX dabei aber nur die untere Prozentangabe wahrscheinlich ist, zeigt eine weitere Angabe. Nach dieser waren am 31. Dezember 1985 in der gesamten MfS-Zentrale nur 2447 Mitarbeiter auch IM-Führungsoffiziere.[141] Etwa die Hälfte der von der Zentrale geführten IM waren bei der Hauptabteilung I (NVA) angebunden. Dort führte im Durchschnitt Mitte

III. Tschekisten und Spitzel. Hauptamtliche und inoffizielle Mitarbeiter

1985/86 ein Führungsoffizier zwölf IM.[142] Bei den anderen Einheiten der Zentrale waren es zum gleichen Zeitpunkt durchschnittlich fünf IM. Zumindest theoretisch könnte also die Zahl von 2100 IM mit den Mitarbeiterzahlen der Hauptverwaltung A korrelieren.[143] Doch beweiskräftig ist dies nicht – hier liegt ein echtes Forschungsfeld brach.

Gerade bei der Hauptverwaltung A ist davon auszugehen, dass aufgrund des weitaus arbeitsintensiveren Vorgehens, die IM-Netze, die einzelne Offiziere führten, im *Regelfall* eher klein waren. Hinzu kommt, dass die IM auch nur jene umfassen, die auch von der Hauptverwaltung A und der Stasi-Abteilung XII tatsächlich als IM erfasst wurden – so wie bei anderen Diensteinheiten. In der Forschungsliteratur hingegen werden alle möglichen Kategorien in einen IM-Topf geworfen, selbst wenn es sich nach Stasi-Auffassung gar nicht um IM handelte. Offen bleibt übrigens daher auch die Frage, ob die IM der Abteilungen XV in die IM-Statistik der Bezirksverwaltungen einflossen – wofür es Indizien gibt – oder ob diese IM – wie von einigen Forschern angenommen wird[144] – in der Statistik der Hauptverwaltung A Aufnahme fanden.

Nach all diesen Erwägungen bleiben erhebliche Zweifel an den angeblich zuletzt 189 000 IM. Das legt nahe, auch die Angaben für die Jahre zuvor in Frage zu stellen. Allein wenn man die GMS und IMK herausrechnet, wird man auch für die Mitte der siebziger Jahre sehr deutlich unter den geschätzten 200 000 IM bleiben. Andererseits könnte man bei Bedarf, die Statistik auch weiter künstlich nach oben treiben. «Zelleninformatoren» (Häftlinge die andere Häftlinge bespitzelten), wenige Grenz-IM (schleusten illegal von der DDR in die Bundesrepublik Sachen oder Personen) oder «Kontaktpersonen» (alles mögliche) sind bislang unberücksichtigt geblieben. Allerdings ist schon 1993 bezogen auf «Kontaktpersonen» zutreffend festgestellt worden, warum sie nicht berücksichtigt würden in den nun erarbeiteten Statistiken: «Entscheidend für die Berücksichtigung der KP in einer quantitativen IM-Erhebung wäre eine Einzelfallprüfung, wonach der Betroffene wie ein IM gearbeitet habe. Beispiele dafür sind bekannt.»[145] Tatsächlich hatte der Gesetzgeber bestimmt, wer IM sei oder nicht: «Inoffizielle Mitarbeiter sind Personen, die sich zur Lieferung von Informationen an den Staatssicherheitsdienst bereit erklärt haben.» (StUG § 6, Abs. 4, Satz 2) Das war nachvollziehbar und politisch richtig. Die Überprüfungspraxis orientierte sich nicht an Kategorien, sondern am Einzelfall, an der konkreten MfS-Zuträgerschaft. Insofern haben diese statistischen Einlassungen keinerlei Relevanz – falls

Die inoffiziellen Mitarbeiter

jemand auf die Idee kommen sollte – für Fragen der Überprüfungen seit 1990 auf eine eventuelle MfS-Tätigkeit. Natürlich gab es dabei Ungerechtigkeiten, die aber die Institutionen zu verantworten haben, die seit 1992 auf der Grundlage von Auskünften der Stasi-Unterlagenbehörde über den weiteren Verbleib der überprüften Mitarbeiter zu befinden hatten. Dass dabei oft auch Bescheide dieser Behörde instrumentalisiert wurden, um einen notwendigen Personalabbau zu erreichen, ist wohl ebenso unstrittig wie der Umstand, dass auch die Behörde selbst in ihre Aufgaben hinein wachsen musste. Einige Bescheide aus den Anfangsmonaten der Behörde wären wenig später abwägender ausgefallen. Aber hier geht es nicht darum, sondern um ein ganz anderes Problem.

Historiker sind natürlich auch an die Gesetze gebunden, aber nur so wie jeder andere Bürger und nicht wenn es darum geht, Kategorien und Einschätzungen in der wissenschaftlichen Rekonstruktionsarbeit zu verwenden oder zu erarbeiten. Insofern spricht vieles dafür, die letzten bekannten IM-Zahlen des MfS ernst zu nehmen und ihnen jene hinzuzurechnen, «wonach der Betroffene wie ein IM gearbeitet habe», was aber wiederum hieße, jene herauszurechnen, die trotz einer offenkundigen Kategorie «*nicht* wie ein IM gearbeitet haben».

Und genau an dieser Stelle fängt eigentlich das Geschäft des Historikers erst an. So merkwürdig es sich anhören mag, so viel auch geschrieben worden ist, es gibt praktisch bis heute keine historische IM-Forschung. Auch was gerade vorgeführt wurde, hat damit nicht viel zu tun. Hier wurden lediglich einige mehr oder weniger relevante Statistikfragen angesprochen, die wissenschaftlich fast zweitrangig sind. Eine historische IM-Forschung müsste sich zuallererst von den IM-Kategorien lösen, mit denen das MfS arbeitete. Denn die sind für die wissenschaftliche Forschung wenig hilfreich. Sie müsste vielmehr ganz eigene, nicht vom MfS definierte Kategorien anlegen. Zum Beispiel würde sie nach Auftragszweck und Auftragserfüllung, nach Motivationen für die Zusammenarbeit, nach Dauer der Zusammenarbeit, nach sozialen Prägungen, nach vielen anderen Dingen fragen, wohl nicht zuletzt nach dem Ertrag der Zusammenarbeit.[146] Sie würde IM in den Kontext der Gesellschaft rücken, in den Zusammenhang anderer Formen des Verrats, der Denunzierung, der Verfolgung, aber auch im Zusammenhang etwa mit Opposition oder Widerstehen neue Fragen aufwerfen. Eine solche Forschung könnte das Label IM in eine historische Betrachtung überführen, die nicht mehr der Frage nachspürt, ob jemand IM oder nicht IM war, sondern typologische Ver-

III. Tschekisten und Spitzel. Hauptamtliche und inoffizielle Mitarbeiter

haltens- und Handlungsformen in der Diktatur entwirft und fragt, was jemand tat und nicht wie jemand bezeichnet wurde. Die Stasi würde so auch gesellschaftshistorisch verortet werden können – stärker als integraler Bestandteil von Staat und Gesellschaft in einem dichten Beziehungsgeflecht, in dem das Spezifische der Stasi mit der Spezifik anderer Institutionen ins Verhältnis gesetzt würde. Mit anderen Worten: So eröffneten sich Wege, die Komplexität der SED-Diktatur in den Blick zu nehmen und die Stasi als einen Teil von vielen anderen der Diktatur zu historisieren.

Denn, um ein Beispiel zu bringen, Zersetzungsmaßnahmen lebten nicht nur von IM-Informationen, sondern auch von solchen, die auf offiziellen Wegen ermittelt wurden. Eine historische IM-Forschung würde nicht nur zur Relativierung dieser monströsen Kategorie führen, sie würde dazu beitragen, das Wesen der Diktatur offen zu legen und zugleich zeigen, dass Nichtmachen, Nein-Sagen, Ich-Sagen, Ich-Sein schwierig und mutig genug war, ohne ständig die Stasi bemühen zu müssen. Und ganz nebenbei erbrächte sie wohl auch, dass von den knapp 110 000 IM, die das MfS Ende 1988 als ihre ansah, nur ein bestimmter Anteil tatsächlich so arbeitete, wie gewünscht, *wie ein IM*. Eine solche empirisch belegbare Forschung würde *wissenschaftliche* IM-Typen hervorbringen, die nicht nur den IM historisieren, sondern zugleich wahrscheinlich erbrächte, dass die IM im Herrschafts- und Unterdrückungsapparat im *Regelfall* eine spezifische, punktuelle und temporäre Rolle spielten, mehr aber oft auch nicht. Dies aber hieße, in der empirischen IM-Masse, und nicht mit den statistisch vermutlich zu hoch angesetzten Zahlen, zu forschen und die allgemeine Fixierung auf Spitzen-IM wie Schlesing, Rinke, Böhme, Schnur, Haeger[147] oder wie sie sonst noch hießen, zu überwinden. Sie waren im Heer der Spitzel die kleine Minderheit. Die Mehrheit waren «gewöhnliche DDR-Menschen».

Anders hingegen sieht die Sachlage übrigens bei sogenannten fiktiven IM aus, also IM, die von einzelnen MfS-Mitarbeitern erfunden worden sind, um bessere Arbeitsergebnisse vorzutäuschen oder die eigene Faulheit zu überdecken. Immer wieder haben vereinzelt MfS-Angehörige eine solche Akte über nicht existierende IM geführt. Die genaue Anzahl ist unbekannt, es dürfte sich nach bisherigen Erkenntnissen nur um relativ wenige Fälle gehandelt haben. Durch das strenge interne Kontrollsystem des MfS ist dies fast immer aufgeflogen. Denn die Vorgesetzten der Führungsoffiziere konnten z. B. unangemeldet zu Treffen mit den IM mit ge-

Die inoffiziellen Mitarbeiter

hen. Auch durch die Überprüfung der Informationen, die der Führungsoffizier aus seinen IM-Vorgängen weiterleiten musste, konnte er als Fälscher überführt werden. Besonders einfach herauszufinden war es, wenn IM an andere Offiziere übergeben werden sollten. Die Strafen waren hart, meist folgte die umgehende Entlassung. Auch wenn ein Führungsoffizier «nur» IM-Treffberichte verfälschte, kamen ihm andere MfSler meist auf die Spur, wobei hier eine Entlassung häufig im Zusammenhang mit anderen Verfehlungen stand.[148]

Erfundene oder verfälschte Informationen der IM selbst bildeten ein Dauerthema. Das war aber mehr ein Problem der Geheimpolizei, die das meistens ebenfalls durch ihr engmaschiges Kontrollsystem schnell mitbekam, als es heute eines für Historiker darstellt. Die sind an Quellenkritik gewöhnt und misstrauen ohnehin zunächst jeder Quelle, suchen die berühmte «zweite Quelle» und stellen sie in historische Kontexte, so dass sie den falschen Angaben in IM-Berichten auf die Spur kommen und zumeist noch herausbekommen, warum dies getan wurde.

Die historische Beschäftigung mit IM und IM-Akten führt zwangsläufig zu widerständigen Verhaltensweisen. Denn so viele DDR-Menschen sich auch als IM verpflichten ließen, eine große Gruppe verweigerte sich dem MfS.[149] Das MfS spähte eine Person, bevor es sie zur Anwerbung intern vorschlug, zunächst aus, holte umfassende Informationen ein und führte oft auch unter einer Legende erste Kontaktgespräche. Wenn die Vorgesetzten den Anwerbungsvorschlag bestätigten, offenbarten sich die MfS-Mitarbeiter und schlugen eine schriftliche Verpflichtung vor. Zehntausende haben diese gänzlich verweigert, viele andere ließen sich zum Schein darauf ein, lieferten keine Informationen und sind deshalb nach kurzer Zeit «archiviert» worden. Allein von den 16 729 IM-Vorläufen, also den bei «willigen» Personen aktenkundig geplanten und von den Dienstvorgesetzten genehmigten IM-Anwerbungsvorhaben, des Jahres 1987 sind «nur» 10 310 (62 Prozent) erfolgreich gewesen. Über ein Drittel verweigerte die inoffizielle Zusammenarbeit.[150] Im ersten Halbjahr 1988 sah die Quote relativ identisch aus.[151]

Eine Verpflichtung war mit einem strengen Verbot verbunden, mit irgendwem, und sei es Ehefrau oder Ehemann, darüber zu reden. Das konnte nicht immer verhindert werden, führte aber in solchen Fällen, in denen die Partner sich verständig zeigten, nicht zum Abbruch der inoffiziellen Verbindung. Es ging auch umgekehrt: Ein IM gebärdete sich in den 1970er Jahren als oppositionell und staatsfeindlich – im Auftrag des MfS

III. Tschekisten und Spitzel. Hauptamtliche und inoffizielle Mitarbeiter

Irgendwann reichte es seiner Freundin, sie arbeitete bei der FDJ und wollte nicht mit einem Systemkritiker liiert sein. Sie wollte die Beziehung beenden, er gestand ihr, dass er für die Staatssicherheit arbeite. Sie glaubte ihm kein Wort. Der Führungsoffizier schritt ein und instruierte einen hauptamtlichen FDJ-Funktionär, der nicht dem MfS inoffiziell verbunden war, seiner Mitarbeiterin zu erklären, dass ihr Freund Recht habe. So geschah es, die beiden blieben zusammen und das MfS hatte auf einem sehr außergewöhnlichen, *eigentlich* nicht vorgesehenen Weg, einer *eigentlich* strikt verbotenen Methode einen wertvollen Mitarbeiter behalten können. So etwas war kein Massenphänomen, aber auch kein Einzelfall.

Ob auch die SED direkt in IM-Vorgänge eingriff, ist noch unerforscht und eher unwahrscheinlich, zumindest ab den 1960er Jahren. Bei Überprüfungen der Geheimpolizei durch SED-Kontrolleure in den 1950er Jahren hingegen bemängelten diese fast immer das bestehende Informantennetz und die Arbeit mit den geheimen Mitarbeitern, was ohne eine detaillierte Kenntnisnahme der operativen Unterlagen nicht möglich gewesen wäre. Als aber der DDR-Schriftsteller Heinz Kahlau 1964 in der Bundesrepublik als inoffizieller Mitarbeiter des MfS enttarnt wurde, wies Erich Honecker als ZK-Sekretär für Sicherheitsfragen am 2. Juni Bruno Beater an, Kahlau zu entpflichten.[152] Solche Anweisungen stellten aber offenbar Ausnahmen dar.

Aus den Fängen des MfS als IM oder potentieller IM zu entkommen, war durch eine bewusste Dekonspiration oder auch andere Verweigerungsformen möglich. Auch hier steht eine historische IM-Forschung noch am Anfang. Denn kaum ein Mensch war immer und zeitlebens IM, fast niemand war *nur* IM – das Label IM hat einen Personentyp seit 1990 konstruiert, der lebensfremd und ahistorisch ist und zugleich die nicht mit dieser Kategorie gemeinte Mehrheit moralisch entlastet. Deshalb gilt es auch in der neuen IM-Forschung, die gesamte Persönlichkeit in den Blick zu nehmen und nicht nur den zumeist schmalen Ausschnitt, der sich mit «IM» kategorisieren lässt. Ein Blick in die Statistik deutet dies bereits an. 1987 wurden von der größten IM-Kategorie, den IMS, 9880 archiviert, d. h. die Zusammenarbeit wurde beendet. Etwa 85 Prozent von diesen hatten länger als zwei Jahre mit dem MfS kooperiert. Die Stasi notierte, warum die Zusammenarbeit mit diesen fast 10 000 IMS beendet werden musste und kam zu dem Ergebnis, dass 2674 (27 Prozent) aus im weitesten Sinne Motivationsgründen die Mitarbeit einstellten: 292 dekonspirierten sich, 761 waren «unehrlich» und «unzuverlässig», 128 begingen

Die inoffiziellen Mitarbeiter

«feindliche» oder kriminelle Handlungen, 57 flüchteten aus der DDR und bei 1436 vermerkten die Statistiker: «Ablehnung der Zusammenarbeit, interessenlos».[153] Im ersten Halbjahr 1988 sanken diese «Motivationswerte» bei den archivierten IMS auf 17 Prozent.[154] Aber diese Beispiele deuten an, dass hier für eine empirische Forschung ein hoch interessantes Feld brach liegt, dass nicht nur die Stasi, sondern auch die SED-Diktatur und die DDR-Gesellschaft neu beleuchten könnte.

Viele Menschen wussten, wie man sich der Stasi entledigt, wollte diese einen als Spitzel gewinnen – einfach laut erzählen, dass das MfS da gewesen wäre und wiederkommen wolle. In einigen kirchlichen Gemeinden ist darüber richtiggehend aufgeklärt worden, wie man sich in einem solchen Fall verhalten solle. Eine IM-Verpflichtung zu verweigern, zog im Regelfall keine Konsequenzen nach sich, für die Betroffenen stellte es oft eine psychische Ausnahmesituation dar, da die MfS-Offiziere natürlich schon drohten und wohl nicht immer freundlich dabei waren. Aber auch eine Dekonspiration nach einer IM-Verpflichtung blieb mehr oder weniger folgenlos. Immerhin hatten sich IM zur Geheimhaltung verpflichtet. Bis in die 1960er Jahre hinein war die handschriftliche Verpflichtung oft mit dem ausdrücklichen Hinweis verbunden, bei Verstoß gegen § 353 StGB (Geheimhaltung) drohten Sanktionen – in besonders schweren Fällen bis zu zehn Jahren Zuchthaus. Bis heute ist nur ein Fall bekannt, dass tatsächlich jemand *nur* aufgrund seiner Dekonspiration verurteilt worden ist: «Der Beschuldigte steht im dringenden Verdacht, seine gegenüber dem MfS auf freiwilliger Basis abgegebene Schweigeverpflichtung in Bezug der Zusammenarbeit mit dem MfS gebrochen zu haben. In einer informatorischen Vernehmung gab er bereits zu, ca. 17 Personen davon Mitteilung gemacht zu haben, mit dem MfS zur Aufklärung von Staatsverbrechen zusammenzuarbeiten.»[155] Seit 1958 war der Mann IM, ist im Oktober 1961 festgenommen und im März 1962 zu zwei Jahren verurteilt worden. Die Begründung für das geringe Strafmaß, wie das Urteil hervorhob, enthielt den Hinweis, dass der Mann aktiv dazu beigetragen hatte, dass mehrere «Staatsfeinde» verhaftet und verurteilt werden konnten. Anders als diese, kam er bereits im September auf Bewährung frei.

Eine historisierende, auf Fallgruppen bezogene IM-Forschung gibt es, wie erwähnt, bislang nur in Ansätzen.[156] Normative und Statistiken helfen nur begrenzt weiter, um dem Phänomen auf die Spur zu kommen. Die IM-Geschichte ist im hohen Maße eine Einzelfallgeschichte, die sich nur sehr abstrakt typologisieren lässt. Der Umfang der IM-Arbeit etwa hing

III. Tschekisten und Spitzel. Hauptamtliche und inoffizielle Mitarbeiter

von zwei Faktoren ab. Zum einen von den Anforderungen des Führungsoffiziers, der IM für das gesamte Spektrum seiner eigenen Arbeit und darüber hinaus für die Bandbreite der gesamten MfS-Arbeit verwenden konnte.[157] Zum anderen aber kam es letztlich auf den IM selbst an, was er weiter trug, wie intensiv seine Arbeit war, worüber er mit dem MfS sprach und worüber nicht. Natürlich gab es nicht wenige, die das Bild verkörperten, das heute in der Öffentlichkeit mit Stasi-Spitzeln verbunden wird: Sie redeten, tratschten, schrieben, logen auch, über alles und jeden, sie scheuten sich nicht vor dem Verrat intimer oder familiärer Angelegenheiten, fanden sich für alle Aufgabenstellungen bereit, versuchten persönliche Vorteile zu erzielen und kassierten ab. Solche IM stellten Ausnahmen dar, die sich im Umfeld von Opposition oder Kirchen besonders häuften. Eine IM-Biographie, die sich als Thriller verfilmen ließe, ist bislang nur selten bekannt geworden. Eine davon geht im Schnelldurchlauf so.

Harry Schlesing etwa, 1900 geboren, saß aus nicht ganz geklärten Gründen zweimal im Gefängnis (1937/38, 1939/40). Nach 1945 wurde gegen ihn ermittelt, er soll etwa 2000 Denunziationen bei Kripo und Gestapo begangen haben. Die sowjetischen Stellen wurden auf das KPD-Mitglied (1945) aufmerksam. Er arbeitete als Spitzel für sie, war an mehreren Verhaftungen beteiligt. Als er auch noch unaufgefordert 1949 bei deutschen Stellen denunzierte, geriet er in das Visier der Mielke-Truppe, im Februar 1950 ist er mit Decknamen «Rampa» als geheimer Mitarbeiter verpflichtet worden. Was nun folgte, war wohl eine beispiellose IM-Karriere.

Er hatte als Invalidenrentner Zeit und bewegte sich in der ganzen DDR. «Er macht den Eindruck eines alten, abgebauten Beamten.»[158] Glaubhaft konnte er seine angebliche antikommunistische Einstellung versichern, trat zurückhaltend, nie fordernd und immer auf die Bitten seiner Gesprächspartner eingehend auf. Sein Vermögen, sich sozial sehr sensibel an fast jede Situation anpassen zu können, paarte sich mit einer schnellen Auffassungsgabe, einem offenbar breiten Wissen und einer hohen, taktisch und strategisch bedingten Veränderungsbereitschaft. Hinzu kam eine präzise Beobachtungsgabe, der kein noch so geringfügiges Detail überflüssig erschien oder entging. Er konzentrierte sich nie allein auf einen Vorgang, sondern war stets in der Lage, auch «staatsfeindliche» Äußerungen, Handlungen, Pläne oder Einstellungen von Nachbarn, Mitreisenden, Verkäufern, Urlaubsbekanntschaften usw. präzise zu benennen. Dadurch schuf er unermüdlich Material für weitere politische Verfolgun-

Die inoffiziellen Mitarbeiter

gen. Deshalb ist auch nicht genau zu bestimmen, für wie viele Verhaftungen und Verurteilungen Harry Schlesing mitverantwortlich war. Allein aus den direkt mit seinem Namen verbundenen Akten des MfS lassen sich mehrere hundert Schicksale zusammenzählen. Die Palette reichte von aktiven Widerständlern über «objektive Gegner» bis hin zu Frauen und Männern, von denen Schlesing nicht viel mehr wusste als zufällig mitgehörte Aussagen, die von der Staatssicherheit zum Ausgangspunkt von Ermittlungen benutzt worden sind. Im Kern aber war Schlesing hauptsächlich mit größeren und zentralen Vorgängen beschäftigt.[159]

Im MfS firmierte er insgesamt unter sieben verschiedenen Decknamen, er besaß mindestens zwei Personalausweise mit unterschiedlichen Identitäten. Das MfS ließ ihn gewähren, egal ob er seine Frau brutal zusammenschlug oder Nachbarn mit einer illegalen Pistole «im Namen des Staates» bedrohte. In einer Einschätzung über seine «überragende» Arbeit hieß es: «Beim Einsatz in operativen Kombinationen zeigt er ein gutes Anpassungsvermögen. So trat er bei der Bearbeitung von Personen als Dozent, Ingenieur, Redakteur, Journalist, Förster, Geistlicher, ehem. Faschist o. ä. auf und löste die ihm gestellten Aufgaben vorbildlichst.»[160] Für die Zerschlagung des «Komitee 17. Juni 1953» (West-Berlin) 1954 erhielt er das «Ehrenzeichen der Deutschen Volkspolizei». Später folgten die «Verdienstmedaille der DDR» sowie die «Medaille für treue Dienste in der NVA in Gold». Beater persönlich veranlasste, dass Schlesing, der im Prenzlauer Berg wohnte, als hauptamtlicher GI mit einem Monatslohn von 800 Mark eingestellt wurde. Insgesamt erhielt Schlesing zwischen 1950 und 1960 vom MfS rund 60 000 Mark. 1960 erfuhr er eine erneute Aufwertung. Im Range eines Leutnants stellte ihn das MfS als OibE ein, obwohl dies nach Beschlusslage erst hätte ab Sommer 1961 gehen können – bis zu diesem Zeitpunkt gab es den Status «OibE» nur für in der Bundesrepublik arbeitende MfS-Agenten. Schlesing blieb dem MfS buchstäblich bis zum letzten Atemzug 1971, obwohl schwer von vielen Krankheiten gezeichnet, treu und ergeben.[161]

Aber wie gesagt, das waren seltene Ausnahmen, Schlesing unter Umständen der heimliche Unterweltkönig der Spitzel und Denunzianten in der DDR. Wir wissen von jenen, die viel Papier hinterlassen haben und deren Spuren in anderen Vorgängen, Ermittlungsverfahren und Prozessen sichtbar gemacht werden können, weitaus mehr als über jene, deren IM-Akten oft genug dünn und mehr über sie als von ihnen enthalten. Aber anders als Schlesing und wenige andere waren IM im Regelfall nicht ein

III. Tschekisten und Spitzel. Hauptamtliche und inoffizielle Mitarbeiter

Leben lang IM, die Zusammenarbeit dauerte nur bei einer Minderheit länger als zehn Jahre. Die meisten kooperierten mit dem MfS zwischen fünf und zehn Jahre, aber ein großer Anteil auch nur situationsbezogen, etwa während des Grundwehrdienstes (1,5 Jahre), des dreijährigen Wehrdienstes als Unteroffizier auf Zeit oder des Studiums. Eine besondere IM-Gruppe stellen Minderjährige dar – Kinder und Jugendliche, die das MfS anwarb.[162] Zuletzt soll es sich *hochgerechnet* um eine Gruppe von *etwa* 1300 Jungen und Mädchen gehandelt haben, die auf diese Weise staatlich missbraucht wurden.[163]

Es gab viele IM, die tatsächlich «nur» fachliche Angelegenheiten oder die Arbeit betreffende Behinderungen besprachen, die Aufträge ablehnten, *direkt* über Personen oder Persönliches zu sprechen, die nichts aufschrieben. Es gab IM, die sich von der Zusammenarbeit mit dem MfS Karrierevorteile oder Westreisen versprachen. Es gab welche, die zur Zusammenarbeit mit widerlichen Mitteln – auch in den 1970er Jahren – erpresst worden waren. Es gab nicht wenige, die glaubten, damit ihrer staatsbürgerlichen Pflicht nachzukommen. Manche begannen, mit dem MfS zu paktieren, weil sie vom DDR-Sozialismus enttäuscht waren und nun hofften, im MfS endlich die richtigen Kommunisten als Ansprechpartner zu finden. Einige wiederum hofften auf Abenteuer à la 007. Andere glaubten, mit Hilfe der Geheimpolizei Missstände abbauen und Verbesserungen erwirken zu können. Es gab welche, die nur zum Schein die Verpflichtung eingingen. Angst davor, bei einem «Nein» Nachteile zu haben oder Privilegien (Westreisen) gestrichen zu bekommen oder gar selbst ins Visier von «Horch und Guck», wie viele das MfS nannten, zu geraten, wird nicht die geringste «Motivation» gewesen sein, mitzumachen. Viele weitere Gründe ließen sich angeben, die das MfS durch ein dichtes internes Überprüfungsnetz, das die Führungsoffiziere und ihre IM betraf, auch selbst ermittelte.

Die permanenten internen Klagen über die Zusammenarbeit mit IM, dass Angeworbene zurückhaltend seien, wichtige Informationen nicht weitergäben, häufig ihre Aufträge nicht erfüllten, die Disziplin bei vereinbarten Treffen unzureichend sei und es häufig zum Abbruch der Zusammenarbeit käme, verweisen überdies darauf, dass IM nicht gleich IM war und nur der Blick auf jede einzelne Fallgeschichte es ermöglicht, einen inoffiziellen Mitarbeiter konkret einzuordnen. Eine solche Forschung dürfte nicht nur das Bild von IM in der Öffentlichkeit verändern, auch der Blick auf die Gesellschaft in der Diktatur würde klarer werden und sich von dichotomischen Annahmen lösen.

Die inoffiziellen Mitarbeiter

Für die MfS-Offiziere wiederum wirkte sich das alles karrieretechnisch und durch Prämien aus. In der DDR wurde auch die Arbeit der Geheimpolizei akribisch geplant und u. a. festgelegt, welcher Mitarbeiter bis wann welche Aufgaben zu erfüllen habe. Dazu gehörte auch die Werbung von IM. So finden sich in den konkreten Planunterlagen einzelner Abteilungen häufiger handschriftliche Vermerke, die Werbung eines IM sei erfolgt und «abgerechnet». Ob die Abnahme der IM-Werbungen in der zweiten Hälfte der 1980er Jahre (nur die IMK steigerten sich noch kontinuierlich...) darauf hindeutet, dass immer mehr Menschen bereit waren, «nein» zu sagen, müsste ebenso erforscht werden wie die Frage, ob das vielleicht auch schon mit einer beginnenden Verunsicherung und Demotivierung im MfS selbst zusammenhing.

Wenn man nach den IM-Karrieren fragt, wird man ebenfalls unterschiedliche Wege entdecken. Einige sind zum Beispiel innerhalb der IM-Kategorien aufgestiegen, etwa vom IMS zum IMB (was mit neuen Arbeitsmethoden verbunden sein konnte), die meisten blieben in einer Kategorie (sie selbst wussten das nicht). Andere wiederum entwickelten sich vom IM zum hauptamtlichen Mitarbeiter. Es gab nicht nur welche, die in die Opposition eingebaut wurden oder dort angeworben worden sind. Umgekehrte Fälle sind auch einige bekannt, der Philosophiestudent Wolfgang Templin etwa, der von 1971 bis 1975 auch für das MfS arbeitete. Er dekonspirierte sich bewusst, um die Zusammenarbeit mit dem MfS zu beenden.[164] Anschließend ist Templin vom MfS überwacht, später aus der SED ausgeschlossen, mit Berufsverbot belegt und als einer der Köpfe der Opposition im Februar 1988 zwangsausgebürgert worden. Der GI «Leitz» war der berühmteste DDR-Dissident: Robert Havemann arbeitete von 1956 bis 1963 inoffiziell mit dem MfS zusammen, zuvor war er bereits für sowjetische Dienste tätig gewesen.[165] Havemann berichtete auch über Personen. Aus dem GI-Vorgang «Leitz» wurde ab 1964 der OV «Leitz», aus dem kommunistischen Einpeitscher Havemann war der sozialistische Dissident und «Staatsfeind Nr. 1» geworden. Sowohl was die dann folgende Intensität der MfS-Bearbeitung von Havemann und seines Umfeldes als auch was den angehäuften Aktenbestand über ihn anbelangt, ist wohl von einem singulären Höhepunkt in der MfS-Überlieferung auszugehen.[166]

Oppositionellen war bewusst, dass sie beschattet (was sie zum Teil sogar als Zersetzungsmethode mitbekommen sollten), ihre Telefone abgehört, ihre Post mitgelesen und ihre Gespräche belauscht wurden. Gerd

III. Tschekisten und Spitzel. Hauptamtliche und inoffizielle Mitarbeiter

und Ulrike Poppe zum Beispiel fanden am 8. April 1981 ein winziges hochempfindliches Kondensatormikrofon, mit dem ihre Wohnung abgehört werden sollte. Rainer Eppelmann spürte eine MfS-Abhöranlage am 19. Dezember 1988 sogar in seinem kirchlichen Dienstzimmer auf, was nicht nur dem MfS ungelegen kam, sondern auch seinem Arbeitgeber sehr missfiel und zu einer «Anzeige gegen Unbekannt» führte. Gerade IM, die in oppositionellen Gruppen der 1980er Jahre operierten, schrieben in ihren eigenen Berichten, die mit einem Decknamen gezeichnet waren, nicht selten in der dritten Person über sich selbst und ihr Tun. In den Oppositionsgruppen ist die Frage von MfS-Spitzeln immer mal wieder erörtert worden. Anfang 1989 etwa beschuldigten Bärbel Bohley, Irena Kukutz und Katja Havemann ihre «Freundin» Monika Haeger, für das MfS zu arbeiten. Es war ein Gruppenfoto aufgetaucht, auf dem Haeger den Gesichtern Namen zugeordnet hatte. Ein Verdacht lag sehr nahe, denn die abgebildeten Personen waren ihr alle seit vielen Jahren bekannt, einige nannte sie ihre engsten Freunde. Als sich die «Initiative Frieden und Menschenrechte» am 15. Februar 1989 traf und Haeger von sich aus die Verdächtigungen ansprach, sie war vom MfS darauf vorbereitet worden, und lange zu ihrer Verteidigung sprach, waren genau die Hälfte der anwesenden Teilnehmer IM. Der Graben in der Diskussion verlief nicht zwischen IM und Nicht-IM. Einzelne Mitglieder der IFM, die nicht für das MfS arbeiteten, wollten sich nicht auf vage Beweise einlassen und votierten für einen behutsamen Umgang, um nicht das Treiben des MfS indirekt zu stützen, man könne ja weder das eine noch das andere beweisen. Solchen Spitzel-Debatten könne man nur entgehen, Gerd Poppe wies den Berichten zufolge mehrmals darauf hin, indem die inhaltliche Arbeit mit größtmöglicher Transparenz erfolge, während bestimmte organisatorische Aspekte immer nur den dafür Verantwortlichen bekannt sein sollten.[167]

Haeger (IMB «Karin Lenz») war vom MfS auf eine «Oppositionskarriere» vorbereitet und in die Friedensbewegung eingeschleust worden. Sie berichtete umfangreich und ließ nur selten etwas aus. Das MfS bezahlte sie. Sie agierte vor allem in der IFM und den «Frauen für den Frieden». Anfang April 1989, kurz bevor sie sich gegenüber Gerd Poppe und Bärbel Bohley als Spitzel bekannte, schrieb sie ihrem Führungsoffizier einen Bericht. Darin machte sie als «Einzelkämpferin in der politischen Untergrundbewegung» an «der vordersten Front» Vorschläge, wie die IM-Tätigkeit effizienter gestaltet werden müsste. Als Hauptproblem benannte

Die inoffiziellen Mitarbeiter

> Erfurt, den 11.5.1989
>
> BERICHT
>
> Seit einigen Tagen parkt hinter meinem Wohnblock ein blauer Pkw (FIAT oder LADA) mit dem Kennzeichen ▬▬▬. Die komische Positionierung des einsamen Fahrzeuges auf freiem Feld fiel mir s o f o r t auf. Es tritt kein Bürger an das Fahrzeug heran, jedenfalls bemerkte ich das nicht. Auch das wundert mich. Hier stimmt etwas nicht.

IM aus eigenem Antrieb: eine Denunziation aus dem Jahre 1989

sie, dass sie andere Einzelkämpfer «erriechen» würde an deren Verhaltensweisen, an den Argumenten, an der Verhinderungs- und Verzögerungstaktik. Problematisch sei daran nicht nur, dass sie die anderen und die anderen sie erkennen würden, vielmehr würden auch die Feinde die stillen Kämpfer ausmachen können.[168]

Zuweilen erfolgten gegenseitige Enttarnungen, die den technischen Unzulänglichkeiten geschuldet waren. Im Norden der DDR fand Mitte der 1980er Jahre ein Treffen von einigen Oppositionsgruppen statt. Das einzige Telefon stand in der Post, die Angestellte stellte die gewünschte Verbindung her. Als eine Frau sie bat, eine bestimmte Berliner Nummer zu wählen, meinte die Postfrau erstaunt, da hat doch gerade schon eine andere Frau angerufen. Beide hatten ihrem Führungsoffizier einen aktuellen Zwischenbericht erstatten wollen. Die «wissende» IM musste nun entsprechend instruiert werden, was einige Komplikationen mit sich brachte.

So wie das MfS ab Ende 1989 zum Hauptsündenbock für die Verhältnisse in der DDR erklärt wurde, nicht zuletzt von der SED/PDS, so ist

III. Tschekisten und Spitzel. Hauptamtliche und inoffizielle Mitarbeiter

auch «der IM» zu einer fast einzigartigen und monströsen historischen Figur geworden, die offenbar für alles historisch-politische Verantwortung trägt, was das SED-Unrechtsregime hervorbrachte. Auf eine historische Realität in diesem Zusammenhang muss hingewiesen werden, die auch «den IM» in historische Kontexte einbettet. Denn zum Diktaturalltag gehörten ebenso die Denunziationen, an denen IM oder MfS nicht aktiv beteiligt waren. Auch dies ist ein Forschungsthema, das für die DDR-Geschichte noch brach liegt.[169] In den Archiven sind buchstäblich unzählige Berichte überliefert, die eine Vielfalt und Unzahl an Denunziationshandlungen belegen und die DDR-Gesellschaft zumindest partiell nochmals in einem anderen Lichte erscheinen lassen. Besonders offenkundig zeigt sich dies, wenn Flugblätter oder Briefe unaufgefordert übergeben, politische Meinungsäußerungen von Kollegen, nichtgenehmigte Westkontakte oder vermutete Fluchtabsichten gemeldet wurden. Nun gehörte es gerade zu den Absichten von SED und MfS, ein gesellschaftliches Klima zu erzeugen, in dem solche Dinge gemeldet wurden, weshalb so etwas oft aus Angst geschah. Denn auch eine unterlassene Meldung konnte erhebliche Folgen nach sich ziehen, was vielen bewusst war. Dies mag ein entlastendes Moment darstellen. Zugleich ist zu betonen, dass den Denunzianten bewusst war, was mit den Personen geschehen konnte, über die sie Belastendes äußerten. Insofern befanden sie sich mindestens in einem Zwiespalt, den nicht gerade wenige zuungunsten anderer lösten.

Das einzige, was wirklich alle IM einte, war ihr Unwissen darüber, was im MfS mit den Informationen, die geliefert wurden, geschah, wofür sie genau verwendet wurden. Insofern kann niemand, auch der nicht, der keine direkten Personeninformationen gegeben hat, pauschal behaupten, er habe niemandem geschadet. Viele *wollten* wahrscheinlich wirklich niemandem schaden. Ganz unabhängig einmal davon, dass die moralische Bewertung, sich überhaupt mit dem MfS einzulassen, auch schon in der DDR eindeutig ausfiel.

IV.
WELTWEIT IM EINSATZ? DAS MFS AUSSERHALB DER DDR

Spionage gehört zu den ältesten Gewerben der Menschheit. Selbst im Tierreich, haben Verhaltensbiologen beobachtet, gibt es das. Die gängigen Bilder von «Agenten», wie sie uns in Thrillern präsentiert werden, haben wenig oder eigentlich nichts mit der Realität zu tun. Historiker, die sich mit Spionagegeschichte befassen, stehen vor eine Reihe von praktisch unlösbaren Problemen. Das simpelste beginnt bei der Feststellung, dass man nur selten weiß, ob das, was man zu wissen glaubt, wenigstens annähernd stimmt. Und wegen der unsicheren Quellenlage weiß man nicht einmal, was man wissen könnte. Mit anderen Worten: Spionagegeschichte ist eine geheimnisvolle Spezialdisziplin, in der sich neben einigen seriösen Historikern viele ehemalige (?) Geheimdienstmitarbeiter ausbreiten (und das Geschäft der Desinformation weiter betreiben). Auch Verschwörungstheoretiker haben sich hier fest etabliert – und Irre und Verrückte gibt es hier mehr als in jedem anderen Fach. Wer das nicht glaubt, sollte einmal einen «Fachkongress» besuchen.

Für die Geschichte der «Auslandstätigkeit» des MfS, die verkürzt und unreflektiert SED-Propaganda wiederholend auch «Westarbeit» genannt wird, besteht zunächst der Glücksfall, dass die Organisation aufgelöst wurde und nicht in eine Nachfolgeeinrichtung überführt wurde. Das ist sonst immer der Fall und erschwert die wissenschaftliche Beschäftigung mit ihr ebenso wie die personellen Kontinuitäten. Diese gab es mit Auflösung des MfS kaum. Weniger glücklich war allerdings der Umstand, dass die Hauptverwaltung A, die wichtigste Institution für Spionage des MfS, sich selbst 1990 auflösen und zudem ihr angehäuftes Material weitgehend systematisch vernichten durfte (bzw. nach Moskau brachte, um einmal eine halbwegs rational klingende Verschwörungstheorie vorzutragen). Zwar gelang der Hauptverwaltung A dies nicht vollständig, aber das wichtigste Material ging verloren. Heute stehen der Forschung vor allem schwer durchschaubare Datenbanken, außerdem sogenannte Ausgangsinformationen und über 13 000, weitgehend von wichtigen Materialien bereinigte IM-Akten zur Verfügung. Die «Ausgangsinformationen» stel-

IV. Weltweit im Einsatz? Das MfS außerhalb der DDR

len Berichte der Hauptverwaltung A an hochrangige SED-Funktionäre und das KGB dar. Sie zeigen, wofür sie sich weltweit interessierte.[1] Das meiste entspricht den Ergebnissen, die auch investigativ arbeitende Journalisten herausbekommen hätten, vieles hätte auch mit einer gründlichen Presseauswertung so geschrieben werden können. Im Abgleich mit den Datenbanken lässt sich zum Teil über Registriernummern erfahren, welche «menschlichen Quellen» ihr wahrscheinlich Material lieferten, ohne dass sich präzise bestimmen ließe, ob diese «Quellen» das bewusst taten, «abgeschöpft» wurden oder kurzerhand von der Stasi zu Informanten erklärt wurden. Die IM-Akten der Hauptverwaltung A wiederum weisen eine Besonderheit auf. Sie sind von ihr größtenteils vor Abgabe ans MfS-Archiv so verändert worden, dass sich aus ihnen die konkrete Arbeitsweise nicht erschließen lässt. Sie sind für historische Forschungen nicht sonderlich ergiebig.

Experten haben in den letzten Jahren vor allem die Struktur der Hauptverwaltung A rekonstruieren können.[2] Da manche Studien in einem höheren Maße als sonst üblich auf Interviews und Befragungen einstiger hauptamtlicher und inoffizieller Mitarbeiter basieren, besteht das Risiko, auf falsche Fährten gesetzt oder «desinformiert» zu werden. Oft genug fehlt die berühmte «zweite historische Quelle». Dass dennoch die Literatur zum Thema vergleichsweise breit und ausufernd angewachsen ist, hängt nicht nur mit der Faszination zusammen, die Spionagegeschichten immer auszulösen vermögen, sondern auch damit, dass sich immer auch die Justiz für diese interessiert. Die bekommt mit ihren Mitteln bei strafrechtlichen Ermittlungen, ob jemand Agent gewesen sei, an zuvor unzugängliches Material heran, das dann zum Teil der historischen Forschung zur Verfügung steht.[3]

Das Hauptproblem jeder Spionagegeschichte besteht darin, nach Effizienz und Erfolgen fragen zu müssen. Das ist nie einfach zu beantworten. In den 1970er und 1980er Jahren nahm zum Beispiel die Industrie-, Wissenschafts- und Technologiespionage des MfS einen herausgehobenen Platz ein. Das lässt sich gut erklären: Die DDR und die anderen sozialistischen Staaten hatten den internationalen Anschluss auf dem Technologiemarkt immer mehr verloren, die westliche Embargopolitik kam hinzu. Mit Hilfe von Agenten, «Kontaktpersonen» und «Abschöpfpersonen» sollte gegengesteuert werden. Tatsächlich platzierte das MfS in einigen Industrieforschungszentren der Bundesrepublik, aber auch in anderen Ländern, IM oder gewann dort auch wenige Mitarbeiter als IM. Und

IV. Weltweit im Einsatz? Das MfS außerhalb der DDR

offenbar gelang es immer wieder für streng geheime Forschungsprojekte, die das MfS absicherte, aber nicht selbst betrieb, Technologieunterlagen, unveröffentliche wissenschaftliche Ausarbeitungen, geheime Untersuchungen und nicht zuletzt die Produkte selbst zu beschaffen. Auch in der Rüstungsspionage soll die Hauptverwaltung A erfolgreich gewesen sein. Darüber gibt es viele Studien und noch mehr Erinnerungsberichte. Ein Teil der Computertechnik zum Beispiel, die auch das MfS benutzte, war über IM aus dem Westen in die DDR gelangt.

Man könnte zwar leichthin bescheinigen, dass es Erfolge gegeben hat, vielleicht sogar sehr effizient zustande gebracht. Nur: Spionage wird an sich nicht um ihrer selbst willen betrieben, sondern mit dem Ziel, dass die Spionageergebnisse dem Auftraggeber – in diesem Fall dem SED-Staat – irgendwie nützlich sind. Die meisten Spionageforscher und noch mehr die Geheimdienstmenschen selbst werden spätestens jetzt aufschreien: Was könnten sie denn dafür, wenn mit ihren berauschenden Ergebnissen nicht adäquat umgegangen worden sei, wenn ihr Technologiediebstahl letztlich der Wirtschaft und der Gesellschaft nicht zugute gekommen wäre. Dafür seien doch andere verantwortlich gewesen. Das stimmt natürlich, hebt aber die Frage nach Sinn und Unsinn dennoch nicht auf.

Im Fall des MfS ist die «Auslandsarbeit» eine Geschichte von Geheimpolizei und Geheimdienst gleichermaßen. Es ist schon an anderer Stelle darauf hingewiesen worden, dass die Hauptverwaltung A genau umrissene Aufgaben etwa bei der «Republikflucht» («Reisekader»), bei den sogenannten Rückverbindungen ausgereister DDR-Bürger in die DDR oder bei der Bekämpfung von Opposition und Widerstand zu erfüllen hatte. Aber auch wenn MfS-Offiziere, darunter solche der Hauptverwaltung A, internationale Sportveranstaltungen (etwa Olympische Spiele, Welt- und Europameisterschaften) getarnt als «Trainer», «Funktionäre» oder «Touristen» – die schon damals lächerlichste Verkleidung – absicherten, agierten sie als Geheimpolizisten, da sie vor allem drohende Fluchten abzuwenden hatten, was ohne Gesinnungsschnüffelei nicht ging. Aber auch Entführungsaktionen aus der Bundesrepublik und West-Berlin in die DDR belegen dies, denn auch daran war der «Auslandsgeheimdienst» mehrfach beteiligt. Eine scharfe Trennung, wie zuweilen behauptet, zwischen «Abwehr» und «Aufklärung» gab es im MfS nicht. Es existierte eine Aufgabenteilung, die für größere Institutionen durchaus sinnvoll sein kann, aber zugleich ist ein gemeinsames Ziel verfolgt worden.[4]

IV. Weltweit im Einsatz? Das MfS außerhalb der DDR

Im MfS waren für Aufgaben außerhalb der DDR Ende der 1980er Jahre etwa 10 000 hauptamtliche Mitarbeiter zuständig. Knapp die Hälfte davon arbeitete bei der Hauptverwaltung A/Abt. XV. Etwa ein Drittel war in der für Funkabwehr und -aufklärung zuständigen Abteilung beschäftigt (Abt. III, Abt. F, später HA III, in den BV: Abt. III). Hier wurde zum Beispiel großflächig der Telefon- und Funkverkehr politischer, militärischer, staatlicher und gesellschaftlicher Institutionen der Bundesrepublik abgehört. Diese Abhörprotokolle sind für die Forschung überwiegend nicht zugänglich. Der Rest arbeitete in anderen «Linien», etwa «II» (Spionageabwehr), «XVIII» (Volkswirtschaft), «XX» (Universitäten, Gesundheitswesen) oder «XXII» (Terrorabwehr).

Entwicklung der Beschäftigtenzahlen bei den hauptamtlichen Mitarbeitern der Hauptverwaltung A[5]

1955	430	1973	1084
1956	466	1981	1985
1958	481	1983	2195
1960	518	1985	2305
1961	524	1986	2639
1962	630	1987	2957
1970	985	1989	3299

Über wie viele IM die Hauptverwaltung A verfügte, ist, wie bereits ausgeführt wurde, nicht bekannt.[6] Weniger als 500 inoffizielle MfS-Mitarbeiter, die Bundesbürger waren, *sollen* 1989 direkt in sogenannten Zielobjekten, also bundesdeutschen Ausspäheinrichtungen, angesiedelt gewesen sein (zudem meist in untergeordneten Positionen). Entscheidend dürfte wohl sein, dass jenseits einiger spektakulärer Fälle bereits diese Zahl andeutet, dass von einer «Unterwanderung der Bundesrepublik»[7] oder gar einer «Steuerung» nicht einmal ansatzweise gesprochen werden kann. Die meisten DDR-freundlichen Unternehmungen oder Aktionen, zu denen es seit den 1960er Jahren in der Bundesrepublik kam, und das waren nicht eben wenige, bedurften keiner Initiierung durch das MfS, sie entsprangen ideologischen Überzeugungen dieser bundesdeutschen Aktivisten. Eigentlich ist das viel schlimmer.

IV. Weltweit im Einsatz? Das MfS außerhalb der DDR

Markus Wolf, bis 1986 Chef der Hauptverwaltung A, zusammen mit Walter Ulbricht und Erich Honecker, 1970.

Auch die im Mai 2009 erneut entfachte Debatte um die «Unterwanderung der Bundesrepublik» ändert daran nichts. Damals wurde bekannt, dass der Westberliner Polizist Karl-Heinz Kurras seit 1955 IM des MfS und seit 1964 SED-Mitglied war.[8] Er hatte am 2. Juni 1967 den Studenten Benno Ohnesorg am Rande einer Demonstration kaltblütig erschossen. Zum Zeitpunkt des Mordes arbeitete der Polizist auch für die Stasi. Ein Befehl für den Mord seitens des MfS liegt weder vor noch erscheint ein solcher wahrscheinlich. Der «2. Juni» gilt vielen als Ausgangspunkt, der zur Radikalisierung der Studentenbewegung und zur Bildung terroristischer Gruppen führte. Manche Analytiker glauben, diese Geschichte und womöglich die bundesdeutsche Geschichte müssten wegen der neuen Erkenntnisse neu geschrieben werden. Das ist abwegig.

Das Hauptoperationsgebiet der MfS-Auslandsarbeit waren die Bundesrepublik und West-Berlin. Noch stärker als in anderen Bereichen unterlag die Auslandsarbeit der sowjetischen Anleitung und Führung. Wahrscheinlich hatte Moskau die Operationsgebiete aufgeteilt. Die Sowjets waren für die ganze Welt zuständig und überließen ihren Agenturen in Ost-Berlin, Sofia, Budapest, Warschau und Prag kleinere Häppchen. Mit

IV. Weltweit im Einsatz? Das MfS außerhalb der DDR

Bukarest ist die Zusammenarbeit 1968 mehr oder weniger eingestellt worden. Die Bundesrepublik lag nicht nur vor der Haustür des MfS, hier gab es auch wie in Österreich keine Sprachprobleme, was sonst für jede Spionageorganisation immer eine Hürde darstellt. Mittlerweile wissen wir, dass das MfS auch in vielen anderen Ländern nachrichtendienstlich aktiv war, z. B. in Schweden und Island, Großbritannien und Dänemark, Finnland und Italien, Frankreich und der Schweiz usw. In den Ostblockstaaten durfte nicht geschnüffelt werden, das blieb dem KGB vorbehalten. So ganz haben sich die «Bruderländer» an diese Vereinbarung jedoch nicht gehalten, wie umfangreiche MfS-Ermittlungsergebnisse etwa über Polen und die ČSSR belegen. Hier beteiligte sich das MfS an der Unterdrückung der Opposition. In mehreren sozialistischen Ländern waren «offiziell», d. h. mit Wissen der dortigen Dienste sogenannte Operativgruppen im Einsatz. Sie kooperierten mit den landeseigenen Geheimdiensten. Belegt sind solche Operativgruppen für die Sowjetunion (seit 1951), Bulgarien (1961), Ungarn (1964), ČSSR (1965) und Polen (1980). Hinzu kamen einige in afrikanischen und asiatischen Ländern, dort, wo sich eine größere Anzahl von DDR-Menschen aufhielt. Denn die Operativgruppen, die unabhängig von den Mitarbeitern der Hauptverwaltung A an den Botschaften agierten, hatten vor allem die im Land arbeitenden oder studierenden DDR-Menschen zu überwachen und insbesondere Fluchtabsichten aufzudecken. Sie führten IM, meist handelte es sich um DDR-Bürger.

Dem MfS gelang es in den 1950er Jahren, zahlreiche Agenten legendiert in der Bundesrepublik zu platzieren. Einer von ihnen war Horst Hesse. Der junge Arbeiter nahm Anfang 1954 mit dem SfS in Magdeburg Kontakt auf. Ihn hatte ein Brief ereilt, hinter dessen Absender er westliche Geheimdienste vermutete. Die Stasi verpflichtete Hesse umgehend als geheimen Mitarbeiter. Dieser fand im Stasi-Auftrag in West-Berlin heraus, dass der Absender tatsächlich für einen Geheimdienst arbeitete. Zum Schein ließ er sich auch dort anwerben und übermittelte nun abgestimmt mit dem SfS «geheime» Informationen, wie zum Beispiel selbst angefertigte Aufzeichnungen über angebliche sowjetische Truppenbewegungen. Im August 1954 «flüchtete» Hesse im Stasi-Auftrag nach West-Berlin. Der US-amerikanische Dienst sah es als erwiesen an, dass er in größter Gefahr war, weil ihm das SfS auf die Spur gekommen sei. Die Besatzungsmacht flog ihn ins Bundesgebiet aus und stellte ihn in Würzburg in einer Dienststelle des amerikanischen Militärgeheimdienstes an. Dort stieg er schnell auf und arbeitete im Bereich der Agentenwerbung unter DDR-Bürgern.

IV. Weltweit im Einsatz? Das MfS außerhalb der DDR

Da er deshalb oft nach West-Berlin fliegen musste, war es auch kein Problem, sich mit seinen Führungsoffizieren zu treffen. Schnell interessierten sich ranghöchste Offiziere für den Vorgang. Der Chef der Hauptabteilung II, Josef Kiefel, zuständig für Spionageabwehr, nahm selbst mehrfach an Treffen mit Hesse in Ost-Berlin teil. Im Mai 1956 schließlich entwendete Hesse (mit zwei Unbekannten) zwei Safes, die die Agentenkartei enthielten und fuhr unbemerkt in die DDR.[9] In der Folge kam es zu etwa 140 Verhaftungen und drastischen Verurteilungen. Hesse selbst ist in Abwesenheit von einem US-Gericht zum Tode verurteilt worden. Im Juli inszenierte das MfS eine internationale Pressekonferenz. Fortan wurde Hesse zu einem der Helden an der «unsichtbaren Front» stilisiert. Der sehr erfolgreiche DEFA-Film «For eyes only» von 1963 basierte auf diesem Fall, übertrieb aber erheblich, um letztlich den Mauerbau zu rechtfertigen. In diesem Film wird behauptet, der Held habe die militärischen Angriffspläne des Westens ermittelt und den DDR-Behörden übergeben. So konnte der Weltfrieden wieder einmal gerettet werden. Auch ein Kinderbuch sorgte dafür, dass der Fall in der DDR nicht in Vergessenheit geriet.[10]

Zwei Mal hat das MfS tatsächlich nachhaltigen Einfluss auf die bundesdeutsche Innenpolitik ausgeübt. Im April 1972 versuchte der CDU-Vorsitzende Rainer Barzel, Bundeskanzler Willy Brandt mit einem konstruktiven Misstrauensvotum abzulösen. Rechnerisch wäre dies möglich gewesen. Das MfS soll aber zwei CDU-Abgeordnete, Julius Steiner und Leo Wagner, mit je 50 000 DM bestochen haben, so dass das Misstrauensvotum scheiterte und Brandt im Amt blieb. Während bei Steiner die Geldübergabe durch die Hauptverwaltung A als einigermaßen gesichert gilt, ist sie bei Wagner umstritten. In den Hinterlassenschaften des MfS finden sich zu diesem Vorgang keine Unterlagen.

Noch spektakulärer war der eigentliche Höhepunkt der MfS-Einflussnahme. Dies umso mehr, da sie nicht geplant war und sogar die Politik der SED erheblich konterkarierte. Denn diese und ihr MfS hatten durchaus Interesse daran, die Kanzlerschaft Brandts zu stabilisieren. Als aber am 24. April 1974 bekannt wurde, dass einer seiner engen Mitarbeiter, Günter Guillaume, als MfS-Offizier seit 1956 in der Bundesrepublik lebte, arbeitete und spionierte, trat Brandt am 6. Mai 1974 kurz vor Mitternacht zurück. Es war damals und ist heute umstritten, ob er diesen Schritt überhaupt hätte gehen müssen. Brandt war zwar schon zuvor politisch geschwächt, aber der Rücktritt wegen eines DDR-Spions in seinem Umfeld, wofür Brandt tatsächlich nichts konnte, blieb umstritten. Markus Wolf

IV. Weltweit im Einsatz? Das MfS außerhalb der DDR

entschuldigte sich nach dem Mauerfall in einem Brief persönlich bei Brandt.

Es war nicht nur für Guillaumes «Kundschaftertätigkeit» typisch, dass das Ende spektakulär war, aber sich seine geleistete Arbeit als Agent einer näheren Bewertung entzieht. Intern sind seine Informationen – im Gegensatz zu anderen – von der Stasi offenbar nicht besonders hoch veranschlagt worden.[11] Für die Hauptverwaltung A noch spektakulärer allerdings war die Flucht Werner Stillers 1979 in die Bundesrepublik – nicht die erste eines Offiziers der Hauptverwaltung A, aber die bekannteste. Er war dort im Bereich der Spionage auf dem Gebiet der Physik und angrenzender Forschungsrichtungen tätig und hatte einen Überblick, wer von den DDR-Wissenschaftlern mit dem MfS kooperierte bzw. auf der Soldliste stand. Aber er wusste auch, wer im Westen auf diesen Gebieten für das MfS arbeitete. Bei seiner Flucht über die Agentenschleuse am Bahnhof Berlin-Friedrichstraße führte er zahlreiche verfilmte MfS-Unterlagen mit sich. Mielke soll getobt haben. Der im Dienst seine Gefühle sonst eher unterdrückende General Wolf soll am Boden zerstört gewesen. MfS-intern liefen die Ermittlungen nach der Flucht unter dem Codenamen «Schakal». Stillers Übertritt gilt als größte Niederlage des MfS vor 1989, in deren Folge es in westlichen Ländern zu zahlreichen Verhaftungen und Verurteilungen von MfS-Agenten kam, zugleich konnten mehrere Dutzend sich einer drohenden Festnahme durch Flucht in die DDR entziehen. Die Hauptverwaltung A war monatelang nur mit sich selbst und dem Rückzug der Agenten, die weiterhin enttarnt werden könnten, beschäftigt. Außerdem sind nach Stillers Flucht die Sicherheitsschrauben innerhalb des Apparates kräftig angezogen worden – was schon deswegen erwähnenswert ist, da dieser auch zuvor nicht gerade als offenes Haus bekannt war. Berichtet wurde nach 1989 des Öfteren, dass sich MfS-Offiziere anderer Diensteinheiten über die Schlappe insgeheim auch schon einmal freuten, weil offenbar das nicht selten gezeigte Bewusstsein der in der Hauptverwaltung A Beschäftigten, etwas ganz Besonderes im MfS darzustellen und in der Klassenelite zur Elite zu gehören, andere ärgerte oder nervte. 1986 gab es noch ein Nachspiel. Als Stillers erstes Buch «Im Zentrum der Spionage» erschien,[12] aus dem bundesdeutsche Tageszeitungen Auszüge vorab druckten, gerieten auch eine ganze Reihe namentlich genannter Physiker in der DDR in Erklärungsnot. Schnell sprach sich in der DDR und vor allem im Kollegenkreis herum, wer von Stiller als geheimer MfS-Mitarbeiter benannt wurde. Dies war schon unangenehm, persönlich

IV. Weltweit im Einsatz? Das MfS außerhalb der DDR

mag für manchen aber noch stärker ins Gewicht gefallen sein, dass zunächst keine Westreisen mehr in Frage kamen – auch Wolf musste nun vorsichtiger sein, Stiller hatte ihn auf einem Foto identifiziert.

Auch wenn sich das MfS stets für Bundestag, Bundesregierung und andere Einrichtungen interessierte, vor allem gewann es Informationen, Einfluss dagegen kaum.[13] Auch einer ihrer langjährigsten IM, der FDP-Politiker William Borm, trat zwar mehrfach im Sinne der SED auf, ließ sich offenbar von Wolf und anderen Offizieren auch schon einmal eine Bundestagsrede oder einen Zeitungsbeitrag redigieren, die Hauptverwaltung A bezahlte auch einen persönlichen Sekretär, aber Borm – der von 1950 bis 1959 in DDR-Zuchthäusern eingesperrt war und dort vom MfS als IM geworben wurde – scheint seine politischen Überzeugungen vertreten zu haben, so dass kaum von einem Einflussagenten gesprochen werden kann. Weitaus stärker als bislang geschehen, müsste die Ministerialbürokratie in den Blick genommen werden. Denn über diese Ebene hätte sich im politischen Alltagsgeschäft langfristig tatsächlich Einfluss ausüben lassen.

Lediglich bei den «Grünen», der Westberliner «Alternativen Liste» und in dem weiten Feld der bundesdeutschen Friedensbewegung schaffte es das MfS tatsächlich, einige «Einflussagenten» zu gewinnen. Darüber ist in den letzten zwanzig Jahren viel und heftig debattiert worden. Die historischen Bewertungen hingen allerdings oft genug nicht vom überlieferten Material ab, sondern von den ohnedies vorhandenen Überzeugungen der Analytiker. Unstrittig ist, dass MfS und KGB viel Geld in «die Friedensbewegung» fließen ließen und dass «Deutsche Friedensunion» (DFU), «Krefelder Appell» oder «Generale für den Frieden» kräftig von SED, MfS und KGB unterstützt, gefördert und zum Teil infiltriert wurden. Aber da es sich um sehr heterogene Zusammensetzungen handelte und die «Friedensbewegung» ohnehin nicht zentral steuerbar war, blieb auch hier der Einfluss begrenzt. Eine historische Kritik an der «Friedensbewegung», für die es wahrlich genügend Ansatzpunkte gibt, kommt ohne die Hinweise auf den Osten aus. Auf die Grünen und die AL trifft das im Prinzip genauso zu.[14] Insbesondere in der Deutschland- und Berlin-Politik waren sie ohnehin tief zerstritten. Diejenigen, die aktiv die ostdeutsche (und osteuropäische) Opposition unterstützten, wie zum Beispiel Petra Kelly, Lukas Beckmann, Ulrich Fischer, Elisabeth Weber, Heinz Suhr, Wilhelm Knabe, Marie-Luise Lindemann oder Birgit Voigt, waren ohnehin in der Minderheit – aus innerparteilichen und politischen Gründen. Die Grünen

IV. Weltweit im Einsatz? Das MfS außerhalb der DDR

als Strömungspartei waren schwer als Einheit zu beeinflussen. Ein Spitzel wie Dirk Schneider, 1975 bis 1989 für die Staatssicherheit aktiv, 1984/85 deutschlandpolitischer Sprecher der Bundestagsfraktion, aber vor allem auf Westberliner Ebene einflussreich, konnte bestehende Differenzen vertiefen und neue schüren. Das tat er auch erfolgreich. Ebenfalls gelang es ihm, punktuell Kontakte einiger Grüner und ALer zur Ostberliner Opposition zu verhindern. Aber so sehr er auch im Sinne von SED (mit deren Vertretern er sich oft im ZK traf) und MfS deren Politik umsetzte, Politiker wie die oben genannte Gruppe um Kelly erreichte er damit nicht, machte ihnen aber das Leben schwerer. In Ost-Berlin kam zwar Schneider auch mehrfach zu Treffen mit der Opposition zusammen, aber nach einer öffentlich ausgetragenen Debatte in der Zeitschrift «Kommune» war er dort weitgehend «verbrannt», weil seine politischen Positionen als abwegig galten. Ihm antworteten öffentlich sowohl Grüne aus der Bundesrepublik als auch Oppositionelle aus der DDR.[15]

Das MfS hatte auch bei der NATO oder angegliederten Organisationen Spione platziert oder angeworben. Eine Reihe von Sekretärinnen arbeitete für die Wolf-Truppe. Sie waren häufig «Romeos» verfallen, die ihrer «Julia» etwas vorspielten, um sie schließlich als Geheimagenten zu werben und zu führen. Die Bezeichnung «Romeo» führt eigentlich in die Irre. Denn bei Shakespeare liebt Romeo seine Julia wirklich, aber heimlich. Im übertragenen Sinne könnte die Doppelgesichtigkeit herhalten. Aber Shakespeares Romeo war ein Revolutionär oder Rebell, der gegen das aufbegehrte, was man von ihm erwartete. Diese «Romeos» aber taten, was andere von ihnen verlangten.

Einige Beziehungen hielten dennoch dauerhaft, andere endeten tragisch. Mindestens eine Frau hat sich erhängt als sie Ende der 1960er Jahre erfuhr, dass auch ihre Hochzeit inszeniert worden war – in diesem Fall vom KGB. Bis 1987 wurden in der Bundesrepublik 58 Sekretärinnen als Agentinnen enttarnt, mehr als dreißig sollen über die «Romeo-Methode» angeworben worden sein. Obwohl die DDR den Rückzug auch dieser Agentinnen propagandistisch ausschlachtete – über das genaue nachrichtendienstliche Ergebnis ihrer Arbeit ist bis heute in den meisten Fällen nur wenig bekannt.

Bei einer anderen Frauengruppe, die geheimdienstlich eingesetzt worden ist, gab es genau genommen keine auf sie bezogenen Ziele. Das MfS rekrutierte aus dem Milieu auch Prostituierte. Sie waren ein bloßes Medium, das ganz gut das herrschende Frauenbild im Männerministerium

IV. Weltweit im Einsatz? Das MfS außerhalb der DDR

kennzeichnet – sowohl bei den hauptamtlichen wie bei den inoffiziellen Mitarbeitern betrug der Frauenanteil in den 1970er und 1980er Jahren etwa 15–16 Prozent. Die Prostituierten hatten vor allem die Aufgabe, in technisch entsprechend ausgerüsteten Hotelzimmern, Wohnungen oder anderen Örtlichkeiten, westlichen Politikern oder Geschäftsleuten zur Verfügung zu liegen. Das MfS hörte mit, zeichnete auf und fertigte Videoaufnahmen an.[16] Solches Erpressungsmaterial nannte es «Faustpfänder».

Mag das MfS aus der Militär-, Wirtschafts- und Technologiespionage der DDR-Volkswirtschaft einige verwertbare Erkenntnisse zugeführt haben,[17] so konnte es in umgekehrter Richtung im Verbund mit anderen SED-Institutionen bei der Lancierung von Material mehrfach Erfolge verbuchen. Aber auch hier ist die Bewertung nicht immer einfach. Das «Braunbuch. Kriegs- und Naziverbrecher in der Bundesrepublik. Staat, Wirtschaft, Verwaltung, Armee, Justiz, Wissenschaft» zum Beispiel, 1965 vom Chef für «Westarbeit» im SED-Apparat, Albert Norden, der Öffentlichkeit präsentiert, erzeugte heftige Reaktionen im Westen. Die Angaben selbst trafen überwiegend zu, nicht wenige aber waren «überformt», «überspitzt», «verfälscht», einige schlichtweg erfunden. Das «Braunbuch» war für die bundesdeutsche Öffentlichkeit bestimmt. Vor allem jenen kritischen Kreisen, die später 68er genannt wurden, lieferte es Argumente. Ähnlich war auch die Lübke-Kampagne angelegt. Die von der SED in den ersten Jahren mitfinanzierte und inhaltlich beeinflusste Hamburger Zeitschrift «konkret» enthüllte 1966, dass Bundespräsident Heinrich Lübke «KZ-Baumeister» gewesen sei. Auch hier gingen Dichtung und Wahrheit fließend ineinander über. Vor allem aber ist die gegen Lübke gerichtete Kampagne von SED und MfS initiiert worden, das war ihr Verdienst. Die Vorwürfe selbst waren überzogen, sind heute noch umstritten, im Kern jedoch war Lübke ein Rädchen im Gefüge der NS-Diktatur.

Dieses Vorgehen von SED und MfS ist historisch auch deshalb zweifelhaft, weil sie solche Anklagen für ihr eigenes System als «Feindarbeit» zurückwiesen und scharf verfolgten. Entsprechende westliche Dokumentationen sind aber intern sehr genau ausgewertet worden.[18] Als zum Beispiel die SED-Kreisleitung Pasewalk am 27. Januar 1962 beschloss, eine Kommission zu bilden, um die Konzentration ehemaliger NSDAP-Mitglieder in der SED und in Führungspositionen in Wirtschaft und Verwaltung des Kreises zu untersuchen, wurde dies von der Zentrale strengstens

IV. Weltweit im Einsatz? Das MfS außerhalb der DDR

untersagt. Eingehend untersucht hingegen wurde der «ideologische Zustand» dieser Kreisleitung.[19]

Das MfS platzierte oder rekrutierte in einigen bundesdeutschen Medienanstalten und Redaktionen IM. Sie berichteten, leiteten interne Papiere weiter, waren oft sehr emsig – aber die inhaltliche Arbeit beeinflussten sie im Sinne der SED fast nie.[20] Das wäre auch schon deshalb im größeren Maßstab kaum gegangen, weil sie sich damit ihren Kollegen gegenüber sehr verdächtig gemacht hätten. Letztlich sind Thesen, die eine entscheidende Steuerung bundesdeutscher Medien oder gar gleich der gesamten «68er-Bewegung» behaupten, maßlos überzogen, im Kern sogar abwegig. Sie lassen überwiegend nationale, vor allem aber internationale Rahmenbedingungen völlig unbeachtet und unterschätzen zudem erheblich den «Eigensinn» jener, die sie als von SED und MfS gesteuert hinstellen.[21] Wie schon angemerkt war das eigentlich Fatale, dass es auch ohne sie genug kommunistische oder andere linksradikale Wirrköpfe, aber auch verwirrte Demokraten, in der Bundesrepublik gab.[22]

Im Feld der Gegenspionage konnten MfS und KGB im Verbund einiges aufweisen. Der ehemalige SS-Obersturmführer Heinz Felfe leitete das Referat Gegenspionage Sowjetunion beim BND bis zu seiner Verhaftung 1961. Seit 1950 stand er «nebenamtlich» im Dienst des KGB. Vielleicht war er der effektivste Agent der Kommunisten. Tausende «geheimste» Dokumente verbrachte er in den Osten, hunderte westliche Agenten im Osten flogen wegen ihm auf, und er konnte viele östliche Spione im Westen absichern. Durch einen östlichen Überläufer, Verdachtsmomente allerdings bestanden seit Jahren, konnte Felfe überführt werden. 1969 kam er über einen «üblichen» Agentenaustausch frei – durchgesetzt hatte seine Freilassung gegen erbitterte Widerstände der Bundesminister für gesamtdeutsche Fragen, Herbert Wehner.[23]

Zu diesen Geschichten gehört jedoch ebenso, dass auch westliche Geheimdienste in der DDR zahlreiche Agenten führten.[24] Diese Vergangenheit konnte in ihrer ganzen Komplexität noch nicht rekonstruiert werden – die Akten sind weitaus unzugänglicher als für den Osten. Aber bekannt ist, dass westliche Dienste mindestens von den späten 1950er Jahren bis 1970 zum Beispiel im ZK-Apparat Tontechniker oder Sekretärinnen angeworben hatten, die vertrauliche Informationen weiterleiteten.[25] Bekannt sind aber fast nur solche Fälle, die das MfS aufspürte und die mit drastischen Strafen für die Betroffenen endeten. Etwa vierzig Akteneinheiten aus den BND-Beständen zu den 1980er Jahren im Bundesarchiv,

IV. Weltweit im Einsatz? Das MfS außerhalb der DDR

die sich mit der DDR befassen, lassen den Schluss zu, dass der BND bis zuletzt auch irgendwie aus Kreisen, die «relativ» nah am Führungsgeschehen dran waren, Informationen bezog.[26]

Zum Bereich der Auslandsspionage gehörte ebenso die intensive Überwachung westlicher Korrespondenten und Journalisten, die in der DDR akkreditiert waren. Und dass in den DDR-Botschaften MfS-Kader verdeckt arbeiteten, ist wenig überraschend. Das war und ist weltweit gängige Praxis.

Der Aktionsradius des MfS in der nichtwestlichen Welt hing vor allem mit den Bemühungen der SED um internationale Anerkennung zusammen. Afrikanische und asiatische Staaten, die die Kolonialdiktaturen beseitigten oder im Begriff waren, diese zu stürzen, waren auf ausländische Hilfen dringend angewiesen. Der angebliche «Kalte Krieg» wurde in weiten Teilen der Welt unter aktiver Beteiligung der beiden großen Blöcke «heiß» geführt. Es ging um Einflussgebiete und Rohstoffe. Dabei schenkten sich beide Seiten nichts.

Die Expansion in die Welt begann 1964 mit der blutigen Revolution in Sansibar. Markus Wolf und Rolf Markert (BV Chef Dresden) leiteten eine kleine Beratergruppe, die dort den Geheimdienst und die Geheimpolizei mit aufbaute. Nach der Vereinigung mit Tanganjika zu Tansania erweiterte sich das Aufgabenfeld. Präsident Nyerere orientierte seine Politik an der Sowjetunion. Die Zusammenarbeit des MfS mit der Staatssicherheit Tansanias (TISS) blieb bis 1989 bestehen.[27] In Ghana versuchte das MfS ebenfalls Fuß zu fassen. Als Präsident Nkrumah 1966 während eines Auslandsaufenthaltes durch einen Militärputsch prowestlicher Kräfte gestürzt wurde, brach die Zusammenarbeit ab. Ein Resident der Hauptverwaltung A ist verhaftet worden, konnte aber wenig später über einen Gefangenenaustausch in die DDR zurückkehren und seine Karriere fortsetzen.

Die Auslandsaktivitäten des MfS standen in enger Verbindung mit solchen der NVA.[28] Im Vordergrund standen beim MfS die Ausbildung von Geheimdienstmitarbeitern und die Mithilfe beim Aufbau eines Geheimdienstes, wobei dies sowohl vor Ort als auch in der DDR selbst erfolgte. Außerdem ging es um Waffenhandel, der der DDR nicht nur Devisen einbrachte – sofern sie sich die gelieferte Ware bezahlen ließ –, sondern auch begehrte Rohstoffe oder Lebensmittel. Nachweisen lassen sich solche MfS-Aktivitäten etwa in Libyen, Syrien, Nord- und Südjemen, Sudan, Kongo oder Mosambik. Intensive Spuren hinterließ diese «Entwicklungs-

IV. Weltweit im Einsatz? Das MfS außerhalb der DDR

hilfe» bei der Unterstützung der Geheimpolizeien in Kuba, Nicaragua, Mosambik, Äthiopien, Vietnam, Angola, Namibia, Simbabwe und abgeschwächt zuletzt noch in Nordkorea. Wenn man nach dem konkreten Nachwirken des MfS bis in die Gegenwart schürfen würde, dann dürfte dafür am ehesten ein Blick in einige der genannten Länder ertragreich sein. Auch in Afghanistan war das MfS nach dem Einmarsch sowjetischer Truppen 1979 aktiv, insbesondere bei geheimdienstlichen Ausbildungsfragen. Seit 1981 unterrichteten überdies DDR-Hochschullehrer an der Universität Kabul, sie lehrten vorrangig gesellschaftswissenschaftliche Fächer.[29] Wenn dies auch einem Ideologieexport gleichkam, so waren die Lehrenden oftmals dem MfS oder dem KGB verpflichtet.

Das MfS konnte nicht alle Hilfsanfragen erfüllen, wie zum Beispiel offenbar dem Irak gegenüber.[30] Die eigentliche Entscheidung fällte ohnehin die SED-Führung, die nicht nur Kapazitätsfragen, sondern auch finanzielle Engpässe berücksichtigen musste. Nach der portugiesischen Nelkenrevolution 1974 ist das MfS angefragt worden, ob es beim Aufbau des Geheimdienstes behilflich sein könnte.[31] Offenbar kam es zu Treffen in Ost-Berlin und Lissabon, zu einer Liaison aber nicht.

Nach der Etablierung rechtsgerichteter Militärdiktaturen, die mit der Verfolgung von Kommunisten und Linken einhergingen, schleuste das MfS unmittelbar Gefährdete außer Landes. Das berühmteste Beispiel stellt dafür Chile 1973 dar. Von den etwa 6000 chilenischen Emigranten und Emigrantinnen, die in der DDR Asyl fanden – in der Bundesrepublik waren es etwa halb so viele –, ist eine Reihe mit aktiver Hilfe des MfS geflohen.

Ein historisch heikler Punkt betrifft die Unterstützung von Befreiungsorganisationen seitens der DDR. Eher unbedenklich erscheint da noch die Unterstützung von ANC (Südafrika), FRELIMO (Mosambik) oder SWAPO (Namibia). Viele Millionen Mark flossen in die Ausbildung. Über tausend Kämpfer des militärischen Arms des ANC sind in der DDR ausgebildet worden. Weitaus problematischer stellt sich die Unterstützung etwa der MPLA (Angola) oder ZAPU (Simbabwe) dar. Denn hier griffen Moskau, Havanna und auch Ost-Berlin direkt in die internen Auseinandersetzungen und Kämpfe der politisch unterschiedlich orientierten Befreiungsorganisationen ein. Sie protegierten jene, die eine marxistisch-leninistische Ausrichtung aufwiesen. Die MPLA errang später auch die Macht, die ZAPU hingegen befand sich nach dem Sieg der antikolonialen Kräfte schnell erneut in der Opposition.

IV. Weltweit im Einsatz? Das MfS außerhalb der DDR

Gute Drähte zur PLO: Mielke und Arafat in den siebziger Jahren (oben).
Mielke und Honecker begrüßen Muammar al-Gaddafi, 1978 (unten).

IV. Weltweit im Einsatz? Das MfS außerhalb der DDR

Ganz anders lag dies im Fall der PLO. Als 1970 die DDR heimliche Kontakte zur ihr aufnahm, war sie noch überwiegend eine reine Terrororganisation. Die SED bestimmte zwar, nur zivile Hilfen (Medizin, Ferienlagerplätze für Kinder in der DDR) zu leisten, lieferte aber 1973 erstmals auch Waffen. Arafats offizieller «Staatsbesuch» in Ost-Berlin in diesem Jahr anlässlich der kommunistischen Weltfestspiele demonstrierte der Weltöffentlichkeit das freundschaftliche Verhältnis zwischen PLO und SED-Führung, deren MfS nicht nur zur PLO, sondern auch zu arabischen Terrorgruppen Kontakte unterhielt. Hunderte Kämpfer dieser Gruppen sind von MfS-Offizieren ausgebildet worden.

Mielke wies im Mai 1985 Markus Wolf und Gerhard Neiber, seine beiden zuständigen Stellvertreter, an, Arafat Grüße von Honecker auszurichten. «Dieser Auftrag ist zu koordinieren, damit diese Verbindung zu Arafat durch die HV A oder die Abteilung XXII[32] aufgenommen wird, abhängig davon, welche Diensteinheit die besseren Beziehungen bzw. Verbindungen hat.» Die Sowjets baten darum, Arafat die Bitte zu übermitteln, «Einfluss zu nehmen, dass solche terroristischen Aktionen, von welcher Seite sie auch immer geplant sein sollten, nicht durchgeführt werden.»[33] Zuvor hatte ein US-Geheimdienst Moskau informiert, dass in der Bundesrepublik ein Terroranschlag geplant sei, wahrscheinlich von der Abu-Nidal-Terrorgruppe. Alarmiert zeigte sich der KGB, dass den USA nicht entgangen sei, dass Abu Nidal 1984 in «einigen Ländern des Warschauer Vertrages» aufgetaucht sei.[34] Künftig sollten, so Moskau, in Europa Terroraktionen unterbleiben, weil sie nur Washington nützen würden. Abu Nidal bombte weiter, aber die kurze Passage zeigt, dass MfS und KGB, SED und KPdSU davon ausgingen, dass auch die ostdeutsche Geheimpolizei Einfluss habe.

Das MfS hatte belastbare Drähte zur PLO und diese wiederum profitierte davon. Am 22. August 1979 zum Beispiel trafen sich Minister Mielke, sein zuständiger Stellvertreter Neiber, der Chef der Abteilung XXII (Terrorabwehr), Dahl, ein zuständiger Offizier der Hauptverwaltung A, Roscher, sowie ein Übersetzer mit Abu Iyad (Salah Khalaf), einem der ranghöchsten PLO-Vertreter, in Ost-Berlin. Nach den obligatorischen Grüßen von Honecker und weiteren Freundlichkeiten, wie einer Einladung zum Urlaub in der DDR, ging es schließlich zur Sache: «Der Genosse Minister bestätigte nochmals die im Juni abgeschlossene Vereinbarung. […] Er sicherte die Bereitstellung von Schiffssprengladungen und Handgranaten in der gewünschten Menge zu. Darüber hinaus

Wie ein Agent der Hauptverwaltung A ins Gefängnis kam

erfolge die Übergabe von 2 Scharfschützengewehren westlicher Produktion mit Munition. Auch weiteren Anliegen, die auf dem Gebiete der operativen Technik, der Bereitstellung von Sprengmitteln und der Kaderausbildung unterbreitet wurden, werde entsprechend unseren Möglichkeiten entsprochen.» Was die DDR nicht habe, würde «beschafft». Der «Revolverheld neuen Typus»,[35] Mielke, «unterstrich die Freude darüber, dass wir in der PLO-Sicherheit und in allen palästinensischen Kämpfern Verbündete im Kampf gegen den gleichen Feind haben.»[36]

Insofern ist die Behauptung, die etwa Markus Wolf nach 1989 immer wieder verbreitet hat, das MfS habe nicht in Israel agiert, nur die halbe Wahrheit. Denn indirekt haben sich SED und MfS durch Ausbildungscamps und Waffenlieferungen an den terroristischen Anschlägen gegen Israel beteiligt. Auch dass diese Terroristen zeitweilig in MfS-Objekten Unterschlupf fanden und eine größere Gruppe mit Wissen der Geheimpolizei die DDR als Transitland nutzen konnte (auch die RAF-Terroristen machten davon Gebrauch), wobei sie Identitäten ändern und ihre internationalen Verfolger abschütteln konnten, belegt die aktive Rolle. Allerdings sind alle Hintergründe für diese SED-MfS-Aktivitäten noch längst nicht rekonstruiert. Auch hier gibt es ein massives Quellenproblem.

Wie ein Agent der Hauptverwaltung A ins Gefängnis kam

Die folgende biographische Skizze gehört nur zum Teil zu den MfS-Auslandsaktivitäten. Da sie aber wegen ihrer Komplexität gleich mehrere Ebenen der MfS-Geschichte und der DDR-Gesellschaftsgeschichte veranschaulicht, eignet sie sich gut, aufzuzeigen, wie und warum Personen im, für und gegen das MfS handelten. Es geht um eine Diktaturrealität, um gebrochene Lebenswege und enttäuschte Hoffnungen. Das ausgewählte Beispiel legt in jenen Punkten, die über die eigentlichen, ungewöhnlichen Geschehnisse hinausweisen, durchaus Allgemeines offen, das weit über den «Fall» selbst hinausreicht. Aus rechtlichen Gründen müssen dabei allerdings alle Namen verfremdet werden. Da es sich um eine herausgehobene Person handelt, müssen zudem die wesentlichen Handlungsorte und auch einzelne Sachverhalte verfremdet werden. Der Fall selbst ist authentisch.[37]

Anfang Juli 1989 steigen in Ost-Berlin Franz Kniffel (Anfang 60), seine Ehefrau Mireille (Mitte 40) und deren minderjähriger Sohn in ihr Auto.

IV. Weltweit im Einsatz? Das MfS außerhalb der DDR

Ihr Ziel: die Schweiz. Sie gehören zu den 125 000 «Antragstellern», die die Statistik für das Jahr 1989 ausweist. Bis September können knapp 40 000 die DDR verlassen. Hinzu kommen bis zum 9. November eine Viertelmillion Flüchtlinge.

Kniffels Reise aber ist sorgfältig geplant und vorbereitet. Er und seine Frau sind mit dem SED-Regime fertig. Als sie gegen 16 Uhr an die Grenze zur ČSSR kommen, werden sie rasch abgefertigt. Ein paar Stunden später geschieht Ähnliches an der Grenze nach Österreich. Was die Reisenden nicht wissen können: Das MfS hat dafür gesorgt, dass keine Kontrollen erfolgen. Erich Honecker genehmigte persönlich Mitte April 1989 diese Ausreise. Noch einen Tag vor ihrem Aufbruch notiert ein ranghoher MfS-Offizier, die Kniffels seien so «diskreditiert», dass sie im Ausland unmöglich «feindlich» gegen die DDR auftreten könnten.

Geboren wird Franz Kniffel Ende der zwanziger Jahre in Westfalen. Die Nationalsozialisten schließen 1934 die Arztpraxis des jüdischen Vaters. Franz ist als kleiner Junge antisemitischen Diskriminierungen ausgesetzt, Spielgefährten wenden sich von ihm ab. Seine Mutter, die keine Jüdin ist, schickt ihn 1938 nach Schweden. 1942 muss er nach Deutschland zurückkehren. Im Sommer 1944 rekrutiert ihn die Organisation Todt. Unter einem Vorwand erreicht er es, Weihnachten bei seiner Mutter und Großmutter verbringen zu können. Kniffel kehrt aus dem Kurzurlaub nicht zurück, sondern versteckt sich bis zum Kriegsende an verschiedenen Orten. Der Einmarsch der sowjetischen Truppen bedeutet für ihn eine echte Befreiung. Die Erfahrungen von Isolation, Verfolgung, Emigration, Demütigung und Ausgeschlossensein bewirken, dass er in den nachfolgenden Jahrzehnten nach außen hin scheinbar angepasst Karriere macht und dabei innerlich doch unabhängig bleibt. Die ihn umgebende Umwelt betrachtet ihn als einen unverbesserlichen Individualisten, eine Einschätzung, die im kollektivistischen Anstaltsstaat schnell in neuerliche Isolation münden kann. Kniffel wiederum verhält sich zu seiner Umwelt distanziert.

Zunächst kämpft auch er mit den schwierigen Lebensumständen der Nachkriegszeit, von seinem Vater fehlt jedes Lebenszeichen. Neben den Versuchen, den komplizierten Alltag zu bewältigen, beginnt er, sich politisch zu engagieren. 1946 trifft er seinen Vater wieder, der eine Odyssee durch verschiedene Länder und Lager überlebt hat und nun am Neuaufbau mitwirken will. Als Mitglied der SED versucht der Vater zunächst sich einzubringen. 1950 flüchten Vater und Mutter in die Bundesrepublik,

Wie ein Agent der Hauptverwaltung A ins Gefängnis kam

sie befürchten neuerliche Verfolgungen. Franz beginnt 1948 an einer Universität zu studieren, 1946 ist er bereits der FDJ, 1947 der SED beigetreten. Diese Mitgliedschaften entspringen weniger ideologischen Überzeugungen als vielmehr dem Wunsch, endlich Gemeinschaften anzugehören. Er bekleidet ideologische Funktionen an der Universität und absolviert Lehrgänge der SED. Sein geisteswissenschaftliches Studium schließt er 1952 ab. Das Studium ist noch nicht von jener marxistisch-leninistischen Ausrichtung geprägt, wie sie nur wenig später üblich sein sollte. Kniffels wichtigste Lehrer sind größtenteils aus dem Exil zurückgekehrte Kommunisten. Er bereitet sich auf eine wissenschaftliche Karriere vor. Er promoviert, habilitiert, wird Dozent und schließlich Lehrstuhlinhaber. Wissenschaftlich bewegt er sich im Rahmen dessen, was zu dieser Zeit in der DDR junge Geisteswissenschaftler produzieren. Zeitzeugen erinnern sich aber, dass Kniffels Lehrveranstaltungen nicht von jener doktrinären Enge geprägt waren, die sonst vorherrschte. Er spielt sich weder als Parteitechnokrat noch als kommunistischer Ideologiepolizist auf. Zu seiner Beliebtheit bei den Studierenden trägt bei, dass er sich weltoffen verhält, andere Meinungen zulässt und modisch gekleidet ist. Dass er Abstand wahrt und Distanzen kultiviert, stört die meisten Studierenden nicht, viele seiner Kollegen legen ihm dies als arrogant aus.

Ein denkwürdiges politisches Statement gibt Franz Kniffel nach dem 17. Juni 1953 ab. Das ist eines der wenigen Ego-Dokumente, die seine politische Haltung zeigen. Die meisten anderen wurden mit geheimpolizeilichen Methoden gewonnen, entstammen offiziellen Versammlungen oder Einlassungen, die unter Zwangsumständen erfolgten. Kurz nach dem 17. Juni schreibt Kniffel einen langen Brief an Ministerpräsident Grotewohl. Obwohl er die offizielle Rede vom «faschistischen Putschversuch» aufgreift, stellt sein Schreiben eine schonungslose und detaillierte Abrechnung mit den Verhältnissen und dem Gebaren der SED dar. Dennoch sieht Kniffel in der DDR das bessere Deutschland. Fluchtgedanken kommen ihm nicht in den Sinn.

Im Januar 1957 werden er und seine Frau, die er im Studium kennengelernt hat, von der Hauptverwaltung A als geheime Mitarbeiter angeworben. Sie unterstehen direkt Markus Wolf. Diese Verbindung hält bis zum Mauerbau 1961, die Tätigkeit für das MfS dauert mit einigen Unterbrechungen zwei Jahrzehnte an. Kniffel unterschreibt eine Verpflichtungserklärung. Seine Berichte sind mit einem Decknamen gezeichnet. Neben einigen unbedeutenden Berichten über die Universität er-

IV. Weltweit im Einsatz? Das MfS außerhalb der DDR

streckt sich seine GM-Tätigkeit vor allem auf die «Westarbeit». Seine Verpflichtung ist mit dem Ziel verbunden, ihn als MfS-Werber einzusetzen. Auch diese Unterlagen beinhalten keine Angaben darüber, was er als GM bis 1961 tatsächlich getan hat bzw. welche Aufgaben er übertragen bekam.

Franz Kniffel ist ein leidenschaftlicher Sporttaucher mit Ambitionen zur Tiefseetaucherei. Das ist ein Hobby, das sich in der DDR nicht ausüben lässt. Kniffel findet Mittel und Wege, dies dennoch zu bewerkstelligen. Es sind halb privat, halb staatlich finanzierte Unternehmungen, die er als gesellschaftspolitisch relevant anzupreisen versteht. Zunächst organisiert er Ende der 1950er Jahre eine mehrwöchige Tauchexpedition in die Sowjetunion. Nach dem Mauerbau kann Kniffel mit einer kleinen Crew fast ein Jahr lang seinem Hobby an verschiedenen Orten Mittelamerikas nachgehen und agiert dabei offiziell als Kulturfunktionär der DDR. Diese Tour prägt sein Leben entscheidend. Als er zurückkommt, trennt sich seine Frau von ihm. Kurze Zeit später heiratet er erneut. Diese Ehe hält nur wenige Monate.

Kniffel lebt nun einige Jahre fast wie ein Bohemien. Durch seine zweite Frau schließt er Bekanntschaft mit oppositionellen Künstlern und Intellektuellen. Dem MfS bleibt das nicht verborgen. Er soll als GM über diese Personenkreise berichten. Dem kommt er nicht nach, geschickt zieht er sich immer wieder aus der Affäre, bis das MfS ihn wieder in Ruhe lässt. Die Bekanntschaft mit diesen Intellektuellen bleibt eine Episode.

Weniger episodenhaft sind seine Ausflüge in die weite Welt. Noch in Mittelamerika überlegt er, dort zu bleiben und an einer Universität zu arbeiten, nicht als Flüchtling, sondern als DDR-Bürger. Das ist nicht möglich. Nach seiner Rückkehr finden die Schilderungen seiner Abenteuer ein großes Publikum. Bücher, zahlreiche Beiträge und Artikelserien in Tages- und Wochenzeitungen flankieren mehrere Radiosendungen und vor allem eine erfolgreiche Fernsehserie. Er hält über 100 Lichtbildvorträge, die wohl auch bei Teilen seines Publikums die Sehnsucht nach Überwindung der Grenzen bedienen. Anders als seine Zuhörerinnen und Zuhörer kann er Ende der 1960er Jahre erneut eine Expedition unternehmen. Diesmal geht es nach Indien. Wieder liebäugelt er mit dem Gedanken, dort an einer Universität zu bleiben, und wiederum fährt er schweren Herzens zurück, um auch diese Reise publizistisch breit auszuwerten. Seine Wissenschaftskollegen zeigen sich neidisch, seine Popularität lässt seinen Beliebtheitsgrad im Kollegenkreis rasant absinken.

Wie ein Agent der Hauptverwaltung A ins Gefängnis kam

Nach der Rückkehr aus Asien heiratet er Kathrin. Seine Berufung zum Professor und gelegentliche Auslandsreisen verhindern nicht, dass er sich wünscht, längere Zeit ins Ausland zu gehen. Ab Mitte der 1960er Jahre kann er in die Bundesrepublik reisen. Für die SED hält er dort mehrfach Vorträge, die Hauptverwaltung A wird erneut auf ihn aufmerksam. Anfang der 1970er Jahre intensiviert sich deshalb die Zusammenarbeit mit dem MfS, es kommt zu einer neuerlichen Verpflichtungserklärung. So wie seine erste weiß auch seine dritte Frau von seiner IM-Tätigkeit. Auch wenn Kniffel gelegentlich über die Universität berichtet, so liegt doch sein Haupteinsatzgebiet in der «Westarbeit». Er liefert Analysen und Ausarbeitungen, wobei unklar ist, ob er diese exklusiv für das MfS anfertigte oder ob sie im Rahmen seiner offiziellen Forschungs- und Parteiarbeit entstanden. Kniffel selbst mag diese Zusammenarbeit als notwendiges Übel betrachtet haben, sein Selbstbild wird kaum das eines «Agenten» oder «Spitzels» gewesen sein, auch wenn er vom MfS finanziell belohnt wurde. Seine Erfahrungen als Verfolgter des NS-Regimes lassen ihn noch immer glauben, die DDR sei der deutsche Staat, in dem die «richtigen historischen Lehren» gezogen worden seien.

Der im Dezember 1972 in Kraft gesetzte deutsch-deutsche Grundlagenvertrag verändert Kniffels Lebensperspektiven unmittelbar. Der Grundlagenvertrag impliziert keine völkerrechtliche Anerkennung der DDR durch die Bundesrepublik, er überwindet aber die «Hallstein-Doktrin» und macht es nun anderen Staaten möglich, zur DDR diplomatische Beziehungen aufzunehmen. Dies geschieht in einem rasanten Tempo, aus einem politischen Paria wird buchstäblich über Nacht ein gleichberechtigter Partner. Die DDR wird 1973 nicht nur gleichzeitig mit der Bundesrepublik Mitglied der UNO, sie tritt auch vielen UN-Spezialorganisationen bei. Die DDR sieht sich vor die Aufgabe gestellt, binnen kurzer Zeit Diplomaten zu rekrutieren, die sie in etwa 100 neue Botschaften und zahlreiche internationale Organisationen entsenden muss.

Für Franz Kniffel stellt sich diese Situation als persönlicher Glücksfall dar. Sprachgewandt, erfahren in längeren Auslandsaufenthalten, vertraut mit ganz unterschiedlichen Gesellschaften und Kulturen, einen bildungsbürgerlichen Hintergrund aufweisend, politisch die SED und ihre Ideologie vertretend, dem MfS geheim verbunden und nicht zuletzt so auftretend, dass er auf internationalem Parkett nicht als Vertreter der kommunistischen Betonkopffraktion wahrgenommen werden würde, ist er wiederum ein Glücksfall für die kommunistische Kaderpolitik. So treffen

IV. Weltweit im Einsatz? Das MfS außerhalb der DDR

sich Kniffels Ambitionen, außerhalb der Universität, möglichst im Ausland, zu arbeiten, mit den staatlichen Erfordernissen, geeignete Kader für die neuen außenpolitischen Aufgaben zu gewinnen. Er bewirbt sich in Absprache mit dem Außenministerium, dem MfS und der Abteilung Internationale Verbindungen des ZK der SED mit Erfolg für einen ranghohen Posten in einer UN-Spezialorganisation. Zum Jahresbeginn 1975 nimmt er seine Tätigkeit in Genf auf. Die Hauptverwaltung A versucht noch, ihn für den Auslandseinsatz zu instruieren, aber die Zeit ist zu knapp, so dass er lediglich eine dürftige Basisausbildung für Agenten im «Operationsgebiet» erhält. Er wird in der Schweiz keiner Gruppe der Hauptverwaltung A angeschlossen, sondern hat lediglich Kontakt mit einem für ihn zuständigen Residenten.

Franz Kniffel kann nach Genf seine Ehefrau und seine Tochter mitnehmen. Das Aufgabenfeld erweist sich als komplex und kompliziert. Es dauert einige Monate, ehe er sich eingearbeitet und eingelebt hat. Die UN-Organisation ist recht schnell mit dem weltweiten Wirken ihres Funktionärs sehr zufrieden. Kniffel und seine Frau genießen das Leben im Westen mit vielen willkommenen Begleiterscheinungen. Die Welt ist klein für einen internationalen Spitzenbeamten, die Kontinente scheinen zusammenzurücken, Grenzen sind Probleme anderer, das Gehalt der UN üppig. Das bleibt der «DDR-Kolonie», wie die DDR-Mitarbeiter von Botschaften und anderen Einrichtungen im Ausland genannt wurden, nicht verborgen. Die geforderte Beteiligung an den auch im westlichen Ausland üblichen Parteiritualen lässt beim Ehepaar Kniffel zu wünschen übrig. Offenbar schätzen sie die Freiheit so sehr, dass sie nicht einmal mehr Lust verspüren, wenigstens einige Stunden in der Woche in der Botschaft DDR-Alltag zu spielen. Die Kniffels wohnen nicht in einer zugewiesenen Neubauwohnung, sondern ziehen mehrfach um, bis sie in einer Vorortvilla ein Domizil finden, das ihren gehobenen Ansprüchen gerecht wird. Sie verfügen über zwei Autos, so dass beide mobil und immer weniger kontrollierbar sind. Das Tuscheln in der «DDR-Kolonie» über diesen für DDR-Bürger ungewöhnlichen Lebensstil können sie kaum überhört haben, es stört sie aber offenbar nicht. Miteinander sprechen sie nie offen über eine Nicht-Rückkehr. Franz Kniffel will kein Verräter sein, er glaubt immer noch an die Möglichkeiten des Sozialismus. Am liebsten wäre ihnen, ihr Aufenthalt wäre zeitlich unbegrenzt, so dass sie jederzeit besuchsweise in die DDR einreisen und zugleich ihr eigentliches Leben in Freiheit verbringen könnten.

Wie ein Agent der Hauptverwaltung A ins Gefängnis kam

Kniffels Zusammenarbeit mit dem MfS gestaltet sich kompliziert. Dort ist man unzufrieden mit seinen geheimdienstlichen Tätigkeiten, und auch die sowjetischen Funktionäre und Geheimdienstoffiziere misstrauen ihm. Er ist ihnen zu «verbürgerlicht», tritt auf wie ein westlicher Diplomat und lässt «Klassenverbundenheit» vermissen. Den KSZE-Prozess beurteile er anders als vorgegeben, die sozialistischen Staaten würden nun mit Problemen konfrontiert, die hausgemacht seien. Mehrfach beschweren sie sich bei anderen DDR-Funktionären und bei MfS-Offizieren. Die haben aber auch kaum noch Einfluss auf ihren Mann. Immer wieder entzieht er sich ihren Aufträgen und Ansinnen mit dem Argument, er schaffe es zeitlich nicht. Einmal entgegnet er, er könne nicht «drei Herren» gleichzeitig dienen. Damit wertet er die MfS-Tätigkeit gegenüber der UN-Spezialorganisation und den Aufträgen der SED ab, was seinen Führungsoffizier veranlasst, ihm die Zusammenarbeit aufzukündigen. Kniffel lehnt das ab, was das MfS als «Treueschwur» akzeptiert. Wahrscheinlich glaubt er, ohne die Rückendeckung des MfS würde er aus Genf abgezogen werden. Tatsächlich tauchen immer wieder solche Überlegungen auf. Ab 1978 gibt es keine nachweisbaren geheimdienstlichen Kontakte mehr zwischen dem MfS und Kniffel.

Im Frühsommer 1979 fährt er seine Ehefrau zur Erholung ans Meer. Der Vielbeschäftigte lässt sie ein paar Tage dort allein. Sie lernt Horst Puppe kennen, einen etwas undurchsichtigen Geschäftsmann aus Stuttgart. Er ist gleich mehrfach aus der DDR geflüchtet: Noch vor dem Mauerbau, er kehrte zurück; dann nochmals nach dem Mauerbau, und wieder kam er zurück. Das MfS nahm ihn fest, er saß eine Zeit lang im Gefängnis. Anschließend ging er zurück ins Schwabenland, nunmehr offiziell, wo er sich in einer kommerziellen Fluchthelferorganisation betätigte. Im Osten biederte er sich mehrfach dem MfS an, indem er buchstäblich an der MfS-Pforte in Ost-Berlin klingelte und darum bat, beschäftigt zu werden. Die Genossen vom MfS trauten dem «Selbstanbieter» nicht. Mehrfach arbeitete er zwar aktiv für das MfS, aber ein Restargwohn blieb. Das MfS vermutete, Puppe wolle mit ihm im Auftrag seiner Fluchthelferorganisation zusammenarbeiten. Ob es so war, lässt sich aus den Akten nicht belegen. Es ist möglich, aber dann wären einige Pannen nebst Festnahmen durch das MfS von Puppes Syndikat in Kauf genommen worden, was die Sache in keinem besseren Licht erscheinen ließe. Dem MfS erschien Puppe zu undurchsichtig, weshalb er ab 1977/78 dort als «Feind» firmierte.

IV. Weltweit im Einsatz? Das MfS außerhalb der DDR

Die Liaison von Puppe und Kathrin Kniffel bleibt keine einmalige Episode. Sie schreibt nach einem ersten mündlichen Eingeständnis ihrem Mann einen Brief ins ferne Asien, wo er sich aufhält, und beteuert ihre Liebe zu ihm. Er glaubt ihr. Sie brauche aber ein letztes Treffen, so Kathrin, um sich von Puppe befreien zu können. Also nutzt das Ehepaar Kniffel eine Fahrt von Genf mit dem eigenen PKW in die DDR, um Kathrin, wie es im MfS-Jargon heißt, dem Horst «zuzuführen»: Franz Kniffel fährt seine Ehefrau zu einer Raststätte in der Bundesrepublik, wo er sie, wieder MfS-Jargon, dem Puppe «übergibt».

Kathrin Kniffel und Horst Puppe fahren nach Stuttgart. Am Abend lädt Horst Kathrin in ein Restaurant ein. Als sie dort ankommt, sitzt neben Puppe bereits ein Dr. Brill, ein Mitarbeiter des BND, wie er Kathrin selbst anvertraut. Der nimmt an, dass Puppe MfS-Agent sei. Aber er glaubt auch, dass die Kniffels vom Kommunismus genug haben. Damit liegt er zwar richtig, aber Kathrin Kniffel will deshalb noch lange nichts mit dem BND zu tun haben. Das sagt sie auch, steht auf und geht. In Genf erzählt sie ihrem Mann von dieser Geschichte. Der ist erbost, aber aus Erfahrung ist er klug genug, um zu wissen, dies dürfe nicht gemeldet werden. Dann wäre sein Einsatz sofort und unwiderruflich beendet. Das Ehepaar schwört Stillschweigen.

Der BND gibt aber nicht so schnell auf. Es kommt nun auch in Genf zu Telefongesprächen mit Kathrin Kniffel, auch zu einem direkten Kontakt mit BND-Vertretern. Franz ist nie dabei, mit dem BND will er nichts zu tun haben. Seine Frau auch nicht, aber Puppe geht ihr nicht aus dem Kopf. Also tut sie einmal, worum dieser sie bittet. Sie kontaktiert einen Freund von Puppe, den dieser schon fast 20 Jahre kennt. Es ist Rainer Gär, ein Künstler aus dem Ostberliner Bezirk Prenzlauer Berg. Dieser Mann ist eine Weltberühmtheit in seiner Szene, außerhalb dieser ist er unbekannt. Mehrfach schmieden Puppe und Gär Pläne, wie Puppes Organisation ihn «rausschaffen» könne. Es kommt immer etwas dazwischen. Ende 1979 wird ein neuer Plan entwickelt. Kathrin Kniffel ist gerade in Ost-Berlin. Sie trifft sich mit Rainer Gär und sagt ihm, er solle sich an einem Tag Mitte Januar 1980 in einem Hotel in Sofia aufhalten. Aus Genf schreibt sie ihm dann noch eine Karte: Sie bedaure, dass sie vergessen habe, ihm Geld zu geben. Wahrscheinlich hat sie es absichtlich unterlassen.

Die Fluchtorganisation steht längst im Fokus des MfS. Immer wieder gelingt es diesem, einzelne IM zu platzieren oder Fluchtwillige als IM anzuwerben. Um die MfS-Aktivitäten nicht zu dekonspirieren, lässt die Ge-

Wie ein Agent der Hauptverwaltung A ins Gefängnis kam

heimpolizei immer wieder Fluchten zu, obwohl sie genau weiß, was wann und wie ablaufen wird. Rainer Gärs Fluchtabsichten werden verraten. Ein IM aus dem Bezirk Rostock gibt die notwendigen Informationen. Als Gär am Flughafen Schönefeld ankommt, um nach Sofia zu fliegen, wird er beim Check-in verhaftet. Noch bei seiner ersten Vernehmung bei der Polizei gesteht er alles. Das MfS nimmt auch seine Lebensgefährtin vorläufig fest, die von den Fluchtabsichten wusste, selbst aber nicht fliehen wollte. Bei ihrer zweiten Vernehmung erzählt sie, dass ihr Freund Rainer ein paar Mal Besuch von einer Frau namens «Katja» hatte. Diese sei DDR-Bürgerin, lebe aber in Genf, wo ihr Mann einen hohen Posten habe, und habe von den Fluchtabsichten gewusst.

Es dauert ein, zwei Tage, bis im MfS diese Information auf den Schreibtischen der Leiter der Hauptverwaltung A, der Hauptabteilung II (Spionageabwehr) und des Ministerbüros landet. Die Alarmglocken schrillen. Rainer Gär und seine Freundin werden wenige Tage nach ihrer Verhaftung bzw. Festnahme «entlassen», das gegen Gär angestrebte Verfahren wird niedergeschlagen – und beide werden «freiwillig» in ein konspiratives Objekt des MfS (Hauptabteilung II) in Fürstenwalde gebracht. Dort bleiben sie ein Vierteljahr, ohne dass irgendein Angehöriger weiß, wo sie sich befinden. Fingierte Briefe werden geschrieben, um keinen Verdacht aufkommen zu lassen. Die beiden werden immer wieder zu Puppe und «Katja» befragt, deren wahre Identität sich schnell herausstellt, es handelt sich um Kathrin Kniffel. Gär und seine Freundin reden, sie wissen nicht viel, aber es reicht, um den Verdacht aufkommen zu lassen, Kathrin und Franz Kniffel seien vom BND angeworben worden. Gär und seine Freundin kommen im April frei. Er ist zuvor als IM angeworben worden und berichtet bis 1989 ausführlich und intensiv. Er wird zugleich überwacht, sein Telefon wird ebenso abgehört wie seine Wohnung. Seine Berichte sind deckungsgleich mit den Abhörprotokollen. Viel erbringt Gärs IM-Arbeit nicht, weil er über seinen Bekanntenkreis schweigt. Das hindert ihn nicht daran, sowohl künstlerische Werke für eine Kirche in Ost-Berlin als auch eine sehr gut dotierte Arbeit für das MfS anzufertigen.

An zwei Stellen in den Akten gibt es vage Hinweise, dass der Hauptverwaltung A seit dem Frühsommer 1979 bekannt war, dass Kathrin Kniffel mit Horst Puppe Kontakt hatte. Was hinter den MfS-Kulissen wirklich ablief, lässt sich anhand der Aktenlage nicht vollständig verifizieren. Es gibt nur einen Hinweis von Kathrin Kniffel: Als sie Puppe erstmals am Strand erblickte, glaubte sie als seine Begleiterin eine Frau zu erkennen,

IV. Weltweit im Einsatz? Das MfS außerhalb der DDR

die sie aus der DDR-Botschaft kannte. Deren Mann war MfS-Resident in der Schweiz. Ob es wirklich dessen Ehefrau war, kann weder Kathrin Kniffel hundertprozentig bestätigen, noch gibt es weitere Hinweise dafür. Dies würde aber erklären, warum die Hauptverwaltung A im März 1980 behauptet, sie hätte erste Erkenntnisse über die Verbindung von Puppe zu Kathrin Kniffel im Frühsommer 1979 gewonnen. Eine Tätigkeit von Puppe für das MfS zu diesem Zeitpunkt kann ausgeschlossen werden. Aber: Die Flucht Werner Stillers liegt gerade ein Jahr zurück. Es ist möglich, dass die Hauptverwaltung A dies im Frühjahr 1980 nur behauptete, um intern nicht als völlig ahnungslos in diesem Fall mit erheblichen internationalen Folgen zu gelten.

Die Strategen der Hauptverwaltung A und Hauptabteilung II ersinnen einen Plan, Franz Kniffel und seine Ehefrau unter einem Vorwand in die DDR zu holen. Das Außenministerium und das SED-Politbüro sind eingeweiht und stimmen in einer «Grundsatzentscheidung» dem Vorgehen zu. Der Plan geht nicht ganz auf, Franz fährt zwar widerwillig, aber Kathrin begleitet ihn nicht. So wird er nach einem konstruierten dienstlichen Termin im Außenministerium von zwei MfS-Mitarbeitern höflich gebeten, zu einem Gespräch mitzukommen. Das MfS plant nicht, Franz Kniffel zu verhaften. Er wird mit den Vorwürfen konfrontiert, die er bestreitet. Weder er noch seine Frau hätten irgendwelche BND-Kontakte. Er spricht mit dem Selbstbewusstsein eines internationalen Diplomaten. Dann zeigen ihm die Offiziere die Postkarte von Kathrin an Rainer Gär. Franz Kniffel ist fassungslos. Er «vereinbart» mit dem MfS eine fingierte Krankheit. Das Ziel besteht darin, Kathrin in die DDR zu holen. Man sichert *ihm* keine Straffreiheit zu, aber seiner Frau. Nach Aktenlage waren dies keine hohlen Worte.

Kniffel wird ins Regierungskrankenhaus eingeliefert. Dort hat er einige Tage Bewegungsfreiheit, sein Zimmer wird aber ebenso abgehört wie seine Telefonleitung. Seine Schwiegermutter darf ihn besuchen und berichtet dann seiner Frau, Franz sei krank, sie müsse zu ihm kommen. Die Schwiegermutter weiß, was gespielt wird, denn sie selbst wird mehrere Tage in einem MfS-Objekt in Motzen festgehalten. Auch Franz Kniffel hat das wahre Spiel durchschaut. Er verlässt mehrfach das Krankenhaus, sucht eine öffentliche Telefonzelle auf und sagt seiner Frau, alles sei fingiert, sie solle unter keinen Umständen, was auch immer zukünftig von ihm zu hören sei, in die DDR zurückkommen. Sie könne ihm nur von Genf aus helfen. Zugleich schickt er an vier Adressen in der Schweiz

Wie ein Agent der Hauptverwaltung A ins Gefängnis kam

Briefe, die seinem Chef vorgelegt werden sollen. Er hofft, wenigstens ein Brief würde ankommen. Darin schreibt er, dass er vom MfS festgehalten werde, aber niemals seine Stelle in Genf aufgeben werde, egal was in der nächsten Zeit für «offizielle» Schreiben, auch mit seiner Unterschrift, in Genf ankämen. Kniffel weiß um seinen Status als Beamter einer UN-Spezialorganisation. Ähnliche Fälle in der Vergangenheit lösten sich zumeist glimpflich. Auch seine Frau weiß dies. Es geht darum durchzuhalten. Die DDR muss nachgeben, alles andere würde mit einem erheblichen internationalen Gesichtsverlust einhergehen.

Da auch dem MfS von Anfang an klar ist, dass weder Franz Kniffel noch seine Ehefrau BND-Agenten sind, räumt man ihm diese merkwürdige Bewegungsfreiheit ein. Markus Wolf ruft Franz Kniffel im Krankenzimmer an und ermuntert ihn, alles zu sagen, die Sache würde glimpflich ausgehen. Wichtig sei nur, dass seine Frau zurückkäme. Die denkt aber nach den Telefonaten gar nicht daran. Wenige Tage nach Kniffels Festsetzung wird in ihr Genfer Haus eingebrochen. Die Polizei nimmt an, dies sei vom MfS ausgegangen. Beweise gibt es nicht. Kathrin Kniffel lebt in Angst, eine Entführung durch das MfS sei nicht ausgeschlossen. Sie taucht unter. Für die vielen, noch heute bewegenden Telefongespräche, die sie in den folgenden Monaten mit ihrer Mutter führt, benutzt sie öffentliche Telefone. Die erste Zeit wohnt Kathrin bei Nachbarn, dann bei Bekannten und schließlich in einer neuen Wohnung. Finanzielle Sorgen hat sie nicht, weil die UN-Organisation Kniffels Gehalt weiterzahlt.

Die Postkontrolle des MfS versagt gründlich. Alle vier Briefe von Kniffel gelangen in den Westen. Anders als geplant, kommen allerdings nicht alle bei seinem Chef an, der solche Fälle gewohnt diplomatisch-diskret behandelt. Ein Adressat gibt den Brief nicht im Büro des Direktors ab. Stattdessen informiert er das Regionalbüro einer Menschenrechtsorganisation, das nun wieder – entgegen der eigenen Regel – nichts Besseres zu tun hat, als den Brief einer Tageszeitung zu geben, die daraus eine Story macht. Nur wenig später geben diese Nachricht viele Zeitungen weltweit wieder. Im MfS sind die Genossen entsetzt. Sie hatten Kniffel vertraut, er ihnen nicht. Aus dem Krankenhaus zunächst noch in ein konspiratives Objekt verfrachtet, wird Kniffel zehn Tage nach seiner Festsetzung förmlich verhaftet und in ein Untersuchungsgefängnis gebracht. Er braucht vier Tage, um zu begreifen, dass ihm nun eine hohe Haftstrafe droht – wegen Agententätigkeit, Duldung von Agententätigkeit, Nichtmeldung von Agententätigkeit. Alle paar Minuten geht nachts das Licht an, alle paar

IV. Weltweit im Einsatz? Das MfS außerhalb der DDR

Minuten ist das scheppernde Geräusch zu hören, wenn das Metall am Spion bewegt wird. Der Häftling hat auf dem Rücken mit den Händen auf der Bettdecke zu «schlafen». Diese Folter bricht Körper und Seele vieler Häftlinge, sie lässt auch Franz Kniffel reden und reden, schreiben und schreiben. Im Sinne der Anklage hat er zwar nichts zu sagen, aber er erzählt Details seines Lebens und schreibt darüber mit einer Emsigkeit, die nur jemand aufbringt, der seinen Kopf retten will. Zunehmend konzentriert sich seine Wut auf seine Ehefrau. Er sieht sich mehr als Opfer seiner Frau denn des Systems. Zumindest vorübergehend scheint dieses gewonnen zu haben.

Hauptziel des MfS ist es, Kathrin Kniffel nach Ost-Berlin zu holen. Im Ohr hat sie immer die Warnung ihres Mannes: Egal, was du hören wirst, komme nicht zurück. Das beherzigt sie auch dann noch, als ihr Mann im Knast längst das Gegenteil will. Woher soll sie auch wissen, dass sie straffrei geblieben wäre und womöglich ihren Mann vor einer Haftstrafe gerettet hätte? Woher soll sie wissen, dass ihr Mann jetzt tatsächlich ihre Rückkehr wünschte? Sie lebt verzweifelt und isoliert in Genf, er sitzt verzweifelt und isoliert in seiner Zelle beim MfS und verliert mehr und mehr jeden Glauben an seine Frau. Die private Krise wird zur lebensbestimmenden Tragödie. Der Fall Kniffel schlägt derweil international hohe Wellen. Die UN-Organisation sieht sich in ihrem Selbstverständnis bedroht. Resolution folgt auf Resolution, die DDR gerät international in eine prekäre Situation. Vereinbarte Konferenzen in der DDR werden abgesagt. Diplomatische Verhandlungen verlaufen ergebnislos. Die UN-Organisation beharrt auf ihrer Position, Kniffel müsse in Genf die Sache erklären. Die DDR wiederum sagt, dies käme nicht in Frage, da dieser gegen DDR-Recht verstoßen habe und deshalb in der DDR zur Verantwortung gezogen werden müsse. Kniffel bleibt UN-Beamter und sitzt zugleich in MfS-Haft. Stasi-Unterhändler, die als Rechtsanwälte oder Diplomaten arbeiten, versuchen in Genf UN-Beamte davon zu überzeugen, dass Kniffels Ehefrau mit ihrer Rückkehr in die DDR ihren Ehemann aus der Bredouille bringen könnte. Vergebens, keiner glaubt ihnen im Westen. Tatsächlich musste zu diesem Zeitpunkt Franz schon allein deshalb verurteilt werden, um den Anschein zu wahren, seine skandalöse Verhaftung sei irgendwie rechtens.

Mitte August 1980 wird Franz Kniffel zu drei Jahren Gefängnis wegen Unterlassung einer Anzeige (§ 225 StGB) in Verbindung mit § 98 (Spionage) und ungesetzlicher Verbindungsaufnahme (§ 219) verurteilt. Bereits im Mai war er aus der SED ausgeschlossen worden – Monate vor seiner strafrechtlichen Verurteilung. Wie konstruiert dieses Urteil ist, zeigt sich nicht nur an dem verhältnismäßig sehr geringen Strafmaß. Die ganze Angelegenheit benötigt keine weitere juristische Bewertung angesichts des Umstandes, dass eine Woche vor Prozessbeginn Minister Mielke nicht nur das Strafmaß bestätigte, sondern ebenso den Vorschlag abzeichnete, dass Kniffel relativ schnell auf Bewährung freikommen und dann entsprechend seiner Qualifikation eine Arbeitsstelle erhalten solle. Er dürfe nicht mehr lehren, behalte aber seinen Professorentitel. Allen mit dem Fall befassten Geheimpolizisten, Juristen und SED-Funktionären bis hin ins Außenministerium, SED-Politbüro und selbst der Universität ist bewusst, dass weder Kniffel noch seine Frau mit dem BND zusammengearbeitet haben. Franz Kniffel wird aus höheren Erwägungen verurteilt, wird zum Opfer des Regimes, zu einem in neuem Wortsinne kommunistischen «Funktionshäftling».

Dieser ist so enttäuscht von seiner Ehefrau, dass er im Januar erklärt, keine Briefe von ihr mehr erhalten zu wollen, und jeden Kontakt zu ihr ablehnt. Im Sommer 1981 wird das Ehepaar in Abwesenheit geschieden. Kathrin steht dennoch zu ihrem Mann, weil sie glaubt, dies geschehe alles nur auf Druck des MfS hin. Kniffel selbst wendet sich mehrfach an den Direktor der UN-Organisation und erklärt, dass er sein Arbeitsrechtsverhältnis kündige. Dieser lehnt jeweils mit dem Hinweis ab, dies könne nur am Sitz der Organisation erfolgen.

Im Oktober 1981 beschließen Markus Wolf, Günther Kratsch (Leiter der Hauptabteilung II) und Erich Mielke, dass Kniffels Haftstrafe zur Bewährung ausgesetzt wird. Er beginnt in einem Forschungsinstitut zu arbeiten, wo er sich nie richtig einleben wird. Das MfS überwacht ihn lückenlos. Er ist sehr ängstlich, selbst seine Telefongespräche mit Kathrin, mit der er nun wieder mehrfach Kontakt hat, bespricht er zuvor mit MfS-Offizieren. Er will keine neuen Fehler machen. Zum Jahresende fährt er allein in den Winterurlaub. Er traut niemandem. Nur mit einer Frau lässt er sich auf Gespräche ein. Das MfS hat sie als IM auf ihn angesetzt. Ihre Berichte zeigen, dass er mit dem Staat DDR endgültig fertig ist. In einem anderen IM-Bericht über ihn ist die Einschätzung zu lesen, dass er den Osten viel schlimmer als den Westen finde, dass er einen «Sozialismus» anstrebe, wie er in Schweden, der Schweiz oder Frankreich herrsche. Die DDR sei nicht verbesserungsfähig. Der Kommunismus sei von A bis Z verrottet, die Fehler hätten 1917 begonnen. Es deutet sich zudem an, was

IV. Weltweit im Einsatz? Das MfS außerhalb der DDR

im Juli 1982 ein anderer IM explizit berichtet: Kniffel will die DDR verlassen.

Im August 1982 geschieht, woran weder Franz Kniffel noch das MfS glaubten: Kathrin kehrt in die DDR zurück. Kurz zuvor hatte sie ihren Vater, der überraschend besuchsweise in die Bundesrepublik fahren durfte, an der Nordsee getroffen. Als sie sich verabschieden, kommt es zu einer herzzerreißenden Szene zwischen Großvater und Enkelin. Kathrin Kniffel ruft ihren Rechtsanwalt in Ost-Berlin an: Er solle alles arrangieren, sie käme noch heute zurück. Dieser versucht, sie davon abzuhalten. Ihr Mann wolle von ihr nichts mehr wissen. Sie lässt sich nicht umstimmen. Der Anwalt sagt, wenn sie kommen wolle, dann solle sie kommen. Ihr würde Straffreiheit garantiert. In den folgenden Stunden fährt sie mit ihrem Auto immer wieder auf den Grenzübergang zu, dreht kurz vor Erreichen des Kontrollpunktes um und fährt wieder Dutzende Kilometer zurück. Das geht so stundenlang. Schließlich rollt sie über die innerdeutsche Grenze, wo sie bereits erwartet wird. Das MfS eskortiert Kathrins Wagen zu Franz Kniffel.

Der hatte nicht nur längst jede Hoffnung auf ihre Rückkehr aufgegeben, sondern mit Kathrin auch innerlich gebrochen. Die ersten Worte, die sie von Franz hört, lauten: «Was willst Du denn hier?» Eine Welt bricht zusammen, die Rückkehr stellt sich als neuerlicher Fehler heraus. Nun ist auch sie wieder «wohnhaft» in der DDR, kann die Grenzen nicht mehr überwinden, ist eingeschlossen und unglücklich. Wochenlang wird Kathrin täglich vom MfS befragt, aber sie kann jeden Tag nach Hause, das nicht mehr ihr Heim ist. Franz Kniffel verschließt sich gegenüber allen und jedem, und wenn er sich einmal öffnet, wie einer Kollegin am Institut gegenüber, dann wird er neuerlich ans MfS verraten. Die Ehe mit Kathrin ist unwiderruflich vorbei. Schließlich findet Franz Kniffel neuen persönlichen Halt in Mireille, einer Frau, die auch ein Verfolgungsschicksal zu tragen hat. Nach der Heirat 1985 kann sie ihre Forschungsarbeiten nicht mehr fortsetzen. Die Ausreise aus der DDR erscheint immer logischer. Als sie ihnen schließlich gestattet wird, steht die DDR kurz vor ihrem historischen Aus. Die Tragik dieser Biographien ist mit dem Mauerfall nicht beendet. Doch das wäre bereits eine andere Geschichte.

V.
OPPOSITION UND WIDERSTAND.
DAS «LIEBESMINISTERIUM» (G. ORWELL) IN AKTION

Seit der Revolution von 1989 wird immer wieder der Vorwurf erhoben, das MfS würde nachträglich dämonisiert und mythisiert. Diese Behauptung ist unabhängig von medialen Verzerrungen nicht ganz zutreffend. Denn die Stasi selbst dämonisierte und mythisierte bis zu ihrer Auflösung die eigene geheimpolizeiliche Arbeit. Dahinter stand ein Herrschaftsprinzip, das Angst erzeugen, einschüchtern und Individualität zurückdrängen sollte. Die Stasi hat sich absichtsvoll selbst dämonisiert – aber vielleicht war es ihr größter Erfolg, dass dies auch nach 1989/90 eine Fortsetzung mit anderen Mitteln fand. Dazu ist in diesem Buch bereits viel gesagt worden. Jetzt geht es um einen Kernbereich der geheimpolizeilichen Arbeit in all den vier Jahrzehnten der SED-Diktatur: Die Verfolgung und Unterdrückung von Opposition und Widerstand.

In jeder Phase der DDR-Geschichte schien die Geheimpolizei allgegenwärtig, obwohl fast niemand wusste, wie sie genau arbeitete. Die Stasi suggerierte eine Omnipräsenz, die sie nicht erreichen konnte. Aber im Verbund mit SED und vielen anderen Organisationen und Institutionen war sie als Teil des Staates entscheidend daran beteiligt, dass die Diktatur wiederum tatsächlich allgegenwärtig war. Das Wissen über das MfS war gering, aber die Angst vor ihm in allen Gesellschaftskreisen hoch. Daher verwundert es nicht, dass bereits in den 1950er Jahren Oppositions- und Widerstandsgruppen seine Abschaffung forderten. Dass es hier eine Kontinuität gab, zeigte exemplarisch die im gesamten Land im Herbst 1989 präsente Parole «Stasi in die Produktion», die im Oktober 1989 einsetzenden Demonstrationen vor MfS-Einrichtungen und schließlich die ab Anfang Dezember 1989 erzwungene Auflösung des MfS.

Viele Menschen glauben und sagen heute, sie hätten mit der Stasi nie Berührung gehabt; *sie* hätte in ihrem alltäglichen Leben keine Rolle gespielt, wäre weder sicht- noch wahrnehmbar gewesen. Gegen individuelle Erinnerungen lässt sich nicht viel sagen. Diese aber werden bei jedem Menschen von Vergessen, Verdrängen, Über- und Unterschätzungen

V. Opposition und Widerstand. Das «Liebesministerium» in Aktion

überlagert, von gegenwärtigen Erfahrungen, von fremden Erfahrungen, von Bildern, Medien und Filmen und nicht zuletzt von neuem Wissen. Für Erinnerungen gilt in abgewandelter Form, was ironisch zuweilen Statistiken entgegengehalten wird: Glaube keiner Statistik, die du nicht selbst gefälscht hast...

Wenn heute nach Spuren des MfS im DDR-Alltag gesucht wird, stellt sich schnell als Problem heraus, dass fast jedes angeführte Beispiel individuelle Gegenbeispiele herausfordert, die Zeitzeugen erzählen oder in Büchern nachzulesen sind. Die meisten Menschen etwa haben ganz bewusst am Telefon bestimmte Dinge nicht erzählt (oder in der Öffentlichkeit bei bestimmten Themen die Stimme gesenkt, angefangen zu flüstern...). Eine Art Wandersage besagte, dass praktisch jedes Telefongespräch abgehört werden würde. Nun kann man aber gegen dieses Beispiel sogleich einwenden, die Mehrheit der DDR-Menschen hatte gar kein Telefon. Das stimmt zwar, aber es stimmt auch, dass die Mehrheit dennoch telefonierte: bei Verwandten, Freunden, an öffentlichen Münzfernsprechern oder vom Diensttelefon aus. Und viele Menschen haben, ob bewusst oder unbewusst, die Staatssicherheit als uneingeladene Mithörerin einkalkuliert. Wie wir heute wissen, hatte die Geheimpolizei gar nicht die technischen Möglichkeiten, alle Telefonate mitzuschneiden oder mitzuhören. Aber die Annahme, dass es so sei, war vor 1989 weit verbreitet. Die Stasi hörte innerhalb der DDR Telefonate fast ausschließlich zielgerichtet ab, also bei der gezielten Überwachung einzelner Personen oder Gruppen.[1]

Es gibt eine ganze Reihe ähnlicher «Erfahrungswerte», die zeigen, wie weit die Mythisierung der Staatssicherheit ging und wie alltagsprägend ihre angenommene Omnipräsenz war. Studierende gingen davon aus, dass in jeder Seminargruppe mindestens zwei Spitzel säßen. Wehrdienstleistende waren sich sicher, dass in jeder «Stube» mindestens ein Spitzel untergebracht sei.[2] Bei Treffen unangepasster Jugendlicher gingen die meisten davon aus, dass unter ihnen Spitzel tätig seien, die – was als besonders infam angesehen wurde – zur Tarnung genauso aussähen wie sie selbst. Solche Beispiele ließen sich fast endlos fortsetzen. Sie zeigen zunächst, dass die Allgegenwart des MfS als gegeben angenommen wurde.

Auch anhand der Sprache lässt sich zeigen, dass die Staatssicherheit zum Alltag der Gesellschaft dazugehörte. Kaum jemand sprach vom «Ministerium für Staatssicherheit», schon gar nicht in nichtöffentlichen Räumen. Gebräuchlich hingegen waren Bezeichnungen wie «Stasi», «Die

V. Opposition und Widerstand. Das «Liebesministerium» in Aktion

Firma», «Horch und Guck», «SSD», «Horch und Greif», aber auch Titulierungen wie «rote Gestapo», «Schweinebande», «Mielkes Schlägertruppe» und viele weitere waren im Umlauf. Fast niemand außerhalb des MfS wusste, dass die Spitzel «Inoffizielle Mitarbeiter» (IM) hießen. Aber dass viele Menschen als «Spitzel», «Agenten», «Verräter», «Schweine» oder was sonst noch geheim und legendiert für die Staatssicherheit die Gesellschaft ausspionierten, war wohl jedem geläufig und bewusst.

Viele weitverbreitete Witze zeugen überdies davon, dass die meisten Menschen sehr genau wussten, dass das MfS dazu da war, die eigene Bevölkerung auszukundschaften, zu überwachen und gegebenenfalls zu verfolgen. Nirgends schien man vor ihr sicher zu sein: «In einer Kneipe spricht ein Mann einen Tischnachbarn an: ‹Weißt du, was der Unterschied zwischen diesem Bier und der Partei ist?› – ‹So, was denn?› – ‹Das Bier ist flüssig, die Partei überflüssig›. Der andere Mann gibt sich als Stasi-Spitzel zu erkennen. Der Witzerzähler wird eingesperrt. Nach ein paar Jahren kommt er frei und trifft in der Kneipe wieder den Stasi-Spitzel: ‹Nun wollen wir mal sehen, ob du in der Haft deine Untat überdenken konntest und dich zu einer sozialistischen Persönlichkeit entwickelt hast. Sag mir doch: Was ist der Unterschied zwischen Erich Honecker und einem Ziegenbock?› Der Mann erschrocken: ‹Nee, nee, diesmal mache ich keine Unterschiede...›.» Der Glaube, dass die Staatssicherheit den Post- und Telefonverkehr lückenlos überwachten konnte,[3] ist ebenfalls in Witzen verewigt worden: «Brief aus der DDR in die Bundesrepublik: ‹Euer Paket ist angekommen. Ich habe Handgranaten und Maschinengewehre im Garten vergraben.› Eine Woche später folgt der zweite Brief: ‹Die Stasi war da, der Garten ist umgegraben. Ihr könnt jetzt die Tulpenzwiebeln schicken›.» Solche Witze zeigen übrigens meist mehrere Dimensionen auf. So wird in dem gerade zitierten auch die notorische Mangelwirtschaft der DDR angesprochen.

Dass die Staatssicherheit wenig angesehen und beliebt war, dokumentieren ebenfalls zahlreiche Witze. Ein sehr verbreiteter geht so: «Mielke ist mit seinem Fahrer unterwegs. Plötzlich läuft in einem Dorf ein Huhn vor das Auto und wird überfahren. Mielke steigt aus und geht zu dem Bauern. Nach einer Weile kommt er geknickt zurück, setzt sich still in den Wagen und sagt dem Fahrer, er solle weiterfahren. Kurze Zeit später überfahren sie ein Schwein. Mielke hat vom ersten Mal genug und schickt seinen Fahrer los. Der kommt wenig später mit Geschenken überhäuft zurück. Mielke fragt, wie er das gemacht habe. Der Fahrer antwortet: ‹Ich bin da

V. Opposition und Widerstand. Das «Liebesministerium» in Aktion

rein und habe gesagt: Ich bin der Fahrer vom Mielke und habe das Schwein überfahren!›»

Schließlich, zwei letzte Beispiele, zeigen zahlreiche Witze auch, dass man Mielke und Genossen alles zutraute. So war die Annahme verbreitet, Funktionäre und MfS-Mitarbeiter seien intellektuell etwas minderbemittelt: «Mielke und Stoph fahren mit dem Zug nach Paris, um die Atmosphäre in der französischen Hauptstadt für den bevorstehenden Besuch Honeckers inkognito zu erschnüffeln. Konsterniert kommen sie zu Honecker zurück. Mielke zu Honecker: ‹Die haben uns schon am Bahnhof enttarnt›. Honecker fragt erstaunt: ‹Wie habt ihr das denn mitbekommen?› – ‹Wir stiegen aus dem Zug, und da riefen sie von allen Seiten: Bagage, Bagage.›» In einem anderen Witz geht es eher um die Brutalität, die man der Staatssicherheit zutraute: «Mielke ist auf der Pirsch. Er kann nur einen Hasen fangen. Wütend über seinen Misserfolg nimmt er das Tier, prügelt auf den Hasen ein und schreit immer wieder: ‹Nun gib schon zu, dass du ein Hirsch bist.›»

Die Menschen lachten über solche Witze. Sie dienten als Ventil, aber zugleich entsprachen sie ihren Erfahrungen, Wahrnehmungen, Annahmen, nicht zuletzt ihren Ängsten. Nun sollte man sich allerdings den Alltag nicht so vorstellen, dass die Menschen beständig verängstigt, sich nach links und rechts umsehend die Straßen entlang schlichen. Alltag hat viel mit Gewöhnung, Hinnehmen, Routine zu tun. Das SED-System verfeinerte seine Herrschaftstechniken im Laufe der Jahrzehnte. Die offene Brutalität der 1950er Jahre wich einer subtilen Einschüchterungspraxis, die erst durch den Mauerbau überhaupt möglich wurde. Denn die Menschen wussten nun, dass sie nur unter großen Gefahren das Land für immer verlassen könnten. Diese Einsicht veränderte nicht nur den Anpassungsdruck und die Anpassungsbereitschaft der Gesellschaft, sie ermöglichte es den Herrschenden auch eine weniger sichtbare Unterdrückungsstrategie zu entwickeln. Entscheidend für die Gesellschaft, für die Menschen, aber war, dass die angenommene Omnipräsenz der Staatssicherheit keine «Nischen» zuließ. Wie in dem Märchen vom Hasen und dem Igel konnte man tun und lassen, was man wollte, der Igel schien stets schon da zu sein. (Allerdings gewinnt im Gegensatz zum Märchen in der DDR am Ende doch der Hase – der SED-MfS-Igel stirbt.)

Heute wissen wir zwar, dass die Alltagsannahmen trotz der Ausbreitung der Staatssicherheit erheblich übertrieben waren, aber sie versinnbildlichen, wie stark die Geheimpolizei nicht nur als integraler Bestandteil

V. Opposition und Widerstand. Das «Liebesministerium» in Aktion

des Herrschaftsapparates, sondern auch sämtlicher gesellschaftlicher und oft genug individueller Entwicklungen angesehen wurde. Die Stasi hat dazu selbst entscheidend beigetragen. SED und Geheimpolizei, die Funktionäre und MfS-Mitarbeiter taten immer so, als wüssten sie alles, als würden sie ohnehin alles erfahren, als läge alles in ihrer Hand. Nur um ein Beispiel herauszugreifen, das für praktisch jeden Menschen in der DDR galt, sofern er etwas älter wurde. Die Kaderabteilungen in den Betrieben und Institutionen führten Kaderakten zu jedem Beschäftigten. Diese Akte «begleitete» jeden ein Leben lang. Man hatte auch in der DDR die Möglichkeit, Einsicht in diese Akte zu nehmen. Dazu musste man sich in der Kaderabteilung anmelden, und man bekam meist einen Termin einige Tage später. Diese Zeitverzögerung, glauben die meisten, brauchte der Kaderleiter, um Unterlagen aus der Akte herauszunehmen, die man nicht sehen sollte. Denn die Annahme war weitverbreitet, die Kaderabteilungen seien praktisch verlängerte Arme der Staatssicherheit. Deshalb glaubten auch die meisten, es existierten mindestens zwei Akten, eine, die man sehen könne, und eine, die wirklich wichtige, die man eben nicht einsehen könne. Das wiederum führte dazu, dass sich kaum jemand seine Kaderakte einmal ansah (weil man die wichtige eben nicht zu sehen bekam). Die Kaderabteilungen waren Teil des SED-Apparates und arbeiteten eng mit der Stasi zusammen, aber die eigentliche Annahme stimmte nicht.

Ebenso gingen die meisten Menschen davon aus, dass bei Studienzulassungen, bei Karrieresprüngen, bei Westreisen, überhaupt bei allen «kaderpolitischen» Entscheidungen die Staatssicherheit das letzte Wort hatte. Wie wir ebenfalls heute wissen, war dies im Einzelnen alles viel komplizierter, oftmals war die Staatssicherheit tatsächlich dabei, oft aber auch nicht, und nicht selten entschieden SED und Behörden gegen Einwände des MfS. Aber solche verbreiteten Annahmen zeigen, dass die Staatssicherheit im Alltagsdenken fest verwurzelt war und dass ihre tatsächliche oder vermeintliche Allgegenwart zu einer Spirale schier unaufhörlicher Vermutungen und Befürchtungen führte.

Nun gab es drei Personengruppen, deren Alltag auf eine ganz besondere Art von der Staatssicherheit geprägt war. Da wären zunächst die MfS-Mitarbeiter, die IM und alle jene Funktionäre (insgesamt also hunderttausende Menschen), die beruflich, politisch, strukturell oder inoffiziell mit dem MfS verwoben waren oder mindestens kontinuierliche Kontakte aufwiesen. Eine andere, damit nicht deckungsgleiche Gruppe waren Menschen, die enttäuscht vom realen Sozialismus die Geheimpolizei zur

V. Opposition und Widerstand. Das «Liebesministerium» in Aktion

eigentlichen Gralshüterin der kommunistischen Idee erkoren hatten und darauf hofften, dass ausgerechnet aus diesem Apparat heraus «die entscheidenden» Reformen angestoßen würden. Diese kleine Gruppe gab es zu allen Zeiten der DDR, noch 1989 sahen nicht wenige ausgerechnet Markus Wolf als künftigen Heilsbringer. Eine ganz andere Personengruppe waren schließlich jene, die als Oppositionelle, als Flüchtlinge, als Ausreiseantragsteller, als politisch oder sozial Missliebige oder Unangepasste ins direkte Verfolgungsvisier der Geheimpolizei gerieten. Denn deren MfS-Wahrnehmungen gründeten nicht mehr allein auf Annahmen und Gerüchten, sondern auf konkreten Erfahrungen. Und diese haben ihren Alltag fast immer und sehr konkret erheblich beeinflusst. Um solche Personen und ihre Erfahrungen geht es im nachfolgenden Abschnitt – exemplarisch.

Die Geschichte des MfS ist in hohem Maße eine Geschichte von Verfolgung, Unterdrückung, Zersetzung politischer Gegner. Nicht selten endete diese MfS-Überwachung für die Betroffenen im Gefängnis. SED, Justiz, Polizei und MfS arbeiteten dabei Hand in Hand. Nachfolgend werden einige Beispiele solcher politischen Verfolgungen anhand von Biographien vorgestellt. Die Auswahl erwies sich als kompliziert und schwierig. Es wird geschätzt, dass zwischen 1950 und 1989 etwa 250 000 Menschen aus politischen Gründen in der DDR verurteilt und eingesperrt wurden.[4] Die biographische, wissenschaftliche, autobiographische und publizistische Literatur dazu ist umfangreich, fast unüberschaubar. Exemplarische, fast zufällig ausgewählte Biographien verdeutlichen nachfolgend, wie sich Opposition und Widerstand im Laufe der vierzig Jahre wandelten und welche Methoden das MfS wiederum einsetzte, um diese zu bekämpfen.

Wahlen 1950

Die ersten Volkskammerwahlen in der DDR am 15. Oktober 1950 waren von großem propagandistischem Getöse begleitet. Wie jede andere Einheitslistenwahl war auch diese weder frei noch demokratisch; und wie jede andere Wahl wurden die Ergebnisse gefälscht. Viele Menschen protestierten im Vorfeld, vor allem junge Menschen wagten auch öffentliche Aktionen. Einer von ihnen war Hermann Joseph Flade.[5]

Er ist am 22. Mai 1932 in Würzburg geboren worden. Die Familie zog ins östliche Erzgebirge nach Olbernhau und 1942 nach Dresden. Dort er-

Wahlen 1950

lebte er den zerstörerischen Luftangriff in der Nacht vom 13. auf den 14. Februar 1945 mit. Seine Mutter ging anschließend mit ihm zurück nach Olbernhau, wo er den Besuch der Oberschule fortsetzte. Strenggläubig erzogen, trat er in den Nachkriegsjahren zunächst nicht der FDJ bei. Da seine Familie unter materieller Not litt, ließ er sich von der Oberschule im Oktober 1949 beurlauben. Er begann in der Wismut zu arbeiten – harte Knochenarbeit, die gut bezahlt wurde. Nach einigen Monaten musste er in Folge eines Arbeitsunfalls aufhören. Im Oktober 1950 wollte er den Besuch an der Oberschule fortsetzen. Bis dahin steuerte er als Ziegeleiarbeiter Geld zur Familienkasse bei. Um zum Abitur zugelassen zu werden, dachte Flade 1950, sei es besser, doch in die FDJ einzutreten. Er blieb seinem christlichen Glauben treu, davon zeugte bereits der ungewöhnliche und mutige Schritt des Zwölfjährigen als er 1944 aus dem «Deutschen Jungvolk» austrat.

Die Propaganda im Vorfeld der Volkskammerwahlen lehnte Flade ab, er erkannte den undemokratischen Charakter. Am 10. und 14. Oktober verbreitete er in Olbernhau insgesamt 186 selbst hergestellte Flugblätter gegen den «Wahlbetrug». Am späten Abend des 14. lief er dabei einer Streife der Volkspolizei in die Arme. Es ergab sich ein Handgemenge, in dem Flade einen Volkspolizisten mit einem Taschenmesser an Arm und Rücken verletzte. Er entkam, ist aber zwei Tage darauf in seiner Wohnung verhaftet worden. Von der Kreisdienststelle Marienberg wurde er am 18. Oktober in das MfS-Untersuchungsgefängnis Dresden verlegt. Seine Eltern und seine Großmutter verhaftete das MfS ebenfalls. Sie blieben einige Wochen in Untersuchungshaft, aber eine Mittäterschaft, die es auch nicht gab, konnte ihnen nicht nachgewiesen werden. Am 19. Oktober gestand Flade und erklärte, dass man die DDR und ihre Organe passiv und aktiv bekämpfen müsse. Er bereue keinesfalls, die Flugblätter verteilt zu haben.

Das war wahrscheinlich ausschlaggebend dafür, dass das MfS – namentlich der Leiter Verwaltung Staatssicherheit in Sachsen, Joseph Gutsche – einen öffentlichen Schauprozess initiierte. Ein Überzeugungstäter, der nicht leugnete und dabei auch noch einen Volkspolizisten verletzt hatte, daraus wollte das MfS für seine Propaganda Kapital schlagen. Am 10. Januar 1951 wurde der Prozess im größten Saal Olbernhaus eröffnet. Es waren etwa 1200 Zuschauer anwesend. Vor dem Haus, wohin die Verhandlung übertragen wurde, standen noch einmal 600 Personen. Insgesamt etwa ein Zehntel der Bevölkerung. Da aber gewiss Hunderte von

V. Opposition und Widerstand. Das «Liebesministerium» in Aktion

woanders, wie üblich, herbeigeschafft wurden, haben sich dort wohl weitaus weniger Olbernhauer eingefunden. Pressevertreter und Filmaufnahmen sollten im Anschluss dafür sorgen, dass der Fall bekannt wurde.

Später berichtete Flades Anwalt, dass er den Angeklagten erstmals eine halbe Stunde vor Prozessbeginn sprechen konnte. Die Gerichtsakten bekam er gar nicht zu sehen. Die Anklage lautete auf Boykotthetze in Tateinheit mit militaristischer Propaganda, versuchtem Mord und Widerstand gegen Vollstreckungsbeamte. Im Prozess selbst blieb der 18-Jährige standhaft, vertrat seine politischen Überzeugungen, kritisierte auch die sozialen Verhältnisse, womit er gerade unter den Arbeitern, die im Zuschauerraum anwesend waren, nicht wenige Sympathien erhielt. Flade betonte, für seinen Widerstand habe er auch einkalkuliert, 15 bis 20 Jahre ins Zuchthaus zu müssen. Den Polizisten, den er verletzte, bezeichnete er als «Agent des rechtswidrigen Staates», von dem er sich nicht seine Zukunft zerstören lassen wollte.

Noch am gleichen Tag, verkündete der Richter: «Im Namen des Volkes! Der Angeklagte Flade wird für schuldig befunden der Boykotthetze gegen demokratische Einrichtungen und Organisationen und in Tateinheit damit des Betreibens militaristischer Propaganda, des versuchten Mordes und des Widerstandes gegen Vollstreckungsbeamte und wird zur Strafe des Todes kostenpflichtig verurteilt.»

Kaum war das Urteil öffentlich bekannt geworden, entfachte es Empörung, Entrüstung und öffentliche Proteste. In der gesamten DDR tauchten Flugblätter und Losungen an Häuserwänden auf. Es bildeten sich neue Widerstandsgruppen, die wiederum verfolgt und eingesperrt wurden.[6] In West-Berlin und der Bundesrepublik kam es zu Großkundgebungen, auf denen Flades Freiheit gefordert wurde. Spitzenpolitiker gaben wütende Erklärungen ab, Kanzler Adenauer bezeichnete das Urteil als «terroristische Handlung». Die DDR-Justiz reagierte sofort: Sie verteidigte das Todesurteil und erklärte, Adenauer solidarisiere sich mit «faschistischen Methoden». Das war etwas voreilig. Denn die DDR-Regierung war von den in- und ausländischen Protesten völlig überrascht. Mielke und Gutsche drängten auf eine Revision des zuvor angeordneten Urteils. Am 29. Januar 1951 ist nichtöffentlich das Strafmaß auf 15 Jahre herabgesenkt worden.

Die Eltern flüchteten anschließend in die Bundesrepublik. Ihnen blieb gar nichts anderes übrig – der Vater war unter Druck als inoffizieller Mitarbeiter des MfS angeworben worden. Am 30. März 1951 kam Flade ins

Wahlen 1950

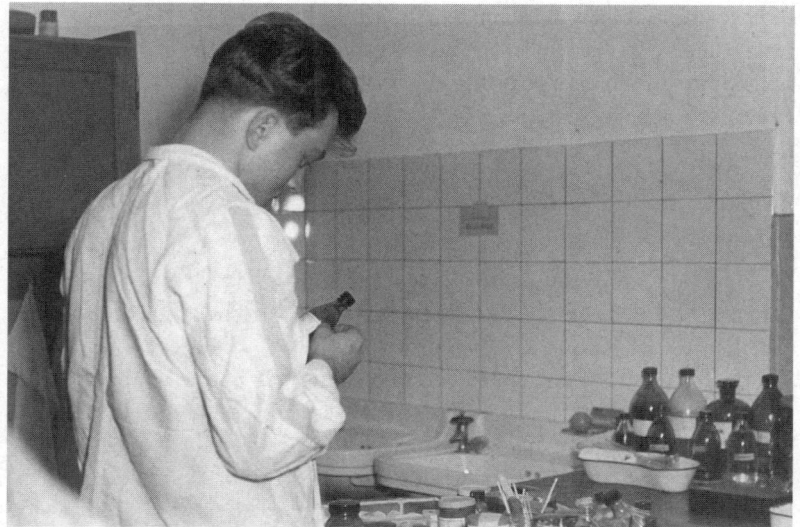

«Den Geist können Sie nicht fesseln»: Hermann Joseph Flade bei seiner Arbeit in der Krankenstation des Zuchthauses Waldheim, ca. 1958.

Zuchthaus Bautzen, ins berüchtigte «Gelbe Elend». Nach wenigen Wochen ist er nach Torgau überstellt worden, wo er fast drei Jahre in Einzelhaft gehalten wurde. Als er im März 1954 nach Waldheim verlegt wurde, kam er in eine Gemeinschaftszelle. Mitgefangene berichteten später, dass Flade nicht gebrochen war und weiter an seinen politischen Grundüberzeugungen festhielt. Einem Wachtmeister hielt er, als er ihn einmal wieder mit Handschellen fesselte, entgegen: «Den Geist können Sie nicht fesseln.» Im Oktober 1954 kam er wieder nach Torgau, musste aber im Dezember 1955 erneut nach Waldheim verlegt werden, weil er schwer erkrankt war. Dort befand sich damals ein Haftkrankenhaus. Flade kam schließlich auf eine Idee, die nicht wenige politische Häftlinge ebenfalls umsetzten. Anfang Februar 1958 verpflichtete er sich als IM. Er hoffte, so schneller entlassen zu werden. Aber das MfS durchschaute seine Absicht und die «Zusammenarbeit» war schnell wieder zu Ende. Anfang November 1960 kam er durch einen kollektiven «Gnadenerweis» des Staatsrats frei. Etwa Weihnachten 1960 verließ er die DDR und floh zu seinen Eltern nach Bayern. Er konnte vorsichtig Fuß fassen. Legte endlich das Abitur ab, studierte und promovierte 1967 als Politikwissenschaftler. Dass ein

V. Opposition und Widerstand. Das «Liebesministerium» in Aktion

solcher Mann die bundesdeutsche Politik gegenüber der DDR für zu defensiv und später anbiedernd hielt, kann kaum verwundern. An physischen und vor allem psychischen Spätfolgen der Haft leidend, starb er im Mai 1980 noch vor seinem 48. Geburtstag.

17. Juni 1953

Das «Gesetz zum Schutze des Volkseigentums und anderen gesellschaftlichen Eigentums» vom 2. Oktober 1952 zog drastische Folgen nach sich.[7] Wer beim Diebstahl erwischt wurde, musste als «Saboteur» mit harten Strafen rechnen. Ein Arbeiter aus Berlin ist deshalb im November 1952 zu einem Jahr Zuchthaus verurteilt worden, weil er in seinem Betrieb 80 Zigaretten stahl. Eine Frau wurde vom Stadtbezirksgericht Berlin-Pankow im Februar 1953 zu einem Jahr Zuchthaus verurteilt, weil sie sechs Taschentücher mit nach Hause nahm. Ein Lagerarbeiter aus Luckenwalde ist gar zu drei Jahren Haft verurteilt worden, weil er den Diebstahl eines Paares Hausschuhe durch einen anderen «duldete». Von solchen unmenschlichen Urteilen gab es 1952/53 tausende. Ein Richterin begründete dies auf einer Tagung des Justizministeriums Ende März 1953: «Wenn jemand 10 Gramm Reißwolle nimmt, so bringt er damit zum Ausdruck, dass er eine falsche Einstellung zum Volkseigentum hat, die sich auch in seiner Arbeitsmoral, seinem sonstigen Verhalten und seinen Diskussionen äußert. Hier haben wir durch das Gesetz die Möglichkeit, das Bewusstsein unserer Bevölkerung entscheidend zu ändern.»[8] Wie hart die Gerichte vorgingen, zeigt der folgende Ausschnitt aus einem Urteilsspruch des Kreisgerichtes Greifswald vom 24. Februar 1953. Ein Fuhrunternehmer erhielt ein Jahr Zuchthaus wegen Diebstahls. In der Begründung hieß es unter anderem: «Er hatte zusammen mit seinem Begleiter eine mit Spirituosen gefüllte Kiste in die Verkaufsstelle hineingetragen und befand sich mit der leeren Kiste auf dem Rückwege, als er in dem Lagerraum eine Reihe von Mettwürsten hängen sah. Ohne große Überlegung riss er kurzentschlossen eine Mettwurst herunter, steckte sie in seine Joppe und legte sie draußen auf seinem Fuhrwerk in einen Karton. […] Wenig später wurde der Diebstahl von einer HO-Verkäuferin bemerkt, der Angeklagte […] zur Rede gestellt und die Tat von ihm sofort zugegeben. Die Wurst wurde sofort an die HO zurückgegeben. Als Motiv gab der Angeklagte an, er habe beim Anblick der vielen Mettwürste an die zu Hause herrschende Notlage gedacht. Von seinen 7 Kindern seien noch 6 zu Hause. [...] Sein monatliches Einkommen betrage nur 220,- bis 250,- DM netto. Seine Kinder müssten zu Abend oft Marmeladestullen essen.»[9] Der Richter hatte kein Mitleid. Politisch-ideologisch war die Aburteilung als Abschreckungsmaßnahme ohne Rücksicht auf die individuellen Lebensumstände vorgesehen. Der Mann büßte ein Jahr im Zuchthaus. Der Aufstand im Juni 1953 brach auch wegen solcher Terrorurteile aus.

Nach der Niederschlagung des Volksaufstandes stellte die SED dem MfS die Aufgabe, die «westlichen Hintermänner und Agenten» aufzuspüren, die den «faschistischen Putschversuch» organisiert hätten. Intern beklagte das SED-Politbüro drei Monate nach dem Volksaufstand, am 23. September 1953, dass es dem MfS nicht gelungen sei, die «Organisatoren der Provokationen» zu entlarven. Nochmals zwei Monate darauf, am 11. November 1953, räumte der neue Stasi-Chef Wollweber ein, dass der Auftrag des SED-Politbüros noch nicht erfüllt werden konnte. Unabhängig von diesen streng geheimen Eingeständnissen mussten – so der politische Auftrag – der Öffentlichkeit Männer und Frauen als «Rädelsführer» und «westliche Agenten» präsentiert werden. Tatsächlich inszenierte die SED-Führung im Verbund mit Justiz und MfS mehrere Schauprozesse, in denen vermeintliche «westliche Agenten» abgeurteilt worden sind. Der Höhepunkt in der juristischen Aufarbeitung des Volksaufstandes fand vom 10. bis 14. Juni 1954, also genau ein Jahr nach der Volkserhebung, vor dem 1. Strafsenat des Obersten Gerichts der DDR statt.[10] In einem Schauprozess sollte bewiesen werden, dass die vier Angeklagten die «Hintermänner» des «Tag X» gewesen seien. Aber trotz der vergleichsweise langen Verhandlungsdauer konnten keine Beweise erbracht werden, dass Wolfgang Silgradt, Werner Mangelsdorf, Hans Füldner und Horst Gassa im Auftrag westlicher Geheimdienste und bundesdeutscher Institutionen den Volksaufstand organisiert hatten. Dieser Schauprozess war monatelang vorbereitet worden. Ursprünglich war geplant, den Streikführer Friedrich Schorn aus den Leuna-Werken zum Hauptangeklagten zu machen. Da das MfS aber seiner nicht habhaft werden konnte und mehrere geplante Entführungsaktionen – die Harry Schlesing eingefädelt hatte – von West- nach Ost-Berlin scheiterten, begnügte man sich schließlich mit den genannten Personen. Alle vier sind aus West-Berlin entführt oder durch List nach Ost-Berlin gelockt worden. Silgradt war bis zu seiner Festnahme Mitarbeiter des Forschungsbeirats für Fragen der Wiedervereinigung Deutschlands, Füldner und Gassa arbeiteten im Ostbüro der

V. Opposition und Widerstand. Das «Liebesministerium» in Aktion

FDP und Mangelsdorf war Mitglied des «Komitees 17. Juni», das in West-Berlin im Juli 1953 von geflüchteten Streikführern des Volksaufstandes gebildet worden war. Der Staatssicherheit gelang es, das «Komitee» mit Hilfe mehrerer geheimer Mitarbeiter – der wichtigste war Schlesing – zu zersetzen und zu zerschlagen. Mangelsdorf wurde zum prominentesten Opfer. Der Schauprozess endete mit Urteilen von 15 Jahren Zuchthaus für ihn und Silgradt, zehn Jahren für Füldner und fünf Jahren für Gassa. 1964 kamen die letzten beiden Verurteilten dieses Prozesses, Mangelsdorf und Silgradt, frei. Von den Verurteilten war tatsächlich nur Werner Mangelsdorf aktiv an der gescheiterten Revolution im Juni 1953 beteiligt – und zwar in der anhaltinischen Stadt Gommern mit etwa 7000 Einwohnern.

In der östlich von Magdeburg im Kreis Burg gelegenen Kleinstadt erfuhren die Bauarbeiter am Vormittag des 17. Juni 1953 durch Pendler von den Massenstreiks und großen Demonstrationszügen in der Bezirkshauptstadt. Sie begannen ebenfalls zu streiken. Die Nachrichten aus Ost-Berlin bildeten schon zuvor *das* Gesprächsthema an diesem Morgen. Den Bauarbeitern schloss sich schnell der VEB Geologische Bohrungen an. In einer hitzigen Betriebsversammlung, die SED- und Gewerkschaftsfunktionäre nicht verhindern und die sie auch nicht beeinflussen konnten, forderten mehrere Arbeiter den Sturz der Regierung. Der stellvertretende Werksleiter bat die Beschäftigten, wieder zu arbeiten. Dies geschah aber halbherzig, da er zugleich einen der Hauptredner, den ehemaligen VP-Oberkommissar und nunmehrigen Arbeiter Werner Mangelsdorf, aufforderte, zum «Zwiebelturm», dem örtlichen Gefängnis, zu marschieren.

Werner Mangelsdorf ist am 8. Dezember 1925 in Schönebeck /Elbe geboren worden. Sein Vater war KPD-Mitglied. Die Eltern hatten fünf Kinder, er war das älteste. Im Frühjahr 1943 erfolgte die Einberufung zum Reichsarbeitsdienst und anschließend im Sommer 1943 zur Wehrmacht. Als Infanterist nahm er am Zweiten Weltkrieg in Italien und Frankreich teil. Am 5. Oktober 1944 geriet er bei Aachen in Gefangenschaft. Zunächst in amerikanischer, dann in britischer Kriegsgefangenschaft konnte Mangelsdorf im Frühjahr 1948 aus Schottland, wo er nach Aufenthalten in Frankreich und England schließlich die Gefangenschaft verbüßt hatte, nach Deutschland zurückkehren. In den britischen Lagern hörte er politische Vorträge, so zum Beispiel von Kurt Schumacher und Erich Ollenhauer.

Werner Mangelsdorf ging in seine Heimat nach Schönebeck zurück und arbeitete zunächst im örtlichen Gerätebaubetrieb, der als sowjetische

17. Juni 1953

Schauprozess gegen «Rädelsführer» des 17. Juni 1953. V. l. n.r.: Horst Gassa, Hans Füldner, Werner Mangelsdorf und Wolfgang Silgradt.

Aktiengesellschaft (SAG) der Besatzungsmacht unterstand, als Dreher. Gewillt, den gesellschaftlichen Neuanfang zu unterstützen, trat er 1949 der Volkspolizei bei. Er hoffte zugleich auf eine bessere Bezahlung und Verpflegung bei der Polizei als im zivilen Leben. Bei seiner Kündigung im November 1950 trug er den Dienstgrad Oberkommissar.

Er ging zum Bruder seiner Ehefrau, mit der er seit 1949 verheiratet war und deren gemeinsame Tochter im März 1950 geboren wurde, in die Nähe nach Helmstedt, um sich zu erkundigen, ob er nicht im Westen Polizist werden könne. Als ihm bedeutet wurde, dass dies nicht möglich sei, ging er nach Schönebeck zurück. Er arbeitete hier bis Oktober 1952 wiederum in der SAG Gerätebau als Dreher. Nach einer fristlosen Entlassung schied er aus und fand als Schlosser Arbeit beim VEB Ausrüstung der geologischen Kommission, Werk Gommern. Abgesehen von einer kurzzeitigen Tätigkeit in der Betriebsgewerkschaftsleitung war Werner Mangelsdorf politisch nicht aktiv. Er galt als gesellschaftspolitisch unauffällig. Allerdings hatte er zwischen Juni 1952 und April 1953 als Geheimer Informator «Werkzeug» für das MfS gearbeitet. Die Verbindung brach das MfS ab, weil Mangelsdorf als unzuverlässig und unsicher galt.

V. Opposition und Widerstand. Das «Liebesministerium» in Aktion

Am 17. Juni 1953 initiierte er nun einen Demonstrationszug zum «Zwiebelturm», dem Gefängnis in Gommern. Es beteiligten sich daran in der kleinen Stadt zwischen 400 und 800 Menschen, in einigen MfS-Dokumenten ist von 3000 die Rede. Zunächst ging es zur Polizei, wo man die Polizisten zwang, die Waffen abzulegen – diese wurden weggeschlossen – und mit zu marschieren. Anschließend stürmten die Demonstranten das Gefängnis und brachen mit Brechstangen die Zellen auf. Den Bürgermeister erklärte man für abgesetzt. Die Demonstranten bedrängten Mangelsdorf, diesen Posten zu übernehmen. Am Nachmittag rückten sowjetische Einheiten an, die aber nicht verhindern konnten, dass die Arbeiter auch am nächsten Tag ihren Streik fortführten. Derweilen begann die Polizei nach den «Rädelsführern» zu fahnden und diese zu verhaften. Mangelsdorf flüchtete am 18. Juni mit einem Kollegen, der stellvertretende Werkleiter riet ihm dazu. Bis zum 30. Juni hielt er sich zunächst in Ost-Berlin und in Potsdam versteckt, ehe er die Sektorengrenze nach West-Berlin übertrat.

In West-Berlin zählte Mangelsdorf zu jenen geflüchteten Aufstandsteilnehmern und Streikführern, die im Juli 1953 das «Komitee 17. Juni» gründeten. Erklärtes Ziel des Komitees war es, die Öffentlichkeit über die wahren Gründe, Umstände und Ziele der gescheiterten Revolution aufzuklären, Hinterbliebene und Angehörige von Verhafteten sozial zu betreuen und zu versorgen sowie über das Schicksal von Verurteilten aufzuklären. Wie andere Komiteemitglieder arbeitete Mangelsdorf nach eigenen Angaben nicht nur im Komitee mit, sondern auch in einer Reihe anderer antikommunistischer Organisationen und nun nicht zuletzt für westliche Geheimdienste, im Fall von Mangelsdorf ein französischer Dienst. Dem MfS war das Komitee ein besonderer Dorn im Auge, weshalb es versuchte, das Komitee zu zersetzen und in der Öffentlichkeit zu diskreditieren. Beides gelang bis Ende Mai 1954. Zu diesem Zeitpunkt saß Werner Mangelsdorf allerdings schon in einem MfS-Gefängnis.

Am 19. Oktober 1953 beschloss die Magdeburger SfS-Bezirksverwaltung den Fahndungsvorgang «Erle» auszulösen, um Werner Mangelsdorf als Hauptakteur der Unruhen in Gommern festzunehmen. Dem Staatssicherheitsdienst wurde bekannt, dass Mangelsdorf nach seiner Flucht Kontakt zu seinem Bruder in Schönebeck pflegte. Sie nahm diesen am 3. Dezember 1953 fest. Am 5. Juli 1954 erfolgte die Verurteilung zu fünf Jahren Zuchthaus, im November 1957 kam der Bruder auf Bewährung frei.

17. Juni 1953

Bei dessen Vernehmung erfuhr das SfS von seiner Verlobten, einer Sekretärin. Sie ist am 14. Dezember 1953 zur Kreisdienststelle Schönebeck vorgeladen worden. Dort eröffnete ihr ein Stasi-Mitarbeiter, dass ihr Verlobter aus der Untersuchungshaft freigelassen würde, wenn sie sich zur geheimen Mitarbeit verpflichten und ihren zukünftigen Schwager Werner Mangelsdorf in West-Berlin bewegen könnte, mit der Stasi zusammenzuarbeiten. Vom selben Tag datiert ihre schriftliche Verpflichtungserklärung als GI «Rose».

Im Auftrag des SfS fuhr «Rose» zu Werner Mangelsdorf nach West-Berlin. Was die beiden genau besprochen haben, lässt sich nicht belegen. Immerhin überreichte sie der Stasi als Vertrauensbeweis den Komiteeausweis von Mangelsdorf im Original. Außerdem übergab er ihr für das SfS einen handschriftlichen Brief, der mit 20. Dezember 1953 datiert war. Darin brachte er zum Ausdruck, dass er mit der Stasi zusammenarbeiten wolle. Er legte sich den Decknamen «Erwin Stern» zu. Da nur die Unterlagen des SfS vorliegen ist nicht zweifelsfrei zu klären, ob Werner Mangelsdorf wiederum die Seite gewechselt hatte oder im Auftrag einer westlichen Organisation versuchte, mit dem Staatssicherheitsdienst zusammenzuarbeiten. Immerhin gab er bereitwillig zu, sowohl gegenüber dem SfS als auch gegenüber Komiteemitgliedern, dass er für den französischen Geheimdienst arbeite.

Als sich «Rose» und Werner Mangelsdorf am 29. Dezember erneut trafen, überredete die Frau ihren zukünftigen Schwager, mit ihr nach Ost-Berlin zu fahren, um einen SfS-Mitarbeiter zu treffen. Mangelsdorf erhielt dort Geld und quittierte mit seinem Decknamen. Die Angaben von Mangelsdorf über das Komitee schienen die bisherigen Erkenntnisse des SfS zu bestätigen, so dass er Vertrauen erweckte. Er übergab auch einen Perspektivplan der MfS-Kreisdienststelle Jena, der bei der Erstürmung der Kreisdienststelle am 17. Juni 1953 «verloren» gegangen war.

Nach diesem Treffen glaubte der zuständige SfS-Offizier, Mangelsdorf für eine enge Zusammenarbeit gewinnen zu können. Immerhin hatte er Material in der Hand, mit der die Stasi ihn in West-Berlin leicht denunzieren könnte. Am 8. Januar 1954 übergab Mangelsdorf seiner Schwägerin zwei weitere handschriftliche Berichte. Er selbst kam nicht wie verabredet in den Osten, um keine Aufmerksamkeit zu erregen, da die Übergänge überwacht würden. Am 16. Januar solle «Rose» ihn erneut besuchen. Die Stasi-Mitarbeiter waren zufrieden, aber nur einige Tage. Denn am 13. Januar 1954 erregte ein Bericht eines absolut zuverlässigen geheimen Mit-

V. Opposition und Widerstand. Das «Liebesministerium» in Aktion

arbeiters – von Harry Schlesing – die Gemüter im SfS. Dieser belegte, dass Mangelsdorf ein falsches Spiel trieb.

Schlesing erfuhr von Mangelsdorf, dass dieser mit dem Staatssicherheitsdienst in Verbindung stehe und seine Schwägerin ebenfalls in Schönebeck verpflichtet worden sei. Mangelsdorf erzählte, dass er Bedingungen für eine Zusammenarbeit gestellt habe, die akzeptiert wurden. Er berichtete auch davon, dass er Briefe geschrieben und seinen Komiteeausweis überreicht habe. Weiter erzählte er von Treffen mit dem SfS in Ost-Berlin und dass er eine entsicherte Pistole bei sich geführt habe. Auch seine schriftliche Verpflichtungserklärung und die Annahme von Geld verschwieg Mangelsdorf nicht. Entscheidend aber schließlich war, dass er sein gesamtes Vorgehen mit «seiner Spionagestelle» abgesprochen und ihm diese strengstens untersagt habe, vorerst wieder nach Ost-Berlin zu fahren.

Nach diesen Einlassungen wurde innerhalb des SfS zur Eile gedrängt. Mangelsdorf müsse sofort ausgeschaltet werden, so die Entscheidung. Das nächste Treffen zwischen Mangelsdorf und «Rose» war für Samstag, den 16. Januar 1954 anberaumt. Mangelsdorf ging zunächst nicht mit in den Osten. Er überreichte seiner Schwägerin aber sieben Unterlagen. SfS-Mitarbeiter erklärten «Rose» dann im Osten, dass Mangelsdorf ihnen wohl nicht vertraue und sie nun mit seinem Bruder wieder unverrichteter Dinge nach Halle zurückfahren müssten. Die Stasi-Mitarbeiter gaben vor, Werner Mangelsdorfs Bruder freizulassen. «Rose», wenigstens in dieser Angelegenheit auch vom SfS getäuscht, fuhr zurück nach West-Berlin und erzählte Werner Mangelsdorf von diesem Gespräch. In einem Bericht heißt es lapidar weiter: «Gegen 20 Uhr fuhr die [...] wieder in den Westsektor und kam um 21.15 Uhr mit Mangelsdorf auf dem Bahnhof Friedrichstraße wieder an. Zusammen mit seiner zukünftigen Schwägerin [...] wurde er mittels Pkw nach der Haftanstalt II gebracht.»[11]

Der Schauprozess vor dem Obersten Gericht der DDR im Juni 1954 gegen Silgradt, Mangelsdorf, Gassa und Füldner stellt ein Musterbeispiel für das Zusammenspiel von SED, MfS und Justiz dar. Exemplarisch belegt er, wie stark die Angehörigen dieser Institutionen im Geflecht ihrer eigenen ideologisch begründeten Legenden verfangen waren. Das Aussageverhalten von Mangelsdorf zeugte überdies von einer zwar individuell nachvollziehbaren, aber politisch naiven Haltung. Denn offenbar glaubte Mangelsdorf selbst noch sehr lange in der Untersuchungshaft, durch eine bereitwillige Aussagehaltung sein eigenes Schicksal mildern zu können. Er belastete unter erheblichem Druck nicht nur sich selbst schwer, sondern ebenso dutzende weitere Personen in der DDR und in West-Berlin. Eine Reihe von Festnahmen und Verurteilungen sind mit Mangelsdorfs Einlassungen begründet worden. Neben diesen Aussagen gewährte er dem Staatssicherheitsdienst tiefere Einblicke in die Arbeitsweise von Institutionen und Diensten, mit denen er in West-Berlin zusammengearbeitet hatte. Auch diese Aussagen hatten zum Teil dramatische Folgen für die Betroffenen. Werner Mangelsdorf aber nützte seine Haltung wenig.

Als Strafverteidiger von Mangelsdorf fungierte Rechtsanwalt Friedrich Wolff. In seinem Schlussplädoyer führte der Verteidiger aus: «Dieser Prozess, der jetzt hinter uns liegt, war in vieler Beziehung lehrreich, hat uns vieles aufgezeigt von den Verhältnissen in Westberlin, was wir bisher nicht kannten. Er hat [...] gezeigt, wie die Organisatoren des 17. Juni diesen Putsch vorbereitet haben.» Er führte weiter aus, dass der «faschistische Charakter» des Putsches nun offen zutage liege. «Es ist klar», so Wolff abschließend, «dass die Verbrechen, die der Angeklagte Mangelsdorf begangen hat, eine harte Strafe verdienen.»[12] Unabhängig von der Tatsache, dass die Urteile schon vor Prozessbeginn feststanden, schöpfte Rechtsanwalt Friedrich Wolff nicht nur nicht die rechtlichen Möglichkeiten aus, die ihm als Verteidiger zur Verfügung standen. Selbst wenn Berücksichtigung findet, dass Wolff nicht die genauen Umstände gekannt haben dürfte, wie Mangelsdorf und seine Mitangeklagten in die DDR gelangt waren, erweist sich diese Verteidigung als eine Konstruktion, die aus den Drehbüchern der Staatssicherheit und des Obersten Gerichts der DDR für diesen Prozess stammte.

Während Werner Mangelsdorf und sein Bruder viele Jahre im Zuchthaus zubringen mussten, erging es «Rose» weitaus besser. Zunächst ist auch sie wegen «Verdachts auf Spionagetätigkeit» am 16. Januar 1954 in Untersuchungshaft genommen worden. In einem Vermerk vom 15. März 1954 notierte Wollwebers Stellvertreter, Bruno Beater, dass sie «aus Gründen der Sicherheit festgenommen worden ist».[13] Am 12. April 1954 stellte der Generalstaatsanwalt weisungsgemäß das Untersuchungsverfahren gegen «Rose» ein. Einen Tag später kam sie frei. Sie durfte nicht mehr nach West-Berlin und in die Bundesrepublik fahren, weil dort nach ihr gefahndet würde. Sie blieb bis 1960 als GI «Rose» dem MfS ergeben und berichtete intensiv aus ihrem Arbeitsumfeld. Mitte der 1960er Jahre geriet sie, mittlerweile unter einem anderen Namen verheiratet, nochmals ins Blickfeld des MfS. Sie sollte erneut als GI angeworben werden, was aber unterblieb, weil sie als «unzuverlässig» eingestuft wurde.

V. Opposition und Widerstand. Das «Liebesministerium» in Aktion

Innerhalb der Stasi galt der Schlag gegen das Komitee als ein großer Erfolg. Den Auftrag aber, «westliche Hintermänner und Organisatoren» zu überführen, konnten Justiz und Stasi nicht erfüllen. Daran änderte auch der Umstand nichts, dass in den Urteilsbegründungen häufig absurde Parallelen gezogen worden sind. In einem Urteil gegen einen Ingenieur aus Zerbst, der an den Unruhen in Gommern beteiligt gewesen war, hieß es zum Beispiel: «So wie das Volk von Guatemala durch Banditen, die von der United Fruit Co. bezahlt wurden, überfallen und seiner rechtmäßigen Regierung beraubt worden war, sollte es nach dem Plan der westlichen Imperialisten am 17.6. 1953 auch bei uns in der DDR geschehen.»[14] An solchen abenteuerlichen Konstruktionen hielt die Geschichtspropaganda der SED bis 1989 fest. Das Beispiel des Polizisten, Arbeiters und Stasi-Informanten Werner Mangelsdorf zeigt, dass die Biographien der angeblichen «Rädelsführer» und «westlichen Agenten», die hart für ihren Mut büßen mussten, nicht geradlinig auf Widerstand hinführten, sondern der Widerstand sich aufgrund der Lebensumstände Bahn brach. Werner Mangelsdorf starb von den Haftfolgen gezeichnet 1977 im Alter von nur 52 Jahren in West-Berlin.

Antikommunistischer Widerstand nach dem Aufstand

Der Widerstand gegen das Regime riss auch nach dem Aufstand nicht ab. Er wurde in den 1950er Jahren in einem besonderen Maße von Oberschülern und Studierenden getragen. Hier rächte sich, dass das MfS in diesen Einrichtungen noch kaum verankert war. Immer wieder bildeten sich Widerstandsgruppen, eine der größten war der «Eisenberger Kreis».[15] Ihr Grundanliegen, für eine demokratische Gesellschaft konspirativ gegen die Diktatur zu kämpfen, war dem antinationalsozialistischen Widerstand entlehnt. Die Mitglieder hatten deshalb anfangs überlegt, sich «Stauffenberg-Gruppe» zu nennen. Ein Aufruf an die Hochschullehrer der DDR vom 4. November 1957 zum Widerstand endete mit der Widmung «Den Geschwistern Scholl», und auf der Rückseite fanden sich die Schlussworte Professor Kurt Hubers vor dem Volksgerichtshof. Thomas Ammer, einer der Köpfe dieser Gruppe, hat in Kauf genommen, dass sein Widerstand bei einer Aufdeckung unbarmherzig verfolgt und bestraft werden und ihm die Todesstrafe drohen würde. Er hat sich davon nicht einschüchtern lassen.

Antikommunistischer Widerstand nach dem Aufstand

Am 19. Juli 1937 ist Thomas Ammer in Eisenberg geboren worden. Seine Eltern unterhielten einen Handwerksbetrieb zur Herstellung von Tasteninstrumenten. Ammers Vater, der aus gesundheitlichen Gründen nur einige Monate am Zweiten Weltkrieg als Soldat teilnehmen musste, unterhielt während der NS-Diktatur Kontakte zu illegalen KPD-Zellen und beteiligte sich zwischen 1943 und 1945 an deren Aktivitäten. Nach Kriegsende trat er in die KPD ein, starb aber bereits im Januar 1946.

Schon während seiner Schulzeit erlebte Ammer erste Konfrontationen mit dem SED-Regime. Zwischen Sommer 1952 und Frühjahr 1953 entfesselte die Partei eine Kampagne gegen die Jungen Gemeinden der Evangelischen Kirchen. Deren Mitglieder wurden in Schulen und Universitäten drangsaliert und vielfach relegiert. Als FDJ-Sekretär versuchte Ammer vergeblich, die in seiner Klasse deshalb unter Beschuss geratenen Mitschüler zu verteidigen. Der prinzipielle Respekt, den Ammer der DDR zunächst aus einer antifaschistischen Gesinnung heraus entgegenbrachte, zerbrach durch diese Erfahrungen sowie durch das prägende Erlebnis der Volkserhebung vom 17. Juni 1953. Zwar gab es in Eisenberg selbst nur eine friedlich verlaufene Demonstration von einigen hundert Personen, aber die Nachrichten und Diskussionen über die landesweiten Proteste schärften Ammers kritischen Blick. Während dieser Zeit bildeten sich erste lockere Diskussionskreise an der Oberschule heraus. Im Herbst 1953 begann sich der «Eisenberger Kreis» zu konstituieren.

Thomas Ammer zählte neben Reinhard Spalke und Johann Frömel zu den Initiatoren. Später stieß mit einer eigenen Widerstandsgruppe der Mathematikstudent Peter Herrmann dazu. Anfangs gehörten etwa ein Dutzend Personen zu dieser Gruppe, die sich aus Schülern, Studenten, Lehrlingen und jungen Arbeitern zusammensetzte. Politisch war die Gruppe in sich heterogen. Neben sozialdemokratischen Positionen waren ebenso christliche, konservative und auch marxistische vertreten. Im Gegensatz zu anderen Gruppen existierten keine festen hierarchischen Strukturen, kein Vorstand und keine Vollversammlungen. Vielmehr verlegte man sich auf streng konspirative Zusammenhänge. In Anlehnung an das illegale Zellensystem im Widerstand gegen das NS-Regime kannte nicht jeder jeden, so dass sich bei Treffen nie mehr als vier oder fünf Personen sahen. Ammer gehörte zu der kleinen informellen Führungsgruppe, die als einzige über die Größe der Gruppe und die einzelnen Mitglieder Bescheid wusste. Nach außen hin versuchten die Mitglieder, nicht aufzufallen und nach Möglichkeit angepasst zu erscheinen. So war Ammer auch nach der

V. Opposition und Widerstand. Das «Liebesministerium» in Aktion

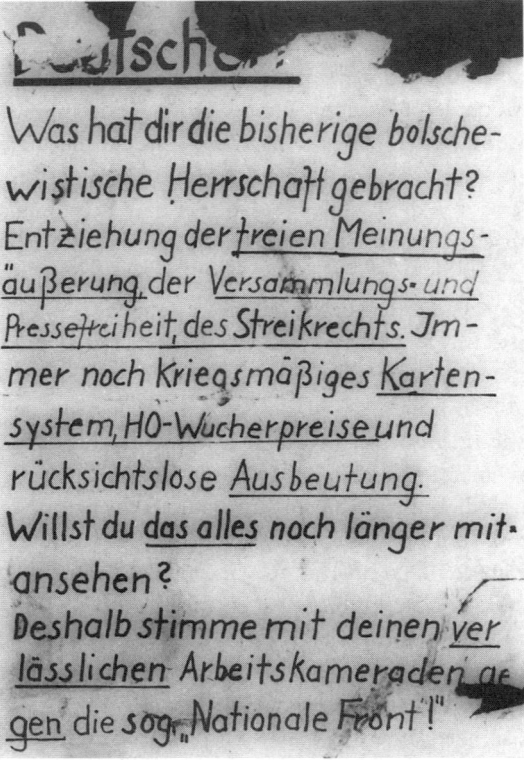

«Eisenberger Kreis»: Plakat gegen die Volkskammerwahl
vom 17. Oktober 1954.

Aufnahme seines Medizinstudiums 1955 (er hatte im selben Jahr das Abitur abgelegt) an der Universität Jena FDJ-Funktionär.

Im Laufe der Zeit kristallisierten sich programmatische Überlegungen und widerständige Handlungen heraus. Die Gruppe forderte freie Wahlen, den Abzug der sowjetischen Besatzungstruppen, die Freilassung der politischen Gefangenen, Pressefreiheit, die Zulassung von Oppositionsparteien und die Beendigung politischer Prozesse. Vor der neuerlichen Wahlfarce im Oktober 1954 hängte sie ein handgeschriebenes Plakat öffentlich aus: «Deutscher! Was hat die bisherige bolschewistische Herrschaft gebracht? Entziehung der freien Meinungsäußerung, der Versammlungs- und Pressefreiheit, des Streikrechts. Immer noch kriegsmäßiges

Antikommunistischer Widerstand nach dem Aufstand

Kartensystem, HO-Wucherpreise und rücksichtslose Ausbeutung. Willst du das alles noch länger mit ansehen? Deshalb stimme mit deinen verlässlichen Arbeitskameraden gegen die sog. Nationale Front!» Zu den Aktionsformen zählten u. a. auch das Verteilen von Flugblättern und Aufrufen, das Anbringen von politischen Losungen an Häuserwänden oder Güterwaggons (1956 «Freiheit für Polen»), das Abreißen von Transparenten, ein Brandanschlag auf einen Schießstand im Januar 1956 oder die Umbenennung eines Fahrgastschiffes von «Stalin» in «Bayern». Durch die strikt konspirative Arbeit der Gruppe und die erheblichen finanziellen Engpässe – sie hatte nur sporadisch Kontakt zu bundesdeutschen Informationsstellen – waren den Aktionsfeldern allerdings enge Grenzen gesetzt. Immer wieder sind geplante Unternehmungen, die zum Teil in der Vorbereitung weit gediehen waren, abgesagt worden, um die Gruppe oder einzelne Mitglieder nicht zu gefährden. Die 1956/57 an zahlreichen Universitäten der DDR – so auch in Jena – erstarkte studentische Opposition gegen das Regime ist zwar vom «Eisenberger Kreis» begrüßt worden, aber an den Vorgängen selbst war sie aus konspirativen Gründen nicht direkt beteiligt. Thomas Ammer zum Beispiel hat vielmehr heimlich als Mitglied der FDJ-Hochschulleitung Protokolle ihrer Sitzungen angefertigt, um sie bei Bedarf in den Westen zu schmuggeln und dort zu veröffentlichen. So protokollierte er die Feststellung des damaligen SED-Parteisekretärs der Universität und späteren einflussreichen Historikers in der DDR, des Faschismusforschers Kurt Pätzold, der immer wieder bis zum Ende der DDR an politischen Verfolgungen von Studenten beteiligt war, dass von den 6000 Studenten in Jena 1956/57 höchstens 150 hinter der SED stünden.

Durch Verrat flog die Gruppe Anfang 1958 auf. Ein als bundesdeutscher Journalist getarnter geheimer Mitarbeiter des MfS – erneut trieb Harry Schlesing sein böses Spiel[16] – hatte sich das Vertrauen einiger Gruppenmitglieder erschlichen. Das MfS eröffnete den OV «Doppelzüngler» und sammelte Belastungsmaterial. Im November1957 wurde Ammers Wohnung verwanzt, umfangreiche andere Überwachungsmethoden kamen zum Einsatz, vor allem zahlreiche geheime Mitarbeiter. Am 13. Februar 1958 ist Thomas Ammer verhaftet worden. Bis April sind 24 junge Männer vom Staatssicherheitsdienst als Mitglieder des «Eisenberger Kreises» festgenommen worden, fünf konnten sich der drohenden Verhaftung durch Flucht in den Westen entziehen. Insgesamt wurden im September und Oktober 1958 vom Bezirksgericht Gera in vier Prozessen 24 Urteile mit ei-

V. Opposition und Widerstand. Das «Liebesministerium» in Aktion

nem Gesamtstrafmaß von 114 Jahren und 6 Monaten Zuchthaus verhängt. Ammer erhielt am 27. September 1958 mit 15 Jahren Zuchthaus wegen «Staatsverrats» von allen Angeklagten die höchste Strafe.

Thomas Ammer war, nachdem er bis zur Urteilsverkündung im MfS-Untersuchungsgefängnis Gera gesessen hatte, zunächst einige Wochen im berüchtigten Zuchthaus Waldheim und dann vom November 1958 bis zum August 1964 im Zuchthaus Brandenburg-Görden. Die letzte Woche seiner mehr als sechsjährigen Haftzeit verbrachte er im MfS-Untersuchungsgefängnis Berlin-Lichtenberg. Am 14. August 1964 ist er in die Bundesrepublik entlassen worden. Seine vorzeitige Haftentlassung war dem Bemühen der Bundesregierung seit 1963 zu verdanken, politische Häftlinge freizukaufen. Er gehörte – wie Herrmann und Frömel – zu den ersten «freigekauften» Häftlingen überhaupt. Nach seiner Freilassung studierte Ammer Politische Wissenschaften, Jura und Geschichte. Auch in der Bundesrepublik beobachtete das MfS ihn weiter. Ammer reiste erst wieder nach dem Fall der Mauer in die DDR. Das MfS hatte über ihn eine unbefristete Einreisesperre verhängt. Dies hing auch damit zusammen, dass er sich wissenschaftlich, publizistisch und politisch weiterhin mit den DDR-Verhältnissen auseinandersetzte und beschäftigte.

Mauerbau

Die Mauer veränderte vom einen Tag auf den anderen den Alltag vieler Menschen. Direkt betroffen waren nicht nur Männer und Frauen, die nicht mehr ihren Arbeitsplatz erreichten, weil sie im anderen Teil der Stadt wohnten. Gerade jüngere Menschen, die in der DDR und Ost-Berlin wohnten und arbeiteten, aber am bunten Leben West-Berlins teilhatten, sahen sich in ihrer alltäglichen Lebenskultur bedroht. Daraus speiste sich ihr Protest. Nur wenige allerdings gingen wie Michael Gartenschläger zum Widerstand über.[17]

Mitten im Krieg 1944 geboren, wuchs er am Rand von Berlin in Strausberg auf. Seine Eltern arbeiteten als Wirtsleute. Nach dem Schulbesuch begann Gartenschläger eine Autoschlosserlehre. In West-Berlin hielt er sich viel auf, besuchte Kinos und Klubs. Als Rock'n'Roll-Fan gründete er eine der damals unzähligen Jugendgruppen. Allein 1959 zerschlug das MfS über 250 solcher «Banden» mit rund 2200 Mitgliedern. Gartenschlägers Truppe nannte sich «Ted-Herold-Fangruppe». Wie fast alle anderen

Mauerbau

Gruppen waren auch sie gegen das Ulbricht-Regime, die Polizei verbot sie Anfang 1961. Unmittelbar nach dem Mauerbau zogen Gartenschläger und fünf Freunde los und schrieben Losungen an Häuserwände: «SED-Nee!», «Kommunisten raus!» oder «Nazis und Kommunisten raus!». Um ein Zeichen zu setzen, zündeten sie am 16. August 1961 eine frei stehende Scheune der LPG «Einheit» an. Das war in den 1950er Jahren eine häufige Widerstandsform, die bislang nicht systematisch erforscht worden ist. Aber es scheint unentwegt irgendwo gebrannt zu haben. Offenbar konnten nur die wenigsten Täter gefasst werden.

Gartenschläger hatte weniger Glück. Bereits am 19. August nahm das MfS ihn und seine Freunde fest, einer von ihnen allerdings hatte sie aus Angst verraten. «Der Staatsmacht kam der Fall gerade recht, um ein Exempel zu statuieren. Gartenschläger und seine Freunde waren wohl das, was man damals in Ost und West ‹Halbstarke› nannte. [...] Der Tatbestand der Brandstiftung bediente zudem das Propagandaklischee von den ‹Achtgroschenjungen›, die aufgehetzt durch den RIAS in der DDR Sabotageakte durchführen sollten, um eine Aggression des westdeutschen Imperialismus vorzubereiten.»[18] Rasch inszenierte die Staatssicherheit einen öffentlichen Schauprozess, der im NVA-Kulturhaus in Strausberg stattfand. Nach drei Tagen verkündete das Bezirksgericht Frankfurt/O. das Urteil: Der 17-jährige Michael Gartenschläger und ein gleichaltriger Jugendlicher erhielten eine lebenslange Freiheitsstrafe. Die anderen jugendlichen Angeklagten bekamen Haftstrafen zwischen 6 und 15 Jahren. Auch das Leben der meisten Familien der Angeklagten wurde zerstört. Entlassungen, berufliche Herabstufungen, verweigerte Hochschulzulassungen, gesellschaftliche Isolation sind nur einige Stichwörter, die erahnen lassen, was den Eltern und Geschwistern angetan wurde.

Erst nach zehn Jahren Haft, in denen Gartenschläger mehrfach zu fliehen versuchte, mit spektakulären Aktionen Widerstand leistete und jeweils streng bestraft wurde, konnte ihn die Bundesregierung 1971 freikaufen. Während der Haftzeit, schrieb er später, sah er ein, dass das Anzünden der Scheune falsch gewesen sei, weil es ein Gewaltakt war. Aber Widerstand gegen das Regime war nicht «nur ein Recht, sondern auch eine Pflicht». Die Verhältnisse in der DDR ließen den immer noch jungen Mann nicht in Ruhe. So unterstützte er Fluchtwillige. In 37 Fällen gelang dies, 31 davon waren von Fluchthilfeorganisationen, mit denen Gartenschläger zusammenarbeitete, durchgeführt worden. Aber auch das lief nicht immer problemlos ab. An der Grenze von Rumänien zu Jugosla-

V. Opposition und Widerstand. Das «Liebesministerium» in Aktion

Spektakuläre Aktionen: Michael Gartenschläger vor einem Grenzpfosten der DDR.

wien wurde er 1973 mit einem rumänischen Flüchtling in seinem Auto festgenommen – das Unternehmen war von einem IM des MfS, der im Westen lebte und arbeitete, verraten worden. Gartenschläger flüchtete abenteuerlich: Der ursprüngliche Fluchtversuch mit dem Auto sollte nachgestellt und filmisch aufgenommen werden. Gartenschläger gab Vollgas und durchbrach den Schlagbaum an der Grenze.[19] Er wird aber in Jugoslawien verhaftet – und entkam dort wieder. Kurz vor der italienischen Grenze ist er erneut festgenommen worden, aber nach wenigen Tagen schoben ihn die Jugoslawen ab.

Die SED-Führung behauptete immer wieder, an der innerdeutschen Grenze existierten keine Selbstschussanlagen.[20] Bundesbürger Gartenschläger montierte kurzerhand am 30. März und 23. April 1976 vom Metallgitterzaun auf DDR-Territorium jeweils ein Exemplar dieser SM-70 ab. Diese verschossen, ausgelöst durch einen Draht, scharfkantige Metallteile, die ihre Opfer noch in 25 Meter Entfernung regelrecht zerfetzten. Die Weltpresse hatte eine Sensation. Die SED dementierte umgehend und erklärte, es handele sich bei den SM-70 lediglich um Attrappen. Gartenschläger plante daher eine dritte Aktion. Er wollte eine weitere SM-70 abmontieren und in diesem Zustand, also «scharf», im Eingangsbereich der Ständigen DDR-Vertretung in Bonn installieren. Wenn, wie behauptet, alles nur Attrappen seien, dürfte sich in der StäV ja niemand beunruhigt zeigen... Das MfS arbeitete mittlerweile auf Hochtouren. Im unmittelbaren Umfeld Gartenschlägers agierte ein West-IM. Er konnte verraten, dass die Aktion geplant sei, aber nicht wann und nicht genau wo, lediglich der nördliche Grenzbereich (Schleswig-Holstein) war ihm bekannt. Ab 24. April 1976 lauerte dort deshalb eine operative Sondergruppe des MfS (HA I). Als Gartenschläger und zwei Helfer in der Nacht vom 30. April zum 1. Mai eintrafen und Gartenschläger DDR-Territorium betrat, ist er ohne jede Vorwarnung von Schüssen aus zwei Richtungen regelrecht hingerichtet worden. Als der Bundesgrenzschutz eintraf war die Leiche bereits verschwunden. Die Beamten konnten nur beobachten, wie das Sonderkommando hektisch alle Spuren zu verwischen suchte. Michael Gartenschläger ist als «unbekannte Wasserleiche» in Schwerin beerdigt worden.

Keiner der Verantwortlichen im MfS ist jemals für diesen Mord zur Verantwortung gezogen worden. Der Leiter der Hauptabteilung I, Karl Kleinjung, ist nach 2000 ebenso wie andere MfS-Offiziere in verschiedenen Prozessen aus Mangel an Beweisen, dass es einen Mordbefehl gegeben habe, freigesprochen worden. Ein Antrag in der Strausberger Stadtverordnetenversammlung, eine Straße nach Michael Gartenschläger umzubenennen, ist 2006 in der einstigen NVA-Hochburg mehrheitlich abgelehnt worden.

Prager Frühling

Eine der wichtigsten Veränderungen nach dem Mauerbau war die Einführung der Wehrpflicht am 24. Januar 1962. Bereits am 28. August 1961 hatte der Nationale Verteidigungsrat dies in seiner ersten Sitzung nach dem 13. August beschlossen. Entsprechende Gesetzesentwürfe lagen bereit.

V. Opposition und Widerstand. Das «Liebesministerium» in Aktion

Auf Druck der Kirchen beschloss die SED-Führung 1964, innerhalb der NVA besondere Baueinheiten aufzustellen, in denen Wehrpflichtige einen waffenlosen Wehrdienst ableisten könnten.[21] Bausoldaten mussten keinen Eid schwören, sondern «nur» ein Gelöbnis ablegen. Es war eine Kompromisslösung, mit der die SED versuchte, Konfliktpotentiale abzubauen, zumal die Anzahl der Wehrdiensttotalverweigerer schnell auf über 1500 angewachsen war. Wahrscheinlich hat sie so die Anzahl der Wehrdiensttotalverweigerer begrenzt. Bausoldaten (insgesamt bis zu 15 000) und Wehrdienstverweigerer (bis Mitte der 1980er Jahre jährlich etwa 100–200, die fast alle zu Haftstrafen verurteilt wurden, dann schnellte die Zahl hoch, weil sich herumsprach, man käme nicht mehr ins Gefängnis) blieben bis zum Ende der DDR ein Unruhepotential. Rainer Eppelmann zum Beispiel verweigerte 1966 den Militärdienst total. Er kam acht Monate ins Militärgefängnis, anschließend wurde er Bausoldat.[22] Ab Ende der 1970er Jahre gehörte der Pfarrer zu den bekannten Köpfen der Opposition. Am 9. Februar 1982 ist er im Zusammenhang mit dem «Berliner Appell», den er gemeinsam mit dem Marxisten Havemann verfasst hatte, unter Mithilfe eines kirchlichen Mitarbeiters in einer Kircheneinrichtung vom MfS festgenommen worden. Analytiker vom BND wussten über Eppelmann ganz anderes zu berichten. «Innerhalb der Friedensaktivisten ist Eppelmann nicht unumstritten, unter seinen Amtsbrüdern gibt es ernst zu nehmende Stimmen, die behaupten, er arbeite trotz aller Konflikte mit staatlichen Stellen, mit dem MfS zusammen, ziehe systemkritisches Protestpotential an und mache es so transparenter für die Staatssicherheit.»[23] Das hört sich an, als wäre der Stasi eine Desinformation gut gelungen.

Als 1986 eine interne Kontrollgruppe in der Abteilung XX der Berliner MfS-Bezirksverwaltung überprüfte, wie diese «auf dem Gebiet der Bekämpfung politischer Untergrundtätigkeit» vorgehe, kam heraus, dass Abteilungsmitarbeiter Mordpläne gegen Eppelmann und seinen engen Freund Ralf Hirsch entwickelt hatten. Aus diesen Dokumenten wird ersichtlich, dass ein Teil der Zersetzungspläne absichtsvoll nicht schriftlich fixiert wurde, und zwar aus drei Gründen. Die harten Maßnahmen wollten die Vorgesetzten oft nicht bestätigen, sie sollten einfach gemacht werden. Der stellvertretende Chef der Abteilung XX der Berliner Bezirksverwaltung, Bronder, meinte am 29. Oktober 1986 gegenüber den Kontrolleuren sinngemäß: «Wenn Zersetzungsmaßnahmen gelaufen sind, ist alles gut, aber wehe wenn was schief geht.»[24] Der zweite Grund bestand darin, wie der Leiter der Abteilung XX, Häbler, sagte, dass «bei Zersetzungs-

Prager Frühling

maßnahmen [...] oft spontan gehandelt werden»[25] müsse (was die Vorschriften eigentlich nicht zuließen). Der dritte Grund besaß einen aktuellen Anlass. Am 19. Oktober 1984 hatten drei Mitarbeiter der polnischen Geheimpolizei den landesweit bekannten Priester Jerzy Popiełuszko, nachdem bereits andere Anschläge gescheitert waren, entführt, gefoltert und schließlich ertränkt. An dessen Beerdigung nahmen mehrere Hunderttausend Menschen teil, sie wurde zu einer Massendemonstration gegen den polnischen Kommunismus. Der Fahrer Popiełuszkos konnte bei dessen Entführung das Autokennzeichen notieren und fliehen. Daher mussten die drei Täter gefasst werden, die auch verurteilt wurden. Jeder wusste, dass sie nur Handlanger mächtiger Befehlsgeber gewesen waren. Dies ist der Hintergrund dafür, warum mindestens in der Abteilung XX der Bezirksverwaltung Berlin besonders brisantes Material fehlt. Bronder erklärte am 29. Oktober 1986 gegenüber der Kontrollgruppe: «Im Zusammenhang mit dem Fall Popeluschko (sic) [...] haben wir uns Gedanken gemacht, wir würden in einem solchen Fall allein da stehen, müssten dann alles verantworten – ich habe dann entschieden, alle Aufzeichnungen/Unterlagen zu vernichten, das Zeug musste weg.»[26] Anschließend notierte der Kontrolleur einige in Betracht gezogene Mordmethoden «zum Beispiel» gegen Hirsch (erfrieren, vergiften, Autounfall). In den Zersetzungsplänen gegen Eppelmann finden sich ähnliche Überlegungen.[27] Rainer Eppelmann überlebte nicht nur das SED-Regime, er gehörte zu den wichtigsten Akteuren, die es in den Abgrund stürzten. Viele andere trugen dazu bei, auch Bernd Eisenfeld.[28]

Es schien nur eine kleine Begebenheit zu sein, aber diese beeindruckte Bernd Eisenfeld, wie er erzählte, nachhaltig. Als leidenschaftlicher Schachspieler wollte er 1956 im Alter von 15 Jahren an einem Schachturnier in Erlangen teilnehmen. Die Gäste aus der DDR sollten als Taschengeld 30 DM vom «Kaiser-Ministerium» – benannt nach Jakob Kaiser, dem ersten Minister des Gesamtdeutschen Ministeriums – erhalten. Dem Falkensteiner Schachverein, dem Eisenfeld angehörte, ist deshalb die Reise in die Bundesrepublik untersagt worden. «Geweint habe ich damals und meine Koffer wieder ausgepackt», erinnerte sich Bernd Eisenfeld später. Diese Begebenheit habe seinen «Immunisierungsprozess gegen die Partei» unterstützt. Oft sind es solche scheinbar kleinen Demütigungen, die in Diktaturen Menschen animieren, sich zu wehren.

Bernd Eisenfeld wurde am 9. Januar 1941 mit seinem Zwillingsbruder Peter in Falkenstein/Vogtland geboren. Er hat noch zwei ältere Brüder

V. Opposition und Widerstand. Das «Liebesministerium» in Aktion

Mutiger Protest: Bernd Eisenfeld in den 1960er Jahren.

und eine jüngere Schwester. Sein Vater kam im Sommer 1945 aus amerikanischer Kriegsgefangenschaft nach Hause und wurde von der sowjetischen Besatzungsmacht anschließend wegen einfacher NSDAP-Mitgliedschaft bis 1948 im Internierungslager Mühlberg eingesperrt. Den Aufstand vom 17. Juni 1953 erlebte Bernd Eisenfeld als Schüler, die Familie hoffte, dass sich die Lebenssituation verbessern würde. Für ihn bildete sich in dieser Zeit seine Lebensmaxime heraus: «sich selbst treu zu bleiben».

Nach einer dreijährigen Lehre zum Bankkaufmann, die er 1958 erfolgreich abschloss, studierte er von 1959 bis 1961 Finanzwirtschaft in Gotha. Vom Elternhaus ist er dazu angehalten worden, «mitzumachen» und Kritik nicht öffentlich zu artikulieren. Doch die alltäglichen Erfahrungen in der Diktatur, die Niederschlagung des Aufstands vom 17. Juni 1953 und

Prager Frühling

der ungarischen Revolution von 1956 sowie der Bau der Mauer 1961 erzeugten bei ihm eine offene Ablehnung der SED-Herrschaft. Seit 1964 wandte er sich mit seiner Kritik und seinem Protest mittels Briefen an in- und ausländische Stellen. Mit seinen Schreiben sprach er sich gegen die Mauer und die Teilung Deutschlands aus und forderte demokratische Verhältnisse in der DDR. Er ist deshalb nicht zu einem zusätzlichen Fernstudium zugelassen worden.

1966/67 leistete Bernd Eisenfeld den Dienst als NVA-Bausoldat ab. Dieses System wollte er nicht einmal theoretisch mit der Waffe verteidigen müssen. Er weigerte sich zudem, das Gelöbnis abzulegen. Außerdem verfasste er Kollektiv- und Einzeleingaben, weshalb Eisenfeld vom MfS mit drei weiteren Bausoldaten im OV «Zersetzung» verfolgt worden ist. Nach der Beendigung der Armeezeit 1967 ist er mit Berufsverbot als Ökonom bei der Staatsbank belegt worden, wo er seit 1961 tätig war.

Eisenfeld, der von einem marxistisch orientierten Hintergrund argumentierte, sah im jugoslawischen Selbstverwaltungsmodell eine Alternative zum sowjetkommunistischen System. Er war von Anfang an ein glühender Anhänger des «Prager Frühlings», den er später einmal als seinen «17. Juni» bezeichnete. Mit den Prager Reformkommunisten verband er Hoffnungen auf Freiheit und Demokratie. Bernd Eisenfeld hielt eine Symbiose von Demokratie und Sozialismus für möglich. Dies forderte er auch für die DDR, weshalb das MfS ihn ab dem Frühjahr 1968 im OV «Ökonom» wegen «staatsfeindlicher Hetze» bearbeitete. Zudem bezichtigte man ihn, mit seinen Brüdern, dem Maler Ulrich und dem Geologen Peter, eine «staatsfeindliche Gruppe» gebildet zu haben. Beide Brüder sind ebenfalls in verschiedenen OV des MfS bearbeitet und drangsaliert worden. Über die Familie Eisenfeld gibt es nicht nur zahlreiche Publikationen, sondern auch einen eindrucksvollen Dokumentarfilm.[29] Es kam des Öfteren vor, dass Familien oder Geschwistergruppen ins geheimpolizeiliche Visier gerieten, weil sie oppositionell eingestellt waren. So sind alle sieben Bohley-Brüder in eigenen OV/OPK des MfS bearbeitet worden: Karl Bohley – OV «Anarchist», Peter Bohley – OV «Ring», Jochen Bohley – OPK «Bruder», Eckart Bohley – OV «Arzt», Reiner Bohley – OV «Treffpunkt», Michael Bohley – OV «Binder» sowie gemeinsam mit seiner Ehefrau Heidelinde – OV «Emotion» und Dietrich Bohley gemeinsam mit seiner Ehefrau Bärbel – OV «Bohle».[30]

Der 27-jährige Finanzökonom Bernd Eisenfeld schrieb im Frühjahr 1968 einen Brief an Jugendradio Prag. Darin hieß es: «Ich bin eifer-

V. Opposition und Widerstand. Das «Liebesministerium» in Aktion

süchtig und beneide Sie so furchtbar ehrlich, dass ich am liebsten Berlin oder Leipzig in der Rolle des heutigen Prag sehen wollte. Not täte es ohnehin, dass auch Deutschland einmal Geburtshelfer einer positiven Erneuerung des sozialen und demokratischen Fortschritts der Menschen sein würde. [...] Können Sie sich vorstellen, wie es in Deutschland weitergeht, wenn in der DDR so empfunden werden darf wie heute bei Ihnen? Ich bin Optimist. Diesmal marschieren Sie bei uns ein. Ganz anders natürlich als wir es einst taten; friedlich und ausgerüstet mit einem Modell sozial gerechter und sozial freier Gesellschaftsstrukturen, einer wahrhaft sozialistischen! Und seien Sie gewiss: wir Deutsche sind nicht alle nationaldumm. Am allerwenigsten die junge Generation. Wir suchen mit Ihnen und werden mit Ihnen finden, was alle brauchen und alle fühlen – ganz tief da drin. Sie verstehen, wir sind auch Tschechen [...] Sie dürfen es heute sozusagen im Freien tragen, das Herz. Ich mache das zwar auch, aber hier ist es nicht geschützt und viele, die meisten verbergen es deshalb gar zu tief. Jetzt, in diesen Tagen, so ist es aber offensichtlich, schlägt das Herz ganz speziell für Sie – nicht ohne Bange, aber auch nicht ohne Hoffnung: ganz gewiss nicht ohne Hoffnung!»[31]

Aus Protest gegen den Einmarsch der Warschauer-Pakt-Staaten in die ČSSR am 21. August 1968 verteilte Eisenfeld am 20. und 21. September 1968 in Halle etwa 180 selbstgefertigte Flugblätter («Denkt bitte nach! Bitte schweigt nicht!»), auf denen er sich mit einem Zitat von Lenin gegen die Invasion aussprach und den Einmarsch als Völkerrechtsbruch scharf attackierte. Hier wird Bernd Eisenfelds oppositionelles Verständnis exemplarisch deutlich: Anders als viele Oppositionelle in dieser Zeit hielt er nicht sehr viel von konspirativen Zusammenhängen, sondern versuchte, die engen legalen Grenzen so weit wie möglich auszudehnen. Mit einem Lenin-Zitat hoffte er vergebens – wie so viele andere, die die Götter der Herrschenden für ihre Kritik am System benutzten – glimpflich davon zu kommen. Er wollte zugleich mit seinem offen gezeigten Mut und seiner Verantwortungsübernahme, mit seiner gelebten Freiheit in der Unfreiheit andere «anstiften», die Maske fallen zu lassen, nachzudenken, Ich zu sagen und ebenfalls für Demokratie, Freiheit und Einheit öffentlich einzutreten. An die tschechoslowakische Botschaft schrieb er ein Telegramm: «Halten Sie Stand – Behalten Sie Hoffnung. Bernd Eisenfeld.» Am zweiten Tag seiner Flugblattaktion ist er – bereits von MfS-Kräften erwartet – verhaftet und im Februar 1969 zu zwei Jahren und sechs Monaten Gefängnis verurteilt worden. Er saß die volle Zeit in verschiedenen Gefäng-

Prager Frühling

nissen ab, darunter die längste Zeit in der Haftvollzugsanstalt Bautzen I (Gelbes Elend), wo er als politischer Häftling mit fünf Kriminellen in einer Zelle eingesperrt war.

Auch während der Haftzeit ist Eisenfeld bespitzelt worden. Er galt als «lernunwillig». Noch im Gefängnis bemüht er sich, in die Bundesrepublik zu gelangen. Als er am 18. März 1971 in die DDR entlassen wurde, erfuhr er, dass seine Lebensgefährtin nicht nur ihre Stellung als Sekretärin verloren hatte, sondern – erfolglos – vom MfS unter Druck gesetzt worden war, ihn mit den beiden gemeinsamen Kindern zu verlassen.

Bernd Eisenfeld kehrte an seinen alten Arbeitsplatz im Chemieingenieurbau Leipzig zurück, wo er als Finanzökonom arbeitete. Das MfS bearbeitete ihn sofort wieder in einer OPK sowie ab 1974 im OV «Bank». Er erneuerte unter Berufung auf UNO-Dokumente jährlich zweimal seinen Ausreiseantrag in die Bundesrepublik. Seinen eigenen Fall hatte er dokumentiert und 1972 der UNO zukommen lassen. Zudem engagierte er sich in der oppositionellen Bausoldatenbewegung, zu deren Initiatoren er zählte, und im ökumenischen Friedenskreis Halle. Sein Ziel blieb es, seine Gesellschaftskritik in die Gesellschaft zu tragen und damit nicht in kleinen Zirkeln zu verharren. Er stand weiter für die deutsche Einheit ein, womit er sich von den meisten Oppositionellen jener Jahre unterschied. Im Gegensatz zur linken Opposition in Ost wie West bekannte er sich zur westlichen Demokratie auf der Grundlage der im Grundgesetz verankerten Freiheiten und Grundrechte.

Im August 1975 konnte Bernd Eisenfeld nach West-Berlin übersiedeln. Er war auch nach seiner Übersiedlung von Zersetzungsmaßnahmen durch das MfS betroffen. So verbreitete das MfS zielgerichtet das Gerücht, dass Eisenfeld ihr Mitarbeiter sei. Dies führte dazu, dass er jahrelang keine feste Anstellung in West-Berlin erhielt. Erst 1985 kam er im Gesamtdeutschen Institut Berlin/Bonn unter. Das MfS bearbeitete ihn als «Staatsfeind» auch im Westen, weil er politisch und publizistisch über die DDR informierte, so im OV «Erz», der seinem Bruder Peter galt, der u. a. aktiv und mit eigenen Beiträgen an der oppositionellen Menschenrechtsdebatte in der DDR teilnahm und 1987 ebenfalls nach West-Berlin ausreiste.[32] Außerdem ist Bernd Eisenfeld im OV «Polyp» durch das MfS bearbeitet worden, weil er Pressesprecher und Vorsitzender des Verbandes ehemaliger DDR-Bürger e. V. in West-Berlin war. Nach der Revolution beteiligte er sich bis zu seinem überraschenden Tod 2010 engagiert an der Aufarbeitung der SED-Diktatur.[33]

V. Opposition und Widerstand. Das «Liebesministerium» in Aktion

Brüsewitz, Biermann, Bahro – Folgen

1971 übernahm Honecker mit tatkräftiger Unterstützung Moskaus die Macht und schickte den greisen Ulbricht gedemütigt aufs Altenteil. Der Saarländer trat sein Amt mit vielen Versprechungen an. Das allgemeine Lebensniveau sollte sich erheblich verbessern, Kunst und Kultur mehr Freiheiten genießen, das Land weltoffener werden – sagte er. Von den X. Kommunistischen Weltfestspielen 1973 schwärmen noch heute viele Zeitzeugen und Zeitzeuginnen. Ost-Berlin war übervoll mit Menschen aus allen möglichen Ländern, darunter hunderte aus der Bundesrepublik und West-Berlin. So «weltoffen» präsentierte sich die DDR noch nie. Aber es blieb alles irgendwie «Made in GDR»: Das MfS hatte alle Hände voll zu tun. Über 4000 Offiziere überwachten und sicherten ab, hinzu kamen 20 000 Volkspolizisten. Im Vorfeld sind etwa 2400 Personen «vorsorglich» verhaftet und in Jugendwerkhöfe und Spezialkinderheime eingewiesen worden. Etwa 800 Ostberliner mussten die DDR-Hauptstadt verlassen, rund 1000 durften während der Spiele nicht nach Ost-Berlin fahren. Weitere rund 500 sind in eine geschlossene Psychiatrie eingewiesen worden. Mehrere Tausend standen unter verschärfter Beobachtung, mit knapp 20 000 Menschen sind «vorbeugende Gespräche» geführt worden, um sie «freiwillig» von einer Fahrt nach Berlin abzuhalten. SED, MfS, Polizei und FDJ hatten *ausgezeichnete* Arbeit im Vorfeld geleistet – es kam während der Weltfestspiele nur zu 24 Festnahmen.

Diese Zeit scheint die erfolgreichste von Honecker gewesen zu sein. Denn am 1. September konnte er auch noch die Aufnahme der DDR (gleichzeitig mit der Bundesrepublik) in die UNO feiern. Zwei Jahre später saß er mit den Staatslenkern West- und Osteuropas sowie Kanadas und den USA gemeinsam in Helsinki und unterzeichnete am 1. August 1975 die KSZE-Schlussakte. Dazwischen waren im Sommer 1974 die beiden Ständigen Vertretungen in Ost-Berlin und Bonn eröffnet worden – die DDR als völkerrechtlich gleichberechtigtes Subjekt hatte weltweit diplomatische Anerkennung gefunden. Und als am 1. August 1976 die Olympischen Sommerspiele in Montreal zu Ende gingen, wusste auch die halbe Weltbevölkerung, dass es eine GDR gibt. Den «Diplomaten in Trainingsanzügen» zu Ehren erklang vierzig Mal die DDR-Hymne – nur die Sowjetunion hatte neun Goldmedaillen mehr errungen. Noch vor den großen USA lag die kleine DDR auf Platz 2 im Medaillenspiegel, die Bundesrepublik bekam fünf Medaillen weniger als Deutschland in London 2012. Zehn Sportler sind des Dopings überführt worden – keiner aus der DDR. Das war eine wissenschaftliche Spitzenleistung, wie wir heute wissen.

Die Freude über all diese außenpolitischen Erfolge hielt nicht lange an. Schon die Unterzeichnung der KSZE-Schlussakte ließ die Ausreiseproblematik eine neue Qualität annehmen. Unter Berufung auf dieses Dokument, aber auch auf die UN-Menschenrechtscharta, begehrten immer mehr Menschen, das Land «offiziell» verlassen zu können.

Und endgültig Schluss mit der «Honecker-Euphorie» war wenige Tage nach der feierlichen Schlusszeremonie in Montreal. Am 18. August 1976 zündete sich in Zeitz Pfarrer Oskar Brüsewitz aus Protest gegen den DDR-Kommunismus an, vier Tage später erlag er seinen schweren Verletzungen. In der Folge war nicht nur das Verhältnis zwischen Staat und Kirchen belastet, vor allem kam es innerhalb der Kirchen zu erheblichen Auseinandersetzungen. Nur wenig später, im November 1976, folgte mit der Ausbürgerung Wolf Biermanns ein Donnerschlag, den manche etwas übertrieben als Anfang vom Ende bezeichnen. Die SED-Führung hatte schon jahrelang darüber nachgedacht, den 1953 aus Hamburg in die DDR übergesiedelten Sohn eines in Auschwitz ermordeten Kommunisten und einer in Hamburg lebenden Kommunistin die DDR-Staatsbürgerschaft abzuerkennen. Im Herbst 1976 war es so weit. Am 72. Geburtstag seines toten Vaters, am 13. November, sang Biermann in Köln, zwei Tage später feierte er selbst seinen 40., einen Tag später, am 16. November, erklärt die DDR seine Ausbürgerung. Nicht gerechnet hatte die SED-Führung mit den vielen Protesten, die sich nun erhoben. Und noch weniger hatte sie einkalkuliert, dass prominente Künstler, die als systemloyal galten, ebenfalls protestierten, was eine heftige Sogwirkung erzeugte. Für viele Menschen im Land, die immer noch hofften und manche sogar glaubten, es würde doch noch mal alles besser werden, war der Traum nun aus. Und damit nicht genug. Vom auch international eingeräumten Kredit blieb fast gar nichts mehr übrig, als im August 1977 Rudolf Bahro wegen «nachrichtendienstlicher Tätigkeit» festgenommen und ein Jahr später wegen «Übermittlung von Nachrichten für eine ausländische Macht und Geheimnisverrat» acht Jahre Gefängnis erhielt. Bahro hatte keine Geheimnisse verraten, sondern ein Buch geschrieben, in dem er den «real-existierenden Sozialismus» einer scharfen Generalkritik unterzog. Und er hatte auch keiner «ausländischen Macht» irgendwelche «Nachrichten» über-

V. Opposition und Widerstand. Das «Liebesministerium» in Aktion

mittelt, sondern seine theoretisch grundierte Analyse in einem Kölner Verlag veröffentlicht und dem «Spiegel» einen Vorabdruck gestattet.

Die Proteste eines Pfarrers, eines kommunistischen Liedermachers und eines marxistisch argumentierenden Abteilungsleiters für Arbeitsorganisation im VEB Gummikombinat Berlin hatten das SED-Regime so herausgefordert, dass es vor lauter Selbstüberschätzung völlig überdrehte.

In Jena, damals die heimliche Hauptstadt der DDR-Opposition, führte eine Gruppe um den Diakon Thomas Auerbach eine Unterschriftensammlung durch, um gegen die Ausbürgerung zu protestieren. Der 1947 in Leipzig geborene Wehrdiensttotalverweigerer (1966) hatte bereits als Sechsjähriger erleben müssen, wie sein älterer Bruder nach dem 17. Juni 1953 in die Bundesrepublik fliehen musste, um nicht von der Staatssicherheit festgenommen zu werden. Als gelernter Elektromonteur begann er 1967 eine Ausbildung zum Diakon. Ab 1971 arbeitete er als Stadtjugendwart in Jena und öffnete seine Räume für junge, unangepasste Jugendliche. In diesen Jahren begann sich zu formieren, was die neue Jenaer Opposition werden sollte und Personen wie Jürgen Fuchs, Matthias Domaschk (kam 1981 in einer MfS-Untersuchungshaftanstalt ums Leben), Lutz Rathenow, Siegfried Reiprich oder Roland Jahn, um nur fünf bekannte Namen zu nennen, hervorbrachte.[34] Auerbach war in den 1970er Jahren das Zentrum dieses Mikrokosmos. Sie protestierten, aber sie hatten vor allem viel Spaß. Auerbachs Motto, «Opposition muss Spaß machen», übertrug sich auf die Szene. Die Geheimpolizei war immer dabei,[35] dass sie auch Spaß hatte, scheint eher unwahrscheinlich. Da zuvor immer wieder Unterdrückungs- und Zersetzungsmaßnahmen scheiterten, nutzte sie die Chance mit der Unterschriftensammlung. Am 17. November telefonierte Doris Liebermann, die Freundin von Auerbach, mit Jürgen Fuchs, der bei Robert Havemann in Grünheide wohnte. Dieser diktierte ihr den Protestbrief der Künstler. Am 18. November trafen sich über 50 junge Leute in den Räumen der Jungen Gemeinde. Die Erklärung der Künstler wurde verlesen und die Anwesenden beschlossen die Unterschriftenaktion. Ein IM informierte noch nachts die MfS-Kreisdienststelle. Die Geheimpolizei reagierte umgehend – von der Bezirksverwaltung traf morgens um 5 Uhr ein «operativer Einsatzstab» in Jena ein, ab 6 Uhr begannen die Festnahmen. Insgesamt holte das MfS 40 Personen zu teils mehrtägigen Verhören ab, acht blieben in Haft. Sieben von ihnen wurden im September 1977 nach West-Berlin abgeschoben. Im Weigerungsfall hätten sie mit einer Haftstrafe von bis zu zwölf Jahren rechnen müssen.[36]

Brüsewitz, Biermann, Bahro – Folgen

«Opposition muss Spaß machen»: Thomas Auerbach (r.) im Mai 1975 am Rande eines selbst organisierten Fußballspiels.

Thomas Auerbach und die anderen Jenenser blieben auch in West-Berlin im Visier des MfS. Die Jenenser Szene in West-Berlin wuchs in den nächsten Jahren ständig an. Viele von ihnen engagierten sich politisch, eine Reihe zählte zu den wichtigsten Unterstützern der DDR-Opposition in den 1980er Jahren – sie blieben auch im Westen im Visier der Stasi.[37]

Nicht nur Bahro kam wegen eines verfassten Buches ins Gefängnis. Das gab es immer wieder, verhaftete und verurteilte Personen wegen verfasster Artikel oder Bücher. Meist erfuhr die Öffentlichkeit davon nichts. Peter Wulkau etwa ist schon als 21-jähriger Student in einem Gruppenvorgang von der Geheimpolizei überwacht worden. Er wolllte eigentlich Staatsbürgerkundelehrer werden. Der «Prager Frühling» ließ ihn hoffen, seine Niederschlagung verzweifeln. Die neuen marxistischen Strömungen aber, die von der SED pauschal als «Revisionismus» bezeichnet und bekämpft wurden, faszinierten ihn. Nun interessierte sich das MfS für ihn. 1970 folgte die systemlogische Zwangsexmatrikulation von der Leipziger Universität. Die Geheimpolizei blieb ihm auf den Fersen. Die Beobachtung verschärfte sich ab 1974 in Magdeburg, wo er jetzt wohnte, u. a. weil er in einem Arbeitskreis «Marxismus» ausgerechnet in der Evangelischen

V. Opposition und Widerstand. Das «Liebesministerium» in Aktion

Studentengemeinde (ESG) mitarbeitete und er mehrere Ausreiseanträge stellte. Heimlich schrieb er ein Buchmanuskript. Einen Arbeitskollegen bat er, es in die Bundesrepublik zu bringen. Der Kollege war IM des MfS, dieses erkannte in dem Papierstapel, den der IM pflichtschuldig übergab, «staatsfeindliche Hetze». Im März 1978 kam Peter Wulkau in Untersuchungshaft, im September verhängte das Bezirksgericht vier Jahre und sechs Monate. Kurz vor Weihnachten 1979 kam er im Zuge einer Amnestie frei. Das MfS beobachtete ihn weiter. Im Juni 1981 durfte er endlich ausreisen.[38]

Auch Uta Frankes Protest gegen die SED-Diktatur endete in der Bundesrepublik, die sie freigekauft hatte.[39] Wie viele andere war sie geschockt von der Selbstverbrennung Oskar Brüsewitz' und der Ausbürgerung Wolf Biermanns. Im Freundeskreis beteiligte sie sich an politischen Debatten. Es handelte sich um junge Leute, die den SED-Sozialismus kritisierten, ablehnten und einen freiheitlichen Sozialismus erstrebten. Durch Zufall lernte Uta Franke Heinrich Saar kennen. Dieser war bereits 1958 als «Revisionist» zu acht Jahren Zuchthaus verurteilt worden.[40] Zuvor war der Altkommunist an der Ostberliner Humboldt-Universität als Wissenschaftler und Funktionär tätig. Nach seiner Amnestierung 1961 arbeitete er auch als IM «Erwin» für das MfS, aber nicht mehr an einer Universität. Zudem musste er Berlin verlassen, nach Leipzig umziehen und als Hilfsarbeiter in der Produktion arbeiten.[41] Saar war es, der die Gruppe aufforderte, nicht nur zu diskutieren, sondern auch zu handeln. Neben einer Flugblattaktion bestand ihre spektakulärste Aktion darin, dass Saar und Simone Mainz in der Nacht vom 1. auf 2. September 1978 am Leipziger Völkerschlachtdenkmal zwei Losungen in etwa zehn Meter Länge und einem Meter Höhe ansprayten: «Freiheit für Bahro». Saar erhielt erneut sieben Jahre und sechs Monate Gefängnis, Uta Franke zwei Jahre und vier Monate, mehrere weitere Männer und Frauen Strafmaße dazwischen. Uta Franke wollte gesellschaftliche Veränderungen in der DDR, für sie bedeutete Freiheit keine abstrakte Kategorie, sondern war eine konkrete Zielvorstellung, die sie für die DDR-Gesellschaft erstrebte.

Das MfS observierte die Gruppe seit Spätsommer 1977, im April 1978 ist ein OV eröffnet worden. IM kamen ebenso zum Einsatz wie «operative Technik». Im Oktober 1978 entwickelte die Leipziger Staatssicherheit Zersetzungspläne: Geruchsproben wurden genommen, Schriftproben der Schreibmaschinen ebenso, Zweitschlüssel für die Wohnungen besorgt, IM hatten bereits Skizzen dieser angefertigt. Noch tappte die

Geheimpolizei im Dunkeln, wer die Aktion am Völkerschlachtdenkmal unternahm. Die wichtigsten OV der Leipziger Bezirksverwaltung wurden analysiert, sämtliche Überwachungsmaßnahmen von Telefon- und Raumüberwachung über Postkontrolle bis hin zur Beschattung intensiviert. Die eingesetzten IM spielten die zentrale Rolle. Am 31. August 1979 kam es zur ersten Verhaftung, am 5. September wurde Uta Franke festgenommen, der noch viele weitere folgten. Die Prozesse fanden 1980 fast alle als Einzelprozesse satt. Aus dem berüchtigten Frauengefängnis Hoheneck wurde Franke Anfang Juli 1981 in die MfS-Untersuchungshaftanstalt Karl-Marx-Stadt (Kaßberg) überstellt. Das war für die meisten freigekauften DDR-Häftlinge die letzte Station, bevor sie in Begleitung von Unterhändler Wolfgang Vogel in die Bundesrepublik verbracht wurden. Rechtsanwalt Vogel war, obwohl in den 1950er Jahren auch einige Jahre als geheimer Mitarbeiter der Geheimpolizei verpflichtet, kein MfS-Mann. Das brauchte er nicht zu sein, er war der Mann der SED-Führung, vertraut und vertraulich mit Honecker, aber er genoss auch unbedingtes Vertrauen bei den Bundesregierungen und den Kirchen. An fast allen Agentenaustauschaktionen seit 1961 an der Glienicker Brücke beteiligt, fädelte er die über 33 000 Häftlingsfreikäufe mit ein und soll an über 200 000 Ausreisen von DDR-Bürgern beteiligt gewesen sein. Wie er dies alles geschafft haben könnte, blieb sein Geheimnis auch nach 1989. Aus seinem Mitarbeiterstab hat bis heute niemand öffentlich darüber berichtet, wie die Arbeit in diesem Rechtsanwaltsimperium genau ablief.[42]

Nach einer von ihm initiierten Unterschriftensammlung gegen Kriegsspielzeug fuhr Ralf Hirsch auf Empfehlung und Vermittlung von Manfred Stolpe zu Vogel, um sich Rechtsbeistand zu holen. Der empfing ihn und sagte, also Sie wollen ausreisen. Nein, entgegnete Hirsch, will ich nicht. Vogel zeigte sich irritiert. Als er realisierte, dass Hirsch wirklich nicht in den Westen wollte, bedeutete er ihm zu schweigen und ging mit ihm raus. Vor der Tür klärte er Hirsch auf, in sein Büro kämen nur Ausreisewillige – wer hier auftauche, wolle nur raus. Für ein Verbleiben in der DDR sei er nicht der richtige Ansprechpartner, andere Stellen könnten sein Auftauchen bei ihm schnell missverstehen.[43] Es blieb auch sein Geheimnis, wie viele Millionen er bei diesen Geschäften scheffelte. Kaum jemand sonst hat sich «offiziell» persönlich so bereichert am «Kalten Krieg» und erfährt dafür auch bis heute so eine Wertschätzung bei den damaligen Politeliten in Ost und West gleichermaßen wie Rechtsanwalt Wolfgang Vogel. Uta Franke erinnert sich, als sie am 30. Juli 1981 endlich in den berühmten

V. Opposition und Widerstand. Das «Liebesministerium» in Aktion

West-Bus steigen durfte, um in die Bundesrepublik gebracht zu werden, an folgende Worte Vogels, der kurz den Bus bestieg und über ein Mikrofon verkündete: «Nun haben wir es endlich geschafft.» Das empfand sie als «etwas befremdlich». Vogel gab dann noch Verhaltensrichtlinien mit auf den Weg: Westmedien meiden, Haftumstände nicht erwähnen und das Entlassungsprocedere unerwähnt lassen. «Dies würde den ‹Zurückgebliebenen› nur schaden. Vogel verlässt den Bus und steigt in seinen schwarzen Mercedes mit Chauffeur. Dieser setzt sich an die Spitze des kleinen Konvois, dahinter folgen der Bus und eine weitere schwarze Limousine. Das große Gefängnistor öffnet sich und der vollklimatisierte Bus fährt langsam und sanft auf die Straße hinaus. [...] Es ist eine irreale Situation, die wie ein Film vor ihnen abläuft, und doch sind sie die Protagonisten darin. [...] Die Spannung steigt, alle halten fast den Atem an, denn sie nähern sich der unüberwindbaren deutsch-deutschen Grenze. [...] Eine Schranke öffnet sich, keine Passkontrolle oder Fragen, alle wissen Bescheid, alles ist perfekt organisiert. [...] Schon fahren sie auf bundesdeutscher Seite. Die Anspannung entlädt sich bei vielen in Freudenschreien und Tränen.»[44]

Polen

Im März 1987 schrieb ein leitender Ostberliner MfS-Offizier der Abteilung XX, u. a. zuständig für die Bekämpfung des «politischen Untergrunds», ein umfangreiches Strategiepapier, wie die Opposition aus seiner Sicht wirksam bekämpft werden sollte. Der Mann war MfS-intern nicht unumstritten. Aber diese Ausarbeitung floss in Teilen in bereits vorgestellte und mit mäßigem Erfolg beschiedene MfS-Pläne ein, wie die zunehmend öffentlich sichtbarer werdende Oppositionsbewegung ausgeschaltet werden könnte. Er schlug vor, Oppositionelle in den Westen reisen zu lassen, weil sie dort in den wenigen Tagen ihres Aufenthaltes kaum etwas bewirken würden. Er ging zutreffend davon aus, dass die meisten Oppositionellen zurückkehren würden. Aber trotz dieser «eventuell gewährten» Westreisen sollte die allgemeine Reisesperre für Oppositionelle nach Osteuropa «beibehalten werden, da im Falle eines Zusammenschlusses solcher Kräfte mehrerer sozialistischer Länder ein qualitativ höheres Niveau des Feindangriffes darstellen» würde.[45] Tatsächlich ist über viele Oppositionelle eine generelle Reisesperre verhängt worden. Viele durften

Polen

in den 1980er Jahren, wie etwa Gerd Poppe, Bärbel Bohley, Ralf Hirsch, Wolfgang Templin, Ulrike Poppe, Werner Fischer u. v. a., nicht einmal mehr nach Prag fahren. Aber auch von West nach Ost durften viele nicht reisen. Dazu gehörte ein großer Teil der legal Ausgereisten, aber auch viele bundesdeutsche Unterstützer der Opposition sind an der Grenze von MfS-Offizieren – die Passkontrolle ist seit 1962 von mit einer DDR-Grenzuniform getarnten Stasi-Mitarbeitern (ab 1970: HA VI) durchgeführt worden – bei der Einreise zurückgewiesen worden. Diese Umstände bildeten immer wieder Anlass, gegen diese Praxis zu protestieren. So schickten im April 1987 Oppositionelle einen «Offenen Brief an Honecker». Dieser ist im Mai der SED-Bezirksleitung Berlin sowie dem Ministerbüro Mielkes übergeben worden, eine Antwort auf diesen oder irgend einen anderen Brief erhielten sie *natürlich* niemals.[46]

Die besondere Furcht vor Kontakten ostdeutscher Oppositioneller nach Polen, Ungarn oder der ČSSR hing mit den dort gewachsenen und funktionierenden oppositionellen Kommunikations- und Arbeitsstrukturen zusammen. Sie waren vor dem Hintergrund diktatorischer Verhältnisse entwickelt worden, die denen in der DDR strukturell weitgehend glichen. Abbilder oppositioneller Kommunikations- und Arbeitsstrukturen konnten im Prinzip übernommen werden. Um dies zu verhindern, aber auch um die Betroffenen vollständig unter Kontrolle zu haben und zu «zersetzen», verhängte das MfS über viele Oppositionelle, aber auch über manch andere kritisch eingestellte Bürger eine totale Reisesperre.

Besonders achtete das MfS dabei auf die Beziehungen zu Polen, denn dort hatten sich seit 1968 nicht nur immer wieder neue Oppositionsgruppen und -strukturen gebildet, dort kam es auch immer wieder zu größeren Unruhen. Wegen der «Solidarność»-Massenbewegung schloss am 30. Oktober 1980 die SED ihre «Oder-Neiße-Friedensgrenze» zu Polen für DDR-Bürger. Die Angst vor dem «polnischen Bazillus» saß tief. Die SED fürchtete ein Übergreifen «polnischer Verhältnisse» auf die DDR, sie hatte Angst, es könne sich ähnliches abspielen wie in Polen. Gerade die SED-Führung hatte vor der Verhängung des Kriegsrechts in Polen am 13. Dezember 1981 Moskau gedrängt, wie in der ČSSR 1968 militärisch zu intervenieren.[47]

SED und MfS haben aber nicht nur vielfach direkte Kontakte einfach zu verhindern gewusst. Ostdeutsche Oppositionelle, die nach Polen eigenständige Kontakte unterhielten, gerieten schnell in ihr Visier, Personen ohnehin, die mit der Solidarność sympathisierten. Dafür sind mehrere

V. Opposition und Widerstand. Das «Liebesministerium» in Aktion

ins Gefängnis gekommen. Das blieb Ludwig Mehlhorn letztlich erspart. Aber auch er wurde vom MfS bearbeitet, weil er intensive Kontakte nach Polen pflegte.

Der 1950 geborene legte mit 19 Jahren Abitur ab und studierte anschließend Mathematik an der Bergakademie in Freiberg.[48] Schon als Jugendlicher interessierte er sich besonders für Polen. Er lernte polnisch und beherrschte die Sprache bald sehr gut. Mehlhorn war seit Ende der 1960er Jahre in der «Aktion Sühnezeichen» engagiert. Im Mittelpunkt stand der Versöhnungs- und Aussöhnungsgedanke, den er sich nicht «von oben» dekretieren lassen wollte. Aussöhnung und Versöhnung sei nur möglich, wenn sich die Gesellschaften «von unten» begegneten, wozu gehöre, sich kennen zu lernen, wozu vor allem gehöre, die gesellschaftliche und kulturelle Vielfalt Polens in Deutschland, namentlich in der DDR bekannt zu machen. Schon allein dieser gesellschaftspolitische Ansatz war gegen die offizielle Doktrin, die sogenannte Freundschaftspolitik gerichtet und als «feindlich» klassifiziert. Hinzu kam, dass Ludwig Mehlhorn die kommunistische Realität scharf kritisierte und eine offene Gesellschaft anstrebte. Da kam ihm der auch von polnischen Oppositionellen wie Adam Michnik oder Jacek Kuroń entwickelte und gelebte Ansatz entgegen, im kommunistischen Staat «einen immer größeren Teil des gesellschaftlichen Lebens autonom zu gestalten, ihn der staatlichen Kontrolle zu entziehen und auf längere Sicht ‹Parallelstrukturen› zu entwickeln. Auch scheinbar unpolitisches Handeln bekommt in diesem Ansatz einen oppositionellen Charakter, sofern sich die Menschen als handelnde Subjekte dessen bewusst sind.»[49]

Im Oktober 1976 weilte Mehlhorn zu einem Besuch in Wrocław. Dort nahm er an einem Treffen des oppositionellen «Klubs der Katholischen Intelligenz» mit Dortmunder Vertretern des «Bensberger Kreises» teil. Dieser bestand vorwiegend aus katholischen Intellektuellen, die liberale bis linksliberale Positionen vertraten. Sie votierten für die Anerkennung der Oder-Neiße-Grenze und unterstützten die Ostpolitik der sozialliberalen Bundesregierungen seit 1969. Kurz vor Mehlhorns Reise nach Wrocław war das «Komitee zur Verteidigung der Arbeiter» (KOR) gebildet worden, das eine enge personelle Verflechtung mit den «Klubs der Katholischen Intelligenz» aufwies. Im ersten Aufruf vom 23. September 1976 erklärte das KOR, die Opfer der gewaltsamen Niederschlagung der Arbeiterproteste im Juni 1976 und ihre Angehörigen juristisch, medizinisch und finanziell zu unterstützen.[50] Mehlhorn hatte hier auch erst-

Polen

mals Berührung mit Erzeugnissen aus dem polnischen Samisdat bzw., wie es in Polen hieß, dem «zweiten Umlauf».[51]

Die polnische Staatssicherheit informierte am 13. Januar 1977 das MfS und teilte mit, dass sich unter den wenigen Personen aus der DDR bei diesem Treffen auch Mehlhorn befunden habe.[52] Weiter ließ sie das MfS wissen, dass in der DDR bestimmte Gruppen von Intellektuellen existierten, die sich solidarisch mit oppositionellen Menschen in Polen verhielten, deren «antisozialistische» Positionen teilten und die, wie es der Aufruf vom KOR gefordert hatte, Geldsammlungen für die Opfer vom Juni durchführten.

Die Angelegenheit ist im MfS als bedrohlich eingeschätzt worden. Nicht nur dass die Leiter mehrerer Hauptabteilungen involviert wurden, auch Mielke und einer seiner Stellvertreter, Mittig, waren mit dem Vorgang befasst. Dafür scheint es zwei Gründe gegeben zu haben. Zum einen war die innenpolitische Situation in der DDR nach der Selbstverbrennung von Brüsewitz und nach der Biermann-Ausbürgerung enorm spannungsgeladen. Hinzu kam zum anderen, dass die SED-Führung in jedem Fall ein Übergreifen der polnischen Massenproteste gegen den kommunistischen Staat mit völlig neuen Organisationsformen auf die DDR verhindern wollte. Diese Angst ist durch die Bildung der «Charta 77» in der ČSSR am 2. Januar 1977 noch verstärkt worden. Deshalb scheint diese Angelegenheit augenblicklich auf den Schreibtischen der ranghöchsten MfS-Generäle gelandet zu sein.

Einen Tag später, am 14. Januar 1977, ist innerhalb des MfS das Archiv (Abt. XII) angefragt worden, ob Ludwig Mehlhorn erfasst sei. Die Auskunft fiel negativ aus, zugleich enthielt das Formblatt aber den ungewöhnlichen handschriftlichen Vermerk, dass der Berliner Bezirksverwaltungs-Chef Schwanitz, wahrscheinlich telefonisch, mitgeteilt habe, über Mehlhorn gebe es in seiner Abteilung XX eine Information. Diese bezog sich auf eine – zufällige – Postkontrolle. Anfang Juli 1975 war der Brief eines polnischen Freundes an Mehlhorn kontrolliert, aber nach der Erfassung an den eigentlichen Empfänger weitergeleitet worden.

Am 19. Januar 1977 übermittelte Siegfried Hähnel, einer der Stellvertreter von Schwanitz und 1986 dessen Nachfolger, einen Ermittlungsbericht zu Mehlhorn. Dieser ist nicht überliefert. Er kann aber außer der Mitteilung über die erwähnte Postkontrolle nur wenige relevante Informationen enthalten haben, da – wie aus dem Anschreiben hervorgeht – nicht einmal die Arbeitsstelle Mehlhorns in diesem kurzen Zeitraum zu ermit-

V. Opposition und Widerstand. Das «Liebesministerium» in Aktion

teln war. Wahrscheinlich bezogen sich die meisten Angaben auf seine Aktivitäten im Rahmen der «Aktion Sühnezeichen», mit der er 1970 das erste Mal in Polen war.

Erich Mielke und der polnische Innenminister Stanisław Kowalczyk, dem die Geheimpolizei unterstand, vereinbarten Ende Januar 1977, dass sich auf einer Arbeitsebene ranghohe Vertreter beider Dienste treffen sollten, um das weitere Vorgehen abzustimmen. Dazu kam es erstmals am 3. Februar an der Grenzübergangsstelle Frankfurt/Oder-Słubice. Dabei wurden Informationsmaterialien zu dem Vorgang ausgetauscht und u. a. auch festgelegt, wie die polnische Staatssicherheit das MfS bei der Bearbeitung und Zersetzung der im OV «Opposition» erfassten Ostberliner Personen (u. a. Bernd Gehrke und Uwe Dähn) unterstützen könne und dass sie Pfarrer Christoph Wonneberger – eine zentrale Persönlichkeit der Opposition in den 1980er Jahren und der wichtigste kirchliche sächsische Würdenträger, der die Leipziger Friedensgebete und dann die Massendemonstrationen 1989 mitinitiierte – bei seinem bevorstehenden privaten Polenbesuch permanent observieren solle.[53] In den folgenden Monaten kam es mehrfach in der DDR und in Polen zu Konsultationen der beiden Geheimpolizeien, in denen Mehlhorn und seine Verbindungen nach Polen im Mittelpunkt standen. Außerdem erfolgte ein intensiver Austausch von Informationen und Beobachtungsberichten per Kurier.

Am 25. Januar 1977 legte die Hauptabteilung XX einen «Maßnahmeplan zur operativen Bearbeitung von ‹Kontakten des Klubs der Katholischen Intelligenz in Wrocław nach der DDR und der BRD›» vor.[54] Mehlhorn, dessen Arbeitsstelle an der Hochschule für Ökonomie als Programmierer nunmehr bekannt war und der als Person nun als «erfasst» von der Hauptabteilung XX/4, zuständig für Kirchen, bezeichnet wurde, rückte ins Zentrum eines größeren Vorgangs. Auf Mehlhorn setzte das MfS vier IM an, die ihn aus unterschiedlichen Zusammenhängen kannten. Außerdem ordnete es an, in seiner Wohnung die «B-Maßnahme», also den Einbau von Abhörwanzen zu organisieren. Und schließlich wurden «konspirative Durchsuchungen am Arbeitsplatz und evtl. der Wohnung» ins Auge gefasst.

Das führte schließlich zur Eröffnung des OV «Mühle» am 15. März 1977.[55] Ermittelt wurde wegen eines Verstoßes gegen § 106, Abs. 1 StGB («staatsfeindliche Hetze»).[56] Aus dem Eröffnungsbeschluss geht hervor, dass spätestens Mitte Februar die Wohnung von Mehlhorn mit Wanzen ausgestattet war. Die ersten zusammenfassenden Berichte, die auf dem

Polen

Abhören der Wohnung basierten, sind mit 18. Februar datiert, was andeutet, dass die MfS-Technik u. U. schon einige Tage vorher konspirativ untergebracht worden war. Die komprimierten Informationsberichte vom Abhören tragen den Codenamen «Knacker». Der Deckname «Knacker» – nicht immer ist die Decknamenbezeichnung nachvollziehbar bzw. zu erklären – ist ganz offenbar aus der Straße, in der er wohnte (Knaackstraße), abgeleitet worden. Aus den Abhörmaßnahmen konnte das MfS erfahren, dass Mehlhorn umfangreiche Verbindungen zu oppositionell eingestellten Polen und Polinnen unterhielt, illegale polnische Materialien bekam, diese übersetzte und innerhalb der DDR verbreitete, eine «illegale Kasse» zur Unterstützung von in Polen verfolgten Personen unterhielt (wie von KOR initiiert), konspirative Kontakte zu Oppositionellen in mehreren Regionen der DDR aufgebaut und zudem Verbindungen nach West-Berlin, in die Bundesrepublik sowie zur bundesdeutschen ständigen Vertretung in Ost-Berlin hatte. Das MfS konnte zu diesem Zeitpunkt auch erste konkrete Personen ermitteln, mit denen Mehlhorn in und außerhalb der DDR «politisch-relevante» Verbindungen unterhielt. Hier wird auch deutlich, wie intensiv Oppositionelle in der DDR, wenn sie es wollten, Kontakte miteinander haben konnten. Mehlhorn war zum Beispiel über die Vorgänge in Jena um Thomas Auerbach genauestens informiert.

Einen Monat später ist durch die «außerordentliche Informationsquelle ‹Knacker›» – die Abhörwanzen – das Ausmaß der Kontakte dem MfS weitaus konkreter bekannt gewesen. Mehlhorn übersetzte aus Polen stammende Dokumente und verbreitete diese ebenso weiter wie oppositionelle Materialien, die sich auf die DDR bezogen.[57] Vor allem bei Besuchen, die er empfing, und aus Gesprächen mit seiner Ehefrau erfuhr das MfS immer neue Details. Zugleich wurde deutlich, dass die Kontakte Mehlhorns zwar weitgestreut waren, aber vor allem der Student Rainer Alisch in Leipzig zu einem seiner wichtigsten Partner zählte. Auf diesen wurden nun IM angesetzt, die neue Informationen lieferten. Insgesamt wurden in diesem OV «Mühle» bald 26 Personen bearbeitet, wovon schließlich zehn als nicht relevant galten und eine Person als IM angeworben werden konnte. Die Hauptorte befanden sich – neben Ost-Berlin und Leipzig – in Naumburg, Jena, Dresden und Rostock. Das MfS eröffnete drei weitere OV («Michael», «Neptun», «Spinne»). Allein das Verbindungsnetz der im OV «Mühle» erfassten Personen veranlasste das MfS, Ermittlungen zu über 400 Personen, darunter 65 aus Polen, 38 aus der Bundesrepublik und 20 aus anderen Ländern Europas und den USA,

V. Opposition und Widerstand. Das «Liebesministerium» in Aktion

durchzuführen. Ein Großteil des Arsenals an geheimpolizeilichen Mitteln und Methoden, wie es bereits vorgestellt wurde, gelangte zum Einsatz.

Obwohl Mehlhorn strikt darauf achtete, dass die Verbindungs- und Verbreitungswege nur wenigen bekannt wurden, möglichst konspirativ kommuniziert wurde, nur Vornamen oder Spitznamen verwendet wurden, konnten er und andere nicht verhindern, dass durch die Abhörmaßnahmen viele Informationen ans MfS flossen. Hinzu kam, dass einige als vertrauenswürdig eingeschätzte Personen, allerdings nicht im direkten Umfeld Mehlhorns, als IM für das MfS arbeiteten. Und schließlich war angesichts des quantitativen Ausmaßes der Kontakte nicht zu verhindern, dass gerade nur peripher einbezogene Personen mehr redeten und mutmaßten als es nötig gewesen wäre.

Unter Leitung der Hauptabteilungen XX und IX (Untersuchungsorgan) der MfS-Zentrale und in enger Zusammenarbeit mit den Bezirksverwaltungen in Leipzig und Rostock wurden Anfang Dezember gleichzeitig mehrere Personen zugeführt und vernommen. Ludwig Mehlhorn ist vom MfS im Dezember zwei Mal «befragt» worden, 1978 kamen weitere Vorladungen hinzu. Die Geheimpolizeioffiziere zeigten sich anschließend erstaunt darüber, wie genau die in Berlin vernommenen Personen ihre Aussagen aufeinander abgestimmt hatten und dass sie sich nach den Vernehmungen über jedes kleinste Detail der Vernehmungen und der Örtlichkeiten, wo diese stattfanden, austauschten. In Berlin erfuhr das MfS kaum etwas, was es nicht zuvor wusste, zumal etwa Ludwig Mehlhorn nur mitteilte, was er als bekannt beim MfS voraussetzte und sonst vor allem Allgemeinplätze von sich gab bzw. auf seine fehlende Erinnerung verwies. In anderen Orten waren einige Vernommene – die meisten waren wie Mehlhorn im Zeitraum zwischen 1947 und 1954 geboren worden und demzufolge überwiegend jünger als dreißig Jahre – offenbar weniger gut vorbereitet und redeten sich um Kopf und Kragen. Bei Mehlhorn und Alisch sind zusätzlich Wohnungsdurchsuchungen durchgeführt worden, wobei zahlreiche Materialien – vor allem Bücher, Zeitschriften, Artikel, Abschriften – beschlagnahmt wurden.

Ludwig Mehlhorn zeigte sich nach den Vernehmungen verunsichert. Er und andere mutmaßten, dass sich in ihrem Kreis ein Stasi-Spitzel befinden müsse. Nach den Vernehmungen im Dezember vermuteten er und seine Ehefrau, wie sie sich erinnert, dass die Wohnung verwanzt sein könnte. Mehlhorn und Alisch begannen, besonders sensible Fragen im Freien zu bereden.

Polen

Bereits nach der ersten Vernehmung äußerte Mehlhorn die Vermutung, wie das MfS festhielt, dass er offenbar gar nicht verhaftet werden solle. Das geschah auch nicht. Allerdings kam es in Rostock und Leipzig jeweils zu einer Festnahme und späteren Verurteilung. Vor allem die Verurteilung von Rainer Alisch bewegte Mehlhorn, weil er sich die unterschiedliche Behandlung nicht erklären konnte. Er vermutete, dass Alisch Pläne für konkrete Aktionen gehabt habe, die er nicht kannte. Tatsächlich war diese Verurteilung Teil des Zersetzungsplanes, denn dadurch konnten die anderen erheblich verunsichert und z. T. auch eingeschüchtert werden. Alisch war eher zufällig zum eigentlichen Opfer des gesamten Vorgangs geworden. Seit Dezember 1977 in Untersuchungshaft sitzend, ist er im Oktober 1978 zu drei Jahren Haft verurteilt worden, kam am 1. August 1979 auf Bewährung frei und ist nach West-Berlin entlassen worden.[58]

Die sonstige Zurückhaltung des MfS hatte einen handfesten Grund. Denn eine Verhaftung und Verurteilung Ludwig Mehlhorns – dem eigentlichen Zentrum des OV «Mühle» – kam, wie mehrfach betont wurde, aus «rechtspolitischen Gründen» nicht in Frage. Dafür waren zwei Punkte ausschlaggebend. Erstens unterhielt Mehlhorn so umfangreiche Verbindungen ins Ausland, vor allem nach Polen und in die Bundesrepublik, dass seine Verurteilung sehr wahrscheinlich zu einem größeren internationalen Aufsehen geführt hätte. Das aber wollten SED und MfS abwenden, zumal zweitens hinzukam, was wahrscheinlich noch schwerer wog, dass neuerliche Spannungen zwischen Staat und Kirche unbedingt vermieden werden sollten. Beide Seiten bewegten sich im Laufe des Jahres 1977 stärker aufeinander zu, was schließlich zu dem offiziellen Gespräch zwischen Honecker und Bischof Schönherr am 6. März 1978 führte.

In dem Zersetzungsplan des MfS kam aber zum Tragen, dass durch offizielle und inoffizielle Einflussnahme innerhalb der Kirchen, vor allem der «Aktion Sühnezeichen», erreicht wurde, dass sich einige maßgebliche Personen von Ludwig Mehlhorn distanzierten. Das MfS hatte bei den gesamten Ermittlungen stets allergrößten Wert darauf gelegt, in keiner Phase kirchliche Materialien zu beschlagnahmen oder auch nur ansatzweise nach innerkirchlichen Abläufen und Diskussionen zu fragen. So konnten offenbar einige Amtspersonen davon überzeugt werden, dass sich das staatliche Agieren nicht gegen die Kirche richte, vielmehr Ludwig Mehlhorn seine Tätigkeit in der «Aktion Sühnezeichen» für seine antikommunistische Tätigkeit «missbraucht» habe. Namentlich der damalige Leiter Friedrich Magirius, der vom MfS von 1966 bis 1968 als IM «Einsiedel»

V. Opposition und Widerstand. Das «Liebesministerium» in Aktion

geführt wurde und dessen Rolle bis in den Herbst 1989 hinein in Leipzig umstritten blieb, «verurteilte» nach Ansicht des MfS die Handlungen von Mehlhorn.[59] Am 2. Februar 1978 konnte das MfS schließlich festhalten: «Es wurden operative Maßnahmen eingeleitet, dass durch kirchenleitende IM mit Einflussmöglichkeiten kirchliche Entscheidungen getroffen werden, in deren Ergebnis Mehlhorn aus seiner Leitungsfunktion bei der ‹Aktion Sühnezeichen› entfernt wird.» Es stimmte nicht.[60] Endgültig beendet wurde der OV «Mühle» im Juni 1978. Als Grund vermerkten die MfS-Offiziere Akte lapidar: «Der Operative Vorgang ‹Mühle› [...] wurde [...] durch Maßnahmen der Zersetzung abgeschlossen.»[61] Erich Mielke und zwei seiner Stellvertreter, Bruno Beater und Rudi Mittig, wurden darüber informiert ebenso wie die polnische Staatssicherheit, die wiederum über 50 polnische Freunde und Bekannte von Mehlhorn überprüft und ihre Ergebnisse dem MfS mitgeteilt hatte.

Noch bevor der OV abgeschlossen worden war, hatte Major Hartmut Kullik, Mitarbeiter der Hauptabteilung XX/4, mit einer auf der Auswertung des OV «Mühle» und der anderen genannten OV basierenden Diplomarbeit den ersten Grad an der MfS-Hochschule erworben.[62] Diese Arbeit ist aufschlussreich, weil sie das geheimpolizeilich multiple Vorgehen des MfS dokumentiert und einige konkrete «Erkenntnisse» enthält, die in dem OV selbst nicht überliefert und zudem sehr unwahrscheinlich sind.[63] Zudem werden hier die Zersetzungsmaßnahmen als Zusammenspiel mit anderen staatlichen Organen geschildert, der unterschiedliche Einsatz von IM veranschaulicht und dabei gezeigt, wie wichtig es war, gerade Personen als IM zu gewinnen, die selbst eine kritische Grundhaltung zur DDR einnahmen sowie persönliche Abneigungen der IM gegenüber den zu bearbeitenden Personen auszunutzen. Schließlich bekräftigt diese Arbeit die These, warum es nicht zu weiteren Verhaftungen und Verurteilungen kam: «Die Unterstreichung der Maßnahmen der Zersetzung und Nichtanwendung strafprozessualer Maßnahmen mit Haft gegenüber kirchlichen Personen wird auch dadurch erhärtet, dass internationale kirchliche Gremien jede Inhaftierung zum Gegenstand von Erörterungen machen und oft falsche Informationen über die wahren Gründe der Inhaftierung in die Öffentlichkeit bringen, die von den Gläubigen nicht verstanden werden.»[64]

In Polen erstarkte derweil die Opposition immer mehr, die mit der Wahl des Krakauer Kardinals Karol Józef Wojtyla zum Papst, Johannes Paul II., im Oktober 1978 starken Rückhalt bekommen hatte. 1981 veran-

Polen

lasste das MfS eine Reisesperre für Ludwig Mehlhorn. Er durfte die DDR bis 1987 nicht verlassen, was ihm offiziell niemand mitteilte. Mehrfach ist er an Grenzübergangsstellen zurückgewiesen worden, aber zwei Mal wiederum konnte er mit seiner Ehefrau in die ČSSR reisen (1982 und 1986). Ob dies Teil einer geplanten Verunsicherung der Mehlhorns war (so etwas war fester Bestandteil von Zersetzungsplänen), ob die Kontrolleure schlichtweg unaufmerksam waren, ob dies von der Staatssicherheit bewusst kalkuliert worden war (um zum Beispiel eventuelle Verbindungen aufzuspüren) oder ob dahinter gar nichts steckte, lässt sich bislang aus den Akten nicht klären. Denn diese sind Ende November 1989 vom MfS eilig vernichtet worden. Wie das Folgende aber auch nebenbei zeigt, konnte das MfS längst nicht alle Dokumente, die zu einem OV gehörten, vernichten, weil sie sich vielfach noch in anderen Ablagen befanden.

Seine nunmehr strikt unterbundenen Reisen nach Polen schmerzten Mehlhorn. Er hielt dennoch zahlreiche Kontakte aufrecht. Sofern es möglich war, besuchten ihn aus Polen Freunde und Bekannte, was mittels Observierungen vom MfS dokumentiert wurde. Eine systematische Bearbeitung von Mehlhorn durch die Staatssicherheit ist für die Zeit bis 1985 nicht belegbar. Es existieren Dokumente, in denen er eine Rolle spielt, die sind aber zumeist in anderen Zusammenhängen entstanden. So ist zum Beispiel ein Brief an Günter Särchen vom 11. März 1981 von der Postkontrolle dokumentiert worden. Darin zeigt sich Mehlhorn sehr erfreut über die Solidarność-Bewegung und zugleich empört über die Hetze in den DDR-Medien und den SED-Verlautbarungen gegenüber Polen.[65] Ebenso lassen sich in zahlreichen OV zu Personen, die Mehlhorn kannte, Aktensplitter finden. Außerdem existierte eine spezielle Personenablage zu ihm, die aber anders als spätere Ablagen[66] für den Zeitraum bis 1985 trotz ihrer 300 Blätter kaum Neues enthält, da sich das meiste auf den OV «Mühle» bezieht.[67]

Im Mai 1985 eröffnete die Hauptabteilung XX/4 die OPK «Knacker» gegen Ludwig Mehlhorn. Ausgangspunkt dafür waren nicht die illegalen Lesungen, die er seit 1984 mit Stephan Bickhardt in der Knaackstraße organisierte, sondern sein Engagement in der «Initiative für Blockfreiheit in Europa» (Mai 1985) und für eine «blockübergreifende Friedensbewegung in Europa». Hinzu kam, dass zu seinem Bekannten- und Freundeskreis zahlreiche Personen zählten, die schon länger vom MfS in größeren OV bearbeitet und «zersetzt» wurden, so u. a. Gerd und Ulrike Poppe, Wolfgang Templin, Martin Böttger, Bärbel Bohley und viele andere. Das MfS beabsichtigte mit dieser OPK, Mehlhorns «Verbindungen aufzuklären», «vorbeugende Maßnahmen zur Verhinderung negativer Aktivitäten» sowie «Verunsicherungs- und Zersetzungsmaßnahmen im Arbeits-, Freundes- und Bekanntenkreis von Mehlhorn» durchzuführen. Dazu wurden zunächst vier IM eingesetzt, die Postkontrolle und umfangreiche Abhörmaßnahmen intensiviert bzw. erneuert sowie durch die Hauptabteilung VIII Beobachtungsmaßnahmen realisiert. Außerdem blieb die Reisesperre bestehen und seine Verbindungen nach Polen wurden neuerlich – im Zusammenwirken mit der polnischen Staatssicherheit – intensiv durchleuchtet. In den folgenden Jahren bis Ende 1989 kam es abermals zu einer Zusammenarbeit mit der polnischen Staatssicherheit, die aber anders als noch 1977/78 in der Einschätzung des MfS weniger ergiebig war. Unter den vier zunächst eigens angesetzten IM, die wohl im Bereich der Kirchen tätig waren, befand sich eine IMS «Magdalene» aus Rostock, die in der «Aktion Sühnezeichen» engagiert war.[68] Ebenfalls auf Mehlhorn war IMB «Albert» angesetzt worden. Dahinter soll sich der Leiter der «Aktion Sühnezeichen», Werner Liedtke, verbergen[69] – gegen den Mehlhorn, Bickhardt und andere auf den Jahrestreffen der «Aktion Sühnezeichen» mehrfach, aber vergeblich opponierten, um dessen Wiederwahl zu verhindern. Dessen IM-Akte ist im Dezember 1989 ebenfalls vom MfS vernichtet worden. Sein Führungsoffizier hieß Hans-Dieter Wendt – dieser MfS-Offizier war auch hauptverantwortlich für die Bearbeitung der OPK/OV «Knacker». Das könnte der Hauptgrund gewesen sein, warum der OV Ende 1989 vom MfS vernichtet worden ist – um die wahre Identität von «Albert» zu decken.

Dem OPK-Eröffnungsbericht vom 21. Mai 1985 folgte im Juli ein Auskunftsbericht.[70] Darin wurde festgestellt, dass Mehlhorn seit 1980 «uneingeschränkte Solidarität mit den Kräften von ‹Solidarność›» übe.[71] Der Offizier notierte, Mehlhorn habe eine Mitarbeit in den Kampfgruppen prinzipiell abgelehnt. Des Weiteren wurden umfangreiche Auskünfte zu seiner familiären Herkunft, seiner Ehefrau sowie zu seinen Verbindungen ins In- und Ausland, vor allem nach Polen, zusammengetragen.

Die Geheimpolizei registrierte in der nachfolgenden Zeit sämtliche politisch-relevanten Kontakte von Mehlhorn. Über die monatlichen Buchlesungen existieren, jeweils im Grad der Berichterstattung unterschiedliche IM-Berichte. Rechtspolitisch wurden diese illegalen Lesungen vom MfS nicht sehr hoch eingestuft. Dagegen sind Mehlhorns Aktivitäten im Umfeld der IFM, der er selbst nicht angehörte, etwa im «Deutschland-

Polen

OV «Knacker»: Ludwig Mehlhorn (ganz links in der Vierergruppe) wird am 24. Juni 1987 bei einem Treffen im Prenzlauer Berg von der Stasi observiert.

politischen Arbeitskreis» um Gerd Poppe, Martin König, Stephan Bickhardt und Martin Böttger, ebenso als politisch bedeutsam eingeschätzt worden wie sein Engagement im Rahmen der Anna-Morawska-Seminare (ab 1985) oder im Zusammenhang mit Samisdat-Produkten in der DDR. Seine vielfältigen Kontakte ins In- und Ausland schlugen dabei zu Buche. Ebenso registrierte das MfS, dass Mehlhorn 1986 zu den Initiatoren eines Offenen Protestbriefes an Erich Honecker zählte, in dem die Freilassung des Vikars Reinhard Lampe, der gegen die Mauer protestiert hatte, gefordert wurde. Schließlich ist sein Offener Brief an die Berliner Bischöfe Martin Kruse und Gottfried Forck als staatsfeindlich eingestuft worden.[72] Der Brief, der die Abgrenzungspraxis nach Außen wie im Inneren der DDR scharf kritisierte, wurde zum Ausgangspunkt der «Initiative Absage an Praxis und Prinzip der Abgrenzung» 1986/87, die wiederum im Spätsommer 1989 den Kern der Bürgerbewegung «Demokratie Jetzt» bildete.[73]

Ludwig Mehlhorn war in der Perspektive des MfS zu einer wichtigen «PID-PUT»-Figur geworden. Er war sowohl Akteur «politisch-ideologi-

V. Opposition und Widerstand. Das «Liebesministerium» in Aktion

scher Diversion» (PID) als auch im «politischen Untergrund» (PUT) tätig, wie das MfS meinte. Daher wurde die OPK «Knacker» im März 1987 in den OV «Knacker» umregistriert.[74] Ermittelt wurde nun gegen ihn wegen Verdachts auf Verstöße gegen die §§ 218 («Zusammenschluss zur Verfolgung gesetzeswidriger Ziele», bis zu 8 Jahre Haft), 99 («Landesverräterische Nachrichtenübermittlung», bis 12 Jahre) und 100 («Landesverräterische Agententätigkeit», bis 10 Jahre) StGB der DDR. Später kamen noch die §§ 219 («Ungesetzliche Verbindungsaufnahme», bis 5 Jahre) und 107 («Verfassungsfeindlicher Zusammenschluss», bis 8 Jahre) hinzu. Sämtliche operativen Maßnahmen (Postkontrolle, Abhörmaßnahmen, IM-Einsatz, Observation, Zersetzungsmaßnahmen) wurden, wie bereits 1985 festgelegt, beibehalten bzw. intensiviert.

Die letzte, bislang bekannte inhaltsreiche MfS-Analyse ist mit Datum vom 13. März 1989 überliefert.[75] In diesem «Sachstandsbericht» zum OV «Knacker» wird betont, dass Mehlhorn zahlreiche Aktivitäten unternommen habe und aktuell betreibe, um Staat und Gesellschaft in der DDR einschneidend zu verändern. Vor allem die Aktivitäten im Rahmen der «Initiative Absage an Praxis und Prinzip der Abgrenzung» galten als staatsfeindlich, zumal dem MfS nicht entgangen war, dass diese Gruppe gemeinsam mit anderen versuchte, die Arbeit stärker zu vernetzen und nach politisch professionelleren Organisationszusammenhängen suchte. Der hohe Verbreitungsgrad der Samisdat-Erzeugnisse und Offenen Briefe, an denen Mehlhorn beteiligt war, fiel den MfS-Offizieren zudem besonders ins Auge. Dass diese Gruppe westliche Medien intensiv zu nutzen wusste, um ihre Ansichten und Vorschläge zu verbreiten, ließ im MfS die Alarmglocken besonders laut schrillen. Auch die Samisdat-Produkte der «radix-blätter» galten im MfS als staatsfeindlich. Bis zuletzt erfuhr das MfS nicht, wo die Publikationen gedruckt wurden (im Haus der Eltern von Stephan Bickhardt in Berlin-Kaulsdorf) – das wusste auch Ludwig Mehlhorn nicht. Das MfS registrierte darüber hinaus, dass Mehlhorn «grenzüberschreitende Dialogstrukturen» und eine demokratische Öffentlichkeit anstrebte, den allgemeinen Menschenrechten in der DDR reale Gültigkeit verschaffen wollte und dabei darauf setzte, Organisationen und Bürgerinitiativen zu gründen, «die noch keine Parteien darstellen sollen».[76] Deutlich wird hier, dass Ludwig Mehlhorn von den konspirativen Methoden der 1970er Jahre längst wie die meisten anderen Oppositionellen Abstand genommen hatte, zugleich versuchte er, die engen rechtlichen Spielräume oder juristisch nicht definierte Räume zu nutzen. Schließlich

Polen

zeigt sich hier exemplarisch, dass die Bildung von Bürgerbewegungen wie «Demokratie Jetzt» eine längere Vorgeschichte in der Opposition hatte als gemeinhin angenommen wird.[77] Daher war es auch kein Zufall, dass Ludwig Mehlhorn zu den Ersten gehörte, die im Frühsommer 1989 nach polnischem Vorbild die Einrichtung von «Runden Tischen» in der DDR forderten.

Für das MfS bestand Klarheit darüber, dass Mehlhorns Reformvorstellungen des DDR-Sozialismus letztlich auf dessen Abschaffung hinausliefen, was eine gesamteuropäische Neuordnung ebenso einschloss wie den Abriss der Mauer. Allerdings konnte die Staatssicherheit angesichts der Problemfülle 1988/89 bezogen auf die ständig wachsende Opposition nur noch selten effektiv und nachhaltig agieren. So registrierte sie zwar, dass Mehlhorn nach dem MfS-Überfall auf die Umweltbibliothek in der Ostberliner Zionsgemeinde im November 1987 und den Verhaftungen und faktischen Ausbürgerungen im Umfeld der Luxemburg-Liebknecht-Demonstration im Januar 1988 an vielen oppositionellen Protest- und Informationsveranstaltungen beteiligt war, einige auch selbst mitorganisierte, aber es konnte diese Aktivitäten kaum noch beeinträchtigen. Wie auch anderen Ostberliner Oppositionellen ist ihm im März 1988 wegen dieser Aktivitäten der Telefonanschluss gesperrt worden, was aber auch ein Eigentor der Stasi darstellte, weil ihr dadurch eine wichtige Informationsquelle verloren ging. Dies wog umso schwerer, da Telefon- und Wohnraumabhörmaßnahmen sowie Postkontrolle die wichtigsten Informationsquellen für die Stasi im Fall von Ludwig Mehlhorn darstellten. Die eingesetzten IM der Hauptabteilung XX/4 konnten bei ihm nur wenig Informationen erarbeiten, die das MfS nicht auch anderweitig bezog. Vor allem im Umfeld der «Aktion Sühnezeichen» sowie im Zusammenhang mit der «Initiative Absage an Praxis und Prinzip der Abgrenzung» lieferten die IM der Hauptabteilung XX/4 Informationen, aber diese waren fast durchweg offenkundig. Denn gerade weil Mehlhorn und diese Initiative so großen Wert auf größtmögliche Transparenz legten, hätten politisch relevante Informationen nur gewonnen werden können, wenn IM im innersten Kreis der «Initiative» platziert worden wären – dies aber gelang nicht, im Gegensatz etwa zur «Initiative Frieden und Menschenrechte» (IFM). Andere IM aber, die zum Beispiel innerhalb der IFM tätig waren, berichteten zwar auch über Mehlhorn, hatten diesen aber nicht so sehr im Blick, weil sie von anderen Diensteinheiten geführt und so deshalb andere personenbezogene Aufträge zu erfüllen hatten. Solche Fehl-

V. Opposition und Widerstand. Das «Liebesministerium» in Aktion

wahrnehmungen führten auch dazu, dass das MfS ohnehin bei der Oppositionsbekämpfung sehr stark auf die «Initiative Frieden und Menschenrechte» konzentriert blieb. Das MfS hoffte auf eine Zersplitterung und damit Schwächung der Opposition, tatsächlich aber war gerade die Breite im Spätsommer 1989 eine enorme Kraft, die eine Sogwirkung nach sich zog, die eine Gruppe oder eine Bewegung wahrscheinlich allein nicht hätte erzielen können. Einer der wichtigsten IM des MfS, Manfred «Ibrahim» Böhme, schrieb denn auch Mitte September in einem Bericht für seinen Führungsoffizier, wobei sowohl die IFM-Fixierung als auch die Hoffnung auf Zersplitterung deutlich wird: «Rechnung geht nicht auf, dass die Initiative sich auflöst oder auseinandergeht.»[78]

Besonders unzufrieden war das MfS bezogen auf Mehlhorn mit der Zusammenarbeit mit den Geheimpolizeien Polens, der ČSSR und der UdSSR, denn von dort erhielt sie offenbar in den letzten zwei, drei Jahren gar keine relevanten Informationen mehr.[79] Warum er ab dem Frühjahr 1987 wieder nach Polen und in andere sozialistische Staaten reisen durfte, erschließt sich aus den MfS-Unterlagen nicht. So konnte Mehlhorn 1988 nach Rumänien fahren – von dort aber waren keine Informationen zu erwarten, weil MfS und Securitate seit 1968 nicht mehr systematisch zusammenarbeiteten. Die Stasi erfuhr erst von einigen Begegnungen Mehlhorns dort, als dieser am 15. November 1988 anlässlich des internationalen Rumänien-Tages auf einer Veranstaltung in der Ostberliner Gethsemanekirche, die er gemeinsam u. a. mit Gerd Poppe, Reinhard Weißhuhn, Marianne Birthler, Peter Grimm, Bärbel Bohley, Werner Fischer und Ulrike Poppe vorbereitet und durchgeführt hatte, darüber öffentlich berichtete.[80] Mitte August 1989 veranlassten General Kienberg (Leiter HA XX) und Oberst Wiegand (Leiter HA XX/4), dass Mehlhorn als «Fahndungsobjekt» den zur Stasi gehörenden «Passkontrolleinheiten» gemeldet wurde. Aber dies bedeutete jetzt nur noch, dass seine Reisedokumente und die seiner Begleiter bei eventuellen Reisen ins sozialistische Ausland zu dokumentieren seien und er besonders intensiv vom Zoll zu kontrollieren sei. Diese Maßnahme war zunächst auf ein Jahr befristet – bis zum 31. August 1990.

Die Gründung der Bürgerbewegung «Demokratie Jetzt» im September 1989 ist vom MfS intensiv verfolgt sowie umfangreich dokumentiert worden. Das überlieferte Schriftgut dazu nimmt angesichts des kurzen Zeitraums beträchtliche Ausmaße an. So sind viele Briefe, die an die DJ-Gründer gerichtet bzw. von diesen an andere geschrieben worden sind, im Rah-

Keine Bilanz

men einer intensiven Postkontrolle von Mehlhorn, Stephan Bickhardt, Ulrike Poppe, Hans-Jürgen Fischbeck und den anderen Initiator/innen kopiert oder gänzlich einbehalten worden. Die meist unbekannten Bürger und Bürgerinnen, die sich an sie wandten, sind noch bis Ende November 1989 vom MfS «aufgeklärt», d. h. ermittelt und überprüft worden. Etwa drei Wochen nach dem von der Gesellschaft erzwungenen Mauerdurchbruch stellte das MfS die Bearbeitung von Ludwig Mehlhorn notgedrungen ein.

Am 27. November 1989 legte Oberst Wiegand seinem Vorgesetzten Generalleutnant Kienberg eine Beschlussempfehlung vor, die aus einem Satz bestand: «In Abstimmung mit der HA XX/AKG wird vorgeschlagen, den Operativen Vorgang (OV) ‹Knacker›, Reg.-Nr. XV 2746/85 sowie den Beschluss zum Anlegen des OV bei der Abteilung XII des MfS zu löschen.»[81] Kienberg bestätigte den Vorschlag. Am 1. Dezember folgte ein Stempel: «gelöscht». Die OV-Akte «Knacker» war vernichtet worden.

Keine Bilanz

Dieser knappe Abriss, wie der Staatssicherheitsdienst von Anfang bis Ende Widerstand und Opposition bekämpfte und verfolgte, ist sehr unvollständig. Er zeigt aber, dass sich die Formen der MfS-Methoden wandelten, dass die Brutalität nach dem Mauerbau zusehends schwand, ohne jemals gänzlich aufzuhören. Die MfS-Untersuchungshaftanstalten blieben «ungemütliche» Orte. Aber auch hier gab es Veränderungen. Als das MfS das Kellergefängnis Hohenschönhausen 1951 von der sowjetischen Besatzungsmacht übernahm, glich es einem Vorhof zur Hölle. 1960 war ein Neubau von Häftlingen fertig gestellt, der symbolisch auch eine beginnende neue Methode anzeigte, die nicht nur typisch für die zentrale MfS-Untersuchungshaftanstalt Berlin-Hohenschönhausen werden sollte, sondern für die Stasi insgesamt. Physische Folter ging stark zurück, stellte ab den 1970er Jahren eine Ausnahme dar. Hingegen waren die MfS-Vernehmer der «Linie IX» («Untersuchungsführer») nun immer besser geschult und ausgebildet.[82] Sie kannten psychologische Methoden, um die Häftlinge zu brechen, bei längst nicht allen aber hatte dies Erfolg. Niemand hat dies so anschaulich, analytisch und eindringlich geschildert wie Jürgen Fuchs, der unmittelbar nach seiner erzwungenen Abschiebung aus Hohenschönhausen nach West-Berlin dies in seinem Buch «Verneh-

V. Opposition und Widerstand. Das «Liebesministerium» in Aktion

mungsprotokolle» (1978) niederlegte.[83] Die hohe Authentizität verbunden mit einer scharfen Analysegabe zeichnet dieses Buch aus und macht es zu einer Quelle, die das Verhalten von Vernehmer und Häftling offenlegt. Denn über das Innere der Vernehmenden erfahren wir in aller Regel aus den Quellen weitaus weniger. Der Spielfilm «12 heißt: Ich liebe Dich» mag zwar auf einer wahren Geschichte basieren,[84] verzerrt aber die allgemeine Realität. Darin wird geschildert, wie eine Dissidentin und ein MfS-Vernehmer sich während der Verhöre ineinander verlieben und sich nonverbal verständigen. Sie wird zu einer Haftstrafe verurteilt, er bleibt Stasi-Vernehmer. Nach 1989, also ein Zeitalter später, treffen sie sich wieder, ihre Liebe entbrennt erneut und sie heiraten. So erzählen die realen Figuren ihr Leben auch. Das mag man alles erklären können, vor allem psychologisch, sogar ohne das «Stockholm-Syndrom» zu bemühen, aber dass der Film das Schicksal des Ehemannes der Verurteilten verschweigt und auch die weitere Tätigkeit des MfS-Offiziers Uwe Karlstedt, seit 1974 MfSler, verharmlost, stößt schon merkwürdig auf. In der Realität wurde Karlstedt 1988 JHS-Diplom-Jurist mit einer Arbeit, in die auch seine Erfahrungen in der Bearbeitung jener Frau einflossen, die seine große Liebe sei.[85]

Aber bei aller Kritik zeigt eben der Film durchaus realistisch, dass die Methoden andere geworden waren. «Hohenschönhausen» blieb ein unwirtlicher Ort, aber weil hier vor allem jene inhaftiert wurden, die entweder in den Westen ausreisen wollten, perspektivisch dorthin abgeschoben würden oder als bekannte Oppositionelle nach ihrer Entlassung in den Osten in Westmedien über ihre Erfahrungen berichten könnten, waren hier die Haftbedingungen *im Vergleich* zu anderen MfS-Untersuchungshaftanstalten und erst recht zum «regulären» Gefängnisbetrieb des MdI ab der zweiten Hälfte der 1970er Jahre stärker an den selbst fixierten normativen Regeln orientiert.[86]

Neben den MfS-Untersuchungshaftanstalten und den konkreten Haftbedingungen kamen auch Urteilsbegründungen und Urteile zu kurz, die in politischen Strafprozessen nicht selten Ausarbeitungen der Staatssicherheit folgten. 52 juristisch von DDR-Gerichten sanktionierte Hinrichtungen erfolgten aus eindeutig politischen Gründen, insgesamt sind 166 Todesstrafen vollstreckt worden, die meisten davon, 64, wegen NS-Verbrechen. Auch das gesamte Reservoir an Zersetzungsmaßnahmen,[87] wie sie angewandt und umgesetzt wurden und vor allem welche Folgen diese für die Betroffenen hatten, konnte nur knapp angerissen werden.[88] Zwar ist das Stichwort «Sippenhaft» mehrfach gefallen, aber die eigent-

Keine Bilanz

liche Dimension blieb unerwähnt. Auch die größte Gruppe unter den politischen Häftlingen blieb unbeachtet: Flüchtlinge, die gefasst wurden oder deren Absichten verraten worden sind. So ließe sich die Liste fortsetzen, die umfangreich werden würde.

Die Geschichte von Opposition und Widerstand lässt sich ohnehin nicht nur auf der Grundlage von MfS-Dokumenten schreiben. Zwar finden sich in den Akten auch zahlreiche Selbstzeugnisse, Briefe, Tagebücher, theoretische Ausarbeitungen, aber vieles findet sich auch nicht. Und vor allem gerät man allein mit MfS-Akten schnell in die Gefahr, Perspektiven und Einschätzungen der Geheimpolizei in die historische Analyse zu übertragen. Nicht zu vergessen dabei, dass das MfS vieles nicht aufklären konnte, wie der «Prager Frühling» zeigte. Und so lassen sich deshalb allein mit diesen Akten viele Zusammenhänge und Verbindungen nicht herstellen.[89]

Opposition hatte immer viele, zum Teil widersprüchliche Erscheinungsformen. Gerade mit jüngeren Personen ging die Staatssicherheit in den 1980er Jahren weniger zimperlich um. Die bekannten Oppositionellen standen im Fokus der Aufmerksamkeit, sind rund um die Uhr bewacht und umfangreich zersetzt, zum Teil außer Landes verfrachtet worden. Aber dennoch fürchteten SED und MfS immer wieder die westliche Medienöffentlichkeit, die auch nach Abschiebungen wie von Roland Jahn 1983, damals außerhalb Jenas noch relativ unbekannt, oder nach den Abschiebeaktionen im Februar 1988 von Hirsch, Bohley, Templins, Fischer, Wollenberger u. a. sofort berichtete. Gerade wegen dieser Reaktionen blieben solche spektakulären Zugriffe in den 1980er Jahren eher Ausnahmen. Anders hingegen gingen sie vor, wenn es um in der Öffentlichkeit unbekannte Personen ging. Wolfram Hasch, der seit seinem 16. Lebensjahr unter MfS-Kontrolle stand, und einige seiner Freunde etwa wurden nur zwei Tage, nachdem Ulrike Poppe und Bärbel Bohley wegen des hohen internationalen Protestes am 24. Januar 1984 aus der Untersuchungshaft entlassen worden sind, in Weimar festgenommen. Sie hatten verschiedene Aktionen unternommen und wollten Flugblätter verteilen, um zum Wahlboykott aufzurufen. Hasch erhielt 2,5 Jahre Gefängnis. Schwache westliche Proteste saß die SED-Führung aus. 1985 konnte Hasch nach West-Berlin ausreisen. Im November 1986 ist er erneut festgenommen worden. Mit vier Freunden hatte er auf der westlichen Seite der Mauer begonnen, einen weißen Strich zu malen, um gegen die Mauer und um gegen die Umgestaltung der Mauer auf westlicher Seite in eine öffentliche

V. Opposition und Widerstand. Das «Liebesministerium» in Aktion

Galerie zu protestieren. Er wurde dabei kurzerhand auf die Ostseite gezogen und erhielt drei Jahre Haft im MfS-Sondergefängnis Bautzen II. Am 18. Juni 1987 fuhr ihn Anwalt Vogel zurück nach West-Berlin – diesmal hatten westliche Proteste sehr geholfen.[90] Bei Thomas Kretschmer war dies ganz ähnlich. 1973 wollte er in die Bundesrepublik fliehen, wurde festgenommen und erhielt 15 Monate Jugendhaft. Im November 1980 verweigerte er gerade eingezogen den Wehrdienst. Nach sechswöchiger Untersuchungshaft und einer Bewährungsstrafe, er hatte die Totalverweigerung zurückgezogen, ist er zu den Bausoldaten gekommen. Dort vertrat er «offensiv seine pazifistische Haltung, propagierte Solidarität mit Solidarność und der sich in der DDR entwickelnden Friedensbewegung. Kurz vor Ende seiner anderthalbjährigen Dienstzeit wurde er deshalb Anfang 1982 erneut verhaftet, ins Untersuchungsgefängnis des MfS nach Berlin gebracht und im Herbst 1982 zu viereinhalb Jahren verurteilt.»[91] Im Juli 1985 kam er vorzeitig frei – Amnesty International hatte ihn zum «Gefangenen des Jahres» erklärt. Einer der letzten aus politischen Gründen Verurteilten war Martin Rohde. Wegen einer Protestaktion Anfang Juli 1989 verurteilte ihn am 22. September 1989 das Kreisgericht Frankfurt/O. zu 14 Monaten Gefängnis.[92] Für ihn wurde die Revolution zu einer doppelten Befreiung: im Dezember kam er wirklich frei.

VI.
1989/90 UND DIE FOLGEN: SCHLUSSBEMERKUNGEN

Die Revolution von 1989 befreite nicht nur die Gesellschaft, riss die Mauer ein und ermöglichte die Wiedervereinigung Deutschlands, auch dem Ministerium für Staatssicherheit beschied sie ein abruptes Ende. Vergeblich hatte das MfS versucht, die Opposition einzuschränken, die Ausreisebewegung einzudämmen und die Fluchtwelle zu verhindern. Der Hauptgrund dafür lag darin, dass die SED selbst immer weniger handlungsfähig war, immer konzeptions- und kopfloser agierte und so auch die Stasi als ihr Instrument immer weniger in der Lage war, nach einem klaren Muster zu handeln. Das beförderte in der Institution selbst erhebliche Motivationsprobleme – auch wenn die meisten Stasi-Mitarbeiter wohl nicht mit so einem raschen Ende ihres Ministeriums und ihres Staates gerechnet hatten. Aber als Teil der Gesellschaft war ihnen natürlich bewusst, dass es viele Mängel und Probleme gab, die hätten gelöst werden müssen. Zugleich aber beförderte die tiefgreifende Wirtschafts- und Gesellschaftskrise eine immer stärkere Abwendung breiterer Gesellschaftskreise vom System, was allein angesichts dieser Massen die Geheimpolizei und ihre Auftraggeberin, die SED, vor eine praktisch unlösbare Aufgabe stellte. Die Problemlage war kaum überschaubar, sehr komplex und nicht mehr zu beherrschen. Daher bröckelte der Legitimationsglaube ans System auch in den Herrschaftsinstitutionen selbst, wozu das Ministerium für Staatssicherheit gehörte. Hinzu kam die Krise im gesamten Machtbereich Moskaus, die auch im MfS erhebliche Verunsicherungen beförderte. Die Zusammenarbeit mit den anderen Diensten Osteuropas war schon in den letzten Jahren immer brüchiger geworden, die Stasi zeigte sich sehr unzufrieden damit. Im Sommer 1989 hörte die ungarische Staatssicherheit sogar auf, mit ihr zu kooperieren und übergab keine gefassten Flüchtlinge mehr. Die alten Männer in der Führungsriege von SED und MfS waren buchstäblich am Ende. Honecker laborierte an den Folgen einer schweren Erkrankung, sein Zögling Krenz war nur jünger, nicht besser. Krenz putschte Honecker nach den Regeln kommunistischer Herrschaftstechni-

VI. 1989/90 und die Folgen: Schlussbemerkungen

ken vom Thron, behielt diesen aber selbst nur ein paar Wochen.[1] Der alte Klassenkämpfer Mielke hatte am 17. Oktober 1989 in der SED-Politbürositzung gesagt: «Wir können doch nicht anfangen, mit Panzern zu schießen.» Nach fast 60 Jahren Kampf an allen möglichen Fronten gab er sich geschlagen. Als er auch noch am 13. November 1989 seine berühmte Volkskammerrede hielt und erklärte, doch alle zu lieben, begann auch das MfS endgültig auseinanderzubrechen. Heftig verunsichert waren die Mitarbeiter ohnehin schon seit einigen Tagen – die Vernichtung der Akten in den Kreisdienststellen, aber nicht nur dort, hatte begonnen. Mielkes Rede schockte seinen gesamten Apparat, «draußen» sorgte sie für befreite Lachstürme. Er hatte etwas ganz anderes gemeint als alle seither zu wissen glauben. Seine Bemerkung zielte allein auf ein paar Volkskammerabgeordnete, die nicht mehr mit «Genossen» angesprochen werden wollten, weil sie Mitglieder einer Blockpartei waren. Denen wollte er korrekterweise zurufen, es ist doch egal, ob ich euch mit «Genossen und Genossinnen» oder «Damen und Herren» anrede, dass war euch doch bis vor vier Tagen auch noch egal.[2] Und Mielke hatte Recht, als er sagte, sein Ministerium habe doch auf Missstände, Gefahren und Unzulänglichkeiten hingewiesen. Das wusste damals außerhalb der Parteiführung und der MfS-Spitze so niemand, weshalb die meisten im Land erheitert mit dem Kopf schüttelten. Nach der Öffnung der Archive wurde bekannt, dass Mielke nicht gelogen und sein Ministerium tatsächlich Vorschläge eingebracht hatte, die meist unberücksichtigt blieben oder sich nicht umsetzen ließen. Das System wollte er weder grundlegend verändern noch gab es dafür überhaupt einen Rahmen und die Möglichkeiten. Aber er fand es einfach ungerecht, nun auf einmal mit seiner Institution als Hauptursache der Misere hingestellt zu werden. Sein verunglückter Auftritt kam aber einer Steilvorlage gleich, die vor allem SED und dann PDS zu nutzen suchten, um das MfS für vieles in der DDR verantwortlich zu machen.

Die Geheimpolizei stand schon zuvor im Fokus – bei den Demonstrationen, in den Aufrufen oder Erklärungen ging es ab September auch immer um die Stasi: Sie sollte in die Produktion. Als tatsächlich Ende November die Ersten entlassen wurden, vor allem jüngere Mitarbeiter, gab es neue Proteste. In der Produktion wollte sie niemand haben, Belegschaften kündigten ab Januar Streiks an, sollten Stasi-Leute bei ihnen eingestellt werden. SED, MdI, NVA, Zoll, Volksbildung, Grenztruppen, Postämter und Räte öffneten dagegen ihre Tore. Als dort die Entlassungen 1990 begannen, waren die MfSler jedoch die Ersten, die erneut gehen mussten.

VI. 1989/90 und die Folgen: Schlussbemerkungen

Auf die Umbenennung in «Amt für Nationale Sicherheit» reagierte der Volksmund mit «Nasi». Gysi hatte sich noch Anfang 1990 für den Fortbestand der Stasi eingesetzt.

Am 15. Dezember 1989 gab es in Neubrandenburg eine neuartige Demonstration: etwa 700 NVA- und MfS-Angehörige forderten, in die Gesellschaft aufgenommen zu werden.

Ab Oktober 1989 zogen Demonstranten auch an MfS-Kreisdienststellen und Bezirksverwaltungen vorbei und forderten lautstark das Ende der Geheimpolizei. Insgesamt kam es zwischen dem 8. Oktober und 20. November in 83 Städten vor MfS-Dienststellen zu rund 150 Demonstrationen, Kundgebungen oder sonstigen Ansammlungen. In Naumburg stellte sich wahrscheinlich erstmals ein Kreisdienststellenleiter am 19. November dem Gespräch mit Demonstranten. Seit Mitte Oktober bereitete sich das MfS auf eventuelle Erstürmungen ihrer Einrichtungen vor. Am 21. Oktober schrieben Rostocker Offiziere erstmals einen Text, der bei einer Belagerung ihrer Einrichtung vorgetragen werden sollte. Ab Mitte November verfügte jede MfS-Einrichtung über mehrere Varianten von Texten, die für Belagerungen, Erstürmungen oder andere als bedrohlich angesehene Entwicklungen mittels Megaphonen verbreitet werden sollten. Waffen sollten nur bei lebensbedrohlichen Angriffen eingesetzt werden.

VI. 1989/90 und die Folgen: Schlussbemerkungen

Mit einer Medienoffensive versuchte das MfS sein Image aufzupolieren. Am 4. November erschienen in der SED-Bezirkspresse erstmals Interviews mit den Stasi-Chefs von Rostock und Karl-Marx-Stadt. In den folgenden Tagen gab es ähnliche Erklärungen in fast allen anderen Bezirken. Im «Neuen Deutschland» äußerte sich am 6. November mit Rudi Mittig einer der Stellvertreter Mielkes. Der Tenor war stets gleich: Man schütze die DDR, von einer flächendeckenden Überwachung der Bevölkerung könne keine Rede sein, der Gegner sitze im Westen, man wolle den Dialog und habe nichts gegen eine öffentlich-parlamentarische Kontrolle einzuwenden.

Am 21. November eilte Hans Modrow als neuer SED-Ministerpräsident in die MfS-Zentrale in der Normannenstraße, um Wolfgang Schwanitz als neuen Minister des nunmehrigen «Amts für Nationale Sicherheit» einzuführen. Die Umbenennung erfolgte, um den in der Bevölkerung verhassten Namen zu tilgen. Modrow erklärte, er müsse eine neue Politik betreiben, habe aber keine Vorarbeiten des Apparates zur Verfügung. Er und Schwanitz verbreiteten in ihren Ansprachen die alten Feindbilder. Schwanitz meinte scharfsichtig: «...es steht wirklich viel auf dem Spiel, es steht auf dem Spiel unsere Macht, darüber darf es keine Illusionen geben.» Das MfS habe nur eine Überlebenschance, wenn es seine Arbeit ändere. Schwanitz: «Wir müssen uns trennen von der operativen Bearbeitung Andersdenkender. Wir müssen uns in diesem Zusammenhang trennen von solchen Begriffen wie politisch-ideologische Diversion, politische Untergrundtätigkeit, politische Kontaktpolitik (Kontakttätigkeit usw.) beziehungsweise müssen diese Begriffe neu wissenschaftlich durchdacht werden.» Er sagte auch: «Entscheidend ist, verfassungsfeindliche Pläne und Aktivitäten möglichst frühzeitig aufzudecken. Die operative Arbeit ist darauf auszurichten, Verfassungsfeinde zu erkennen. Genossen, wir müssen in dieser Richtung unsere IM-Arbeit wieder aktivieren. Aber natürlich bei Gewährleistung strengster Geheimhaltung und Konspiration. Uns darf in dieser Situation keine einzige Panne passieren.» Er unterstrich, dass es gelte, die Legitimation «eines Amtes für Nationale Sicherheit in der Öffentlichkeit nachzuweisen», wozu es erforderlich sei, «dass wir Ergebnisse in der Feindbekämpfung erreichen».[3] Wie ernst es Modrow, Schwanitz, die SED-Führung wirklich meinten, zeigte sich schon zwei Tage später. Am 23. November beschloss der Ministerrat erste Überlegungen zum Staatshaushalts- und Volkswirtschaftsplan 1990. Der gigantische Anteil der Haushaltstitel für das MdI,

VI. 1989/90 und die Folgen: Schlussbemerkungen

das MfNV und das MfS sollten um nicht einmal acht Prozent gekürzt werden.

In den Tagen nach Modrows und Schwanitz' Erklärungen sind diese innerhalb des MfS allen Mitarbeitern nahegebracht worden. Sie mobilisierten tatsächlich den Apparat, erzeugten neue Kampfeslust und vertrieben die Amtsdepression – für wenige Tage. Intern rechneten die Offiziere zusammen, dass sie vierzig bis fünfzig Prozent ihrer IM (also etwa 40–50 000) weiter nutzen könnten. Der hauptamtliche Mitarbeiterbestand sollte reduziert werden, auch sollten das Amt eine neue interne Struktur erhalten und die Kreisdienststellen entfallen, aber die Pläne konzipierten mit dem «neuen» Amt nur einen MfS-Klon.[4] Abgesehen von neuen Desinformationskampagnen, die SED und MfS initiierten, etwa über angebliche Brutalität ihren Mitarbeitern gegenüber, versuchten sie die künftige Legitimationsgrundlage des Amts auf zwei Säulen aufzubauen: verstärkte Spionage gegen die DDR und vom Westen importierter Rechtsradikalismus/Neofaschismus.

Bereits am 4. und 6. November 1989 ergingen Befehle, Akten und Karteien gezielt zu vernichten und die Unterlagen aus den Kreisdienststellen in die Bezirksverwaltungen zu überführen, weil sie dort besser geschützt werden könnten. Am 14. November konkretisierten ranghohe Offiziere, wie und was vordringlich vernichtet werden solle. Wie viele Akten seit Anfang November beseitigt wurden, lässt sich nicht sagen. Das Hauptziel bestand darin, IM zu schützen und zu verschleiern, in welchem Ausmaß die Gesellschaft überwacht worden ist.[5] MfS-Mitarbeiter vernichteten seit Anfang November hunderttausende Dokumente, wenn sie auch an die Grenzen der maroden Volkswirtschaft gelangten. Niemand war auf eine solch umfassende Aktion vorbereitet, die Vernichtungsmaschinen bewältigten die Masse nicht, zusätzliche Technik stand nicht zur Verfügung – ein Grund, warum heute aus etwa 16 000 Säcken sogenanntes vorvernichtetes (mit der Hand mehrfach zerrissenes) Aktenmaterial zusammengefügt werden kann.

Die Wut der Menschen steigerte sich von Tag zu Tag, weil immer mehr Details über die Machenschaften der Funktionärskaste bekannt wurden. Das MfS setzte nicht nur Aktenvernichtungen in großem Maßstab durch, es beseitigte auch Technik in zivilen Institutionen, die es zur Überwachung und Bespitzelung verwendet hatte. «Der 8. November 1989 bedeutete das Ende der Telefonaufzeichnungen. Am 9. Dezember 1989 stellte die Abteilung 26 (Telefonüberwachung) ihre Arbeit endgültig ein.»[6] Erst

VI. 1989/90 und die Folgen: Schlussbemerkungen

bei jüngsten Forschungen stellte sich heraus, dass auch die Abteilung 26 auf eine neue Art aus dem Ruder gelaufen war – einige arbeiteten trotz der Befehlslage gewohnheitsmäßig einfach weiter und hörten auch nach dem Mauerfall noch einige Zeit weiter ab. Die Hauptabteilung III, zuständig u. a. für das Abhören der Telefongespräche nach und in West-Berlin und der Bundesrepublik, arbeitete ohnehin weiter, betroffen waren davon nicht nur Bundesregierung, Parlament oder Berliner Senat, sondern auch DDR-Bürger, wenn sie mit Personen in der Bundesrepublik telefonierten. Die letzten Telefonate hörten MfS-Angehörige Ende Januar 1990 ab.[7] Der BND und sein damaliger Chef, Hans-Georg Wieck, beobachteten das alles sehr genau. Sehr viel bekannt ist nicht darüber, weil bislang nur sehr wenige Akten frei gegeben wurden und es sich überwiegend um Lageberichte handelt, so dass die zugrundeliegenden BND-Quellen nicht offen liegen. Wieck meint, dass sein Dienst unter seiner Leitung sehr gut über die Lage in der DDR in der zweiten Hälfte der achtziger Jahre informiert gewesen sei.[8] Am 23. Januar 1990 ließ er Bundeskanzleramt, Bundespräsidialamt, Verfassungsschutz und wichtige Ministerien wissen, dass zwar die «Kontrollfunktionen» des MfS «weitgehend eingeschlafen» seien, aber der «Bereich Post- und Telefonkontrolle wieder in alter Stärke» arbeite. In den Bezirken Rostock, Gera, Halle, Neubrandenburg, Frankfurt/O. und Karl-Marx-Stadt würde wieder «jeder zweite Brief» geöffnet. «In den anderen Bezirken ist die Öffnungsquote deutlich niedriger; Briefe aus Ostberlin werden offenbar nicht geöffnet.» Dem Mann und seiner Mannschaft fiel offenbar nicht auf, dass dies im Widerspruch zu der Information stand, es würden unentwegt MfS-Mitarbeiter aus dem Dienst ausscheiden, aber kaum noch Arbeit finden und «sich hieraus ein innenpolitisches Unruhepotential [...] (Schatten-Stasi?)» entwickeln könnte.[9] Wie die Stasi noch zu «Friedenszeiten» «jeden zweiten Brief» hätte öffnen können, schien keine Frage zu sein, für die sich die BND-Schlapphüte interessiert haben.[10]

Die Konfusion und Hilflosigkeit der nicht mehr Regierungsfähigen war in der DDR mit allen Händen greifbar, was auf kuriose Weise ein Dokument aus dem Kreis Löbau vom 18. November verdeutlicht. Ein junger Mann hatte am Vortag zweimal in der MfS-Kreisdienststelle angerufen und wortwörtlich gesagt: «An die Wand Ihr Schweine». Er war verärgert darüber, dass die Kreisdienststelle immer noch arbeitete, obwohl in der Öffentlichkeit am Tag zuvor das Gegenteil behauptet worden war. Zunächst zeigt sich, dass entgegen öffentlichen Beteuerungen des MfS min-

VI. 1989/90 und die Folgen: Schlussbemerkungen

destens einzelne Telefonabhöranlagen immer noch funktionierten, denn der junge Mann hatte sich nicht vorgestellt. Das MfS machte ihn ausfindig und sprach verdeckt als Kriminalpolizei mit ihm. Er schrieb anschließend folgende Erklärung: «Am heutigen Tag wurde ich durch einen Mitarbeiter der Kriminalpolizei belehrt, sachlichen Dialog zu führen.»[11] Nur wenige Wochen zuvor wäre er noch zu einer Haftstrafe mindestens wegen «Hetze» und «Herabwürdigung» verurteilt worden.

Eine Bombe ging hoch, als in der Nacht vom 2. zum 3. Dezember der oberste Devisenbeschaffer des SED-Regimes, ZK-Mitglied und Staatssekretär Alexander Schalck-Golodkowski, nach West-Berlin flüchtete und sich den Behörden stellte. Seine Begründung für die Flucht lautete, er habe Angst vor Lynchjustiz. Die Bundesrepublik lehnte es einige Tage später ab, ihn auszuliefern. Schalck-Golodkowski war bis November 1989 in der Öffentlichkeit ein völlig unbekannter Mann. Erst durch einige Fernsehauftritte wurde er prominent. Nur allmählich kam heraus, dass der von ihm geleitete Bereich «Kommerzielle Koordinierung» ein weitverzweigtes, international agierendes Wirtschaftsunternehmen darstellte, das illegal Devisen beschaffte, Hochtechnologie für den Osten besorgte oder am geheimen Waffenhandel beteiligt war.[12] Es war direkt Honecker unterstellt und eng mit dem MfS verzahnt. Schalck-Golodkowski war OibE. Auch seine Stellvertreter waren MfS-Offiziere. Die Flucht des Staatssekretärs empörte die Gesellschaft heftig, die SED-Führung war fassungslos. Aber sie hatte zugleich einen weiteren Sündenbock, dem sie vieles anlasten konnte. Schalck-Golodkowski bewegt noch heute viele Gemüter. Tatsächlich außergewöhnlich ist ein «Schalck» in solchen Diktaturen nicht.[13] Ungewöhnlich war die Größe seines Imperiums mit über 3000 Mitarbeitern in der DDR und zahlreichen anderen Ländern. Noch ungewöhnlicher – nicht nur für die DDR – war seine Effizienz. Seine kriminelle Energie hingegen erregte damals heftig die Gesellschaft, aber sie war, wie wir wissen, systemübergreifend bis heute nicht so ungewöhnlich. Erstmals aber breit sichtbar in der DDR wurde diese am Tag vor seiner Flucht.

Die erste Besetzung eines MfS-Gebäudes fand statt, ohne dass zunächst jemand wusste, dass es sich um ein solches handelte. In Kavelstorf bei Rostock verschafften sich am 2. Dezember 1989 Einwohner Zugang zu einer Halle, in der sie fassungslos ein Lager für den internationalen Waffenhandel entdeckten, insgesamt ca. 80 Waggonladungen, darunter 24 760 Maschinenpistolen. Die Halle gehörte zum KoKo-Bereich. Schalck-Golodkowski suchte das Weite.

VI. 1989/90 und die Folgen: Schlussbemerkungen

In Ost-Berlin sprach am 3. und 4. Dezember Bärbel Bohley mit dem neuen SED-Chef Gregor Gysi und mit Markus Wolf, andere Oppositionelle trafen am 4. Dezember in der MfS-Zentrale Minister Schwanitz. Auch in den nächsten Tagen kam es mehrfach zu solchen Gesprächen mit SED- und MfS-Führungskräften. Diese Oppositionellen glaubten, so Gewalt durch SED und Stasi verhindern zu können. Viele Akteure von allen Seiten haben ständig die Gefahr von Gewaltausbrüchen beschworen, obwohl nirgends dafür ernsthafte Anzeichen existierten. Und selbst die ersten Begehungen von MfS-Einrichtungen wie in Kavelstorf oder einen Tag später von Stasi-Erholungsheimen in Katzenstein (Suhl) und Zeughaus b. Sebnitz (Dresden) verliefen absolut friedlich. Einige Vertreter der Bürgerbewegungen ließen sich von gezielten SED-Meldungen nervös machen.

Am 3. Dezember formulierte das «Neue Forum» eine Erklärung, die am nächsten Tag in einer erweiterten Form als Aufruf mehrerer Oppositionsgruppen herauskam. In dem Aufruf hieß es, Geld werde ins Ausland gebracht, Akten vernichtet und Verantwortliche setzten sich ab. Die Bürger wurden aufgerufen, das zu unterbinden, Kontrollgruppen einzusetzen und Kontrollmaßnahmen einzuleiten. Der Aufruf blieb relativ unbestimmt, verfehlte aber nicht seine Wirkung. Denn ab 4. Dezember begannen beherzte Bürger zu handeln. Aktenkundig zuerst in Rathenow, wo gegen 8.30 Uhr einige Männer und Frauen die MfS-Kreisdienststelle, aber auch die SED-Kreisleitung und das Volkspolizeikreisamt blockierten und Taschen und Autos kontrollierten, um zu verhindern, dass Unterlagen beiseite geschafft würden. Wenige Minuten später, um 8.42 Uhr versammelten sich die ersten Menschen auf Initiative der «Frauen für Veränderung» vor der MfS-Bezirksverwaltung Erfurt. Bald wurden die Zugänge mit Autos blockiert, der Leiter ließ einige Personen ins Gebäude herein, mittags durchbrach ein LKW den Schlagbaum und einige hundert Menschen besetzten das Gebäude. In Erfurt waren am frühen Morgen etwa 4000 Aufrufe des «Neuen Forums» verteilt worden, so dass hier die Mobilisierung schnell erfolgen konnte, zumal am Vorabend eine Massenkundgebung mit etwa 50 000 Teilnehmern stattgefunden hatte.

Rathenow und Erfurt standen am Beginn einer Welle von Begehungen, Besetzungen, Blockierungen und Überprüfungen von MfS-Einrichtungen. Am Vormittag gab ein Stasi-Mitarbeiter im «Berliner Rundfunk» zu, dass Akten vernichtet würden. Zudem kursierten Gerüchte, das MfS würde Unterlagen mit Flugzeugen nach Rumänien verbringen. Die Machthabenden schürten am 4. Dezember erneut Angst vor Gewaltaus-

VI. 1989/90 und die Folgen: Schlussbemerkungen

brüchen: Es war ein Montag und in Leipzig stand die nächste Massendemonstration bevor, die «traditionell» an der Stasi-Bezirkszentrale vorbeizog. Gysi beschwor Bohley, alles zu tun, um Gewalt zu verhindern. Sie rief beim «Neuen Forum» in Leipzig an und sagte: «Das Haus der Staatssicherheit wird besichtigt werden. Und da können paar Leute mit dran teilnehmen. [...] Jetzt hat Gysi nochmals gesagt, es ist eine furchtbare Verantwortung, die da auf euch augenblicklich lastet, aber wenn es heute in Leipzig zu Gewalt kommt, dann haben wir morgen in der DDR eine ganz andere Regierung. [...] Und vielleicht, wenn man dann vorher sagt: ‹Dort ist heute gefilmt worden. Der Reißwolf ist versiegelt. Es wird nichts vernichtet.› Das müsstet ihr mit diesen Leuten da mit durchsetzen. Ich könnte mir vorstellen, dass das erst mal beruhigt. [...] Das Problem ist, dass natürlich die Staatssicherheitsleute in dem Haus sitzen, Angst haben, identifiziert zu werden und dann hinterher gelyncht zu werden. Das müssen also Leute sein, die wirklich vertrauenswürdig sind. [...] Ja, das habe ich jetzt mit Gysi für Leipzig. ... Ja, verstehst du, ... damit ihr das am Anfang der Demo eventuell sagen könnt und sagen könnt, also so und so, auch die Staatssicherheit gehört jetzt uns. Wir haben das und das gesichert, der Reißwolf, also ihr müsst da denn natürlich auch irgendwelche Forderungen anbringen. Vielleicht, dass ihr da noch mal Kontakt aufnehmt überhaupt mit Inneres oder der Stasi, irgendwelchen Leuten. Ich denke, so ein Satz wie ‹Der Reißwolf ist gesichert.› und ‹Es gehen keine Daten verloren und keine Akten.› Das wäre wahrscheinlich jetzt wichtig.»[14] Auch wenn man solche Dokumente und die hier artikulierte Befürchtung eines MfS- und Militärputsches aus der damaligen Zeit heraus verstehen kann und die Akteure sich alle in einem Lernprozess befanden, so zeigte sich doch, dass die seit Anfang November immer mehr um sich greifenden «Sicherheitspartnerschaften» zwischen Staat und Bürgerbewegungen teilweise groteske Züge annahmen. Aber dass Bohley behauptete, die Aktenvernichtungen seien gestoppt, war schon etwas fahrlässig, zumal sie ihre Quelle nicht gerade als absolut vertrauenswürdig ansehen konnte.

Die meisten MfS-Besetzungen waren keine, sondern Begehungen, Versiegelungen und Kontrollgänge. Fast überall erfolgte dies in Zusammenarbeit zwischen spontan gegründeten Bürgerkomitees sowie der Polizei und der Staatsanwaltschaft. Das war eine gute Gewähr dafür, dass die Aktenvernichtungen in den meisten Orten ungehindert weitergehen konnten. Die Modrow-Regierung beschloss überdies am 7. Dezember, sie großflächig fortzusetzen. Zwar verfügte der nunmehrige neue MfS-Amts-

VI. 1989/90 und die Folgen: Schlussbemerkungen

leiter Engelhardt am 15. Dezember einen Vernichtungsstopp, aber auch dieser Befehl blieb ein Papier mit zunächst wenig Folgen. In der MfS-Zentrale in Ost-Berlin hatte es nur ein paar Begehungen gegeben, verschiedene Aufrufe zu Demonstrationen vor der Zentrale und der unweit gelegenen Bezirksverwaltung zeitigten nur schwache Resonanz. Dass das alte MfS funktionierte, belegt eine Ausarbeitung vom 21. Dezember 1989. In gewohnter Manier charakterisierten Stasi-Mitarbeiter intern schriftlich die Oppositionsvertreter am «Zentralen Runden Tisch», was zeigt, dass sie ihre operative Bearbeitung von «Feindpersonen» nicht eingestellt hatten. Am 5. Januar 1990 beteuerte General Engelhardt, die Opposition sei vom Westen gesteuert.

Von den 15 Bezirksverwaltungen waren Mitte Dezember immer noch elf arbeitsfähig, lediglich die in Leipzig, Rostock, Dresden und Erfurt waren weitgehend lahmgelegt. Effektiv war die Auflösung der Kreisdienststellen, deren Arbeit bis Mitte Dezember zum Erliegen kam. Nicht überall aber waren die MfSler kampfesmüde. Die Leiter der Kreisdienststellen des Bezirks Karl-Marx-Stadt tagten gerade, als die Nachricht von der Besetzung der Bezirksverwaltung Erfurts kam. General Siegfried Gehlert, Chef der Bezirksverwaltung, sagte: «Es ist meines Erachtens unverantwortlich jetzt, die Waffen aus der Hand zu geben. […] Wir müssen versuchen, mit den oppositionellen Kräften einen Konsens zu finden, um eben nicht die Waffen aus der Hand zu geben, sondern ihnen zu sagen, also nehmen Sie bitte zur Kenntnis, dass wir noch Waffen besitzen.» Er entließ seine Führungskräfte mit den Worten: «Und handelt so […] als hinge von Euch und Eurem Tun das Schicksal ab der deutschen Dinge bzw. der Dinge der DDR. […] Egal erst mal, ob wir Flaschen abfüllen, als Kraftfahrer arbeiten, in die Justiz gehen, zum Zoll, zur Polizei oder wir gehen, weil wir das Alter erreicht haben, in Rente. Entscheidend ist, nicht wahr, dass keiner sein Parteibuch auf den Tisch legt, trotz alledem. Entscheidend ist, dass die Kollektive jetzt zusammenstehen, auch wenn sie nur Zeitungen lesen und noch einen Block und einen Bleistift in der Hand haben, dort, wo es möglich ist, muss man noch Treffs machen, unter Wahrung der Konspiration, aber wir müssen zusammenstehen, es geht um unsere Partei, es geht um unser Land, es geht um den Sozialismus, es geht um die Erhaltung des Friedens und so möchte ich Euch nach Hause schicken mit Kampfesgrüßen an alle Genossen. Glück auf.»[15]

Nicht nur Gehlert, viele andere im Apparat waren verzweifelt darüber, nicht zurückschlagen zu können. Altkommunist Bernhard Quandt, seit

VI. 1989/90 und die Folgen: Schlussbemerkungen

1923 KPD-Mitglied und die meiste Zeit während der NS-Diktatur in Zuchthäusern und KZ eingesperrt, hielt auf der letzten ZK-Tagung am 3. Dezember vielleicht die emotionalste Rede. Weinend trat der 86-Jährige ans Mikrophon und redete sich in Rage: «Ich bin dafür, Genosse Erich Honecker und Genosse Egon Krenz, wir haben im Staatsrat die Todesstrafe aufgehoben [1987], ich bin dafür, dass wir sie wieder einführen und dass wir alle standrechtlich erschießen, die unsere Partei in eine solche Schmach gebracht haben, dass die ganze Welt vor einem großem, einem solchen Skandal steht, den sie noch niemals gesehen hat.» Ganz zum Schluss seiner Rede sagte er noch fast drohend, ein MfS-Mitarbeiter habe ihn aufgefordert, er solle seine Dienstwaffe abgeben. Zehntausende Funktionäre waren persönliche Waffenträger: «Und ich habe ihm gesagt: Bestelle dem Genossen Schwanitz einen schönen Gruß von mir, die persönliche Waffe kriegst du von mir im Zentralkomitee – (schlägt dabei mehrfach auf das Rednerpult) – die ich bisher zur Verteidigung der Revolution benutzt habe, kriegst du von mir im Zentralkomitee persönlich ausgehändigt.»[16] Anders als noch am 17. Juni 1953, als er sich den Aufständischen persönlich und schon bewaffnet als Chef der SED-Bezirksleitung Schwerin entgegengestellt hatte, gab er nun nach. Andere verzweifelten und brachten sich um, insgesamt aber gab es keine Selbstmordwelle, wie noch heute manche behaupten. Von ranghohen MfS-Offizieren starben in dieser Zeit durch Suizid die Leiter von Bezirksverwaltungen Gerhard Lange (Suhl, 30. 1. 1990), Horst Böhm (Dresden, 21. 2. 1990) und Peter Koch (Neubrandenburg, 3. 5. 1990).

Einen Tag nach den begonnenen Besetzungen beschlossen mehrere MfS-Diensteinheiten, ihre Arbeit umzustellen und künftig so zu arbeiten, als würden sie im «Operationsgebiet», also wie im Westen unter verschärften Feindbedingungen im Untergrund agieren. Irgendwie hört sich das zwar etwas durchgeknallt an, war aber nach vierzig Jahren, in denen sie unentwegt beteuerten, der Westen sei an allem Schuld und würde gegen sie alles steuern, auch wieder logisch. Sie agierten jetzt im Feindesland. Am 9. Dezember ging von der Bezirksverwaltung Gera ein Fernschreiben an zentrale Staatseinrichtungen heraus, in dem die Verfasser zur unverzüglichen Wiederherstellung der alten Ordnung aufriefen.[17] Von vielen anderen MfS-Stellen kamen ähnliche, aber nur selten so radikale Schreiben. Die Frage, warum die MfSler nicht selbstständig zurückschlugen, ist leicht zu beantworten: Dazu waren sie nicht in der Lage, weil weder die SED-Führung noch die MfS-Leitung klare Befehle erteilten. Und dazu hatten die

VI. 1989/90 und die Folgen: Schlussbemerkungen

meisten Stasi-Leute auch keine Lust mehr, sie fühlten sich selbst verraten durch die Offenbarungen der letzten Wochen. Das MfS war prinzipiell bis Anfang November voll einsatzfähig und einsatzbereit, massenhaft ließ die Motivation erst in dem Moment nach, als die ersten Aktenvernichtungsbefehle eintrafen. Weder ein relevanter Anstieg in den Disziplinarstatistiken war zuvor festzustellen noch wurden vor November im Apparat ansatzweise kritische Debatten *über die Funktion* des MfS als zentrales Überwachungs-, Verfolgungs- und Kontrollorgan für eine ganze Gesellschaft geführt. Es mag daran gelegen haben, dass Einzelne, die so etwas im Sinn hatten, Angst vor harten Bestrafungen hatten, vor allem aber lag es daran, dass kaum jemand auf so eine Idee kam. Viele MfS-Mitarbeiter zeigten sich seit Sommer 1989, ausgelöst durch die Fluchtwelle, durchaus verunsichert. Nicht wenige hatten nun aber mehr Zeit zum Nachdenken – zahlreiche IM befanden sich unter den Flüchtlingen, fast alle jedoch ohne Auftrag. Auch in den bundesdeutschen Botschaften Prags und Warschaus, operativ eigentlich eine außerordentlich günstige Situation, hatte die Stasi unter den Flüchtlingen weder aktive IM noch offenbar Kader platziert, die sich auf diese Weise als «Schläfer» in der Bundesrepublik hätten etablieren können. «Politisch-operativ gesehen» müssten sich die «leitenden Genossen» heute auf ihren Kameradschaftsabenden solche krassen Verfehlungen eigentlich gegenseitig vorwerfen, statt darüber zu lamentieren, wie schlimm alles gekommen sei und der Klassenfeind sie mit unwürdigen Renten abspeise. Aber genau weiß ja niemand, ob sie nicht doch regelmäßig durchspielen, wie sie den Laden hätten retten können.

Viele IM waren durch die Ereignisse enorm verunsichert. Entpflichtungsgesuche Hauptamtlicher sind bis Oktober aus politischen Gründen nur ganz wenige bekannt, IM hingegen kündigten ihre Bereitschaft zur Zusammenarbeit offenbar unentwegt auf. Eine Größenordnung anzugeben ist nicht möglich. Aus einzelnen Kreisen kann man nicht auf das ganze Land schließen, aber es war offenbar überall ein Problem, wovon auch allgemeine interne Analysen ohne Zahlenangaben berichten. Aber genauso haben nicht wenige IM gerade von September bis Anfang Dezember ihre Bereitschaft bekräftigt, auch künftig zur Zusammenarbeit bereit zu sein – und fleißig Berichte geliefert. Beide Erscheinungen sind weithin unerforscht.

Den bürgerbewegten Besetzern, Kontrolleuren und Auflösern, auch unter ihnen befanden sich nicht nur hehre Helden und stasifrei war das alles «natürlich» auch nicht, war am Anfang zumeist nicht klar, was sie er-

VI. 1989/90 und die Folgen: Schlussbemerkungen

obert hatten. Als in Dresden am Abend des 5. Dezember etwa 5000 Menschen die Bezirksverwaltung besetzten, fielen ihnen Unterlagen in die Hände, die das Ausmaß der gesellschaftlichen Unterwanderung durch das MfS andeuteten. Sie fanden u. a. die IM-Akte von Manfred Rinke alias IM «Raffelt». Manfred Rinke arbeitete seit 1968 als IM, Anfang 1985 wurde er hauptamtlicher IM, zum 31. Dezember 1988 erfolgte eine «operative Individualisierung». Er erhielt von der Geheimpolizei eine Invalidenrente und Überbrückungsgeld. «Raffelt» war eine DDR-weit bekannte Szenegröße. Er tauchte praktisch überall auf, war in der Opposition fest verankert und deshalb einer der wichtigsten IM für das MfS überhaupt. Das entlohnte ihn mit jährlich weit mehr als 10 000 Mark zuzüglich Prämien, Sachgeschenken und begehrten Eintrittskarten. Er war so etwas wie Harry Schlesings kleiner Bruder in der Honecker-Ära, wenn auch sein IM-Weg längst nicht so «erfolgreich» war.[18]

Das alles wussten die Besetzer damals noch nicht, aber offenbar erahnte jemand angesichts des Akten-Umfangs, was ihm da in die Hände gefallen war. Eine Person schrieb auf ein Dokument dieser Akte mit einem grünen Stift: «Eine Schweinerei von 1000ten. [Name] 5. 12. 89 Erstbesetzer dieser BV». Und auf ein anderes Blatt, wo es um die Entpflichtung von Rinke ging: «auch uns Auflösern – NF bekannt, ab 5. 12. 89».[19]

Modrows Beschluss zur Auflösung des MfS vom 14. Dezember war nur eine kosmetische Operation. Er wollte die Organisation etwas verkleinern und in einen «Verfassungsschutz» und «Nachrichtendienst» aufteilen. Der Öffentlichkeit wurden deshalb Mitte Dezember und Anfang Januar technische Geräte präsentiert, die zur Spionage geeignet seien und westlichen Geheimdiensten gehörten. Man habe sie gerade durch die intensive und erfolgreiche Arbeit entdeckt. Niemand konnte ahnen, dass das MfS diese Utensilien bereits im Dezember 1988 und im Februar 1989 aufgespürt hatte. Aber für solche Räuberpistolen hatte damals ohnehin kaum jemand Zeit.

Eine andere Offensive war erfolgreicher. Am 16. November beschloss das MfS, seine Arbeit stärker auf die Bekämpfung des Neofaschismus auszurichten. Bis 1987 hatten SED und MfS diesen völlig unterschätzt – obwohl es zu jeder Zeit der DDR solche Erscheinungen gab. Zu einer regelrechten jugendlichen Subkultur aber wurde das erst in den 1980er Jahren. Am 28. November 1989 schlugen Ehrenfried Stelzer, Chef der Sektion Kriminalistik und OibE, und Loni Niederländer, Anfang 1988 Verfasserin einer im Auftrag von MdI und MfS geschriebenen (erstaunlichen) Jugend-

VI. 1989/90 und die Folgen: Schlussbemerkungen

studie,[20] dem langjährigen Chef der Sicherheitsabteilung im ZK, Wolfgang Herger, vor, ein «antifaschistisches Koalitionsprogramm» zu entwerfen, «das uns im Lande und international Respekt und Vertrauenszuwachs einbrächte.»[21] Zu diesem Zeitpunkt berichteten die immer noch weitgehend von der SED gelenkten Medien ständig über neofaschistische Umtriebe in einem Ausmaße, als stünden Neo-Nazis vor der Machtübernahme. Als Ende Dezember unter ungeklärten Umständen auf das sowjetische Ehrenmal in Berlin-Treptow mehrere antikommunistische Sprüche gesprayt wurden, deutete die SED, die sich nun PDS nannte, diese als «faschistisch». Parteichef Gysi und Ministerpräsident Modrow forderten eine antifaschistische Einheitsfront. Am 3. Januar 1990 versammelten sich bis zu 250 000 Menschen am Ehrenmal und protestierten gegen Neofaschismus. Zehntausende skandierten «Verfassungsschutz, Verfassungsschutz», meinten damit das MfS, und zum Abschluss sang die Parteiversammlung die «Internationale».

Aber auch das nützte nichts. Im ganzen Land forderten Demonstranten immer radikaler das endgültige Aus der Geheimpolizei. Die Bürgerkomitees zur Auflösung des MfS, die sich am 4. Januar erstmals in Leipzig zu einer Koordinierungsrunde trafen, verfügten über hohen moralischen Kredit, die Regierungsbeauftragten zur MfS-Auflösung über gar keinen. Am 11. Januar demonstrierten 20 000 Menschen vor der Volkskammer gegen das MfS, einen Tag später organisierte das Bürgerkomitee Erfurt eine Blockade der Volkskammer, hunderte Ostberliner Taxifahrer unterstützten mit einem Hupkonzert die Forderung, keinen neuen Verfassungsschutz aufzubauen. Erzürnt zeigten sich viele Menschen auch darüber, dass die MfS-Angehörigen von der Modrow-Regierung mit großzügigen Überbrückungsgeldern bedacht wurden. Was sie nicht wussten, war, dass die Geheimpolizei seit Ende November sehr großzügig und weit über die bislang übliche Praxis hinaus Auszeichnungen verteilte, die mit Geld- und hochwertigen Sachprämien verbunden waren. In deren Genuss kamen nicht nur hauptamtliche Mitarbeiter, sondern auch zahlreiche IM. In vielen Orten verweigerten Handwerker wiederum MfS-Angehörigen ihre Dienste und nicht wenige Kinder von Stasi-Offizieren erfuhren in Schulen, wie verhasst die Tätigkeit ihrer Eltern war, was sich nun zuweilen an ihnen entlud.

Das «Neue Forum» rief am 8. Januar für den 15. Januar zu einer Demonstration vor der MfS-Zentrale auf – die war nach wie vor voll in Betrieb. Symbolisch sollten die Tore zugemauert werden. Am späten Nach-

Nachspiele

Stürmung der MfS-Zentrale: Demonstranten am 15. Januar 1990 am Haupttor in der Ruschestraße.

mittag des 15. Januar versammelten sich angeblich bis zu 100 000 Menschen vor der Zentrale. Irgendwann öffneten sich die Tore, die Zentrale wurde «erstürmt» und «besetzt» – und seither gibt es Streit darüber, wer was wann und warum getan hat oder getan haben könnte. Aber nun beginnt eine ganz neue Geschichte. Auflösung, Aktenvernichtungen, Personenüberprüfungen, heftige Debatten am Zentralen Runden Tisch und in der Volkskammer,[22] erste IM-Enttarnungen, denen Schlag auf Schlag jahrelang neue folgen sollten – die nächsten Monate und Jahre blieb die Stasi ein zentrales Thema in Deutschland. Für die Chronik aber bleibt festzuhalten: Mit dem Stichtag 30. Juni 1990 galt das Ministerium für Staatssicherheit offiziell als aufgelöst.

Nachspiele

Am 25. Januar 1990 reichte Major a. D. Klaus-Peter Künzer von der Kreisdienststelle Hagenow an der Juristischen Hochschule des MfS eine «Diplomarbeit» ein. Der Vorgang an sich ist schon bemerkenswert. Ein «außer Dienst» stehender Major reicht an einer MfS-Institution Ende Ja-

VI. 1989/90 und die Folgen: Schlussbemerkungen

nuar 1990 eine Diplomarbeit ein und benennt als Mentor ebenfalls einen Major a. D., Volker Haugg, ehemaliger stellvertretender KD-Chef von Hagenow und übrigens ein echter Hochschulingenieur (Schiffstechnik),[23] also zu einer MfS-Randgruppe gehörend. Diese Diplomarbeit ist in vielerlei Hinsicht interessant, weil sie den Auflösungsprozess einer Kreisdienststelle schildert und aus der Sicht eines Betroffenen Gründe benennt, weshalb das MfS dafür in einem gewissen Masse selbst verantwortlich ist. Aber zugleich steht diese kaum bekannte Arbeit[24] auch für den (eher unbekannten) Beginn der Rechtfertigungsschriften von MfS-Offizieren für ihr einstiges Tun. Bei Major a. D. Künzer heisst es nur wenige Wochen nachdem alles anders wurde: «Die Mehrzahl der Mitarbeiter der ehemaligen Kreisdienststelle bzw. Kreisamtes für Nationale Sicherheit stellte sich in den Tagen nach dem 7./8. 10. 89 oftmals die Frage, wohin wollte uns der ehemalige Minister für Staatssicherheit mit seiner Befehlsgewalt führen, wenn in Fernschreiben eine bevorstehende Konterrevolution, abstrichlose Einsatzbereitschaft und massive Feindangriffe formuliert waren. Wie weit waren wir von einem sinnlosen Bürgerkrieg entfernt?»[25] Er betont weiter, sie hätten, als sie erkannten, worum es gehe, die friedlichen Kräfte unterstützt.

Auch wenn in der Öffentlichkeit die einstigen MfS-Angehörigen nun kaum noch in Erscheinung traten, so begannen wenige noch 1990, ihre Sicht der Dinge in Interviewbänden auszubreiten. Bald folgten Erinnerungsbände und Rechtfertigungsschriften. Daran beteiligten sich neben Offizieren der ZAIG, Hauptabteilung XX und einiger anderer Diensteinheiten, Bezirks- und Kreisverwaltungen vor allem Offiziere der Hauptverwaltung A, allen voran Markus Wolf, der sein Leben selbst offenbar so spannend fand, dass es von ihm gleich mehrere Erinnerungsbände gibt. Zu einer regelrechten «Offensive» gingen einige einst führende Generale und Oberste Anfang des neuen Jahrtausends über. Bis dahin waren ihre Publikationen vornehmlich im eigenen Milieu sowie in wissenschaftlichen und Aufarbeitungskreisen bekannt, einige Journalisten und Politiker verfolgten zudem intensiv, was dort vorgelegt wurde. Nun aber kamen dickleibige «Analysen» heraus, die zum Teil erstaunliche Verkaufszahlen begleitet von einem erheblichen Medienrummel erzielten. Darin versuchten die Autoren die Arbeit ihres einstigen Ministeriums darzulegen und in den Kontext des «Kalten Krieges» einzubetten.[26] Es handelt sich um Rechtfertigungsschriften, denen Wissenschaftler durchaus Details entnehmen können, die aber – wie der überwiegende Teil der

Nachspiele

Memoiren ehemaliger Funktionäre – vor allem einen Blick in den heutigen Seelenzustand dieser Truppe offenbart.[27]

In den letzten Jahren sind immer wieder mit Blick auf diese MfS-Gruppe Gefahren für die politische Kultur unserer Gesellschaft heraufbeschworen worden. Das war zu jedem Zeitpunkt seit der Wiedervereinigung übertrieben gewesen. Vor uns stand eine Truppe älterer Herrschaften, die die Trümmer ihrer Biographie und Institution zu verteidigen suchten. Das ist ganz und gar nichts Ungewöhnliches für eine Gesellschaft nach einem tiefgreifenden Neuanfang. Natürlich ist es unerträglich, wie sie ihre einstigen Opfer verhöhnen. Dass viele von diesen sich verbittert zeigten angesichts des öffentlich zur Schau gestellten «Selbstbewusstseins» der MfS-Generale, ist nur zu gut zu verstehen. Dies umso mehr vor dem Hintergrund ihrer tragischen Erfahrungen und weil die juristische Aufarbeitung des SED-Unrechts praktisch scheitern *musste*, weil unzählige SED-Funktionäre und Stasi-belastete Personen nun neue Karrieren machten, im Osten in den 1990er Jahren in den staatlichen und kommunalen Institutionen erstaunliche «Kaderkontinuitäten» zu verzeichnen waren, sich die Gesellschaft insgesamt scheinbar mehr für die Täter als die Opfer interessierte oder die Rehabilitierungs-, Entschädigungs- oder Opferrentenverfahren schleppend und fast durchweg unzureichend verliefen.

Zugleich aber ist auch festzuhalten, dass wir über die Masse der einstigen MfS-Angehörigen (über 70 Prozent waren 1989 jünger als 40 Jahre) praktisch nichts wissen, weder wie ihre beruflichen und sozialen Wege seither verliefen noch, und das wäre eben interessant, wie sie heute über ihre einstige Arbeitsstelle und ihr eigenes Tun denken und reflektieren. Wir wissen auch nicht, was aus ihren Familien und vor allem ihren Kindern wurde. Es ist unbekannt, wie sie zur Bundesrepublik oder Europa stehen. Das einzige, was wir kennen, sind die Einwürfe des noch lebenden ranghöchsten Leitungspersonals sowie von einigen anderen Offizieren. Zudem wissen wir, dass sich einige tausend ehemalige NVA-, MdI- und MfS-Angehörige in Vereinen zusammengeschlossen haben, um ihre Sicht der Dinge zu verbreiten und vor allem um gegen das von ihnen sogenannte Rentenstrafrecht zu Felde zu ziehen. Sie konnten Petitionen mit über 70 000 Unterschriften einreichen. Wie viele davon von MfSlern stammen, ist nicht bekannt, denn betroffen sind nicht nur sie, sondern viele weitere Gruppen. Das sollte man aber nicht überbewerten, denn wenn es ums Geld geht, versteht bekanntlich kaum jemand Spaß. Und auch die Bücher der einstigen MfS-Generale verkaufen sich außer in den erwähn-

VI. 1989/90 und die Folgen: Schlussbemerkungen

ten Ausnahmefällen nicht besonders gut. Veranstaltungen der Truppe weisen im Regelfall keine überfüllten Hallen auf, sie werden durch journalistische Beiträge zumeist erst bekannt und letztlich dadurch aufgewertet. Und bei solchen Veranstaltungen dürfte der Altersdurchschnitt meist um 80 Jahre betragen. Mit anderen Worten: Es spricht einiges dafür, dass die meisten jüngeren MfS-Angehörigen 1989/90 selbst als Chance begriffen haben, von vorn anfingen und sich mindestens nach außen von ihren einstigen Vorgesetzten, ihrem ehemaligen Ministerium und u.U. sogar von deren Tun innerlich distanziert haben.

Etwas anders sieht es bei den IM aus. Durch die Überprüfungen im öffentlichen Dienst, aber auch durch viele andere Überprüfungen etwa bei Wahlfunktionen, wissen wir relativ gut Bescheid darüber, wie viele eine Überprüfung überstanden haben und – im Falle von Wahlämtern – wie sie mit den Ergebnissen umgingen. Aber auch hier wissen wir nur in einzelnen Ausnahmefällen, wie IM heute über ihre einstige Tätigkeit für das MfS denken.[28] Da die öffentliche Debatte sich ohnehin auf prominente und spektakuläre Fälle konzentrierte, ist dies in gewisser Hinsicht sogar zu verstehen. Umso mehr Prominente enttarnt wurden, umso aggressiver wurde der öffentliche Umgang mit IM, irgendwann Anfang der 1990er Jahre konnte man schon das Gefühl bekommen, fast jeder sei irgendwie «dabei» gewesen. Und waren 1990 noch einige Personen bereit, öffentlich über ihre IM-Tätigkeit zu reden, so verstummten sie immer mehr und schneller. Das erzeugte schnell bei den einst Überwachten und Ausgespitzelten Wut und Ärger. *Sie* wurden unentwegt öffentlich aufgefordert, doch die Hand zur Versöhnung zu reichen – nur fiel keinem dieser aufrufenden Moralapostel auf, dass keine Hand zum Einschlagen ausgestreckt war. Versöhnung und Aussöhnung ist eine individuelle Angelegenheit zwischen Menschen und lässt sich nicht dekretieren. Und selbst jene Betroffenen, die in persönlichen Gesprächen IM, die auf sie angesetzt waren, zur Rede stellen konnten, waren anschließend sehr oft einigermaßen ratlos. Manfred «Ibrahim» Böhme, einer der «Spitzen-IM» des MfS in der Opposition in den 1980er Jahren, weigerte sich bis zuletzt, zuzugeben, dass er IM war.[29] Ulrike Poppe, eine der von ihm besonders Ausgespähten, bat noch an seinem Sterbebett, wenigstens zuzugeben, damit sie ihm verzeihen könne. Er konnte sich nicht einmal im Angesicht des Todes dazu durchringen. Das mag ein Extrembeispiel sein, aber tatsächlich nahmen und nehmen die meisten ihr Geheimnis mit ins Grab. Wenig bekannt ist übrigens, dass die Modrow-Regierung genau zehn Tage

Nachspiele

vor den freien Volkskammerwahlen am 18. März 1990 nach wochenlangem Ringen sämtliche IM von der eingegangenen Schweigeverpflichtung entband.

Im Vergleich zur Hauptverwaltung A wiederum wissen wir über die IM und hauptamtlichen Mitarbeiter der anderen Abteilungen viel. Auch dafür liegen die Gründe bereits im Jahr 1990. Und deshalb begann auch die Mythisierung der Hauptverwaltung A als «sauberer» und ganz «normaler» Geheimdienst bereits 1990.

Schwanitz und Mittig warnten am 16. Februar 1990 Modrow brieflich, wenn die Tätigkeit des MfS und die versuchte lückenlose Überwachung der Bevölkerung aufgedeckt werde, käme es zu schlimmen Entwicklungen. Sie gestanden intern ein, was sie öffentlich leugneten. Und sie stellten sich gegen die Forderung, die Akten zu öffnen. Dieser Diskussions- und Aktenöffnungsprozess, in vielen Details bis heute sehr umstritten, wird hier nicht weiter verfolgt. Er bedarf weiterer gründlicher Analysen. Viele Beiträge und Erinnerungsberichte, bekannte und bislang unberücksichtigte Quellen gilt es dafür auszuwerten und noch mehr Zeitzeugeninterviews zu führen, um eine wissenschaftliche Studie zu diesem hochkomplexen und verwirrenden, aber wichtigen Thema vorzulegen.[30] Auch der Beitrag bundesdeutscher Institutionen und Personen wäre zu berücksichtigen. Es ging ihnen nicht nur um das gesellschaftliche Klima im künftigen Deutschland, sondern auch um eigene Sicherheits- und Wirtschaftsinteressen. Der BND hatte vielleicht noch anderes im Sinn. Dort hieß es in einem «Sprechzettel» vom 2. April 1990 unter dem Punkt: «Störfaktor Bürgerkomitees und Runde Tische»: «In diesen Gremien sind hauptsächlich basisdemokratische (Rand-)Gruppen vertreten. Sie sind die Hauptinitiatoren für Beschuldigungen hinsichtlich MfS-Kontakten von VK-Abgeordneten. Wenn die neue Regierung handlungsfähig bleiben will, muss sie unverzüglich die Aktivitäten dieser Gremien beenden. Motiv der Komitees: Enttäuschung über verlorene Revolution. Nicht auszuschließen ist, dass auch ehemalige MfS-Angehörige die Bürgerkomitees antreiben.»[31] Tatsächlich aber forderten mehrere Bürgerkomitees die Vernichtung aller personenbezogenen MfS-Unterlagen. Sie konnten sich bekanntlich nicht durchsetzen – fast nicht durchsetzen.

Der Zentrale Runde Tisch stimmte zu, dass die Hauptverwaltung A sich bis zum 30. Juni weitgehend selbst auflösen und ihre Akten vernichten könne. Wahrheitswidrig wurde dafür ins Feld geführt, sie sei ein normaler Geheimdienst, wie es ihn überall gebe. Und deshalb müssten die

VI. 1989/90 und die Folgen: Schlussbemerkungen

Agenten im Ausland zurückgezogen, abgesichert oder neu legendiert werden, damit sie nicht zu Justizopfern würden. Noch wusste niemand, dass die Hauptverwaltung A unmittelbar an der Verfolgung und Bekämpfung politischer Gegner beteiligt gewesen war. Inwiefern größere Aktenmengen nach Moskau gebracht wurden, ist bis heute ebenso umstritten wie die Rolle westlicher Geheimdienste. Sicher ist, dass diese spätestens ab 15. Januar «vor Ort» waren. Ob sie dabei aber eher Material «beschlagnahmten» oder Personal rekrutierten, liegt nicht offen. Die CIA gelangte an Unterlagen der Hauptverwaltung A («Rosenholz»-Dateien)[32], was der amerikanische Geheimdienst als einen seiner größten Triumphe und Mitarbeiter der Hauptverwaltung A als bitterste Niederlage bezeichneten. Wann und wie dies geschah, ist nicht bekannt. Erstaunlich ist aber, dass die Bundesregierung auch die Regierung de Maizière gewähren ließ, sie nicht aufforderte, die Selbstauflösung der Hauptverwaltung A zu stoppen. Denn unmittelbar nach Modrows Besuch in Moskau am 30. Januar 1990 notierte der BND aus «zuverlässiger Quelle», dass Modrow dem sowjetischen Parteichef Gorbatschow die Übernahme der Hauptverwaltung A durch den KGB angeboten habe und dieser habe «– ohne sichtbare Überraschung – Interesse an Modrows Angebot bekundet».[33] Außerdem wusste der BND einer «sehr zuverlässigen Information zufolge», dass Markus Wolf als Modrows Berater in dieser Frage die zentrale Rolle spielte. Viele Offiziere der Hauptverwaltung A hätten das Ausscheiden ihres «erfolgreichen» Chefs 1986 bedauert. Nun mit «ihm als Integrationsfigur und langjährigem Freund des KGB-Chefs könnte eine Überführung wesentlicher Teile der HV A in den KGB gelingen.»[34] Wenige Tage später informierte ein Mitarbeiter, dass nicht nur der Apparat, sondern auch das Agentennetz übergeben werden solle und wies darauf hin, dass die Hauptverwaltung A den Schwerpunkt Bundesrepublik gehabt habe. Wolf habe zudem begonnen, dem KGB Unterlagen zu übergeben.[35] Im Juni ging der BND davon aus, dass es Wolf und seiner Truppe gelungen sei, «zahlreiche Akten der Staatssicherheit rechtzeitig in Sicherheit zu bringen und bei der sowjetischen Botschaft in Berlin (Ost) zu deponieren.»[36]

All das hätte, unabhängig vom tatsächlichen Wahrheitsgehalt, die Bundesregierung eigentlich dazu bringen müssen, auf die neu gewählte DDR-Regierung ab April so einzuwirken, dass die Selbstauflösung der Hauptverwaltung A gestoppt wurde. Denn hier ging es letztlich um zentrale Fragen der inneren Sicherheit der Bundesrepublik. Warum dies unter-

Nachspiele

blieb, kann in diesem Buch nicht beantwortet werden. Alle möglichen Antworten würden noch in den Bereich der Spekulation fallen.

Nach den Wahlen vom 18. März versuchte die Hauptverwaltung A ihrerseits, Druck aufzubauen und eine neue Existenzberechtigung zu erlangen. Ein streng geheimes Papier vom 26. März 1990, das einige ihrer Mitarbeiter verfassten und Modrow als Vorbereitung für sein Abschiedsgespräch mit dem Ständigen Vertreter der Bundesrepublik, Franz Bertele, dienen sollte, beteuerte, dass bundesdeutsche Geheimdienste versuchten, MfS-Kräfte abzuwerben.[37] Es enthielt eine unmissverständliche Drohung: «Im ehemaligen Amt für Nationale Sicherheit der DDR liegen alle Erkenntnisse zu den Geheimdiensten der BRD aufbereitet und abrufbereit vor. Auch in den Köpfen von Spezialisten der Aufklärung und Abwehr sind diese Erkenntnisse gespeichert. Bei Offenlegung des Wissens über die Geheimdienste der BRD kann mit einer Destabilisierung der Lage auch in der BRD sowie mit einer beträchtlichen Störung des gesamteuropäischen Einigungsprozesses gerechnet werden.»[38] Dann folgten konkrete Angaben, was man alles wisse. Was die Drohung genau bezweckte, blieb undeutlich. Wahrscheinlich zielte sie darauf, die Öffnung der MfS-Archive zu verhindern oder eine Übernahme von Mitarbeitern in Bundesdienste zu erreichen. Als sich Modrow am 28. März mit Bertele traf, hat er von diesem Papier Gebrauch gemacht. Er schlug vor, Experten aus beiden Staaten sollten sich zusammensetzen und gemeinsam beratschlagen, was aus den schriftlichen Hinterlassenschaften werden solle und was eine frühere Stasi-Tätigkeit künftig bedeuten würde. Auch dass es erhebliche Erkenntnisse über den BND gebe, brachte Modrow vor. Bertele habe Modrow, so ein Vermerk, nur darauf hingewiesen, dass die DDR für die Sicherheit der Unterlagen zuständig sei.[39]

Durch die Selbstauflösung der Hauptverwaltung A gingen fast alle Akten, die ihre Arbeit betrafen, verloren. Sie wurden vernichtet oder anderswo hingebracht, sind jedenfalls «gegenwärtig» von der Forschung nicht nutzbar. Aber auch Unterlagen anderer Diensteinheiten sind vernichtet worden. Von zahlreichen Kreisdienststellen fehlt wegen der Vernichtungsbeschlüsse vom November 1989 vieles, auch Teile der Hauptabteilung I, die für die NVA/Grenztruppen zuständig war, oder der Hauptabteilung VII, zuständig für das MdI, entzogen sich in relevanter Größe einer kontrollierten Auflösung, weil sie überwiegend in Kasernen und anderen Institutionen saßen. Die Arbeitsgruppe XVII wiederum residierte verdeckt in West-Berlin und war für den Besucherverkehr zu-

VI. 1989/90 und die Folgen: Schlussbemerkungen

ständig. Von diesen und weiteren Struktureinheiten ging das meiste Aktenmaterial verloren.

Nachweisbare Materialvernichtungen (ohne Hauptverwaltung A) lassen sich bis Anfang März 1990 belegen, es spricht aber einiges dafür, dass auch noch im Sommer Akten entsorgt wurden. Die spektakulärste Aktion war gewiss die physische Zerstörung der MfS-Magnetbandspeicher, die General Engelhardt intern am 20. Dezember angeregt hatte. Dem Zentralen Runden Tisch gegenüber wurde wahrheitswidrig erklärt, sämtliche Unterlagen, die auf den Bändern gespeichert seien, lägen schriftlich vor. Der Runde Tisch stimmte zu, die Modrow-Regierung hatte gewonnen und bis zum 9. März 1990 waren 10 000 Magnetbänder, 5000 Disketten und 500 Wechselplattenspeicher zu zerstören. Überlieferte Vernichtungsprotokolle lassen keine inhaltliche Rekonstruktion zu. Es handelte sich um Datensätze zu sieben Millionen Personen (darunter das gesamte hauptamtliche MfS-Personal einschließlich der Familienangehörigen). In Abstimmung mit Modrow (22. Dezember) waren zuvor zehntausende Datensätze herausgezogen worden, weil das MfS hoffte, mit den betroffenen Personen (nicht nur IM) künftig verdeckt weiterarbeiten zu können. Diese Aktion war am 8. Januar abgeschlossen worden. Die Vernichtung der Daten erfolgte mit dem offiziellen Argument, es solle künftig keiner mehr mit ihnen arbeiten können. Mit dieser Begründung hätte man sämtliche MfS-Unterlagen verbrennen müssen. Später haben fast alle Bürgerrechtler, die den Vernichtungsbeschluss mittrugen, ihre Entscheidung bereut. Eigentlich ist gar nicht auszudenken, was wir für Papierberge vor uns hätten, wären all diese Vernichtungsaktionen unterblieben. Für viele Betroffene waren und sind diese Akten-Vernichtungen außerordentlich schmerzhaft, auch den Forschungen über die Hauptverwaltung A schadete das ungemein. Abgesehen davon aber: Für die historische Forschung stellen diese Aktenverluste nur ein geringes Problem dar. Wer das nicht glauben mag, sollte mit Historikern und Historikerinnen sprechen, die sich mit Kontexten auseinandersetzen, die vor eintausend oder noch mehr Jahren relevant waren.

Die Akteneinsicht begann am 2. Januar 1992 als der Bundesbeauftragte für die Unterlagen des Staatssicherheitsdienstes seine Türen öffnete. Millionen Anträge sind seither dort bearbeitet worden. Der Allererste, der nach dem Mauerfall Akteneinsicht als Außenstehender erhielt, war der Soziologe Siegfried Grundmann von der Akademie für Gesellschaftswissenschaften beim ZK der SED. Ende November 1989 wandte er sich an

Nachspiele

Schwanitz und bat um Unterlagen zur Ausreise- und Fluchtproblematik. Dieser willigte ein und Grundmann erhielt am 20. Dezember 1989 einige ausgewählte Dokumente, was wenig später ohne korrekte Quellenangabe zu einer Publikation in West-Berlin führte.[40] Den allerersten schriftlichen Antrag auf persönliche Akteneinsicht stellte wahrscheinlich ein Mitarbeiter der katholischen Kirche in Schöneiche am 2. Januar 1990. Die ersten, die dafür eine Genehmigung erhielten, ohne einen Abgeordnetenstatus zu besitzen, waren am 10. April 1990 Ralf Hirsch, um öffentliche Verleumdungen gegen seine Person abzuwehren, sowie Wolfgang Rüddenklau und Wolfram Sello für die Umweltbibliothek, um die Vorgänge von 1987/88 aufklären zu können. Bis zum 31. August 1990 hatten etwa 6100 Bürger einen Antrag auf persönliche Akteneinsicht gestellt, obwohl es dafür noch keine rechtliche Regelung gab. Das dauerte noch 16 Monate.

Neben dem 1990 schnell offengelegten Ausmaß der MfS-Aktivitäten, dem Bekanntwerden der Geschäftspraxis von KoKo und dem internationalen Waffenhandel trugen drei weitere Enttarnungen dazu bei, den Ruf lauter werden zu lassen, das MfS als «verbrecherische Organisation» einzustufen. Im Juni 1990 flogen zehn in der DDR mit falschen Identitäten untergetauchte, international gesuchte RAF-Terroristen auf.[41] Das war wahrscheinlich der Tiefschlag überhaupt für viele MfS-Angehörigen a.D, SED-Mitglieder a. D. und andere, die der SED-Spitze das nicht zugetraut hatten. Für Erstaunen sorgte zudem, wie unverhohlen Mielke und Honecker logen, als sie behaupteten, davon nichts gewusst zu haben. Stasi und der internationale Terrorismus sind seither ein Dauerbrenner in den Medien und der Publizistik.[42] Das lässt sich von zwei anderen Entdeckungen von 1990 nicht behaupten, obwohl sie in ganz andere Dimensionen wiesen und gesamtdeutsche Planungen enthüllten. Im Prinzip handelte es sich bei dem seit 1967 für den «Ernstfall» geplanten «Vorbeugekomplex» und den unsichtbaren Einsatzkommandos um potentiellen Staatsterrorismus. Potentiell nur deshalb, weil die Pläne nicht umgesetzt wurden, aber jederzeit hätten umgesetzt werden können. Im «Vorbeugekomplex» plante das MfS innerhalb von 24 Stunden im «Ernstfall», zuletzt waren dafür etwa 86 000 Menschen erfasst, Verhaftungen vorzunehmen und Isolierungslager zu errichten. Gebäude, Material und was sonst dazu gehörte, waren penibel ausgewählt bzw. standen bereit. Übungen zeugen davon, dass im «Ernstfall» die Möglichkeiten bestanden hätten, einen großen Teil des kritischen Potentials der DDR-Gesellschaft innerhalb von 24 Stunden

VI. 1989/90 und die Folgen: Schlussbemerkungen

wegzusperren, zu isolieren. Warum die SED-Führung 1989 diesen «Ernstfall» nicht ausführen ließ, ist umstritten, noch Anfang November hätte sie alle Möglichkeiten dazu gehabt und zumindest die Befehlslage hätte es hergegeben.[43] Ihre in der Bundesrepublik stationierten, zumeist aus Bundesbürgern bestehenden Einsatzkommandos waren für terroristische Anschläge ausgebildet und sollten auch im Kriegsfall im Hinterland des Feindes, also in Hamburg, München, Köln, Frankfurt/M. usw., handeln.[44] Ob die potentiellen Untergrundkämpfer alle entdeckt wurden, ist bis heute unklar. Aber eine Gefahr dürften sie angesichts fortgeschrittenen Alters mittlerweile auch nicht mehr darstellen.

Vor allem IM-Enttarnungen prominenter Personen und Diskussionen über Stasi-Belastungen von Prominenten, die sich zum Teil erfolgreich dagegen wehrten, dass sie in der Öffentlichkeit als IM bezeichnet werden dürfen, aber auch die Offenlegung spektakulärer Stasi-Aktionen, wovon vor allem die ersten Jahre nach der Revolution geprägt waren, beförderten öffentliche Bilder über das Ministerium für Staatssicherheit, die zum Teil mit der Realität nicht mehr viel zu tun hatten. Mal war von einem Volk von Spitzeln die Rede, häufig davon, dass praktisch jeder und alles im Visier der Stasi gestanden hätte. Es stellten sich Schieflagen ein – die Stasi als angeblicher «Staat im Staate» ließ immer mehr die Diktatur der SED zum Vehikel einer Stasi-Diktatur werden. Vor allem mediale Verzerrungen und Schlagzeilen, aber auch geschichtspolitische Vorstöße und Instrumentalisierungsversuche ganz vieler und unterschiedlicher Akteursgruppen trugen zur Stasi-Fixiertheit in der Wahrnehmung bei. Die notwendige Existenz der Stasi-Unterlagenbehörde hat unweigerlich diese Fixierung zementiert. Auch die gesellschaftlichen Aufarbeitungsvereine waren in den 1990er Jahren vor allem, nicht selten aus eigener Betroffenheit, allein auf das MfS orientiert. In den 1990er Jahren sprachen nicht wenige Betroffene, wenn es um die DDR ging, überwiegend in der Stasi-Sprache. Es gab nichtöffentliche sogenannte OV-Treffen, also organisierte Zusammenkünfte, in denen sich in OV bearbeitete Personen trafen, um sich über ihre Erfahrungen mit den MfS-Akten auszutauschen. Nicht nur dort wurde ein Sonderbewusstein entwickelt – irgendwann galten nicht von der Stasi in OPK oder OV bearbeitete Menschen schon allein deshalb als keineswegs oppositionell, also im Prinzip verdächtig. Diese «umgedrehte» MfS-Logik wirkt im Prinzip bis heute fort: *Wirklich* dagegen und mutig waren nur die vom MfS bearbeiteten Personen, die «Opfer» der Stasi – und die «Täter» waren nur die hauptamtlichen und inoffiziellen Mitarbeiter des MfS.

Nachspiele

Schon frühzeitig wurde allerdings diesem Trend entgegengesteuert. An erster Stelle sind hier die beiden Enquete-Kommissionen des Bundestages zu nennen, die zwischen 1992 und 1998 unter Leitung von Rainer Eppelmann tagten. Darin arbeiteten Abgeordnete und Experten mit ost- und westdeutschen Biographien zusammen. In der Kommissionsarbeit spielte die Stasi keine herausgehobene Rolle, Staat und Gesellschaft sollten und wurden komplex betrachtet.[45] Auch die auf Anregung der zweiten Kommission gebildete «Bundesstiftung zur Aufarbeitung der SED-Diktatur» fühlt sich diesem Anliegen verpflichtet. Es ist hier nicht einmal ansatzweise der Platz, um dies und vieles andere zu würdigen. Irgendwann wird auch die Zeit reif sein, um die Aufarbeitung der DDR aufzuarbeiten. Das betrifft nicht nur die wissenschaftlichen und publizistischen Ergebnisse, nicht nur die Medien, die Politik, das geschaffene Aufarbeitungsnetz von Bundes- und Landesbehörden, die vielen Vereine und Verbände, dazu gehörte auch eine neue Analyse des juristischen Umgangs mit der SED-Diktatur und ihren Funktionären, mit den Opfern wie den IM. Auch die Gedenkstätten-, Museums- und Ausstellungspolitik müsste einer kritischen Gesamtbetrachtung unterzogen werden. Zu diesen und vielen anderen Bereichen existiert schon seit Anfang der 1990er Jahre eine Vielzahl von Spezialstudien. Eine Generalinventur aber müsste diese ganzen Ergebnisse zusammenführen und fragen, was all diese politischen, wissenschaftlichen, juristischen, journalistischen, geschichtspolitischen Akteure und Institutionen gerade auch in ihren Heterogenitäten für öffentlich dominierende Bilder erschaffen haben. Denn es ist ja nicht nur, wie in diesem Buch mehrfach betont wurde, ein ahistorischer IM konstruiert worden – das ließe sich auf viele andere Bereiche übertragen. Daran hat niemand persönlich Schuld – ich könnte an mir selbst aufzeigen, wie ich seit 1990 im politischen Engagement, bei der Aufarbeitung und in der wissenschaftlichen Publikationstätigkeit Wandlungen vollzog, sich meine Wahrnehmungen veränderten, meine Perspektiven verschoben, warum und wie sich neue Fragen ergaben, wie ich empirisches Material nach 5, 10 oder 20 Jahren in anderen Fragekontexten neu bewertete, wie ich durch immer wieder neu hinzugewonnenes Wissen meine eigenen Thesen hinterfragte und zuweilen verwarf. Das ist ganz normal gerade in der wissenschaftlichen Arbeit, aber im Prinzip waren wir alle Zeugen, wie auch die sich dafür interessierende Gesellschaft insgesamt solche neuen Fragen, Debatten und Perspektiven im Laufe der Jahre entwickelte.

VI. 1989/90 und die Folgen: Schlussbemerkungen

In den letzten Jahren hat aber wahrscheinlich kein Medium so stark die öffentlichen Bilder über die DDR und ihre Stasi beeinflusst wie Spielfilme. In diesem Buch sind einige kurz erwähnt worden. Es gibt mittlerweile eine kaum noch überschaubare Anzahl, von denen die erfolgreichsten wie «Nikolaikirche» (1995), «Sonnenallee» (1999), «Good Bye, Lenin!» (2003), «Das Leben der Anderen» (2006), «Wir sind das Volk – Liebe kennt keine Grenzen» (2008), «Boxhagener Platz» (2010), «Weißensee» (2010) oder «Barbara» (2012) wahrscheinlich stärker als vieles andere die öffentliche Sicht auf die DDR und die Stasi prägten – gerade weil sie professionell gemacht und sehr gut gespielt wurden. Die Liste solcher prägenden Spielfilme ist weitaus länger, manche der nicht genannten sind vielleicht noch besser. Die Zahl der Fernsehdokumentationen und Magazinbeiträge über die DDR und die Stasi ist schon lange nicht mehr zählbar, vieles davon liegt auf DVD vor oder ist im Internet abrufbereit.

Ich kenne nicht alles, aber wohl vergleichsweise vieles davon. Aber ich kann mich nicht entsinnen, dass viele dieser beeindruckenden, zuweilen differenzierenden und oftmals auf höchstem Niveau produzierten Filme die Realitätsnähe der Dokumentarfilme «Das Haus» und «Volkspolizei» von Thomas Heise erreicht hätten.[46] Der Ostberliner Dokumentarfilmer drehte 1984/85 als Freiberufler und Studienabbrecher im Auftrag der Staatlichen Archivverwaltung den Alltag eines Ostberliner Polizeireviers und einiger Fachabteilungen des Rates des Stadtbezirks Berlin-Mitte. Beide Schwarz-Weiß-Filme waren nicht für die Öffentlichkeit bestimmt und sollten, wozu auch immer, für die Nachwelt aufbewahrt werden. Nach 1990 kamen sie ans Licht der Öffentlichkeit. Was in «Das Haus» und «Volkspolizei» zu besichtigen ist, verschlägt einem noch heute die Sprache. Die beiden jeweils knapp eine Stunde langen kommentarlosen Filme geben einen Alltag und eine Wirklichkeit wieder, wie sie sich trister, unfreundlicher, unpersönlicher und auch ungeschminkter kaum vorstellen lassen. Hier agieren im trägen Tempo staatliche Sachbearbeiter, die offenbar die Einzigen sind, denen sich der Sinn ihres Tuns erschließt. Die Büros alle gleich, die Kleidung gleich, die Sprache gleich und alle scheinen den gleichen Feind zu haben, nämlich jene Menschen, die sie mit Begehren aufsuchen und doch nur die Ruhe zu stören scheinen. Beide Filme zeigen ein «Leben der Anderen», wie es war, nicht wie es hätte sein können. Beide Filme dokumentieren natürlich nur einen Ausschnitt staatlicher Alltäglichkeit. Aber diese Werke – und dies macht ihren hohen his-

Nachspiele

torischen Wert aus – dokumentieren DDR-Alltag und Diktatur, ohne auch nur einmal die Stasi bemühen zu müssen (es wäre auch nicht gegangen). Natürlich gehört heute die Stasi zu ausgewogenen Darstellungen dazu. Aber sie sollte ausgewogen und realistisch präsentiert werden. Auch wenn künstlerische Beiträge wie etwa Spielfilme verknappend und verdichtend arbeiten müssen, so reproduzieren sie damit nicht selten Stereotype. Sie wollen unterhalten, prägen aber gewollt oder ungewollt wirkungsmächtige Geschichtsbilder. Der künstlerisch hervorragende Spielfilm «Das Leben der Anderen» etwa hat letztlich in Millionen Köpfen weltweit Stasibilder und damit auch die Stasi selbst konstruiert, die mit dem eigentlichen MfS, mit seiner realen Vorgehensweise, sehr wenig zu tun haben. Es geht nicht um Schelte, sondern um den Umstand, dass die meisten Menschen solche Filme nicht als Historiker, Kunst-, Ästhetik- oder Filmwissenschaftler rezipieren, sondern ohne größeres Hintergrundwissen anschauen und letztlich mehr «historische Wahrheiten» daraus ableiten als sie eigentlich beinhalten. Nur dieser Fakt ist interessant, wenn es darum geht, wie und wer öffentliche Bilder und Wahrnehmungen über die DDR und ihre Stasi entscheidend beeinflusst.

In einer solchen Analyse müsste auch berücksichtigt werden, wer und was zum Beispiel die Produzenten solcher Filme beeinflusste. Sie können, wenn es um die DDR geht, von den Debatten in den 1990er Jahren nicht unberührt geblieben sein. Die Aufarbeitung, ihre mediale, politische und anderweitige Darstellung und Selbstdarstellung, war viele Jahre mit der nie ausgesprochenen (und vielleicht bei vielen sogar unbewußten) Annahme verbunden, umso höhere Zahlenangaben über IM, geöffnete Briefe, abgehörte Telefongespräche usw. präsentiert würden, umso eindrücklicher könnte die SED-Diktatur als Unrechtsregime dargestellt werden. Dabei ging in der Öffentlichkeit nicht nur der Blick für die Komplexität von SED-Diktatur und DDR-Gesellschaft häufig verloren. Die Staatssicherheit ist als einziges Kernelement der Diktatur konstruiert worden und ihre IM als der Typ des Bösen schlechthin.

Tatsächlich stellte diese Dämonisierung eine wunderbare Entlastung für all jene dar, denen nicht solche Labels angeheftet werden konnten. Aber auch das Bild von Staat und Gesellschaft der DDR verzerrte sich in dieser Wahrnehmung. Dazu ist in diesem Buch viel gesagt worden. Ganz oft konnte ich nur Fragen aufwerfen, Probleme benennen. Mir scheint zumindest für die Wissenschaft klar zu sein, dass sie bezogen auf die Stasi einen Paradigmenwechsel benötigt. Die meisten Stasi-Forscher sollten

VI. 1989/90 und die Folgen: Schlussbemerkungen

sich in ihren Studien endlich von der fortwährend reproduzierten MfS-Logik lösen. Die meisten anderen Zeithistoriker mit DDR-Themen sollten nicht mehr nur in Ausnahmefällen das MfS integrativ und nicht überwiegend additiv behandeln. Und alle gemeinsam sollten bisherige Wahrnehmungen und Perspektiven auf die Stasi hinterfragen und kritisch beleuchten. In diesem Buch sind dazu Anregungen gemacht worden. Einige werden vielleicht von anderen Forschern und Forscherinnen mit empirischen Untersuchungen bestätigt, andere gewiss verworfen werden. Ich selbst habe nach diesem Buch weitaus mehr Fragen als Antworten. Das ist in der Wissenschaft eigentlich «normal». Weniger «normal» ist freilich, dass die wissenschaftliche Erforschung der Stasi und ihres Treibens in Staat und Gesellschaft oftmals immer noch emotional, moralisch und normativ aufgeladen ist. Auch dafür bietet dieses Buch Beispiele – nicht zuletzt in manchen Passagen dieser Darstellung selbst. Aber auch ich bin nur ein Kind meiner Zeit, der Debatten meiner Zeit. Fast jede Kritik in diesem Buch, auch zur Aufarbeitung nach 1990, betrifft mich selbst. Ich finde sogar noch heute richtig, wie «es gelaufen» ist – denn natürlich ging es nach 1989/90 nicht nur oder gar vorrangig um akademische Fragen, sondern um den Neuaufbau oder Umbau von Institutionen, wofür es Argumente auch historischer Art bedurfte. Das wiederum darf bei der Betrachtung dieser Entwicklungen nicht vergessen oder übersehen werden – wird es aber häufig. Nachfolgende Forschergenerationen lassen mich hoffen, dass die eigentlichen Standardwerke zur Stasi, zur SED-Diktatur und zur DDR-Gesellschaft erst noch geschrieben werden – nicht zuletzt auch im Kontext historischer Vergleichsperspektiven.

Aber schon allein wegen des Umfangs der hinterlassenen Stasi-Aktenberge wird auch künftig die wissenschaftliche Beschäftigung mit dem MfS innerhalb der Zeitgeschichtsschreibung einen festen Platz einnehmen. Allerdings wird es darauf ankommen, die verschiedenen Teildisziplinen stärker miteinander zu vernetzen. Für sozial- und kulturgeschichtliche Fragen, zum Beispiel, sind diese Akten bislang viel zu selten genutzt worden. Die Institutionengeschichte des MfS kann nur den Zweck einer Handreichung erfüllen. Für Fragen der Bekämpfung von Opposition und Widerstand, Ausreise, politischen Justiz oder Spionage und Terrorismus ist sie unverzichtbar. In einer noch zu schreibenden DDR-Gesamtgeschichte wird das Ministerium für Staatssicherheit in die historischen Kontexte und Strukturen eingeordnet, in die es gehört. Denn letztlich lässt sich auch die Stasi, ihr Treiben und Tun, nur verstehen, wenn der Ge-

Nachspiele

Die SED in der Sackgasse: Vom MfS dokumentierter Bürgerprotest auf einem Straßenschild.

samtrahmen im Blick bleibt. Die DDR wird nicht Stasi-, sondern vollkommen zutreffend SED-Diktatur genannt.

DANKSAGUNG

Zum Schluss sage ich Dank. Zuerst all jenen, die in diesem Buch in Fußnoten und in der Auswahlbibliographie genannt werden – ohne ihre wissenschaftliche Arbeit hätte ich das meiste nicht verstanden, aber ich hätte mich auch nicht an ihren Schriften reiben können. Für den wissenschaftlichen Arbeitsprozess waren sie am wichtigsten, selbst, also gerade wenn ich zu anderen Einschätzungen gelange. Nicht weniger danke ich ungezählten Zeitzeuginnen und Zeitzeugen, die mich an ihren Erlebnissen, Erfahrungen und Einschätzungen teilhaben ließen. Viele von ihnen durfte ich in den letzten zwanzig Jahren immer und immer wieder mit meinen Fragen und Nachfragen behelligen und alle haben immer geduldig geantwortet. In gewisser Hinsicht bin ich auch jenen verbunden, die die SED-Diktatur, ihre Geheimpolizei und allgemein die DDR öffentlich verklären und immer noch verteidigen. Das versteht zwar kaum jemand, aber mir helfen ihre «Argumente» und Einwürfe, um meine eigenen Argumentationen und wissenschaftlichen Rekonstruktionen zu konturieren. Denn im Detail ist natürlich nicht alles falsch, was sie ins Feld führen, und gerade deswegen ist es wissenschaftlich hilfreich, ihre Ausarbeitungen wissenschaftlich zu überprüfen.

Sodann möchte ich mich bedanken bei jenen, die mit mir Detailprobleme besprachen oder mich auf Literatur oder Akten hinwiesen. Und dass sie bereit waren, nebenbei mein Manuskript zu lesen, zu diskutieren, mich auf Unstimmigkeiten hinzuweisen, mir neue Einsichten vermittelten, mich mit Details versorgten – dafür kann ich vor allem Arno und Andreas, aber auch Gudrun, Bernd, Christian oder Georg nicht mit Worten hinreichend danken. Freunde wie Gerd ließen sich darauf ein, zu lesen, obwohl es gerade zeitlich nicht passte, und gaben mir viele Anstöße, die ich nicht ignorieren konnte. Mein Freund Karl Wilhelm wiederum versorgte mich nicht nur ständig mit Material, ich hatte ihn mehr als jeden anderen vor Augen, wenn ich schrieb. Sehr dankbar bin ich auch dafür, dass Marianne, Helge oder Roland meine geteilte Lebenswirklichkeit an zwei entfernt liegenden Standorten nicht nur akzeptierten, sondern auch alles dafür taten und tun, dass ich alles irgendwie bewältigen kann. Vom Verlag bin ich

Danksagung

Sebastian Ullrich einmal mehr für die konstruktive, freundschaftliche und ungewöhnlich intensive Zusammenarbeit sehr dankbar.

Aber nichts wäre wahr und machbar, ohne einen Rückhalt dort, wo ich zu Hause bin. Liebe Amélie, lieber Camillo, lieber Joshua, lieber Max, es tut mir leid, Euch mal wieder einen Sommer versaut zu haben. Wieder keinen Urlaub, wieder nur Stress, Hektik, keine Zeit, wieder mal nur Versprechungen, wieder mal nur ein hektischer Papi. Es ist fürchterlich. Aber, ich verspreche, es war das letzte Mal – ich werde mich künftig anders organisieren. Ich hatte es besser, wofür ich meinen Eltern sehr dankbar bin, gerade vor dem Hintergrund solcher Erfahrungen als Vater, über die man eigentlich nicht spricht. Und dass meine Schwiegermutter Ingrid den Laden zusammenhält, ist ein Fakt, den ich natürlich im Alltag zu wenig würdige. Aber letztlich funktioniert dies alles nur, weil ich meine Frau und meine Frau mich im Jugendalter traf und wir durch dick und dünn gehen: «So baby you can sleep while I drive.» Und deshalb ist das, meine liebe Susan, irgendwie Dein Buch. Ich schenke es Dir nicht, ich widme es Dir nicht einmal, ganz einfach: Es gäbe es ohne Dich nicht – wie so vieles andere nicht. Danke!

Bayreuth/Berlin am 10. November 2012

ANMERKUNGEN

VORWORT

1 Jürgen Fuchs: Vernehmungsprotokolle. November '76 bis September '77. Berlin 2009, S. 145 (ursprünglich 1977).
2 Ebenda, S. 147.
3 Ebenda, S. 98.
4 Dafür aber sind vor allem die wissenschaftlichen Publikationen des BStU seit 1992 unerlässlich. Siehe dazu die Auswahlbibliographie im Anhang dieses Buches.
5 Als Überblick siehe: Ruud van Dijk, William Glenn Gray, Svetlana Savranskaya, Jeremi Suri, Qiang Zhai (Hrsg.): Encyclopedia of the Cold War. New York, London 2008. Dazu: Ilko-Sascha Kowalczuk: Schlussbilanz des «Kalten Krieges», in: DA 43(2010) 6, S. 1101–1102.
6 Aus der umfangreichen Literatur sei lediglich verwiesen auf eine Publikation, die – wie viele andere – methodische Wege aufzeigt, die auch für die DDR-Geschichte/MfS-Geschichte anregend sein könnten: Gerhard Paul, Klaus-Michael Mallmann (Hrsg.): Die Gestapo. Mythos und Realität. Darmstadt 1995. Relativ früh sind solche methodischen Anleihen angeregt worden in: Bernd Florath, Armin Mitter, Stefan Wolle (Hrsg.): Die Ohnmacht der Allmächtigen. Geheimdienste und politische Polizei in der modernen Gesellschaft. Berlin 1992.
7 Als Grundlage und Einstieg dafür unverzichtbar: Łukasz Kamiński, Krzysztof Persak, Jens Gieseke (Hrsg.): Handbuch der kommunistischen Geheimdienste in Osteuropa 1944–1991. Göttingen 2009.
8 BStU, AIM 8357/91, Teil II, Bd. 2, Bl. 117–118.
9 Einigen dieser Fallbeispiele liegen ausführlichere Spezialstudien zugrunde, die ich in der Vergangenheit mit einem weitaus umfangreicheren Anmerkungsapparat bereits in Fachpublikationen veröffentlichte. Sie mögen manchen speziell vorkommen, aber mir erscheinen sie in einem übertragenen Sinne in den Kernaussagen auf andere historische Vorgänge, Prozesse und Bereiche übertragbar.
10 Franziska Augstein: Der stumme Gast. Wie schreibt man deutsche Zeitgeschichte? Die Historiker Norbert Frei und Ulrich Herbert diskutieren in München, in: Süddeutsche Zeitung vom 27. Januar 2012, S. 13; ähnlich angelegt: Hans-Ulrich Wehler: Deutsche Gesellschaftsgeschichte. Fünfter Band: Bundesrepublik und DDR 1949–1990. München 2008.
11 Bernd Eisenfeld, Thomas Auerbach, Gudrun Weber, Sebastian Pflugbeil: Bericht zum Projekt: Einsatz von Röntgenstrahlen und radioaktiven Stoffen durch das MfS gegen Oppositionelle – Fiktion oder Realität? (Hrsg. BStU, Abt. BF) Berlin 2000.
12 Von vielen Beispielen siehe nur die insgesamt sehr interessante und differenziert argumentierende Arbeit, in der aber die Stasi auch nur additiv behandelt wird, von: Jan Palmowski: Inventing a Socialist Nation. Heimat and the Politics of Everyday Life in the GDR, 1945-1990. Cambridge, New York 2009.

Anmerkungen

13 Das «A» stand ursprünglich nicht für «Aufklärung», sondern war ein Ordnungsbuchstabe. Es gab von 1957 bis 1974 auch eine HV B, die dann mit «Verwaltung Rückwärtige Dienste» bezeichnet wurde. Vor allem in MfS-Dokumenten Ende 1989 findet sich auch häufiger die Bezeichnung «Hauptverwaltung Aufklärung». In diesem Buch wird durchgängig von der Hauptverwaltung A gesprochen.
14 BStU, SdM 1893, Bl. 284.
15 Ein Beispiel, in dem das so war und der dafür 15 Monate Gefängnis bekam: BStU, Ast. Magdeburg, AST 17/56.

I. GEHEIMPOLIZEI UND KOMMUNISMUS

1 ND vom 18. 2. 1950, S. 1. Die offizielle Ernennung erfolgte am 24. 2. 1950 durch Präsident Wilhelm Pieck (ND vom 25. 2. 1950, S. 1 mit Foto).
2 Gerhard Schulz: Mitteldeutsches Tagebuch. Aufzeichnungen aus den Anfangsjahren der SED-Diktatur 1945–1950. Hrsg., komment. u. eingel. von Udo Wengst, München 2009, S. 202 f. Schulz zählte in der Bundesrepublik zu den Mitbegründern der Zeitgeschichte.
3 Eckhard Müller-Mertens: Existenz zwischen den Fronten. Analytische Memoiren oder Report zur Weltanschauung und geistig-politischen Einstellung. Leipzig 2011, S. 64.
4 Ebenda, S. 183.
5 SED und nominelle Pgs. Beschluss des Parteivorstandes vom 20. 6. 1946, in: Dokumente der SED. Band 1, 2. Aufl., Berlin 1951, S. 52–53.
6 Stenographisches Protokoll über die 3. Sitzung des Parteivorstandes der SED vom 18.-20. 6. 1946. SAPMO B-Arch, DY 30, IV 2/1/4, Bl. 64.
7 Tagung der Oberbürgermeister, Landräte und leitenden Mitarbeiter der Regierung, 2.-4. 3. 1949. SAPMO B-Arch, NY 4277/4, Bl. 147.
8 Bei Matthäus heißt es: «Wer nicht mit mir ist, der ist gegen mich» (12,30). Bei Markus wird es positiv formuliert: «Denn wer nicht gegen uns ist, der ist für uns» (9,40), ebenso bei Lukas: «Denn wer nicht gegen euch ist, der ist für euch.» (9,50) Der Nachweis für Stalin findet sich bei: Susanne Schattenberg: Stalins Ingenieure. Lebenswelten zwischen Technik und Terror in den 1930er Jahren. München 2002, S. 103.
9 Hannah Arendt: Elemente und Ursprünge totaler Herrschaft. München, Zürich, 2. Aufl. 1991, S. 712 (ursprünglich 1951).
10 Wolfgang Leonhard: Die Revolution entlässt ihre Kinder. Köln 1955, S. 365.
11 Zit. in: Siegfried Suckut: Die Entscheidung zur Gründung der DDR. Die Protokolle der Beratungen des SED-Parteivorstandes am 4. und 9. Oktober 1949, in: VfZ 39(1991)1, S. 160–161.
12 Ebenda, S. 161.
13 Wladimir I. Lenin: Schreiben an F. E. Dzierzynski und Entwurf eines Dekrets über den Kampf gegen Konterrevolutionäre und Saboteure, 7. 12. 1917, in: ders.: Werke. Band 26, 5. Aufl., Berlin 1980, S. 372.
14 Ders.: Über die Innen- und Außenpolitik der Republik. Bericht an den IX. Gesamtrussischen Sowjetkongress, 23. 12. 1921, in: ebenda, Band 33, 7. Aufl., Berlin 1982, S. 160 (alle drei Zitate).

I. Geheimpolizei und Kommunismus

15 Ders.: Rede auf einer Veranstaltung der Mitarbeiter der Gesamtrussischen Außerordentlichen Kommission (Tscheka), 7. 11. 1918, in: ebenda, Band 28, 6. Aufl., Berlin 1980, S. 165.
16 Ders.: Ein kleines Bild zur Klärung großer Fragen (1918/19), in: ebenda, S. 397.
17 Ders.: Schlusswort zum Bericht des Gesamtrussischen Zentralexekutivkomitees und des Rats der Volkskommissare, 6. 12. 1919, in: ebenda, Band 30, 6. Aufl., Berlin 1979, S. 222.
18 Ders.: Rede zur Genossenschaftsfrage [auf dem IX. Parteitag der KPR(B)], 3. 4. 1920, in: ebenda, S. 475 (Hervorhebung ISK).
19 Zit. in: Arendt: Elemente und Ursprünge totaler Herrschaft, S. 486.
20 Wolfgang Krieger: Geschichte der Geheimdienste. Von den Pharaonen bis zur CIA. München 2009, S. 187.
21 Valentin Gitermann: Die historische Tragik der sozialistischen Idee. Zürich, New York 1939, S. 254–255.
22 Zu den Biographien siehe: Nikita Petrov: Die sowjetischen Geheimdienstmitarbeiter in Deutschland. Der leitende Personalbestand der Staatssicherheitsorgane der UdSSR in der SBZ und der DDR von 1945–1954. Biographisches Nachschlagewerk. Berlin 2010.
23 Jan Foitzik: Sowjetische Militäradministration in Deutschland (SMAD) 1945–1949. Struktur und Funktion. Berlin 1999, S. 100.
24 Gerhard Wettig: Die sowjetische Besatzungsmacht und der politische Handlungsspielraum in der SBZ (1945–1949), in: Ulrich Pfeil (Hrsg.): Die DDR und der Westen. Berlin 2001, S. 41.
25 Bernd Bonwetsch, Gennadij Bordjugov: Stalin und die SBZ. Ein Besuch der SED-Führung in Moskau vom 30. Januar-7. Februar 1947, in: VfZ 42 (1994) 2, S. 299.
26 Paul Reimar: Das Wismut Erbe. Geschichte und Folgen des Uranbergbaus in Thüringen und Sachsen. Göttingen 1991, S. 32–38. Zur Wismut siehe auch: Rudolf Boch, Rainer Karlsch (Hrsg.): Uranbergbau im Kalten Krieg. 2 Bände, Berlin 2011; Rainer Karlsch: Uran für Moskau. 4. Aufl., Berlin 2011.
27 Jurij Bassistow: Zwischen Kultur und Ideologie. Zur Kulturpolitik der SMAD, in: Bildung und Erziehung 45 (1992) 4, S. 394.
28 Andreas Hilger, Nikita Petrov: «Erledigung der Schmutzarbeit»? Die sowjetischen Justiz- und Sicherheitsapparate in Deutschland, in: Andreas Hilger, Mike Schmeitzner, Ute Schmidt (Hrsg.): Sowjetische Militärtribunale. Band 2: Die Verurteilung deutscher Zivilisten 1945–1955. Köln, Weimar, Wien 2003, S. 59.
29 Peter Erler: Zur Tätigkeit der Sowjetischen Militärtribunale (SMT) in der SBZ/DDR, in: Alexander von Plato (Hrsg.): Sowjetische Speziallager in Deutschland 1945 bis 1950. Band 1. Berlin 1998, S. 179.
30 Korrekt müsste es heißen: der WKP(B) (seit 1925), die Bezeichnung KPdSU ist 1952 eingeführt worden.
31 Schreiben des KGB-Vorsitzenden Serow und des Generalstaatsanwalts Rudenko an das ZK der KPdSU vom 24. Dezember 1954, in: Ralf Possekel (Hrsg.): Sowjetische Speziallager in Deutschland 1945 bis 1950. Band 2. Berlin 1998, S. 388.
32 Ders.: Stalins Pragmatismus: Die Internierungen in der SBZ als Produkt sowjetischer Herrschaftstechniken (1945–1950), in: Peter Reif-Spirek, Bodo Ritscher (Hrsg.): Speziallager in der SBZ. Gedenkstätten mit «doppelter Vergangenheit». Berlin 1999, S. 165.
33 Possekel (Hrsg.): Sowjetische Speziallager, S. 365–366.

Anmerkungen

34 So ein SMAD-Mitarbeiter im Mai 1946, zit. in: Foitzik: Sowjetische Militäradministration, S. 342.
35 Elke Scherstjanoi: Das SKK-Statut. Zur Geschichte der Sowjetischen Kontrollkommission in Deutschland 1949 bis 1953. Eine Dokumentation. München 1998.
36 Norman M. Naimark: Die Sowjetische Militäradministration in Deutschland und die Frage des Stalinismus. Veränderte Sichtweisen auf der Grundlage neuer Quellen aus russischen Archiven, in: ZfG 43(1995) 4, S. 306–307.
37 Dokument in: Peter Erler, Horst Laude, Manfred Wilke (Hrsg.): «Nach Hitler kommen wir.» Dokumente zur Programmatik der Moskauer KPD-Führung 1944/45 für Nachkriegsdeutschland. Berlin 1994, S. 293.
38 Bericht über die Verhandlungen der KPD. 19. und 20. April 1946 in Berlin. Berlin 1946, S. 64–65 (Hervorhebung im Original).
39 Aus der neueren Literatur sehr interessant: Gerhard Wettig (Hrsg.): Der Tjul'panov-Bericht. Sowjetische Besatzungspolitik in Deutschland nach dem Zweiten Weltkrieg. Göttingen 2012.
40 Ders.: Bereitschaft zu Einheit in Freiheit? Die sowjetische Deutschland-Politik 1945–1955. München 1999, S. 262.
41 Jan Foitzik, Nikita W. Petrow: Der Apparat des NKWD-MGB der UdSSR in Deutschland. Politische Repression und Herausbildung deutscher Staatssicherheitsorgane in der SBZ/DDR 1945–1953, in: dies.: Die sowjetischen Geheimdienste in der SBZ/DDR von 1945 bis 1953. Berlin, New York 2009, S. 13.
42 Ebenda, S. 14.
43 Anders verhielt es sich freilich in den okkupierten und der SU direkt einverleibten Gebieten: Timothy Snyder: Bloodlands. Europa zwischen Hitler und Stalin. München 2011. Das Buch ist in Deutschland von der Fachwissenschaft kritisch aufgenommen worden. Das war zumeist überzogen, weil der Autor ganz bewusst, so weit dies überhaupt geht, die blutigen Geschehnisse aus der Perspektive der betroffenen Personen schildert und analysiert. Gerade darin liegt die herausragende Bedeutung des Buches.
44 Zit. in: Foitzik, Petrow: Der Apparat des NKWD-MGB der UdSSR in Deutschland, S. 22.
45 Ebenda, S. 24.
46 Anschauliche Beispiele dafür liefert u. a. der frühere SMAD-Mitarbeiter und Überläufer: Gregory Klimow: Berliner Kreml. Köln, Berlin 1951, z. B. S. 123–124.
47 Foitzik, Petrow: Der Apparat des NKWD-MGB der UdSSR in Deutschland, S. 26.
48 Ebenda, S. 32.
49 Ebenda, S. 39–40. Die Angaben für Dresden: ebenda, S. 37.
50 Ebenda, S. 62.
51 Arsenij Roginskij u. a. (Hrsg.): «Erschossen in Moskau...» Die deutschen Opfer des Stalinismus auf dem Moskauer Friedhof Donskoje 1950–1953. 3., vollst. überarb. Aufl., Berlin 2008.
52 Foitzik, Petrow: Der Apparat des NKWD-MGB der UdSSR in Deutschland, S. 63.
53 Dazu zählten in den ersten Jahren, um einige Personen namentlich zu erwähnen: Erich Bär, Bruno Beater, Alfred Böhm, Gustav Borrmann, Wilhelm Enke, Heinrich Fomferra, Hans Fruck, Wilhelm Gaida, Hermann Gartmann, Franz Gold, Kurt Grünler, Joseph Gutsche, Rudolf Gutsche, Bruno Haid, Gerhard Harnisch, Karl Heine, Walter Heinitz, Burkhard Heinrich, Herbert Hentschke, Artur Hofmann, Richard Horn, Willy Hüttner, Erich Jamin, Heinz Kairies, Paul Karoos, Josef Kie-

I. Geheimpolizei und Kommunismus

fel, Erich Kistowski, Karl Kleinjung, Reinhold Knoppe, Kurt Kretzschmar, Karl Kreusel, Leander Kröber, Kurt Kuchenbecker, Werner Kukelski, Otto Last, Paul Laufer, Otto Lorenz, Rolf Markert, Rudolf Menzel, Hermann Michael, Julius Michelberger, Erich Mielke, Rudolf Mittag, Robert Mühlpforte, Wilhelm Müller, Fritz Mundt, Gerhard Neiber, Artur Paczinsky, Ottomar Pech, Hermann Pustiovsky, Gustav Röbelen, Ludwig Roscher, Kurt Rümmler, Paul Rumpelt, Franz Schkopik, Richard Schmeing, Hans Schneider, Alfred Scholz, Fritz Schröder, Albert Schubert, Erich Schürrmann, Wilhelm Schwerdtfeger, Richard Stahlmann, Herbert Stöß, Erich Switala, Gustav Szinda, Heinz Tilch, Rudolf Vödisch, Emil Wagner, Otto Walter, Herbert Weidauer, Martin Weikert, Erich Wichert, Markus Wolf, Ernst Wollweber, Wilhelm Zaisser oder Ernst Zuschke.

54 Wladimir I. Lenin: Ursprünglicher Entwurf des Artikels «Die nächsten Aufgaben der Sowjetmacht» (1918), in: ders.: Werke. Band 27, 5. Aufl., Berlin 1978, S. 201–203.
55 Ders.: Über die internationale und die innere Lage der Sowjetrepublik (1922), in: ebenda, Band 33, 7. Aufl., Berlin 1982, S. 212 (Hervorhebung im Original).
56 Josef W. Stalin: Rechenschaftsbericht an den XVII. Parteitag über die Arbeit des ZK der KPdSU (B) (1934), in: ders.: Fragen des Leninismus. 7. Aufl., Berlin 1955, S. 654–655 (Hervorhebung im Original).
57 Ebenda, S. 651.
58 Leitsätze über die Bedingungen der Aufnahme in die Kommunistische Internationale (1920), abgedruckt in: Hermann Weber (Hrsg.): Die Kommunistische Internationale. Eine Dokumentation. Hannover 1966, S. 55–62.
59 David J. Dallin: Die Sowjetspionage. Prinzipien und Praktiken. Köln 1956, S. 114.
60 Heinrich August Winkler: Der Schein der Normalität. Arbeiter und Arbeiterbewegung in der Weimarer Republik 1924 bis 1930. 2., durchgeseh. u. korrig. Aufl., Bonn, Berlin 1988, S. 452.
61 Ebenda, S. 454.
62 Klaus-Michael Mallmann: Kommunisten in der Weimarer Republik. Sozialgeschichte einer revolutionären Bewegung. Darmstadt 1996, S. 144.
63 Zit. ebenda.
64 Reinhold Andert, Wolfgang Herzberg: Der Sturz. Erich Honecker im Kreuzverhör. Berlin, Weimar 1990, S. 359.
65 Milovan Djilas: Die neue Klasse. Eine Analyse des kommunistischen Systems. München 1963, S. 139.
66 Neben: Arendt: Elemente und Ursprünge totaler Herrschaft, hat dies zeitgenössisch vielleicht niemand so klarsichtig analysiert wie: Leszek Kołakowski: Der Mensch ohne Alternative. Von der Möglichkeit und Unmöglichkeit, Marxist zu sein. München 1960; Der revolutionäre Geist. Stuttgart u. a. 1972; Die Hauptströmungen des Marxismus – Entstehung, Entwicklung, Zerfall. 3 Bde., München 1977–1978 (poln. 1976 in Paris).
67 Heinrich August Winkler: Der Weg in die Katastrophe. Arbeiter und Arbeiterbewegung in der Weimarer Republik 1930 bis 1933. Bonn, Berlin 1987, S. 603.
68 Sehr pointiert hat dies der frühere KPD-Funktionär Erich Wollenberg, 1933 aus der KPD ausgeschlossen, anschließend von Stalins Truppen ebenso wie von der Gestapo in halb Europa gejagt, dargestellt: Erich Wollenberg: Der Apparat. Stalins Fünfte Kolonne. 3. Aufl., Bonn 1952. Wollenberg kannte den inneren Geheimapparat der KPD sehr genau, außerdem war er ein in Moskau ausgebildeter Kader, der selbst an der berühmten Lenin-Schule der KI unterrichtete.

Anmerkungen

69 Heinrich Fomferra: [Erinnerungen] o. D. [etwa 1962–1969]. SAPMO B-Arch, SgY 30/1275/1, z. B. Bl. 150–153.
70 Bert Hoppe: In Stalins Gefolgschaft. Moskau und die KPD 1928–1933. München 2007, S. 237.
71 Zur jugoslawischen Frage. Entschließung des Zentralsekretariats vom 3. Juli 1948, in: Dokumente der SED. Band 2, Berlin 1950, S. 81–82.
72 Wladimir I. Lenin: Was tun? (1902), in: ders.: Werke. Band 5, 9. Aufl., Berlin 1985, S. 480–481.
73 Protokoll der Ersten Parteikonferenz der SED. 25.-28. 1. 1949. Berlin 1950, 2. Aufl., S. 378–385.
74 Für die organisatorische Festigung der Partei und für ihre Säuberung von feindlichen und entarteten Elementen. Beschluss des 12. Parteivorstandes vom 29. 7. 1948, in: Dokumente der SED. Band 2, S. 78–83.
75 Das Standardwerk zum Thema ist: Thomas Klein: «Für die Einheit und Reinheit der Partei». Die innerparteilichen Kontrollorgane der SED in der Ära Ulbricht. Köln, Weimar, Wien 2002.
76 Michael Kubina: Ifo-Dienste und andere parteiinterne «Vorläufer» des MfS, in: DA 31(1998) 6, S. 995–1006; ders.: «In einer solchen Form, die nicht erkennen lässt, worum es sich handelt…» Zu den Anfängen der parteieigenen Geheim- und Sicherheitsapparate der KPD/SED nach dem Zweiten Weltkrieg, in: IWK 32(1996) 3, S. 340–374; ders.: «Was in dem einen Teil verwirklicht werden kann mit Hilfe der Roten Armee, wird im anderen Kampffrage sein.» Zum Aufbau des zentralen Westapparates der KPD/SED 1945–1949, in: Manfred Wilke (Hrsg.): Anatomie der Parteizentrale. Die KPD/SED auf dem Weg zur Macht. Berlin 1998, S. 413–500; daneben wichtig: Wilhelm Mensing: SED-Hilfe für West-Genossen. Die Arbeit der Abteilung Verkehr beim Zentralkomitee der SED im Spiegel der Überlieferung des Ministeriums für Staatssicherheit der DDR (1946–1976). Berlin 2010 (von dieser ZK-Abteilung sind kaum Überlieferungen vorhanden, sie ist von einschlägigen Moskauer KPD-Kadern wie Richard Stahlmann aufgebaut worden. Eine enge Verbindung zum MfS war so selbstverständlich, die auch später nie abriss und immer auf höchster MfS- bzw. SED-Ebene blieb).
77 Armin Wagner: Walter Ulbricht und die geheime Sicherheitspolitik der SED. Der Nationale Verteidigungsrat der DDR und seine Vorgeschichte (1953 bis 1971). Berlin 2002; Heiner Bröckermann: Landesverteidigung und Militarisierung. Militär- und Sicherheitspolitik der DDR in der Ära Honecker 1971–1989. Berlin 2011; Otto Wenzel: Kriegsbereit. Der Nationale Verteidigungsrat der DDR 1960 bis 1989. Köln 1995. Die Protokolle des NVR stehen online unter: http://www.nationaler-verteidigungsrat.de.
78 Carola Stern: Porträt einer bolschewistischen Partei. Entwicklung, Funktion und Situation der SED. Köln 1957, S. 339.
79 Das MfS-Lexikon. Begriffe, Personen und Strukturen der Staatssicherheit in der DDR. 2., erw. Aufl., Berlin 2012, S. 188.
80 Protokoll über die Konferenz der Präsidenten der deutschen Verwaltung des Innern mit den Chefs der Polizei der Länder und Provinzen in der SBZ und den Vertretern der SMAD am 30. 10. 1946. BStU, AS 299/66, Bl. 93.
81 Protokoll von der Funktionärsversammlung der SED-Betriebsgruppe der DVdI am 23. 8. 1948. BStU, AS 605/66, Bl. 2.
82 Ebenda, Bl. 6.

II. Das MfS in der SED-Diktatur

83 Bericht über die vom Referat K 5 der DVdI am 7./8. 10. 1947 abgehaltene Arbeitstagung mit den Dezernats- und Kommissariatsleitern K 5 der SBZ im Hause der DVdI, Berlin. BStU, AS 442/66, Bl. 139.
84 Bericht über die Innenministerkonferenz vom 12. 10. 1947. SAPMO B-Arch, DY 30, IV 2/ 13/ 109, Bl. 74.
85 Jens Gieseke: Von der Deutschen Verwaltung des Innern zum Ministerium für Staatssicherheit 1948 bis 1950, in: Dierk Hoffmann, Hermann Wentker (Hrsg.): Das letzte Jahr der SBZ. München 2000, S. 142.

II. DAS MFS IN DER SED-DIKTATUR

1 Rolf Badstübner, Wilfried Loth (Hrsg.): Wilhelm Pieck – Aufzeichnungen zur Deutschlandpolitik 1945–1953. Berlin 1994, S. 252, 257.
2 Jan Foitzik, Nikita W. Petrow: Der Apparat des NKWD-MGB der UdSSR in Deutschland. Politische Repression und Herausbildung deutscher Staatssicherheitsorgane in der SBZ/DDR 1945–1953, in: dies.: Die sowjetischen Geheimdienste in der SBZ/DDR von 1945 bis 1953. Berlin, New York 2009, S. 54.
3 George Bailey, Sergej A. Kondraschow, David E. Murphy: Die unsichtbare Front. Der Krieg der Geheimdienste im geteilten Berlin. Berlin 1997, S. 175 (die Zahlen ebenda). Die drei Autoren waren Geheimdienstoffiziere, entsprechend vorsichtig ist ihr Buch zu lesen. Die zitierte Passage aber erscheint korrekt, die Zahlen entstammen nachgewiesenen russischen Dokumenten.
4 Jens Gieseke: Die hauptamtlichen Mitarbeiter der Staatssicherheit. Personalstruktur und Lebenswelt 1950–1989/90. Berlin 2000, S. 85–86, 552.
5 Ebenda, S. 86.
6 Die Kaderunterlagen vermerken wie bei vielen anderen als Eintrittsdatum in die Stasi meist eine etwas spätere Angabe, was mit dem Gründungsprozess zusammenhängen mag. Bei Gutsche vermerken Kaderunterlagen als Eintrittsdatum einmal den 1. 6. 1949 und zum anderen den 1. 9. 1949 (Karteierfassungen, Kaderkarteikarte). Die handschriftliche Verpflichtungserklärung trät das Datum 3. 9. 1949 (BStU, HA IX/11, SV 1/81, Bd. 254, Bl. 355). Sie ist wie bei den anderen Führungspersonen von Mielke entgegengenommen und abgezeichnet worden. Die meisten ersten Leitungskader sind laut Kaderakten formal von September bis Anfang November 1949 der Stasi beigetreten.
7 Die Erinnerungen Joseph Gutsches sind überliefert in: SAPMO B-Arch, SgY 30/ 328; hier zit. nach: Mike Schmeitzner: Formierung eines neuen Polizeistaates. Aufbau und Entwicklung der politischen Polizei in Sachsen 1945–1952, in: Rainer Behring, Mike Schmeitzner (Hrsg.): Diktaturdurchsetzung in Sachsen. Studien zur Genese der kommunistischen Herrschaft 1945-1952. Köln, Weimar, Wien 2003, S. 254.
8 Schmeitzner: Formierung eines neuen Polizeistaates.
9 Zur Geschichte des Areals der Zentrale: Christian Halbrock: Mielkes Revier. Stadtraum und Alltag rund um die MfS-Zentrale in Berlin-Lichtenberg. 2. Aufl., Berlin 2011; ders.: Stasi-Stadt. 2. Aufl., Berlin 2011.
10 Nur wenige Seiten zuvor beschrieb Fomferra, wie er mit einer Arbeitsgruppe Akten aufspürte, z. T. bei Altwarenhändlern. Dazu auch die zeitgenössische Bestätigung: BStU, AS 1358/67, Bl. 3–5.

Anmerkungen

11 Die Abteilung wurde Ende 1951 in Abt. XII (zentrale Auskunft, Speicher) umbenannt und behielt diese Bezeichnung bis zur Auflösung 1989. Was sich einigermaßen unspektakulär anhört, war tatsächlich eine Säule des MfS, ein streng abgeschirmtes Verwaltungsarchiv. Hier wurden die Karteikartensysteme, andere Erfassungssysteme und nicht zuletzt das Zentralarchiv verwaltet und interne Anfragen, die streng geregelt waren, entsprechend beantwortet. Fomferra war bis November 1951 Leiter dieser Abteilung, anschließend Leiter des Ministersekretariats und 1952/53 Leiter der SED-Parteikontrollkommission im MfS.

12 «Berater» waren sowjetische Offiziere, die zu dieser Zeit die Befehls- und Entscheidungsgewalt ausübten und praktisch als Vorgesetzte der deutschen Funktionäre agierten. «Freunde» war die kommunistische Umschreibung für die Sowjets, später ging die Bezeichnung zum Teil in die ostdeutsche Alltagssprache über, nicht selten mit einem ironischen Unterton.

13 Im Oktober 1948 wurden auf Beschluss des sowjetischen Politbüros Bereitschaften der VP aufgestellt, die kaserniert untergebracht wurden. Sie waren der DVdI bzw. dann dem MdI unterstellt. 1952 ist die KVP auch auf deren Grundlage gebildet worden, aus der schließlich 1956 die NVA und das neue MfNV heraus gebildet worden sind.

14 Heinrich Fomferra: [Erinnerungen] o. D. [etwa 1962–1969]. SAPMO B-Arch, SgY 30/1275/1, Bl. 154–156.

15 Ebenda, Bl. 163.

16 Jens Gieseke hat die Gründergeneration lediglich auf 27 Männer beziffert und dabei neben Minister, Staatssekretär und stellv. Staatssekretär nur noch die Chefs der Länderverwaltungen sowie die ersten Abteilungsleiter in der Zentrale im 1950 berücksichtigt (Gieseke: Die hauptamtlichen Mitarbeiter der Staatssicherheit, S. 94). Hier wird demgegenüber auf den leitenden Kaderbestand 1949 abgehoben. Außerdem werden *selbstverständlich* politisch Mitverantwortliche im SED-Apparat berücksichtigt.

17 Während dies bei Stahlmann offen liegt, ist die Biographie von Wollweber für die Zeit von 1946 bis 1953 noch immer mit vielen Fragen belegt. Seine unveröffentlichte Autobiographie («Lebenserinnerungen») endet mit dem Jahr 1947. Die enge und herausgehobene Zusammenarbeit mit der Besatzungsmacht war für Wollweber, der im Auftrag sowjetischer Geheimdienste seit den 1920er Jahren führend unterwegs und seit 1944 sowjetischer Staatsbürger war, selbstverständlich und schlägt sich auch in seinen knappen Ausführungen zur Nachkriegszeit eindrücklich nieder. Zur Biographie und zur These seiner Geheimoperationen nach 1946 mit einigen (umstrittenen) Belegen: Jan von Flocken, Michael F. Scholz: Ernst Wollweber. Saboteur, Minister, Unperson. Berlin 1994; sowie: David J. Dallin: Die Sowjetspionage. Prinzipien und Praktiken. Köln 1956, S. 429–432. Oft als vage «Quelle» benutzt: Anonymus: Vom Höllenmaschinisten zum Staatssekretär. Bonn 1954. Die Ausführungen bis 1941 basieren auf: Jan Valtin: Tagebuch der Hölle. Doppelagent unter Hitler und Stalin. Köln 1957 (engl. 1941; der Autor, bis 1940 Richard Krebs, war langjähriges KPD-Mitglied; Ernst von Waldenfels: Der Spion, der aus Deutschland kam. Das geheime Leben des Seemanns Richard Krebs. Berlin 2002). Zu Wollwebers Widerstandsaktionen im skandinavischen Exil: Lars Borgersrud: Die Wollweber-Organisation und Norwegen. Berlin 2001. In einem anderen Buch vertritt der Autor, empirisch breit angelegt, die These, Wollweber habe sich nach 1945 an keinen Aktionen gegen Skandinavien, wie oft behauptet, beteiligt: ders.: Fiendebilde Wollweber. Svart propa-

II. Das MfS in der SED-Diktatur

ganda i kald krig. Oslo 2001. Letztlich bleibt offen wie ungeklärt, inwiefern Wollweber im Auftrag der sowjetischen Dienste von 1946 bis 1953 in den Westzonen Waffenlager anlegte oder spezielle Sabotage- und Diversionskräfte ausbildete. Umfangreich von mir ausgewertete SED- und MfS-Unterlagen einschließlich verschiedener Kaderunterlagen erbrachten dazu bislang auch keine neuen Informationen oder Erkenntnisse.

18 Geheime Staatspolizei, Staatspolizeileitstelle Münster, Erstreckung der Ausbürgerung auf Familienangehörige, 11. 5. 1937. BStU, HA IX/11, SV 1/84, Bd. 3, Bl. 269–270.
19 Die tatsächliche Tätigkeit von Wolf in der DDR-Mission lässt sich weder anhand von MfS- noch von SED-Akten rekonstruieren. Aus russischen Überlieferungen ist bis jetzt nichts bekannt geworden. Eine Nachfrage im Archiv des Auswärtigen Amts, wo die Unterlagen des MfAA liegen, erbrachte keine Aufschlüsse: «Was Markus Wolf dort tatsächlich gemacht hat, kann man, glaube ich, heute nicht mehr rekonstruieren.» (Freundliche Mitteilung von Ulrich Geyer, Archivar im Politischen Archiv des Auswärtigen Amts, am 17. 8. 2012).
20 Etwa: Markus Wolf: Spionagechef im geheimen Krieg. Erinnerungen. München 1997, S. 52–53, 58–59; ders: Die Kunst der Verstellung. Dokumente, Gespräche, Interviews. Berlin 1998, S. 63; Hans-Dieter Schütt: Markus Wolf – Letzte Gespräche. Berlin 2007, S. 136–138. Er betont, vor 1945 nicht für eine Geheimdiensttätigkeit ausgebildet worden zu sein (ebenda, S. 115).
21 Markus Wolf, Lebenslauf, 25. 10. 1951. BStU, KS 60003/90, Bl. 77.
22 Kaderakte Markus Wolf. BStU, KS 60003/90.
23 BStU, KS II 27 348/90.
24 Er war 1917/18 Mitglied der Bolschewiki, 1918–20 der USPD, 1920–33 der KPD, 1933–45 der KPdSU und dann über den taktisch bedingten SPD-Eintritt in die SED.
25 Silke Schumann: Die Parteiorganisation der SED im MfS (= MfS-Handbuch, Hrsg. BStU). 3. Aufl., Berlin 2002, S. 35–37.
26 Jens Gieseke: Die hauptamtlichen Mitarbeiter des Ministeriums für Staatssicherheit (= MfS-Handbuch, Hrsg. BStU). 2. Aufl., Berlin 1996, S. 29. Die absolute Zahl von 1973 entsprach etwa 5% aller Mitarbeiter.
27 Land Sachsen, Chef der Polizei, Personalfragebogen, 24. 1. 1947. BStU, HA IX/11, SV 1/81, Bd. 254, Bl. 385.
28 BStU, HA IX/11, SV 1/84, Bd. 4. Vgl. auch: Josef Kiefel: Im tiefen Hinterland, in: Für unsere und eure Freiheit. Deutsche Antifaschisten im polnischen Widerstandskampf. Berlin 1975, S. 239–252.
29 Erst zum 1. Mai 1977 hieß diese Verwaltung analog zu den übrigen in der DDR «Bezirksverwaltung des MfS Berlin».
30 Holger Dehl, Natalja Mussienko, Ulla Plener: «Hitlerjugend» in der UdSSR? Zu Hintergründen und Folgen einer NKWD-Fälschung 1938, in: Oleg Dehl: Verratene Ideale. Zur Geschichte deutscher Emigranten in der Sowjetunion in den 30er Jahren, hrsg. von Ulla Plener, Berlin 2000, S. 200.
31 Herbert Hentschke an den zuständigen Abteilungsleiter des NKWD, 20. August 1937, in: ebenda, S. 221.
32 Aus Moskau wurden Ende April drei KPD-Initiativgruppen nach Deutschland entsendet, die den Neuaufbau maßgeblich leiten sollten: Ulbricht-Gruppe (Zentral, Berlin), Ackermann-Gruppe (Sachsen) und Sobottka-Gruppe (Mecklenburg); an-

Anmerkungen

schaulich dazu als Mitglied der Ulbricht-Gruppe: Wolfgang Leonhard: Die Revolution entlässt ihre Kinder. Köln 1955. Zur personellen Zusammensetzung dieser sowie nachfolgender Gruppen: Jörg Moreé: Hinter den Kulissen des Nationalkomitees. Das Institut 99 und die Deutschlandpolitik der UdSSR 1943–1946. München 2001, S. 211–215.

33 Arthur Hofmann, Lebenslauf, 12. Juli 1951. BStU, KS I 8/87, Bl. 74.
34 BStU, HA IX/11, SV 1/84, Bd. 4. Vgl. auch: Artur Hofmann: Erinnerungen aus dem Partisaneneinsatz eines deutschen Antifaschisten, in: Für unsere und eure Freiheit, S. 229–238.
35 Zum Intermezzo beim IWF: Helmut Müller-Enbergs: Markus Wolf und die Ablösung Bruno Haids als Leiter der DDR-Nachrichtendienstschule 1952, in: JHK 2006, S. 311–319; ders.: Die Nachrichtendienstschule. Der I. Kursus der Schule des IWF (= hefte zur ddr-geschichte; 107). Berlin 2006.
36 Siegfried Leibholz, der ab 1949 die Geheimpolizei in Brandenburg mit aufbaute, viele Jahre Leiter der Bezirksverwaltung Potsdam war und 1985 als Generalmajor in den Ruhestand ging, lebte von 1943 bis 1945 im Havelland im Untergrund, war also selbst nicht unmittelbar in Haft.
37 Lutz Niethammer (Hrsg.): Der «gesäuberte» Antifaschismus. Die SED und die roten Kapos von Buchenwald. Dokumente. Berlin 1994.
38 Jean Baptiste Feilen: Erinnerungen [1960er Jahre]. SAPMO B-Arch, SgY 30/2025, S. 95–96.
39 Ebenda, S. 96. Er war anschließend u. a. Kaderleiter, leitender Funktionär in Ministerien sowie Handelsrat an der DDR-Botschaft in Belgrad.
40 Niethammer (Hrsg.): Der «gesäuberte» Antifaschismus, S. 284, Anm. 107.
41 Erich Mielke, Rede auf der DV in der BV Dresden zur Verabschiedung des Gen. Generalmajor Markert, 2. 7. 1981. BStU, ZAIG 4800, Bl. 4.
42 Niethammer (Hrsg.): Der «gesäuberte» Antifaschismus, S. 450; zu den Privilegien: z. B. S. 91, 284–285, 312.
43 Aufstellung ehemaliger Angehöriger des MfS, die dem NKFD angehörten bzw. in seinem Auftrag tätig waren (nach der Liste der HA KuSch vom 1. 6. 1988). BStU, HA IX/11, SV 286/87, Bl. 30.
44 Ernst Engelberg: Revolutionäre Politik und Rote Feldpost, 1878–1890. Berlin 1959, S. 209.
45 Wladislaw Hedeler: Rede, Genosse Mauser!, in: Markus Mohr, Klaus Viehmann (Hrsg.): Spitzel. Eine kleine Sozialgeschichte. Berlin, Hamburg 2004, S. 91–98.
46 Heinrich Fomferra: [Erinnerungen] o. D. [etwa 1962–1969]. SAPMO B-Arch, SgY 30/1275/1, Bl. 55. Diese Schilderung deckt sich mit Erzählungen, die die Tochter Kattners 1998 auf der Grundlage der Erzählung ihrer Mutter machte: Ronald Sassning: Die Verhaftung Ernst Thälmanns und der «Fall Kattner». Hintergründe, Verlauf, Folgen. Berlin 1998, S. 102–103.
47 Franz Dahlem erwähnte sie ursprünglich in seinen Erinnerungen, ließ sich aber nach MfS-Intervention auf eine abgeschwächte Version ein, die die Hinrichtung Kattners durch die KPD nicht mehr erwähnte (ebenda, S. 38). Auch Schwarz wurde demzufolge nie in diesem Zusammenhang erwähnt. In einer Publikation von Fomferra kann so nicht einmal ein Kenner der KP-Geschichte auf den ersten Blick erkennen, dass der mehrfach erwähnte «Genosse Schwarz» eben jener Mörder war: Heinrich Fomferra: In besonderer Mission, in: Horst Köpstein (Hrsg.): Beiderseits der Grenze. Über den gemeinsamen antifaschistischen Widerstandskampf

II. Das MfS in der SED-Diktatur

von Deutschen, Tschechen und Slowaken 1939 bis 1945. Berlin 1965, S. 215–234.
48 MfS, HA IX, Information zu Fomferra, Heinrich, 3. 9. 1975. BStU, HA IX/11, SV 1/81, Bd. 251, Bl. 38–46; BStU, KS 515/59 (Kaderakte Fomferra).
49 Protokoll der Befragung von Generalmajor Gartmann über seine Teilnahme am national-revolutionären Krieg des spanischen Volkes als Angehöriger der Interbrigaden am 27. 5. 1964 (IML des ZK der SED). SAPMO B-Arch, SgY 30/1447, S. 2. Gartmann bestätigte die Richtigkeit des Protokolls.
50 Aus dem Leben eines Berufsrevolutionärs. Erinnerungen an Richard Stahlmann. Offizin Andersen Nexö, Leipzig 1986. Das MfS ließ dort eine ganze Buchreihe mit solchen Porträts für die interne Verwendung drucken.
51 Im Buch steht «Genosse Labs».
52 Kurt Goldstein: 1930 KPD, 1936–39 Interbrigadist in Spanien, 1942–45 Auschwitz, 1945 Buchenwald; er verlor etwa 50 Familienangehörige durch die Shoah; 1950/51 FDJ-Chef in der Bundesrepublik, 1951 Übersiedlung in die DDR.
53 Aus dem Leben eines Berufsrevolutionärs, S. 93 (so endet das Kapitel).
54 Das Jahr legt nahe: ebenda, S. 20.
55 Zur Charakterisierung Stahlmanns als «brutal, rücksichtslos, egoistisch» siehe: Dallin: Die Sowjetspionage, S. 113.
56 BStU, KS I 13/84, Bl. 6 (Kaderakte Stahlmann).
57 Differenziert die sehr komplexe und oft diskutierte Darstellung Stahlmanns bei: Peter Weiss: Die Ästhetik des Widerstands. Frankfurt/M. 1988 (zuerst als Einzelbände 1975, 1978 und 1981); außerdem: Stefan Heym: Collin. München 1979, der später bekannte, als Vorlage habe ihm «sein Freund» Stahlmann gedient, der noch im Sterben «den eignen Apparat» fürchtete: Stefan Heym: Nachruf. Frankfurt/M. 1990 (1988), S. 815–816. Sowie: Ernest Hemingway: Wem die Stunde schlägt. Berlin 1948 (engl. 1940).
58 Die Zitate in: Gieseke: Die hauptamtlichen Mitarbeiter der Staatssicherheit, S. 153.
59 Ebenda, S. 154. Jens Gieseke schreibt, dies wäre eine Notiz von H. Matern, der Mielkes «kaltschnäuzige Reaktion» festhielt. Das Dokument, auf dem die Notiz enthalten ist, trägt das Datum 30. 4. 1956, es handelt sich um einen Brief von Horn an Matern. Dass es sich um eine Bemerkung Mielkes handelte, die Matern festhielt, ist möglich, aber nicht belegbar.
60 Immer noch anschaulich und interessant: Hede Massing: Die große Täuschung. Geschichte einer Sowjetagentin. Freiburg, Basel, Wien 1967 (engl. 1951).
61 Angekündigt ist eine Biographie über Zaisser («Spanienkämpfer – MfS-Chef – Unperson»), die Wilfriede Otto und Helmut Müller-Enbergs schreiben. Als Einstieg siehe z. B.: Helmut Müller-Enbergs: Aufstieg und Fall des Wilhelm Zaisser, in: Horch und Guck 2003, Heft 42, S. 5–17.
62 BStU, SdM, Tb 153 (Mitschnitt einer Rede, ohne Jahresangabe).
63 Wilfriede Otto: Erich Mielke. Eine Biographie. Berlin 2000, S. 91.
64 Ob Mielke deshalb tatsächlich Willi Kreikemeyer 1950 umbrachte oder umbringen ließ, bleibt weiter offen. Zur These: Wolfgang Kießling: «Leistner ist Mielke.» Schatten einer gefälschten Biographie. Berlin 1998. Zu den Konstruktionen um die «Field-Affäre» siehe aus der reichhaltigen Literatur v. a.: Bernd Rainer Barth, Werner Schweizer (Hrsg.): Der Fall Noel Field. Schlüsselfigur der Schauprozesse in Osteuropa. Band 1: Gefängnisjahre 1949–1954. Berlin 2005; Band 2: Asyl in Ungarn 1954–1957. Berlin 2007.

Anmerkungen

65 Siehe auch Dallin: Die Sowjetspionage, S. 113.
66 Foitzik, Petrow: Der Apparat des NKWD-MGB der UdSSR in Deutschland, S. 60.
67 Generell dazu: Instruktion für sowjetische Spezialisten und Berater in Einrichtungen und Betrieben der volksdemokratischen Länder, 23.6.1953, in: Jan Foitzik (Hrsg.): Sowjetische Interessenpolitik in Deutschland 1944–1954. München 2012, S. 606–609.
68 Douglas Selvage, Walter Süß: Das Ministerium für Staatssicherheit (MfS) und die Zusammenarbeit mit anderen kommunistischen Geheimdiensten. MfS und sowjetischer KGB – Dokumente, unter: http://www.bstu.bund.de/DE/Wissen/MfS-Dokumente/MfS-KGB/_node.html;jsessionid=6885F86A7B915DDFE7128D62F6763466.2_cid134.
69 BStU, Abt. XII 4465, Bl. 1, 4–5, 10.
70 MfS, Ehrenbuch 50 Jahre Grosse Sozialistische Oktoberrevolution. BStU, HA KuSch 31 639, Bl. 3–9.
71 Ordnung über die Verleihung des Ehrentitels «Verdienter Mitarbeiter der Staatssicherheit». BStU, HA KuSch 1738, Bl. 13–14. Der Titel ist zum 8. Februar 1970 eingeführt worden. Die ersten Träger waren Walter Ulbricht, Erich Honecker, KGB-Chef Juri W. Andropow sowie dessen Spionagechef Alexander M. Sacharowski. Eine genau Auflistung sämtlicher Träger: BStU, HA KuSch 1738.
72 Genaue statistische Übersichten über die ranghöchsten Orden und Auszeichnungen, die MfS-Mitarbeiter erhielten, insgesamt über 30 000 meist mit hohen Geldprämien verbundene, enthält: BStU, HA KuSch 2153. Dazu: MfS, HA KuSch, Vorlage zur Vorbereitung und Durchführung von Auszeichnungen zum 40. Jahrestag der Bildung des MfS, o. D. BStU, HA KuSch 1744, Bl. 136–138.
73 Thomas Horstmann: Logik der Willkür. Die Zentrale Kommission für Staatliche Kontrolle in der SBZ/DDR von 1948 bis 1958. Köln, Weimar, Wien 2002.
74 ND vom 23.11.1949.
75 Franz-Josef Kos: Politische Justiz in der DDR. Der Dessauer Schauprozess vom April 1950, in: VfZ 44 (1996), S. 395–429.
76 Kurt Hager: Vorwort, in: László Rajk und Komplicen vor dem Volksgericht. Berlin 1949, S. 5, 8. Eine Variante, in der auch die «Brundert-Herwegen-Bande» eine Rolle spielt: ders.: Die Aufgabe der Partei im Kampf um erhöhte Wachsamkeit, in: ND vom 6.1.1950, S. 4.
77 Erich Mielke: Gangster und Mörder im Kampf gegen unsere Republik, in: ND vom 28.1.1950, S. 4.
78 Der Beschluss der Regierung, in: ebenda.
79 Achtung! Agenten!, in: ND vom 29.1.1950, S. 4.
80 Victor Klemperer: So sitze ich denn zwischen allen Stühlen. Tagebücher 1945–1949. Berlin 1999, S. 692 (Eintrag vom 12. Oktober 1949).
81 Jürgen Louis: Die Liberal-Demokratische Partei in Thüringen 1945–1952. Köln, Weimar, Wien 1996, S. 157.
82 SAPMO B-Arch, DY 30, IV 2/ 11/ 157.
83 Louis: Die Liberal-Demokratische Partei in Thüringen, S. 157.
84 Resolution vom 6.10.1950. BStU, AU 411/54, Beiakte Karl Hamann, Bl. 14.
85 Karl Hamann, LDP-Vorsitzender, an Wilhelm Zaisser, MfS-Minister, 14.10.1950. Ebenda, Bl. 10.
86 Hamann denunziert Parteifreund, in: Neue Zeitung vom 3.11.1950 (die kurze Nachricht enthielt zwar eine Reihe von falschen Angaben, gab aber im Kern den Vorgang korrekt wieder).

II. Das MfS in der SED-Diktatur

87 ZK der SED, Abt. LOPM, 2. Bericht über die Stimmung und Stellungnahme der Bevölkerung zu den Ausführungen des Genossen Walter Ulbricht auf der 2. Parteikonferenz, 17. 7. 1952. SAPMO B-Arch, DY 30, IV 2/ 5/ 267, Bl. 39.
88 Protokoll des Politbüros des ZK der SED, 21.1.1953. SAPMO B-Arch, DY 30, I IV 2/ 2/ 258.
89 Zit. in: Elke Scherstjanoi: «Wollen wir den Sozialismus?» Dokumente aus der Sitzung des ZK der SED am 6. Juni 1953, in: Beiträge zur Geschichte der Arbeiterbewegung 33(1991), S. 671.
90 Vgl. z. B. die Bezugnahme auf den Schachty-Prozess 1928 im Zusammenhang mit dem Zwickauer Steinkohlebergbau-Prozess im Sommer 1952, in: Lehren aus dem Prozess gegen das Verschwörerzentrum Slansky. Beschluss des ZK vom 20. 12. 1952, in: Dokumente der SED. Bd. 4, Berlin 1954, S. 213–215.
91 Vgl. dazu: Lehren aus dem Prozess gegen das Verschwörerzentrum Slansky. Beschluss des ZK vom 20. 12. 1952, in: ebenda, S. 199–219; Über die Auswertung des Beschlusses des ZK zu den «Lehren aus dem Prozess ... «. Beschluss des ZK vom 14. 5. 1953, in: ebenda, S. 394–409.
92 Emil Dusiska: Margarine oder «Wagenschmiere»? Was sagt das Ministerium für Handel und Versorgung dazu?, in: ND vom 27. 1. 1952.
93 Zit. in: Siegfried Suckut: Karl Hamann – ein politisches Schicksal zwischen den Fronten des Kalten Krieges, in: Beiträge zum Leben und Wirken von Dr. Karl Hamann 1903–1973, hrsg. von der Karl-Hamann-Stiftung im Land Brandenburg, Stahnsdorf 1993, S. 33.
94 Das MfS beschlagnahmte umfangreiche private und dienstliche Unterlagen von Hamann, darunter mehrere Kalender, hier: BStU, AU 411/54, Beiakte Karl Hamann, Bl. 123 (S. 119 des nicht paginierten Kalenders).
95 ZI-Bericht vom 23. 3. 1953. Ebenda, Beiakte (ZI-Berichte), Bl. 139.
96 Zit. in: Suckut: Karl Hamann, S. 35.
97 Bericht der Überprüfung des Ministeriums für Handel und Versorgung durch die vom Sekretariat des ZK eingesetzte Brigade, 10. 12. 1952. BStU, AU 411/54, Bd. 29, Bl. 99–114. Ein weiterer Bericht kam von der ZKSK, 9. 12. 1952. Ebenda, Bd. 2, Bl. 441–446.
98 Stadtgericht Berlin, Haftrichter, Haftbefehl vom 11. 12. 1952. BStU, AU 411/54, Bd. 13, Bl. 10.
99 Wolfgang Schollwer: «Gesamtdeutschland ist uns eine Verpflichtung.» Aufzeichnungen aus dem FDP-Ostbüro 1951–1957, hrsg. von Jürgen Frölich, Bremen 2004, S. 66–67.
100 Vernehmungsprotokoll des Häftlings Dr. Hamann, 22. 1. 1953. BStU, AU 411/54, Bd. 20, Bl. 121.
101 ZI-Bericht vom 3. 3. 1953. Ebenda, Beiakte (ZI-Berichte), Bl. 75.
102 ZI-Bericht vom 24. 2. 1953. Ebenda, Bl. 39.
103 ZI-Bericht vom 27. 2. 1953. Ebenda, Bl. 61–62.
104 ZI-Bericht vom 2. 3. 1953. Ebenda, Bl. 162.
105 ZI-Bericht vom 6. 5. 1953. Ebenda, Bl. 224; ZI-Bericht vom 4. 5. 1953. Ebenda, Bl. 231.
106 ZI-Bericht vom 30. 5. 1953. Ebenda, Bl. 261.
107 Vernehmungsprotokoll des Beschuldigten Dr. Hamann, 20.5.1953, 20.15-23. 5. 1953, 24.00 Uhr. Ebenda, Bd. 5, Bl. 203–207; Vernehmungsprotokoll Dr. Hamann, 14. 3. 1953, 13.30–16. 3. 1953, 24.00 Uhr. Ebenda, Bd. 13, Bl. 129–134. Am 18.3. be-

Anmerkungen

gann erneut eine 26stündige Vernehmung, dazwischen am 17. März erfolgte «nur» eine knapp 4stündige.
108 Jenny Schekhahn, Tobias Wunschik: Die Untersuchungshaftanstalt der Staatssicherheit in Rostock. Ms. 2012, S. 43 (erscheint 2012). Zu Horns Aussage siehe in diesem Buch, S. 83.
109 MfS, Major Hempel, Schlussbericht vom 18.12.1953. BStU, AU 411/54, Bd. 29, Bl. 3.
110 Ebenda, Bl. 7.
111 Ebenda, Bl. 7–8.
112 Ebenda, Bl. 38.
113 Generalstaatsanwalt der DDR, Anklageschrift gegen Hamann u.a. Ebenda, Bd. HA/GA, Bl. 2.
114 Ebenda, Bl. 26.
115 Ebenda, Bl. 34. Als der frühere Justizminister Max Fechner am 24.5.1955, fast zwei Jahre nach seiner Festnahme, vom Obersten Gericht auf Anweisung des SED-Politbüros zu acht Jahren Zuchthaus verurteilt wurde, waren drei Jahre Haft mit Homosexualität begründet worden.
116 BStU, AU 411/54, Bd. HA/GA, Bl. 56.
117 Ebenda, Bl. 89.
118 Ebenda, Bl. 103.
119 Ebenda, Bl. 121.
120 Ebenda, Bl. 124.
121 Oberstes Gericht, Urteil gegen Hamann u.a. Ebenda, Bd. 12, Bl. 54–84.
122 Oberstes Gericht, Beschluss in der Strafsache gegen Baender, 16.6.1954. Ebenda, Bd. HA/GA, Bl. 136.
123 Sitzung des Politbüros am 25.5.1954, Protokoll Nr. 7/54. SAPMO B-Arch, DY 30 I IV 2/2/363; ebenda I IV 2/2A/352 und 353; Sitzung des Politbüros am 1.6.1954, Protokoll Nr. 8/54. Ebenda I IV 2/2/364; ebenda I IV 2/2A/354.
124 An das ZK der SED, Abt. Staatliche Verwaltung, 28.5.1954. BStU, AU 411/54, Bd. HA/GA, Bl. 185. Aus dem vorliegenden Schriftstück geht die Autorschaft nicht hervor, es könnte aus dem MfS stammen.
125 Ebenda, Bl. 186.
126 (Staatliche Plankommission), Stellungnahme zu den gestellten Fragen, wobei angenommen wurde, dass sich diese auf die Fleischversorgung beziehen, 10.6.1954. Ebenda, Bl. 143–147.
127 Generalstaatsanwalt, Antrag auf Wiederaufnahme des Verfahren, 16.6.1954. Ebenda, Bl. 133.
128 Mielke an Stoph, 29.5.1954. Ebenda, Bd. 2, Bl. 468.
129 Oberstes Gericht, Strafsache gegen Baender, 17.6.1954. Ebenda, Bd. HA/GA, Bl. 140–141.
130 Schollwer: «Gesamtdeutschland ist uns eine Verpflichtung», S. 115.
131 Rudolf Agsten, Manfred Bogisch, Wilhelm Orth: LDPD. 1945 bis 1951 im festen Bündnis mit der Arbeiterklasse und ihrer Partei. Berlin 1985, S. 252. Das hatte 1953 Johannes Dieckmann als Lüge verbreitet.
132 An den Präsidenten der DDR, 7.5.1956. BStU, AP 8392/89 C, Bd. 1, Bl. 90.
133 Am 9.10.1956 verfügte das SED-Politbüro im Zusammenhang mit Gesprächen zwischen LDPD und FDP die umgehende Freilassung Hamanns (SAPMO B-Arch, DY 30, I IV 2/ 2/ 502). MfS, HA I an Generalmajor Markus Wolf, Re-

II. Das MfS in der SED-Diktatur

aktion auf die Freilassung Hamanns in der Parteileitung der LDPD, 20. 10. 1956. BStU, AP 8392/89 C, Bd. 2, Bl. 8–9 (Wolf leitete das Schreiben an Mielke weiter).
134 Karl Maron, Bericht über die Unterredung mit H., 3. 2. 1957. BStU, AP 8392/89 C, Bd. 2, Bl. 86 (den Bericht schickte Maron an das Büro von Ulbricht).
135 MfS, HA V, Bericht, 6.5.1957. BStU, AP 8392/89 C, Bd. 2, Bl. 159.
136 Zur Ereignisgeschichte: Ilko-Sascha Kowalczuk: 17. Juni 1953 – Volksaufstand in der DDR. Ursachen – Abläufe – Folgen. Bremen 2003; zur Wirkungs- und Rezeptionsgeschichte mit der gesamten bis 2004 erschienenen Literatur: ders., Bernd Eisenfeld, Ehrhart Neubert: Die verdrängte Revolution. Der Platz des 17. Juni in der deutschen Geschichte. Bremen 2004; zur aktuellen Problemgeschichte mit neuester Literatur: Ilko-Sascha Kowalczuk: Der Volksaufstand vom 17. Juni 1953 in Wissenschaft und Erinnerungskultur, in: JHK 2013.
137 Außerdem sind bis Januar 1954 nochmals 30000 politische Häftlinge freigekommen, darunter 6000 SMT-Verurteilte.
138 Dietrich Staritz: Geschichte der DDR. 1949–1985. Frankfurt/M. 1985, S. 138.
139 Ilko-Sascha Kowalczuk: Die innere Staatsgründung. Von der gescheiterten Revolution 1953 zur verhinderten Revolution 1961, in: ders., Torsten Diedrich (Hrsg.): Staatsgründung auf Raten? Zu den Auswirkungen des Volksaufstandes 1953 und des Mauerbaus 1961 auf Staat, Militär und Gesellschaft der DDR. Berlin 2005, S. 341-378.
140 Aufschlussreiche Botschaftermeldungen und internationale Presseauswertungen sind etwa überliefert in: Bundesarchiv, B 137/1400.
141 Karl Wilhelm Fricke, Roger Engelmann: Der «Tag X» und die Staatssicherheit. 17. Juni 1953 – Reaktionen und Konsequenzen im DDR-Machtapparat. Bremen 2003, S. 157.
142 Referat von Hermann Matern auf der zentralen Dienstkonferenz im SfS, abgedruckt in: Karl Wilhelm Fricke, Roger Engelmann: «Konzentrierte Schläge». Staatssicherheitsaktionen und politische Prozesse in der DDR 1953–1956. Berlin 1998, S. 261–267.
143 Ebenda, S. 269.
144 Siehe die Tabelle auf S. 190 im vorliegenden Buch.
145 Zit. in: Helmut Müller-Enbergs (Hrsg.): Inoffizielle Mitarbeiter des Ministeriums für Staatssicherheit. Teil 3: Statistiken. Berlin 2008, S. 37.
146 Enrico Heitzer: «Affäre Walter». Die vergessene Verhaftungswelle. Berlin 2008.
147 Dazu: Fricke, Engelmann: «Konzentrierte Schläge».
148 Dokumentiert ist dieser Wechsel normativ durch zwei Dienstanweisungen des Ministers vom 30.5.1957 und vom 18.6. 1957, abgedruckt in: Roger Engelmann, Frank Joestel: Grundsatzdokumente des MfS (= MfS-Handbuch, Hrsg. BStU). Berlin 2004, S. 106–118, 119–125.
149 In der Bearbeitung von Personen kam noch die zielgerichtete Postkontrolle hinzu. Telefon- oder Raumabhörmaßnahmen erfolgten nur in seltenen Fällen außerhalb von zielgerichteten Personenbeobachtungen.
150 Siehe auch S. 338 in diesem Buch.
151 Hanna Labrenz-Weiß: Abteilung M (= MfS-Handbuch, Hrsg. BStU). Berlin 2005, S. 45.
152 BStU, Ast. Leipzig, BVfS Leipzig, Leitung 814/1–6.
153 Angaben nach: http://www.runde-ecke-leipzig.de/sammlung/Zusatz.php?w =w00054; und: Sylvia de Pasquale: «Ich hoffe, dass die Post auch ankommt!» Die

Anmerkungen

Brief- und Telegrammkontrollen des Staatssicherheitsdienstes der DDR, in: dies., Joachim Kallinich (Hrsg.): Ein offenes Geheimnis. Post- und Telefonkontrolle in der DDR. Heidelberg 2002, S. 66.
154 Eine andere Frage freilich ist, wie viele Briefe in den 1980er Jahren tatsächlich gelesen worden sind. Mir scheinen die meist angegebenen Zahlen einfach aus technischen Gründen, verfügbarem Personal für diese konkrete Aufgabe (die Abt. M machten weitaus mehr als «nur» Briefe zu kontrollieren) und arbeitsorganisatorischen Abläufen zu hoch.
155 Siehe S. 117, S. 273, aber als Gegenbeispiel, denn natürlich funktionierte sie häufig, S. 323 in diesem Buch.
156 Pasquale: «Ich hoffe, dass die Post auch ankommt!», S. 63.
157 Ebenda, S. 66.
158 Als Historiker frage ich mich allerdings, geübt im schnellen Lesen von völlig fremden Unterlagen, ob ich auch nur schon an einem einzigen Archivtag 800 Seiten *gelesen* hätte. Ich kann mich nicht erinnern, jemals auch nur die Hälfte *lesend* geschafft zu haben, obwohl es sich dabei meist im Archiv um bekannte Kontexte handelt und nicht wie bei Briefen in der Postkontrolle je Brief um einen völlig neuen.
159 Pasquale: «Ich hoffe, dass die Post auch ankommt!», S. 66.
160 Zweifelhafte Hochrechnungen, ein gewagter Umgang mit Quellen und methodische Unzulänglichkeiten sind nicht nur im Bereich der Stasi-Forschung zuweilen zu beobachten. Siehe als ein anderes Beispiel, in dem nicht nur die Ausführungen zur Stasi kritikwürdig sind: Josef Foschepoth: Überwachtes Deutschland. Post- und Telefonüberwachung in der alten Bundesrepublik. Göttingen 2012.
161 Schekhahn, Wunschik: Die Untersuchungshaftanstalt, S. 85.
162 Gerd Reinicke: Öffnen-Auswerten-Schliessen. Die Postkontrolle des MfS im Bezirk Rostock. Schwerin 2004, S. 57.
163 Das wird implizit auch deutlich: ebenda. Es gab viele Kontrollmechanismen, aber die tatsächliche Arbeitsleistung des Einzelnen war nicht überprüfbar, also was er tatsächlich las oder ungelesen zurückgab. Die konkreten Arbeitsabläufe sind dort geschildert, aber es werden keine Zahlen genannt.
164 Labrenz-Weiß: Abteilung M, S. 40.
165 Roger Engelmann, Frank Joestel: Die Zentrale Auswertungs- und Informationsgruppe (= MfS-Handbuch, Hrsg. BStU). Berlin 2009.
166 Zit. in: Fricke, Engelmann: «Konzentrierte Schläge», S. 223.
167 In der Bundesrepublik ist im Juli 1956, in der DDR nach dem Mauerbau die Wehrpflicht eingeführt worden.
168 Karl Schirdewan: Ein Jahrhundert Leben. Erinnerungen und Visionen. Autobiographie. Berlin 1998, S. 252.
169 MfS, Abt. Information: Neue Argumente zum XX. Parteitag der KPdSU (5. Bericht), 14. 3. 1956. BStU, AS 89/59, Bl. 134.
170 ND vom 18. 3. 1956.
171 Stenografische Niederschrift der 26. Tagung des ZK der SED, 22. 3. 1956. SAPMO, B-Arch, DY 30, IV 2/ 1/ 156, Bl. 69.
172 Ebenda, Bl. 137.
173 Ebenda, Bl. 138.
174 Ebenda, Bl. 139.

II. Das MfS in der SED-Diktatur

175 Karl Schirdewan: Aufstand gegen Ulbricht. Berlin 1994, S. 85.
176 Überarbeitetes Protokoll des 33. Plenums des ZK der SED vom 16.-19. 10. 1957. SAPMO, B-Arch, IV 2/ 1/ 187, Bl. 97.
177 Stenografische Niederschrift der 29. Tagung des ZK der SED, 12.–13. 11. 1956. SAPMO, B-Arch, DY 30, IV 2/ 1/ 166, Bl. 102–103.
178 Ebenda, Bl. 104.
179 Das entsprechende Dokument in: Ilko-Sascha Kowalczuk: Die Niederschlagung der Opposition an der Veterinärmedizinischen Fakultät der Humboldt-Universität zu Berlin in der Krise 1956/57. Berlin 1997, S. 36.
180 Ders.: Frost nach dem kurzen Tauwetter: Opposition, Repressalien und Verfolgungen 1956/57 in der DDR. Eine Dokumentation des Ministeriums für Staatssicherheit, in: JHK 1997, S. 167–215.
181 Ausführlich: Roger Engelmann, Silke Schumann: Kurs auf die entwickelte Diktatur. Walter Ulbricht, die Entmachtung Ernst Wollwebers und die Neuausrichtung des Staatssicherheitsdienstes 1956/57 (= BF informiert, Hrsg. BStU). 2., durchgeseh. Aufl. 1996.
182 Fricke, Engelmann: «Konzentrierte Schläge», S. 234.
183 Zit. in: Engelmann, Schumann: Kurs auf die entwickelte Diktatur, S. 37.
184 Protokoll über die Dienstbesprechung mit den Abteilungen V/1 und V/6 am 24.1.1957. BStU, SdM 1920, Bl. 87–95.
185 Überarbeitetes Protokoll des 33. Plenums des ZK der SED vom 16. bis 19. 10. 1957 (als parteiinternes Material gedruckt). SAPMO B-Arch, DY 30, IV 2/ 1/ 187, Bl. 63r.
186 Matthias Uhl, Armin Wagner (Hrsg.): Ulbricht, Chruschtschow und die Mauer. Eine Dokumentation. München 2003, S. 87 (Dok. Nr. 8).
187 Von den Grenzsoldaten begingen über 200 Personen Suizid, knapp 80 sind erschossen worden, die anderen kamen durch Unfälle (Schusswaffen, Minen, elektrischer Zaun, Verkehrsunfälle usw.) ums Leben. Zu den Opfern siehe: Luděk Navara: Vorfälle am Eisernen Vorhang. Straubing 2006; Martin Pulec: Die Bewachung der tschechoslowakischen Westgrenze zwischen 1945 und 1989, in: Pavel Žáček, Bernd Faulenbach, Ulrich Mählert (Hrsg.): Die Tschechoslowakei 1945/48 bis 1989. Studien zu kommunistischer Herrschaft und Repression. Leipzig 2008, S. 131–152.
188 Die IM-Zahlen sind Hochrechnungen, siehe dazu unten S. 215–236.
189 Thomas Auerbach u. a.: Hauptabteilung XX: Staatsapparat, Blockparteien, Kirchen, Kultur, «politischer Untergrund» (= MfS-Handbuch, Hrsg. BStU). Berlin 2008, S. 67.
190 Siehe die Tabelle S. 190 im vorliegenden Buch.
191 Robert Havemann: Fragen-Antworten-Fragen. Aus der Biographie eines deutschen Kommunisten. Berlin, Weimar 1990, S. 280.
192 ND vom 7.4. 1968, S. 1.
193 MfS, Verwaltung Groß-Berlin, Abt. IX, Sachstandsbericht, 9.4. 1968. BStU, AS 637/70, Bd. 4, Bl. 335.
194 Ebenda.
195 MfS, Büro der Leitung, Dienstberatung am 27.3. 1968. BStU, SdM 1563, Bl. 182.
196 Dienstbesprechung am 14.3. 1968 im MfS. BStU, Ast. Chemnitz, AKG 1225, Bl. 2, 9, 12, 13, 15.

Anmerkungen

197 [Leiter der BV Karl-Marx-Stadt, Rede vom] 10.6.1968. BStU, Ast. Chemnitz, AKG 1299, Bl. 79.
198 Verwaltung für Staatssicherheit, Groß-Berlin, Abt. XVIII/A, 8. Informationsbericht, 30.7.1968. BStU, Ast. Berlin, Abt. XVIII, C 51/2, Bl. 19.
199 BStU, Ast. Chemnitz, KD Freiberg, ZMA R 126, Bl. 4-5.
200 Christa Wolf: Nur die Lösung: Sozialismus, in: ND vom 4.9.1968, S. 4. Das MfS schätzte ein, dass Christa Wolf ebenso wie ihr Mann Gerhard die Entwicklungen in der ČSSR bis zur Invasion unterstützt hätten und demzufolge den Einmarsch ablehnten, was aber insbesondere Christa Wolf nur intern bekräftigen würde (MfS, Abt. XX/1, Auskunftsbericht, 28.8.1968. BStU, AOP 16578/89, Bd. 31, Bl. 9-12.). Siehe auch: Christa Wolf: Ein Tag im Jahr. 1960-2000. München 2003, S. 111-154.
201 Wolfgang Kießling: Nationalismus – ein «Sprengmittel», in: ND vom 6.9.1968, S. 5.
202 Leo Stern: München 1938 ist Bonner Revancheprogramm, in: ND vom 28.9.1968, S. 5.
203 Armin Mitter, Stefan Wolle: Untergang auf Raten. Unbekannte Kapitel der DDR-Geschichte. München 1993, S. 370.
204 BStU, Ast. Dresden, BV Dresden, Abt. XX 10 530, Bl. 2.
205 Deutsche Bundesrepublik – als Analogiebildung zu «Deutsche Demokratische Republik» zeitgenössische offizielle ostdeutsche Abkürzung für die Bundesrepublik Deutschland.
206 BStU, Ast. Magdeburg, KD Magdeburg 8021, Bl. 7.
207 BStU, Ast. Dresden, BV Dresden, Abt. XX 10 530, Bl. 3.
208 BStU, Ast. Magdeburg, KD Magdeburg 8019, Bl. 6.
209 MfS, BV Karl-Marx-Stadt, Thesen für die Dienstbesprechung des Leiters der BV mit den Leitern der Diensteinheiten am 18.9.1968, 16.9.1968. BStU, Ast. Chemnitz, AKG 1297, Bl. 3, 5, 13.
210 Referat von Erich Mielke auf der Dienstkonferenz am 13./14.3.1969. BStU, ZAIG 4729, Bl. 319, 341-342.
211 Thomas Klein, Wilfriede Otto, Peter Grieder: Visionen. Repression und Opposition in der SED (1949-1989). Frankfurt/O. 1996, S. 377.
212 BStU, Ast. Frankfurt/O., MfS, Kerblochkartei von XYZ.
213 MfS, BV Karl-Marx-Stadt, Thesen für die Dienstbesprechung des Leiters der BV mit den Leitern der Diensteinheiten am 18.9.1968, 16.9.1968. BStU, Ast. Chemnitz, AKG 1297, Bl. 11.
214 BStU, Ast. Potsdam, AU 432/69.
215 Zit. in: Ilko-Sascha Kowalczuk: «Wer sich nicht in Gefahr begibt ...» Protestaktionen gegen die Intervention in Prag und die Folgen von 1968 für die DDR-Opposition, in: GWU 50(1999) 7/8, S. 427.
216 MfS, HA IX/2, Auskunft, 19.5.1969. BStU, SdM 1102, Bl. 48-61. Der Mann erhielt 2 Jahre, 6 Monate, die Frau 2 Jahre Gefängnis.
217 BStU, Ast. Neubrandenburg, AU 443/69. Die Jugendlichen hatten außerdem ein Spruchband mit einer Losung beschriftet. Die vier Angeklagten erhielten Strafen zwischen 12 und 22 Monaten Gefängnis.
218 BStU, Ast. Dresden, AU 572/69. Die Haftstrafen beliefen sich auf 3 Jahre und 6 Monate, 2 Jahre und 4 Monate und 2 Jahre.
219 BStU, Ast. Gera, AKG/Dok. 1, Bl. 41.

II. Das MfS in der SED-Diktatur

220 Rüdiger Wenzke (Hrsg.): Staatsfeinde in Uniform? Widerständiges Verhalten und politische Verfolgung in der NVA. Berlin 2005. Zur Rolle der NVA beim Einmarsch außerdem: ders.: Die NVA und der Prager Frühling. Die Rolle Ulbrichts und der DDR-Streitkräfte bei der Niederschlagung der tschechoslowakischen Reformbewegung. Berlin 1995.
221 Etwa: Klaus Auerswald: ... sonst kommst du nach Schwedt! Bericht eines Militärstrafgefangenen. Rudolstadt 2011.
222 MfS, HA IX/8, Information, 20. 12. 1968. BStU, HA IX 3861, Bl. 2–3.
223 ZPKK, Information über Auseinandersetzungen ..., 12. 12. 1968. SAPMO B-Arch, DY 30, IV A2/ 4/ 5.
224 Daniela Münkel (Hrsg.): Die DDR im Blick der Stasi. Die geheimen Berichte an die SED-Führung. Göttingen 2009 ff. Siehe dazu auch: http://www.ddr-im-blick.de/. Außerdem: Jens Gieseke (Hrsg.): Staatssicherheit und Gesellschaft. Studien zum Herrschaftsalltag in der DDR. Göttingen 2007.
225 Exemplarisch: Gerhard Bergt: Die Erarbeitung von Informationen an leitende Kader der Partei sowie staatlicher und wirtschaftsleitender Organe in Realisierung problem- und aufgabenbezogener Lageeinschätzungen als Bestandteil der politisch-operativen Arbeit und ihrer Leitung (Dargestellt an der Dienstanweisung 2/82 des Leiters der Bezirksverwaltung Magdeburg in der Fassung vom 1.11. 1987). JHS-Diplomarbeit vom 15. 5. 1988. BStU, JHS 21 265. Die Dienstanweisung ist dort enthalten: ebenda, Bl. 56–71.
226 Günter Heydemann, Francesca Weil (Hrsg.): «Zuerst wurde der Parteisekretär begrüßt, dann der Rektor ...» Zeitzeugenberichte von Angehörigen der Universität Leipzig (1945–1990). Leipzig 2009.
227 Ilko-Sascha Kowalczuk: Geist im Dienste der Macht. Hochschulpolitik in der SBZ/DDR 1945 bis 1961. Berlin 2003, S. 427–430.
228 Heinz-Peter Schmiedebach, Karl-Heinz Spieß (Hrsg.): Studentisches Aufbegehren in der frühen DDR. Der Widerstand gegen die Umwandlung der Greifswalder Medizinischen Fakultät in eine militärmedizinische Ausbildungsstätte im Jahr 1955. Stuttgart 2001.
229 Bericht über die Tätigkeit der Arbeitsgruppe für Anleitung und Kontrolle in den Abteilungen II, III, V, VII und XIII der Verwaltung Groß-Berlin sowie in den Kreisdienststellen Pankow, Köpenick, Prenzlauer Berg und Treptow in der Zeit vom 15.10.-16. 11.1957,26. 11.1957. SAPMO B-Arch, DY 30, IV 2/12/115, Bl. 277.
230 Abgedruckt in: Engelmann, Joestel: Grundsatzdokumente des MfS, S. 110.
231 Ein Beispiel (Rektorauswahl) aus der Spätphase zeigt: Stefan Wolle: «Sicherheitspolitische Bedenken». Das MfS und die Personalpolitik an der Humboldt-Universität, in: Jochen Staadt, Benjamin Schröder (Hrsg.): Unter Hammer und Zirkel. Repression, Opposition und Widerstand an den Hochschulen der SBZ/DDR. Frankfurt/M. 2011, S. 319-326.
232 BStU, Ast. Berlin, AKG 3607, Bl. 210.
233 BStU, Ast. Berlin, AKG 3232.
234 Ebenda, Bl. 10.
235 BStU, Ast. Berlin, AKG 3607.
236 Dieter Grabner (Major): Die Arbeit mit Sicherheitsbeauftragten in gesellschaftlichen Bereichen. JHS-Arbeit, März 1976. BStU, HA XX 2643.
237 HUB, BSG, Halbjahresbericht II/86, 12.12.1986. BStU, Ast. Berlin, Abt. XX 2800, Bl. 87.

Anmerkungen

238 Uwe Verch, Peter Neumann (MfS-Angehörige, Sektion Kriminalistik der HU): Zu ausgewählten Problemen der Erhöhung von Ordnung, Sicherheit und revolutionärer Wachsamkeit in Studentenwohnheimen der Humboldt-Universität zu Berlin. Diplomarbeit, Juni 1984. BStU, JHS 21 648, Bl. 200–201.
239 Zu dieser Sektion siehe im vorliegenden Band auch S. 192–193.
240 Das war die Beschlusslage, erst Ende Juli 1961 beschloss die SED-Führung, OibE auch in der DDR einzusetzen, siehe aber als Gegenbeispiel S. 241.
241 Zu Böttger der Beitrag von Roland Jahn im ARD-Politmagazin «Kontraste», gesendet am 2. 2. 1995, enthalten auf der 3-fach DVD-Edition: Kontraste: Auf den Spuren einer Diktatur. Mit einem Begleitheft von Ilko-Sascha Kowalczuk, Bonn 2005. Außerdem: Tobias Voigt, Peter Erler: Medizin hinter Gittern. Das Stasi-Haftkrankenhaus in Berlin-Hohenschönhausen. Berlin 2011.
242 BStU, Ast. Berlin, Abt. XX 3601, Bl. 36; ebenda, Abt. XX 2786.
243 Das waren ausländische Studierende, die ihr Studium an einer DDR-Universität bezahlten. Überwiegend kamen sie aus arabischen Staaten.
244 Über seinen Aufenthalt an der HU 1980–1981 anhand von MfS-Akten: Timothy Garton Ash: Die Akte «Romeo». Persönliche Geschichte. München, Wien 1997.
245 Prinzipiell dazu: Reinhard Buthmann: Hochtechnologien und Staatssicherheit. Die strukturelle Verankerung des MfS in Wissenschaft und Forschung der DDR. Berlin 2000; ders.: Kadersicherung im Kombinat VEB Carl Zeiss Jena. Die Staatssicherheit und das Scheitern des Mikroelektronikprogramms. Berlin 1997; Gerhard Barkleit: Mikroelektronik in der DDR. SED, Staatsapparat und Staatssicherheit im Wettstreit der Systeme. Dresden 2000.
246 Müller-Enbergs (Hrsg.): Inoffizielle Mitarbeiter des Ministeriums für Staatssicherheit. Teil 3, S. 193–215.
247 MfS, HV A/VII, Leiter, an Leiter XV, BV Dresden, 13. 10. 1987. BStU, Ast. Dresden, AKG 9530, Bl. 19–20.
248 Die Literatur ist mittlerweile kaum noch überschaubar. Einen umfassenden Einstieg für die DDR bietet: Ehrhart Neubert: Geschichte der Opposition in der DDR 1949–1989. 2., erw. Aufl., Berlin 2000.
249 Karl Wilhelm Fricke: Akten-Einsicht. Rekonstruktion einer politischen Verfolgung. 4. Aufl., Berlin 1997; ders.: Menschenraub in Berlin. Karl Wilhelm Fricke über seine Erlebnisse. Koblenz, Köln 1959; «Ich wollte die Sprache derer sprechen, die zum Schweigen verurteilt waren.» Ein Interview von Ilko-Sascha Kowalczuk mit Karl Wilhelm Fricke, in: ders.: Der Wahrheit verpflichtet. Texte aus fünf Jahrzehnten zur Geschichte der DDR. 2. Aufl., Berlin 2000, S. 13–115. Heinz Brandt: Ein Traum, der nicht entführbar ist. München 1967.
250 Susanne Muhle: Auftrag: Menschenraub. Das MfS und seine inoffiziellen Mitarbeiter im speziellen Westeinsatz. Dissertationsschrift, Universität Münster 2012.
251 Engelmann, Joestel: Grundsatzdokumente des MfS, S. 245–298.
252 Sandra Pingel-Schliemann: Zersetzen. Strategien einer Diktatur. Berlin 2002; dies.: «Sie haben mich zum Verräter gemacht ....». Die Inszenierung von Gerüchten durch den DDR-Staatssicherheitsdienst, in: DA 45(2012) 1, S. 34–43.
253 MfS, Minister, Dienstanweisung Nr. 2/85, 20. 2. 1985, in: Engelmann, Joestel (Hrsg.): Grundsatzdokumente des MfS, S. 436.
254 MfS, Minister, Zentrale Planvorgabe für 1986 und den Zeitraum bis 1990. BStU, BdL 6019, S. 111–112.

III. Tschekisten und Spitzel. Hauptamtliche und inoffizielle Mitarbeiter

255 MfS, Arbeitsplan der HA XX für das Jahr 1987, 2. 2. 1987. BStU, HA XX 4296, S. 5.
256 MfS, HA XX, Vorschläge zur weiteren politischen, ideologischen und operativen Bekämpfung politischer Untergrundtätigkeit, 20. 8. 1987. BStU, HA XX/AKG 7037, Bl. 17, 21–22, 24, 25.
257 MfS, Minister, Zentrale Planvorgabe für 1988, 23. 10. 1987. BStU, BdL 8699, S. 61.
258 MfS, [HA XX], Konzeption zur forcierten Bekämpfung politischer Untergrundtätigkeit, o. D. [Mitte Dezember 1987]. BStU, HA XX/AKG 7037, Bl. 1–10.
259 Das Gutachten ist abgedruckt in: DA 26(1993)5, S. 624–632.
260 MfS, [HA XX], Konzeption zur forcierten Bekämpfung.... BStU, HA XX/AKG 7037, Bl. 6, 7.
261 BV Berlin, Abt. XX, Auskunftsbericht Freya Klier, 24. 1. 1988. BStU, Ast. Berlin, AOP 3341/88, Bd. 1, Bl. 165.
262 BStU, HA IX 10 822, Bl. 95.
263 Ebenda, Bl. 116r.
264 MfS, Erich Mielke, Referat vom 9. 3. 1988. BStU, ZAIG 8618, Bl. 49, 71.

III. TSCHEKISTEN UND SPITZEL. HAUPTAMTLICHE UND INOFFIZIELLE MITARBEITER

1 Rainer Schottlaender: Das teuerste Flugblatt der Welt. Dokumentation einer Großfahndung des Staatssicherheitsdienstes an der Berliner Humboldt-Universität. Berlin 1993 (Selbstverlag), S. 12. Siehe auch den gleichnamigen Dokumentarfilm von Gabriele Denecke (rbb, arte 2008). In den Archiven finden sich folgende Überlieferungen dazu: BStU, AOP 5565/73; AOP 2035/70 sowie: SAPMO B-Arch DY 30, IV A 2/904/389.
2 In den vierzig Jahren DDR-Geschichte gab es etwa insgesamt 29 Millionen Einwohner bei einer durchschnittlichen Einwohnerzahl von 17 Millionen. Dem Ausgangswert von 1949 sind die jährlichen Geburtenzahlen nach den Statistischen Jahrbüchern hinzugerechnet worden. Das ist natürlich etwas problematisch, weil auch schon viele Minderjährige die DDR verließen, aber die jährlichen Angaben zur Gesamtbevölkerung markieren jeweils auch nur Trends.
3 Jens Gieseke: Die hauptamtlichen Mitarbeiter der Staatssicherheit. Personalstruktur und Lebenswelt 1950–1989/90. Berlin 2000.
4 Ebenda, S. 558 (Tabelle).
5 ND – Nachrichtendienst.
6 BND, 32C an AL 3, 12B vom 12. 10. 89: Entwicklungskonzeption «Strategie 2000» des MfS der DDR, 15. 11. 1989. BA 206/532, Bl. 182.
7 Die Zahlen in: Antoni Dudek, Andrzej Paczkowski: Polen, in: Łukasz Kamiński, Krzysztof Persak, Jens Gieseke (Hrsg.): Handbuch der kommunistischen Geheimdienste in Osteuropa 1944–1991. Göttingen 2009, S. 292; Petr Blažek, Pavel Žažek: Tschechoslowakei, in: ebenda, S. 421; Stejărel Olaru, Georg Herbstritt: Stasi și Securitatea. Bukarest 2005, S. 436–437.
8 Gieseke: Die hauptamtlichen Mitarbeiter der Staatssicherheit, S. 538.
9 Das Wörterbuch der Staatssicherheit. Definitionen zur «politisch-operativen Arbeit», hrsg. Siegfried Suckut, Berlin 1996, S. 428 (das MfS-Wörterbuch stammt von 1985); Das MfS-Lexikon, S. 393.

Anmerkungen

10 Nach: Gieseke: Die hauptamtlichen Mitarbeiter der Staatssicherheit, S. 552–557. Differenzen zwischen Gesamtzahl und Summe der Einzelangaben ergeben sich aus unterschiedlichen Gründen, u. a. weil die HV A erst ab 1958 einbezogen werden kann oder wegen «Statistiklücken». Für einen Trend ist das aber alles eher unerheblich.

11 Der Sprung ist erklärbar – die HIM flossen erstmals in die Statistik ein.

12 Dem liegt eine Auswertung der letzten vom MfS erstellten Gehaltsliste aller 91.000 MfS-Mitarbeiter zugrunde, die in Teilen bereits 1991 veröffentlicht worden ist. Damals gab es heftige Spekulationen um die Liste, heute kann eingeschätzt werden, dass die Fehlerquote angesichts des Umfangs extrem niedrig und gerade bei statistischen Trendberechnungen unerheblich ist.

13 MfS, HA KuSch, Leiter, Vorlage zu Erfordernissen für die weitere Entwicklung des Kaderbestandes sowie die Realisierung des Kaderbedarfs des MfS im Zeitraum bis 1990 und darüber hinaus unter Berücksichtigung der demographischen Entwicklung der DDR, 26. 11. 1985. BStU, HA KuSch 13 202, Bl. 160–179.

14 MfS, HA KuSch, AKG, Bericht über Ergebnisse, Erfahrungen und Probleme bei der Planung und Realisierung des Kaderersatzbedarfes sowie bei der Gewinnung und Einstellung neuer Kader im Jahre 1987. BStU, HA KuSch 13 202, Bl. 302–330.

15 HUB, Sektion Kriminalistik, Sektionsdirektor: Kaderentwicklungsprogramm der Sektion Kriminalistik 1983–1990, 1. 10. 1983. BStU, HA II 34 258, Bl. 188. Der Sektionsdirektor, Ehrenfried Stelzer, war OibE, zuletzt im Rang eines Oberst.

16 Ebenda, Bl. 342–345.

17 Wer für welche MfS-Expertisen zuständig war, ist aufgelistet: ebenda, Bl. 190–191.

18 Seine Sicht der Dinge legte er dar in: Heinz Felfe: Im Dienst des Gegners. Berlin 1988.

19 Auch er hinterließ einen Erinnerungsbericht: Hansjoachim Tiedge: Der Überläufer. Eine Lebensbeichte. Berlin 1998.

20 Gieseke: Die hauptamtlichen Mitarbeiter der Staatssicherheit, S. 426.

21 Das Problem löst auch Gieseke statistisch nicht: ebenda.

22 Ebenda, S. 341, 426.

23 Nach der Übersicht: Bildungsprofil des MfS vom 30. 11. 1988. BStU, HA KuSch 13 202, Bl. 280. Die zugrundeliegenden Gesamtzahlen divergieren, was statistisch gesehen unerheblich ist.

24 ZK der SED, Abt. Sicherheitsfragen, Sektor MfS, Bericht über den Instrukteureinsatz in der BV Erfurt des MfS vom 29.8.-29.9. 1956, 8. 10. 1956. SAPMO B-Arch, DY 30, IV 2/12/115, Bl. 57.

25 Ebenda, Bl. 62.

26 Gieseke: Die hauptamtlichen Mitarbeiter der Staatssicherheit, S. 543.

27 Die 1990 zerstörten MfS-Datenträger hätten solche und viele andere statistische Erhebungen ermöglicht. Wie aus tausenden Anschreiben ersichtlich ist, hat die zuständige MfS-Abteilung unentwegt (familien)biographisch- und sozialstatistische Auswertungen zur Mitarbeiterschaft und ihren Familien auf EDV-Grundlage erstellt und den Hauptabteilungen und BV zur Verfügung gestellt. Bislang aber sind nur ganz wenige dieser statistischen Auswertungen gefunden worden, da sie innerhalb der Stasi nach kurzer Zeit vernichtet werden mussten und so lediglich die Anschreiben und Verteilerschlüssel überliefert sind. Es könnte möglich sein, dass sich einige dieser statistischen Erhebungen aus der Spätzeit der Stasi in den zerrissenen, aber überwiegend noch nicht wieder zusammengefügten Unterlagen auffinden. Zur Rekonstruktion dieser Unterlagen: http://www.bstu.bund.de/DE/Archive/Rekonst-

III. Tschekisten und Spitzel. Hauptamtliche und inoffizielle Mitarbeiter

    ruktionUnterlagen/_node.html;jsessionid=D9F8E70A0E4D1776D6EF9D3FCF
A0B221.2_cid344.
28 Gisela Karau: Stasiprotokolle. Gespräche mit ehemaligen Mitarbeitern des «Ministeriums für Staatssicherheit» der DDR. Frankfurt/M. 1992, S. 82.
29 «Die von Oberst Klaus Labs geleitete Arbeitsgruppe 1 kann als der persönliche Ghostwriterstab von Mielke bezeichnet werden. Hier wurden in erster Linie Referate und andere Materialien für den Minister erarbeitet, die er für sein Auftreten im Rahmen seiner staatlichen und gesellschaftlichen Funktionen benötigte. Außerdem lagen die Bearbeitung von Eingaben aus Mielkes Volkskammerwahlkreis Weißenfels/Naumburg/Hohenmölsen/Zeitz sowie die redaktionelle Überarbeitung von Stellungnahmen des Ministers zu Vorlagen und Materialien anderer Organe in ihrer Zuständigkeit. Die Arbeitsgruppe verfügte über fünf Mitarbeiter.» Roger Engelmann, Frank Joestel: Die Zentrale Auswertungs- und Informationsgruppe (= MfS-Handbuch, Hrsg. BStU). Berlin 2009, S. 13.
30 (Aktenvermerk) vom 20. 8. 1976. BStU, HA KuSch 23 489, Bl. 347.
31 MfS, HA KuSch, Vorlage vom 26. 11. 1985. BStU, HA KuSch 13 202, Bl. 166.
32 Ebenda, Bl. 160. Die Statistik der Stasi erfasste also nur jene Mitarbeiter, die theoretisch überhaupt IM-führend hätten sein können. Das ist in der Forschung bislang unbeachtet geblieben, wenn diese Materialien herangezogen worden sind und weshalb in der Literatur durchgängig höhere Absolutzahlen angegeben werden. Zu diesem Zeitpunkt verfügte das MfS über rund 20 000 mehr Mitarbeiter.
33 Statistik vom 31. 12. 1985. BStU, ZAIG 13 914, Bl. 194.
34 ZAIG, Übersicht über Entwicklungstendenzen bei EV, IM, OV und OPK im Jahre 1988 und damit verbundene politisch-operative Probleme, 24. 2. 1989. BStU, ZAIG 22 779.
35 Das Referenzwerk dazu ist: Gieseke: Die hauptamtlichen Mitarbeiter der Staatssicherheit.
36 MfS, Kollegiumssitzung, 19. 2. 1982. BStU, ZAIG, Tb 1 (Tonbandmitschnitt).
37 MfS, Zentrale Dienstkonferenz, 11. 5. 1984. BStU, SdM, Tb 53 (Tonbandmitschnitt).
38 MfS, Zentrale Dienstkonferenz, 6. 10. 1986. BStU, SdM, Tb 2 (Tonbandmitschnitt).
39 Zu den meisten Fällen gibt es Literatur, empirisch gesättigt für die frühen Fälle: Gerhard Sälter: Interne Repression. Die Verfolgung übergelaufener MfS-Offiziere durch das MfS und die DDR-Justiz (1954–1966). Dresden 2002. Ein weiterer MfS-Offizier ist 1972 hingerichtet worden, aber dieser Fall entzieht sich einer eindeutigen Bewertung, da er seine Frau bestialisch ermordete, aber auch BND-Agent gewesen sein will (Krimi aus dem Kalten Krieg, in: Der Spiegel 22/1999, S. 46–49).
40 Jens Gieseke: Abweichendes Verhalten in der totalen Institution. Delinquenz und Disziplinierung der hauptamtlichen MfS-Mitarbeiter in der Ära-Honecker, in: Roger Engelmann, Clemens Vollnhals (Hrsg.): Justiz im Dienste der Parteiherrschaft. Rechtspraxis und Staatssicherheit in der DDR. Berlin 1999, S. 531.
41 Zu diesen Einrichtungen siehe z. B.: Alexander Bastian: Repression, Haft und Geschlecht. Die Untersuchungshaftanstalt des MfS Magdeburg-Neustadt 1958–1989. Halle 2012; Johannes Beleites: Abteilung XIV: Strafvollzug (= MfS-Handbuch, Hrsg. BStU). Berlin 2004; Roger Engelmann, Frank Joestel: Hauptabteilung IX: Untersuchungsorgan (= MfS-Handbuch, Hrsg. BStU). im Druck; Karl Wilhelm Fricke, Silke Klewin: Bautzen II. Sonderhaftanstalt unter MfS-Kontrolle, 1956–1989. 3., überarb. Aufl., Dresden 2007; Katrin Passens: MfS-Untersuchungshaft. Funktionen und Entwicklung von 1971 bis 1989. Berlin 2012; Jenny Schekhahn, Tobias

Anmerkungen

Wunschik: Die Untersuchungshaftanstalt der Staatssicherheit in Rostock. Ms. 2012 (erscheint 2012).
42 Hans-Michael Schulze: In den Villen der Agenten. Die Stasi-Prominenz privat. Berlin 2003.
43 Ariane Riecker, Annett Schwarz, Dirk Schneider: Stasi intim. Gespräche mit ehemaligen MfS-Angehörigen. Leipzig 1990, S. 225–226.
44 Karau: Stasiprotokolle, S. 86.
45 Zum theoretischen Konzept mit entsprechender Kritik an der Stasi-Forschung: Cornel Zwierlein: Sicherheitsgeschichte. Ein neues Feld der Geschichtswissenschaften, in: Geschichte und Gesellschaft 38(2012), S. 365–386, die Kritik, S. 371. Auch die anderen Beiträge in diesem Zeitschriftenheft zu diesem relativ neuen, methodisch und theoretisch hochkomplexen Forschungsfeld sind sehr anregend.
46 ZK der SED, Abt. Sicherheitsfragen, Schreiben an Erich Honecker, 20.12.1961. SAPMO B-Arch, DY 30, IV 2/12/113, Bl. 283 (Männel lebte dann in der Bundesrepublik unter einer anderen Identität).
47 Amüsante Beispiele von «Tschekisten nach Feierabend» bringt: Thomas Auerbach: Einsatzkommandos an der unsichtbaren Front. Terror- und Sabotagevorbereitungen des MfS gegen die Bundesrepublik Deutschland. Berlin 1999, S. 84–89.
48 Einer vom «Roten Wedding». Erinnerungen an Erich Wichert [1988]. BStU, HA IX/11, SV 275/87, Bl. 117.
49 Wie das in den Bezirken und vor allem Kreisen genau geregelt war, konnte ich nicht präzise herausfinden. Eigene Filialen existierten nicht, wären auch unzweckmäßig gewesen. Wahrscheinlich waren die Privatkonten in die normalen Sparkassen integriert, ohne dass die Angestellten Einblick oder Zugriff auf die Kontodaten hatten, sie diese demzufolge auch nicht verwalteten. Oft wird angenommen, dass die Konten direkt in den MfS-Einrichtungen von der Abteilung Finanzen verwaltet worden sind. Ganz praktisch steht dann allerdings die Frage, wie z. B. die Ehepartner Überweisungen oder Abhebungen hätten vornehmen können. Und ebenso stellte sich die Frage, warum es 1989/90 an vielen Orten zu Kontoauflösungen und Bargeldabhebungen in verdächtigen Größenordnungen kommen konnte, so dass teilweise die Sparkassenmitarbeiter sich weigerten, den Begehren der Stasi-Mitarbeiter nachzukommen. Die in den Dienststellen vorhandenen Sparkassenfilialen (behördeninterne Kassen) waren u. a. für die Auszahlung der «Operativgelder» zuständig.
50 Unterlagen zur Sparkasseneröffnung: BStU, SdM 1576.
51 Etwa: BStU, HA XX 17628.
52 Ruth Hoffmann: Stasi-Kinder. Aufwachsen im Überwachungsstaat. Berlin 2012. Aus der Sicht von «Agenten-Kindern» ist neben Pierre Booms Berichten (Sohn von Günter Guillaumes und Christel Boom) aufschlussreich: Nicole Glocke, Edina Stiller: Verratene Kinder. Zwei Lebensgeschichten aus dem geteilten Deutschland. Berlin 2003; Thomas Raufeisen: Der Tag, an dem uns Vater erzählte, dass er ein DDR-Spion sei. Eine deutsche Tragödie. Freiburg i. Br. 2010.
53 Werner Großmann, Wolfgang Schwanitz (Hrsg.): Fragen an das MfS. Auskünfte über eine Behörde. Berlin 2010, S. 88.
54 Udo Grashoff: «In einem Anfall von Depression ...» Selbsttötungen in der DDR. Berlin 2006.
55 So die Psychiaterin Sonja Süß: Politisch missbraucht? Psychiatrie und Staatssicherheit in der DDR. Berlin 1998, S. 724. Die Aussage findet sich praktisch so in den Akten: BStU, HA KuSch 19994.

III. Tschekisten und Spitzel. Hauptamtliche und inoffizielle Mitarbeiter

56 Dienstkonferenz des Zentralen Medizinischen Dienstes, 6.12.1977. BStU, ZMD 736, Bl. 68.
57 Das ist MfS-intern ebenso eingeschätzt worden wie von: Süß: Politisch missbraucht, S. 713–723.
58 Zit. in: ebenda, S. 723.
59 ZK der SED, Abt. Sicherheitsfragen, Bericht über den Instrukteureinsatz in der BV Halle des SfS in der Zeit vom 21.12.1954–15.1.1955, 17.1.1955. SAPMO B-Arch, DY 30, IV 2/12/115, Bl.15.
60 Die tödlichen Stasi-Schüsse, in: Güstrower Anzeiger vom 15.8.2012, S. 19.
61 BStU, HA KuSch 19994.
62 U-Mitarbeiter-Ordnung vom 22.4.1986. BStU, BdL/Dok. 5944.
63 Jens Gieseke: Die hauptamtlichen Mitarbeiter des Ministeriums für Staatssicherheit (= MfS-Handbuch, Hrsg. BStU). Berlin 1996, S. 27.
64 Siehe S. 302–303 im vorliegenden Buch.
65 Genaue statistische Angaben liegen vor für die Jahre 1984/85 (Statistiken: BStU, ZAIG 13 914, Bl. 172–182); 1985/86 (MfS, ZAIG, Operativ bedeutsame Probleme/ Entwicklungstendenzen aus der Analyse der Entwicklung der EV und des Bestandes der IM, OV, OPK im Jahr 1986 (im Vergleich zu 1985). Februar 1987. BStU, ZAIG 13 910, Bl. 60–91), für 1987 (MfS, ZAIG, Übersicht über Entwicklungstendenzen bei EV, IM, OV und OPK, o.D. (Februar 1988). BStU, ZAIG 13 910, Bl. 39–58) sowie für 1988 (MfS, ZAIG, Übersicht über Entwicklungstendenzen bei EV, IM, OV und OPK, 24.2.1989. BStU, ZAIG 22 779).
66 Die zwei wichtigsten Richtlinien stammen von 1952 und 1976, abgedruckt in: Roger Engelmann, Frank Joestel: Grundsatzdokumente des MfS. (= MfS-Handbuch, Hrsg. BStU) Berlin 2004, S. 55–57, 245–298.
67 Siehe im vorliegenden Band, S. 173–174.
68 Zu den IM grundlegend für die wissenschaftliche Beschäftigung die Dokumenteneditionen von: Helmut Müller-Enbergs (Hrsg.): Inoffizielle Mitarbeiter des Ministeriums für Staatssicherheit. Teil 1: Richtlinien und Durchführungsbestimmungen. Berlin 1996; Teil 2: Anleitungen für die Arbeit mit Agenten, Kundschaftern und Spionen in der Bundesrepublik Deutschland. Berlin 1998.
69 Engelmann, Joestel: Grundsatzdokumente des MfS, S. 271.
70 Diese Zahlen sind vor allem dokumentiert bei: Helmut Müller-Enbergs (Hrsg.): Inoffizielle Mitarbeiter des Ministeriums für Staatssicherheit. Teil 3: Statistiken. Berlin 2008. Das fast eintausend Seiten umfassende Werk, vor allem aus hunderten Tabellen bestehend, stellt eine enorme Fleißleistung dar. Allerdings bietet es nur in Ausnahmefällen «harte Daten», viele Zahlen sind hochgerechnet oder betreffen Kleinstbereiche, die sich nur selten verallgemeinern lassen, so manches erweist sich als unüberprüfbar.
71 Davon zeugen kaum überschaubare Anweisungen, Befehle, Anordnungen, Durchführungsbestimmungen usw., wie etwa Statistiken zu erarbeiten und Vorgänge, Personen und Material zu registrieren seien oder wie wer wann an welches Archivmaterial gelangen oder wann unter welchen Umständen Material kassiert (d.h. vernichtet) werden könne.
72 Statistische Gesamtangaben liegen vor für die Jahre 1984/85 (Statistiken: BStU, ZAIG 13 914, Bl. 172–182); 1985/86 (MfS, ZAIG, Operativ bedeutsame Probleme/Entwicklungstendenzen aus der Analyse der Entwicklung der EV und des Bestandes der IM, OV, OPK im Jahr 1986 (im Vergleich zu 1985). Februar 1987. BStU,

Anmerkungen

ZAIG 13 910, Bl. 60–91), für 1987 (MfS, ZAIG, Übersicht über Entwicklungstendenzen bei EV, IM, OV und OPK, o. D. (Februar 1988). BStU, ZAIG 13 910, Bl. 39–58) sowie für 1988 (MfS, ZAIG, Übersicht über Entwicklungstendenzen bei EV, IM, OV und OPK, 24. 2. 1989. BStU, ZAIG 22 779).

73 So der Autor selbst: Müller-Enbergs (Hrsg.): Inoffizielle Mitarbeiter, Teil 3: Statistiken, S. 35.
74 BStU, Neunter Tätigkeitsbericht. Berlin 2009, S. 71; BStU, Zehnter Tätigkeitsbericht. Berlin 2011, S. 11.
75 ZK der SED, Abt. Sicherheitsfragen, Bericht über den Einsatz der Abt. Sicherheitsfragen, Sektor MfS, in den Abwehrorganen des MfS der 1. und 2. Grenzbrigade (B) beim Kommando Bereitschaftspolizei, 27. 11. 1961. SAPMO B-Arch, DY 30, IV 2/12/83, Bl. 141–142.
76 In einem Bericht der MfS-Hauptabteilung I (NVA/Grenztruppen) hieß es im Februar 1989: «Bis auf die Kategorie IME wurden in der Hauptabteilung alle Planpositionen erfüllt bzw. übererfüllt. Bei der Kategorie IME ist die Nichterfüllung des Planes auf die Abt. Äußere Abwehr zurückzuführen. Der Plan der Abteilung sah 8 Werbungen dieser Kategorie vor und es wurden nur 3 realisiert.» MfS, HA I/ Abt. XII, Information 2/89: Einschätzung des Werbungsgeschehens 1988 und einiger Entwicklungstendenzen im IM/GMS-Bestand in den Abwehrdiensteinheiten, 20. 2. 1989. BStU, HA I 14 403, Bl. 2.
77 Zit. in: Müller-Enbergs (Hrsg.): Inoffizielle Mitarbeiter, Teil 3: Statistiken, S. 37.
78 Die wichtigsten sind dokumentiert in: ders. (Hrsg.): Inoffizielle Mitarbeiter, Teil 1: Richtlinien und Durchführungsbestimmungen; Teil 2: Anleitungen.
79 MfS, Richtlinie 1/68 des Ministers, abgedruckt in: ders. (Hrsg.): Inoffizielle Mitarbeiter, Teil 1, S. 261.
80 MfS, Richtlinie 1/79 des Ministers, abgedruckt in: ebenda, S. 305–373.
81 Ders. (Hrsg.): Inoffizielle Mitarbeiter, Teil 3: Statistiken.
82 Gieseke: Die hauptamtlichen Mitarbeiter der Staatssicherheit.
83 Dudek, Paczkowski: Polen, S. 310–311.
84 Blažek, Žažek: Tschecholowakei, S. 444.
85 Dennis Deletant, Rumänien, in: Kamiński, Persak, Gieseke (Hrsg.): Handbuch der kommunistischen Geheimdienste, S. 375.
86 Nach einer freundlichen Informationen von meinem Kollegen Georg Herbstritt im August 2012.
87 Müller-Enbergs (Hrsg.): Inoffizielle Mitarbeiter, Teil 1: Richtlinien und Durchführungsbestimmungen; Teil 2: Anleitungen.
88 Die empirische Grundlage für Aussagen über normative Bestimmungen hinaus ist hier praktisch nicht gegeben. Zur theoretischen Rekonstruktion aber im Ganzen aufschlussreich: ders.: Hauptverwaltung A (HV A). Aufgaben-Strukturen-Quellen (= MfS-Handbuch, Hrsg. BStU). Berlin 2011.
89 MfS, ZAIG, Übersicht über Entwicklungstendenzen bei EV, IM, OV und OPK, 24. 2. 1989. BStU, ZAIG 22 779, Bl. 7.
90 MfS, Abt. XII, [IMS-Statistik, Zugänge 1.1.-31.12. 1987]. BStU, Abt. XII 8410, Bl. 61; MfS, Abt. XII, [IMS-Statistik, Zugänge 1.1.-30.6. 1988]. BStU, Abt. XII 8411, Bl. 25.
91 MfS, Abt. XII, [IMS-Statistik, Zugänge 1.1.-31.12. 1987]. BStU, Abt. XII 8410, Bl. 58; MfS, Abt. XII, [IMS-Statistik, Abgänge 1.1.-30.6. 1988]. BStU, Abt. XII 8411, Bl. 28.

III. Tschekisten und Spitzel. Hauptamtliche und inoffizielle Mitarbeiter

92 MfS, Meinungsäußerung zur Auswertung der IM-Statistik und der Zuarbeit dazu durch die Abt. XII des MfS, Januar 1987 (handschriftlich). BStU, ZAIG 13 911, Bl. 21.
93 Das Wörterbuch der Staatssicherheit, S. 145 (das MfS-Wörterbuch stammt von 1985).
94 MfS, ZAIG, Übersicht über Entwicklungstendenzen bei EV, IM, OV und OPK im Jahre 1988 und damit verbundene politisch-operative Probleme, 24. 2. 1989. BStU, ZAIG 22 779, Bl. 7 (Vorlage für Mielke, die mit ihm am 6. 5. 1989 besprochen worden ist).
95 MfS, Abt. XII, [IMB-Statistik, Zugänge 1.1.-31.12. 1987]. BStU, Abt. XII 8410, Bl. 55. Hier ist unklar, ob die verdeckte SED-Mitgliedschaft einiger IMB, wie es sie etwa in der Opposition gab, in die Statistik Eingang fand. Da es sich aber nur um ganz wenige handelte, ist das statistisch wiederum unerheblich.
96 MfS, Abt. XII, [IME-Statistik, Zugänge 1.1.-30.6. 1988]. BStU, Abt. XII 8411, Bl. 43.
97 Ebenda; und: MfS, Abt. XII, [IME-Statistik, Zugänge 1.1.-31.12. 1987]. BStU, Abt. XII 8410, Bl. 43.
98 MfS, Abt. XII, [FIM-Statistik, Zugänge 1.1.-30.6. 1988]. BStU, Abt. XII 8411, Bl. 37.
99 Ab 1985 stand den «Tschekisten» eine völlig überarb., korrig. und erg. Aufl. eines Wörterbuchs von 1970 zur Verfügung, in dem die wichtigsten MfS-Stichworte auf über 500 Seiten «präzise» zusammengefasst wurden: Das Wörterbuch der Staatssicherheit.
100 MfS, Abt. XII, [IMK-Statistik, Zugänge 1.1.-30.6. 1988]. BStU, Abt. XII 8411, Bl. 2–16.
101 Müller-Enbergs (Hrsg.): Inoffizielle Mitarbeiter, Teil 1, S. 59, 91–83; Teil 3, S. 69–72.
102 ZK der SED, Abt. Sicherheitsfragen, Sektor MfS, Bericht über den Instrukteureinsatz in der BV Erfurt des MfS vom 29.8.-29.9. 1956, 8. 10. 1956. SAPMO B-Arch, DY 30, IV 2/12/115, Bl. 66.
103 Müller-Enbergs (Hrsg.): Inoffizielle Mitarbeiter, Teil 1, S. 204 (Dokument 4, 1. 10. 1958).
104 Ebenda, S. 284, 289 (Dokument 7, 6. 1. 1969).
105 Ebenda, S. 389 (Dokument 13, 15. 4. 1983).
106 Eine Studie zu Erfurt lässt ein ganz ähnliches Ergebnis zu, den Autoren scheint dies nicht aufgefallen zu sein. Insgesamt aber eignet sich diese Studie für die o. g. Aussage nur teilweise, da die konkreten Daten dafür meist zu ungenau wiedergegeben worden sind bzw. die Autoren nicht nach der eigentlichen Identität der «Mieter» fragten: Heinrich Best, Joachim Heinrich, Heinz Mestrup (Hrsg.): Geheime Trefforte des MfS in Erfurt. Erfurt 2006.
107 Ein solches Forschungsprojekt müsste statt über Namen, wie bei MfS-Forschungen aufgrund der Zugangsmöglichkeiten überwiegend üblich, über die Orte (F 78- und F 80-Karteien) erfolgen. Ein Abgleich mit den Ende 1989/90 erstellten Listen über MfS-Objekte, darunter wohl etwa 90 % KW/KO ohne IMK-Akte, wäre notwendig, wobei erhebliche Differenzen festzustellen sind, was auf die Aktenvernichtungen schließen lässt. Das MfS unterschied zwischen KW/KO und IMK/KW/KO, was sich verwirrend anhört, aber praktisch einfach aufzulösen ist. Einer-

Anmerkungen

seits war es eine Zuständigkeitskategorie, andererseits eine Zuordnung zu bürokratischen Haushaltstiteln.

108 BStU, Zweiter Tätigkeitsbericht. Berlin 1995, S. 78. Bezug wird genommen auf: Helmut Müller-Enbergs: IM-Statistik 1985–1989 (= BStU, BF informiert 3/1993). Berlin 1993. Ausführlich schließlich: ders. (Hrsg.): Inoffizielle Mitarbeiter, Teil 3: Statistiken.

109 ZAIG, Übersicht über Entwicklungstendenzen bei EV, IM, OV und OPK im Jahre 1988 und damit verbundene politisch-operative Probleme, 24. 2. 1989. BStU, ZAIG 22779, Bl. 6–9 (Vorlage für Mielke, die mit ihm am 6. 5. 1989 besprochen worden ist).

110 BStU, Erster Tätigkeitsbericht. Berlin 1993, S. 70.

111 Zuletzt: BStU, Neunter Tätigkeitsbericht. Berlin 2009, S. 71; BStU, Zehnter Tätigkeitsbericht. Berlin 2011, S. 11.

112 Müller-Enbergs: (Hrsg.): Inoffizielle Mitarbeiter, Teil 3: Statistiken; allerdings lässt sich nachvollziehen, wie manche Zahlenangaben errechnet wurden: Georg Herbstritt: Bundesbürger im Dienst der DDR-Spionage. Eine analytische Studie. Göttingen 2007, S. 70–85.

113 Vgl. Helmut Müller-Enbergs: Hauptverwaltung A (HV A). Aufgaben-Strukturen-Quellen (= MfS-Handbuch, Hrsg. BStU). Berlin 2011; Roland Wiedmann: Die Diensteinheiten des MfS 1950–1989. Eine organisatorische Übersicht (= MfS-Handbuch, Hrsg. BStU). Berlin 2012. Zur HV A-Überlieferung siehe in diesem Buch zudem S. 247–248.

114 Vgl. dazu: Helmut Müller-Enbergs: Hauptverwaltung A (HV A); Herbstritt: Bundesbürger im Dienst der DDR-Spionage; dies. (Hrsg.): Das Gesicht dem Westen zu ... DDR-Spionage gegen die Bundesrepublik Deutschland. Bremen 2003.

115 MfS, Minister, Befehl Nr. 299/65 über die Organisierung eines einheitlichen Systems der politisch-operativen Auswertungs- und Informationstätigkeit im Ministerium für Staatssicherheit, abgedruckt in: Roger Engelmann, Frank Joestel: Grundsatzdokumente des MfS (= MfS-Handbuch, Hrsg. BStU). Berlin 2004, S. 146.

116 MfS, Abt. XII, Möglichkeiten der Abteilung XII zur Erarbeitung von Statistiken und Analysen, 15. 3. 1980. BStU, Abt. XII 3179, Bl. 3.

117 MfS, Abt. XII, Konzeption zur Erarbeitung statistischer Übersichten über IM, IM-Vorläufe und GMS, 15. 12. 1980. BStU, Abt. XII 975, Bl. 2.

118 BStU, BdL/Dok. 6536, Bl. 1–20.

119 Verteilerschlüssel des erwähnten Dokuments: ebenda, Bl. 21.

120 BStU, BdL/Dok. 6537, Bl. 1.

121 MfS, ZAIG, Zur Arbeit mit operativen Statistiken, 25. 2. 1982. BStU, BdL/Dok. 6536, Bl. 2. (Prinzipiell verdeutlicht dies auch folgendes MfS-Dokument von 1985: Das Wörterbuch der Staatssicherheit.)

122 Ebenda, Bl. 10.

123 Müller-Enbergs (Hrsg.): Inoffizielle Mitarbeiter, Teil 2, S. 951 (Dokument 31, 7. 3. 1988). Das wird auch deutlich anhand von Unterlagen zur EDV-Erfassung: BStU, Abt. XII 5951.

124 Ausführlich: Herbstritt: Bundesbürger im Dienst der DDR-Spionage. Die Generalbundesanwaltschaft ging genau 1 553 «Verdachtsfällen» bezogen auf IM der HV A nach, davon wurden 181 rechtskräftig verurteilt: Müller-Enbergs (Hrsg.): Inoffizielle Mitarbeiter, Teil 2, S. 282. Generell: Klaus Marxen, Gerhard Werle (Hrsg.):

III. Tschekisten und Spitzel. Hauptamtliche und inoffizielle Mitarbeiter

Strafjustiz und DDR-Unrecht. Band 4: Spionage (2 Teilbände). Berlin 2004. Als knapper, aber verlässlicher Überblick: dies., Petra Schäfer: Die Strafverfolgung von DDR-Unrecht. Fakten und Zahlen. Berlin 2007.
125 Müller-Enbergs (Hrsg.): Inoffizielle Mitarbeiter, Teil 3, S. 121.
126 Die genauen Zahlen pro BV bei: ders. (Hrsg.): Inoffizielle Mitarbeiter, Teil 2, S. 38.
127 Zu den tatsächlichen Erkenntnismöglichkeiten der SIRA-Datenbanken siehe einen Aufsatz desjenigen, der maßgeblich die Lesbarkeit der Daten ermöglichte: Stephan Konopatzky: Möglichkeiten und Grenzen der SIRA-Datenbanken, in: Herbstritt, Müller-Enbergs (Hrsg.): Das Gesicht dem Westen zu..., S. 112–132.
128 Dazu die Dokumente in: Müller-Enbergs (Hrsg.): Inoffizielle Mitarbeiter, Teil 2; sowie die knappen Erklärungen in: Das MfS-Lexikon.
129 Wie problematisch dies alles insgesamt ist, zeigt ein Beispiel zu einem IM-Vorgang der HV A, bei dem selbst den zuständigen Offizieren bewusst war, dass die als IM registrierte Person aus der Bundesrepublik keineswegs wusste, dass es mit dem MfS sprach, vgl. Herbstritt: Bundesbürger im Dienst der DDR-Spionage, S. 48–49.
130 BMI an die obersten Bundesbehörden, 3.6.1959: Bericht des BfV über die ersten Ergebnisse der Befragung des Hauptmanns und Referatsleiters im sowjetzonalen MfS, Max Heim. BA B 122/2226, 14 Seiten, hier, S. 4.
131 Ebenda, S. 14.
132 MfS, ZAIG, Übersicht über Entwicklungstendenzen bei EV, IM, OV und OPK, 24.2.1989. BStU, ZAIG 22 779, Bl. 6–7.
133 Die Anleitungsbereiche für 1989 sind dargestellt bei: Wiedmann: Die Diensteinheiten des MfS, S. 513. Für die Jahre zuvor: ebenda, S. 496–512.
134 MfS, Abt. XII, Statistischer Jahresbericht für den Anleitungsbereich des Stellvertreters des Ministers, Generaloberst Mittig, 13.1.1989. BStU, Abt. XII 4195, Bl. 11.
135 MfS, Abt. XII, Statistischer Jahresbericht für den Anleitungsbereich des Stellvertreters des Ministers, Generalleutnant Neiber, 13.1.1989. BStU, Abt. XII 4195, Bl. 20.
136 MfS, Abt. XII, Statistischer Jahresbericht für den Anleitungsbereich des Stellvertreters des Ministers, Generalleutnant Schwanitz, 13.1.1989. BStU, Abt. XII 4195, Bl. 29.
137 Hier stütze ich mich auf die meist hochgerechneten Angaben bei: Müller-Enbergs (Hrsg.): Inoffizielle Mitarbeiter, Teil 3. Unberücksichtigt bleiben in meiner Rechnung auch hier die GMS/IMK.
138 Die HA I war der Struktur von NVA und Grenztruppen angepasst. Beide Bereiche waren in einem sehr hohen Maße vom MfS durchsetzt, die hohe Anzahl an IM hing mit der als besonders sicherheitsrelevant erachteten Aufgabenspezifik zusammen. Hinzu kam, dass durch die hohe Fluktuation (Wehrdienstleistende) auch innerhalb der IM eine solche herrschte. Zur HA I siehe: Stephan Wolf: Hauptabteilung I: NVA und Grenztruppen (= MfS-Handbuch, Hrsg. BStU). 2., durchgeseh. Aufl., Berlin 2005.
139 Siehe die entsprechenden Dokumente bei: Müller-Enbergs (Hrsg.): Inoffizielle Mitarbeiter, Teil 2.
140 MfS, HA KuSch, Leiter, Vorlage zu Erfordernissen für die weitere Entwicklung des Kaderbestandes sowie die Realisierung des Kaderbedarfs des MfS im Zeitraum

Anmerkungen

bis 1990 und darüber hinaus unter Berücksichtigung der demographischen Entwicklung der DDR, 26. 11. 1985. BStU, HA KuSch 13 202, Bl. 160.
141 Statistik vom 31. 12. 1985. BStU, ZAIG 13 914, Bl. 194.
142 Zur Besonderheit der HA I siehe: Wolf: Hauptabteilung I; Wiedmann: Die Diensteinheiten des MfS 1950–1989.
143 Von den 2624 HV A-Mitarbeiter wären bei einem angenommenen Wert von 20% etwa 520 IM-führend gewesen, beim höchsten, aber im Prinzip sehr unwahrscheinlichen Wert von 45% wären dies etwa 1170 gewesen.
144 Auch für diese Annahmen liegen keine nachvollziehbaren Erklärungen vor.
145 Helmut Müller-Enbergs: IM-Statistik 1985–1989. Berlin 1993, S. 6, Anm. 14.
146 Natürlich gibt es dazu einige wenige Arbeiten, wie etwa: Francesca Weil: Zielgruppe Ärzteschaft. Ärzte als inoffizielle Mitarbeiter des MfS. Göttingen 2008; oder: Christiane Baumann: Hinter den Kulissen. Inoffizielle Theatergeschichten 1968 bis 1989. Schwerin 2011.
147 Zu diesen in diesem Buch S. 240–241, 287, 292, 297, 345, 350, 182, 244–245.
148 Z. B. BStU, GH 17/86.
149 Andreas Schmidt: Gegenstrategien. Über die Möglichkeiten, sich zu verweigern, in: Klaus Behnke, Jürgen Fuchs (Hrsg.): Zersetzung der Seele. Psychologie und Psychiatrie im Dienste der Stasi. Berlin 1995, S. 158–177; ders.: Auskunftspersonen, in: Hans Joachim Schädlich (Hrsg.) Aktenkundig. Berlin 1992, S. 173–194; Helmut Müller-Enbergs: Über Ja-Sager und Nein-Sager. Inoffizielle Mitarbeiter und stille Verweigerer, in: Mario Hecht, Gerald Praschl: Ich habe «NEIN!» gesagt. Über Zivilcourage in der DDR. Berlin 2002, S. 147–165.
150 MfS, Abt. XII, [IM-Vorlauf-Statistik, 1.1.-31. 12. 1987]. BStU, Abt. XII 8410, Bl. 64.
151 Von 7951 IM-Vorläufen sind 4957 (62%) als IM verpflichtet worden (MfS, Abt. XII, [IM-Vorlauf-Statistik, 1.1.-31.6. 1988]. BStU, Abt. XII 8411, Bl. 21.
152 BStU, HA XX AP 12 296/92, Bl. 57–58.
153 MfS, Abt. XII, [IMS-Statistik, Abgänge, 1.1.-31. 12. 1987]. BStU, Abt. XII 8410, Bl. 58.
154 MfS, Abt. XII, [IMS-Statistik, Abgänge, 1.1.-31.6. 1988]. BStU, Abt. XII 8411, Bl. 28.
155 MfS, BV Neubrandenburg, KD Neustrelitz, Verfügung Verbrechen gem. § 353 c, Abs, 2 StGb, 24. 10. 1961. BStU, Ast. Neubrandenburg, AU 119/61, Bd. I, Bl. 7.
156 Herausragend dabei: Francesca Weil: Zielgruppe Ärzteschaft. Ärzte als inoffizielle Mitarbeiter des MfS. Göttingen 2008.
157 Das bestätigt auch ein Offizier, der mit IM arbeitet: Riecker, Schwarz, Schneider: Stasi intim, S. 227.
158 Unterleutnant Leiter, Charakteristik des GM «Roger-8», Halle, 14.9.1953. BStU, AIM 4087/57, Teil P, Bd. 1, Bl. 24. «Roger 8» war der zweite Deckname von Schlesing.
159 Siehe in diesem Buch S. 287–288, 292, 297.
160 BStU, AP 4229/68, Bd. 1, Bl. 37.
161 Ausführlich zu diesem Fall und dieser Person: Bernd Eisenfeld, Ilko-Sascha Kowalczuk, Ehrhart Neubert: Die verdrängte Revolution. Der Platz des 17. Juni in der deutschen Geschichte. Bremen 2004, S. 501–588.
162 Klaus Behnke, Jürgen Wolf (Hrsg.): Stasi auf dem Schulhof. Der Missbrauch von Kindern und Jugendlichen durch das MfS. Berlin 1998.
163 Müller-Enbergs (Hrsg.): Inoffizielle Mitarbeiter, Teil 3: Statistiken, S. 74–85.

IV. Weltweit im Einsatz? Das MfS außerhalb der DDR

164 Stasi-Akte «Verräter». Bürgerrechtler Templin: Dokumente einer Verfolgung. Hamburg 1993 (= Spiegel Spezial, Nr. 1/1993); Inga Wolfram: Verraten. Sechs Freunde, ein Spitzel, mein Land und ein Traum. Düsseldorf 2009.
165 Arno Polzin: Der Wandel Robert Havemanns vom Inoffiziellen Mitarbeiter zum Dissidenten im Spiegel der MfS-Akten. Berlin 2005.
166 Werner Theuer, Arno Polzin, Bernd Florath: Aktenlandschaft Havemann. Nachlass und Archivbestände zu Robert Havemann in der Robert-Havemann-Gesellschaft und bei der BStU. Berlin 2008.
167 BStU, AOP 1010/91, Bd. 28.
168 Irena Kukutz, Katja Havemann: Geschützte Quelle. Gespräche mit Monika H. alias Karin Lenz. Berlin 1990; Kontraste: Auf den Spuren einer Diktatur. 3 DVDs, Bonn 2005.
169 Seit Frühjahr 2012 läuft dazu in meiner Forschungsgruppe in der Forschungsabteilung beim BStU ein mehrjähriges, großes Projekt, mit dem wir hoffen, nicht nur IM des MfS historisieren, sondern auch die anderen alltäglichen Denunziationsformen in der DDR-Gesellschaft analysieren und ins Verhältnis zur IM-Tätigkeit setzen zu können.

IV. WELTWEIT IM EINSATZ? DAS MFS AUSSERHALB DER DDR

1 Titel und, soweit vorhanden, Signaturen sind einsehbar: Die Ausgangsinformationen der HV A des MfS. Recherchestand: Februar 2011, erarbeitet von Stephan Konopatzky, unter: http://www.bstu.bund.de/SharedDocs/Downloads/DE/fundliste_hv_%20 a.html.
2 Dass dies sehr kompliziert ist, zeigen zwei Arbeiten, die in Details zu unterschiedlichen Ergebnissen kommen: Helmut Müller-Enbergs: Hauptverwaltung A (HV A). Aufgaben-Strukturen-Quellen (= MfS-Handbuch, Hrsg. BStU). Berlin 2011; Roland Wiedmann: Die Diensteinheiten des MfS 1950–1989. Eine organisatorische Übersicht (= MfS-Handbuch, Hrsg. BStU). Berlin 2012.
3 Eindrucksvoll: Georg Herbstritt. Bundesbürger im Dienst der DDR-Spionage. Eine analytische Studie. Göttingen 2007.
4 Kompakt dieses Zusammenspiel darstellend: Karl Wilhelm Fricke: Ordinäre Abwehr – elitäre Aufklärung? Zur Rolle der Hauptverwaltung A im MfS (1997), in: ders.: Der Wahrheit verpflichtet. Texte aus fünf Jahrzehnten zur Geschichte der DDR. Zusammengestellt von Ilko-Sascha Kowalczuk, Berlin 2000, S. 459–473.
5 Zahlen nach: Müller-Enbergs: Hauptverwaltung A, S. 21; ders.: Inoffizielle Mitarbeiter des Ministeriums für Staatssicherheit. Teil 2: Anleitungen für die Arbeit mit Agenten, Kundschaftern und Spionen in der Bundesrepublik Deutschland. Berlin 1998, S. 38; Wiedmann: Die Diensteinheiten des MfS, S. 393–394; Jens Gieseke: Die hauptamtlichen Mitarbeiter der Staatssicherheit. Personalstruktur und Lebenswelt 1950–1989/90. Berlin 2000, S. 533. Hinzu kamen HIM und OibE, zuletzt 1989 waren es 701 OibE und 778 HIM.
6 Siehe dazu die problemorientierten Ausführungen in diesem Band, S. 228–234.
7 Hubertus Knabe: Die unterwanderte Republik. Stasi im Westen. Berlin 1999; Michael Ludwig Müller: Die DDR war immer dabei. SED, Stasi & Co und ihr Einfluss auf die Bundesrepublik. München 2010; und noch mehr Einfluss erkennt: Regine Igel: Terrorismus-Lügen. Wie die Stasi im Untergrund agierte. München 2012.

Anmerkungen

8   Helmut Müller-Enbergs, Cornelia Jabs: Der 2. Juni 1967 und die Staatssicherheit, in: Deutschland Archiv 42(2009), S. 395–400. Es folgte eine Vielzahl von Publikationen. Wie die Akte «gefunden» wurde, erläutert: Cornelia Jabs: Ein Zufallsfund? Der besondere Weg zu den Kurras-Akten, in: ebenda 45(2012), S. 533–536. Der Vorgang schlug hohe Wellen und brachte die Stasi-Akten-Behörde und vor allem die damalige Behördenchefin Marianne Birthler in Erklärungsnot, weil sie angeblich die «Enttarner» wegen der Enttarnung und nicht wegen eventueller Dienstvergehen belangen wollte (was die Behörde in einem merkwürdigen, aber unzutreffenden Licht erschienen ließ).
9   BStU, AIM 5707/57 (5 Bände); ZAIG/ Tb/ 295 (Gespräch mit Horst Hesse).
10 Werner Brauer: Der Kundschafter. Berlin 1986.
11 Stephan Konopatzky: Möglichkeiten und Grenzen der SIRA-Datenbanken, in: Georg Herbstritt, Helmut Müller-Enbergs (Hrsg.): Das Gesicht dem Westen zu… DDR-Spionage gegen die Bundesrepublik Deutschland. Bremen 2003, S. 112–132. Ein aktuelles Beispiel für eine andere MfS-interne Bewertung zeigt: Markus Wehner: Für Verdienste um Volk und Vaterland. Stasi-Agenten bei der SPD, in: Frankfurter Allgemeine Sonntagszeitung vom 28. 10. 2012. In dem Artikel geht es aber im Kern um die Frage, in welchem Verhältnis Zeitgeschichtsschreibung und Justiz gegenwärtig stehen, wobei der Autor etwas einseitig Partei ergreift, aber zugleich selbst wiederum eindrucksvoll die sprachlichen Möglichkeiten in diesem Konflikt vorführt und damit seine Parteinahme wohl eher unbewusst relativiert.
12 Das zweite Buch: Der Agent. Mein Leben in drei Geheimdiensten. Berlin 2010. Man könnte weder vom ersten noch vom zweiten Buch behaupten, dass er grundsätzlich der Desinformation abgeschworen hätte.
13 Im Auftrag des Bundestagspräsidenten ist vom BStU eine Studie «Der deutsche Bundestag 1949 bis 1989 in den Akten des MfS der DDR» erarbeitet worden, die Georg Herbstritt erarbeitete und schrieb. Das Gutachten ist dem Bundestagspräsidenten Ende 2012 übergeben worden. Wie es veröffentlicht wird, entscheidet der Auftraggeber.
14 Udo Baron: Kalter Krieg und heißer Frieden. Der Einfluss der SED und ihrer westdeutschen Verbündeten auf die Partei «Die Grünen». Münster, Hamburg 2003.
15 Vor allem folgender Beitrag führte innerhalb der AL, der Grünen und der DDR-Opposition zu heftigen Debatten: Klaus Croissant, Benno Hopmann, Barbara Lütkecosman, Angela Schäfers, Dirk Schneider: Zur Verknüpfung von Friedens- und Menschenrechtsfrage, in: Kommune 4(1986) 5, S. 82–84 (den Artikel zeichnete weitere Personen mit, u. a. Anne Borgmann, Rainer Trampert, Frieder O. Wolf; neben Schneider war auch Croissant IM des MfS). Im Kern ging es darum, die Menschenrechtsfrage von der Friedensfrage zu lösen, die Menschenrechte in Osteuropa nicht zu thematisieren, sich statt dessen auf die in Westeuropa zu konzentrieren und mit den kommunistischen Staaten zu sprechen, aber nicht mit der Opposition. Darauf gab es mehrere Repliken, u. a.: Uli Fischer, Milan Horaček, Petra Kelly, Elisabeth Weber: Was soll das Geholze. Croissant und andere gefährden leichtsinnig einen grünen Grundkonsens, in: ebenda 4(1986) 6, S. 58–60, die betonten, die o. g. Autoren haben damit den grünen Grundkonsens aufgegeben bzw. verlassen. Weiterhin neben anderen: Peter Sellin: Menschenrechte im Kern der Frage des Friedens, in: ebenda 4(1986) 7, S. 55–56; Leserbriefe von Jürgen Fuchs, György Dalos, Jakob von Uexküll, Ralf Hirsch, in: ebenda, S. 80–81; Gerd Poppe: Croissant und die vielbeschwo-

IV. Weltweit im Einsatz? Das MfS außerhalb der DDR

rene Objektivität, in: ebenda 4(1986) 8, S. 59–60; Bärbel Bohley: Worte, die vom Zynismus getragen sind, in: ebenda 4(1986) 9, S. 79–80.
16 Uta Falck: VEB Bordell. Geschichte der Prostitution in der DDR. Berlin 1998.
17 Allgemein: Reinhard Buthmann: Hochtechnologien und Staatssicherheit. Die strukturelle Verankerung des MfS in Wissenschaft und Forschung der DDR. Berlin 2000; ders., Kadersicherung im Kombinat VEB Carl Zeiss Jena. Die Staatssicherheit und das Scheitern des Mikroelektronikprogramms. Berlin 1997; ders.: Die Organisationsstruktur der Beschaffung westlicher Technologien im Bereich der Mikroelektronik, in: Herbstritt, Müller-Enbergs (Hrsg.): Das Gesicht dem Westen zu …, S. 279–314.
18 Die zwei wichtigsten waren: Ehemalige Nationalsozialisten in Pankows Diensten. Hrsg. Untersuchungsausschuss Freiheitlicher Juristen. 3., erg. Aufl., Berlin 1960; Olaf Kappelt: Braunbuch DDR. Nazis in der DDR. Berlin 1981. Der bundesdeutsche Autor, der 1977 Mitinitiator des «Brüsewitz-Zentrums» war, ist vom MfS intensiv «bearbeitet» worden. Später legte er vor: ders.: Die Entnazifizierung in der SBZ sowie die Rolle und der Einfluss ehemaliger Nationalsozialisten in der DDR als ein soziologisches Phänomen. Hamburg 1997.
19 ZK der SED, Abt. Parteiorgane, Information, 24.2.1962. SAPMO B-Arch, DY 30, IV 2/5/296, Bl. 102–103; Beschluss des Büros der Kreisleitung der SED Pasewalk, 27.1.1962. Ebenda, Bl. 104–105.
20 Als Beispiele etwa: Karl Wilhelm Fricke: Der Deutschlandfunk im Stasi-Visier, in: DA 32(1999) 5, S. 779–786; Jochen Staadt, Tobias Voigt, Stefan Wolle: Operation Fernsehen. Die Stasi und die Medien in Ost und West. Göttingen 2008.
21 Besonders überzogen argumentiert: Hubertus Knabe: Der diskrete Charme der DDR. Stasi und Westmedien. Berlin 2001; ders.: Die unterwanderte Republik. Auch umstritten ist, weil die allgemeinen Rahmenbedingungen zu kurz kommen: Jochen Staadt, Tobias Voigt, Stefan Wolle: Feind-Bild Springer. Ein Verlag und seine Gegner. Göttingen 2009.
22 Dazu aus der Vielzahl herausragend: Gerd Koenen: Das rote Jahrzehnt. Unsere kleine deutsche Kulturrevolution, 1967–1977. Köln 2001. Dagegen überzogen: Götz Aly: Unser Kampf 1968 – ein irritierter Blick zurück. Frankfurt/M. 2008.
23 Siehe in diesem Buch auch S. 192–193.
24 Hervorzuheben ist: Armin Wagner, Matthias Uhl: BND contra Sowjetarmee. Westdeutsche Militärspionage in der DDR. Berlin 2007.
25 Z. B.: Reinhard Borgmann, Jochen Staadt: Deckname Markus. Zwei Top-Agentinnen im Herzen der Macht. Berlin 1998.
26 An der Stelle muss betont werden, dass dies wirklich nur eine Spekulation ist, weil diese erwähnten BND-Akten, die hier auch zum Teil zitiert werden, keinerlei Schlüsse über die tatsächlichen Quellen zulassen. Lediglich einige Informationen lassen darauf schließen, dass Quellen abgeschöpft werden konnten, die direkt oder indirekt Zugang zu Informationen aus höheren Regierungskreisen hatten. Ausgeschlossen werden kann hingegen, auch aufgrund von Aussagen von BND-Beamten, dass der Dienst in höchsten SED-Kreisen Quellen direkt abschöpfen konnte.
27 Z. B.: BStU, Abt. X 238.
28 Hervorragend: Klaus Storkmann. Geheime Solidarität. Militärbeziehungen und Militärhilfen der DDR in die «Dritte Welt». Berlin 2012.
29 Z. B.: BStU, Abt. X 301.

Anmerkungen

30 MfS, HV A, Abt. III, Stellungnahme zum irakischen Ersuchen, 28. 2. 1986 (mit handschriftlichem Vermerk: «einverstanden Mielke»). BStU, Abt. X 104, Bl. 48–51.
31 BStU, Abt. X 106, Bl. 2–18.
32 Tobias Wunschik: Die Hauptabteilung XXII: Terrorabwehr (= MfS-Handbuch, Hrsg. BStU). Berlin 1996 (HA XXII erst ab 1989, zuvor Abt. XXII).
33 Mielke an M. Wolf und Neiber, 9. 5. 1985. BStU, Sekr. Neiber 937, Bl. 1.
34 Anlage (o.Verf., o. D. – es handelt sich um ein Merkblatt/Informationsblatt des KGB für das MfS). Ebenda, Bl. 2.
35 So Karl Wilhelm Fricke bereits zutreffend 1954: Erich Mielke. Revolverheld neuen Typus, in: ders.: Der Wahrheit verpflichtet, S. 456–458.
36 MfS, HV A, Abt. III, Bericht über ein Gespräch des Genossen Minister mit dem Leiter der Vereinigten PLO-Sicherheit, Abu Ayad, am 22. 8. 1979, 23. 8. 1979. BStU, Sekr. Neiber 937, Bl. 11–12.
37 Bei den Recherchen habe ich einen «Operativen Vorgang» (13 Bände), drei «Untersuchungsvorgänge» (14 und je 3 Bände), etwa 20 IM-Vorgänge und 80 andere Akteneinheiten unterschiedlicher MfS-Abteilungen sowie mehrere Stunden Tonmaterial ausgewertet. Außerdem zog ich Material aus dem SAPMO heran und führte einige Zeitzeugengespräche. Um die Anonymität der Personen zu wahren, kann ich aus juristischen Gründen auch keine Quellen konkret angeben.

V. OPPOSITION UND WIDERSTAND. DAS «LIEBESMINISTERIUM» (G. ORWELL) IN AKTION

1 Bei der Überwachung des Telefonverkehrs in der Bundesrepublik/West-Berlin sowie zwischen beiden deutschen Staaten sah dies anders aus: Andreas Schmidt: HA III: Funkaufklärung und Funkabwehr (= MfS-Handbuch, Hrsg. BStU). Berlin 2010.
2 1989 wiesen NVA/Grenztruppen einen Gesamtpersonalbestand von etwa 200 000 Personen auf. Darunter waren etwa 12 500 IM des MfS (HA I) – also ein Verhältnis von etwa 16 zu 1. Hinzu kamen über 2300 Mitarbeiter der zuständigen HA I, von denen etwas mehr als 1000 auch IM führten, was im Durchschnitt bedeutete, ein Führungsoffizier leitete 12 IM. In allen anderen Bereichen der Stasi betrug der Durchschnittswert zusammengenommen etwa 5 IM pro Führungsoffizier.
3 Dass neuerdings die Bundesrepublik als «Überwachungsstaat» gezeichnet wird, macht die Sache nicht besser. Jüngst erschien auf sehr bedenklicher, d. h. dünner empirischer Grundlage, mit aus der MfS-Forschung bekannten «Hochrechnungen» eine umstrittene Studie: Josef Foschepoth: Überwachtes Deutschland. Post- und Telefonüberwachung in der alten Bundesrepublik. Göttingen 2012.
4 Zu den Details siehe: Ansgar Borbe: Die Zahl der Opfer des SED-Regimes. Erfurt 2010.
5 Karl Wilhelm Fricke: Überzeugt von seiner gerechten Sache. Der politische Widerstand des Herrmann Joseph Flade (1998), in: ders.: Der Wahrheit verpflichtet. Texte aus fünf Jahrzehnten zur Geschichte der DDR. Zusammengestellt von Ilko-Sascha Kowalczuk, 2. Aufl., Berlin 2000, S. 378–396.
6 Z. B. Achim Beyer: 130 Jahre Zuchthaus – Jugendwiderstand in der DDR und der Prozess gegen die Werdauer Oberschüler 1951. Leipzig 2003.

V. Opposition und Widerstand. Das «Liebesministerium» in Aktion

7 Siehe auch S. 99.
8 Zit. in: Dieter Pohl: Justiz in Brandenburg 1945–1955. Gleichschaltung und Anpassung. München 2001, S. 244.
9 Abgedruckt in: Unrecht als System. Dokumente über planmäßige Rechtsverletzungen in der Sowjetzone Deutschlands, hrsg. vom Bundesministerium für gesamtdeutsche Fragen, Teil II: 1952–1954. Bonn 1955, S. 210.
10 Das Folgende basiert u. a. auf: BStU: AGI 541/53; AIM 623/60; AOP 1119/57; AS 168/56 (20 Bände); AS 169/56 (7 Bände); AS 500/62; AU 279/54; AU 354/54; AU 402/54 (30 Bände); BdL/Dok. 181; BStU, Ast. Halle, BV Halle, AST 341/54; BStU, Ast. Magdeburg, AST I 629/53.
11 SfS, HA V, Festnahmebericht, 16.1.1954. BStU, Ast. Halle, AOP 202/54, Bd. 4, Bl. 109.
12 3. Verhandlungstag, 12.6.1954. BStU, AU 402/54, Bd. 23, Bl. 133, 139.
13 BStU, AU 279/54, Bl. 34.
14 BStU, AU 354/54, Bd. 4, Bl. 23–24.
15 Patrik von zur Mühlen: Der «Eisenberger Kreis». Jugendwiderstand und Verfolgung in der DDR 1953–1958. Bonn 1995; eine Kurzfassung: ders.: Widerstand in einer thüringischen Kleinstadt 1953 bis 1958. Der «Eisenberger Kreis», in: Ulrike Poppe, Rainer Eckert, Ilko-Sascha Kowalczuk (Hrsg.): Zwischen Selbstbehauptung und Anpassung. Formen des Widerstandes und der Opposition in der DDR. Berlin 1995, S. 162–177. Außerdem liegt vor: BStU, Ast. Gera, AIM 66/58 (2 Bände); AU 33/58 (30 Bände), AOP 49/57. Thomas Ammer hat selbst mehrfach als Zeitzeuge berichtet, etwa: Der Eisenberger Kreis, in: Vergangenheitsklärung an der Friedrich-Schiller-Universität Jena. Leipzig 1994, S. 88–96; ders.: Widerstand und Opposition in Jena, in: Materialien der Enquete-Kommission «Aufarbeitung von Geschichte und Folgen der SED-Diktatur in Deutschland», hrsg. vom Deutschen Bundestag. Baden-Baden 1995, Bd. VII/1, S. 128–139. Außerdem: ders.: «Angeregt durch die Methode der Geschwister Scholl». Ein Rückblick auf den Eisenberger Kreis aus dem Jahre 1965, in: JHK 2007, S. 377–395.
16 Ammer: «Angeregt durch die Methode der Geschwister Scholl», S. 377–378; ders.: Vor 50 Jahren: Verhaftungswelle in Jena und Eisenberg. Der Untergang des «Eisenberger Kreises» und die Hauptpersonen auf Seiten des MfS, in: Gerbergasse 18 2008/1, S. 24–28.
17 Freya Klier: Michael Gartenschläger. Kampf gegen Mauer und Stacheldraht. Berlin 2009; Lothar Lienicke, Franz Bludau: Todesautomatik. Die Staatssicherheit und der Tod des Michael Gartenschläger. Frankfurt/M. 2003.
18 Stefan Wolle: Michael Gartenschläger, in: Ilko-Sascha Kowalczuk, Tom Sello (Hrsg.): «Für ein freies Land mit freien Menschen.» Opposition und Widerstand in Biographien und Fotos. Berlin 2006, S. 119.
19 Bis 1973 gab es die Besonderheit, dass DDR-Flüchtlinge in Rumänien von dortigen Behörden verurteilt wurden, häufig ist die Hälfte der Strafe (4–18 Monate) erlassen worden. In der DDR sind die Betroffenen dann ein zweites Mal verurteilt worden: Georg Herbstritt: Über Rumänien in die Freiheit? Fluchtversuche von DDR-Bürgern über Rumänien in den Westen, in: Halbjahresschrift für südosteuropäische Geschichte, Literatur und Politik 21 (2009) 2, S. 5–13.
20 Es gab solche zwischen 1970 und 1984.
21 Bernd Eisenfeld, Peter Schicketanz: Bausoldaten in der DDR. Die «Zusammenführung feindlich-negativer Kräfte» in der NVA. Berlin 2011.

Anmerkungen

22 Rainer Eppelmann: Fremd im eigenen Haus. Mein Leben im anderen Deutschland. Köln 1993.
23 BND, 32C, Erkenntnisse zu Pfarrer Rainer Eppelmann, 9. 2. 1987. BA B 206/516, Bl. 201–202.
24 Zu Problemen der Führungs- und Leitungstätigkeit in der Abt. XX der BV Berlin, o. D. BStU, ZAIG 13 748, Bl. 69.
25 Ebenda.
26 Ebenda, Bl. 70.
27 Rainer Eppelmann: Gottes doppelte Spur. Vom Staatsfeind zum Parlamentarier. Holzgerlingen 2007, S. 121.
28 Ich habe über Bernd Eisenfeld eine Reihe biographischer Porträts auf der Grundlage von Akten, Selbstzeugnissen und Interviews mit ihm geschrieben. Außerdem hat er selbst zahlreiche autobiographische Texte veröffentlicht, u. a.: Bernd Eisenfeld (Zeitzeugenbericht), in: Materialien der Enquete-Kommission «Aufarbeitung von Geschichte und Folgen der SED-Diktatur in Deutschland», hrsg. vom Deutschen Bundestag, Baden-Baden 1995, Band VII/1, S. 88–127. Daneben zog ich heran: Olaf Weißbach: Bernd Eisenfeld, in: Karl Wilhelm Fricke, Peter Steinbach, Johannes Tuchel (Hrsg.): Opposition und Widerstand in der DDR. Politische Lebensbilder. München 2002, S. 157–161; oder: «Prag war eine Offenbarung». Interview mit Bernd Eisenfeld von Doris Liebermann, in: Horch und Guck 1998, Heft 24, S. 33–41.
29 Die Eisenfelds. Dokumentarfilm von Michael Trabitzsch, 1996.
30 Zur Familie siehe: Peter Bohley: Sieben Brüder auf einer fliegenden Schildkröte. 2. Aufl., Norderstedt 2005.
31 Brief von Bernd Eisenfeld an Jugendradio Prag, Halle, 31.3./1. 4. 1968. Er stellte mir diese und viele andere Dokumente zur Verfügung. Im Auftrag der Robert-Havemann-Gesellschaft gebe ich demnächst auf dieser Grundlage eine Dokumentation heraus, die Bernd Eisenfeld selbst noch zusammengestellt hat.
32 Peter Eisenfeld: «rausschmeißen...». Zwanzig Jahre politische Gegnerschaft in der DDR. Bremen 2002.
33 Von seinen vielen Veröffentlichungen seien nur einige neben: Eisenfeld, Schicketanz: Bausoldaten in der DDR (das Erscheinen dieses umfangreichen Standardwerks hat er nicht mehr erlebt), genannt: Bernd Eisenfeld: Kriegsdienstverweigerung in der DDR – ein Friedensdienst? Genesis, Befragung, Analyse, Dokumente. Frankfurt/M. 1978; ders.: Die Ausreisebewegung – eine Erscheinungsform widerständigen Verhaltens, in: Poppe, Eckert, Kowalczuk (Hrsg.): Zwischen Selbstbehauptung und Anpassung, S. 192–223; ders.: Die Zentrale Koordinierungsgruppe: Bekämpfung von Flucht und Übersiedlung (= MfS-Handbuch, Hrsg. BStU). Berlin 1995; ders., Roger Engelmann: 13. August 1961: Mauerbau: Fluchtbewegung und Machtsicherung. Bremen 2001; ders., Ehrhart Neubert (Hrsg.): Macht Ohnmacht Gegenmacht. Grundfragen zur politischen Gegnerschaft in der DDR. Bremen 2001; dies., Ilko-Sascha Kowalczuk: Die verdrängte Revolution. Der Platz des 17. Juni in der deutschen Geschichte. Bremen 2004.
34 Die Literatur, auch die biographische, ist umfänglich, als Beispiele seien genannt: Udo Scheer: Vision und Wirklichkeit. Die Opposition in Jena in den siebziger und achtziger Jahren. Berlin 1999; Martin Morgner: In die Mühlen geraten. Porträts von politisch verfolgten Studenten der Friedrich-Schiller-Universität Jena zwischen 1967 und 1984. Weimar, Eisenach 2010; Henning Pietzsch: Jugend zwischen Kirche

V. Opposition und Widerstand. Das «Liebesministerium» in Aktion

und Staat. Geschichte der kirchlichen Jugendarbeit in Jena 1970–1989. Köln, Weimar, Wien 2005.
35 Z. B. BStU, AOP 1020/81 (11 Bände).
36 BStU, Ast. Gera, AOPK 1078/73; AU 1436/77.
37 Etwa im ZOV «Weinberg», der zunächst 1983 als OV von der KD Jena angelegt wurde und dann Ende 1986 von der HA XX als ZOV fortgeführt wurde und vorrangig die Jenenser in West-Berlin betraf: BStU, AOP 15 666/89, 16 922/91 (26 Bände).
38 Ein ganz normaler Feind. Das Leben des Peter Wulkau in den Akten der Stasi. Zusammengestellt von Heike Bachelier. München 2012; «Feindberührung». Dokumentarfilm von Heike Bachelier, 2010.
39 Uta Franke: Sand im Getriebe. Die Geschichte der Leipziger Oppositionsgruppe um Heinrich Saar 1977 bis 1983. Leipzig 2007.
40 BStU, AU 691/58 (2 Bände); AU 333/59 (26 Bände).
41 BStU, Ast. Leipzig, AIM 1136/69.
42 Ich selbst habe einige Jahre nach 2000 mit einer ehemaligen Mitarbeiterin von Vogel zusammengearbeitet, wie ich irgendwann erfuhr. Obwohl wir ein sehr gutes kollegiales Klima hatten – an dieser Stelle schwieg sie beharrlich, nie habe ich auch nur einen einzigen Satz von ihr über die Arbeit «dort» erfahren.
43 Nach einer mündlichen Information von Ralf Hirsch am 25. Januar 2004.
44 Franke: Sand im Getriebe, S. 244–245.
45 BV Berlin, Abt. XX/4, Major Hasse, Erste Überlegungen zu Prämissen, konzeptionellen Vorstellungen und Problemen eines langfristig angelegten Vorgehens zur Bekämpfung und generellen Zurückdrängung der politischen Untergrundtätigkeit (PUT) unter Missbrauch kirchlicher Möglichkeiten, 10.3.1987 (Computerausdruck). BStU, ZAIG 13 748, Bl. 86.
46 Der Offene Brief mit den Unterschriften ist überliefert in: BStU, MfS, AOP 1055/91, Bd. 7, Bl. 92–95. Veröffentlicht in: Grenzfall 5/1987, nachgedruckt in: Ralf Hirsch, Lew Kopelew (Hrsg.): Initiative Frieden und Menschenrechte – Grenzfall. Vollständiger Nachdruck aller in der DDR erschienenen Ausgaben (1986/87). Erstes unabhängiges Periodikum. Berlin 1989, S. 56.
47 Michael Kubina, Manfred Wilke (Hrsg.): Hart und kompromisslos durchgreifen. Die SED kontra Polen 1980/81. Geheimakten der SED-Führung über die Unterdrückung der polnischen Demokratiebewegung. Berlin 1995.
48 Ausführlich zu seiner Biographie jenseits der Bearbeitung durch das MfS: Stephan Bickhardt: Stationen einer Biographie im Widerstand, in: ders. (Hrsg.): In der Wahrheit leben. Texte von und über Ludwig Mehlhorn. Leipzig 2012, S. 19–46. Weitere Texte von Mehlhorn finden sich u.a. in: Ilko-Sascha Kowalczuk (Hrsg.): Freiheit und Öffentlichkeit. Politischer Samisdat in der DDR 1985 bis 1989. Berlin 2002.
49 Ludwig Mehlhorn: Der politische Umbruch in Ost- und Mitteleuropa und seine Bedeutung für die Bürgerbewegung in der DDR, in: Materialien der Enquete-Kommission «Aufarbeitung von Geschichte und Folgen der SED-Diktatur in Deutschland». Baden-Baden 1995, Band VII/2, S. 1415–1416.
50 Aufruf des KOR an die Bevölkerung und die Behörden der VR Polen (23.9.1976), in: Werner Mackenbach (Hrsg.): Das KOR und der «polnische Sommer». Analysen, Dokumente, Artikel und Interviews 1976–1981. Hamburg 1982, S. 63–64.
51 Das Jahr nannte er selbst, vgl.: «Das freie Wort war die schärfste Waffe der Opposition». Rundtischgespräch am 3. April 2001 in den Räumen des Matthias-Domaschk-

Anmerkungen

Archivs in Berlin mit Stephan Bickhardt, Ludwig Mehlhorn, Torsten Metelka, Gerd Poppe und Reinhard Weißhuhn, Gesprächsführung: Ilko-Sascha Kowalczuk, in: Kowalczuk (Hrsg.): Freiheit und Öffentlichkeit, S. 107.
52 Das polnische Original und die deutsche Übersetzung finden sich in: BStU, AP 6842/81, Bd. 1, Bl. 3–8.
53 Ebenda, Bl. 15–19.
54 BStU, AOP 12 223/78, Bd. 1, Bl. 49–61.
55 Ebenda, Bl. 83–92.
56 In der im März 1977 gültigen Fassung hieß es: «§ 106. Staatsfeindliche Hetze. (1) Wer mit dem Ziel, die sozialistische Staats- oder Gesellschaftsordnung der Deutschen Demokratischen Republik zu schädigen oder gegen sie aufzuwiegeln, 1. Schriften, Gegenstände oder Symbole, die die staatlichen, politischen, ökonomischen oder anderen gesellschaftlichen Verhältnisse der Deutschen Demokratischen Republik diskriminieren, einführt, herstellt, verbreitet oder anbringt ... wird mit Freiheitsstrafe von einem Jahr bis zu fünf Jahren bestraft.» Ab 1979 drohten dafür bis zu acht Jahre Haft.
57 Sachstandsbericht vom 24. 4. 1977. BStU, AOP 12 223/78, Bd. 1, Bl. 93–107.
58 BStU, Ast. Leipzig, AU 222/79; BStU, Ast. Cottbus, AOPK 1573/79. Siehe auch: Ehrhart Neubert: Geschichte der Opposition in der DDR 1949–1989. 2., durchges. u. erw. Aufl., Berlin 1998, S. 320.
59 BStU, AOP 12 223/78, Bd. 1, Bl. 185.
60 Ebenda, Bl. 197. Ein mit 2. 3. 1979 datiertes Dokument der «Aktion Sühnezeichen», das Ludwig Mehlhorn zur Kenntnis gegeben und von Friedrich Magirius unterzeichnet worden war, sprach mit Bezug auf eine Sitzung der Leitung (kleines Beratergremium des Leiters) der «Aktion Sühnezeichen» am 19. 1. 1979 eine Berufung Ludwig Mehlhorn «für fünf Jahre in den Leitungskreis» (Entscheidungsgremium zwischen den Jahrestreffen) aus. In dieser nicht adressierten Notiz, hieß es weiter: «Herr Mehlhorn hat durch zwei Wahlperioden von 1974–1978 als gewähltes Mitglied dem Leitungskreis angehört und war zuletzt dessen Vorsitzender. Die Leitung bittet, dass er weiterhin mit seinen Gaben und Erfahrungen die Arbeit der Aktion mitträgt.» (Nach Informationen von Stephan Bickhardt und Heimgard Mehlhorn am 10. 12. 2011.)
61 Ebenda, Bl. 358.
62 Hartmut Kullik: Zur Anwendung von Maßnahmen der Zersetzung in der operativen Vorgangsbearbeitung zur Einschränkung und Verhinderung feindlicher Aktivitäten in den Kirchen der DDR, 15. 3. 1978. BStU, JHS 001–279/78 (Umfang 68 Blatt).
63 Z. B. die Konstruktion, der RAF-Terror müsse auf die DDR übertragen werden. «Es wäre ein Vergnügen zuzusehen, wie das Gebäude in Flammen aufgeht und alle ‹Stasi-Leute› bei lebendigem Leibe verschmoren.» Ebenda, S. 17.
64 Ebenda, S. 20.
65 BStU, HA XX/AKG 6957, Bl. 51. Zu Särchen siehe: Rudolf Urban: Der Patron. Günter Särchens Leben und Arbeit für die deutsch-polnische Versöhnung. Dresden 2007. Darin finden sich auch Abschnitte zum Verhältnis von Särchen und Mehlhorn.
66 Z. B. wird dies deutlich anhand der Akte: BStU, HA XX/AKG 272.
67 BStU, AP 6842/81, 2 Bände.
68 BStU, Ast. Rostock, AIM 25 113/91. Vgl. auch: Anton Legerer: Tatort: Versöhnung. Über die Aktion Sühnezeichen, Friedensdienste in der BRD sowie in der DDR und Gedenkdienste in Österreich. Leipzig 2011, S. 400.

V. Opposition und Widerstand. Das «Liebesministerium» in Aktion

69 Vgl. Legerer: Tatort: Versöhnung, S. 393 f. Siehe auch: Roland Brauckmann, Christoph Bunzel: Rückblick. Die evangelische Kirche des Görlitzer Kirchengebietes, die Einflussnahme des MfS und der DDR-Staat 1970–1994, S. 68–70. Liedtke soll danach zunächst als IMS «Werner» 1979 geworben worden sein. Er war Landesjugendpfarrer im Görlitzer Kirchengebiet. Nach seinem Wechsel nach Ost-Berlin zur «Aktion Sühnezeichen» sei 1984 der Deckname – IMB soll er bereits 1980 geworden sein – von «Werner» in «Albert» geändert worden.
70 BStU, HA XX/AKG 6957, Bl. 64–73.
71 Ebenda, Bl. 67.
72 Dieser Brief ist erstmals komplett dokumentiert worden in: Kowalczuk (Hrsg.): Freiheit und Öffentlichkeit, S. 405–412. Mehlhorns Brief stellte eine Reaktion auf einen Briefwechsel der beiden Bischöfe dar. Am 18. Mai 1986 wandte sich Bischof Kruse aus Anlass des 25. Jahrestages des Mauerbaus an Bischof Forck, dieser antwortete am 26. Juni 1986. Die Briefe wurden publiziert in: epd-Dokumentation 33 a/86. Forck lud Mehlhorn als Reaktion zu Gesprächen ein.
73 Vgl. ausführlicher dazu: Ilko-Sascha Kowalczuk: Endspiel. Die Revolution von 1989 in der DDR. 2., durchges. Aufl., München 2009, S. 241–245, 354–377. In diesem Buch sind eine Reihe weiterer oppositioneller Aktivitäten erwähnt, an denen Mehlhorn beteiligt war bzw. die er maßgeblich mitinitiierte.
74 BStU, HA XX/AKG 6957, Bl. 83–84.
75 Ebenda, Bl. 113–123.
76 Sachstandsbericht vom 13. 3. 1989. BStU, HA XX/AKG 6957, Bl. 115.
77 Vgl. dazu ausführlich: Kowalczuk: Endspiel.
78 IM «Maximilian», Bericht vom 15. 9. 1989. BStU, AOP 1010/91, Bd. 29, Bl. 206.
79 Sachstandsbericht vom 13. 3. 1989. BStU, HA XX/AKG 6957, Bl. 118.
80 Z. B. MfS, HA XX/9, Bericht zum Treff mit IM «Karin Lenz» am 16. 11. 1988. BStU, AOP 1055/91, Bd. 13, Bl. 334–336.; MfS, BV Berlin, Abt. XX/2, Information zum Rumänienabend der «Initiative Frieden und Menschenrechte» am 15.11. in der Gethsemanekirche, 16. 11. 1988. BStU, AOP 1010/91, Bd. 28, Bl. 255–258. Siehe auch: Ludwig Mehlhorn: Das mit dem Essen und Heizen ist nicht das Schlimmste. Notizen nach einem Besuch in Siebenbürgen, in: Bickhardt (Hrsg.): In der Wahrheit leben, S. 87–102.
81 BStU, Abt. XII 880, Bd. 4, Bl. 86.
82 Generell: Katrin Passens: MfS-Untersuchungshaft. Funktionen und Entwicklung von 1971 bis 1989. Berlin 2012.
83 Es ist auf die Neuausgabe hinzuweisen: Jürgen Fuchs: Vernehmungsprotokolle. November '76 bis September '77. Berlin 2009. In einem instruktiven Nachwort analysiert Hubertus Knabe die Aufzeichnungen von Fuchs unmittelbar nach seiner Haftentlassung mit den Vernehmungsprotokollen, wie sie vom MfS überliefert sind.
84 Die dem Film zugrundeliegende Story haben die beiden Protagonisten unter ihren richtigen Namen aufgeschrieben: Regina Kaiser, Uwe Karlstedt: Zwölf heißt ‹Ich liebe dich›. Der Stasi-Offizier und die Dissidentin. Köln 2003. Der gleichnamige Fernsehfilm von Connie Walther wurde 2008 ausgestrahlt. Er führte zu heftigen Debatten, ich selbst nahm am Tag der Ausstrahlung (16.4.) in einem Interview mit «Deutschlandradio Kultur» eine kritische, aber nicht verdammende Position ein. Im Gegensatz zu anderen Kritikern konnte ich den Film vorab sehen.
85 Uwe Karlstedt arbeitete bis Ende 1989 als Vernehmer, zuletzt im Range eines Majors. Seine JHS-Abschlussarbeit trug den Titel: Möglichkeiten und Voraussetzungen

Anmerkungen

der Nutzung des Gesetzes zur Bekämpfung von Ordnungswidrigkeiten bei der vorbeugenden Verhinderung und Bekämpfung politischer Untergrundtätigkeit in der DDR, Mai 1988. BStU, JHS 21 293.
86 Zur Geschichte etwa: Peter Erler, Hubertus Knabe: Der verbotene Stadtteil. Stasi-Sperrbezirk Berlin-Hohenschönhausen. Berlin 2005; Hubertus Knabe (Hrsg.): Gefangen in Hohenschönhausen. Stasihäftlinge berichten. Berlin 2007; ders. (Hrsg.): Die vergessenen Opfer der Mauer. Inhaftierte DDR-Flüchtlinge berichten. Berlin 2009; Tobias Voigt, Peter Erler: Medizin hinter Gittern – Das Stasi-Haftkrankenhaus in Berlin-Hohenschönhausen. Berlin 2011. Für einige weitere MfS-Untersuchungshaftanstalten in den Bezirken liegen Darstellungen vor. Grundlegend für diesen Komplex ist: Passens: MfS-Untersuchungshaft.
87 Siehe dazu in diesem Buch exemplarisch etwa S. 173–174, 209–211.
88 Als ein Beispiel: Stasi-Akte «Verräter». Bürgerrechtler Templin: Dokumente einer Verfolgung (= Spiegel-Spezial 1/1993). Hamburg 1993. Grundlegend: Sandra Pingel-Schliemann: Zersetzen. Strategie einer Diktatur. Berlin 2002.
89 Neuere, sehr interessante Analysen auf breiter empirischer Grundlage stellen u. a. dar: Babett Bauer: Kontrolle und Repression. Individuelle Erfahrungen in der DDR (1971-1989). Historische Studie und methodologischer Beitrag zur Oral History. Göttingen 2006; Danuta Kneipp: Im Abseits. Berufliche Diskriminierung und politische Dissidenz in der Honecker-DDR. Köln, Weimar, Wien 2009; Elke Stadelmann-Wenz: Widerständiges Verhalten und Herrschaftspraxis in der DDR. Vom Mauerbau bis zum Ende der Ulbricht-Ära. Paderborn, München, Wien 2009.
90 Anne Hahn, Frank Willmann (Hrsg.): Der weiße Strich. Vorgeschichte und Folgen einer Kunstaktion an der Berliner Mauer. Berlin 2011. Zu Bautzen II: Karl Wilhelm Fricke, Silke Klewin: Bautzen II. Sonderhaftanstalt unter MfS-Kontrolle, 1956–1989. 3., überarb. Aufl., Dresden 2007.
91 Reinhard Weißhuhn: Thomas Kretschmer, in: Kowalczuk, Sello (Hrsg.): «Für ein freies Land mit freien Menschen», S. 249–251.
92 Kowalczuk: Endspiel, S. 343–346.

VI. 1989/90 UND DIE FOLGEN: SCHLUSSBEMERKUNGEN

1 Ilko-Sascha Kowalczuk: Endspiel. Die Revolution von 1989 in der DDR. 2., durchges. Aufl., München 2009.
2 Zur Interpretation, was Mielke eigentlich tatsächlich sagte und wollte: ebenda, S. 475–478.
3 Dienstbesprechung anlässlich der Einführung des Generalleutnant Schwanitz als Leiter des Amtes für Nationale Sicherheit durch den Vorsitzenden des Ministerrates der DDR, Hans Modrow, 21.11.1989. BStU, ZAIG 4886, Bl. 33, 36, 39, 43.
4 Vorläufige Grundsätze für Aufgaben und Strukturen des AfNS, 4.12.1989. BA, DO 104/2, Bl. 281–309.
5 Z. B. BStU, HA XX/AKG 6447; BStU, Ast. Gera, AG XXII 552 (Schreiben BV-Leiter mit konkreten Angaben, 28.11.1989.).
6 Angela Schmole: Abteilung 26. Telefonkontrolle, Abhörmaßnahmen und Videoüberwachung (= MfS-Handbuch, Hrsg. BStU). 2. Aufl., Berlin 2009, S. 42.
7 Gemeinsam mit Arno Polzin und Wolfgang Templin habe ich ein Buchmanuskript erarbeitet, das sich mit dem Abhören von Telefongesprächen zwischen Oppositio-

VI. 1989/90 und die Folgen: Schlussbemerkungen

nellen und ihren nach West-Berlin abgeschobenen Unterstützern befasst. Es wird demn. im Verlag Vandenhoeck & Ruprecht Göttingen erscheinen.
8 Etwa: Hermann Wentker: Die DDR in den Augen des BND (1985-1990). Ein Interview mit Dr. Hans-Georg Wieck, in: VfZ 56(2008) 2, S. 323–358.
9 BND-Brieftelegramm, Der Präsident, an Bundeskanzleramt, BM Seiters, usw., 23. 1. 1990. BA B 206/534, Bl. 108–109.
10 Siehe in diesem Buch S. 128–130.
11 Stellungnahme, 18. 11. 1989. BStU, Ast. Dresden, BV Dresden, Leiter 10 793, Bl. 35.
12 Reinhard Buthmann: Die Arbeitsgruppe Bereich Kommerzielle Koordinierung (= MfS-Handbuch, Hrsg. BStU). Berlin 2004; Bericht des 1. Untersuchungsausschusses des 12. Bundestages, Drucksache 12/7600. 5 Bände, Bonn 1994; Uli Bischof: Die Kunst und Antiquitäten GmbH im Bereich Kommerzielle Koordinierung. Berlin 2003.
13 Ingrid Steiner-Gashi, Dardan Gashi: Im Dienst des Diktators: Leben und Flucht eines nordkoreanischen Agenten. Wien 2010.
14 Neues Forum, Videoaufnahme: Bärbel Bohley am Krisentelefon am 4. 12. 1989. RHG/NFo 024.
15 Tonbandmitschnitt. BStU, Ast. Chemnitz, BV Karl-Marx-Stadt, Ka 1.
16 12. Tagung des ZK der SED, 3. 12. 1989 (Protokoll), in: Hans-Hermann Hertle, Gerd-Rüdiger Stephan (Hrsg.): Das Ende der SED. Die letzten Tage des Zentralkomitees. 2. Aufl., Berlin 1997, S. 469, 471.
17 BStU, Ast. Gera, AG XXII 552, Bl. 56–57.
18 Christian Halbrock: «Kiste». Anmerkungen zu IM «Raffelt» – dem «bestbezahlten» IM der DDR, in: Markus Mohr, Klaus Viehmann (Hrsg.): Spitzel. Eine kleine Sozialgeschichte. Berlin, Hamburg 2004, S. 139–149.
19 BStU, Ast. Dresden, AIM 254/89, Teil I, Bd. 8, Bl. 296, 302. NF = Neues Forum.
20 Loni Niederländer, Sektion Kriminalistik, Humboldt-Universität zu Berlin, Forschungsprojekt Jugend, 30.11.1988 (streng geheim! Inoffizielles Material, nicht auswertbar). BStU, HA XX 13 508, Bl. 56–92. Sie arbeitete nicht an der Sektion Kriminalistik.
21 Ehrenfried Stelzer an Wolfgang Herger, 28. 11. 1989. SAPMO B-Arch, DY 30/1361, Bl. 92.
22 Kowalczuk: Endspiel, S. 513–520, 533–535.
23 BStU, Ast. Schwerin, Abt. KuSch 1191.
24 Auf sie hingewiesen und zitiert hat: Walter Süß: Staatssicherheit am Ende. Warum es den Mächtigen nicht gelang, 1989 eine Revolution zu verhindern. Berlin 1999, S. 560. Teile der Stasi-Arbeit sind einsehbar unter: http://www.bstu.bund.de/DE/Wissen/DDRGeschichte/Revolutionskalender/Dezember-1989/Dokumentenseiten/25-Januar/25_jan_text.html.
25 Klaus-Peter Künzer: Die Widerspiegelung der Sicherheitspolitik der ehemaligen SED-Parteiführung in den Jahren 1988/89 in der Arbeit der Kreisdienststelle bzw. des Kreisamtes für Nationale Sicherheit Hagenow und ihre sicherheitspolitischen sowie sozialen Folgen im Territorium, JHS-Diplomarbeit, 25. 1. 1990. BStU, JHS 21 625, Bl. 5. Diese Passage ist auf der o. g. Website nicht dokumentiert.
26 Zu erwähnen sind in diesem Zusammenhang z. B.: Reinhard Grimmer, Werner Irmler, Willi Opitz, Wolfgang Schwanitz (Hrsg.): Die Sicherheit. Zur Abwehrarbeit des MfS. 2 Bände, Berlin 2002 (u.ö.); Klaus Eichner, Gotthold Schramm (Hrsg.): Hauptverwaltung A: Geschichte, Aufgaben, Einsichten. Berlin 2008 (zur HV A gibt es eine

Anmerkungen

eigene Buchreihe von ehemaligen Offizieren); Werner Großmann, Wolfgang Schwanitz (Hrsg.): Fragen an das MfS. Auskünfte über eine Behörde. Berlin 2010.

27 Das ermöglicht auch folgender Dokumentarfilm aus dem Jahr 2002: Christian Klemke, Jan Lorenzen: Das Ministerium für Staatssicherheit – Alltag einer Behörde (DVD von 2003).

28 Natürlich ist die Literatur immens, aber hier geht es nicht um Einzelfälle, sondern um wissenschaftliche Analysen, wie IM heute dazu stehen. Eine interessante Ausnahme ist aber z. B.: Ingrid Kerz-Rühling, Tomas Plänkers: Verräter oder Verführte. Eine psychoanalytische Untersuchung Inoffizieller Mitarbeiter der Stasi. Berlin 2004.

29 Christine Baumann: «Ibrahim» B. Ein rekonstruierter Lebenslauf. Berlin 2009.

30 Zahlreiche Veröffentlichungen gibt es natürlich zum Thema, aber keine wissenschaftliche, die das Thema in seiner Vielfalt und auf die gesamte DDR bezogen ausleuchten würde.

31 BND, 32C an 16B über 32YA und 31C, Betr. Besuch VPr bei PD Weissdorn, Sprechzettel zur Lage in der DDR, 2. 4. 1990. BA B 206/582, Bl. 4.

32 Einen Überblick, der auch viele Fragen aufwirft, ohne sie beantworten zu können, vermittelt: Helmut Müller-Enbergs, Sabine Fiebig, Günter Finck, Georg Herbstritt, Stephan Konopatzky: «Rosenholz» Eine Quellenkritik (= BF informiert, Hrsg. BStU). 2. Aufl., Berlin 2007.

33 BND, 32C, DDR/UdSSR: Übernahme nachrichtendienstlicher Kapazitäten der DDR durch den KGB (Entwurf), 16. 2. 1990. BA B 206/554, Bl. 63.

34 BND, 32C, an Chef des Bundeskanzleramts, 22. 2. 1990. BA B 206/535, Bl. 33.

35 BND, 32C an 31C, Markus Wolf in Moskau, 2. 3. 1990. BA B 206/536, Bl. 307–308.

36 BND-Brieftelegramm, Der Vizepräsident, an Bundeskanzleramt, 8. 6. 1990. BA B 206/537, Bl. 184.

37 Auch darüber lässt sich nur spekulieren. Aber es wäre verwunderlich, wenn sich nur der KGB bedient hätte. Wahrscheinlich war Berlin nach dem Mauerfall ein besonderer Tummelplatz der Geheimdienste, denn an den MfS-Akten und ihren Inhalten mussten schon aus egoistischen Gründen all jene Dienste Interesse haben, die mit der Stasi zusammengearbeitet hatten, was mit ähnlichen Motivationen jene Dienste auf den Plan gerufen haben dürfte, die nach Agenten in den eigenen Reihen fahndeten. Der einzige ranghohe MfS-General, der offenbar 1990/91 mit dem Verfassungsschutz zusammenarbeitete, war Horst Männchen (Chef der HA III), siehe: Andreas Förster: Chef-Abhörer der Stasi gestorben, in: Berliner Zeitung vom 21. 1. 2008.

38 Erkenntnisse und Probleme im Zusammenhang mit Aktivitäten der Geheimdienste der BRD, 26. 3. 1990. BStU, Staatliche Überlieferung zum MfS/AfNS in Auflösung 11; auch: BStU, HV A 815.

39 Gespräch des Staatssekretärs Bertele mit Ministerpräsident Modrow in Ost-Berlin, 28. 3. 1990, in: Dokumente zur Deutschlandpolitik. Deutsche Einheit. Sonderedition aus den Akten des Bundeskanzleramtes 1989/90. München 1998, S. 985.

40 Siegfried Grundmann, Ines Schmidt: Wanderungsbewegungen in der DDR 1989. FU Berlin, April 1990.

41 Eine der ersten umfangreicheren Publikationen war: Michael Müller, Andreas Kanonenberg: Die RAF-Stasi-Connection. Berlin 1992.

42 Zuletzt trotz weitreichender Thesen auf vager empirischer Grundlage und mit zweifelhafter Methode: Regine Igel: Terrorismus-Lügen. Wie die Stasi im Untergrund agierte. München 2012.

VI. 1989/90 und die Folgen: Schlussbemerkungen

43 Thomas Auerbach: Vorbereitung auf den Tag X. Die geplanten Isolierungslager des MfS. Berlin 1996.
44 Ders.: Einsatzkommandos an der unsichtbaren Front. Terror- und Sabotagevorbereitungen des MfS gegen die Bundesrepublik Deutschland. Berlin 1999; Stephan Fingerle, Jens Gieseke: Partisanen des Kalten Krieges. Die Untergrundgruppe der NVA 1957 bis 1962 und ihre Übernahme durch die Staatssicherheit (= BF informiert, Hrsg. BStU). Berlin 1996; Hermann Weber: Wer war «Ralf Forster»? Der Leiter der DKP-Militärorganisation im Spiegel der Erinnerung und der MfS-Akten, in: JHK 2006, S. 297–310.
45 Materialien der Enquete-Kommission «Aufarbeitung von Geschichte und Folgen der SED-Diktatur in Deutschland». Baden-Baden 1995 (18 Bände); Materialien der Enquete-Kommission «Überwindung der Folgen der SED-Diktatur im Prozess der deutschen Einheit». Baden-Baden 1999 (15 Bände).
46 Beide sind enthalten auf der 2-DVD-Edition: Thomas Heise – Material (herausgekommen 2011). Dazu außerdem: Thomas Heise: Spuren. Eine Archäologie der realen Existenz. Berlin 2010.

ABKÜRZUNGSVERZEICHNIS

Abt. – Abteilung
AdL – Akademie der Landwirtschaftswissenschaften
AdW – Akademie der Wissenschaften
AfNS – Amt für Nationale Sicherheit
AG – Arbeitsgruppe
AIM – archivierter IM-Vorgang (MfS)
AKG – Auswertung- und Kontrollgruppe (MfS)
AL – Alternative Liste
ANC – African National Congress (Südafrika)
AOP – archivierter Operativer Vorgang (MfS)
APN – Außenpolitischer Nachrichtendienst (Tarnbezeichnung)
APO – Abteilungsparteiorganisation der SED
Ast. – Außenstelle

BA – Bundesarchiv
BdL – Büro der Leitung (MfS)
BfV – Bundesamt für Verfassungsschutz
BGS – Bundesgrenzschutz
BND – Bundesnachrichtendienst
BRD – Bundesrepublik Deutschland
BSG – Beauftragter für Sicherheit und Geheimnisschutz
BStU – Bundesbeauftragte(r) für die Unterlagen des Staatssicherheitsdienstes der ehemaligen DDR
BV – Bezirksverwaltung (MfS)
BzG – Beiträge zur Geschichte der Arbeiterbewegung

CDU – Christlich-Demokratische Union
CIA – Central Intelligence Agency
ČSR – Československá republika (Tschechoslowakische Republik)
ČSSR – Československá socialistická republika (Tschechoslowakische Sozialistische Republik)

DA – Deutschland Archiv
DA – Dienstanweisung
DBD – Demokratische Bauernpartei Deutschlands
DDR – Deutsche Demokratische Republik
DFU – Deutsche Friedensunion
DIB – Direktorat für Internationale Beziehungen
DV – Dienstversammlung
DVdI – Deutsche Verwaltung des Innern
DWK – Deutsche Wirtschaftskommission

Abkürzungsverzeichnis

EKKI – Exekutivkomitees der Kommunistischen Internationale
ESG – Evangelische Studentengemeinde
EV – Ermittlungsverfahren

F. A. Z. – Frankfurter Allgemeine Zeitung
FIM – Führungs-Inoffizieller Mitarbeiter (MfS)
FRELIMO – Frente de Libertação de Moçambique (Mosambikanische Befreiungsfront)
FS – Fachschule

GBl. – Gesetzblatt
Gen. – Genosse/Genossin
GI – Geheimer Informator (MfS)
GM – Geheimer Mitarbeiter (MfS)
GMS – Gesellschaftlicher Mitarbeiter für Sicherheit (MfS)
GO – Grundorganisation
GPU – Gossudarstwennoje Polititscheskoje Uprawlenije (Vereinigte staatliche politische Verwaltung; sowjetische Geheimpolizei)
GRU – Glawnoje Raswediwatelnoje Uprawlenije (Hauptverwaltung für Aufklärung)
GSBSD – Gruppe der Sowjetischen Besatzungstruppen in Deutschland
GSSD – Gruppe der Sowjetischen Streitkräfte in Deutschland
GST – Gesellschaft für Sport und Technik
Gulag – Glawnoje uprawlenije isprawitelno-trudwych lagerei (Hauptverwaltung für Besserungsarbeitslager)
GWU – Geschichte in Wissenschaft und Unterricht

HA – Hauptabteilung
hFIM/HFIM – Hauptamtlicher Führungs-IM (MfS)
HIM – Hauptamtlicher Inoffizieller Mitarbeiter (MfS)
HO – Handelsorganisation
HS – Hochschule
HV – Hauptverwaltung
HU/HUB – Humboldt-Universität zu Berlin

IFM – Initiative Frieden und Menschenrechte
IM – Inoffizieller Mitarbeiter (MfS)
IMB – Inoffizieller Mitarbeiter der Abwehr mit Feindverbindung bzw. zur unmittelbaren Bearbeitung im Verdacht der Feindtätigkeit stehender Personen (MfS)
IME – Inoffizieller Mitarbeiter im besonderen Einsatz (MfS)
IMF – Inoffizieller Mitarbeiter der Abwehr mit Feindverbindungen zum Operationsgebiet (MfS)
IMK – Inoffizieller Mitarbeiter zur Sicherung der Konspiration und des Verbindungswesens (MfS)
IMK/KO – Inoffizieller Mitarbeiter zur Sicherung der Konspiration und des Verbindungswesens/Konspiratives Objekt (MfS)
IMK/KW – Inoffizieller Mitarbeiter zur Sicherung der Konspiration und des Verbindungswesens/Konspirative Wohnung (MfS)

Abkürzungsverzeichnis

IML – Institut für Marxismus-Leninismus beim ZK der SED
IMS – Inoffizieller Mitarbeiter zur politisch-operativen Durchdringung und Sicherung des Verantwortungsbereiches (MfS)
IMV – Inoffizieller Mitarbeiter mit vertraulichen Beziehungen zur bearbeiteten Person (MfS)
IWF – Institut für Wirtschaftswissenschaftliche Forschung (Tarnbezeichnung)
IWK – Internationale wissenschaftliche Korrespondenz zur Geschichte der deutschen Arbeiterbewegung

JHK – Jahrbuch für Historische Kommunismusforschung
JHS – Juristische Hochschule des MfS

KD – Kreisdienststelle (MfS)
KGB – Korritet gossudarstwennoi besopasnosti pri Sowjete Ministrow SSSR (Komitee für Staatssicherheit beim Ministerrat der UdSSR)
KgU – Kampfgruppe gegen Unmenschlichkeit
KI – Kommunistische Internationale
KJVD – Kommunistischer Jugendverband Deutschlands
KL – Kreisleitung
KO – konspiratives Objekt (MfS)
KoKo – Kommerzielle Koordinierung
Komintern – Kommunistische Internationale
KOR - Komitee zur Verteidigung der Arbeiter
KP – Kontaktperson (des MfS)
KP – Kommunistische Partei
KPČ – Komunistická strana Československa (Kommunistische Partei der Tschechoslowakei)
KPD – Kommunistische Partei Deutschlands
KPD-O – Kommunistische Partei Deutschlands-Opposition
KPdSU – Kommunistische Partei der Sowjetunion
KPF – Kommunistische Partei Frankreichs
KPKK – Kreisparteikontrollkommission der SED
KPO – Kommunistische Partei-Opposition
KSČ – Komunistická strana Československa (Kommunistische Partei der Tschechoslowakei)
KSZE – Konferenz über Sicherheit und Zusammenarbeit in Europa
KuSch – Kader und Schulung (MfS)
KW – konspirative Wohnung (MfS)
KZ – Konzentrationslager

LDP – Liberal-Demokratische Partei
LDPD – Liberal-Demokratische Partei Deutschlands
LPG – Landwirtschaftliche Produktionsgenossenschaft
LOPM – Leitende Organe der Partei und Massenorganisationen, Abteilung im ZK der SED

MdI – Ministerium des Innern
MfAA – Ministerium für Auswärtige Angelegenheiten

Abkürzungsverzeichnis

MfNV – Ministerium für Nationale Verteidigung
MfS – Ministerium für Staatssicherheit
MGB – Ministerstwo Gossudarstwennoi Besopasnosti (Ministerium für Staatssicherheit)
MPLA – Movimento Popular de Libertação de Angola (Volksbewegung zur Befreiung Angolas)
MWD – Ministerstwo Wnutrennich Del (Ministerium für Inneres)

ND – Nachrichtendienst
ND – Neues Deutschland
NDPD – National-Demokratische Partei Deutschlands
NF – Neues Forum
NKFD – Nationalkomitee Freies Deutschland
NKGB – Narodnij Komissariat Gossudarstwennoi Besopasnosti (Volkskommissariat für Staatssicherheit)
NKWD – Narodny Komissariat Wnutrennich Del (Volkskommissariat für Innere Angelegenheiten)
NS/ns – Nationalsozialismus/nationalsozialistisch
NSDAP – Nationalsozialistische Deutsche Arbeiterpartei
NVA – Nationale Volksarmee

OG – Operativgruppe
OibE – Offizier im besonderen Einsatz (MfS)
OPK – Operative Personenkontrolle (MfS)
OV – Operativer Vorgang (MfS)

Pg/Pgs – Parteigenosse(n)
PLO – Palästinensische Befreiungsorganisation

RAF – Rote Armee Fraktion
RHG – Robert-Havemann-Gesellschaft
RIAS – Rundfunk im amerikanischen Sektor Berlins
RSFSR – Rossijskaja sowetskaja federatiwnaja sozialistitscheskaja respublika (Russische Sozialistische Föderative Sowjetrepublik)

SAG – Sowjetische Aktiengesellschaft
SAJ – Sozialistische Arbeiter-Jugend
SAPMO B-Arch – Stiftung Archiv der Parteien und Massenorganisationen im Bundesarchiv
SBZ – Sowjetische Besatzungszone
SDAPR – Sozialdemokratische Arbeiterpartei Russlands
SdM – Sekretariat des Ministers (MfS)
SED – Sozialistische Einheitspartei Deutschlands
Sekr. – Sekretariat
SfS – Staatssekretariat für Staatssicherheit
SKK – Sowjetische Kontrollkommission
SMAD – Sowjetische Militäradministration in Deutschland
SMT – Sowjetische Militärtribunale

Abkürzungsverzeichnis

SPD – Sozialdemokratische Partei Deutschlands
StUG – Gesetz über die Unterlagen des Staatssicherheitsdienstes der ehemaligen DDR (Stasi-Unterlagengesetz)
SU – Sowjetunion
SWAPO – South-West Africa People's Organisation

Tscheka – Wserossijskaja tschreswytschainaja komissija po borbe s kontrrewoljuziej, spekuljaziej i sabotaschem (Außerordentliche Allrussische Kommission zur Bekämpfung von Konterrevolution, Spekulation und Sabotage)
TU – Technische Universität

UaZ – Unteroffizier auf Zeit
UdSSR – Union der Sozialistischen Sowjetrepubliken
UfJ – Untersuchungsausschuss freiheitlicher Juristen
UN/O – United Nations/Organization
u. ö. – und öfter
USPD – Unabhängige Sozialdemokratische Partei Deutschlands

VdgB – Vereinigung der gegenseitigen Bauernhilfe
VEB – Volkseigener Betrieb
VfZ – Vierteljahreshefte für Zeitgeschichte
VK – Volkskammer
VP – Volkspolizei

WKP(B) – Wsesojusnaja Kommunistitscheskaja Partija (Bolschewiki) (Kommunistische Partei der Sowjetunion)

ZAIG – Zentrale Auswertungs- und Informationsgruppe (MfS)
ZAPU – Zimbabwe African Peoples Union
ZfG – Zeitschrift für Geschichtswissenschaft
ZI – Zelleninformator (MfS)
ZK – Zentralkomitee
ZKSK – Zentrale Kommission für Staatliche Kontrolle
ZOV – Zentraler Operativer Vorgang
ZPKK – Zentrale Parteikontrollkommission (SED)

AUSWAHLBIBLIOGRAPHIE

Eine umfassende Bibliographie findet sich auf der Homepage des BStU. Sie wird regelmäßig ergänzt und umfasst gegenwärtig mehr als 5000 Titel: http://www.bstu.bund. de/DE/Wissen/Bibliothek/Auswahl-Bibliographie/auswahl-bibliographie_node. html
Außerdem stehen zahlreiche MfS-Dokumente online, die ebenfalls laufend ergänzt werden: http://www.bstu.bund.de/DE/Wissen/MfS-Dokumente/_node.html
Das «MfS-Handbuch» in 27 Teillieferungen auf über 3800 Seiten stellt ein unverzichtbares Grundlagenwerk dar. Es kam zwischen 1995 und 2013 heraus. Allerdings ist bei der Benutzung des jeweiligen Beitrages das Erscheinungsdatum zu beachten, weil einige ältere Lieferungen nicht immer den aktuellen Erkenntnissen entsprechen. Es liegt gedruckt vor, kann aber auch online eingesehen werden: http://www.bstu.bund. de/DE/Wissen/Publikationen/Reihen/Handbuch/handbuch_node.html
Als Nachschlagewerk enthält die wichtigsten Fakten: Das MfS-Lexikon. Begriffe, Personen und Strukturen der Staatssicherheit der DDR. Hrsg. von Roger Engelmann, Bernd Florath, Helge Heidemeyer, Daniela Münkel, Arno Polzin, Walter Süß, 2., durchgeseh. u. erw. Aufl., Berlin 2012
In der wissenschaftlichen Buchreihe der Forschungsabteilung des BStU (Stand: Dezember 2012) sind bislang 34 Bände vorgelegt worden. Nur einige wenige konnten nachfolgend aufgenommen werden. Die bibliographischen Angaben sämtlicher Einzeltitel sind abrufbar unter: http://www.bstu.bund.de/DE/Wissen/Publikationen/Reihen/Wissenschaftliche/wissenschaftliche_node.html
Für die Forschungsabteilung des BStU gibt Daniela Münkel die Buchreihe: «Die DDR im Blick der Stasi. Die geheimen Berichte an die SED-Führung» seit 2009 ebenfalls im Verlag Vandenhoeck & Ruprecht heraus. Für jedes Jahr seit 1953 ist jeweils ein Band geplant. Diese enthalten eine ausführliche wissenschaftliche Einleitung sowie sämtliche, wissenschaftlich edierte ZAIG-Berichte, die innenpolitische Probleme berühren. Eine Auswahl davon enthält das Buch, eine beigelegte CD-Rom enthält jeweils den Gesamtbestand. Bislang sind die Bände für die Jahre 1953, 1960, 1961, 1976, 1977 und 1988 erschienen. Mit einer einjährigen zeitlichen Verzögerung sind sie auch online recherchierbar: http://www.ddr-im-blick.de/
Viele weitere Publikationen der Forschungsabteilung des BStU sind aufgeführt und zum Teil auch online abrufbar unter: http://www.bstu.bund.de/DE/Wissen/Publikationen/Publikationen_node.html
Die wichtigsten Rechtsgrundlagen für die Arbeit des BStU, die Tätigkeitsberichte, die Seiten der Außenstellen, des Archivs mit vielen weiteren Informationen wie einem umfassenden Abkürzungsverzeichnis für MfS-Begriffe (http://www.bstu.bund. de/DE/Service/Abkuerzungsverzeichnis/mfs-abkuerzungsverzeichnis_node.html), sowie aktuelle Veranstaltungen und vieles weitere findet sich unter: www.bstu. bund.de. Hier werden auch jene Institutionen mit ihren Webadressen vorgestellt, die sich in den anderen ehemaligen Ostblockstaaten mit den Hinterlassenschaften der kommunistischen Geheimpolizei beschäftigen. Außerdem wird erklärt, wie Anträge

Auswahlbibliographie

auf persönliche Akteneinsicht oder Forschungsanträge gestellt werden müssen (http://www.bstu.bund.de/DE/Akteneinsicht/Akteneinsicht_node.html). Für eine persönliche Akteneinsicht stehen Anträge online: http://www.bstu.bund.de/DE/Akteneinsicht/Privatpersonen/Antragsformular/antragsformular_node.html. Eine preisgekrönte Homepage verbindet oppositionelle Handlungen und die Verfolgung durch das MfS. Die Seite ist von der Robert-Havemann-Gesellschaft und der Bundeszentrale für politische Bildung erarbeitet worden: http://www.jugendopposition.de/
Auf den Internetseiten der «Landesbeauftragten für die Stasi-Unterlagen», die es in den Bundesländern Berlin (http://www.berlin.de/lstu/), Brandenburg (http://www.aufarbeitung.brandenburg.de), Mecklenburg-Vorpommern (http://www.landesbeauftragter.de/), Sachsen (http://www.justiz.sachsen.de/lstu/), Sachsen-Anhalt (http://www.sachsen-anhalt.de/index.php?id=5750) und Thüringen (http://www.thueringen.de/de/tlstu/) gibt, lassen sich z. T. Publikationen herunterladen, die es insgesamt in großer Anzahl gibt. Allerdings sind die Homepages meist nicht so übersichtlich und gut handhabbar wie die von Mecklenburg-Vorpommern.
Für biographische Fakten unerlässlich sind zwei Bücher: Helmut Müller-Enbergs, Jan Wielgohs, Dieter Hoffmann, Andreas Herbst, Ingrid Kirschey-Feix (Hrsg.): Wer war wer in der DDR? Ein Lexikon ostdeutscher Biographien. 5., erw. Aufl., Berlin 2010, 2 Bände, und: Hermann Weber, Andreas Herbst (Hrsg.): Deutsche Kommunisten: Biographisches Handbuch 1918 bis 1945. 2., erw. Aufl., Berlin 2008. Beide Bücher sind in einer Datenbank vereint und abrufbar unter: http://www.stiftung-aufarbeitung.de/. Auf dieser Homepage der Stiftung zur Aufarbeitung der SED-Diktatur lassen sich viele weitere Informationen zu aktuellen Veranstaltungen, zu ihrer Arbeit usw. finden.
Die nachfolgende Auswahlbibliographie umfasst nur Bücher, also keine Aufsätze aus Zeitschriften, Jahrbüchern oder Sammelbänden. Sie soll lediglich andeuten, wie breit gefächert die Forschungen mittlerweile gediehen sind. Sie enthält keine autobiographischen Veröffentlichungen. Auch auf die Publikationen einstiger MfS-Angehöriger ist verzichtet worden. Dokumenteneditionen sowie belletristische Auseinandersetzungen sind ebenfalls nicht berücksichtigt worden.

Auerbach, Thomas: Vorbereitung auf den Tag X. Die geplanten Isolierungslager des MfS. Berlin 1996

Ders.: Einsatzkommandos an der unsichtbaren Front. Terror- und Sabotagevorbereitungen des MfS gegen die Bundesrepublik Deutschland. Berlin 1999

Barkleit, Gerhard: Mikroelektronik in der DDR. SED, Staatsapparat und Staatssicherheit im Wettstreit der Systeme. Dresden 2000

Bastian, Alexander: Repression, Haft und Geschlecht. Die Untersuchungshaftanstalt des MfS Magdeburg-Neustadt 1958–1989. Halle 2012

Bästlein, Klaus: Der Fall Mielke. Die Ermittlungen gegen den Minister für Staatssicherheit der DDR. Baden-Baden 2002

Behnke, Klaus; Jürgen Fuchs (Hrsg.): Zersetzung der Seele. Psychologie und Psychiatrie im Dienste der Stasi. Berlin 1995

Behnke, Klaus; Jürgen Wolf (Hrsg.): Stasi auf dem Schulhof. Der Missbrauch von Kindern und Jugendlichen durch das MfS. Berlin 1998

Behring, Rainer; Mike Schmeitzner (Hrsg.): Diktaturdurchsetzung in Sachsen. Studien zur Genese der kommunistischen Herrschaft 1945–1952. Köln, Weimar, Wien 2003

Auswahlbibliographie

Bergmann, Christian: Die Sprache der Stasi. Ein Beitrag zur Sprachkritik. Göttingen 1999
Betts, Paul: Within Walls. Private Life in the German Democratic Republic. Oxford, New York 2010
Braun, Matthias: Die Literaturzeitschrift «Sinn und Form». Ein ungeliebtes Aushängeschild der SED-Kulturpolitik. Bremen 2004
Ders.: Kulturinsel und Machtinstrument. Die Akademie der Künste, die Partei und die Staatssicherheit. Göttingen 2007
Bröckermann, Heiner: Landesverteidigung und Militarisierung. Militär- und Sicherheitspolitik der DDR in der Ära Honecker 1971–1989. Berlin 2011
Bruce, Gary: Firm. The Inside Story of the Stasi. Oxford, New York 2010
Buthmann, Reinhard: Kadersicherung im Kombinat VEB Carl Zeiss Jena. Die Staatssicherheit und das Scheitern des Mikroelektronikprogramms. Berlin 1997
Ders.: Hochtechnologien und Staatssicherheit. Die strukturelle Verankerung des MfS in Wissenschaft und Forschung der DDR. Berlin 2000
Ders.: Konfliktfall «Kosmos». Die politische Geschichte einer Jugendarbeitsgruppe in der DDR. Köln, Weimar, Wien 2012
Catenhusen, Hanns-Christian: Die Stasi-Überprüfung im öffentlichen Dienst der neuen Bundesländer. Die arbeits- und beamtenrechtlichen Grundlagen und ihre Umsetzung in der Verwaltungspraxis. Berlin, Baden-Baden 1999
Diedrich, Torsten; Ilko-Sascha Kowalczuk (Hrsg.): Staatsgründung auf Raten? Zu den Auswirkungen des Volksaufstandes 1953 und des Mauerbaus 1961 auf Staat, Militär und Gesellschaft der DDR. Berlin 2005
Diedrich, Torsten; Walter Süß (Hrsg.): Militär und Staatssicherheit im Sicherheitskonzept der Warschauer-Pakt-Staaten. Berlin 2010
Eckert, Rainer: SED-Diktatur und Erinnerungsarbeit im vereinigten Deutschland: Auswahlbibliographie zu Widerstand und politischer Repression. Berlin 2011
Eisenfeld, Bernd; Peter Schicketanz: Bausoldaten in der DDR. Die «Zusammenführung feindlich-negativer Kräfte» in der NVA. Berlin 2011
Engelmann, Roger; Silke Schumann: Kurs auf die entwickelte Diktatur. Walter Ulbricht, die Entmachtung Ernst Wollwebers und die Neuausrichtung des Staatssicherheitsdienstes 1956/57. (= BF informiert, hrsg. BStU) 2., durchgeseh. Aufl., Berlin 1996
Engelmann, Roger; Frank Joestel: Grundsatzdokumente des MfS. (= MfS-Handbuch, hrsg. BStU) Berlin 2004
Engelmann, Roger; Ilko-Sascha Kowalczuk (Hrsg.): Volkserhebung gegen den SED-Staat. Eine Bestandsaufnahme zum 17. Juni 1953. Göttingen 2005
Fahnenschmidt, Willi: DDR-Funktionäre vor Gericht. Die Strafverfahren wegen Amtsmissbrauch und Korruption im letzten Jahr der DDR und nach der Vereinigung. Berlin, Baden-Baden 2000
Flocken, Jan von; Michael F. Scholz: Ernst Wollweber. Saboteur, Minister, Unperson. Berlin 1994
Florath, Bernd: Opposition und Widerstand. Eine historische Betrachtung politischer Gegnerschaft in Deutschland seit 1945. Berlin 2006
Ders.; Armin Mitter; Stefan Wolle (Hrsg.): Die Ohnmacht der Allmächtigen. Geheimdienste und politische Polizei in der modernen Gesellschaft. Berlin 1992
Foitzik, Jan: Sowjetische Militäradministration in Deutschland (SMAD) 1945–1949. Struktur und Funktion. Berlin 1999

Auswahlbibliographie

Ders.; Nikita W. Petrow: Die sowjetischen Geheimdienste in der SBZ/DDR von 1945 bis 1953. Berlin, New York 2009
Fricke, Karl Wilhelm: Die DDR-Staatssicherheit: Entwicklung, Strukturen, Aktionsfelder. 3., aktual. u. erg. Aufl., Köln 1989
Ders.: Politik und Justiz in der DDR. Zur Geschichte der politischen Verfolgung 1945–1958. Bericht und Dokumentation. 2. Aufl., Köln 1990
Ders.: MfS intern. Macht, Strukturen, Auflösung der DDR-Staatssicherheit. Köln 1991
Ders.: Der Wahrheit verpflichtet. Texte aus fünf Jahrzehnten zur Geschichte der DDR, wiss. Bearb. Ilko-Sascha Kowalczuk, 2. Aufl., Berlin 2000
Ders.; Peter Steinbach; Johannes Tuchel (Hrsg.): Opposition und Widerstand in der DDR. Politische Lebensbilder. München 2002
Ders.; Roger Engelmann: «Konzentrierte Schläge». Staatssicherheitsaktionen und politische Prozesse in der DDR 1953–1956. Berlin 1998
Dies.: Der «Tag X» und die Staatssicherheit. 17. Juni 1953 – Reaktionen und Konsequenzen im DDR-Machtapparat. Bremen 2003
Gieseke, Jens: Die hauptamtlichen Mitarbeiter der Staatssicherheit. Personalstruktur und Lebenswelt 1950–1989/90. Berlin 2000
Ders.: Die Stasi. 1945–1990. München 2011 (ursprünglich 2001)
Goll, Jörn-Michael: Kontrollierte Kontrolleure. Die Bedeutung der Zollverwaltung für die «politisch-operative Arbeit» des Ministeriums für Staatssicherheit der DDR. Göttingen 2011
Greiner, Bettina: Verdrängter Terror. Geschichte und Wahrnehmung sowjetischer Speziallager in Deutschland. Hamburg 2010
Grundmann, Siegfried: Der Geheimapparat der KPD im Visier der Gestapo – Das BB-Resort. Funktionäre, Beamte, Spitzel und Spione. Berlin 2008
Halbrock, Christian: Mielkes Revier. Stadtraum und Alltag rund um die MfS-Zentrale in Berlin-Lichtenberg. 2. Aufl., Berlin 2011
Ders.: Stasi-Stadt. 2. Aufl., Berlin 2011
Henke, Klaus-Dietmar; Peter Steinbach; Johannes Tuchel (Hrsg.): Opposition und Widerstand in der DDR. Köln, Weimar, Wien 1999
Herbstritt, Georg: Bundesbürger im Dienst der DDR-Spionage. Eine analytische Studie. Göttingen 2007
Ders.; Helmut Müller-Enbergs (Hrsg.): Das Gesicht dem Westen zu ... DDR-Spionage gegen die Bundesrepublik Deutschland. Bremen 2003
Hilger, Andreas; Mike Schmeitzner, Ute Schmidt (Hrsg.): Diktaturdurchsetzung. Instrumente und Methoden der kommunistischen Machtsicherung in der SBZ/DDR 1945–1955. Dresden 2001
Dies. (Hrsg.): Sowjetische Militärtribunale. Band 2: Die Verurteilung deutscher Zivilisten 1945–1955. Köln, Weimar, Wien 2003
Hoffmann, Ruth: Stasi-Kinder. Aufwachsen im Überwachungsstaat. Berlin 2012
Horstmann, Thomas: Logik der Willkür. Die Zentrale Kommission für Staatliche Kontrolle in der SBZ/DDR von 1948 bis 1958. Köln, Weimar, Wien 2002
Kamiński, Łukasz; Krzysztof Persak; Jens Gieseke (Hrsg.): Handbuch der kommunistischen Geheimdienste in Osteuropa 1944–1991. Göttingen 2009
Kießling, Wolfgang: «Leistner ist Mielke.» Schatten einer gefälschten Biographie. Berlin 1998
Klein, Thomas: «Für die Einheit und Reinheit der Partei». Die innerparteilichen Kontrollorgane der SED in der Ära Ulbricht. Köln, Weimar, Wien 2002

Auswahlbibliographie

Knabe, Hubertus unter Mitarbeit von Bernd Eisenfeld u.a.: West-Arbeit des MfS. Das Zusammenspiel von «Aufklärung» und «Abwehr». Berlin 1999
Kneipp, Danuta: Im Abseits. Berufliche Diskriminierung und politische Dissidenz in der Honecker-DDR. Köln, Weimar, Wien 2009
Kowalczuk, Ilko-Sascha: 17. Juni 1953 – Volksaufstand in der DDR. Ursachen – Abläufe – Folgen. Bremen 2003
Ders.: Endspiel. Die Revolution von 1989 in der DDR. 2., durchges. Aufl., München 2009
Ders.; Tom Sello (Hrsg.): «Für ein freies Land mit freien Menschen.» Opposition und Widerstand in Biographien und Fotos. Berlin 2006
Krieger, Wolfgang (Hrsg.): Geheimdienste in der Weltgeschichte. Spionage und verdeckte Aktionen von der Antike bis zur Gegenwart. München 2003
Ders.: Geschichte der Geheimdienste. Von den Pharaonen bis zur CIA. München 2009
Krüger, Dieter; Armin Wagner (Hrsg.): Konspiration als Beruf. Deutsche Geheimdienstler im Kalten Krieg. Berlin 2003
Kuhrt, Eberhard (Hrsg.): Opposition in der DDR von den 70er Jahren bis zum Zusammenbruch der SED-Herrschaft. Opladen 1999
Leide, Henry: NS-Verbrecher und Staatssicherheit. Die geheime Vergangenheitspolitik der DDR. 3., durchges. Aufl., Göttingen 2007
Lexikon Opposition und Widerstand in der SED-Diktatur, hrsg. von Hans-Joachim Veen u.a., Berlin, München 2000
Lindenberger, Thomas: Volkspolizei. Herrschaftspraxis und öffentliche Ordnung im SED-Staat 1952–1968. Köln, Weimar, Wien 2003
Macrakis, Kristie: Die Stasi-Geheimnisse. Methoden und Technik der DDR-Spionage. München 2009
Marxen, Klaus; Gerhard Werle (Hrsg.): Strafjustiz und DDR-Unrecht. 7 Bände, Berlin 2000–2009
Materialien der Enquete-Kommission «Aufarbeitung von Geschichte und Folgen der SED-Diktatur in Deutschland», hrsg. vom Deutschen Bundestag, Baden-Baden 1995 (18 Bände)
Materialien der Enquete-Kommission «Überwindung der Folgen der SED-Diktatur im Prozess der deutschen Einheit», hrsg. vom Deutschen Bundestag, Baden-Baden 1999 (14 Bände)
Mensing, Wilhelm: SED-Hilfe für West-Genossen. Die Arbeit der Abteilung Verkehr beim Zentralkomitee der SED im Spiegel der Überlieferung des Ministeriums für Staatssicherheit der DDR (1946–1976). Berlin 2010
Mohr, Markus; Klaus Viehmann (Hrsg.): Spitzel. Eine kleine Sozialgeschichte. Berlin, Hamburg 2004
Müller-Enbergs, Helmut (Hrsg.): Inoffizielle Mitarbeiter des Ministeriums für Staatssicherheit. Teil 1: Richtlinien und Durchführungsbestimmungen. Berlin 1996
Ders. (Hrsg.): Inoffizielle Mitarbeiter des Ministeriums für Staatssicherheit. Teil 2: Anleitungen für die Arbeit mit Agenten, Kundschaftern und Spionen in der Bundesrepublik Deutschland. Berlin 1998
Ders. unter Mitarbeit von Sabine Fiebig u.a.: «Rosenholz». Eine Quellenkritik. Berlin 2007
Neubert, Ehrhart: Geschichte der Opposition in der DDR 1949–1989. 2., erw. Aufl., Berlin 2000

Auswahlbibliographie

Niemann, Mario; Andreas Herbst (Hrsg.): SED-Kader: Die mittlere Ebene. Biographisches Lexikon der Sekretäre der Landes- und Bezirksleitungen, der Ministerpräsidenten und der Vorsitzenden der Räte der Bezirke 1946–1989. Paderborn, München, Wien 2010
Otto, Wilfriede: Erich Mielke. Eine Biographie. Berlin 2000
Palmowski, Jan: Inventing a Socialist Nation. Heimat and the Politics of Everyday Life in the GDR, 1945–1990. Cambridge, New York, Melbourne 2009
Passens, Katrin: MfS-Untersuchungshaft. Funktionen und Entwicklung von 1971 bis 1989. Berlin 2012
Petrov, Nikita: Die sowjetischen Geheimdienstmitarbeiter in Deutschland. Der leitende Personalbestand der Staatssicherheitsorgane der UdSSR in der SBZ und der DDR von 1945–1954. Biographisches Nachschlagewerk. Berlin 2010
Pingel-Schliemann, Sandra: Zersetzen. Strategien einer Diktatur. Berlin 2002
Pleil, Ingolf: Mielke, Macht und Meisterschaft. Die «Bearbeitung» der Sportgemeinschaft Dynamo Dresden durch das MfS 1978–1989. Berlin 2001
Plogstedt, Sibylle: Knastmauke. Das Schicksal von politischen Häftlingen der DDR nach der deutschen Wiedervereinigung. Gießen 2010
Pohlmann, Friederike: Hotel der Spione. Das «Neptun» in Warnemünde. Schwerin o.J. [2009]
Polzin, Arno: Der Wandel Robert Havemanns vom Inoffiziellen Mitarbeiter zum Dissidenten im Spiegel der MfS-Akten. Berlin 2005
Port, Andrew: Die rätselhafte Stabilität der DDR. Alltag und Arbeit im sozialistischen Deutschland. Berlin 2010
Raschka, Johannes: Justizpolitik im SED-Staat. Anpassung und Wandel des Strafrechts während der Amtszeit Honeckers. Köln, Weimar, Wien 2000
Sagolla, Bernhard: Die Rote Gestapo. Der Staatssicherheitsdienst in der Sowjetzone. 2., erw. Aufl., o.O. [Frankfurt/M., Berlin] 1953
Sälter, Gerhard: Interne Repression. Die Verfolgung übergelaufener MfS-Offiziere durch das MfS und die DDR-Justiz (1954–1966). Dresden 2002
SBZ-Handbuch, hrsg. v. Martin Broszat, Hermann Weber. München 1990
Schekhahn, Jenny; Tobias Wunschill: Die Untersuchungshaftanstalt der Staatssicherheit in Rostock. Berlin 2012
Schmeitzner, Mike; Stefan Donth: Die Partei der Diktaturdurchsetzung. KPD/SED in Sachsen 1945–1952. Köln, Weimar, Wien 2002
Schumann, Silke: Parteierziehung in der Geheimpolizei. Zur Rolle der SED im MfS der fünfziger Jahre. Berlin 1997
SMAD-Handbuch, hrsg. v. Horst Möller, Alexandr. O. Tschubarjan, bearb. v. Jan Foitzik, Tatjana W. Zarewskaja-Djakina. München 2009
Sowjetische Speziallager in Deutschland 1945 bis 1950. Band 1: Studien und Berichte; Band 2: Sowjetische Dokumente zur Lagerpolitik. Berlin 1998
Staadt, Jochen; Tobias Voigt; Stefan Wolle: Operation Fernsehen. Die Stasi und die Medien in Ost und West. Göttingen 2008
Stadelmann-Wenz, Elke: Widerständiges Verhalten und Herrschaftspraxis in der DDR. Vom Mauerbau bis zum Ende der Ulbricht-Ära. Paderborn, München, Wien 2009
Stasi. Die Ausstellung zur DDR-Staatssicherheit. Katalog und Aufsätze, hrsg. BStU, Berlin 2011
Storkmann, Klaus: Geheime Solidarität. Militärbeziehungen und Militärhilfen der DDR in die «Dritte Welt». Berlin 2012

Auswahlbibliographie

Suckut, Siegfried; Walter Süß (Hrsg.): Staatspartei und Staatssicherheit. Zum Verhältnis von SED und MfS. Berlin 1997
Suckut, Siegfried; Jürgen Weber (Hrsg.): Stasi-Akten zwischen Politik und Zeitgeschichte. Eine Zwischenbilanz. München 2003
Süß, Walter: Staatssicherheit am Ende. Warum es den Mächtigen nicht gelang, 1989 eine Revolution zu verhindern. Berlin 1999
Theuer, Werner; Arno Polzin; Bernd Florath: Aktenlandschaft Havemann. Nachlass und Archivbestände zu Robert Havemann in der Robert-Havemann-Gesellschaft und bei der BStU. Berlin 2008
Trobisch-Lütge, Stefan: Das späte Gift. Folgen politischer Traumatisierung in der DDR und ihre Behandlung. Gießen 2004
Vesting, Justus: Zwangsarbeit im Chemiedreieck. Strafgefangene und Bausoldaten in der Industrie der DDR. Berlin 2012
Wagner, Armin: Walter Ulbricht und die geheime Sicherheitspolitik der SED. Der Nationale Verteidigungsrat der DDR und seine Vorgeschichte (1953 bis 1971). Berlin 2002
Ders.; Matthias Uhl: BND contra Sowjetarmee. Westdeutsche Militärspionage in der DDR. Berlin 2007
Walther, Joachim: Sicherungsbereich Literatur. Schriftsteller und Staatssicherheit in der Deutschen Demokratischen Republik. Berlin 1996
Weber, Hermann; Ulrich Mählert (Hrsg.): Terror. Stalinistische Parteisäuberungen 1936–1953. Paderborn, München, Wien, Zürich 2001
Weil, Francesca: Zielgruppe Ärzteschaft. Ärzte als inoffizielle Mitarbeiter des MfS. Göttingen 2008
Wenzel, Otto: Kriegsbereit. Der Nationale Verteidigungsrat der DDR 1960 bis 1989. Köln 1995
Werkentin, Falco: Politische Strafjustiz in der Ära Ulbricht. Berlin 1995
Wiedmann, Roland: Die Diensteinheiten des MfS 1950–1989. Eine organisatorische Übersicht. (= MfS-Handbuch, hrsg. BStU) Berlin 2012
Wilke, Manfred (Hrsg.): Anatomie der Parteizentrale. Die KPD/SED auf dem Weg zur Macht. Berlin 1998
Wolle, Stefan: Die heile Welt der Diktatur. Alltag und Herrschaft in der DDR 1971–1989. 3., aktual. u. überarb. Aufl., Berlin 2009
Ders.: Aufbruch nach Utopia. Alltag und Herrschaft in der DDR 1961–1971. Berlin 2011
Wollenberg, Erich: Der Apparat. Stalins Fünfte Kolonne. 3. Aufl., Bonn 1952

BILDNACHWEIS

Klappe	Bundesbeauftragter für die Unterlagen des Staatssicherheitsdienstes der ehemaligen DDR (BStU)	HA II, Fo 32
S. 31	Deutsch-russisches Museum Karlshorst/	KH 101 968 (I 39), Foto: Timofej Melnik
S. 51	Bundesarchiv (BArch)	Bild 183-26755-0001, Fotograf: Horst Sturm
S. 61	BStU	Kaderkarteikarte Fomferra
S. 82	BArch	Bild Y 10-626-72-1
S. 86	BStU	SdM 1917
S. 96	BStU	Ast. Rostock, Bestand: Chronik der BV Rostock, Foto 191
S. 102	BArch	Bild 183-08659-0010, Fotograf: Hans-Günter Quaschinsky
S. 121	Ratsarchiv Görlitz	Eigentum/Bestandteil
S. 129	BStU	Abt. M, Fo 30
S. 131	BStU	Abt. M, Fo 31
S. 143	Robert-Havemann-Gesellschaft	Fo HAB 16851-b
S. 149	BStU	Ast. Chemnitz, 2338/68
S. 154	BStU	SdM, Fo 173
S. 157	Archiv des Autors	
S. 171	Robert-Havemann-Gesellschaft	Foto: Tamara Bauer
S. 175	Robert-Havemann-Gesellschaft	Fo Hab 11341
S. 179	BStU	HA VIII - 2266, Bd. 13
S. 181	Bernhard Freutel	
S. 202	BStU	HA III, Fo 311
S. 213	BStU	HA VIII - 647
S. 245	BStU	Ast. Erfurt, BV Erfurt, NA 9375, Bd. 30
S. 251	BStU	SdM, Fo 49

Bildnachweis

S. 261	BStU	HA PS, Fo 44
S. 285	BStU	Ast. Leipzig, AIM 642/60
S. 289	BArch	Bild 183-25018-0007, Fotograf: Heinz Junge
S. 296	BStU	Ast. Gera, AU 33/58
S. 300	Kai Grieser/Yachtbild	
S. 304	Robert-Havemann-Gesellschaft	Fo HAB 17249
S. 311	Robert-Havemann-Gesellschaft	Foto: Hans-Helmut Kurz
S. 325	BStU	HA VIII - 2363
S. 335	ullstein/ADN	00159810
S. 347	Robert-Havemann-Gesellschaft	Foto: Rolf Walter
S. 361	BStU	HA IX, Fo 1437

PERSONENREGISTER

Abakumow, Wiktor S. (1908–1954) 43–44
Ackermann, Anton (1905–1973) 40, 70, 373
Adenauer, Konrad (1876–1967) 63, 125, 195, 284
Albrecht, Rudolf (1902–1971) 101
Alisch, Rainer (geb. 1952) 319–321
Ammer, Thomas (geb. 1937) 294–298
Anderson, Sascha (geb. 1953) 182
Andropow, Juri W. (1914–1984) 376
Appelfeller, Martin (1921–2001) 78
Arafat, Jassir (1929–2004) 261–262
Arendt, Hannah (1906–1975) 25
Auerbach, Thomas (geb. 1947) 310–311, 319

Baender, Paul (1906–1985) 101–102, 106, 110–115
Bahro, Rudolf (1935–1997) 309–312
Bär, Erich (1916–2005) 61, 75, 368
Barzel, Rainer (1924–2006) 253
Beater, Bruno (1914–1982) 76, 146–147, 197, 219, 238, 241, 293, 322, 368
Beckmann, Lukas (geb. 1950) 255
Berija, Lawrenti P. (1899–1953) 88–89, 121–123
Benjamin, Hilde (1902–1989) 111
Bertele, Franz (geb. 1931) 353
Bickhardt, Stephan (geb. 1959) 175, 323–326, 329
Bierbaum, Werner (geb.1928) 171–172
Biermann, Dagobert (1904–1943) 309
Biermann, Wolf (geb. 1936) 142, 181, 309–310, 312, 317
Birthler, Marianne (geb. 1948) 328, 396
Bohley, Bärbel (1945–2010) 175, 177, 180–183, 244, 305, 315, 323, 328, 331, 340–341
Bohley, Dietrich (geb. 1941) 305
Bohley, Eckart (geb. 1939) 305

Bohley, Jochen (geb. 1937) 305
Bohley, Heidelinde (geb. 1950) 305
Bohley, Karl (geb. 1942) 305
Bohley, Michael (geb. 1945) 305
Bohley, Peter (geb. 1935) 305
Bohley, Reiner (1941–1988) 305
Böhm, Alfred (1913–1982) 368
Böhm, Horst (1937–1990) 343
Böhme, Manfred «Ibrahim» (1944–1999) 236, 328, 350
Borm, William (1895–1987) 255
Borrmann, Gustav (1895–1975) 368
Böttger, Antje (geb. 1958) 175
Böttger, Horst (geb. 1939) 167
Böttger, Martin (geb. 1947) 175, 177, 323, 325
Brandt, Heinz (1909–1986) 173
Brandt, Helmut (1911–1998) 115
Brandt, Willy (1913–1992) 253–253
Bronder, Manfred (geb. 1932) 302–303
Brundert, Willi (1912–1970) 92–93
Brüsewitz, Oskar (1929–1976) 309–310, 312, 317
Buchwitz, Otto (1879–1964) 134
Busse, Ernst (1897–1952) 72, 74

Chruschtschow, Nikita S. (1894–1971) 132–133

Dahl, Harry (geb. 1929) 262
Dahlem, Franz (1892–1981) 40, 64, 374
Dähn, Uwe (geb. 1950) 318
Dehler, Thomas (1897–1967) 115
Dertinger, Georg (1902–1968) 109, 115
Dickel, Friedrich (1913–1993) 197
Dieckmann, Johannes (1893–1969) 98, 103, 107, 378
Dietrich, Reiner (geb. 1959) 175, 178
Dimitroff, Georgi (1882–1949) 67–68
Dirlewanger, Oskar (1895–1945) 55, 71
Dohlus, Horst (1925–2007) 197

– 422 –

Personenregister

Domaschk, Matthias (1957–1981) 310
Dombrowski, Siegfried (1916–1977) 232
Dostojewski, Fjodor M. (1821–1881) 201
Dubček, Alexander (1921–1992) 145
Dzierzynski, Felix E. (1877–1926) 28

Ebeling, Heinz–Georg (1913–1955) 199
Eisenfeld, Bernd (1941–2010) 303–307
Eisenfeld, Peter (geb. 1941) 303, 305, 307
Eisenfeld, Ulrich (geb. 1939) 305
Eisler, Gerhart (1897–1968) 26–27
Eisler, Hanns (1898–1962) 26
Engelberg, Ernst (1909–2010) 80
Engelhardt, Heinz (geb. 1944) 342, 354
Engels, Friedrich (1820–1895) 27
Enke, Wilhelm (1912–1980) 368
Eppelmann, Rainer (geb. 1943) 171, 177, 211, 244, 302–303, 357

Fechner, Max (1892–1973) 33, 378
Feilen, Jean Baptist (1904–1991) 73
Felfe, Heinz (1918–2008) 192, 258
Field, Noel H. (1904–1970) 70, 87, 100
Fischbeck, Hans-Jürgen (geb. 1938) 329
Fischer, Oskar (geb. 1923) 197
Fischer, Ulrich (geb. 1942) 255
Fischer, Werner (geb. 1950) 177, 181–183, 315, 328, 331
Flade, Hermann Joseph (1932–1980) 282–286
Foitzik, Jan (geb. 1948) 42
Fomferra, Heinrich (1895–1979) 50, 61–63, 67, 70, 79, 81, 368, 371, 374
Forck, Gottfried (1923–1996) 325, 403
Franco, Francisco (1892–1975) 70
Franke, Uta (geb. 1955) 312–314
Freisler, Roland (1893–1945) 111
Fricke, Karl Wilhelm (geb. 1929) 173
Frömel, Johann (geb. 1935) 295, 298
Fruck, Hans (1911–1990) 368
Fuchs, Jürgen (1950–1999) 7, 170, 174, 182–183, 310, 329–330
Füldner, Hans (1921–2002) 110, 287–289, 292
Funk, Werner (geb. 1924) 208

Gaddafi, Muammar al- (1942–2011) 261
Gaida, Wilhelm (1902–1988) 196, 368

Gartenschläger, Michael (1944–1976) 298–301
Gartmann, Hermann (1906–1972) 72, 81, 123, 368
Gassa, Horst (1927–1994) 287–289, 292
Gehlen, Reinhard (1902–1979) 192
Gehlert, Siegfried (1925–2010) 147, 150–151, 336, 342
Gehrke, Bernd (geb. 1950) 318
Gerlach, Manfred (1928–2011) 104, 116
Gieseke, Jens (geb. 1964) 60, 187, 196, 372, 375
Glombik, Walter Egon (1941–1975) 199
Gold, Franz (1913–1977) 368
Goldstein, Kurt (1914–2007) 82, 375
Gorbatschow, Michael S. (geb. 1931) 176, 352
Grimm, Peter (geb. 1965) 178, 328
Gronau, Heinz (1912–1977) 74
Großkopf, Richard (1897–1977) 74
Großmann, Werner (geb. 1929) 233
Grotewohl, Otto (1894–1964) 7, 23, 26, 33, 39, 52, 101–103, 107, 116, 121, 133, 265
Grundmann, Siegfried (geb. 1938) 354–355
Grünler, Kurt (1906–1985) 75, 368
Guillaume, Günter (1927–1995) 253–254, 388
Gutsche, Joseph (1895–1964) 50, 60–61, 63, 68, 79, 85, 123, 283–284, 368, 371
Gutsche, Rudolf (1919–1988) 65, 68, 368
Gysi, Gregor (geb. 1948) 340–341, 346

Häbler, Manfred (geb. 1930) 302
Haeger, Monika (1945–2006) 175, 236, 244–245
Hager, Kurt (1912–1998) 93–94, 146
Hähnel, Siegfried (1934–2010) 317
Haid, Bruno (1912–1993) 49, 65, 70–71, 368
Hamann, Karl (1903–1973) 97–98, 100–117
Harich, Wolfgang (1923–1995) 136–137
Harnisch, Gerhard (1916–1996) 77, 368
Hasch, Wolfram (geb. 1963) 331–332
Haugg, Volker (geb. 1953) 348
Havemann, Katja (geb. 1947) 178, 244

Personenregister

Havemann, Robert (1910–1982) 142–144, 243, 302, 310
Heim, Max (geb. 1925) 232
Heine, Karl (1905–1980) 368
Heinitz, Walter (1915–1987) 65, 368
Heinrich, Burkhard (1921–1996) 368
Heise, Thomas (geb. 1955) 358
Hemingway, Ernest (1899–1961) 83
Hennig, Falko (geb. 1969) 7
Hentschke, Herbert (1919–1991) 69–70, 368
Herger, Wolfgang (geb. 1935) 346
Herrmann, Joachim (1928–1992) 197
Herrmann, Peter (geb. 1934) 295, 298
Herrnstadt, Rudolf (1903–1966) 99, 121–123
Herwegen, Leo (1886–1972) 92–93
Hesse, Horst (1922–2006) 252–253
Heym, Stefan (1913–2001) 83
Hirsch, Ralf (geb. 1960) 175, 177, 180–183, 211, 302–303, 313, 315, 331, 355
Hitler, Adolf (1889–1945) 22, 35–36, 40, 150
Hofmann, Artur (1907–1987) 70, 368
Hoffmann, Erich (1904–1989) 148
Honecker, Erich (1912–1994) 25, 48, 51, 53, 80, 84, 87, 93. 103, 121, 128, 131–132, 137, 142, 154–155, 157, 159, 178, 180, 203–204, 238, 251, 261–262, 264, 279–280, 308–309, 315, 321, 325, 333, 339, 343, 345, 355, 376
Horn, Richard (1904–1977) 71, 83, 109, 368, 375
Huber, Kurt (1893–1943) 294
Hüttner, Willy (geb. 1915) 368

Jähn, Siegmund (geb. 1937) 197
Jahn, Roland (geb. 1953) 170–172, 177, 180, 182–183, 310, 331
Jamin, Erich (1907–1976) 55, 368
Janka, Walter (1914–1994) 136
Jänicke, Horst (1923–2006) 171–172
Johannes Paul II. (Karol Józef Wojtyła, 1920–2005) 322

Kahlau, Heinz (1931–2012) 238
Kairies, Heinz (geb. 1928) 368
Kaiser, Jakob (1888–1961) 303
Kappelt, Olaf (geb. 1953) 397
Karlstedt, Uwe (geb. 1955) 330, 403
Karoos, Paul (1907–?) 78, 368
Kastner, Hermann (1886–1957) 97
Kattner, Alfred (1896–1934) 81, 374
Kelly, Petra (1947–1992) 255–256
Khalaf, Salah (Abu Iyad) (1933–1991) 262
Kiefel, Josef (1909–1988) 68, 70, 253, 368
Kienberg, Paul (geb. 1926) 328–329
Kießling, Wolfgang (1929–1999) 86, 148
Kistowski, Erich (1909–1984) 76, 369
Kleiber, Günther (geb. 1931) 197
Kleine, Helene (geb. 1917; seit 1976 Heymann) 111
Kleinjung, Karl (1912–2003) 50, 69–70, 79, 301, 369
Klemperer, Victor (1881–1960) 95
Klier, Freya (geb. 1950) 178, 181–183
Knabe, Wilhelm (geb. 1923) 255
Knoppe, Reinhold (1908–1983) 369
Koch, Peter (1929–1990) 343
König, Martin (geb. 1954) 325
Konzok, Willi-Peter (1902–1984) 103
Köppe, Paul (1914–1955) 199
Kowalczyk, Stanisław (1924–1998) 318
Kowaltschuk, Nikolai K. (1902–1972) 44
Kratsch, Günther (1930–2006) 275
Krawczyk, Stephan (geb. 1955) 178, 180–183
Kreikemeyer, Willi (1894–wahrscheinlich 1950) 86, 375
Krenz, Egon (geb. 1937) 53, 158, 178, 180, 333–334, 343
Kretschmar, Thomas (geb. 1955) 332
Kretzschmar, Kurt (1904–1983) 369
Kreusel, Karl (1911–1996) 369
Kröber, Leander (1902–1980) 123, 369
Krolikowski, Werner (geb. 1928) 197
Krüger, Bruno (1924–1955) 199
Krüger, Susanne (1925–1955) 199
Kruse, Martin (geb. 1929) 325, 403
Kuchenbecker, Kurt (1907–1979) 63, 76, 369
Kukelski, Werner (1920–1995) 78, 369

Personenregister

Kukutz, Irena (geb. 1950) 175, 244
Kullik, Hartmut (geb. 1934) 322
Külz, Wilhelm (1875–1948) 97
Künzer, Klaus-Peter (geb. 1952) 347–348
Kuroń, Jacek (1934–2004) 316
Kuron, Klaus (geb. 1936) 193
Kurras, Karl-Heinz (geb. 1927) 251

Labs, Helga (geb. 1940) 197
Labs, Klaus (geb. 1936) 197
Lampe, Reinhard (geb. 1955) 325
Lange, Ernst (1905–1971) 55
Lange, Gerhard (1935–1990) 343
Lange, Fritz (1898–1981) 55, 94
Last, Otto (1906–1990) 82, 123, 369
Laufer, Paul (1904–1969) 49, 66, 369
Leibholz, Siegfried (1925–2005) 66, 374
Lengsfeld, Vera (Wollenberger) (geb. 1952) 180, 182–183, 331
Lenin, Waldimir I. (1870–1924) 9, 25, 27–29, 46, 48, 122, 306
Leonhard, Wolfgang (geb. 1921) 26
Leuschner, Bruno (1910–1965) 107
Liebermann, Doris (geb. 1953) 310
Liebknecht, Karl (1871–1919) 180
Liedtke, Werner (geb. 1937) 324, 403
Lietz, Heiko (geb. 1943) 208
Lindemann, Marie-Luise (geb. 1946) 255
Loch, Hans (1898–1960) 102–104, 116
Loest, Erich (geb. 1926) 136
Lorenz, Otto (1909–1984) 369
Löser, Helmut (Staatsanwalt) 111–112
Löwenthal, Heinrich (geb. 1913) 111–112
Lübke, Heinrich (1894–1972) 257
Luxemburg, Rosa (1871–1919) 180

Magirius, Friedrich (geb. 1930) 321–322, 402
Mainz, Simone (geb. 1957) 312
Maizière, Lothar de (geb. 1940) 352
Malenkow, Georgi M. (1902–1988)
Mallmann, Klaus-Michael (geb. 1948) 48
Mangelsdorf, Werner (1925–1977) 287–294
Männchen, Horst (1935–2008) 406
Männel, Günter (1932–2003) 203

Mao Tse-tung (1893–1976) 136–137
Markert, Rolf (d.i. Helmut Thiemann) (1914–1995) 61, 73–74, 259, 369
Maron, Karl (1903–1975) 116
Marx, Karl (1818–1883) 25, 27
Matern, Hermann (1893–1971) 52, 64, 107, 121, 124–126, 375
Mehlhorn, Heimgard (geb. 1950) 319–320, 323–324
Mehlhorn, Ludwig (1950–2011) 316–329
Melsheimer, Ernst (1897–1960) 111, 113
Menzel, Rudolf (1910–1974) 75, 79, 123, 369
Merker, Paul (1894–1969) 100, 110
Michael, Hermann (1900–1968) 78, 369
Michelberger, Julius (1919–1990) 369
Michnik, Adam (geb. 1946) 316
Mielke, Erich (1907–2000) 15, 19, 21, 25, 50–51, 54–55, 59–61, 70, 74, 76, 79–80, 84–87, 90–91, 94, 113, 116, 122–123, 127, 132, 134, 136–139, 142, 151, 154–155, 175–176, 178, 183, 197, 199–200, 211, 228–230, 232, 240, 254, 261–263, 275, 279–280, 284, 315, 317–318, 322, 334, 336, 348, 355, 369, 371, 375
Mikojan, Anastas I. (1895–1975) 133
Mittag, Rudolf (geb. 1929) 369
Mitter, Armin (geb. 1953) 149
Mittig, Rudi (1925–1994) 197, 232, 317, 322, 336, 351
Modrow, Hans (geb. 1928) 74, 158, 336–337, 341, 345–346, 350, 352–354
Mühe, Ulrich (1953–2007) 193
Mühlpforte, Robert (1911–1972) 369
Müller, Michael (geb. 1948) 185–186
Müller, Wilhelm (1904–1970) 369
Müller-Mertens, Eckhard (geb. 1923) 22
Mundt, Fritz (1899–1960) 78–79, 369
Murau, Sylvester (1907–1956) 199

Neiber, Gerhard (1929–2008) 197, 233, 262, 369
Neumann, Alfred (1909–2001) 53, 71, 133, 136, 197
Nidal, Abu (1937–2002) 262
Niederländer, Loni (geb. 1935) 345
Nietzsche, Friedrich (1844–1900) 19

– 425 –

Personenregister

Nkrumah, Kwame (1909–1972) 259
Norden, Albert (1904–1982) 257
Novotný, Antonín (1904–1975)
Nuschke, Otto (1883–1957) 102
Nyerere, Julius Kambarage (1922–1999) 259

Oelßner, Fred (1903–1977) 26, 33
Ohnesorg, Benno (1940–1967) 251
Ollenhauer, Erich (1901–1963) 288
Orwell, George (1903–1950) 164
Otto, Wilfriede (geb. 1933) 86

Paczinsky, Artur (1893–1967) 61, 72, 369
Pätzold, Kurt (geb. 1930) 297
Pech, Ottomar (1914–2000) 369
Petrov, Nikita V. (geb. 1957) 42
Pieck, Wilhelm (1876–1960) 7, 23, 26, 33, 39, 59, 64, 87
Platon (428/27–348/47 v. Chr.) 19
Popiełuszko, Jerzy (1947–1984) 303
Poppe, Gerd (geb. 1941) 175, 177, 179, 243–244, 315, 323, 325, 328
Poppe, Ulrike (geb. 1953) 171, 177, 244, 315, 323, 328–329, 331, 350
Pustiovsky, Hermann (1912–1978) 369

Quandt, Bernhard (1903–1999) 342–343

Rajk, László (1909–1949) 93
Rathenow, Lutz (geb. 1952) 177–178, 310
Rau, Heinrich (1899–1961) 107
Rebenstock, Paul Bruno (1905–1954) 199
Reiprich, Siegfried (geb. 1955) 310
Reschke, Erich (1902–1980) 72, 74
Rinke, Manfred (geb. 1950) 236, 345
Röbelen, Gustav (1905–1967) 50, 52, 70, 369
Rohde, Martin (geb. 1967) 332
Rölle, Peter (geb. 1964) 178
Roscher, Bernd (geb. 1945) 262
Roscher, Ludwig (1905–1989) 369
Rosenthal, Rüdiger (geb. 1952) 171, 182
Rüddenklau, Wolfgang (geb. 1953) 178, 355
Rümmler, Kurt (1911–1958) 369
Rumpelt, Paul (1909–1961) 369
Runge, Wolf-Dieter (1954–1984) 208

Saar, Heinrich (1920–1995) 312
Sacharowski, Alexander M. (1909–1983) 376
Särchen, Günter (1927–2004) 323
Schabowski, Günter (geb. 1929) 178, 180
Schalck-Golodkowski, Alexander (geb. 1932) 197, 339
Schehr, John (1896–1934) 49
Scheibe, Herbert (1914–1991) 73
Schilling, Walter (geb. 1930) 143
Schirdewan, Karl (1907–1998) 52–53, 133
Schkopik, Franz (1900–1980) 50, 369
Schläwicke, Willi (1917–2003) 79
Schlesing, Harry (1900–1971) 236, 240–241, 287–288, 291–292, 297, 345
Schmeing, Richard (1909–1984) 369
Schmidt, Johannes (1929–1955) 199
Schneider, Dirk (1939–2001) 256
Schneider, Hans (1914–1972) 369
Schnur, Wolfgang (geb. 1944) 182–183, 236
Scholl, Hans (1918–1943) 294
Scholl, Sophie (1921–1943) 294
Schollwer, Wolfgang (geb. 1922) 104, 114
Scholz, Alfred (1921–1978) 197, 369
Schönherr, Albrecht (1911–2009) 321
Schorn, Friedrich (1914–1988) 287
Schottlaender, Rainer (geb. 1949) 185
Schottlaender, Rudolf (1900–1988) 185
Schröder, Fritz (1915–2001) 369
Schubert, Albert (geb. 1923) 369
Schukow, Georgi K. (1896–1974)
Schult, Reinhard (geb. 1951) 175
Schulz, Gerhard (1924–2004) 21–22
Schumacher, Kurt (1895–1952) 288
Schürer, Gerhard (1921–2010) 197
Schürrmann, Erich (1912–1998) 369
Schwanitz, Wolfgang (geb. 1930) 197, 233, 336–337, 340, 343, 351, 355
Schwarz, Hans (1909–1944) 81, 374
Schwerdtfeger, Wilhelm (1903–1990) 71, 369
Seifert, Willi (1915–1986) 73
Sello, Wolfram «Tom» (geb. 1957) 355
Semjonow, Wladimir S. (1911–1992) 39
Serow, Iwan A. (1905–1990) 31, 34, 43–44

Personenregister

Seyferth, Peter (geb. 1941)
Sgraja, Heinz (geb. 1922) 77
Shakespeare, William (1564–1616) 201, 256
Siatkowski, Uwe (1954–1984) 208
Silgradt, Wolfgang (1905–etwa 1975) 287–289, 292
Siewert, Robert (1887–1973) 73
Slánský, Rudolf (1901–1952) 100
Smettan, Harry (geb. 1933) 162–165
Sobottka, Gustav (1886–1953) 69
Sokolowski, Wassili D. (1897–1967) 38
Spalke, Reinhard (geb. 1937) 295
Stahlmann, Richard (d.i. Arthur Illner) (1891–1974) 50, 64–67, 70, 79, 81–83, 85, 122, 369–370
Stalin, Josef W. (1879–1953) 24–25, 27, 29, 31, 33, 36, 40, 43, 46, 48–49, 58, 70, 82–83, 87–88, 95, 98, 109, 115, 120, 132–134, 369–370, 372
Stauffenberg, Claus Schenk Graf von (1907–1944) 294
Steiner, Julius (1924–1997) 253
Stelzer, Ehrenfried (geb. 1932) 345, 386
Stempel, Günther (1908–1981) 110, 112
Stern, Carola (1925–2006) 53
Stern, Leo (1901–1982) 148
Stiller, Werner (geb. 1947) 254–255, 272
Stolpe, Manfred (geb. 1936) 313
Stoph, Willi (1914–1999) 52, 89, 280
Stöß, Herbert (geb. 1923) 369
Streit, Josef (1911–1987) 197
Suhr, Heinz (geb. 1951) 255
Switala, Eduard (1919–2004) 50, 369
Szinda, Gustav (1897–1988) 50, 70, 79, 369

Täschner, Herbert (1916–1984) 193
Templin (Weis), Regina «Lotte» (geb. 1953) 181–183, 331
Templin, Wolfgang (geb. 1948) 177, 180–183, 243, 315, 323, 331
Teske, Werner (1942–1981) 199
Thälmann, Ernst (1886–1944) 49, 81
Tiedge, Hansjoachim (1937–2011) 192–193

Tilch, Heinz (geb. 1914) 77, 369
Tisch, Harry (1927–1995) 197
Tito, Josip Broz (1892–1980) 60, 94
Trebeljahr, Gert (1937–1979) 199
Tschuikow, Wassili I. (1900–1982) 31, 38–39

Ulbricht, Walter (1893–1973) 7, 23, 25–27, 31–33, 38–39, 51–53, 55, 57, 59, 64, 85–90, 93, 98, 107, 115–116, 120–126, 133–138, 140, 142, 145, 150, 154–155, 159, 251, 299, 308, 373, 376

Valtin, Jan (d.i. Richard Krebs) (1905–1951) 372
Vödisch, Rudolf (1910–1989) 369
Vogel, Wolfgang (1925–2008) 7, 313–314, 332
Voigt, Birgit (geb. 1951) 255

Wagner, Emil (geb. 1921) 77, 369
Wagner, Kurt (1904–1989) 55
Wagner, Leo (1919–2006) 253
Walter, Otto (1902–1983) 72, 123, 369
Walther, Connie (geb. 1962) 403
Weber, Elisabeth (geb. 1941) 255
Wehner, Herbert (1906–1990) 258
Weidauer, Herbert (1909–1975) 369
Weikert, Martin (1914–1997) 50, 69, 123, 369
Weiss, Peter (1916–1982) 83
Weißhuhn, Reinhard (geb. 1951) 179, 328
Wendt, Hans-Dieter (geb. 1952) 324
Wichert, Erich (1909–1985) 72
Wieck, Hans-Georg (geb. 1928) 338
Wiegand, Joachim (geb. 1932) 328–329
Wolf, Christa (1929–2011) 148, 382
Wolf, Friedrich (1888–1953) 201
Wolf, Gerhard (geb. 1928) 382
Wolf, Hanna (1908–1999) 138
Wolf, Konrad (1925–1982) 64, 201
Wolf, Markus (1923–2006) 50, 64–65, 67, 122, 193, 197, 201, 219, 233, 251, 253–256, 259, 262–263, 265, 273, 275, 282, 340, 348, 352, 369, 373
Wolff, Friedrich (geb. 1922) 293
Wolle, Stefan (geb. 1950) 149

Personenregister

Wollenberg, Erich (1892–1973) 19, 369
Wollenberger, Knud (1952–2012) 182
Wollweber, Ernst (1898–1967) 19, 49–52, 64, 68, 70, 85, 87, 89, 91, 122–124, 126–128, 132, 134, 137–138, 159, 287, 293, 369, 372–373
Wonneberger, Christoph (geb. 1944) 318
Wulkau, Peter (geb. 1947) 311–312
Wyschinski, Andrei J. (1883–1954)

Zaisser, Elisabeth (1898–1987) 55
Zaisser, Wilhelm (1893–1958) 21, 23, 49–51, 56, 64–68, 70, 79, 84–87, 89–90, 98, 120–123, 127, 200, 369
Zeiseweis, Kurt (geb. 1937) 162–163, 196–197, 202
Ziegler, Walter (1912–1977) 111
Zuschke, Ernst (1910–1970) 76–77, 369

AUS DEM VERLAGSPROGRAMM

Geschichte der DDR bei C.H.Beck

Ilko-Sascha Kowalczuk
Endspiel
Die Revolution von 1989 in der DDR
2., durchgesehene Auflage. 2009. 602 Seiten. Gebunden

Ilko-Sascha Kowalczuk
17. Juni 1953
Geschichte eines Aufstands
2013. 128 Seiten. Paperback
C.H.Beck Wissen in der Beck'schen Reihe Band 2771

Ilko-Sascha Kowalczuk
Die 101 wichtigsten Fragen – DDR
2009. 159 Seiten mit 9 Abbildungen. Paperback
Beck'sche Reihe Band 7020

Andreas Malycha, Peter Jochen Winters
Die SED
Geschichte einer deutschen Partei
2009. 480 Seiten. Paperback
Beck'sche Reihe Band 1944

Ulrich Mählert
Kleine Geschichte der DDR
7. Auflage. 2010. 208 Seiten mit 29 Abbildungen. Paperback
Beck'sche Reihe Band 1275

Martin Sabrow (Hrsg.)
Erinnerungsorte der DDR
2009. 619 Seiten mit 54 Abbildungen. Gebunden

Bernd Stöver
Historische Bibliothek der Gerda Henkel Stiftung
Zuflucht DDR
Spione und andere Übersiedler
2009. 383 Seiten mit 47 Abbildungen. Leinen

Verlag C.H.Beck München